“走進敦煌”叢書
編輯委員會

學術顧問

項　楚：四川大學教授

萬光治：四川師範大學教授

柴劍虹：中華書局編審

主　編

伏俊璉

編輯小組（按音序排列）

段兼善：敦煌研究院研究員

郝雪麗：上海書畫出版社編輯

龍達瑞：美國洛杉磯西來大學教授

馬　德：敦煌研究院研究員

湯　君：四川師範大學教授

王使臻：西華師範大學教授

楊　銘：西南民族大學教授

楊小平：西華師範大學教授

張存良：西華師範大學教授

鄭阿財：台灣南華大學教授

朱利華：西華師範大學教授

四川省哲學社會科學基金重點項目
西華師範大學學術出版基金資助項目

走進敦煌
DUNHUANG
伏俊璉 主編

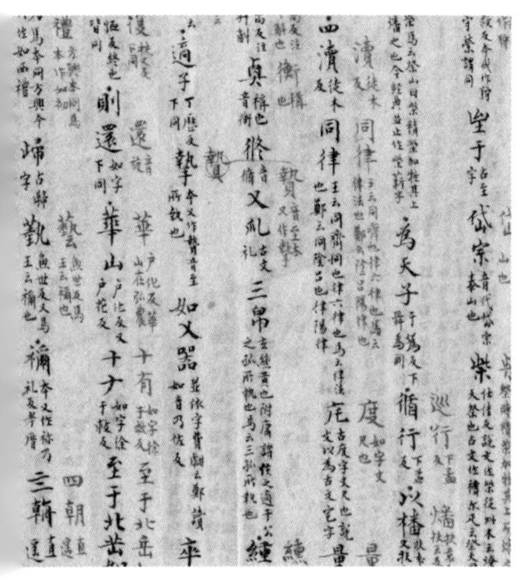

敦煌石窟寫經生

潘重規 著　鄭阿財 編

四川人民出版社

圖書在版編目（CIP）數據

敦煌石窟寫經生 / 潘重規著 ; 鄭阿財編. -- 成都 : 四川人民出版社, 2025. 8. -- ISBN 978-7-220-12739-7

Ⅰ. K870.6-53

中國國家版本館CIP數據核字第2025RH9500號

“走進敦煌”叢書

伏俊璉／主編

DUNHUANG SHIKU XIEJING SHENG

敦煌石窟寫經生

潘重規／著　鄭阿財／編

出 版 人	黄立新
策劃組稿	章　濤　鄒　近
出版統籌	鄒　近
責任編輯	段瑞清　勒静宜
封面設計	邵曉鋒
版式設計	李其飛
特約校對	汪　丹
責任印製	周　奇
出版發行	四川人民出版社（成都市三色路238號）
網　　址	http://www.scpph.com
E-mail	scrmcbs@sina.com
新浪微博	@四川人民出版社
微信公衆號	四川人民出版社
發行部業務電話	（028）86361653　86361656
防盗版舉報電話	（028）86361661
製　　版	四川勝翔數碼印務設計有限公司
印　　刷	成都市東辰印藝科技有限公司
成品尺寸	160mm × 235mm
印　　張	44
字　　數	528千
版　　次	2025年8月第1版
印　　次	2025年8月第1次印刷
書　　號	ISBN 978-7-220-12739-7
定　　價	168.00圓

■版權所有・侵權必究

本書若出現印裝質量問題，請與我社發行部聯係調换

電話：（028）86361656

『走進敦煌』叢書 總序

“走進敦煌”叢書，將集中展現巴蜀敦煌學的豐碩成果和學術風采。自漢代司馬相如、揚雄以來，巴蜀大地名家輩出，群星燦爛。巴蜀學者的一大特點是：敢爲天下先，不鳴則已，鳴則驚人。司馬相如（約前179—前118）有“賦聖”之稱，“文章冠天下”（《漢書·地理志》）。而揚雄（前53—18）更是一個大奇人，他的最大特點是不服輸：孔子有《論語》，他就要作《法言》；五經中有《周易》，他就作了《太玄》；據傳孔門有《爾雅》，他就作《方言》；秦宰相李斯有《倉頡》，他就作《訓纂》；屈原爲“楚辭”大家，揚雄既“悲其文”，又不服其文采，於是作《反離騷》和《廣騷》，“又旁《惜誦》以下至《懷沙》一卷，名曰《畔牢愁》”（《漢書·揚雄傳》）；他的同鄉前輩司馬相如以賦見稱，他也不服氣，作“四賦”力圖超越相如。唐代陳子昂（659—700），“前不見古人，後不見來者”，真是天荒地老第一人。大詩人李白更是“仰天大笑出門去，我輩豈是蓬蒿人”，一到長安，便被驚嘆爲“謫仙人”。明代楊慎（1488—1559），“記誦之博、著述之富”，號稱天下第一，“凡宇宙名物之廣，經史百家之奥，下至稗官小説之微，醫卜技能、草木蟲魚之細，靡不究心多識，闡其理，

博其趣，而訂其訛謬焉”。他不僅蔑視當朝權貴，鄙夷程朱陽明之學，而且替古人著書。近代以來，西學傳入，關注新材料、重視新方法者，巴蜀學者亦勇於投身其中，成果卓著。

敦煌學是二十世紀世界學術之新潮流，在這個大浪潮中，巴蜀學人無疑是勇敢的弄潮兒。藝術大師張大千是巴蜀學人毅然西向、投身絲路大漠、瞻仰敦煌藝術的先驅。二十世紀四十年代初，張大千在莫高窟潛心臨摹壁畫近三年，有大大小小兩百余幅作品傳世，并在蘭州、重慶、成都成功展出。敦煌壁畫藝術從此走出大漠，向世人展現了它的藝術價值和歷史價值。抗戰時期，正是由於重慶、成都、西安、蘭州的一些學者的呼籲，民國政府才於1944年組建了國立敦煌藝術研究所，開始有組織有計劃地開展敦煌文物的保護研究工作。敦煌文物的第一批保護者和石窟壁畫藝術研究者以四川籍青年爲主，他們投身大漠數十年，形成了敦煌學歷史上著名的“川派”。我們可以列舉出一長串人名：段文杰、史葦湘、歐陽琳、孫儒僴、李其瓊、李永寧、劉玉權……他們把全部精力和生命都獻給了敦煌學事業，爲敦煌莫高窟的開發建設和敦煌學的發展做出了重大貢獻。

在敦煌學發展的百年歷程中，巴蜀學者做出了杰出的貢獻，如賀昌群（1903—1973）關於敦煌佛教藝術和絲綢之路考古的研究，任半塘（1897—1991）關於敦煌歌辭和唐聲詩的研究，段文杰（1917—2011）關於敦煌石窟藝術史的研究，冉雲華（1923—2018）關於絲綢之路佛教史的研究，史葦湘（1924—2000）關於絲綢之路歷史地理的研究，龍晦（1924—2011）關於敦煌文書與巴蜀文化關係的研究，王克芬（1927—2018）關於敦煌音樂舞蹈的研究，宋家鈺（1934—2008）關於敦煌文獻的整理研究，項楚（1940—2025）關於敦煌變文和王梵志詩的研究，等等，都是具有世界影響的學術成果。改革開放以來，巴蜀也是敦煌學人才培養的重鎮，新一代學者在敦煌學資料的擷取、研究領域的開拓、研究方法的創新方面，都較前輩學者有所推進，取得了重要成果，顯示了巴蜀敦煌學新的生命力。

敦煌學與巴蜀的關係，除了上述巴蜀學者對敦煌學研究的開拓和貢獻之外，它們之間還有着某些天然的因緣。

第一，以莫高窟、麥積山石窟爲代表的隴上石窟，與巴蜀地區的石窟，尤其是川北石窟關係非常密切。成都及周邊地區出土的背屏式造像、造像碑是迄今爲止發現的爲數不多的南朝佛教遺存之一，在造像内容、題材組合、藝術風格、雕塑技法、佛教思想等方面除了接受以建康爲中心的南朝文化影響外，明顯有隴右造像因素，特别是二十世紀九十年代陸續發現的茂名、汶川一帶的造像碑更能説明這一點。開鑿於北魏晚期的廣元千佛崖窟龕中，則能更清晰地看到同時期麥積山石窟的影響。隋唐以後，四川地區的石窟造像藝術在全國獨樹一幟，一改南方石窟開鑿長期滯後於北方的現狀，并呈現鮮明的地方特色。它不僅影響到同時期隴東南一帶的佛教造像藝術，而且在圖像内容、題材等方面也體現出與長安、隴右河西地區石窟藝術的高度一致性，説明兩者之間的密切關係。

第二，敦煌藏經洞發現的雕版印刷書籍和文書，主要來自西川（今成都）。如SP.002《金剛經》，其卷末題記云："咸通九年（868）四月十五日，王玠爲二親敬造普施。"這是已知世界上現存最早的刻本印刷書籍，這位王玠是世界上有記録的最早的刻書人。早在1925年，美國學者卡特在《中國印刷術的發明和它的西傳》一書就考證了這件刻本來自成都。敦煌還出土有不少的日曆，如SP.010《劍南西川成都樊賞家俱注曆日》，就明確説是來自成都。而P.2014《大唐刊謬補闕切韻》刻本，《中國印刷術的發明和它的西傳》考證也來自成都，相關的P.2015、P.4747、P.5531都是來自成都的《切韻》刻本。敦煌寫本《金剛般若波羅密經》尾題經名之後，還保存有十多條題記，明確説是從"西川過家真印本"抄録來的。如天祐二年（905）由八十二老人抄寫的S.5534、S.5444、S.5965，天祐三年（906）由八十三老

人抄録的S.5451和P.2876，丁卯年（907）八十四老人抄録的BD8888，戊辰年（908）由八十五老人抄録的BD1226。P.3398、P.3493也是天福八年（943）依“西川過家真印本”抄録的。而P.2094則據“西川印出本”抄録。這些記載説明，當時四川已經出現專門的“刻印作坊”，并且有大量刻本流傳到敦煌。

敦煌藏經洞出土的寫本中也有來自蜀地者，如P.2292《維摩詰經講經文》題記:“廣政十年八月九日在西川静真禪院寫此第廿卷文書，恰遇抵黑書了，不知何時得到鄉地去。”後蜀廣政十年爲西元947年。該卷寫於後蜀西川静真禪院，後流傳到敦煌。龍晦考證該文用韵與四川方音相合，他還考證唐代著名詩篇韋莊《秦婦吟》、S.4037《禪月大師贊念法華經僧》都是由蜀地傳入敦煌者。敦煌寫本中有一篇《佛説十王經》，此經見於P.2003、P.2870和P.3761三個寫本，這三個寫本開頭的題記中都提到“成都府大聖慈寺沙門藏川述”。大聖慈寺創建于唐代，位於今成都市。《佛説十王經》是一部具有中國民間性的佛教典籍，其内容也符合蜀人的個性特點。成都大聖慈寺僧人藏川所述的《佛説十王經》從蜀地傳入敦煌，可見敦煌和蜀地雖然相隔數千里，文化交流却十分密切。

敦煌寫本中有許多文學作品源自巴蜀，或與巴蜀關係密切，甚至可能説巴蜀是敦煌俗文學的源頭。我們舉一件寫本進行説明。P.3211正面抄《王梵志詩》56首，文末有題記“乾寧三年（896）歲次丙辰二月十九日學士郎氾賢信書記之也”，抄寫者和抄寫時間都很明確。背面抄《千字文》及若干零散的文書和文學作品。除背面的個别雜寫外，這件寫本的正背面都是一個人的手迹，即靈圖寺學士郎氾賢信所抄。氾賢信是這件寫本的所有者，《王梵志詩》和《千字文》是他的正式抄品，其余是他在不同時間的隨意抄寫，有轉帖文書、有借地契約，更難得的是抄有佚題七言詩一首（贊頌西晋敦煌書法家索靖）、《離合詩》一首、蜀地女詩人張窈窕《春思》中的詩句、成都人雍陶《離家後作》詩中的句子、女詩人姚月華《怨詩寄楊達》詩中的句子。這件寫本是氾賢信爲學郎時抄寫的，字迹較爲雅致，可見他從小練習書法，所以才創作了贊頌敦煌書法家索靖的七言詩。他隨意摘録的張窈窕、雍陶、姚月華的詩，内容都是悲苦離别之作。他製作的寫本中好幾首詩與蜀地有關，説明當時從蜀地傳來的作品較多，這些學郎平時閲讀這些作品，耳濡目染，不經意中就抄寫了這些句子。

敦煌文學中，對中國文學史影響最大的是"變文"和曲子詞。變文是連接魏晋志人志怪小説和宋元説唱文學的橋梁。鄭振鐸説：變文發現的重大意義，在於它是古代文學和近代文學之間的橋梁；没有變文，中國文學史的諸多重大問題就不能解釋。但"變文"最早出現在哪裏，至今仍是學術難題。有大量的材料證明，變文與蜀地關係最爲密切。據《太平廣記》引《譚賓録》的材料，唐代安史之亂以前"轉變"（轉唱變文）就已經在蜀地民間廣爲流行，成爲廣大民衆喜好的娱樂活動。又據《高力士外傳》記載，唐玄宗從蜀地回到長安，就以從蜀地帶回的"轉變"作爲娱樂方式。現存唐詩中關於"轉變"的作品，幾乎都和蜀地、蜀女有關。吉師老有《看蜀女轉昭君變》："妖姬未着石榴裙，自道家連錦水濆。檀口解知千載事，清詞堪嘆九秋文。翠眉顰處楚邊月，畫卷開時塞外雲。説盡綺羅當日恨，昭君傳意向文君。"這位來自錦江邊的女子，講的正是王昭君變文。來自巴地的李遠寫有《轉變人》："綺城春雨灑輕埃，同看蕭娘抱變來。時世險妝偏窈窕，風流新畫獨徘徊。場邊公子車輿合，帳裏明妃錦繡開。休向巫山覓雲雨，石幢陂下是陽臺。"他所描寫的情景，當是巴蜀演唱昭君故事的場景。李賀《許公子鄭姬歌》："長翻蜀紙卷《明君》，轉角含悲破碧雲。"演唱者是"鄭姬"不是"蜀女"，但她用的畫圖是"蜀紙"製成的，説明其傳自蜀地。這些詩中所寫的王昭君變文，恰好還保存在敦煌寫本中，説明敦煌寫本《王昭君變文》就是由蜀地傳入敦煌，再經過敦煌藝人的改

寫。中國文學史上最早的道教話本《葉净能詩》見於敦煌寫本。本篇寫葉净能的無邊法術，“上應天門，下通地理”，對於天下鬼神，“要呼便呼，要使便使”，“绝古超今，化窮無極”，因而叙述了一系列奇异的故事。通篇爲散説，結尾有韵語哭辭，與宋元話本《大唐三藏取經詩話》相類。本篇的編者雖不可確考，但所叙葉净能十余則故事中有一則唐明皇“劍南觀燈”值得關注。“明皇觀燈”屢見於唐以來史籍，除一處作“廣陵觀燈”，其余均作“凉州觀燈”（参《敦煌變文集》該篇校記），而唯獨《葉净能詩》作“劍南觀燈”。唐安史之亂後，廣陵陷賊，凉州亦很快爲吐蕃乘機攻占，遭到根本性的破壞，再也没有往日“凉州七里十萬家，胡人半解彈琵琶”（岑参詩）的盛况。把“凉州觀燈”改爲“劍南觀燈”，説明話本的改編者有可能是蜀地道士。由此可見，蜀地與敦煌文學的關係至爲密切。

巴蜀學者在敦煌寫經、敦煌語言、敦煌文學、敦煌石窟考古、敦煌壁畫、敦煌雕塑、敦煌音樂舞蹈、西北多民族文化交融、中外文化交流、唐代吐蕃歷史地理、敦煌藏文文獻等領域，都有深入研究。老一輩學者在民國時期遠渡重洋，到歐美各地搜求被帝國主義探險家、考古學家劫掠而去的敦煌文物，他們披荆斬棘，篳路藍縷，爲絲綢之路學和敦煌學盡心盡力，留下了豐碩的學術成果和不屈不撓的學術精神。中年學者在改革開放的形勢下，與世界學術接軌，拓展了研究領域，深化了研究内涵。青年學者繼承了前輩學者的學術成就和學術精神，以敏鋭的學術眼光發現新問題，運用新方法，在敦煌學領域也多有建樹。他們是“走進”敦煌學的“預流”！

伏俊璉

2025年7月30日

目　録

導言

一、生平傳略

潘重規先生（1908—2003），安徽省婺源縣人（今江西婺源）。1908年二月十四日（陰曆戊申年正月十三日）生。本名崇奎，小名夢祥。章太炎先生爲之易名爲“重規”，黄季剛先生因易其字爲“襲善”[①]，石禪則先生自號也。1924年畢業于贛州第四中學，後即考入南京東南大學（後來中央大學，今南京大學）中文系，從王伯沆、黄季剛諸先生學。

① 己巳年（1929）十一月卅日太炎先生生辰，季剛先生偕石禪師赴滬祝壽。太炎先生見石禪師而喜之，爲之易名曰“重規”，季剛先生因易其字爲“襲善”。黄季剛先生襲善重規名字題篆云：“重規襲善：己巳十一月晦爲吾師　太炎先生六十二生日，偕石禪如上海祝之。師見石禪而憙之，爲之易名曰重規，所以愛之者深矣；予因易其字曰襲善。烏虖！名字之美，抑盡之矣，將何以副之哉？襲善免之。　黄侃書于上元石橋賃居。”又季剛先生《讀古籒拾遺日記》：“（己巳十二月）三日壬子　屬石禪（余爲易字襲善，乙太炎師易名重規也）致書來青雲，春在堂全書配補，又點壞，只予價八十元也。”

黄氏精于小學（文字、聲韵、訓詁）、經學、文選學、《文心雕龍》，王氏兼及《紅樓夢》，於是道途蕩蕩，廣心博騖。

1930年中央大學畢業後，任教于武漢湖北高中，1934年奉師命返回母校中央大學中文系擔任助教。1937年對日抗戰軍興，隨學校西遷重慶，流離入蜀，後轉任川北三臺國立東北大學中文系副教授，之後應聘成都國立四川大學中文系教授、系主任。抗戰勝利後，任上海國立暨南大學中文系教授、安慶國立安徽大學中文系教授兼主任，繼而泛海講學于香港文化書院，渡海來臺後，任省立臺灣師範學院（即今臺灣師範大學）國文系教授、系主任。

1951年，每周周日上午八時至十時，先生于師範學院大禮堂爲社會大衆開講《四書》，并輔導成立“人文學社”，傳播文化之功，騰於衆口，劉真院長稱譽有加。又編纂《民族文選》《正氣文選》等，弘揚中華五千年民族精神、人倫之美，深受稱道。

先生研究《紅樓夢》，引申民族大義，1951年5月23日應臺灣大學中文系邀請講演，講題“民族血泪鑄成的《紅樓夢》”，舉座感動。胡適執舊説，先生斥之不顧也。又與羅家倫辯簡體字，擇善固執，先生之卓識可知矣。

之後，爲接滯留大陸老家的母親，遂赴新加坡，任教南洋大學，幾經周折，終得如願，迎奉太夫人寓居臺北。隨後應錢賓四先生之聘請，轉任香港新亞書院教授、文學院院長，直到退休。1973年秋應聘法國巴黎第三大學博士班客座教授，并籌設漢學研究所博士班。隔年（1974）春應中國文化大學創辦人張其昀先生之邀，返臺出任中文研究所教授、所長兼文學院院長，迄1987年退休，獲聘東吴大學講座教授。

先生晚拾敦煌散帙，致力尤勤，遠涉英、法諸國圖書館，勘對原卷，自云“敦煌石窟寫經生”[1]，甚至隻身遠役，深入蘇聯列寧格勒（今俄羅斯聖彼德堡）披閲敦煌寫卷與《紅樓夢》抄本。1974年，法國法蘭西學術院有見於先生敦煌學研究的卓越成就，特主動頒予代表法國漢學最高成就的儒蓮獎（Julian Price）。1976年韓國嶺南大學贈予名譽文學博士學位。1992年，中國敦煌研究院爲推崇先生在宣導敦煌學研究投注的心力及研究貢獻，特由院長段文杰先生率團來臺頒贈該院榮譽院士頭銜。

2000年7月，中國國家文物局、甘肅省人民政府及敦煌研究院爲慶祝敦煌藏經洞發現一百周年，表彰先生的成就與貢獻，特頒予“敦煌文物保護研究貢獻獎”。2003年4月24日辭世，享年九十有七。

二、先生敦煌學初發與四川的因緣

章黄弟子對於小學、經學、《文心雕龍》、文選學等傳統學術素有傳承。先生承繼季剛先生之精髓，博雅淹通，而在新興的紅學、敦煌學方面研究成果豐碩，影響深遠，尤其敦煌學更是跳脱傳統學術而獨樹一幟，成就輝煌。

先生1925年考入南京東南大學中文系，1930年中央大學畢業，至武漢任湖北高中教員，1934年奉師命回南京中央大學中文系任助教，1937年對日抗戰開始，隨中央大學西遷重慶沙坪壩，隔年晋升爲講師，主講《詩經》《文心雕龍》。1939年轉任三臺東北大學中文系教授。其在中央大學的歲月長達10年，有學生的學習生活，有擔任助教協助教學的工作，還有教師身份的授課。學生時期，有王伯沆、吴瞿安、胡小石、汪辟疆、汪旭初等國學大師的調教，特别是追隨季剛先生的問學，研經窮理，名師

① 先生《雜詩》一首有云：“微茫孔思與周情，入海遺編照眼明。錫我頭銜新署印，敦煌石窟寫經生。”有小序云：“門人盧人俊爲治一印，文曰：敦煌石窟寫經生。”

高徒，相得益彰，傳爲美談。奉師命返校任助教親炙季剛先生的日子裹，治學、爲文、山水游賞、文人雅集，更是先生厚植治學根柢，開闊學術視野，成就淵博學識的關鍵期。

雖然先生自己説第一篇敦煌學論文是在東北大學學報《志林》發表的《敦煌唐寫本〈尚書釋文〉殘卷跋》。不過，據我所知，先生在中央大學那段悠游學海的歲月中，追隨季剛先生研學的日子裹已埋下敦煌學研究的根苗。我們從季剛先生的日記中見到不少購買、抄寫有關敦煌圖書的記載，如《戊辰十二月日記》"十七日壬申：周君來鈔書，以《國學叢刊》中敦煌出佚籍屬其鈔""廿三日戊寅：蟫隱廬書到，計十五種，錢九十二元有奇"。十五種中便有：《鳴沙石室佚書》四、《續編》一、《（鳴沙石室）古籍叢殘》六、《隸古定尚書》一、《敦煌零拾》一。"廿四日己卯：另求羅刻《敦煌碎金》"，《己巳治事日記》"十一日丙申：得穎民書云，爲求得《敦煌石室碎金》"，《寄勤閑室日記》（庚午四月）"九日丁巳：石禪爲買得新出敦煌本《净名經集解關中疏》一部二册，聞尚有《稻芊經疏》，未知何處出售也"，《量守廬日記》（甲戌三月）"八日壬戌：假資出游，過中央研究院之門，忽思買《敦煌掇瑣》，遂買得上輯二册（三元五角）中輯二册（二元）、《敦煌劫餘録》六册（四元）……夜觀電影。歸遇雨。看《敦煌掇瑣》"。諸如此類，可見當時已埋下先生日後發展敦煌學的根苗了。特别在先生携荷露拜謁季剛先生的隔天，《閱嚴輯全文日記》民國戊辰年（1928）五月"十六日甲辰（七月三日禮拜二）八時餘，容自滬還，帶來江西本阮刻《十三經》（價四十八元），又鷹若托帶《涵芬樓秘笈》第四集（内有唐寫本《尚書釋文》）"，廿六日壬子（九月九日）"小石來，晚飯後借去景印《隸古泰誓》、景鈔《商書般庚》至《微子》，景鈔吴檢齋《唐寫本舜典釋文校記》。潘石禪來，示以宋拓《皇甫碑》"，可見先生對唐寫本《尚書釋文》早有接觸，且多有心得并沉潛於心。因此，1939年當姜亮夫出示法藏敦煌寫本《尚書釋文》的照片時，先生如獲至寶，旋即商借照片，連日抄校，撰文發表。若非早已養成識寶的見識，恐怕即使得以入寶山，也是空手而還。

1. 第一篇敦煌學論文與四川三臺的因緣

先生第一篇敦煌學論文的撰寫與發表，確實是與四川三臺東北大學有着密不可分的因緣。先生《己卯八月廿一日夕初到三臺口號》詩一首有云："平楚遥岑晚更妍，客懷吟思滿山川。難追杜老驚人句，也擬郪江住一年。"自注有云："杜詩：五載客蜀郡，一年居梓州。今三臺即漢郪縣、唐梓州地。"此詩作於1939年8月21日。

先生在《我探索敦煌學的歷程》一文"初寫論文"一節中説："民國二十六年，抗日軍興，我隨中央大學到重慶任教。敵機疲勞轟炸，震壞了我市郊土瓜灣的木屋寓所。到民國二十八年秋，我應聘往川北三臺縣東北大學中文系任教。系主任姜亮夫教授從巴黎帶回敦煌資料很多，有一次，他把最得意的敦煌唐寫本《尚書釋文》殘卷的照片見示，使我大開眼界。後來姜氏出版的《敦煌——偉大的文化寶藏》一書中一再提及，這個卷子是'《尚書》最要寶典，爲隸古定最早之本'。我當時借得姜氏照片後，發現可以訂正清代段、王諸儒的失誤非常的多。於是興高采烈地寫成第一篇有關敦煌學論文，在東北大學學報發表。四川大學中文系主任向宗魯先生看見拙文，來信大加獎勵，但從此却不再有見到姜氏珍藏資料的機會，使我感到傷心。"①

從初見照片、摹寫、抄校、撰文到刊載，詳細歷程，先生《三臺日記》（1940年）中多所記載。如：

① 潘重規：《我探索敦煌學的歷程》（上、下），載《創新周刊》第410期，第2—6頁。

民國二十九年一月三日（十一月廿四星期三）：晡鈔燉煌唐寫《舜典釋文》一葉。

一月六日（十一月廿七星期六）：晨鈔燉煌唐寫《舜典釋文》半葉。

一月七日（十一月廿八星期日）：晨鈔《舜典釋文》畢。燉煌瓌寶忽在插架中，可以自慶……

一月二十四日（十二月十六星期三）：午鈔燉煌古寫本《尚書》校記三葉。

案：校勘記引日本足利學所藏古本多與燉煌卷子相合。阮氏疑之，以爲字體太奇，間參俗體，不足信。其實此本六朝一時之風氣，非日本人所能僞造也。

二月四日（十二月廿七星期日）：鈔燉煌卷子《尚書》校記三葉。予前爲日本足利學古本不僞，今又得二證……規案：巴黎藏燉煌卷子二五三三號《禹貢》皆與古本合，集解所引正同古本……

二月廿四日（正月十七星期六）：飯後鈔燉煌卷子校記至夕，得六葉。

二月廿五（正月十八星期日）：晨鈔校記二葉。

二月廿六日（正月十九日星期一）：晨繙校課。鈔燉煌《尚書》校記一葉。全書告成，首尾閲二月矣。

從日記中看到排日摹寫，一月三日開始鈔寫，早晚從事，一月七日“鈔《舜典釋文》畢。燉煌瓌寶忽在插架中，可以自慶。”可見喜悦之情。除了依照原卷照片，逐字逐句，一筆一畫地摹寫抄録法藏P.3315《尚書釋文》外，并逐日撰寫校記。如：

四月六日（二月廿九日星期六）：午校燉煌《舜典釋文》。

四月十日（三月初二日星期三）：午校所鈔燉煌《尚書》卷子校記。

五月五日（三月廿八日星期日）：夜振奮精神作燉煌寫本釋文殘卷跋，屬艸兩葉。

五月八日（四月初二日星期三）：夜鈔釋文與燉煌卷子比勘。

五月廿九日（四月廿三日星期三）：三校所鈔《尚書音義》卷子并爲之跋。

由於先生對諸經注述及《經典釋文》夙有鑽研，《尚書》傳疏竄改問題尤爲關注，因此，當東北大學中文系主任姜亮夫出示其從巴黎携回的法藏敦煌寫卷《尚書釋文》殘卷照片時，即引起先生極高的興趣，在借得殘卷照片的短暫期間，先生不但排日摹寫，逐日撰寫校記，還最終完成了第一篇有關敦煌學的研究論文《敦煌唐寫本〈尚書釋文〉殘卷跋》，發表在1941年2月出刊的東北大學學報《志林》第2期。“也擬郪江住一年”的三臺是先生敦煌學研究的起始點。

2. 從三臺東北大學到成都四川大學中文系

由於向宗魯對先生在經學方面的研究，如《尚書疏證》《經典釋文》《公羊傳疏作者考》等多所肯定，先生也常與向宗魯問學。我們從《三臺日記》記載彼此書信往來論學的情形中可以窺知。如：

民國二十九年一月五日（十一月廿六日星期五）：得向宗魯先生峨眉書。

一月十一日（十二月初三星期四）：夜復向宗魯先生及王禹卿書。

一月二十七日（十二月十九星期六）：晡入城發信，并校《志林》

稿。得向宗魯先生書殷勤可感，謹録存之。“石禪仁兄先生左右：本月奉到惠書，許以貴校所刊《志林》賜讀，感荷之情，曷其有極。大箸《公羊疏作者考》，亟欲快睹，出版時希即寄也。承訊宋人改竄《釋文》事，謹就所知録呈如下:（下略）”

三月十七日（二月初九星期日）：晨寫辟疆、宗魯兩先生信各一通。

四月廿五日（三月十八日星期四）：得宗魯先生三月初十日書，節鈔於此：

前辱手示，因所寄《志林》尚未領得，故未即奉復。今日始得《志林》，諷誦大箸，精塙詳密，無任佩仰。近人之論此事者，有吴君檢齋及日人狩野直喜、重澤俊郎。重澤之説尤爲詳盡（中略）[1]，未能如尊箸之明净也。

五月二日（三月廿五日星期四）：復宗魯先生書。

五月廿三日（四月十七日星期四）：奉大人諭及宗魯先生賜書又得周鼎書。

五月廿六日（四月廿日星期日）：夜上書向宗魯先生。

按：向宗魯先生（1895—1941），原名永年，後更名承周，字宗魯，以字行。重慶巴縣龍鳳鄉人。自幼聰明好學，入書院，進中學，成績優异。1915年畢業于四川存古學堂（後爲國學院），受到當時蜀中經學名家廖平的賞識。1922年游武漢，結識黄季剛（侃）、徐行可（恕），交往甚密。1931年還重慶，先後執教于重慶大學，任中文系主任。1935年秋，重慶大學文、農兩院并入四川大學，1937年任成都四川大學中文系教授。

① 凡標“下略”“中略”者，蓋因録文較長，加以省略。

1939年，川大遷到峨眉山，1940年就任四川大學中文系主任，1941年11月11日逝世於峨眉川大宿舍。

向氏專治校勘學，致力於《周易正義》《春秋左傳正義》《史記》《史通》《淮南子》《管子》《説苑》《文選》等四部典籍的研究，著有《文選理學權輿續補》《説苑校證》《校讎學》《周易疏校後記》《月令章句疏證敘録》等書。弟子中，繼承其衣鉢而成就斐然者，如屈守元、王利器等皆爲四川大學名教授。

基於與黄季剛先生的關係，潘師入蜀在三臺期間與向宗魯先生書信往來頻仍，《三臺日記》中多見論學請益之記載。時先生撰寫《公羊疏作者考》于《志林》第1期（1940年1月）出刊，寄請向先生指正，深獲肯定，以爲精塙詳密，近人對此論題雖頗有論述，國人如吴承仕（1884—1939）有《公羊徐疏考》（《北師大國學叢刊》1927年），日人如狩野直喜（1868—1947）有《〈公羊疏〉作者年，代考》（《小川博士還曆祝賀紀念論叢》，京都：弘文堂書房，1930年），重澤俊郎《〈公羊傳疏〉作者時代考》（《支那學》6卷4號，1932年）等[①]，然均未能如先生此文論述明净。

先生還請教宋人改竄釋文事，向先生詳爲答復，更不辭其煩地録示《玉海》卷四十三内容，以爲言宋代校勘釋文事者以此爲最詳，自《尚書》外，無所謂竄改也。又詳録《宋史》《崇文總目》《宋史·藝文志》《五代會要》等相關材料，細爲解説。1941年2月先生第一篇敦煌學論文《敦煌唐寫本〈尚書釋文〉殘卷跋》刊于《志林》第2期，宗魯先生披閲此文不但獎勵有加，甚至還邀請先生轉任四川大學中文系教授。[②]這段從

① 因向宗魯先生的推介，先生特將日本重澤俊郎《〈公羊傳疏〉作者時代考》原著譯成中文，1955年12月發表在《學術季刊》4卷2期，第1—12頁。

②《向宗魯先生年表》亦提及，見曹順慶、羅鷺主編:《向宗魯先生紀念文集》，巴蜀書社，2015年，第7頁。

三臺東北大學到成都四川大學轉换教學的過程，無疑是先生與巴蜀關係的殊勝因缘。1941年11月向先生歸道山之後，先生出任國立四川大學中文系教授、系主任，與川大學風的相續相承，尤其展現在《文心雕龍》與敦煌學的研究發展上。

三、先生敦煌學研究的成就

回顧先生敦煌學的研究歷程，早年跟隨在季剛先生身邊，打下小學、經學根基，敦煌學圖書購買披閲，先生敦煌學暖身竟在青年。1939年首次接觸敦煌文獻寫本照片。1941年2月發表第一篇有關敦煌學的論文《敦煌唐寫本〈尚書釋文〉殘卷跋》，直至2001年在《敦煌學》23輯發表《敦煌變文集新書訂補（三續）》爲止，總計發表有關敦煌學的論著，計專書15種，論文86篇。

先生有關敦煌學的論著，自來深得學界重視，如法國戴密微（Paul Demiéville）於《通報》（*T'oung Pao*），陳新雄、林炯陽于《華學月刊》分别撰文評介先生的《瀛涯敦煌韵輯新編》，曾錦漳在《明報》月刊，郭在貽、黄征、張涌泉在《杭州師範學院學報》撰文評介先生校著的《敦煌變文集新書》等，而有關先生敦煌研究總體成就與貢獻，我曾先後撰寫專文進行概括。[①]2004年爲紀念先生逝世周年，《敦煌學》第25輯出版特刊，學者們分就各自關切主題對潘先生敦煌學不同的領域進行分類述介，如鄭阿財、朱鳳玉合撰的《潘重規先生敦煌文學研究成果與方法之考察》，汪娟、梁麗玲合撰的《潘重規先生與佛教研究》，洪藝芳的《潘重

① 如《潘重規教授與敦煌學研究》，《中國唐代學會會刊》第7期，1996年，第27—43頁；《潘重規先生敦煌學研究成果與貢獻》，《敦煌研究》第2期，2000年，第113—122頁。

規先生在敦煌音韵整理研究上的貢獻》，蔡忠霖的《論潘重規先生對敦煌俗字研究之貢獻》等，可資參考。

本書集録先生敦煌學研究論著四十五篇，内容性質涵蓋敦煌學總論、寫本文字、經學文獻與韵書、文學文獻（包含變文、曲子詞、《雲謡集》、詩歌），以及佛教典籍與佛教文化等。以下分别從經學、文學、佛教典籍、語言、文字等幾方面概述先生在敦煌學研究的成就，并就所知簡要論述先生敦煌學研究的態度精神與特色，闡述先生在敦煌學研究上的主要貢獻與影響。

1. 經學

經學乃中國傳統學術之重心，自來學者研究莫不以經部要籍爲先。先生對敦煌寫卷的整理與研究，由於機緣，最先接觸即爲《尚書釋文》殘卷的影本照片。其後置身英倫、巴黎，披閲原卷時，亦從經部要籍開始。

1939年時，先生在四川三臺東北大學自姜亮夫處首次接觸敦煌寫卷，他發現巴黎殘卷存《堯典》《舜典》二篇，與今本《經典釋文》多所出入，以爲今本經宋刻竄改，致失原貌，此敦煌寫卷當是先唐寫本，正可據以訂正清代段、王諸儒之訛誤，并持與宋本相校，發現凡此卷之古文，或全删，或改易，其情形與《崇文總目》載“陳鄂奉詔刊定《尚書釋文》”之説正合。

1957年，先生任教新加坡南洋大學，受邀參加在西德漢堡舉行的“國際漢學會議”及慕尼黑舉行的“國際東方學會”，趁此機緣得以到歐洲各大圖書館訪書，真正親眼目睹敦煌寫卷。此後，每年寒暑假便奔走於倫敦、巴黎，盡情披閲敦煌卷子。由於中國傳統學術首重經學，而敦煌寫卷中存有大量《詩經》卷子，有白文本、有詁訓傳本、有經音，大抵皆唐前手寫。1967至1969的三年間，先生三游巴黎、倫敦，盡讀英、法所藏敦煌《詩經》卷子，以爲“六朝唐人講習之《詩經》卷子，佚存於世者，具

萃於斯。取與《釋文》《正義》相校，多可印證發明，良由《釋文》《正義》即取材於此等卷子也”，“若敦煌卷子其爛壞不全，遠過於宋元傳本，其獨善絶佳處，亦迥非宋元傳本所能及”，乃遍校敦煌《詩經》卷子，將其考索所獲，先後撰成《巴黎藏伯二六六九號敦煌〈毛詩詁訓傳〉殘卷題記》《巴黎倫敦所藏敦煌〈詩經〉卷子題記》《王重民題敦煌卷子徐邈〈毛詩音〉新考》《倫敦藏二七二九號暨列寧格勒藏一五一七號敦煌〈毛詩音〉殘卷綴合寫定題記》《倫敦斯一〇號〈毛詩傳箋〉殘卷校勘記》。1970年結集成《敦煌詩經卷子研究論文集》一書，并附原卷照片於後。總結諸篇所論“敦煌所遺詩經卷子，有可確知爲六朝人寫本，有可確知爲唐代人寫本，且有可推知爲出於南朝或北朝舊本者，要皆傳寫毛傳鄭箋。其中獨有一疏本，即孔氏之正義。間有注音，亦皆附麗於詁訓傳本，是則六朝唐人之詩學，實毛鄭大一統時期”，“吾人由敦煌《詩經》卷子可覘六朝唐代詩經學之風氣。敦煌《詩經》卷子序文與經文每篇皆相連屬，置序於每篇經文之前，乃承詁訓傳舊式；寫卷章句或在篇前，或在篇後，可知經卷章句，標題前後，初無定式；《五經正義》自唐迄北宋，皆與經注別行。倫敦藏斯四九八號《毛詩正義》殘卷，即其舊式；敦煌《詩經》卷子，詩音多爲別行，亦有書於卷背者，有書於字側者，注音字側，最便誦讀，實宋人注疏本與釋文合刻之先河”。1979年，於巴黎敦煌卷子入藏裝裱剥落碎片中，披覽所得《詩經》殘篇P.4072-4及4634-b二篇移寫付印，公之於世，撰成《敦煌〈詩經〉卷子拾零》。其巨細靡遺，細心認真之研究態度，由此即可窺知。

1986年8月發表《簡論幾個敦煌寫本儒家經典》一文，論述極具特色的敦煌卷子P.3573《論語皇侃義疏》殘卷及P.3378《孝經注》殘卷。P.3573殘卷不著撰人，校以知知不足齋《論語義疏》即皇侃義疏之單疏本。南宋以前所傳皇疏，并是單疏本，後人始合疏於注。今日本所傳《皇侃義疏》每攙入邢昺《正義》及他説，且合疏於注之本於皇疏未盡采入割棄者尚多。以P.3573相校，則可發現删去部分。此外從數千碎片中檢得P.3573–5，此在重裱前原粘貼於寫卷邊沿，有題字“儀鳳三年十月廿七日於開遠”，因疑此爲唐高宗儀鳳三年（678）的寫本。P.3378《孝經注》殘本亦不著名氏，其書雜引故事，發揮經義，所引故事，頗似小説家言，顯系《孝經注》之儒生受佛教俗講風氣之刺激，而采取佛教用故事講經之方法以注經。

2. 文學

敦煌寫卷中之文學作品有歷代詩文集，然而最具特色，且最受學界關注者則是其中之俗文學作品。先生關注傳統詩文集，對於俗文學亦極爲重視，舉凡敦煌曲子詞、《雲謡集》、通俗白話詩、變文、敦煌賦等，莫不投注相當之時間與心力，既作總結整理，又多開創之論。兹舉其要者，述之如下：

英藏S.5478唐人草書《文心雕龍》殘卷，僅存《原道篇》至《諧讔篇》，但爲現存最早之本子，因此自發現以來即深受學者所矚目，或撰校記，或加題記，不一而足；然以正文章草難識，或未見原卷，或據影本中有脱漏，致有見所據參差，因疑原卷或有异本。1970年，先生特擷録諸家題記，詳列校文，并附原卷攝影，成《唐寫〈文心雕龍〉殘本合校》一書，用以闡明唐寫本之勝處，并袪學者莫衷一是之惑，且省讀者翻檢之勞。

敦煌《雲謡集》寫本，自1912年日本狩野直喜録得英藏《雲謡集》部分録文，王國維據狩野録文撰寫跋文開始，之後董康旅歐在倫敦録下了S.1441《雲謡集雜曲子》十八首，强村老人朱祖謀據以刻入《彊村叢書》卷首。後羅振玉得伯希和寄來S.1441《雲謡集》照片，於1924年據以刻入《敦煌零拾》。1925年，劉復將他在巴黎披閱敦煌寫卷輯録的資料，彙印

成《敦煌掇瑣》出版，收録有P.2838寫本，其後研究《雲謡集》者衆多。1976年8月，先生赴巴黎参加漢學會議，原擬繼續進行變文校録工作，却因航空公司遺失行李之因緣，轉而對敦煌《雲謡集》此一中國最早詞集進行研究。在與原卷細校之後，發現長久以來之諸多問題，如《鳳歸雲》二首題爲“閨怨”，却分寫在二首詞下，羅振玉將“閨”誤作“偏”字，乃誤“鳳歸雲偏”爲詞牌名；王重民則以爲“怨”字系正文，而誤將第一句作“怨緑窗獨坐”。先生遂將原卷的全部照片加以影印，附上摹本，并参校各家，作成定本，撰成《敦煌雲謡集新書》①，全書約三萬言，計分“緒言”“雲謡集卷子解説”“雲謡集校箋”“雲謡集雜曲子新書”“雲謡集雜曲子摹本”“雲謡集雜曲子照片”六部分。

過去有關於敦煌《雲謡集》的研究雖多，然由於大多没有看到原卷，或憑輾轉抄録，或據照片影本，不識俗字，以致多有誤會、誤校與誤改。不但國學大師羅振玉、文獻學家王重民、詞學名家任二北有錯，甚至所有校《雲謡集》曲子詞的都留下了不少錯誤。1977年先生親手抄寫完成了《敦煌雲謡集新書》摹本、校本、清本，附原卷照片一并印刷出版，“前人所留雲翳，一掃而空”。先生此一完美的整理方式，遂成校理敦煌文獻之法式。

繼《敦煌雲謡集新書》完成之後，先生每有獨到見解，陸續撰文發表於報章雜志，1981年并將其部分成果結集成《敦煌詞話》一書。全書計12篇，除任二北《敦煌曲校録補校》外，餘均發表於1979年到1980年間各報章雜志，以豐富之學養及對敦煌寫卷文字獨到之詁定功夫，訂正了大家對於敦煌曲子詞的許多誤認、誤校與誤改，提供敦煌曲子詞研究者正確之文本憑藉。

---

① 潘重規:《敦煌雲謡集新書》，臺北：石門圖書公司，1977年，第202頁。

若以中國文學立場來評估，敦煌卷子中，内容最重要者當是絶傳已久的變文。由於變文之發現，解答了中國俗文學上許多疑案，因此自發現以來，即成海内外研究敦煌文學焦點。早期，由於寫卷流散，只能依據各國披露之片段進行研究，因此對於變文難有整體而全面之認識，以致稱呼不一：或稱佛曲，或叫俗文，或稱通俗小説，或叫唱文……直至鄭振鐸以“變文”稱此類講唱體之俗文學作品，變文始成爲中外學者普遍接受而確定之稱呼。但近年來有以此類作品體制、内容、性質不盡相同，因而主張應將不同類型之作品加以區分，不可統稱爲變文，致有分爲詞文、故事賦、話本、變文、講經文等五類，以及押座文附類者。此論一出，咸以爲新説而蔚然成風，大有取代以變文稱呼敦煌講唱文學之勢。先生對此深不以爲然，1979年《敦煌變文新論》一文，舉出《大唐慈恩寺三藏法師傳》卷九提及之《報恩經變》一部，應是《報恩經》之俗講經文，可見“講經文”亦可稱爲“變”；而列寧格勒藏之《雙恩記》，内容即《報恩經變》，則變文亦可稱“記”。所以，“變文是一時代文體的通俗名稱，它的實質便是故事；講經文、因緣、緣起、詞文、詩、賦、傳、記等不過是它的外衣。譬如一位某甲，穿着中裝、西裝、和服，乃至運動衫、游泳衣等寫真照片，我們不能以服裝的不同，而斷定這不是某甲的寫真照片。變文所以有種種的异稱，正因爲它説故事時用種種不同的外衣來表達的緣故”。

又變文之移録校勘工作，學者已多有進行，其中彙集變文材料最爲豐富者當推1957年北京人民出版社王重民等六人合編之《敦煌變文集》，此書一出，頓時成爲海内外研究變文之主要依據。全書78篇，資料極爲豐富，然移録校勘不免錯漏，學者據以研究，無端增加不必要之困擾，甚至襲其錯漏而産生錯誤之推論。

先生乃以《變文集》爲基礎，一一核校原卷，《變文集》有誤，則

加以訂正，《變文集》漏脱，則加以補充，遂於1983年完成《敦煌變文集新書》，不僅增添舊書以外之新材料，更提出個人之新説法，對於學人研究和參考，提供了方便正確之材料。《新書》除在《變文集》之基礎上加工，訂正其脱誤外，其於編次上，復按照唐代俗講之發展過程加以改編，并增收了列寧格勒、臺北“中央圖書館”以及日本龍谷大學所藏的變文8篇，書後更附録有《敦煌變文論文目録》《敦煌變文新論》及圖版，成爲繼《敦煌變文集》之後研究變文者之主要文本依據。

又敦煌變文中有“押座文”一類，歷來學者如向達、孫楷第、那波利貞、金岡照光等均曾詳加研究，然其名義、性能，各家説法頗多歧异。先生特據敦煌卷子中十二個押座文及P.3770、P.3849、S.4417三個俗講儀式卷子，以探討押座文之名義與性能，分析押座文之類别，并廓清緣起一類的變文和押座文之混淆。

在敦煌詩歌方面，先生發現王重民《補〈全唐詩〉》誤認與未能辨認之字爲數頗多，乃據原卷一一詳加校訂，於1981年撰《補〈全唐詩〉新校》一文，希望使據敦煌殘卷補《全唐詩》之工作能更臻完善。又敦煌寫本白話詩人王梵志及其詩篇是海内外敦煌詩歌研究的熱門論題。張錫厚的《王梵志詩校輯》一書出版，成爲學界之主要參考，然張輯頗有訛誤，致失王梵志詩原貌，影響極深。先生特據原卷，進行更精細、更正確之考訂，於1984年發表《簡論〈王梵志詩校輯〉》及《〈王梵志詩校輯〉讀後記》訂正張《輯》中之誤認，大大恢復了王梵志詩之原貌。

此後又發表了《王梵志出生時代的新觀察——解答〈全唐詩〉不收王梵志詩之謎》及《敦煌王梵志詩新探》，針對王梵志生平事迹，僅見于《桂苑叢談》《太平廣記》之記載，許多研究者均將其視爲神話式之記載，特舉陸羽之身世與戴震“十歲始能言”爲證，認爲王梵志乃一棄嬰，《桂苑叢談》中王梵志出生隋代之記載可信，并證以P.4987號《王道祭楊

�文》而推知王梵志出生時期，最遲在隋代晚期，甚至可能在隋文帝初年，編《全唐詩》者，認定王梵志是隋代人，此乃《全唐詩》編者不收録王梵志詩集之真正原因。

《秦婦吟》，乃唐代韋莊以詩記黄巢事以來之實録，其詩萬口傳誦，後世失傳，現幸敦煌石室寫本尚多，千載之下，賴以保存不墜。自王國維開始，從事校勘，先後箋釋、校注者甚多，然統觀諸校本，文字頗多分歧，箋釋復多异説。先生有感于此，乃遍觀今存16件寫卷，博稽衆議，細核原卷，校定异文，手寫一遍，并擷録諸家注釋，兼陳己見，於1984年成《敦煌寫本〈秦婦吟〉新書》。

對於敦煌寫卷中的唐人詩集，王重民曾做了相當多之整理工作，其中P.2555號爲唐人佚詩七十二首，王氏逝世後，夫人劉修業交由弟子白化文等整理，以舒學之名發表，題名爲“敦煌唐人詩集殘卷”，以爲此七十二首詩乃中唐時被吐蕃俘虜之敦煌漢人所作，因此一般稱之爲“陷蕃詩”。諸家研究者不少，然由於寫卷複雜，諸家校録文字未盡精審；爲不使貶損陷蕃詩人之價值，先生披閱原卷，重加校定。自1979年起，先後發表了《敦煌唐人陷蕃詩集殘卷研究》《敦煌唐人陷蕃詩集殘卷作者的新探測》及《續論敦煌唐人陷蕃詩集殘卷作者的新探測》等三篇，論證卷中作者馬雲奇實非陷蕃詩作者之一，并對馬雲奇《懷素師草書歌》加以考證，考明懷素生卒年歲與交游，推斷馬雲奇之年齡，判斷《懷素師草書歌》與後十二首風格不同，肯定爲馬雲奇在江南送懷素之作品非陷蕃詩；并指出真正陷蕃詩之作者則是落蕃人毛押牙。

敦煌文學之研究以變文、曲子詞、白話詩等最受學界矚目，相較之下，敦煌賦則乏結集整理。先生對此每興滄海遺珠之慨，因於1978年將分別度藏于各地之敦煌賦寫卷，巴黎十三件十三篇、英倫四件五篇，去其重複，共得十五篇，一一檢閲原卷，細心推勘，力索冥搜，得其文理，彙鈔

合校，寫成《敦煌賦校録》，此實敦煌賦之第一次結集。自此，敦煌賦之風貌始大體可觀。文中并闡明文辭好采口語、内容多寫實事等敦煌賦之特色。

3. 佛教典籍

巴黎藏P.3747爲唐前寫本。王重民考證爲《衆經别録》之殘卷，而其叙録却誤作P.3848。先生以爲王氏叙録雖有小疵，然考定此爲劉宋時《衆經别録》則確然無疑。1979年，先生于巴黎細校此卷，益加確信王説無誤，特撰成《敦煌寫本〈衆經别録〉之發現》一文，除詳加校訂全文之外，更進一步闡述此經録寫本之優勝，以爲此録早祐《録》數十年，是現存最古藏經目録，并透過精密的論證與闡述，揭示劉宋《衆經别録》特殊之意義與價值，以爲“《衆經别録》每經詳辨其文質者，意在因文以明道；每經必揭其宗旨者，期明道以篤行。研精教乘，孰有先於明道篤行者！然則此録之特色，不獨諸録之所無，抑亦諸録之所不及，是此卷之發現，得不謂爲經録一大發現歟”！

敦煌本《六祖壇經》記録六祖自説求法經過云：“人即有南北，佛性即無南北。獦獠身與和尚不同，佛性有何差别。”丁福保《六祖壇經箋注》解釋説：“獦音葛，獸名，獠音聊，稱西南夷之謂也。”自來均以六祖爲“獦獠”是西南夷的少數民族之一。先生以爲“獦獠”爲一詞，蓋始見於《壇經》寫本，唯非爲西南夷之一種，乃田獵之獠夷。因于1992年撰《敦煌寫本〈六祖壇經〉中的“獦獠”》一文，列舉諸史皆不見“獦獠”，之名號，其詞唯見於寫本之《六祖壇經》。若如丁福保之解，是五祖輕鄙獠族有异于常人，揆之祖師悲心無乃不類。故“獦”字實乃“獵”之俗寫，并以敦煌寫卷《父母恩重經》《正名要録》等證明“獦”，確爲“獵”字，獦獠即獵獠。獠夷常事田獵是六祖曾長年過著獵人生活。

《六祖壇經》爲中國人撰著佛教典籍而唯一被尊稱爲“經”的一部。

以往通行本是明藏本，敦煌本《壇經》發現，使《壇經》研究進入一新階段。但近代中、日學者，咸以其書寫文字與後世不同，而認爲是抄寫訛誤，甚至鄙視之爲“惡本”。先生以爲敦煌寫本使用文字乃當時通行文字，於是廣泛徵引敦煌俗寫文字之例證，撰成《敦煌〈六祖壇經〉讀後管見》發表於1992年。文中説明敦煌本《壇經》不但不是近代學者眼中心中之“惡本”，而且還是接近于六祖原本之抄本；并詳舉力證駁斥胡適之主張《壇經》爲神會僞造之説，論據確鑿，極見功力。

敦煌寫本《壇經》只有一萬二十字，惠昕本則有一萬四千字，而明藏本竟增至二萬一千字，足見後世《壇經》版本，不乏後人增補。近代發現之敦煌本，正可讓世人重睹《壇經》原貌。唯以敦煌本俗寫文字不易確認，致使真本不彰。1991年先生以年近九十的高齡，於兩次膽囊開刀後，發心據北京8024號、英倫S.5475號、敦煌博物館及大谷光瑞舊藏等之敦煌本《壇經》，細爲校定，并工楷手録定本，力求恢復《壇經》原貌，以提供研究禪宗歷史與《壇經》者重要而正確之資料。“凡兹所爲，惟欲破除讀敦煌《壇經》的文字障，俾百世以下，讀者如親聆大師音旨。”其用心可知。

4. 語言

敦煌寫卷中有關語言之資料，最多也最早受到注意的則推《切韵》殘卷。早期王國維曾得到法國巴黎藏三件《切韵》殘卷之照片，并加以臨摹；劉半農留學巴黎，亦曾抄入《敦煌掇瑣》；而規模最大者則是姜亮夫《瀛涯敦煌韵輯》四巨册。1967年，先生於巴黎國家圖書館研究時，因見鄰座日本馬淵和夫教授正以原卷校對姜亮夫《瀛涯敦煌韵輯》，心想姜書中每卷均經臨摹、抄寫、拍照，回國又重新校對，尤其指出了王國維錯誤三百五十餘條、劉復訛誤兩千條，應是精密之作。然在好奇之下，嘗試選擇該館所藏最重要之一份《切韵》殘卷P.2129號卷子，與姜書進行對校，

却意外發現原卷“刊謬補缺《切韵》序，朝議郎衢州信安縣尉王仁昫字德温新撰定”，姜書不但漏抄，更在序文前擅加“王仁昫序”四字，而將原可解決《切韵》作者問題之最重要證據抹去，叫人大感吃驚。於是决心通校姜書，直至1969年，寫成《瀛涯敦煌韵輯新編》一書，諟正姜書錯漏不下两千條。

其後龍宇純曾撰《英倫藏敦煌〈切韵〉殘卷校記》一書，針對姜書失收之英倫藏敦煌《切韵》殘卷S.5980、S.6012、S.6013、S.6156、S.6176、S.6187等十二片進行校訂。1983年先生取龍氏校記，對勘原卷，頗有訂正之處，依新編之例，撰成《龍宇純〈英倫藏敦煌切韵殘卷校記〉拾遺》。又因獲不列顛博物館典藏者之助，以原卷拍照，清晰遠勝龍氏所據微卷影片，特複印附後，可供學者參核。

5. 文字

先生以爲敦煌學研究“目録是門徑，文字是基礎”。由於敦煌寫本文字存在字形無定、偏旁無定、繁簡無定等紊亂現象，造成讀卷人莫大困擾；因此研究敦煌寫卷文字與文書解讀實爲首要之務，乃將其數十年披閲寫卷，解讀文書的經驗，撰成《敦煌卷子俗寫文字與俗文學之研究》一文，將寫卷中俗、訛、繁、簡等複雜問題歸納出字形無定、偏旁無定、繁簡無定、行草無定、通假無定、標點符號多异等條例，并列舉變文、曲子詞等敦煌俗文學寫卷的書寫文字相互印證，説明敦煌俗寫文字與俗文學之關係，成爲研究敦煌俗文學必備的條例。進而爲協助研究者解除俗寫文字之迷障，特於1978年鳩集學生編纂《敦煌俗字譜》以爲導路之明燈。此編雖僅就當時所能掌握的敦煌寫卷影本資料，臺北“中央圖書館”藏一四四卷及《敦煌秘笈留真新編》所收之法國巴黎寫卷影本爲主，以原卷影本剪貼編纂，所録俗字雖爲數不多，但文字條例已具，序文對俗字發展説解尤爲精到，觀念尤爲清晰，對敦煌文書的解讀，極具貢獻。

其後先生更發現遼代行均編《龍龕手鑑》一書，係根據寫本編纂而成之字書。此是先生在學術上的另一項重大發現。他認爲此書應係遼僧行均根據寫本《佛藏音義》編纂而成，而其所據文字正與敦煌寫本相同，均是俗寫文字之淵藪。唯此書歷代評價不高，甚至有直視爲廢書者。清儒如錢大昕、李慈銘、羅振玉等，多誤解此書，而未能給予正確的評價。然先生則以爲其情況正與敦煌俗寫文字混亂之情形一致，足證行均是據當時流行的寫本加以編纂，因而此書恰可成爲校讀敦煌寫卷的工具。爲使便於翻檢，1980年鳩集學生重加編纂，成《龍龕手鑑新編》。標舉"正、俗、通、古、今、或、誤"等字例，確立字頭；編纂索引，以便檢索，末附"《龍龕手鑑》敦煌寫本字體相同表"以資參考。此論一經發表，震撼學界，《龍龕手鑑》遂由無用廢書，頓時成爲説明解决敦煌寫本文字障礙不可或缺的工具書。

1983年又撰《〈龍龕手鑑〉與寫本刻本之關係》、1984年撰《〈龍龕手鑑〉及其引用古文之研究〉》，除説明此書編成的背景、原因、價值與影響外，更列舉敦煌寫卷中之俗字、隸古定、武后新字與《龍龕手鑑》所引者相互印證，證明了《龍龕手鑑》確實是閱讀敦煌寫卷不可或缺的工具書。1991年又撰《用敦煌俗寫文字校釋〈文心雕龍〉刊本中殘存俗字考》，再次申明了《龍龕手鑑》的真正價值，更開創敦煌俗文字學的研究先河。

1995年撰《敦煌寫卷俗寫文字之研究》一文，更進一步推求俗寫文字紊亂的種種現象，非但民間如此，實乃肇端於書家。除以書聖王羲之《蘭亭序》爲例證外，更提出六朝以降，周興嗣《千字文》作爲識字的讀本與習字範本，因而智永《千字文》真書之寫法與敦煌寫本同樣出現俗寫，一千字中竟幾達二三百字之多，實爲最佳明證。

四、先生對敦煌學研究的精神與特色

以上簡述，僅能略窺先生敦煌學研究成果之梗概，關於先生之研究歷程，則可參看先生自撰之《我探索敦煌學的歷程》。至於其治敦煌學之態度、精神與特色，約而言之，略陳如下：

1973年8月，先生爲快睹列寧格勒藏敦煌寫卷，不惜隻身遠役，克服種種困難，終於邁進東方學研究院列寧格勒分院（今聖彼德堡）“敦煌特藏庫”，成爲我國第一位親自披閲、抄録、介紹和研究俄藏敦煌寫本的敦煌學者，對推進世界敦煌學研究發揮了極大的作用。其葆愛文化，篤好真理，發爲一種大無畏之精神，更足爲後學之楷模。①

陳寅恪先生《敦煌劫餘録序》曾説：“吾國學者，其撰述得列於世界敦煌學著作之林者，僅三數人而已。夫敦煌在吾國境内，所出經典，又以中文爲多，吾國敦煌學著作，較之他國轉獨少者，固因國人治學，罕具通識。”先生對此很受感動，深深以此爲我國學術界之痛。又有感于敦煌，是我國學術的傷心史。敦煌學雖是中國的學問，但由於文物外流，却成爲國際顯學，我國研究反較各國起步晚且成果少。如果我們抱着學術報國的决心，認定從事學術，即是保衛國家；再加上小心、耐心，對以往學者的研究成果生尊敬心，一步一步地深入探索，最後必定有更新更多的發現。於是多年奔走籌畫，與國内外友人合力創刊《敦煌學》雜志，以圖光大斯學。歷來有關敦煌學著作，幾乎都用外國文字發表，好像那是中國以外的一門學問，故立定宗旨，來稿一律用中文撰稿；即使邀請外國學者執筆，也必譯成中文。務期研究中國的文獻，用中國文字發表，呈獻于世人之前。

---

① 詳參潘重規：《列寧格勒十日記》，學海出版社，1975年；東大圖書公司，1993年。

同時，還以謝靈運“不惜去人遠，但恨莫與同”的詩句與後學共勉，并題寫“萬國朋從倍有情，只憐客主未分明。周彝夏鼎英靈在，漢學終當作漢聲”詩篇，表達期盼國人能有更多身手不凡的園丁來共同從事敦煌學的墾殖工作！其奮起努力之精神，令人敬佩。

要發皇一門學問，必須有優秀的人才，通力合作，方有成功之望。先生自1976年開始，在中國文化學院中文研究所開設“敦煌學研究”課程，這是以往從未開設過的科目。敦煌學是以資料爲核心的一門新興學科，本身不是孤立而是有系統之學問，所以先生“敦煌學”課第一講，特以“野餐與名菜”爲開場，他説，正常的課程，是上有名的餐廳，品嘗有名的菜色；敦煌學這一從未列入正式菜單的課程，可以説是一群好事之徒，登山涉水，在四顧蒼茫中吃的野餐，是大家動手，大家合作，大家摸索做成的野餐。這份野餐，可能粗劣不堪入口，可能是凡間未得曾有的异味。不管收穫是好事壞，是多是少，同甘苦，共勞逸，有飯大家吃的精神，總是可以肯定的。其披荊斬棘的開創精神溢於言表。“但開風氣不爲師，成功不必在我”，是先生勇於另闢蹊徑的治學精神。

努力不懈是先生敦煌學研究的根本精神。先生自詡爲“敦煌石窟寫經生”，整理經卷，必手校摹寫，孜孜矻矻，從不間斷。八十六歲時，於兩次開刀後，尚且遍校敦煌本《壇經》，年近九十時更將全帙工楷手録出版。九十三歲時，仍依舊從事《敦煌變文集新書》之訂補工作，其努力不懈之研究精神實爲後學之最佳典範。

敬謹務實與求真的態度是先生在敦煌學研究上重要的展現。當面對敦煌寫卷俗寫文字與俗文學時，先生主張必須有尊重原卷與原文之敬謹態度，不可逞意妄改。他説“凡欲研究一時代之作品，必須通曉一時代之文字；欲通曉一時代之文字，必須通曉書寫文字之慣例”，因此絶不可遇到讀不通處，便自以爲是，擅自改動，各逞臆説。又其著作中每多以“新

編”“新書”爲名，其《敦煌變文集新書》引言即説：“新書以舊書爲基礎，舊書也包含在新書之中。不僅增添舊書以外的新材料，也提出我個人的新説法。新舊同時陳列，讀者展卷了然。新舊材料的异同，自可明察；新舊説法的是非，自易判斷。”由此可見其肯定自己、不薄前賢的敬謹態度。

又如英藏S.4332號寫本，正面抄録有《别仙子》及《菩薩蠻》等兩首曲子詞，其中《菩薩蠻》這首可能是歷史上最古老的《菩薩蠻》，王重民《敦煌曲子詞集》及任二北《敦煌曲校録》均曾收録。王重民親見原卷，任二北看過照片，然皆把“且待三更見日頭”的“日頭”認作“月頭”。爲了省去後人不必要的揣測和猜疑，先生特于1979年10月親赴倫敦不列顛圖書館，調閱原卷，確認原卷，見到原卷工整清楚地寫作日字，因此確認“月頭”者誤，當作“日頭”無疑。爲了校正一個差之毫釐、謬以千里的關鍵字，他在倫敦小住，旅館費用總計花費新臺幣一萬元，真可謂“一字萬金”，這獲見作品真面目的代價，或可説是先生求真精神的側面。

此外，先生以爲“古之不舊，今之不新”。凡所研究無論總結整理或開創新説，均不事標新立异，唯務是非。例如撰《敦煌變文新論》與新説相抗衡，力挽狂瀾，支持鄭振鐸以“變文”爲敦煌講唱文學共稱之舊説；《〈秦婦吟〉新書》一文，多與敦煌學前輩陳寅恪看法不同；《敦煌〈六祖壇經〉讀後管見》一文則駁斥胡適之《壇經》爲神會所僞造之説法。凡此均顯示其“同之與异，不屑古今”的嚴謹治學態度，所有立論，自有定見，絶不與世浮沉。

至於先生敦煌學研究的特色，當首推宣導“文字是基礎，目録爲門徑”爲研究根基。先生長期涉獵敦煌寫本後，有了一個客觀而深入的看法，以爲“語言文字，是心靈思想的符號，人人都有表達心思的欲望，人人都有創造語文的權利。所以《荀子·正名篇》説：‘名無固宜，約之以命，約定俗成謂之宜，异於約者謂之不宜。’”他發覺：敦煌的俗文學寫本，文字訛俗滿紙；但是訛俗之中，自有它的條理。如果不小心推敲，擅作主張，便會陷於錯誤之中而不自覺。先生以爲“文字是基礎，目録爲門徑”蓋爲從事敦煌學研究的不二法門。我們觀察先生的研究成果，無論在《詩經》卷子、《雲謡集》、曲子詞、變文、王梵志詩、陷蕃詩、敦煌賦，乃至《瀛涯敦煌韵輯》《六祖壇經》，凡有重大之發現，莫不奠基於篤實正確之文字基礎；而其編纂《敦煌俗字譜》《龍龕手鑑新編》更見呼籲敦煌學研究應以文字爲基礎之苦心。其在敦煌俗文字學開創之功，爲世人所推崇，此可從先生九秩華誕香港饒宗頤教授所撰的壽聯“龍龕開字學，唐草酌文心”得到明證。

從事敦煌學研究者多矣，然能同時進行文獻目録編目整理工作的則不多見。先生不僅强調“目録”的重要，更於1968年完成《“中央圖書館”所藏敦煌卷子題記》，正是“目録是門徑”的具體實踐與最佳寫照。1973年發表《敦煌的現况和發展》時，更誠摯呼籲，希望聯合國際學術界力量，編纂一部“寫卷的聯合目録”及“研究論文著作目録”。“寫卷的聯合目録”王三慶教授持續着手進行；“研究論文著作目録”則由本人從事，1986年先生規劃在臺北舉辦“第一屆敦煌學國際學術研討會”，并囑我將所收集的敦煌學研究篇章配合“中央圖書館”藏敦煌寫卷於會場一并展出。會後，漢學研究中心出版了我與朱鳳玉編的《敦煌學研究論著目録》，2000年更完成《1908—1997敦煌學研究論著目録》，著録11650筆，2006年續成《1998—2005敦煌學研究論著目録》，提供檢索敦煌學研究成果方便的工具。從中既可掌握敦煌學的學術前沿，又可窺見研究課題的轉變與研究方法的趨向。

五、先生對敦煌學研究發展的貢獻與影響

除了上述先生在敦煌學研究之成就，以及敦煌學研究的精神與特色外，其在敦煌學研究之貢獻影與響，約可概括爲以下幾點：

1.首創《敦煌學》專刊，使中國之學，還歸中國之文，積極推動敦煌學研究之發展。

2.倡印敦煌寫卷影本，鼓吹影印全部“中央圖書館”館藏敦煌卷子，促使資料流通，方便學術研究。

3.開設“敦煌學”課程，積極培養研究人才，其中撰寫博士論文者，如鄭阿財《敦煌孝道文學研究》、林聰明《敦煌俗文學研究》、朱鳳玉《王梵志詩研究》[①]；撰寫碩士論文者，如陳世福《敦煌賦研究》、宋新民《敦煌因緣類變文研究》[②]等數十人，王三慶、鄭阿財、朱鳳玉的學生如汪娟、洪藝芳、梁麗玲、蔡忠霖、周西波、林仁昱、劉惠萍、簡佩琦、廖秀芬、陳淑萍、張家豪、許絹惠、陸穗連等也分別在敦煌文獻、文學、佛教、道教、語言文字及圖像壁畫方面有所鑽研，爲臺灣地區敦煌學研究打下厚實的基礎，開墾出臺灣地區敦煌學研究的一片園地。

4.鳩集人力編纂《敦煌俗字譜》《龍龕手鑑新編》[③]等解讀寫卷的工具書，掃除文字解讀之迷障，提供閱讀敦煌原卷一把鑰匙。鼓勵鄭阿財、

---

① 鄭阿財:《敦煌孝道文學研究》，中國文化大學中文研究所博士論文，石門圖書公司，1982年；林聰明:《敦煌俗文學研究》，東吴大學中文研究所博士論文，中國學術著作獎助委員會，1984年；朱鳳玉:《王梵志詩研究》，中國文化大學中文研究所博士論文，學生書局，1986年。

② 陳世福:《敦煌賦研究》，中國文化大學中文研究所碩士論文，1978年；宋新民:《敦煌因緣類變文研究》，中國文化大學中文研究所碩士論文，1981年，此外尚有十多篇。

③ 潘重規主編:《敦煌俗字譜》，石門圖書公司，1978年；潘重規主編:《龍龕手鑑新編》，石門圖書公司，1980年。

朱鳳玉等編纂《敦煌學研究論著目録》[①]，實踐了“文字是基礎，目録爲門徑”的理念。

雖然先生辭世已二十餘年，然由於生前積極地宣導與推動，其所培養之弟子遍及各地，且皆有所成，目前臺灣地區從事敦煌學研究者，幾乎皆出先生門下，薪火相傳，代代相續，足見其于敦煌學貢獻之巨大，對促進臺灣地區敦煌學研究的發展影響極其深遠。

2000年7月，中國國家文物局、甘肅省人民政府及敦煌研究院爲慶祝敦煌藏經洞發現一百周年，表彰先生的成就與貢獻，特頒予“敦煌文物保護研究貢獻獎”。先生在敦煌學的影響，不僅呈現在對臺灣敦煌學研究的開創，其影響更在於他對21世紀敦煌學術發展的高瞻遠矚。2001年11月，爲慶祝潘重規教授九五華誕暨從事敦煌學一甲子，并展望21世紀的敦煌學，中正大學中國文學系特聯合中正大學歷史系、逢甲大學中文系、四川大學中國俗文化研究所、唐代學會、漢學研究中心，舉辦以研究敦煌文獻爲中心的學術會議，邀請海内外敦煌學者與會，會中宣讀了54篇論文。其中大多深受先生影響與啓迪，也頗有對先生先知先見之闡發。如柴劍虹《關於俄藏敦煌文獻整理與研究的幾個問題——兼談學習潘重規先生在“新亞”演講的體會》，榮新江《入海遺編照眼明——潘重規〈“中央圖書館”所藏敦煌卷子題記〉讀後》[②]。

2003年3月初在日本京都召開了敦煌學國際聯絡委員會的成立大會暨第一次執行委員會。敦煌文獻研究資訊檔案之建立，是大會成立的主要宗旨與未來努力的目標之一。事實上，早在三十多年前先生便已對敦煌

① 鄭阿財、朱鳳玉合編:《1908—1997敦煌學研究論著目録》，漢學研究中心，2000年；2006年。《1998—2005敦煌學研究論著目録》，樂學書局，2006年。

② 柴劍虹:《關於俄藏敦煌文獻整理與研究的幾個問題——兼談學習潘重規先生在“新亞”演講的體會》，載項楚、鄭阿財主編:《新世紀敦煌學論集》，巴蜀書社，2003年，第1—6頁；榮新江:《入海遺編照眼明——潘重規〈“中央圖書館”所藏敦煌卷子題記〉讀後》，同前引，第14—26頁。

學"未來的發展"提出了三個具體工作："第一，我們應該聯合國際學術界的力量來編纂一部敦煌遺書總目録。""第二，我們應該聯合國際學術界的力量，來編纂一部敦煌論文著述總目録。""第三，我們現在應該成立一個研究資料中心，做好敦煌寫本攝影、臨摹、楷寫的工作。"①這雖是五十年前所宣示的，然如今看來依舊是深具時代意義，似乎先生早已爲敦煌文獻國際聯絡目録的編纂與敦煌學國際化發展的目標，預先提出了指導方針，成爲敦煌學之先知先覺，即使在今天也不失爲敦煌學界共同的展望。②

① 1972年12月16日在新亞研究所的學術演講，題目爲《敦煌學的現況和發展》，講詞載《新亞生活》15卷9期，第1—4頁，1973年，又收入《列寧格勒十日記》附録，學海出版社，1975年，第133—150頁。

② 2020年郝春文在《用新範式和新視角開闢敦煌學的新領域》也説："以往公布的敦煌遺書圖版的主體部分都是黑白圖版。由於敦煌寫本中有很多朱筆校改或句讀，這些朱色墨迹在黑白圖版上很難看清；又由於敦煌寫本寫於幾百年乃至一千多年前，有的墨迹已經脱落；有的寫本有很多污漬，或遮蔽了原來的文字。這類文字在黑白圖版上也很難辨識。如果是高清彩色圖版或紅外攝影圖版，可以在很大程度上解決黑白圖版存在的問題。"（載《光明日報》2020年08月17日）

我探索敦煌學的歷程

八十年前，我國甘肅省敦煌縣郊外千佛洞，打開了一個封閉千年的石窟，發現窟中藏有數萬卷的古代寫本經典文書，其包孕之富、價值之高，使得中外學術界受到極大的震撼。所恨國寶飄零，被英、法、俄、德、日本异邦人士大量捆載而去。我國學者往往求一睹原卷而不可得，遑論自由研究的機會。因此國學大師陳寅恪先生曾感傷地説："敦煌者，吾國學術之傷心史也。"我個人見聞甚陋，接觸敦煌學甚遲。但是四十餘年來，斷斷續續暗中探索，也有説不盡的辛酸甘苦的滋味。現在做一簡單報告，提供留心學術的青年朋友參考，并希望碩學通人指正。

一、初寫論文

一九三七年，抗日軍興，我隨中央大學到重慶任教。敵機疲勞轟炸，震壞了我市郊土瓜灣的木屋寓所。到一九三九年秋，我應聘往川北三臺縣東北大學中文系任教。系主任姜亮夫教授從巴黎帶回敦煌資料很多，有一次，他把最得意的敦煌唐寫本《尚書釋文》殘卷的照片見示，使我大開眼

界。後來姜氏出版的《敦煌——偉大的文化寶藏》一書中一再提及，這個卷子是《尚書》最要寶典，爲隸古定最早之本。我當時借得姜氏照片後，發現可以訂正清代段、王諸儒的失誤非常的多。於是興高采烈地寫成第一篇有關敦煌學論文，在東北大學學報發表。四川大學中文系主任向宗魯先生看見拙文，來信大加獎勵，但從此却不再有見到姜氏珍藏資料的機會。

二、再見异書

一九五六年，我在臺灣師範大學任教，因受南洋大學之聘，前往新加坡。次年，被邀出席西德麻堡舉行的國際漢學會議，和慕尼黑舉行的國際東方學會。便道訪書歐陸各大圖書館，獲得再見敦煌寫本的機會。1959年，轉任香港新亞書院教授。每到暑假，便往巴黎、倫敦，坐在善本圖書室中，恣意披覽敦煌卷子。初時，我留心儒家經典，完成了《敦煌詩經卷子研究論文集》。出版後，日本學者頗多致書推崇。法國漢學泰斗戴密微教授不斷在《通報》撰文評介。我在這時期，深深感到抄本文字寫法的淩亂，每一展卷，真有“群疑滿腹，衆難塞胸”之感；也因此養成了我讀書格外謹慎細心的習慣。

當一九六七年秋天，我在巴黎閱讀敦煌卷子時，偶然發現鄰座的日本馬淵和夫教授，連日都攤開姜亮夫編的《瀛涯敦煌韵輯》，用敦煌原卷互相核對，我深深地感到詫异。因爲我和姜氏同事多年，熟知他訪書英法的情況。他歸國後，寫成《瀛涯敦煌韵輯》二十四卷，自序説：“排日觀覽，歷時三年，抄寫響搨，攝影校録，凡書式裝樣，殘紋斷迹，靡不親自摹寫，校對無訛。”其凡例又言：“王静安先生寫倫敦三《切韵》殘卷，羅氏爲印行；劉半農録伯二〇一一卷，‘中研院’爲之刊刻。王君誤者三百五十餘事，劉書則訛至二千條。”由此可想見姜書的精審完善。倘若有人再去加以核對，那真等於浪費時間。但是日本教授引起我的好奇心，也就隨意借出伯二一二九卷互校，原卷第一行作“刊謬補缺切韵序　朝議郎衢州信安縣尉王仁昫字德温新撰定”，這是最重要的標題，姜氏的摹本竟然漏抄，并在序文之首擅自添上“王仁昫序”四字，使我不禁駭然。因此，我决心要把姜書通校一遍。校完巴黎的卷子，跟着又去倫敦，幾個月的時間，發現姜氏的錯誤，并不少於他所指摘的王、劉諸氏。姜氏書影響學術界頗大，使我感到有替姜氏徹底修訂的必要，所以一直逗留倫敦，加緊工作。不料九月二十五日的凌晨，突然接獲舍弟從臺北打來的長途電話，知道先母患腦溢血，正陷於昏迷狀態中，立即趕訂機票。候機時間，仍往博物館校完最後的一卷韵書。匆匆趕到機場，於下午六時半，由倫敦飛紐約，轉飛東京，直到二十八日教師節的傍晚，纔回到臺北。經過兩個月，先母病况好轉，纔回香港學校授課。一九六九年，又趁參加意大利漢學會議之便，重往英法，再細校姜書，寫成《瀛涯敦煌韵輯新編》一書，哈佛楊蓮生教授，頗加贊賞，戴密微先生也在《通報》評介。由於我受到姜氏校書的警惕，我抱着勇士保衛疆圉、寸土必争的心情，兢兢業業，不敢有一絲一毫的大意，一點一畫的失落。

我因母病返臺，原已放棄了閱讀敦煌卷子的機會。没想到母親住在中心診所醫療，隔鄰便是“中央圖書館”。我早晚侍疾，午後便往圖書館看書，無意間發現蔣慰堂先生運臺珍藏的敦煌卷子。我讀完全部一百餘卷後，寫成《“中央圖書館”所藏敦煌卷子題記》一文，在《新亞學報》發表。日本石田幹之助老教授立刻在《東方學雜志》撰文評介。牧田諦亮、金岡照光及法國吴其昱諸教授均先後來臺親閱原卷。少後，“中央圖書館”接納我的建議，將原卷影印出版。目前學者專家，根據此一資料發表論文的大有人在。我由此確信，做學問須要有好的環境，但最重要的還是一顆至誠的心。

三、巴黎集會，列城訪書

一九七三年七月，我出席巴黎國際東方學會議，曾經主講兩次：一次講《紅樓夢》；一次講敦煌變文《雙恩記》。孟西科夫教授是蘇聯漢學界的領袖人物，一萬兩千個號碼的敦煌卷子由他負責整理；又翻譯全本《紅樓夢》爲俄文，由蘇聯文學出版社印行。他看見我研究敦煌文學和《紅樓夢》的論文，頗有同調之感，因此寫信歡迎我去參觀他的資料。我回信告知，東方學會閉幕之後，決定乘八月八日班機飛列寧格勒。巴黎到列城，只需四小時航程，去信兩星期，竟然杳無回音。臨到啓程前夕，在裴亞蒙旅館，竟夜繞室徬徨，許多可能的壞結果，不斷在腦海衝擊，我茫然悵然，最後還是不顧一切闖向前去，我這時真有幾分"風蕭蕭兮易水寒，壯士一去兮不復還"的心情。

到列城後，孟西科夫因爲得不到我的回信，却已遠去黑海濱渡假。好不容易設法通知，苦等到八月十三日晨十時，纔承蒙孟教授陪我進入東方研究所，引導我參觀敦煌卷子和黑水城發現的文書，以及三十五册乾隆抄本《紅樓夢》，總計居留十日，閱覽時放棄午餐，不吃不喝，也不過争取到三整天的閱讀時間。但是三天筆記所得資料，回來居然寫出十萬字的論文。據孟教授告訴我，我是第一個來東方研究所善本圖書室的中國教授，然而日本教授來訪的却在十位以上。我這次探險式的訪書，深悟到一個人置死生禍福於度外時，他的精神智慧會有意想不到的奇迹出現！

四、邂逅雲謡，苦校變文

一九七六年八月間，又去巴黎參加漢學會議，帶着準備好的研究計劃和資料，要從事預定的研究工作。真没料到，從倫敦轉機到巴黎，短短四十五分的航程，航空公司竟把我囊括全部研究資料的行李箱失去，使我在巴黎過了一個赤貧如洗的暑假，把原定的研究計劃全盤打碎。凑巧衣袋中還帶着一册胡適先生編的詩選，書尾附載胡先生晚年校訂的敦煌《雲謠集》。原是預備飛機上消磨時間之用的，現在竟成爲我僅存的一册敦煌資料。在無可奈何的情形下，只好把它和巴黎藏敦煌原卷對校。後來又從友人處借來一大堆有關《雲謠集》的論著，居然自得其樂，忘記了世間一切。同居大學城英國館的方豪、陳奇禄、蘇瑩輝諸教授，見我一套西裝，身無長物，老是笑口常開，都認爲我是樂天派。原來敦煌《雲謠集》的發現是文學史上一件大事，因爲它是中國最早的一部詞的總集，它的發現使得文學史改寫了新的一頁。這份新材料，自1923年傳到東方後，羅振玉、王國維、朱彊村、况蕙風、劉半農、龍榆生、盧冀野、鄭振鐸、胡適之、王重民、唐圭璋、任二北、饒宗頤等無數詞家學者，不斷從事校訂整理工作。不料陰錯陽差，我也被驅使跟隨他們的行列。原以爲矮人觀場，必無所獲，却没想到前輩先生們留下許多問題，竟被我解决不少。回國後親手寫成《雲謠集》新書一册影印出來，承蒙鄭因百、蘇瑩輝、吴其昱諸教授大加誇獎，使我增加了寫作的勇氣和信心。

當我校完《雲謠集》之後，行李尚未找回，又向友人借得王重民等編輯的《敦煌變文集》。變文是我國失傳已久的一種演述故事的講唱文學。在敦煌石室未開啓以前，從來没有人見過這一類型的作品。因此，數十年來研究敦煌變文的學者很多，而以王氏所編輯的爲最完備，海内外學者幾乎全部采用這本書，做爲研究的根據，它的地位是無法否認的。經我校讀後，又發現數不清的錯誤，逼使我近幾年暑假，頻頻去倫敦、巴黎，繼續一校再校，苦熬着漫長的枯燥工作。好不容易，完成了一部《敦煌變文集》新書初稿，驀然回首，幾年的歲月，已經無影無踪了。

五、創刊雜志，開設課程

陳寅恪先生曾説，敦煌在吾國境内，所出經典又以中文爲多，吾國敦煌學著作，較之他國轉獨少，其撰述得列於世界敦煌學著作之林者，僅三數人而已！我很受感動，深深以此爲我國學術界之耻。十年來奔走籌劃，與國内外友人合力創刊《敦煌學》雜志，以圖光大斯學。歷來有關敦煌學著作，幾乎都用外國文字發表，好像那是中國以外的一門學問。故立定宗旨，一律用中文撰稿；即使邀請外國學者執筆，也必譯成中文。使得研究中國的文獻，用中國文字發表，呈獻於世人之前。現已出版十二輯，第十三輯以次，交由新文豐出版社定期發行。又念要發皇一門學問，必須有優秀的人才，通力合作，方有成功之望。因此，在五年前，我大胆在文化學院中文研究所開設"敦煌學研究"一門課程，這是以前從未開設過的。所以我在開講時特别説明道："正常的課程，是餐館掛牌的名菜；敦煌學這一從未列入正式菜單的課程，只能説是一群好事之徒，登山涉水，在荒凉原野中，臨時張羅的野餐。這份野餐，可能粗劣不堪入口，也可能是從未嘗到的异味。不管結果如何，但同甘苦、共勞逸，有飯大家吃的精神，總是可以肯定的。"五年以來，研究期間，我們初步遭遇到的困難，便是紊亂不堪的寫本文字，既無字書可查，又無版本可校。像瓜字和爪字、門字和鬥字、雨字和兩字之類，寫法往往不分，困惑了無數敦煌卷子的讀者。我經過閲讀數千卷寫本之後，纔幸運地悟到一千年前遼代僧人行均所編的《龍龕手鑑》，乃是根據寫本編成的字書。他爲了便利讀寫本的人可以據形檢字，所以寫本中瓠、瓢等字，既收入瓜部，又收入爪部，使得讀者立刻可以從瓜部或爪部中查獲。我們讀敦煌寫本時，又常常看到雙字作雙，雖然猜測雨隻可能是兩隻的會意，但猜測到底只是猜測。現在看到《龍龕手鑑》雨部平聲收録了雙字，注云："所江反，兩貌，今作雙，同。"

入聲也收録䨼字，注云：“胡郭反，霩䨼，大雨也。”這就證明了雨隻確是兩隻。我們用敦煌寫本的文字，證明了《龍龕手鑑》是根據寫本的字書；正好利用《龍龕手鑑》來解決我們讀寫本時的困擾。我們發現了這部書的價值後，便和研究所同學合力把全書編號作成索引，印成《龍龕手鑑新編》一帙，以供讀卷時的需要；也爲研究敦煌學的人貢獻一種解决文字問題的工具。這或許是我們野餐課程中嘗試到的异味吧！

今年敦煌學的課程又將開始了，回顧五十年來迤邐探索的歷程，雖然收穫不豐，内心常懷慚愧。但經驗告訴我們，如果我們抱着學術報國的决心，認定從事學術，即是保衛國家；再加上小心、耐心，對以往學者的研究成果，生尊敬心，一步一步地深入探索，最後必定有更新更多的發現。我眼前彷彿置身在敦煌學一片廣闊的園地中，帶露荷鋤，蒼茫四顧，沉吟着謝靈運“不惜去人遠，但恨莫與同”的詩句，期盼着更多身手不凡的園丁來共同從事墾殖的工作！

一九八二年九月廿五日於華岡

一九八七年十月五日修定

（原載《“中央日報”》副刊，1982年10月3、4日）

列寧格勒十日記

像一片雲，飄，飄，飄，從南海飄到北海。

雲片中，鏤着字：石窟，流沙，紅樓，黑水，這些字，像電流似的，催動着這片雲，飄，飄，飄，飄向北海之濱的列寧格勒！

一個陌生的城市，陌生的人民，陌生的文字語言，陌生的社會制度，加上種種的障礙，重重的限制，如果想踐踏着這陌生城市的泥土，除非走入虛無飄渺的夢中。現在夢游已醒，夢影分明，追寫游踪，我真依然懷疑這只是夢！

啓程的前夕

一九七三年八月七日，我在巴黎裴亞蒙旅館，整理完《紅樓夢新辨》稿，倚着行裝，寫了一段自序説："現在，我懷抱着一腔期待的心情，將要闖向渺渺茫茫晨光熹微的前路，我希望朝思暮想的御製詩做襯葉的抄本《紅樓夢》，能給我嶄新的見聞，作爲我寫'紅學六十年'新材料。"此時的心情，委實得一個"闖"字。我在巴黎，參加東方學會，曾主講兩次，一次講《紅樓夢》，一次講列寧格勒孟西科夫教授發表的變文《雙恩記》。孟西科夫教授是蘇聯漢學界的領袖人物，一萬兩千個號碼的敦煌卷子由他負責整理。一九六三年，他編印了兩巨册列寧格勒的敦煌目録，描寫了將近三千個號碼敦煌卷子。編印了東方古代文獻叢書，影印敦煌贊文多種。今年春天，新出版了變文《雙恩記》二册。他又和巴納邵克（Panasauk）教授合譯《紅樓夢》，他主譯的是《紅樓夢》中全部的韵文。這部毫無删節的全譯本《紅樓夢》（*Coh B Kpachom Tepeme*）兩大册，在一九五八年，由蘇聯文學出版社印行。他早年看見我研究敦煌文獻和《紅樓夢》的論文，頗有同調之感；因此寫信歡迎我到列寧格勒參觀他研究的資料。我在東方學會閉幕之後，寫信給他，告訴將乘八月八日班機飛列寧格勒，臨到起飛前夕，没有得到一字回音。巴黎到列城，只需四小時航程，去信兩星期，竟然杳無消息，不能不繞室徬徨。許多可能的壞結果，不斷在腦海衝擊。我茫然，悵然，最後抱着不顧一切的决心闖向前去。這是我啓程前夕時的心情。

踏上征途

八月八日，那天是立秋節。薄寒的清晨，于儒伯教授（Prof. R. Ruhlman）駕車來旅館，送我往波舒機場，辦清了各種手續，匆匆登上飛機，這個機場比奥里機場小，飛機也小。十時四十分起飛，不到四小時，降落列寧格勒阿洛弗洛（Aeroflot）機場，當地的時間已經是四時四十分了。核對入境證，檢查種痘紙，填具報税單，打開行李箱，給檢查人員，略一過目，提起行李，走出機場，大約是六時。天幕陰沉，路面沾濕，像是雨後光景。坐上一輛小汽車，飛馳了半小時，到達預定的旅館。這一旅館，名叫亞土陀里亞（Astorea），後來纔知道這是列寧格勒最富歷史性的

一間旅館，可能也是列寧格勒最大的一間旅館。

希特勒“勝利酒會”預訂的場所

廣闊的列寧格勒市，横亘着匿娃大河（River Nave），兩岸對峙着無數博物館、古教堂、大學校、美術館，横跨着六百架長橋短橋，數不清的石獅石馬的雕刻，歷經彼得大帝的雄圖偉略，二百六十年來精心結構完成了一幅弘麗無比的大畫幅。二次世界大戰，被希特勒圍攻九百日，在炮轟彈炸下，血洗火焚，犧牲了這個城市百萬市民的生命，贏得了英雄城市的美名，在危急的時期，希特勒預計在一九四一年九月必定可以攻占，所以預先印就了慶祝勝利酒會的請柬，寫明時間地點；地點便是我寄宿的旅館的大餐廳。除邀請的客人姓名有待填入外，只是等待勝利的來臨。結果希特勒的好夢被英勇的抵抗所粉碎，現在被俘獲的勝利請柬，仍陳列在城市博物館，供人觀覽。

亞洲人民研究所列寧格勒分院
（Leningrad Branch of the Institute of the People of Asia）

亞洲人民研究所，原名東方研究院，當地人簡稱爲“東方院”。我到達列寧格勒第二日（八月九日）的清晨，拿着一份地圖，從亞士陀里亞旅館，向北，折東，穿過海軍公園，沿着匿娃河岸，大約步行了二十五分鐘，尋找着拿勃雷士拿佳街十八號，一幢綠色墻的高樓，用力推開沉重堅厚的木門，我取出孟西科夫教授給我的邀請信，遞給門房的老嫗，她引我到辦事處詢問，纔知道孟西科夫教授本星期剛剛離開列城去度假。我雖然失望，但在巴黎旅館斗室中徬徨的時候，早有許多不佳的預感，這只是不佳的預感的一種罷了。我無可奈何，用英語向辦事員申述，我是專程來看敦煌卷子和《紅樓夢》抄本的。希望給我引導至東方院圖書館閱覽圖書。好不容易，纔請到東方院一位秘書。據説：東方院的敦煌卷子和《紅樓夢》抄本必須通過孟西科夫教授纔能看到，終於他介紹一位所果洛夫（Sogrof）教授，設法和孟西科夫教授聯絡，并約我明日中午再到東方院和所果洛夫教授見面。我悶悶不樂地步行回旅館，半小時的路程，除了博物館、公園、教堂外，没有發現一間商店、飯館、咖啡室，只得回到旅館餐廳進食。餐廳富麗堂皇，食品也還精緻，只是價格比巴黎還要貴。又發覺在這裏水果似乎成爲珍品，全餐廳的食客，没有一個吃新鮮水果的。我吃過午餐，踱到旅館的書報攤邊，想找尋英文的雜志或報章，竟然一份也找不到，甚至導游手册、地圖等，完全用俄文叙述。我是當地的文盲，没法利用一份當地的讀物，來打發漫長的期待時間。我走到旅館另一角落，發現了旅行社的辦事處，於是參加了旅行社的游覽團，不管他引導我游覽什麽地方。午後二時半，我們登上游覽車，同車的游客有四五十人。車行大半小時，到達郊外三十公里的彼德戈洛夫公園。列寧格勒的公園，似乎比巴黎來得更闊大，但是不及巴黎修飾得精緻，像巴黎公園中用紅紫繽紛的花草構成的草地，似錦繡般的天然地氈，在這裏却没有發現。這裏只有大木成林，緑草成茵。遠望海港外碧波無際。這二百五十英畝的公園環繞着小丘陵，陂陀起伏地綿延到海邊，據説整個大公園，還有上公園、下公園等分區。其中最大的特色，是一百四十二個大噴泉，由兩千多個噴水管在特殊輸水系統之下，以自然壓力供給泉水。當夏天全部開放時，塗金的雕塑藝術品，英姿颯爽的人像，飛騰活躍的駿馬，像水晶似的水柱，噴射出銀綫雪珠，閃灼在陽光中，衝激濺洗這些藝術品，實在是動人心目的壯觀杰作。我隨着同游人漫步約兩小時，聽導游人有一句没一句地用英語介紹，我帶有電影照像機，盡量攝取園景，回到旅館，已將近六點鐘，心中一直納悶，此行闖到這個陌生的地方，難道就是帶這些風景片回去嗎？列寧格勒七八月的天氣，早間四點鐘便已天亮，夜晚九點鐘——香港夏令時間十點鐘——還未天黑。枯坐在旅館室內，憑窗遠眺，眼前没有一寸認識的土地，没有一個認識的人物，這時纔真正感覺到離群獨居的滋味。

再訪東方院

八月十日，清晨六時起床，在卧室内習拳。本來，旅館前是一片廣場，昨晨很高興跑到廣場練習太極拳。正如在巴黎時，每晨在廢王宫習拳，心曠神怡，極爲自得。有些路過的，或清晨散步的，有的是法國人，有的是黑人，往往停步觀看，甚至有等候半小時，待我習拳完畢後和我攀談的。但是昨晨練拳時，兩個壯漢，不管我正在練習當中，便拉着問長問短，我聽不懂他説話，只好向他摇頭苦笑，就這樣草草練習完畢，回到旅館房中，因此今天不敢在廣場上享受晨運的樂趣，古詩説："客子常畏人"，正道出了我此時的心事。在旅館中捱到十一點鐘，忽然一陳急雨，只得請旅館電召一輛的士。到東方院後，見到所果洛夫教授，彼此言語不通，場面頗爲尷尬，我忽然想起和孟西科夫合編《雙恩記變文》的左義林女士，要求請她來相見。結果左義林女士和阿爾加女士從樓上研究室下來，纔知道孟西科夫教授没有接到我巴黎的來信，以爲我在東方學會議完畢後，打消了訪蘇之行，所以他離開東方院度假去了。承她兩位打電話給孟西科夫太太問明他度假地址，她們兩位親自去找孟西科夫教授。據説有兩小時火車路程，如果找到，可能下午四時回到東方院和我見面。又承她們引導我坐在孟西科夫教授研究室等候，正在忍飢枯候當中，忽然來了一位女士，知道我是孟西科夫教授的客人。自我介紹説她名叫妥瑪妥米哈，在海參威大學教中文。她的中文姓名叫"張明海"，今年暑期休假，特地來列寧格勒進修，因爲列寧格勒和莫斯科是蘇聯全國兩個主要漢學研究中心，各大學的中文教師，多選擇這兩個中心作爲進修的地方。張女士研究駢文，正在翻譯庾子山的《哀江南賦》和《詠懷詩》。我們在半口語半筆談的情況下，交換了許多意見，我也爲她解决了若干問題，這樣很快就度過了幾個鐘頭，她不知道我没有進午餐，我也忘記了需要午餐，心中只是挂住孟西科夫教授回來的足音，看看腕表，已到了五點半鐘，再過半小時，東方院便要關門，於是我邀請張女士同到亞士陀里亞旅館，先在餐廳進食，到了六點半鐘，我請張女士撥電話詢問孟西科夫教授太太，知道孟西科夫教授回到東方院時，我們剛好離去，他纔回家休息。得到電話，半小時後，便趕來旅館和我見面。我本來以爲他可能年紀相當大，但出現在我面前的竟是一位英俊聰明爽朗的學者。他不但能用中文寫文章，而且中國話也説得相當流利。一個没有離開蘇聯一步的學者，居然中國語文能達到如此高深的水準，頗令人十分詫异。我們一見如故，從敦煌卷子談到抄本《紅樓夢》，從考古隊談到黑水城文物的發現，談了差不多兩個鐘點，天色似乎還早，他引導我往匿娃河畔小游，一出旅館門，便經過伊薩克教堂（Isaac's Cathedral）。伊薩克聖僧册名的日期，正是彼得大帝誕生的日子。因此，彼得大帝建設彼得堡時，立即命令建立這一最偉大、最美觀、最有名的教堂，同時即定名爲伊薩克教堂。初期用木造，後來改用石造的教堂，高達一百零一公尺。耗費一百公斤的純金裝飾成的圓頂，發出莊嚴燦爛的光輝，矗立在天空中，從海上往來的船隻，幾十公里外便遥遥望見。金頂上的十字架高達十公尺，如果登上絶頂，列寧格勒全市便全在眼底，一覽無遺。全教堂有一百一十二根花崗石大圓柱，每一圓柱重量在百噸以上，回想當年匠人樹立這林林總總的石柱，真是工程上的奇迹。孟西科夫教授指示有些石柱上斑駁的裂紋，説這是希特勒攻城的遺迹。柱上鎸刻金字，説明當年遭受炮彈炸彈若干萬發的數字。孟西科夫教授不停地指

點，滔滔不絕地講述，使我感到炮火的暴虐無情，似乎又在眼前重現。從教堂向北漫步林間草地，有許多紀念石柱石像，不遠就到了匿娃河畔底遜博里廣場。廣場的中心，一塊巉岩巨石，好像從山崖，用利斧劈削下來，移置在草地上。巨石上雕刻一匹駿馬，前面兩蹄躍起，後蹄踏着長蛇，英武的騎士控勒着繮繩，遥望芬蘭灣，似乎要越過海峽飛馳而去。這就是詩人普希金所描寫的"黄銅騎士"（The Bronze Horseman），由歐洲大陸雕塑名家精心製造，用作彼得大帝紀念碑。孟西科夫教授説：十七世紀初年，彼得大帝得黄銅騎士的助力，打敗瑞典的侵略者，在一七〇三年，便極力經營建設彼得堡（現在改名列寧格勒）。這個紀念物面對北方，足踏着的長蛇，是象徵入侵的瑞典的。我們徘徊憑眺，暮色蒼茫，偶然回頭一望，宏偉的伊薩克教堂的圓頂，聳立在樹梢之上，濃鬱的林蔭中，忽然升起一面黄銅色的圓鏡，淡淡的光輝，薄薄的林影，眼前一片不可名言的美景，頓然忘却世間的一切，什麼憑吊古今的感慨，什麼功名富貴、學術文章的馳求，一時消溶净盡，只覺得胸抱中有一段説不出來的熙怡的境界。沉醉在這境界中，久久忘記了説話，我們漫步到河上一道大橋，橋頭雄踞着兩個大石獅。我們在石獅座下與他道别，在夜色迷濛中，循原路踏月回到旅館，已經是十點鐘過後。我沐浴休息，纔感覺到倦意，躺在床上，默想這漫長的一天，似乎經過了一個漫長的世紀。

閑居漫游

第二天是星期六（八月十一日），東方院照例停止辦公。昨晚和孟西科夫教授道别時，知道今天是他女兒的十六歲生辰。他今日將款待女兒的中學同學和朋友，明日將邀約他的親戚，他還開玩笑説："二八年華是很重要的啊！"因此我們約定下星期一上午十時在東方院相會。他特别囑咐張明海女士陪我游覽列寧格勒名勝。所以今晨九點鐘，我等候張明海女士同在餐廳進早餐。食畢，步行往匿娃河濱的汽船站，擬作海上之游，岸邊的游人早已串綫似的排隊輪候購票。我們遥望前面浩浩蕩蕩的人群，張女士認爲正午以前，很難輪到我們，因此，改變計劃，步行往北岸，參觀戰神廣場紀念碑，據説無數的國殤埋在其下，碑上刻着一段極爲壯烈的文詞。我們步行兩三小時，感到疲乏，也覺得飢餓，又踱到大街，一間名叫“北方”的食堂，據説是列寧格勒最大的食堂。列隊門外的食客都很耐心等候。蘇聯的商店都是國營的，處處總免不了排隊，我們等候了約莫一小時，纔挨進食堂，獲得坐位。又等了半小時，纔得着所需的食品。草草吃完，我們漫步去參觀彼得大帝的小宫。簡陋的木屋，傳説是一七〇三年五月，彼得大帝花了三天時間造成的。這個小木屋只有兩個房間，右邊是彼得大帝的書房和接待室；左邊他用來做餐廳和卧室。彼得大帝是有名的長人，高達二點零四公尺，他必須“鞠躬如也”地穿過門户。傳説一個外國船長，偶然來到這簡陋的小屋，彼得大帝款待他晚餐，船長取出一套麻布製成的漂亮衣服，贈給這小屋的女主人。彼得大帝微笑地對女主人説，你穿上這套漂亮的服裝，纔真正像一位皇后了。真相揭開，使得這客人惶恐困窘不堪，彼得大帝却引爲大樂。我們在這一個號稱博物館、舊王宫的公園，盤桓了整個下午，直到傍晚然後歸去。結束了一日的步行，約定明日一試海行的滋味。

八月十二日，清晨九時半，剛剛下了一陣小雨，天氣陰沉，仍有雨意，張女士帶了雨具，來旅館同往匿娃河畔的汽船站。今天陰雲密布，風力頗强，購票的長龍大大縮短。不到半小時，我們已購得船票。登上比香港渡海輪小得多的汽船，航行列寧格勒的命脉——匿娃河。匿娃河全長七十四公里，有十三公里是在列寧格勒市區之内。一切城市的建築物都拱向依偎着這條河流。自從彼得大帝開闢以來，列城一切設計，都是根據

這條河流而設計的。河流的闊度，由小半公里到大半公里，我們乘船河上，兩岸連綿不絕的都是宏偉結構。南岸的東方院、冬宮、大博物館、海軍部；北岸的彼得聖保羅堡壘、普希金博物館、列寧格勒大學的理學院、文學院，加上無數横跨兩岸的大橋，我們憑着船欄瞻眺，張明海女士指點講述，使我目不暇觀，耳不暇聽，心不暇記。大約乘風鼓浪航行了二三十分鐘，船出了匿娃河口，到了芬蘭灣，纔覺到烟波浩淼之感。船停泊在海岸，上岸後，好似香港啓德機場伸入海中的狹長跑道，遥望宫室嵯峨，這便是極著名的彼得戈洛夫（Petergrof）公園，從彼得一世到一九一四俄國大革命，兩百年間都是俄國沙皇的夏季住所。遠遠地看見無數噴泉大瀑布，像救火車水喉射出多少丈高的水柱，迸灑在數不清的銅人銅獸的頭頂上。原來此處正是前日隨旅游團游覽的地方。雖然今日天氣陰沉，但噴泉射出的銀液和金像發出的金光，依然是非常奪目。前日是由陸上自高而下，今日是從海岸自卑而高。在最高處一座兩層宏偉的樓房，他們稱之爲彼得宫，内裏陳列保存着彼得大帝和皇室的遺物，開放給民衆參觀，并不需要購票。我們到達的時候，大約十一點鐘，排隊等候參觀的人，似乎還不及昨日在輪渡購票的人龍之長，我估計有一二小時必可進入宫内，張明海的觀測似乎和我不同，但她不肯拂逆我的意思，便隨着人潮排隊鵠候，這隊伍中很多是一家人或一組人同來的，他們都輪流换班排隊等候，似乎這也是一種樂趣。我和張明海女士也仿效他們，不知换了多少番次，已經晌午一句鐘，我估計的時間已被粉碎。我們約定，除非傾盆大雨，將堅持下去。雖然天公作美，到三時以後，陽光大放晴彩，不過腹内却感覺空虚。幸虧張明海女士從遠處的攤販，買了兩塊雪糕回來，倒也有充飢解渴之效。我們企立了不少的時間，縱然不至昏倒，但對着大好風景，却做出“排班輪候”的蠢事，我暗自懊悔説：“除非宫内藏有敦煌卷子、古本《紅樓夢》，纔值得我這樣耐心苦等呢！”眼看着每一群人參觀出來，然後一群人換班進入，好不容易，捱到下午四時，總算擠進了宫内，初入門處，一大堆繫帶的大拖鞋，每人取一雙套在鞋上，免得弄污地板和樓板。一群人擠進一個房間，就有一個女職員擔任講述，大家草草看畢，又通過另一房間。不外是皇室的陳設、畫像、裝飾品。上樓下樓，穿房過户，如此經歷十幾個房間，約摸一個小時，我們又擠出這一宫室，我留下的印像，不外是彼得大帝收藏各國的珍玩，其中有許多是中國的瓷器刺繡之類。我們像出籠的鸚鵡，感覺一片舒暢。在斜陽掩映的大園林，依山傍水，實在想再流連一會，無奈自晨至午站立八小時，其間只享受了一塊雪糕，我們只好先找到彼得宫旁一間餐廳，吃了一杯奶茶、一塊蛋糕，然後迤邐走下去，遇到林下石凳木椅，便坐下來休息一陣，非常吃力纔走到海邊汽船站，輪購船票的人龍，更是多得驚人。我們分開兩路輪購，幸而購得七時半的船票，回到旅館，進晚餐後，似乎天色還早，多謝張明海女士還教我幾句常用的俄國話，纔告辭而去。

初見藏書

八月十三日，星期一，晨十時，提起旅行袋，携帶手頭書籍紙筆，步行往東方院，孟列夫教授已經在門首迎候，同往院旁一爿小咖啡室喝咖啡，遇見阿爾加女士和圖書館副館長。喝完咖啡，一同回到東方院的圖書館善本藏書室中，由孟西科夫教授陪同我入内，介紹見兩位善本室的正副主任，然後引導我參觀敦煌卷子和黑水城發現文物。以前看見兩册目録和西方學者傳説，始終不能確知敦煌卷子的數量。這次親見藏書，纔知道敦煌抄本編目雖有一萬两千個號碼，實際成卷的只有三百餘軸，其餘無論是一葉、半葉都算是一個號碼。我往年從小川教授抄來的一五一七號《詩經》卷子，實際上只是半紙殘書。我親自披覽之後，校正了我論文中一個

錯字，這些卷子庋藏在大書橱中，果然成卷的不算多。孟西科夫教授又把他近年描寫的黑水城發現的漢文資料卡片給我看。據説，全部漢文資料達五六百種，最後，取出《紅樓夢》抄本三十五册給我過目。除書皮黏貼館藏編號簽紙外，完全保存原裝。這時，列寧格勒大學中文講師龐英先生也應孟西科夫之約來館。龐英先生正和孟西科夫教授合作校勘《紅樓夢》，他用蘇聯抄本作底本，和甲戌、庚辰、有正、全抄諸本對勘，這是一份對紅學極有益的工作，正和我們《紅樓夢》研究小組進行的工作如出一轍。我無暇和他們兩位討論問題，我急於翻閲全書的内容。從第一册看來，抄手的書法頗有趙孟頫、董其昌的筆意，似乎是翰林進士一流人物。第一册直從第一回抄起，前面并無序引凡例和作者署名。書本是用很薄的竹紙抄寫的。每葉都有襯紙，而襯紙却是用清朝乾隆皇帝御製詩第四集、第五集拆散後反摺襯入的。這真是絶大諷刺，皇帝的大作變成了無名氏小説的襯葉。不管他是有意或無意，總之把皇帝蹧蹋到面目無光了。我們瀏覽館藏最珍貴的中國文書，不知不覺，已經是午後一點鐘。孟西科夫教授邀我和龐英先生同往東方院食堂進膳。因爲範圍小，排候的隊伍也不很長。不久便購票取得菜飯，用過午餐，抱着滿腔高興回到東方院，希望坐下來細心閲讀夢寐求之的書籍。不料孟西科夫教授替我向書庫主任借書時，竟被直率地拒絶。説上午只是暫時參觀，如要正式閲覽，必須得上級批准。孟西科夫教授連忙替我申請，一面邀我到他研究室休息。一面將圖書館有關漢學的出版物十餘種撿出來贈送給我。我既感激而又失望，因爲給我看的不是我渴望看的。我感到眼前一分一秒的光陰都不應該讓它白白過去，於是我提議并邀請孟西科夫、龐英、左義林三位到我旅館喝咖啡，我將請教他們關於列寧格勒研究漢學的情況，并擬用録音機録音。承他們同意後，便一齊出門，走向電車站，同乘電車，擁擠情形和香港差不多。每人投車費四“考培”（一盧布等於一百“考培”）入錢匭中，便從車票機拉出一張車票，撕下來，向司機一揚手，表示已經購票。像我言語不通，路徑不熟，如果無人領導，斷然無法乘坐公共交通工具的。我們到了旅館，圍坐在卧室中的條桌，大家見面不過兩三次，居然能破除一切客套。喝過咖啡後，便高談闊論起來。我請問孟西科夫先生研究敦煌學和左義林、龐英兩位研究中國學的情況。左女士用俄語發言，我説中國話，孟、龐兩位做翻譯，這樣的，談了整整一個下午，獲得不少蘇聯學術界的最新消息，我委托録音機保留了我們的聲音，我將慢慢把它記録出來，給關心它的朋友欣賞。談到傍晚，三位客人辭去。計算一下，今天上午忙於眼看，下午忙於耳聽，總而言之，今天所見所聞，全是見所未見聞所未聞，總算没有白辛苦自己的耳目了。

等待又等待

八月十四日，星期二，早十時往東方院，又在門首和孟西科夫教授聚齊，照例喝過咖啡，然後到圖書室。原來領導人未來，申請尚待批准，要看奇書，唯有苦等。孟西科夫和我回到他的研究室。他取出他論蘇聯抄本《紅樓夢》的文章，和我討論。他認爲抄本是用御製詩集的襯紙做稿紙，而以詩集做襯葉；而我則認爲抄本是用普通竹紙做稿紙，到後來抄本披閲既久，書葉的中縫都裂開，不便翻閲。經收藏者重加裝訂，於是拆開御製詩集做襯葉，爲了竹紙很薄，所以把御製詩集反摺起來，將有字的一面隱藏在裏面，免得御製詩的文字透過竹紙，擾亂視綫。每一葉竹紙的中縫皆已裂開，而且粘貼在襯葉的邊緣上，這便是抄本重加裝訂的確證。這一事實，與抄本産生的時代有重大的關係。因爲御製詩第五集刻成在乾隆六十年，如用御製詩集的襯葉作稿紙，則抄本寫成的時間必在乾隆六十年以後。倘若只是重裝訂時用御製詩集做襯葉，則抄本寫成的時間便遠在乾

隆六十年以前。這在紅學研究上是必須首先辨明的。如果不是親眼看見抄本，縱然此本影印出來，也没法知道孟氏評介的錯誤。這不能説不是此行的收穫。孟西科夫教授聆聽我的意見，表示將要修改他的論文。他又將編寫黑水城資料的長編給我觀看。除了有北宋刻本吕惠卿《莊子義》、《廣韵》和《茶酒新書》等，還有淪陷在西夏將士呼籲中原接濟寒衣糧食的書札，也有淪陷既久、自稱歸順匠人雕刻的書籍，許多事實可以補充正史的缺失，也可以震撼後世人的心弦。到了午餐時間，仍舊在老食堂排隊吃飯。孟西科夫教授知道我的心情，提議陪我游覽列寧格勒：他這個導游和我這個游客，作了半日與衆不同的游程，第一，不借助交通工具，全部是步行。第二，游覽的節目，是任何旅游社不曾安排過的節目。我們走出東方院，順着匿娃河經博物館、王宫廣場、藝術廣場、舊王宫、陸軍學校、普希金决鬬後逝世的舊居，穿穿插插，總離不開匿娃河的主流或支流，總少不了横跨主流的大橋和横跨支流的小橋，數也數不清橋頭路邊的雕塑精工的石獅石馬。孟西科夫教授領我轉到匿娃大街，特别引我進入作家書店——凡是作家都可進入内部特别布置的閲覽室。據説，蘇聯學者作家的著作，均須經過委員會審查通過後，纔可交由出版社出版。出版社接受稿件後，交與社内編輯審閲，也可簽注意見，要求作者改正或補充。最後孟西科夫教授引導我到近郊的塑像博物館和墓冢。下葬此處的都是文學家、藝術家、科學家，有的樹碑，有的塑像，蟠據了人生最後歸宿地永恒不朽的一個角落。其中有寫寓言著名的克雷洛夫、音樂家柴可夫斯基等。尤使人注目的便是詩人普希金，他墓地前後左右的鄰居，有他的妹妹，有他的朋友。我來到列寧格勒不過幾天，覺得遍處都看到這位詩人，紀念館、博物館、紀念碑、墓地，處處都有他偉大的影子。我想生長在這塊土壤的人該受他多麼深多麼大的感染。我們徘徊在墟墓之間，冷冷清清的斜陽，稀稀疏疏的樹影，默念古人“寂寞竟誰待，徘徊空自知，誰爲後來者，當與此心期”的詩句，似乎最切合我們此時的情景。我們一直流連到守墓人響起逐客的鈴聲，纔依依不捨地踏着“寂寞的道路”走回到塵世去。

正式閱覽

八月十五日，星期三。晨九時半往東方院。孟先生又同往咖啡室，因公家檢查，今天没有開門營業。我們回到東方院，承孟先生親向上級請求，纔批准我的閱覽。孟先生立刻同我到善本室，我因爲敦煌卷子太多，所以先將《紅樓夢》抄本借出。當主任把三十五册抄本遞到我手上時，我雙手捧着，真有甄士隱夢中看到通靈寶玉的感覺。我捧着書到隔鄰閱覽室細心閱讀，我帶着胸中蘊積着的問題，把頭腦變成電腦，儘量盡快地向三十五册抄本中獵取。到午後一時，孟先生來閱覽室，同我去食堂進食，花費一個鐘點，回到閱覽室繼續閱讀，到五點鐘閱覽室關閉，我來不及和孟先生告辭，便趕回旅館。静静地把所看到的材料，加以整理，并準備明日研究的問題。次日九時半，步行往東方院。孟先生尚未到，我獨自上樓，借書閱覽。承善本室主任告知，今日閱覽室提早於下午三時關閉。我提高警惕，更加快速度進行工作。中午孟先生來閱覽室邀我去食堂，我婉言早餐多食過飽，加以推辭。我想，人生吃飯的機會太多，异域閱讀异書的機會太少。千辛萬古换來十幾小時的閱讀機會，豈肯爲了吃飯而耽誤。孟先生似乎明了我的内心，含笑走開。到了下午三時，孟先生又來陪我。聞名已久的列寧格勒最大的冬宫博物館，本來就在東方院的緊鄰，每日都想前往參觀。可惜開放時間相同，魚與熊掌不能兩全。今天閱覽室提早關門，我靈機一動，要求孟先生陪我去利用這難得的兩小時，參觀近在咫尺的最偉大的博物館。它的正式名稱叫亞米塔奇（Ermitazh），意思是隱宫，俄國人稱它爲“博物館之博物館”（The Museum of Museums），館址是俄

皇冬天居住的宮室，因此通常都叫它冬宮博物館，它不但是蘇聯最大的博物館，也是與法國羅浮宮博物館齊名的博物館。它有五個相連的建築物。最大的是冬宮（Winter Palace），其他有小亞米塔奇（Maly Ermitazh）、舊亞米塔奇（Stary Ermitazh）、亞米塔奇戲劇院（Ermitazhny Teatr），新亞米塔奇（Novy Ermitazh），回廊甬道，窈窕相通。這個巨大的博物館，陳舊的綠色宮墻，外表看起來，并不十分輝煌。但是內部的收藏却委實驚人。據一九六四年的藏品目録，已有二百五十萬件以上的藏品。每一件藏品，如果你用半分鐘的時間去欣賞它，即使你長住館中，每日工作七小時，取消一切休假日期，也需要九年的時間，纔能瀏覽一遍，叫我這個旅客從何處着眼呢！當我和孟西科夫步入前臨匿娃河流，後瞰王宮廣場的冬宮博物館時，他説，這裏藏有從上古時期到畢加索（Picasso）的藝術作品，有全世界各國以及俄國本土的文物，我們實在無從選擇。我們進入畢加索立體畫陳列室、英法畫家陳列室、俄國歷代服裝陳列室，使我最注意的還是紀念彼得大帝的展覽室。內中陳列了大帝生平的服裝、勛章、武器、書桌和生前種種的用具，還有他和他的臣僚的畫像，彼得大帝喜歡製造機器、航海用具，瀏覽書籍，收集各地的藝術品，所以保存下來的遺物，許多都是他親手製造的。展覽室中有一座彼得大帝的坐像，陳列在一具大玻璃匣中。坐像的面部手足用蜜臘構成，頭髮却是彼得大帝自己的真頭髮，其餘部分用木材做成，以鉸鏈連屬起來，望上去栩栩如生。又從地面竪立木竿，上端兩公尺許深深刻一條凹痕，表示彼得大帝是超過兩公尺的長人，也顯示出他建立國家，抵禦侵略，開拓疆土的雄風。我在蘇聯境內短短幾天，腦海中浮起一個印象，似乎這個國家給人最多感染力的，一個是彼得大帝，另一個是詩人普希金。歷史之輪儘管不斷地旋轉，而深入心靈的民族性却是牢不可拔的。我們盤桓兩個鐘頭，直到館門關閉，纔拖着疲乏的脚步由側門出來。出來時，我纔想起，今晚孟西科夫教授約到他住所晚餐。本來，前日上午，孟先生對我説，他和他夫人要招待我到他寓所晚餐。昨天又對我説，他夫人前晚臨時奉令，去莫斯科工廠，解決技術問題，預定明日纔能返回列寧格勒。我心想主婦出門，家庭晚餐當然取消。不料孟先生今晨找到龐英先生代主中饋，預備烹調幾味中國菜餉客，因此出東方院後，便同孟先生步行到他的寓所。沿路經過有歷史意義的建築物，他都一一向我説明，使我獲得不少知識。

友情洋溢的晚餐和話别

孟西科夫教授的住所，在近市中心的一幢舊式洋樓，頗似香港一梯兩伙的大厦，和巴黎舊樓宇也差不多。他住所在三樓。他和我回到家裏時，大約是下午七點鐘。用香港人的眼光看，這是面積約一千尺、四房一廳的唐樓。一進門左手邊便是他的書房，房内和過道貼墻的高書架，一眼望去全是中國書籍。經過過道，便是一間不算大的客廳，當中一張長桌，右角靠墻擺着一張大鋼琴，琴蓋上攤着一册他女兒習琴的莫扎特樂譜。由客廳右轉，一長條的地方，左手邊一排三間房，一間是孟氏夫婦的卧房，一間是他女兒的房間，一間是他男孩子的房間。他的女兒讀高中，剛剛過十六歲生辰；他男孩廿一歲，列寧格勒中文系三年級的學生，都已出外度假。女兒房間挂在墻上的是一幅複印中國畫。男孩房間書桌前挂着一條黄山谷行書拓片。這一溜長的過道，也是貼墻書架，插滿中西圖書。他順手取下兩册他和朋友合譯的俄文本《紅樓夢》給我過目。過道盡頭便是厨房和洗手間。龐英先生和他夫人的姨母正在忙着切肉洗菜。他們看見客人來了，即刻在煤氣爐上燒一壺滚水，預備泡中國茶葉款客。孟先生從玻璃櫃中取出茶壺茶杯，冲了一壺緑茶，茶具似乎還算齊全。我們參觀了他整個家庭，坐在客廳飲茶。八點鐘過後，孟先生的母親從城外乘火車趕來，張

明海女士也來了，還帶了一束花送與主人。孟先生的母親買了兩盒點心，像香港美心餅鋪的製品，但是味道十二分甜。他母親一定要我嘗試，想來必然是不易獲得的珍品。差不多九點半鐘，龐英先生的夫人帶着兩個女兒也來赴宴。兩個女兒似乎都不很會説中國話。大女兒中學畢業，正考完列寧格勒大學入學試，讀的也是中文系。入學試須四科合格。龐小姐剛考完體育，成績是四分。其他三科都得到最高分——五分。凡成績好的可以得獎學金。龐小姐成績優异，每月可得獎學金六七十個盧布。據説，蘇聯退休養老金，規定不能低於六十盧布。這個數目似乎是一般人的普通生活費。前幾日龐英先生提到他女兒考入學試時，神情非常緊張，今天則特別高興。他們的心情似乎和香港家長們也没有什麽差別。人客到齊，我們主客九人圍坐長方餐桌。龐英先生拿手的炒牛肉、炒猪肉是晚餐的主菜。我素來不飲酒，只嘗了幾口俄國清酒。龐英先生説：冰箱中還有女主人預備款客的海參，可惜女主人匆匆出門，没有早日泡製，無法烹調，我們只可心領了。我們主客們缺少彼此交談的語言，却有互相達意的技術。居然也能暢談歡叙起來。話題中偶爾談到三十年前希特勒圍攻的情況，那時候孟西科夫教授纔只是十五歲的少年。他父親是參加戰争的軍官，他的大哥則在列寧格勒外圍森林中打游擊戰，他的母親是市立學校的教員。孟西科夫教授跟隨祖母避居在列城數百里外一個小鎮。九百日的圍城，他的母親只設法出城探視過他們一次，他們勸她留下，但她仍毅然回到圍城中，負起她神聖的工作。圍城時每一工作人員只配給半磅麵包，不擔任工作的居民更要减半配給。孟氏的母親談及圍城中的人把皮鞋皮帶全部煮食净盡，她指着桌上的麵包説：“那時粗糙的麵包，可不像現在的麵包哩！”我們越談越高興，孟氏的姨母也從她懷裏掏出一枚鍍金徽章，原來是圍城十年後發給她的紀念品，没料到這位傴僂矮小的老媪，也是當年游擊隊的看護。列寧格勒三百多萬英勇的市民，替列寧格勒赢得“英雄城”的美名，真是全世界愛護自己國土的人所當效法的啊！我舉起酒杯，向他們笑着説我要爲在座的英雄們敬酒時，她們都樂不可支。我們在這樣歡樂的氣氛中談談笑笑，不知不覺已到十一點鐘。我不識道路，不通語言，尤其在深夜，我無法返回旅館。我請主人通電話召唤的士，的士公司答復須兩小時後纔有車派出，原來的士公司的老板也是政府。我們等到午夜還没有消息，孟西科夫先生提議送我乘地下火車回去，因爲電車已經停駛，如果到凌晨一時，地下火車也停止通行，那時便無法回去了。我惦記着明日是我最後一日閲讀敦煌卷子的機會，必須回旅館小作休息，因此也顧不得麻煩主人。讓他同我步行到地下火車站，進入隧道，往下一看，好似陡坡插入無底深潭。記憶中，巴黎、倫敦、紐約、東京的地下鐵，遠遠不及它的深度。若不是孟先生引我進入地下火車，我真要學阮籍窮途痛哭了。我們很快便從以薩克教堂附近車站出來，仍花費了十五分鐘的行程纔到達亞士陀里亞旅館門首，這時已經是子夜十二時五十分，應該是八月十七日的凌晨了。我向孟先生道謝，并表示十二分的歉意，在這深夜凌晨還勞擾主人遠送，回去又無交通工具，實在萬分不安。孟先生説："我是列寧格勒人，自然有辦法回去的！"我心中暗想，這世界上最愛他的城市的人，恐怕"列寧格勒人"要算是首屈一指的罷！我匆匆回到卧室，就寢時已是一時半，睡到六時半起床，還是練拳進膳這一老套，到十點鐘便趕到東方院。今天閲覽室又關門，必須在孟先生特設在藏書室的工作桌上閲讀，但是孟先生尚未到館。我看着最後一天閲讀時間一分一秒地過去，我顧不得禮貌問題，只好請孟先生的同事用電話催促他，原來他昨夜太勞頓，而他夫人今早八時又由莫斯科回家，所以硬把他從夢中叫醒，他匆匆趕來東方院已經上午十一時了。他和我到他工作的地方，把黑水城和敦煌的卷子，擇要給我閲覽和抄寫。我一直披讀到下午六時，孟先生纔和我走出東方院，沿着河堤，漫步王宫廣場、藝術廣場、黄銅騎士峙立的廣場，眺望涅娃河上的晚景，我

們同到我住的旅館，孟先生又通電話叫他太太來大家見面，因爲我明晨六時便要離開旅館往飛機場，孟先生没法來送我。所以我們坐在伊薩克教堂和亞斯陀里亞旅館之間的廣場石椅上，依依話别。孟太太是女工程師，非常文秀，和孟先生真是一對璧人。我和她開玩笑説："孟先生滿屋的中國書，你有興趣欣賞它嗎？"她回答道："我不能讀中國書，但我能識中國一個'人'字；人字一撇一捺，我翻開孟先生的書，找着'人'字，我便不至於把中國書倒轉來擺置了！"我笑説："發明這聰明的辦法，也可以得中國學的榮譽博士了！"我們一直留戀到午夜纔正式道别。孟先生最後對我説："希望你這次到列寧格勒不是最後一次。"我和這位初次聚會不到十天的异國朋友，不禁黯然從心坎深處，發生離别之感。我懷着惆悵的心情，直到次日清晨，又像一片白雲，飄上飛機，飛向巴黎。我悽惘，我感慨，我驚奇，人類的性情，學術的交誼，有時確是可以衝破人世間的一切藩籬，一切障礙。我希望這次聚會的一段真感情，能永恒地互相存在，不論是發生在相見的第一次，或最後的一次！

列寧格勒歸來一月後，記於九龍又一村寓居

（原載《列寧格勒十日記》，學海出版社，1975年，頁1—33）

陸

柒

陸

我國在列寧格勒的國寶

1973年暑假，出席巴黎第二十九届東方學會。會畢，訪問列寧格勒東方院分院。曾與孟西科夫教授晤談，得知列寧格勒所藏我國的國寶，如敦煌卷子、《石頭記》抄本、黑水城資料的概況。兹將孟氏談話記録如次，藉以略覘列寧格勒諸學者研治中國學的最近動態。——重規記於九龍又一村寓居。

一、敦煌卷子

蘇聯東方院列寧格勒分院所藏的敦煌卷子，全部約有一萬二千個號碼。内中有數百件是一九〇六年，烏魯木齊俄國領事克洛特可夫（H. H. Кротков）、副院士馬洛夫（C. E. Мадов）在新疆獲得的，其餘都是鄂頓堡格（Одbденбург）院士新疆考察隊帶回來的。一九一四、一九一五年，他在敦煌工作，獲得這大批資料，以後，俄國的學者就利用它一步一步研究。最早，佛魯格（Фдуг）記録了列城敦煌抄本約兩千個號碼。他曾發表兩篇短文，一篇關於佛教卷子，一篇非佛教卷子。由於他戰時死去，故著作很少。從一九五六年到現在，蘇聯學者不斷努力研究，我個人編印了《敦煌抄本目録》二册，約三千個號碼。其餘尚未發表而已描寫的約六千個號碼。另一整理敦煌文獻的工作，是發表敦煌變文珍本，已出版的，有《十吉祥變文》一册，《雙恩記變文》二册、《敦煌贊文》一册，這些都是研究關於敦煌文學的工作。此外有四五百種文書，包括經濟資料、政治資料、佛教廟宇資料等，均由朱古葉斯基（I. и.чугевскNий）先生研究。已交出版社準備出版的第一册，有七十五篇文書。他將陸續發表這批資料。他又發表了一篇題爲《敦煌學》的文章，内容包括全世界敦煌學者的工作綱要。我們又將根據敦煌卷子的題跋，考察敦煌抄本本身的歷史，雖然蘇聯擁有的資料不多，但兼采外國資料，還是可以做出貢獻的。

二、《石頭記》抄本

俄國人非常愛好長篇小説，都認爲《紅樓夢》一書可與世界任何最高的名作媲美。我在一九五八年和我的朋友班拿劭克（B.A.Панасюд）共譯《紅樓夢》全文，他譯散文，韵文則由我擔任。其他在莫斯科的學者如班斯尼娃（A. Д.Позднеева）、李福清（B.Л.PмфTNм）、斯馬諾夫（B.N.сеМАНОВ）以及在列城的費希門（O.Л.ФиММаН）也參加研究。李福清先生發現了在列城的前人所未發現的抄本《紅樓夢》，因他不在列城，故請我共同工作。我們發表了一篇《新發現的石頭記抄本》的文章。這篇文章由日本小野理子翻成日文，現從潘重規先生那裏知道香港也有部分中文翻譯。我們現在計劃和龐英先生將這抄本整理全部發表。其底蕴雖尚未盡明，但確信如要知道《紅樓夢》一書創造的歷史，我們斷不可忽視此一抄本。

三、黑水城資料

黑水城，我們常用蒙古語哈拉火陀（Хара–Хото）稱呼它。黑水城的發現很有趣，蒙古人傳説沙漠有死城，一般都不相信，唯獨俄國旅行家柯智洛夫（Л.К.Коздов）一人篤信不疑。果然一九〇八年他在蒙古發現了死城古迹，并從該處著名佛塔中獲得很多文書。大部分是死去了的語言的西夏文書，小部分是寫或刻的漢文書。因爲這些發現的文物，都是世界上前所未見的，故自一九一一年，世界學者紛紛欲加探索，蘇聯學者伊鳳閣（А. И. Иванов）、涅夫斯基（Н.А.Невский），德拉古諾夫（А.А.Драгунов）戰前已從事研究，其中最著名的，要推第一個能通曉西夏文的涅夫斯基。一九六〇年他發表了《西夏研究》二册，可稱爲西夏語文的偉大作品，使此後西夏學研究得到了迅速的進步。現在我們科學分院繼續涅夫斯基工作的，有基車諾夫（Е.И.Кичанов）和他的助手特倫第夫（А.П.Терентвев）、卡佀斯基（Катанский）、克根格（К.В.Кегмнг）、果洛可洛夫（В. С. Колоколов）等發表了許多西夏文資料，如西夏文海、西夏文的四書五經之類，又將出版西夏文的對聯、西夏的法律，等等。除西夏文的資料外，也有中文的資料。第一個來列寧格勒研究中文資料的是法國伯希和，但他只研究了二十三種。後來佛魯格也研究這些資料，也寫了幾篇文章。現在我已編竣中文資料全部目録，約有五百個號碼。其中最著名的刻本，如《劉知遠諸宫調》、吕惠卿《莊子義》，還有許多書籍，像《新雕文酒清話》，可能是中國最早的一本完整的笑話書。其他抄寫的文書也不少。西夏因缺乏紙張，他們往往用中國文書的背面印行他們自己的書籍，如《文海》之類。因此這些文書正反面都是珍貴資料，《水滸傳》裏的好漢，如張順、史進的姓名也在上面發現過。這些文書，最早的爲一一一八年，最遲的爲一一三三年。但也發現有少數北元時代的文書，因

爲黑水城是北元首都，那時的人，把這些文書塞進著名佛塔的孔洞内，居然能够保存下來，很有趣味的是黑水城遺留下來的刻本，多數附有插圖。我曾計算過，除去重複的，仍有三十四幅。我們的學者，有去過巴黎的，發現我們的插圖，確是稀有的珍品。最後，我要説明黑水城資料有些混入敦煌卷子中的緣故。當初黑水城資料用箱裝好，存入書庫時，偶有從箱裏跌出，管理人員没注意，大約有二十件放置在敦煌抄本中。以前我編的兩册敦煌目録，其中攙雜有少數黑水城資料，未曾剔除。但在索引中注明哈拉火陀（Хара–Хото）的，即是黑水城資料。現在我已將黑水城資料全部分辨清楚，編成完整的目録。

重規案：孟西科夫教授能操中國語，此篇記録他的談話，盡量保存他原來的語氣，關於黑水城資料，可參考羅福萇《俄人黑水訪古所得記》、向達《斯坦因黑水獲古記略》（均見《北平圖書館館刊》四卷三期，臺灣學生書店影印本）。

（原載《幼獅月刊》38卷6期，1973年12月，頁2—3）

敦煌學的現況和發展

——一九七二年十二月十六日新亞研究所學術演講詞

（潘重規先生講，鄺慶歡同學記）

一、前言

敦煌學是近世紀顯學之一，陳寅恪先生曾經説過：近代學者如果没接觸到敦煌學、甲骨學等門類的新學問，對學術可以説是“未入流”。由此可見敦煌學受到學術界重視的程度。

所謂敦煌學，包括的範圍非常廣，具體説來，主要是敦煌遺書和敦煌藝術品兩方面。今天所談，特别側重敦煌遺書。敦煌遺書的面世，是由於敦煌石室的偶然發現。原來我國黄河以西的地區，自古稱爲河西，其在甘肅西北之突出部分，稱“甘肅河西”，是從漢唐以來通往西域的要道，故又稱爲河西走廊。敦煌縣便是其間的一個富庶城市。在唐以前，占領其地的有前涼、苻秦、後涼、北涼和元魏。安史亂後，在唐德宗建中年間陷於吐蕃，宋又爲西夏占領。所謂敦煌石室就在今敦煌縣城東南二十公里的千佛洞的一個洞窟中。敦煌千佛洞古稱莫高窟。莫高窟有五百餘洞，有壁畫

和塑像的三百餘洞。發現遺書的敦煌石室在張大千編號第一百五十一號，也即伯希和第一百六十三號洞内。洞内一個不到高廣方丈的石室，内中貯滿數萬卷經卷，大約在宋仁宗景祐初年，寺僧因逃避兵亂而將許多寶書封閉在這個石室中，在清光緒廿五年（一八九九），千佛洞一位叫作王圓籙的道士，無意中發現了這一個寶藏。當時有少數卷子流傳到士大夫之手，他們只當作古董收藏，并没有進一步追尋。直至一九〇七年春天，英籍匈牙利人斯坦因率領探險隊到達敦煌，找到王道士，用詭計利誘王道士，運走了廿四箱的寫本和五箱的繡畫美術品，安置在不列顛博物館，據他自稱所得寫本卷子有九千卷。在一九〇七年冬，法國伯希和來新疆訪古，知道敦煌石室發現古物，於一九〇八年春趕到千佛洞，他能操流利國語，和王道士議價購買，他的漢學造詣較深，與斯坦因選擇標準不同，他特别注意有年月署名題記和非漢文的卷子。他得到的在五千卷左右，故以數量言，伯不及斯；但在質量上，則伯優於斯。經過這两次搜購，精華已去大半。接着還有日德兩國人前往，德人携走的數量較少，日人較多。日人橘瑞超也於一九〇八年訪古新甘一帶，也曾到敦煌石室取得卷軸數百件。見於其所編《敦煌將來藏經目録》（1914年發表），計四百二十九卷。在伯希和一九〇八年將敦煌卷軸運回巴黎以後，次年五月又來北京購置中文圖籍，隨身携帶少數敦煌卷子。他把這一消息告訴羅振玉、董康、蔣伯斧諸人，并且説石室尚有卷子八千軸。羅、董諸人聽到這一消息，建議學部電請陝甘總督以三千元購得剩餘卷子，押運回京，沿途被人偷去不少。後來歸於北京圖書館，有九千餘卷。以後在民國三十年八月三十日，敦煌藝術研究所的工友，在兩尊塑像中，又發現了寫本六十餘卷。近年來又聽説蘇聯列寧格勒民族研究所也藏有萬餘卷。大約世界各地公私所藏，大宗的，少數的，總共有三萬多卷。這一發現，關係中國乃至世界學術，牽涉之廣，影響之大，真是無法估計。我們隨手掇拾，都是有關學術界最嶄新最重要的材料。例如敦煌遺書保存的變文，便爲中國文學史添加了一種新文體。又如倫敦斯三四三號卷子，背後抄有放奴文、放婢文，大都説“貴者是前世業通，賤者是前緣負債”，此類文書，反映出唐代佛家思想，注入到社會各階層。這真是研究思想社會制度的最好的第一手材料！由一斑以窺全豹，可見這三萬卷敦煌遺書，確是中國文化的巨大遺産。

二、敦煌卷子分散的現況

現在我們談談敦煌遺書發現後七十年來散布的情況。我們根據一九六二年商務印書館出版的《敦煌遺書總目索引》一書所載三個主要收藏所的目録和散録所載零星的收藏目録作一簡要介紹：

（一）北京圖書館所藏——自一九一〇年，清學部將所得敦煌卷子移交京師圖書館後，在一九一一至一九一二年間，就編出了一個草目，兩千多卷的詳目和一部《敦煌石室經卷中未入藏經論著述目録》。一九二二年又由陳垣（俞澤箴協助）作了一次全面的檢閱、考訂。一九二四年陳垣仿趙明誠《金石録》的體例，排比編次成爲現在的《敦煌劫餘録》，共著録八千六百七十九卷，幾乎全部都是佛經（有道經九種，摩尼教經一種）。一九二九年京師圖書館改組，合并成爲北京圖書館，成立了寫經組，由胡鳴盛、許國霖從未登記的殘卷中選出了一千一百九十二種。又由許國霖另外編成《敦煌石室寫經題記》與《敦煌雜録》（一九三六年鉛印本）一書。又從九千八百七十一卷中輯出了四百多條寫經題記。近年來，在民間流動的卷子也有不少歸入北京圖書館，所以總計現在北京圖書館所藏，當已超過一萬卷。

（二）倫敦不列顛博物館所藏——在一九〇七至一九〇八年間，斯坦因把所得敦煌卷子運至倫敦。據他自稱所得總數是九千卷。那便是翟理斯

所編以漢文卷子爲主的目録内所包括的六千九百八十個卷子和小册子，内有約五十多個梵文、藏文、粟特文、回紇文、于闐文的卷子。另外還有兩千多個卷軸的藏文寫本和絹本、紙本的刺繡、繪畫等美術品。藏文寫本前藏印度總督府的圖書館内，今不知在何處。美術品約五百多件，分藏不列顛圖書館和印度新德里圖書館，有一九三一年魏禮合編的《斯坦因所得敦煌畫目録》。

（三）巴黎國家圖書館所藏——伯希和所得確數不是很清楚，大約不少於五千卷。王重民所編以漢文爲主的目録内包括兩千五百多個卷子、版畫葉和小册子和一百來個梵文、藏文、粟特、回紇、于闐文的卷子。另外還有一大批藏文卷子，現藏巴黎國家圖書館，大量的絹本、紙本的刺繡、刺畫、繪畫的美術品，分藏羅浮宫（Palais du Louvre）和吉美博物館（Musée Guimet）。美術品還没有一個總目録。其藏文卷子已有拉盧編的《敦煌藏文寫本目録》二册，共著録了一二八二個藏文卷子，又準備出第三册，其總數可能達到兩千卷。

（四）敦煌遺書總目散録所載——敦煌遺書，斯、伯二氏搜購以前，已有少數散出；搜購之後，更有大量散佚與盜竊。李盛鐸在押運來京途中，幾於把菁華盜盡。一九三五年將較好的四百卷售予日本人，從此以後，又一再售出數百卷。而日本人橘瑞超等也曾在斯、伯二氏以後到敦煌搶購，所以流到日本的也不少。這些流散的卷子，大約在三千卷上下。爲了收藏或售賣，曾編有不少的目録流傳。《敦煌遺書總目索引》所載散録彙集了十四種公私收藏的小目録，也就是上述三個主要部分以外流散出來的一些小收藏者的目録。另外五個專科目録，是從所有敦煌遺書中就編者所能見到的有關卷子而編成的專科目録。這流散的三千來卷，其具體情況應該是這樣的：在散録中的十四個公私收藏的小目録共著録一千一百九十九個卷子，其中三分之二在日本，三分之一在國内。這是由於日本調查的工作較好，其實在國内至少有接近兩千來卷流動着，流到日本和歐美私人手中的約一千卷。近年來在國内流動着的兩千來卷，如上述十四個散録内所著録的一千一百九十九個卷子，就至少有四百卷歸入了北京圖書館、北京大學圖書館。没有目録的一千八百多卷，也有大約三分之二的數量歸入北京圖書館和其他大圖書館。據現在所知，歸入北京圖書館的約一千二百卷，歸入北京大學圖書館、上海文館會的各約一百卷，還有敦煌研究所藏的一些新發現的卷子。到今天爲止，在市面上流動的至多不過五百卷了。

（五）列寧格勒所藏——蘇聯列寧格勒民族研究所藏有萬卷以上的敦煌遺書，這個驚人的傳説，在一九六二年《敦煌遺書總目索引》出版時尚未提及。多年前，法國元老教授戴密微先生過港時晤談，纔聽到此一消息。後來會見日本吉川幸次郎及小川環樹兩位教授，告以經過列寧格勒觀書的情形，并承小川教授以旅蘇時所録《毛詩音》卷子假抄。一九六七年旅巴黎時，買得孟西和夫（自署孟列夫）所編目録二册：第一册是一九六三年出版，計一千七百零七種；第二册是一九六七年出版，計一千二百四十六種。除大部分是佛經外，有《詩經》、《左傳》、《論語》、《孝經》、《禮記》、《尚書》、《莊子》、《道德經》、《黄帝内經》、《唐律》、《文選》、《史記》、《王梵志詩》、曲子詞、變文、《刊謬補缺切韵》等。我的學生南大中文系盧紹昌教授，今年訪問列寧格勒，據説蘇聯擁有萬卷以上之説，恐不可靠。因爲所有抄寫本都附屬於敦煌卷子部，即如列寧格勒所藏乾隆抄本八十回《紅樓夢》，孟西和夫教授曾將他考論此抄本的文章見贈，而此抄本也是屬於敦煌卷子部的。不過，就已見到近三千卷的目録，其内容也相當豐富了。

三、敦煌學研究情况和未來的發展

各國研究敦煌的學者，一開始都以編製目録爲急務。英國的藏書，在一九二三年，羅福萇發表他所編的《倫敦博物館敦煌書目》(《國學季刊》一卷一期)，乃是根據法國人轉録本和在展覽廳展出的一小部分卷子記録下來的，其不完全可知。向達先生在一九三六、一九三七年間，看到了四百九十六個卷子，編爲《倫敦所藏卷子經眼目録》(《圖書季刊》新一卷四期)。一九五七年，倫敦出版了翟理斯費了三十八年的精力編成的《敦煌漢文寫本書解題目録》(*L. Giles Descriptive Catalogue of the Chinese Manuscripts from Tunhuang in the British Museum*)。同年，北京圖書館劉銘恕也根據顯微膠片，在幾個月時間内編成了一部《斯坦因刦經録》。法國所藏，有王重民所編的《伯希和刦經録》，拉盧編的《敦煌藏文寫本目録》，羅福萇、陸翔翻譯的伯希和所編的目録。最近巴黎國家圖書館編了一册解題目録，包括五百號卷子。北京所藏的有陳垣編的《敦煌刦餘録》和《北京圖書館藏敦煌遺書簡目》。一九六二年又出版了《敦煌遺書總目索引》，給敦煌遺書二萬二千五百卷第一次完成了一個目録。我在一九六七年寫成了《臺北“中央圖書館”所藏敦煌卷子題記》，把館藏一百五十多個卷子作了一次仔細的記録；在《新亞學報》發表後，立刻引起了各國學者的注意，日本許多學者專家寫信問我索取資料，并且不斷親往臺北閲讀；日本石田幹之助教授，法國戴密微教授分别在《東方學》和《通報》上撰文介紹。可見學術界對敦煌學是何等的關注，而編製目録的工作在敦煌學上又是何等的切要。

除了編目，許多學者又將敦煌卷子照相抄寫複印，如羅振玉的《鳴沙石室佚書》《敦煌零拾》，蔣斧的《沙州文録》，劉復的《敦煌掇瑣》，神田喜一郎的《敦煌秘笈留真新編》，姜亮夫的《瀛涯敦煌韵輯》等；最大的一種，便是一九五四年倫敦博物院把所藏全部敦煌卷子攝製成的顯微膠片了。

一般學者得到新資料後，有的作單篇研究，有的作專題研究，有的作專書研究。一九五九年日本東洋文庫敦煌文獻研究聯絡委員會編撰的《敦煌文獻研究論文目録》，内容分一般史地、社會、經濟、法制、宗教、思想、民俗、文學、美術、書寫經、音樂、言語、考古、金石、古文書、書志、科學、雜纂等十八項，所收日本人的論文已近一千篇，加上一九五九年以後及全世界的研究論文，其豐富可想而知。

我們鑒於敦煌文獻有關世界學術文化的重要和廣泛，全世界的學者都直接或間接從事研究工作；同時敦煌文獻已由隱晦艱苦的時期到達昌明安定的境界；我們回想敦煌遺書閉藏在石室，因被發現而流落到世界各處，漸漸地安頓下來；從亂七八糟一箱一捆的飄流到倫敦、巴黎、日本、蘇聯和世界各地，漸漸地得到珍視、整理，以至公開編著目録；恰似流亡各處的難民，經過播遷困苦，漸漸地獲得栖身之所，終至於領得當地的居留證；因此，我們有責任把這流亡在全世界的中國學術文化寶書，使它從分崩離析中，走向團聚統一。我們應該用和諧、智慧，走上學術文化的康莊大道，努力工作來建立永久、完整、光輝燦爛的敦煌學。我以淺短的眼光，把看得到的未來工作提出來和各位討論。

第一，我們應該聯合國際學術界的力量來編纂一部敦煌遺書總目録。根據現有的各種目録，再切實查核、改正、補充。這一工作并不簡單，需要甚多專家學者通力合作。許多外國人編的目録，易生錯誤。即北京圖書館編的《敦煌遺書總目》，錯誤也不少。其中著録題記，我在英法閲卷時曾隨手校正。即如伯希和二千六百八十二卷，王重民著録爲《白澤精話圖》殘卷，此卷長約丈餘，前幅有圖有説，後幅有圖無説，内容是書上許多神怪的圖像；從畫名看不出與内容有什麽關係。陳槃庵先生在《古讖緯

書録解題》中却寫作“白澤精涬圖”，蘇瑩輝《敦煌學概要》則寫作“白慶精涬圖”（蘇是依據陳説，慶字恐係手民之誤）。但不論是“白澤精話圖”，或“白澤精涬圖”，抑“白慶精涬圖”，隋唐以前都未著録。我訪書巴黎時，見到原卷，原來標題作《白澤精恠圖》，“恠”正是“怪”字的别體。精怪圖的書名，孫愐《唐韵》序曾經提到，可見是當時流行的志怪書籍。又如巴黎編目伯二千六百六十九號《詩·大雅》卷，卷背有些稀稀落落的小字，我細心觀察，方知正是對準正面文字的注音。經我考核，這正是六朝人一種著書方式。隋志著録的《毛詩音隱》《毛詩隱義》《毛詩背隱義》，都是用這種形式寫成的。注意卷背零零落落幾十個小字，便增多了一種《毛詩音隱》的著作；又解决了歷來不明白所謂音隱、隱義的著作方式問題。我想如此的編寫鑒定，恐怕不是一般編目員所能做到的。我們現在要完成一部最正確的總目録，這類精益求精的工作，仍然是必須而不可或缺的。

第二，我們應該聯合國際學術界的力量，來編纂一部《敦煌論文著述總目録》。過去全世界學者根據敦煌資料考訂、研究的單篇論文和專門著作，應該從速作一總結，并且應該有一個固定機構，將新發表的論文、新出版的著作，不斷網羅編輯，繼續發表。像日本東洋文庫附屬的敦煌文獻研究委員會，便不斷地在做着這類工作。敦煌學已成一門永久的學問，因此這種機構和工作，也將永久不能間斷停止。

以上兩種重要工作，前人已或多或少在分頭進行。我們現在應該成立一個研究資料中心，并且要切實做到下面三椿工作，纔能成爲名副其實的研究資料中心。

第一，應將全世界保存的敦煌卷子，全部攝影。因爲攝影，纔能延續推廣它的生命。

第二，卷子歷時久遠，不免有模糊損泐油漬蠹傷之處，以致攝影不能全部傳真。故攝影之外，又須請飽學之士細心臨摹，成爲惟妙惟肖的寫本。

第三，有了惟妙惟肖的寫本，還是不便閲讀研究；因爲六朝唐人手寫字體，至不劃一，俗字、訛文、變體、簡寫、滿紙都是，必須用楷字重寫，方能解除一般閲讀研究的困難。

一個研究資料中心，如果能拍攝到全部敦煌卷子，每一個卷子又有臨寫本和楷寫本，那麽從敦煌流傳出來的三萬多卷的遺書，就可以永垂不朽，而且可以供全世界學者閲讀研究。

一個研究資料中心，能够擁有這份資料，我們便可以重新加以檢查、分析、綴合。例如倫敦所藏《文心雕龍》殘卷，由於博物館攝製的膠卷，中間漏脱一頁，以致异説滋生，甚至有懷疑原卷有兩個不同的卷子。我在倫敦校對原卷，攝影複印，真相乃告大白。又如姜亮夫《瀛涯敦煌韵輯》，號稱精審，經我重新校勘，發現錯誤甚多，也有重新改寫的必要。又前幾年小川環樹教授把在列寧格勒抄得的編號一千五百一十七的《詩經音》卷子給我抄録，回到香港，我發現它和倫敦藏二千七百二十九號《詩經》是同一個卷子。因此我寫了一篇文章把它綴合起來。中國的寶書，一段在蘇聯，一段在英國，復合之後，真有破鏡重圓之感。把全部敦煌卷子資料集中到研究中心之後，必然會産生這一類數不清的收獲。

有了這份集中資料，研究工作就可以更全面，更深入。當初，清學部把劫餘敦煌遺書移交京師圖書館後，李翊灼先生就從中選出了一百五十九種古逸經，編成了《敦煌石室經卷中未入藏經論著述目録》(疑僞外道目録附)。後來日本佛教團體和佛學專家受這一目録的啓發，利用倫敦、巴黎和日本國内收藏家所藏的敦煌遺書，經過十多年的努力，校訂出兩百種以上的古逸經和疑似經。在一九二四至一九二八年間，編入《大正新修大藏經》的第八十五卷内，給佛藏注入了新的資料，引起了佛學研究者極大

的注意。但由於那時候目録的條件還不够好，不能事先把北京、倫敦、巴黎三個主要部分的佛經做一次彙編和比較工作，準備擇善而從，或互相校補；致使校印出來的那兩百多種的古逸經和疑似經，有的缺頭少尾（一卷的），有的缺前卷少後卷（多卷的）。至於複本的文字校勘，那就做得更不够了。由於李翊灼先生這一目録富有啓發性，後來的《敦煌變文殘卷目録》《敦煌曲子詞殘卷目録》《敦煌四部遺書目録》，都頗受他的影響。日本人近年努力編撰敦煌文獻分類目録，如《道經目録》《非佛教文獻目録》《敦煌文獻研究目録》等。其他如《敦煌變文集》《敦煌曲子詞》《瀛涯敦煌韵輯》，也是從此途徑不斷發展出來的。一旦理想中的研究資料中心完成，之後的種種研究工作，必然做得更深入、更完備。瞻望前途，是有無限的光明燦爛的遠景。

最後，對於從事敦煌學研究工作者，我要提出兩項原則，或者説是兩種精神，來互相勉勵。敦煌遺書是中國學術文化的遺産，儘管全世界的學者用各種文字來發表研究它的成果，我們必須使它中國化。我們研究敦煌學是要使現代人和後代人能接受此一寶貴遺産，所以我們必須使它現代化。因此我提出來的兩項原則和兩種精神，便是敦煌學中國化和敦煌學現代化。現在分述如次：

1. 敦煌學中國化

什么如何是敦煌學中國化呢？現在全世界敦煌學目録的編定，和發表的論文，有的是用日文，有的是用英文，有的是用法文，有的是用俄文。所有這一切的資料，必須將它譯爲中文。敦煌卷子中的藏文、梵文、于闐、回紇、粟特等文字，雖非中文，但都是在中國國土發現的與中國有關的文件，也必須一步一步翻譯成中文，然後纔能完成敦煌學中國化。

2. 敦煌學現代化

如何使敦煌學現代化呢？我們知道卷子的書寫年代包括南北朝至趙

宋初期，而南北朝正是俗文字泛濫混亂的時期，敦煌鈔寫的卷子恰恰充滿這種現象。例如“藐”字作“藐”，“貌”字作“狠”、“好貌”寫成“好狠”，乃至“弋”“戈”不分，“竹”“艸”不分，“衣”“示”不分，“木”“禾”不分，“帷”“惟”不分，“摽”“標”不分，諸如此類的混淆，幾於舉不勝舉，因此我們應該把六朝隋唐俗書混淆的卷子，寫定爲現代的通行的楷書。這樣纔能使現代研閱的人一目了然，纔可以使研究社會、經濟、宗教、思想、民俗、科學、史地、文學各方面的學者，都能減少障礙、節省精力；這樣就有賴敦煌學現代化的完成。當然爲了國際學者的便利，也有翻譯成世界各種文字的必要。如何能達到這個目標，自然須集合全世界的學者充分合作和支持，而且這是長遠的計劃和工作。

最後，我要重複一句，敦煌遺書是中國人的文化遺産，如何使支離破碎的遺産恢復完整、發揚光大，這主要是我們中國人的責任。

（原載《新亞生活》15卷9期，1973年1月，頁1—4）

《敦煌學》發刊詞

敦煌文籍，閉藏石窟中垂千年；一旦暴露，橐盛輦載，流散四方。數十年來，异域學人，或保存整理，或考索鑽研，名家輩出，著述增華。蓋自發現以來，東起日本，西迄法英，遠及蘇俄，諸國學人，就其治學範圍，咸各有所貢獻，於是敦煌學遂顯赫於天下。夫敦煌文籍，本吾國瓌寶；徒以清政不綱，失其職守，不知葆愛，致令散佚。然公諸四海，轉得令天下才智，共成光大之業，所謂天下之寶，當與天下共之，則亦未始非斯學不幸之大幸。顧持較他國，貢獻心力於斯學者，獨吾國爲少，又豈非我國學者之羞乎？同人等講習討論之餘，深以爲恨。僉謂欲謀斯學光大，當務之急，莫要於刊布雜志，使敦煌文籍著作，得呈獻於海内外學人之前，以爲實現理想之階梯。因商定創刊《敦煌學》雜志編輯條例，舉其要者，略有數端：一曰論著，凡海内外有關敦煌著述，擇要刊登；一曰評介，凡新出著作，或如實介紹，或平心評騭；一曰資料，逐期影印敦煌文籍，以供學人之研究。惟斯學著作，歷來多用异域文字發表；故本刊特規定凡所刊載，一皆譯爲華文。區區之意，蓋欲使中國之學，還歸中國之文，斯殆亦舉世治中國學者之共同願望歟？昔唐蕃翻經大德法成，出麥與人抄録經典，同人等仰慕高風，遂各獻膏火之資，以供剞劂之費。集議既定，編印有期，適值法國敦煌學大師戴密微教授八十華誕。大師領袖群倫，華學泰斗，好學不倦，緝熙光明，因即以《敦煌學》創刊號奉祝純嘏。詩有之，高山仰止，景行行止，竊願效法大師治學精神，繼繩不息。庶幾收散佚之舊文，啓無疆之新學，綴緝一編，放之四海。所望天下通儒，斯學先進，憫其志苦力微，匡違補缺，進而教之，曷勝大願！

（原載《敦煌學》第一輯，1974年7月，頁1—2）

“中央圖書館”所藏敦煌卷子題記

丁未夏休，余薄游巴黎、倫敦，觀法國國家圖書館及大英博物館所藏敦煌寫本。以遘母疾，遄歸臺北。侍疾之餘，日詣“中央圖書館”善本圖書室，得盡讀所藏敦煌寫本百五十餘卷。凡《敦煌遺書總目索引散録》所載六十六卷皆在其中。詢之館長屈翼鵬教授暨前館長蔣慰堂先生，知多爲抗戰時及勝利後，購自李木齋之女暨葉譽虎所藏。披閲之餘，隨筆記其概略，卷帙既少，不復詮次。視法都英京所藏，誠不足比其美富，然彼則淪於异域，此則不失吾家故物，斯益足珍也。讀者按籍披尋，當同深國寶漂零之感矣。一九六七年十一月十二日記於臺北。

丁未季秋，余披閲“中央圖書館”敦煌卷子。時值先慈疾甚，心事惝怳，草草寫成題記，以塞《新亞學報》。友人吴其昱先生，精研敦煌之學，題記刊布後，時復賜予訂正。今年返臺，翻閲“中央圖書館”《善本書目》，已將全部卷子著録於增訂本中。因依書目次第，重編《題記》，增載吴君之説，并采館方記録，添注卷子幅度。寫定刊布，以諗世之方聞君子。余年來訪問歐陸圖書館，歷覽敦煌遺籍，深慨國寶之流散，因時時鼓吹彼邦學者，刊布書目，影印卷子，以嘉惠士林，弘揚學術。至臺館所藏，雖僅餘百卷，然皆國之瑰寶，故尤渴望攝影出版，傳播寰宇。儻有能發大弘願，將全部卷子影印流通，成此偉業，誠不勝跂望樂觀其成云。乙卯十月又記。

【一】一九六七年十二月初版，“中央圖書館”《善本書目》增訂本，子部釋家類，第二册第六八○頁第四行

007537《大方廣佛華嚴經》（東晋佛馱跋陀羅譯，存一卷，六朝人寫卷子本）

黄紙質薄，六紙，每紙廿八行，行十七或十八字，凡存一百六十一行。四界。匡高一八點四公分。

起：“萬億那由他不可説佛刹微塵”。

訖：“決定信向”。

參《大正藏》第九卷《華嚴部》，二七八號，六三一頁下一一行～六三三頁下一三行。

【二】第二册第六八○頁第五行

004758《大方廣佛華嚴經》（唐釋實叉難陀譯，存一卷，唐人寫卷子本）

黄紙質薄，十二紙，每紙廿八行，行十七或十八字，凡存三百二十六行。四界。匡高一八點四公分。

起：“□□菩薩”一行，“菩薩受記”二行，“一切衆生安住菩提菩薩受記”三行。

訖：末題“《大方廣佛華嚴經》卷第卅一”。

案：此卷與前卷筆迹相同，行款亦合，蓋亦佛馱跋陀羅譯本，原目作“唐實叉難陀譯”，宜訂正。

參《大正藏》第九卷《華嚴部》，二七八號，六三三頁下一三行~六三七頁下一行。

【三】第二册第六八〇頁第六行

004740《大方廣佛華嚴經》（唐釋實叉難陀譯，唐人寫卷子本）

黄紙，三紙，首紙廿六行，二紙廿七行，三紙十九行，凡存七十二行。四界。匡高二〇點九公分。

起：首題“《大方廣佛花嚴經花藏世界品》第五之三　卷十”。

訖：“又見彼土現在諸佛”。

背題：“《大方廣佛華嚴經》卷第卌七”。卷軸及緗帶皆舊物。

此卷即《敦煌遺書總目索引散録》（以下簡稱《總目》）所載0015卷。

此卷《華嚴經》僅存首紙廿六行。自第二紙起至第三紙末實爲《妙法蓮華經》之經文，殘存卷一序品部分。而二、三兩紙又互倒，因第二紙之起句“及聞諸佛所説經法”，宜上接第三紙經文末句“又見彼土現在諸佛”也（據李清志先生札記）。

參《大正藏》第十卷《華嚴部》，二七九號，四八頁下~四九頁上。又第九卷《法華部》，二六二號，二頁上~二頁下。

【四】第二册第六八〇頁第七行

臺047《大方廣佛花嚴經》卷六十六（唐釋實叉難陀譯，唐人寫卷子本）

黄紙質硬，十四紙，每紙廿八行，行十六、七、八字不等，凡存三百七十三行。四界。匡高二〇點二公分。

起："譬如衆合大地獄中"。

訖：尾題"《大方廣佛花嚴經》卷六十六"。

滄縣張溥泉先生舊藏。

參閱《大正藏》第十卷《華嚴部》，二七九號，三五五頁中，倒四行。

【五】第二册第六八一頁第二行

007543《佛説如幻三昧經》（西晋竺法護譯，存一卷，六朝人寫卷子本。）

黄紙質薄，十三紙，三十行，行十七字。凡存三百七十一行。四界。字工。匡高二〇點五公分。不諱世字民字。

起："正行游於欲界色無色界"。

訖：末行題"《佛説如幻三昧經》卷下"。

規案：字體似隋人書。

參《大正藏》第十二卷《寶積部》，三四二號，一四九頁上，倒九行。

【六】第二册第六八一頁第四行

004772《佛説阿彌陀經》（姚秦鳩摩羅什譯，一卷，唐人寫卷子本）

黄紙，二紙，第一紙有缺損。行十七字或十八字。凡存四十八行。字工。匡高二〇公分。

起："亦有阿閦鞞佛須彌"。

訖：末行題“佛説阿彌陀經”。

《總目》：“0028“佛説阿彌陀經（一卷），姚秦鳩摩羅什譯，唐人寫卷子本，首尾缺。”似即此卷。

參《大正藏》第十二卷《寶積部》，三六六號，三四七頁中，倒十一行。

【七】第二册第六八一頁第五行

《稱讚净土佛攝受經》（一卷，唐玄奘譯。唐人寫卷子本）

黄紙，二紙，行十七或十八字。凡存廿三行。四界。字工。匡高二〇公分。

起：“言甚奇希有”。

訖：末行題“《稱讚净土佛攝受經》”。

參《大正藏》第十二卷《寶積部》，三六七號，三五一頁中，一行。

【八】第二册第六八一頁第六行

004777《大乘無量壽經》（宋釋畺良耶舍譯，一卷，唐孟郎子寫卷子本）

白紙粗糙，八紙，行三十四至三十八字不等。凡存二百二十六行。匡高二十六點三公分。

起：首行標題“《大乘無量壽經》”。

訖：四紙末結題“《佛説無量壽宗要經》”。第五紙首行標題“《大乘無量壽經》”，訖第八紙末結題“《佛説無量壽宗要經》”。字體紙質皆同，蓋一人書此經二本。第四紙尾有“孟郎子”行書三字。

《總目》:“0042《大乘無量壽經》(一卷，又一卷)”，即此卷。

吴其昱先生云：此經臺北“中央圖書館”誤題爲宋畺良耶舍譯。只因經名有數字相同，遽定爲宋譯耳。《大正藏密教部》所收《大乘無量壽經》并題爲法成譯，所定譯人亦無實據，遍翻英法藏此經寫本，絶未發現有著録譯人者，故仍以題“失譯人名”爲妥。以後各卷題畺良耶舍譯者，皆應改訂爲“失譯人名”。

參《大正藏》第十九卷《密教部》，九三六號，八二頁。

【九】第二册第六八一頁第七行

004762《大乘無量壽經》(宋釋畺良耶舍譯，一卷，唐張略波寫卷子本)

白紙粗糙，四紙，前三紙卅二行，行三十四、五、六、七字不等。凡存一百二十五行。匡高廿七點四公分。四界。

起：首行題“《大乘無量壽經》”。

訖：末行題“《佛説無量壽宗要經》”。

卷尾題記云“☐略没藏寫”。

《總目》0041即此卷。

參《大正藏》第十九卷《密教部》，九三六號，八二頁。

【一〇】第二册第六八一頁第八行

004768《佛説無量壽宗要經》(宋釋畺良耶舍譯，一卷，唐解晟子寫卷子本)

白紙粗糙，二紙，每紙卅二行，行廿九字至卅八字不等，凡存五十二

行。首紙有缺損。匡高廿七點四公分。四界。世字不諱。

起："若有自書寫教人書寫"。

訖：末行題"《佛説無量壽宗要經》"。

卷尾有解晟子署名，當即寫經人。

《總目》0044即此卷。

參《大正藏》第十九卷《密教部》，九三六號，八三頁下，五行。

【一一】第二册第六八一頁第九行

004781《佛説無量壽宗要經》（一卷，宋釋畺良耶舍譯，唐人寫卷子本）

白紙粗糙，二紙，每紙卅二行，行廿八或廿九字。凡存六十行。匡高廿二點二公分。

起："他耶[六]怛姪他俺[七]"。

訖：末行題"《佛説無量壽宗要經》"一卷。

《總目》0043即此卷。

參《大正藏》第十九卷《密教部》，九三六號，倒九行。

【一二】第二册第六八一頁第十行

《無量壽宗要經》（一卷，唐人寫卷子本）

白紙粗糙，三紙，行三十七至四十二字不等，凡存八十七行。四界。匡高廿八點三公分。

起："訶喻□□娜[三]"。

訖：末行題"《佛説無量壽宗要經》"。

卷尾有藏文數字。

總目："0043《佛説無量壽宗要經》（一卷），宋畺良耶舍譯，敦煌寫卷子本。"蓋即此卷。

參《大正藏》第十九卷《密教部》，九三六號，八二頁下，一一行。

【一三】第二册第六八一頁第十一行

000506《大方等大集經》（北凉曇無讖譯，隋人寫卷子本，存卷第十二）

黄紙質薄，十四紙。行十七字，存三百八十二行。四界。匡高一九點一公分。

起：首行題"《大方等大集經無言菩薩品》第七"。

訖：末行題"《大方等大集經》卷第十二"。

卷尾有"曾在不因人熱之室"篆文長方朱印。

卷背有啓功題籤云："隋人寫《大集經》。"夾行注云："無款，相其筆勢，在開皇大業之間。丙戌夏日，啓功觀於海王邨畔。"

《總目》："0026《大方等大集經》（存一卷），北凉曇無讖譯，隋人寫卷子本。"當即此卷。

參《大正藏》第十三卷《大集部》，三九七號，七四頁下。

【一四】第二册第六八一頁第十二行

004729《佛説大方廣十輪經》（不詳譯人，存一卷。唐人寫卷子本）

白紙質粗，三紙半，第一紙有缺損，行十七字。凡存八十四行。紙色菸暗。匡高廿一公分。字工，不諱民字。

起：首行“《佛説大方廣十輪經離譏嫌品》第九”。

訖：“無所闕失於一切如來”。

《總目》0056即此卷。

參《大正藏》第十三卷《大集部》，四一〇號，七一一頁～七一二頁上一一行。

【一五】第二册第六八一頁第十三行

唐人寫經（十三節，三百四十四行）

黄紙質薄，十三紙，紙廿八行，行十二至廿字不等。凡存三百四十四行。四界。匡高二〇點二公分。

起：“如是十方盡虚空界”。

訖：末行題“《佛名經》卷第四”。

此卷未編號，在館藏寫經第二箱紙袋中。《善本書目》題作“《佛説佛名經》存一卷，不著譯人，唐人寫卷子本存卷四”。

參《大正藏》第十四卷《經集部》，四四〇號，二三〇頁上，倒四行。

【一六】第二册第六八一頁第十四行

《佛説佛名經》卷第七（唐人寫卷子本）

白紙質厚，三十五紙，紙十九行，行十八、十九、廿字不等，凡存六百七十七行，四界。匡高廿六點三公分。不諱世字。有墨筆校字。

起：標題“《佛説佛名經》卷第七”，標題下用黄赭諸色繪一佛像。

訖：末行標題“《佛名經》卷第七”。

首數紙有缺損，第一紙標題下繪一佛像，第二紙南無無垢功德威德王佛下繪一佛像，第四紙南無多摩羅跋葉旃檀香佛下繪一佛像，第五紙南無寶波頭摩月净勝王佛下繪一佛像，第七紙南無金光明佛下繪一佛像，第十紙南無賢高幢王佛下繪一佛像，第十四紙禮三寶以次復懺悔下繪一佛像，第十七紙南無智惠然燈光明勝佛下繪一佛像，第廿一紙世界塵沙諸佛出世佛下繪一佛像，第廿二紙百千萬佛同名一切菩提華佛下繪一佛像。

參《大正藏》第十四卷《經集部》，四四〇號、四四一號。

【一七】第二册第六八一頁第十五行

《佛説八陽神呪經》（敦煌寫卷子本）

白紙粗糙破爛，七紙，行十二、三、四、五字不等。凡存一百七十八行。紙幅高廿四點六公分。不諱世字。

起："解脱若"。

訖：末行題"《佛説八陽神咒經》"。

卷尾有《題記》云："清信弟子圊行者王與先亾父母作福，奉寫《八陽經》一卷。現存合家眷屬永生净土，無經八灘，護福長年，不歷三塗。"

規案：蓋唐末五代人寫本。

《善本書目》作"西晋竺法護譯"，未諦。參《大正藏》第十四卷《經集部》，四二七號至四三一號。

【一八】第二册第六八二頁第一行

007525《大乘入楞伽經》（唐實叉難陀譯，存一卷。唐人寫卷子本）

白紙粗糙，十三紙，紙二十七行，行十六或十七字。凡存三百三十五行。匡高十九點五公分。四界。不諱世字。

起："喉舌脣齶輔而出種種音聲文字相對談説是名爲語"。

訖：末行題"《大乘入楞伽經》卷第四"。

參《大正藏》第十六卷《經集部》，六七二號，六一〇頁上，一二行。

【一九】第二册第六八二頁第二行

007546《大乘入楞伽經》（唐實叉難陀譯，存二卷。唐人寫卷子本）

白紙粗糙，十三紙。紙卅五行，行卅三、卅四、卅五字不等。凡存四百三十六行。匡高廿三點六公分。

起："爾時大慧菩薩摩訶薩復白佛言"。

訖："《佛説大乘入楞伽經》卷第六。"

標題有"《佛説大乘入楞伽經如來常無常品》第五"（第一紙），《佛説大乘入楞伽經刹那品》第六（第二紙），《大乘入楞伽經》卷第五（第五紙），《佛説大乘入楞伽經變化品》第七（第五紙），《佛説大乘入楞伽經斷食肉品》第八（第六紙），《佛説大乘入楞伽經陀羅尼品》第九（第八紙），《佛説大乘入楞伽經偈頌品》第十之初（第八紙），《佛説大乘入楞伽經》卷第六（第十三紙）。

【二〇】第二册第六八二頁第三行

007517《維摩詰所説經》（姚秦鳩摩羅什譯，一卷，唐人寫卷子本）

白紙粗糙，十三紙，首二紙缺損，每紙廿七行，行十六、十七、十八字不等，凡存三百四十八行。無四界。有墨筆校字。紙幅高廿五點四公分，不諱世字治字。

起："囲囨囙可時我世尊聞説是"。

訖：末行題“《維摩詰所説經》卷上”。

第八紙有“《菩薩品》第四”標目。

參《大正藏》第十四卷《經集部》，四七五號，五三九頁下，倒四行。

【二一】第二册第六八二頁第四行

004753《金光明最勝王經》（唐釋義净譯，唐人寫卷子本）

黄紙質薄，七紙，每紙廿四、廿五行，行十五、六、七、八字不等，凡存一百七十行，首行缺數字，匡高二〇點一公分。

起：“妙吉祥菩薩觀自在菩薩”。

訖：“少病少惱起居輕利字”。第四紙有“《金光明最勝王經如來壽量品》第二”標題。

《總目》0012即此卷。

參《大正藏》第十六卷《經集部》，六六五號，四〇三頁中八行～四〇五頁下倒一二行。

【二二】第二册第六八二頁第五行

004730《金光明最勝王經》（唐釋義净譯，唐人寫卷子本）

白紙，一紙零一行，共三十七行，行四十一至四十七字不等。字小。第十三行標“《金光明最勝王經如來壽量品》第二”。匡高廿四點二公分。

起：“甚深難得聞諸佛之境界”。

訖：“以常見佛不尊”。

《總目》0013即此卷。

參《大正藏》第十六卷《經集部》六六五號，四〇四頁上九行～四〇

五頁中一五行。

【二三】第二册第六八二頁第六行

《金光明最勝王經》（唐人寫卷子本）

白紙，三十紙，每紙廿八或三十行，行廿三至廿八字不等，凡存八百五十六行。四界。不諱世字民字治字。

起：標題“《金光明最勝王經四天王品》第六二”。

訖：末行題“《金光明經》卷第四”。

首十紙與末十一紙爲一人手筆，中九紙另一人書。

標目有“《金光明最勝王經四天王品》第六二”“《金光明經》卷第四”（第卅紙末）。

規案：據標目，所寫當爲北凉曇無讖譯本。

《善本書目》作唐釋義净譯。

參《大正藏》第十六卷《經集部》，六六三號，三四〇頁下。

【二四】第二册第六八二頁第七行

004756《金光明最勝王經》（唐釋義净譯，存一卷，唐人寫卷子本）

黄紙粗糙，十六紙，紙廿八行，行十六、十七、十八字不等，凡存四百廿四行。第一紙有缺損，匡高一九點九公分。四界。不諱世字民字。

起：“重讚嘆植諸善根”。

訖：末題“《金光明最勝王經》卷第六”及音兩行：眤【陟尸】 敞【昌兩】 敵【亭歷從攵】 整【征勤】 殿【田見】 蝕【乘力】 掠【良灼】 讒【士咸】 窶【劬矩】 麼【摩可】 颯【蘇合】 薜【薄閉】 揞

【車者】 拏【奴加】 窣【孫骨】 曬【去蓋】 呬【虚致】 叡【以芮】。

卷尾有小字《題記》一行云:“屈榮子爲父母及合家平安敬寫　王瀚”，似此卷爲屈榮子所書，或王瀚代屈榮子所書。

《總目》0010即此卷。

參《大正藏》第十六卷《經集部》，六六五號，四二七頁中，倒七行。

【二五】第二册第六八二頁第八行

004745《金光明最勝王經》(唐釋義净譯，存一卷，唐米通信寫卷子本)

白紙粗糙，十五紙餘，首紙有缺損，每紙廿八行，行十七或十八字，凡存三百九十六行。四界。匡高一九點六公分。有墨筆校字。不諱世字民字。

起:“尒時寶積大法師”。

訖：末題“《金光明最勝王經》卷第九”，題後有“《金光明最勝王經諸天藥叉護持品》第廿二,《金光明最勝王經授記品》第廿三,《金光明最勝王經除病品》第廿四,《金光明最勝王經長子流水品》第廿五標目。

卷尾有音一行：毫【毛報】 痰【徒甘】 癊【於禁】 玃【俱縛】 枳【居爾】 弭【彌氏】 媲【普詣】 睇【啼計】 梢【所交】，音後有“米通信書”四小字，襯裱紙有寫經殘字，有黄楮一行，書“羅蜜多經卷第六十”。

《總目》0012即此卷。

《顔氏家訓·歸心篇》云:“内教多途，出家自是一法耳。若能誠孝在心，仁惠爲本，須達流水，不必剃落鬚髮”，趙曦明《家訓注》云:“未詳。”嚴式誨《颜氏家訓補校注》云:“須達爲舍衛國給孤獨長者之本名，祇園精舍之施主也，見《經律异相》。流水蓋亦長者之名，皆不爲僧而得證佛果者，俟更考之。”

規案：北凉曇無讖譯四卷本《金光明經》及唐義净譯十卷本《金光明經》皆有《除病品》《長者子流水品》（曇譯作《流水長者子品》），此二品述長者子流水習醫濟治衆生，及拯活池魚十千事，《歸心篇》流水即出此經，今英法藏《金光明經》敦煌寫本極多，知南北朝此經盛行，故顔氏用事及之也。

參《大正藏》第十六卷《經集部》，六六五號，四四四頁中四行～四五〇頁。

【二六】第二册第六八二頁第九行

004779《金光明最勝王經》（唐釋義净譯，存一卷，唐人寫卷子本）白紙質硬，三紙，紙廿八行，行十六、十七字，凡存一百零五行，卷多損泐，匡高一九點五公分，世字不諱。

起：“有作無間罪”。

訖：“先嚼齒木净澡漱”。有“《金光明最勝王經大吉祥天女品》第十六，《金光明最勝王經大吉祥天女增長財物品》第十七”標題。

襯裱紙有僧牒文，并有藏文二行。

《總目》0009蓋即此卷。

參《大正藏》第十六卷《經集部》，六六五號，四三八頁～四三九頁下倒五行。

【二七】第二册第六八二頁第十行

007523《金光明最勝王經》（唐釋義净譯，存一卷，唐人寫卷子本）

黄紙，二紙半，行十七字，凡存九十行。四界。匡高一九點九公分。

起："《金光明最勝王經堅牢地神品》第十八，龍興僧奉"。

訖：末行題"《金光明最勝王經僧慎尒耶藥叉大將品》第十九"。

重規案："龍興僧奉"四字，乃後人添寫。

卷中有"覺皇寶壇大法司印"及"斬邪"二印，皆大至方二寸有餘。

參《大正藏》第十六卷《經集部》，六六五號，四四〇頁上一七行～四四一頁上倒四行。

【二八】第二册第六八二頁第十二行

007515《金光明經》（北凉曇無讖譯，存一卷，六朝人寫卷子本）

黄紙質薄，十一紙半，行十七字。凡存二百七十六行。四界。不諱世字民字治字，第一紙微損，匡高一九點六公分。

起："白佛言世尊是金光"。

訖：末行題"《金光明經》卷第二"。

參《大正藏》第十九卷《經集部》，六六三號，三四一頁中一三行～三四四頁下倒一一行。

【二九】第二册第六八二頁第十三行

臺046《金光明經鬼神品》第十八（北凉曇無讖譯）

黄紙，十四紙半，每紙廿五行，行十七字。凡存三百四十三行。四

界。不諱世字民字治字。匡高二〇點一公分。

起：標題“《金光明經鬼神品》第十八”。

訖：末行題“《金光明經》卷第七”。

滄縣張溥泉先生舊藏。據標目，蓋《合部金光明經》。

參《大正藏》第十六卷《經集部》，六六四號，三九二頁中。

【三〇】第二册第六八三頁第一行

007538《大方便佛報恩經》（不著譯人，一卷，唐初寫卷子本）

黄紙，十四紙，每紙廿八行，首紙有缺損，行十七字。凡存三百九十二行。四界。字工。不諱世字民字治字。匡高一八點九公分。有墨筆校字。

起：“爲繩以界道側”。

訖：“歡喜作禮右遶而去”。

標題有“《大方便佛報恩經孝養品》第二”。

規案：字體似隋人書。

參《大正藏》第三卷《本緣部》，一五六號，一二五頁中倒十行～一三〇頁中三行。

【三一】第二册第六八三頁第二行

《佛説父母恩重經》（一卷，唐人寫卷子本）

黄紙，二紙半，行十六、十七、十八字不等。凡存四十六行。四界。不諱世字民字。

起：“十五日能造作佛”。

訖：末行題“《佛説父母恩重經》”。

參《大正藏》第八十五卷《疑似部》，二八八七號，一四〇三頁下，一〇行。

【三二】第二册第六八三頁第九行

《盂蘭盆經》（晋釋竺法護譯，唐人寫卷子本）

白紙，八紙，行十四至十八字不等，凡存一百三十行。首紙殘缺，有墨筆校改。紙幅高二六點二公分。

起：“目蓮依教便彼行供養三尊及大衆”。

訖：第六紙“佛子上來道理轉殷勤聞道還須行孝行不但自家心裏了也會衆罪速消除”。

尾有題記云：“《盂蘭盆經》邈觀故題，此經贊𢥞（規案：當是“嘆”字）不思宜（規案：當是“疑”字），留傳天下衆人知，有緣得遇諸佛見，蓮花會裏與君倚。”

規案：此卷似《目蓮救母變文》，此下一紙餘鈔《阿毗達磨俱舍論頌分别界品》第一（伐蘇盤豆造，三藏法師玄奘奉詔譯）起標題，訖“有利有事有漏□□□”。

背鈔敕肅州諸軍事牒一件。

參《大正藏》第十六卷《經集部》，六八五號。

【三三】第二册第六八三頁第十行

004749《大般若波羅蜜多經》（唐玄奘譯，唐寫卷子本）

黄紙質硬，三紙，每紙廿八行，行十六、十七、十八字不等。凡存

六十五行。四界。字工。無校。無背記。

起："静不著色處"。

訖：末行標題"《大般若波羅蜜多經》卷第五"，標題上鈐有"報恩寺藏經印"長方篆文朱印。

此卷即《總目》之0006卷。

參《大正藏》第五卷《般若部》，二二〇號，二七頁中，一一行。

【三四】第二册第六八三頁第十一行

004764《大般若波羅蜜多經》（唐釋玄奘譯，存一卷，唐人寫卷子本）

黄紙，十六紙半，每紙廿八行，行十七或十八字。凡存四百六十五行。四界。匡高二〇點一公分。原漆木軸。

首紙殘缺，起第一行"若波羅蜜多"，第二行"□信解品第卅四之廿六"。

訖：末行題"《大般若波羅蜜多經》卷第二百七"。

《總目》0008即此卷。

參《大正藏》第六卷《般若部》，二二〇號，三二頁上。

【三五】第二册第六八三頁第十二行

004763《大般若波羅蜜多經》（唐釋玄奘譯，存一卷，唐人寫卷子本）

白紙，十六紙半，每紙廿八行，行十七字。凡存四百五十六行。首紙有缺損。四界。匡高一九點七公分。漆木軸舊物。

起："故八聖道"。

訖：末行題“《大般若波羅蜜多經》卷第二百卅一”。

《總目》0007即此卷。

參《大正藏》第六卷《般若部》，二二〇號，一六一頁上，倒五行。

【三六】第二册第六八三頁第十三行

004739《大般若波羅蜜多經》（唐釋玄奘譯，唐奈紸見力寫卷子本，存卷二五四）

黄紙，十六紙，紙廿八行，行十七字。凡存四百四十三行。四界。匡高二〇點三公分。

起：“界眼識界及眼觸”。

訖：末行標題“《大般若波羅蜜多經》卷第二百五十四”。

卷尾有“勘了”二字，又有小行書“索贊力寫”四字。館籤及總目題唐奈紸見力寫，蓋誤認“索”爲“奈”，又誤認“贊”爲“紸見”，此卷當爲索贊力所寫。陳祚龍教授云：“敦煌卷中曾見有人姓索名大力者”，知此卷乃索姓而名贊力者所寫也。此卷朱漆木軸，猶存舊物。卷外加織錦帙衣，金籤題古寫經一卷。帙裏細書一行，云“三千六百六十九字”。

此卷即《總目》所載0004卷。

參《大正藏》第六卷《般若部》，二二〇號，二八四頁上，六行。

【三七】第二册第六八三頁第十四行

《大般若波羅蜜多經》（唐釋玄奘譯，一卷，唐人寫卷子本）

黄紙，十九紙半，每紙廿四行，行十七字，凡存四百五十八行。四界。匡高二〇點九公分。舊漆木軸，赤縧。

起：首行“《大般若波羅蜜多經》卷第二百六十九”，第二行“《初分難信解品》第卅四之八十八□三藏法師玄奘奉　詔譯”。

訖：末行題“《大般若波羅蜜多經》卷二百六十九”。

參《大正藏》第六卷《般若部》，二二〇號，三六一頁上。

【三八】第二册第六八三頁第十五行

004755《大般若波羅蜜多經》（唐釋玄奘譯，唐人寫卷子本）

黄紙，一紙，存廿六行，行十七字。四界。匡高二〇點一公分。無校。無背記。

起：第一行題“《大般若波羅密多經》卷第四百九十九”，次行題“《第三分天帝品》四之二，三藏法師玄奘奉　詔譯”。

訖：“非心廻向非心心”。

此卷即《總目》0005卷。

此卷夾有《方廣經》碎片四紙，皆白紙。一片題“□□《一乘大方便方廣經》求那跋□羅譯”。其他殘經三紙，皆黄紙，一紙六行，二紙各四行。

參《大正藏》第七卷《般若部》，二二〇號，五三七頁中～五三七頁下一七行。

【三九】第二册第六八四頁第一行

《大般若波羅蜜多經》卷第五百廿四寫本（唐釋玄奘譯，唐人寫卷子本）

白紙灑金，十九紙，原裝裱，似脱去一紙，凡存四百七十九行。四界。匡高二〇點一公分。

起:“《大般若波羅蜜多經》卷第五百廿四”，第二行“《第三分方便善巧品》第十六之二　三藏法師玄奘奉　詔譯。”

訖:“於一切法如實”。

第十三紙“及餘一切菩提分法皆悉”以下三行挖補，有朱筆校字；且有日文注音，如十五紙菴字旁注ァん，殖字旁注シキ，溉字旁注カイ，視字旁注㇀，不可施設名姓有异旁注波羅波多亻本。

吴其昱先生曰:“文中既有日文注音，疑非敦煌所出，似爲日本古抄本。”參《大正藏》第七卷《般若部》，二二〇號，六八三頁下～六八九頁中一四行。

【四〇】第二册第六八四頁第二行

004726《大般若波羅蜜多經》(唐釋玄奘譯，存一卷，唐人寫卷子本)

白紙粗糙，一紙，廿八行。行十七字。有墨污。四界。匡高二〇公分。紙背塗鴉有“張良友”一名。

起:“至般若波羅蜜多攝受一切”。

訖:“一切相智”。

《總目》0003即此卷。

參《大正藏》第六卷《般若部》，二二〇號，九三〇頁上九行～九三〇頁中九行。

【四一】第二册第六八四頁第三行

007528《大般若波羅蜜多經》(唐玄奘譯，存一卷，唐人寫卷子本)

白紙，十四紙半，首紙缺損，每紙廿八行，行十七字。凡存三百九十九行。四界。匡高二〇公分。

起:“具□菩薩(一行)是思維我應引發殊勝(二行)趣生死衆苦(三行)”。

訖:“了知所有集滅道聖”。

參《大正藏》第七卷《般若部》，二二〇號，一〇二四頁下倒八行~一〇二九頁中一一行。

【四二】第二册第六八四頁第四行

《大般若波羅蜜多經》(唐釋玄奘譯，唐人寫卷子本，一卷)

黄紙，二紙，五十六行，行十七字。匡高二〇點一公分。

起:“有精進不執由此精進不執”。

訖:“善男子善女生等以”。

有武氏新字:𠀑、鏊、埊、𡗗。

參《大正藏》第六卷《般若部》，二二〇號，五九六頁中倒九行~五九七頁上一七行。

【四三】第二册第六八四頁第七行

《摩訶般若波羅蜜經》卷第一(姚秦鳩摩羅什譯，唐人寫卷子本)

黄紙，十二紙，每紙廿八行，行十六、十七、十八字不等。凡存三百二十六行。匡高十八點九公分。字精工，卷子完整。有校改字。不諱世字。

起:“如恒河沙等諸佛國土”。

訖：末行“《摩訶般若波羅蜜經》卷第一”。

此卷未編號，在館藏寫經第二箱紙袋中。夾有編目草簽一紙云:“〔類別〕子部釋家類。〔書名〕《摩訶般若波羅蜜經》。〔注釋者〕姚秦鳩摩羅什譯。〔卷數〕一卷，原二十七卷。存第一卷《序品》《奉鉢品》《習應品》。〔册數〕一段。〔版本〕唐人寫卷子本”。草簽欄頂批注云:“三十七年五月十日京購”。

參《大正藏》第八卷《般若部》，二二三號，二一七頁下四行~二二一頁下一〇行。

【四四】第二册第六八四頁第八行

004735《摩訶般若波羅蜜經》(唐釋玄奘譯，唐人寫卷子本)

黄紙，四紙半，每紙廿八行，行十七字，凡存一百二十行。字工。四界。匡高十九點八公分。有墨筆校字，世字不諱。

起：首行標題“《摩訶般若波羅蜜經次第行品》第七十四，卷第卅三”。

訖:“四萬二千天子得無生法忍”。

《總目》“0002《摩訶般若波羅蜜經》，存卷三三”，即此卷。

按：是卷實僅存一紙廿五行耳，訖:“須菩提，菩薩摩訶薩”止。自第二紙(即第廿六行)“汝往莫輕彼國”起，係屬隋闍那崛多共笈多譯《添品妙法蓮華經》之經文，殘存卷第七《妙音菩薩品》第二十三之一部分。兩經蓋錯接，其接逢之迹已甚舊。(據札記)案：字迹相近，紙色微异。

參《大正藏》第八卷《般若部》，二二三號，三八三頁下~三八四頁上

九行。又第九卷《法華部》，二六四號，一九〇頁中～一九一頁中倒九行。

【四五】第二册第六八四頁第九行

007545《摩訶般若波羅蜜經》（姚秦鳩摩羅什譯，一卷，唐人寫卷子本）

黄紙，十六紙，每紙廿八行，首紙有缺損，行十七字。凡存四百三十四行。四界。匡高十九點八公分。不諱世字民字。

起："薩各首歸命釋迦文如來"。

訖："悉覺了無所罣㝵"。

標題有"《摩訶般若波羅蜜分别空品》第六"（第二紙）、"《光贊摩訶般若波羅蜜了空品》第七"（第十一紙）。

參《大正藏》第八卷《般若部》，二二二號，一六一頁下十六行～一六六頁下倒一行。

【四六】第二册第六八四頁第十行

004723《摩訶般若波羅蜜經》（姚秦鳩摩羅什譯，存一卷，唐人寫卷子本。）

黄紙，二紙，五十五行，首七行缺損，行十六、十七、十八字不等。四界。匡高二〇公分。

起："無我若净若不净"。

訖："佛菩薩善現諸菩薩摩"。

《總目》0027即此卷。

核經文内容，實爲玄奘譯之《大般若本》，殘存卷第五百二十七第三分慧到彼岸品第二十七（據札記）。

參《大正藏》第七卷《般若部》，二二〇號，七〇二頁下八行～七〇三頁中四行。

【四七】第二册第六八四頁第十三行

004751《佛説金剛般若波羅蜜經》（姚秦鳩摩羅什譯，一卷，唐人寫卷子本）

黄紙，九紙。每紙廿八行，行十五至廿一字不等，凡存二百四十一行。四界。匡高一九點四公分。有墨筆校字。不諱世字。字佳。

起："佛説金剛般若波羅蜜經"。

訖："如來説得福德多"。

《總目》0029即此卷。

參《大正藏》第八卷《般若部》，二三五號，七四八頁下～七五一頁下四行。

【四八】第二册第六八四頁第十四行

004773《金剛般若波羅蜜經》（姚秦鳩摩羅什譯，一卷，唐人寫卷子本）

黄紙，受損烟黑碎爛，四紙，每紙廿八行，行十七字。凡存一百零五行。四界。匡高一九點一公分。不諱世字。

起："須菩提白"。

訖："忍辱仙人於尒所世無我"。

《總目》0030即此卷。

參《大正藏》第八部《般若部》二三五號，七四九頁上倒四行～七五〇頁中倒十一行。

【四九】第二册第六八四頁第十五行

《金剛般若波羅蜜經》（姚秦鳩摩羅什譯，一卷，唐人寫卷子本）

白紙粗糙，五紙，每紙廿五行，行十六、十七、十八字不等。凡存二百零一行。四界。匡高二十二公分。有墨筆校字。

起："如來無所説須菩提"。

訖："皆大歡喜信受奉行"。

參《大正藏》第八卷《般若部》。二三五號。七五〇頁上一六行～七五二頁下二行。

【五〇】第二册第六八五頁第一行

004722《般若波羅蜜經》（不詳譯人，存一卷，六朝寫卷子本）

黄紙，一紙半，卅六行，行十七或十八字，首尾四行缺損。四界。匡高一九點三公分。

起："亦無菩薩"。

訖："中不可得"倒二行，"中不"末行。

規案：此卷及4723、4724、4731、4734、4736、4737、4743、4744、4752、4753、4754、4762、4763、4764、4765、4767、4768、4769、4771、4778凡二十卷，在館藏寫經第三箱，有包皮紙記云："館長在北平購，卅五年九月七日記。"

參《大正藏》第八卷《般若部》，二二三號，二六八頁上倒七行～二六八頁中倒八行。

【五一】第二册第六八五頁第二行

《報恩金剛經》文十二段（愚痴人弟子楊仙鶴。寫本）

白紙粗糙，七紙，首紙殘缺，每紙廿四行，行十八至廿六字不等。凡存一百六十九行。四界。匡高廿四點四公分。

起：首行“愚痴人弟子楊仙鶴”。

訖：末行“見佛面”。

規案：此卷蓋楊仙鶴所撰，第二行起蓋序文，其言曰:《報恩經文》十二段。其經無相爲宗，般若是體。此經文慳義廣，等量虛空，妙理幽玄，悲愚人之可惻。弟子諸經疏論，不曾披尋；孔子典籍，一字不識。狂言風語，詐惻聖情，恣意無明，漫出道理。大弘器量，不責小愆。拙句寡辭，聽聞者布施。弟子歡喜了知四大本來虛幻，漫執我人衆□□緣妄識，隨六根攀援。結集貪嗔痴煩惱，欲信□十二部經，體性一一不離人身心。向外波波求佛，渴鹿徒煩，趁其陽炮，智者細察，不可愛影而嫌身。愚者空裏漫摘狂花，总緣服其莨菪。衆生錯誤，弃水而求冰。今欲報作須菩提問佛，詐作如來。一一盡答。欲得直拔衆生三毒之根□□除妄相花苗，頓破五蘊煩惱之林，速證清□□性。言辭疏拙，恐不愜衆情，願發菩提之心□□庶弟子懺悔。佛説《金剛經》，從舍衛大城乞食至歡喜奉行，不離衆生身心説第一義。如來所説《金剛經》，衆生聞者須解佛意。舍衛大城不離身，給孤獨城俱在此。我人受者千二百,五蘊衆生同會理。心佛持鉢入四大，六根次第乞等智。眼耳鼻舌捨色塵，不生分别名普施。戒定惠香餐法食，定水清净洗足已。收衣得座解脱床，身心不動無量義。達身空是須菩提。智惠長老會中起。

第二，須菩提再問降心義。

第三，須菩提再問度十類衆生義。

第四，須菩提再問破色身義。

第五，須菩提再問衆生受持金剛經實相。

第六，須菩提再問如來喻恒河沙等七寶不如受持金剛經義。

第七，須菩提再問如來作忍辱仙人義。

第八，須菩提再問日捨三恒河沙身命布施義。

第九，須菩提再問佛供養那由他諸佛不如衆生受持四句義。

第十，須菩提再問五眼清净義。

第十一，須菩提再問卅二相正轉輪聖王義。

第十二，須菩提再問破此經有爲法義。

末有弟子自和無明五言八十字詩一首：

弟子實愚痴，肚撰胸臆傳，理性無不識，經論不曾轉。自疾不能救，勸人作方便。

欲得修道者，妄念勤除剪。但知調三業，六根須磨錬。暗室點明燈，水清石子見。

智杵破邪山，煩惱刹那斷。悟心豁然開，了了見佛面。

規案：此卷蓋楊仙鶴用韵語數陳《金剛經》要義之作。所云十二部經體性不離身心，亦即心即佛之旨也。

【五二】第二册第六八五頁第三行

007542《妙法蓮華經》（姚秦鳩摩羅什譯，存一卷，六朝人寫卷子本）

白紙粗糙，七紙，第一紙有缺損。每紙四十一行，行廿六字至三十字不等。凡存二百六十九行。四界。匡高廿二點四公分。不諱世字民字治字。有墨筆校字。

起:“□檀樹華敷(一行)地中諸衆生(二行)阿修羅男女及其諸眷屬(三行)”。

訖:“廣宣流布於閻浮提無令斷絶”。

標題有《妙法蓮華經常不輕菩薩品》第二十(第二紙),《妙法蓮華經如來神力品》第二十一(第三紙),《妙法蓮華經囑累品》第二十二(第四紙),《妙法蓮華經藥王菩薩本事品》第二十三(第五紙)。

參《大正藏》第九卷《法華部》,二六二號,四九頁上二行~五四頁下倒八行。

【五三】第二册第六八五頁第四行

004733《妙法蓮華經》(姚秦鳩摩羅什譯,一卷,唐人寫卷子本)

黄紙,十一紙,首五行缺下半截,每紙四十七或四十八行,行十七字,凡存四百七十五行。四界。匡高廿一公分。有木軸。

起:“闥婆王美音乹”。

訖:末行題“《妙法蓮華經》卷第一”。

有朱筆校改。蓋即《總目》之0031卷。

參《大正藏》第九卷《法華部》,二六二號,二頁上,倒三行。

【五四】第二册第六八五頁第五行

007540《妙法蓮華經》(姚秦鳩摩羅什譯,存一卷,唐人寫卷子本)

黄紙,八紙,首紙有缺損,每紙廿八行,行十七字。凡存二百一十二

行。四界。匡高十九點二公分。不諱世字。

起："槃者（一行）比丘尼（二行）諸天龍鬼神及乾闥（三行）"。

訖：末行題"《妙法蓮華經》卷第一"。

參《大正藏》第九卷《法華部》，二六二號，六頁中，倒六行。

【五五】第二册第六八五頁第六行

《妙法蓮華經》（存《序品方便品》第二，唐人寫卷子本）

黄紙，十九紙，末紙缺損。每紙十八行，行十七字。凡存四百四十八行。四界。字工。首二紙鈔配，無四界。字迹不如原卷之工。紙幅高廿五公分。

起："《妙法蓮華經序品》第一"。

訖：末行題"《妙法蓮華經》卷第一"。

參《大正藏》第九卷《法華部》，二六三號，一頁下。

【五六】第二册第六八五頁第七行

《妙法蓮華經》（一卷，唐人寫卷子本）

黄紙，四紙，每紙廿八行，行十七字。凡存一百十三行。四界。匡高二〇點二公分。

起："今見此瑞與本無异"。

訖："欲聞具足道"。

此卷夾有編目草簽云："〔登記號〕空白，〔類别〕子部釋家類，〔書名〕《妙法蓮華經》，〔註釋者〕姚秦鳩摩羅什譯，〔卷數〕一卷，原七卷，存第一卷《序品》之下，《方便品》，〔册數〕一段，〔版本〕唐人寫卷子本。”草簽欄頂批注云：“三十七年五月十日京購。”有“《妙法蓮華經方便品》第二”標題。

卷首第一行有“禮塔園”橢圓篆文朱印，卷尾有“萬松塔下行者□堪”長方篆文朱印。

《總目》0036似即此卷。

參《大正藏》第九卷《法華部》，二六二號，四頁中一六行～六頁下六行。

【五七】第二册第六八五頁第八行

004731《妙法蓮華經》（姚秦鳩摩羅什譯，存三卷，唐人寫卷子本）

（甲）一卷，黄紙，二紙又二半紙，七十九行，行十六或十七字。四界。匡高二〇公分。

第一紙起首行“《妙法蓮華經序品》第一”，訖“自在天子”。第二、三紙殘存卷二《譬喻品》廿五行，起“爾時四部衆”，訖“爾時佛告舍利”。第四紙殘存卷五《安樂行品》廿八行，起“況復餘事”，訖“所親近處”。

（乙）一卷，黄紙，一紙廿六行，行十七字。四界。

殘存卷三《藥草喻品》第五。起“《妙法蓮華經藥草喻品》第五”，訖“尒時無數千”。

（丙）一卷，黄紙質較厚，一紙廿五行，行十六或十七字。四界。不諱世字。筆迹與前二卷不同。

起“妙法蓮華經安樂行品第十四”，訖“入他家若”。

《總目》：“0032《妙法蓮華經》（存三卷），姚秦鳩摩羅什譯，唐人寫卷子本，存第一、第三、第五，三卷。”似即此卷。

參《大正藏》第九卷《法華部》，二六二號。甲：一頁中～二頁上；一二頁上七行～一二頁中；三七頁中～三七頁下。乙：一九頁上～一九頁中。丙：三七頁上～三七頁中。

【五八】第二册第六八五頁第九行

004760《妙法蓮華經》（姚秦釋鳩摩羅什譯，存一卷，唐人寫卷子本，卷一）

黄紙十紙，每紙廿八行，行十七字，凡存二百八十一行。四界。匡高一九點八公分。

起：首題“《妙法蓮華經方便品》第二”。

訖：“自知當作佛”。

此卷存卷一《方便品》第二全品。

參《大正藏》第九卷《法華部》，二六二號，五頁中～一〇頁中。

【五九】第二册第六八五頁第十行

004776《妙法蓮華經》（姚秦鳩摩羅什譯，存一卷，唐人寫卷子本）

白紙粗糙，二十二紙，每紙廿八行，行十六字至十八字不等，凡存五百八十六行。多蠹眼，無校。匡高二〇點三公分。

起：“也所以者何”。

訖：末行標題“《妙法蓮華經》卷二”。有“《妙法蓮華經信解品》第四”標題。

《總目》“0037《妙法蓮華經》，存一卷，存第二第四二品”，蓋即此卷。

參《大正藏》第九卷《法華部》，二六二號，一〇頁下，七行。

【六〇】第二册第六八五頁第十一行

《妙法蓮華經》（卷三，唐人寫卷子本）

黄紙，十一紙，首紙殘缺，每紙廿八行，行十七字。凡存三百行。四界。匡高二〇點三公分。字工。不諱世字民字。

起："場咸欲親近"。

訖：末行題"《妙法蓮華經》卷第三"。

參《大正藏》第九卷《法華部》，二六二號，二二頁下，九行。

【六一】第二册第六八五頁第十二行

《妙法蓮華經》（姚秦鳩摩羅什譯，唐人寫卷子本）

白紙，五紙，每紙廿八行，行十七字。凡存一百廿四行。四界。匡高一九點七公分。

起："《妙法蓮華經法師品》第十"。

訖："隨順是師學得見恒沙佛"。

規案：卷外有批注云："接收澤存。"

參《大正藏》第九卷《法華部》，二六二號，三〇頁中～三二頁中。

【六二】第二册第六八五頁第十三行

004742《妙法蓮華經》（姚秦鳩摩羅什譯，唐人寫卷子本，一卷）

黄紙，二十一紙半，每紙廿八行，行十七字，凡存五百八十四行。字

工。匡高一九點九公分。

起:“亦不親近增上慢人”，至第七葉第二行題“《妙法蓮華經從地踊出品》第十五”，第十三葉倒數第七行題“《妙法蓮華經如來壽量品》第十六”，第十六葉倒數第三行題“《妙法蓮華經分別功德》第十七”。

訖：末行題“《妙法蓮華經》卷第五”。

《總目》0034即此卷。

參《大正藏》第九卷《法華部》，二六二號，三七頁中倒七行。

【六三】第二册第六八五頁第十四行

《妙法蓮華經》(卷五，姚秦鳩摩羅什譯，唐人寫卷子本)

黄紙，十六紙，每紙廿八行，行十七字。凡存四百二十行。四界。匡高二〇公分。

起:“又見自身在山林中”。

訖：末行題“《妙法蓮華經》卷第五”。

標目有“《妙法蓮華經從地踊出品》第十五”(第一紙)，“《妙法蓮華經如來壽量品》第十六”(第七紙)，“《妙法蓮華經分別法德品》第十七”(第十一紙)。

參《大正藏》第九卷《法華部》，二六二號，三九頁下，四行。

【六四】第二册第六八五頁第十五行

004759《妙法蓮華經》(姚秦鳩摩羅什譯，存一卷，唐人寫卷子本)

黄紙，六紙，每紙廿八行，行十七字，偈文十六至二十字不等。凡存一百六十八行。四界。匡高二〇公分。

起：“十方大菩薩愍衆故行道”。

訖：“從地踊出住”。

有“《妙法蓮華經從地踊出品》第十五”標題。

除館藏印外，有“炅盦”方印，“歙許芚父游隴所得”長方印。

《總目》：“0035《妙法蓮華經》(存一卷)，姚秦鳩摩羅什譯，唐人寫卷子本，存第十四、十五品。”即此卷。

參《大正藏》第九卷《法華部》，二六二號，三八頁中倒三行～四一頁上七行。

【六五】第二册第六八六頁第一行

《妙法蓮華經如來壽量品》(姚秦鳩摩羅什譯，唐人寫卷子本)

黄紙，五紙，紙廿七行，行十七字。凡存一百十六行。匡高二〇點七公分。

起：首題“《妙法蓮華經如來壽量品》第十六”。

訖：“得入無上道，速成就佛身”。

此卷未編號，在館藏寫經第二箱紙袋中。夾有編目草簽一紙云：“〔類别〕子部釋家類。〔書名〕《妙法蓮華經》。〔注釋者〕姚秦鳩摩羅什譯。〔卷數〕一卷，原七卷，存第五卷之《如來壽量品》第十六。〔册數〕一段。〔版本〕唐人寫卷子本。”草簽欄頂批注云：“三十七年五月十日京購。”

首行標題下有近人題記二行云：“《如來壽量品》，乃唐寫經真迹，以介席卿老兄同年五十壽，弟嶽棻識。”有嶽棻陰文朱印。卷首紙背有張偉篆文朱印。

參《大正藏》第九卷《法華部》，二六二號，四二頁～四四頁上四行。

【六六】第二册第六八六頁第二行

《妙法蓮華經》(姚秦鳩摩羅什譯，唐人寫卷子本，卷六)

黄紙，十二紙，每紙四十二行，首紙缺損，行十六或十七字，凡存五百十五行，四界。匡高一九點六公分。

標目有"《妙法蓮華經常不輕菩薩品》第二十"，"《妙法蓮華經如來神力品》第二十一"，"《妙法蓮華經囑累品》第二十二"，"《妙法蓮華經藥王菩薩本事品》第二十三"。

起:"大千世界内外所有"。

訖：末行題"《妙法蓮華經》卷第六"。

參《大正藏》第九卷《法華部》，二六二號，四七頁下九行。

【六七】第二册第六八六頁第三行

004778《妙法蓮華經》(姚秦鳩摩羅什譯，存一卷，唐人寫卷子本)

黄紙，十七紙，第一紙殘缺。每紙廿七行，行十六、十七、十八字。凡存四百三十六行。四界。匡高二〇點四公分。

起:"是迦葉於未來"。

訖：末行"《妙法蓮華經》卷第三"。第五紙有標題"《妙法蓮華經化城喻品》第七"。末二紙字迹較遜，似配抄。

《總目》:"0038《妙法蓮華經》(存一卷)，姚秦鳩摩羅什譯，唐人寫卷子本，存《化城喻品》。"即此卷。

參《大正藏》第九卷《法華部》，二六二號，二〇頁下一一行。

【六八】第二册第六八六頁第四行

004732《妙法蓮華經》（姚秦鳩摩羅什譯，存一卷，唐人寫卷子本）

（甲）一卷卷七：

黄紙，存二紙半，共六十行，行十七字。首有缺損，四界，匡高廿一點二公分。不諱世字。

起"□帝三檀陀鳩"，訖末行題"《妙法蓮華經》卷七"。

參《大正藏》第九卷《法華部》，二六二號，六一頁中，倒十一行。

（乙）一卷卷七：

黄紙，一紙廿七行，行十六或十七字。紙質較厚。四界。匡高一九點九公分。

起"《妙法蓮華經妙音菩薩品》第廿四"，訖"若佛菩薩及國土生下劣"。

參《大正藏》第九卷《法華部》，二六二號，五五頁上～五五頁中一四行。

餘一卷，未見。

《總目》云："0033《妙法蓮華經》（存三卷）。姚秦鳩摩羅什譯，唐人寫卷子本，存三、五、七，三卷。"

（丙）《妙法蓮華經安樂行品》第十四（卷五，唐人寫卷子本）：

黄紙，五紙，紙廿八行，行十七或十八字，凡存一百一十七行。四界。匡高二〇點二公分。

第一紙起"《妙法蓮華經安樂行品》第十四"，訖第二紙"若無比丘一心念佛"。筆勢挺勁，有隸意。第三紙起"復次增長鳩槃荼王"，訖第五紙"佛以方便隨類音"，紙質較厚，字體亦較凡近。

重規案：此卷未編號，在館藏寫經第二箱紙袋中。袋上批注云："原裝漢簡盒，五十三年七月九日移此。”疑即004732未見之一卷。

參《大正藏》第九卷《法華部》，二六二號，三七頁上~三七頁下八行。

【六九】第二册第六八六頁第五行

007544《妙法蓮華經》（姚秦鳩摩羅什譯，存一卷，唐人寫卷子本）

黄紙，十七紙，每紙廿八行，首紙有缺損。行十七字，凡存四百五十六行。四界。匡高二〇公分。不諱世字民字。舊漆木軸。此卷字體近虞世南。

起：“供養親近□□諸佛久植德本又值恒河”。

訖：末行題“《妙法蓮華經》卷第七”。

標題有“《妙法蓮華經觀世音菩薩普門品》第二十五”（第二紙），“《妙法蓮華經陀羅尼品》第廿六”（第六紙），“《妙法蓮華經妙莊嚴王本事品》第二十七”（第九紙），“《妙法蓮華經普賢菩薩勸發品》第二十八”（第十三紙）。

參《大正藏》第九卷《法華部》，二六二號，五六頁上一二行。

【七〇】第二册第六八六頁第六行

007518《妙法蓮華經》（姚秦鳩摩羅什譯，唐人寫卷子本）

黄紙，十七紙，首四紙有缺損。每紙廿八行，行十七字。凡存四百七十六行。四界。字工。不諱世字民字。

起：“入七寶臺上升虚空去地七多羅”。

訖：末行題“《妙法蓮華經》卷第七”。

標題有“《妙法蓮華經觀世音菩薩普門品》第二十五”（第三紙），

"《妙法蓮華經陀羅尼品》第廿六"（第六紙），"《妙法蓮華經妙莊嚴王本事品》第二十七"（第九紙），"《妙法蓮華經普賢菩薩勸發品》第二十八"（第十三紙）。

呪語中字多作音，如痤【誓螺（規案：007544作誓蠹反）】 緻【猪履反（規案：007544作猜履反）】 娑【蘇索反】 哆【都餓反】 地【途賣反（規案：007544作遥賣反）】 略【盧遮反】，凡此音切，殆皆譯注梵音，而正文則取音近之漢字耳。

參《大正藏》第九卷《法華部》，二六二號，五五頁下十四行。

【七一】第二册第六八六頁第七行

《妙法蓮華經》（存卷七，姚秦鳩摩羅什譯，唐人寫卷子本）

黄紙，十紙，紙廿八行，行十七字。凡存二百五十六行。四界。字工。匡高一九點七公分。首紙殘缺。

起："伊緻【猪履反】捉〔九〕韋緻捉"。

訖：末行題"《妙法蓮華經》卷第七"。

標目有"《妙法蓮華經莊嚴王本事品》第二十七"（第二紙），"《妙法蓮華經普賢勸發品》第二十八"（第六紙）。

參《大正藏》第九卷《法華部》，二六二號，五九頁上，一行。

【七二】第二册第六八六頁第十行

004718《大乘蓮華寶達菩薩問答報應沙門品》（不著譯人，存一卷，唐人寫卷子本）

白紙，一紙半，凡存二十六行，行十六至十九字不等。四界。匡高廿

一點八公分。

起:“《大乘蓮華寶達菩薩問答報應沙門品》第廿八”。

訖:“常樂妙智八自在我”。

《總目》0061即此卷。

吴其昱先生云:《開元録》十八(《大正藏》55册頁6756)僞經“《大乘蓮華馬頭羅刹經》一卷”下注云:“亦云《寶達菩薩問答報應沙門經》。”此品名又見今本《佛説佛名經》卅卷本(《大正藏》第14册No.441),惟卷一(頁190)有此品名,無“菩薩”二字,館卷“品”作“經”。

【七三】第二册第六八六頁第十三行

007529《大般涅槃經》(北凉曇無讖譯,存一卷,六朝人寫卷子本)

白紙質薄,二十紙,首紙缺損,每紙廿四至廿六行,行十六或十七字。凡存四百七十六行。四界。匡高一八點三公分。不諱世字民字治字。

起:“是大(一行)是金(二行)能聽如是經者(三行)”。

訖:末行題“《大般涅槃經》卷第六。”

俗字有宍、内。

參《大正藏》第十二卷《涅槃部》,三七四號,三九八頁中,十七行~四〇四頁上倒一行。

【七四】第二册第六八六頁第十四行

007520《大般涅槃經》(北凉曇無讖譯,存一卷,六朝人寫卷子本)

黄紙,十二紙,首紙有缺損。每紙卅一行,行十七字。凡存三百四十三行。四界。匡高二〇公分。舊漆木軸。不諱世字民字治字。字體似北朝人書。

起:“別離苦怨憎會苦”。

訖:末行題“《大般涅槃經》卷第十二”。

卷尾有題記云:“十七字定,一校。”

參《大正藏》第十二卷《涅槃部》,三七四號,四三五頁中,十五行～四三九頁中倒六行。

【七五】第二册第六八六頁第十五行

007516《大般涅槃經》(北凉曇無讖譯,存一卷,六朝人寫卷子本)

黄紙,廿一紙,首紙缺損。每紙廿三或廿四行,行十六、十七、十八字不等。凡存四百八十九行。無四界。紙幅高廿六點二公分。不諱世字治字。原漆木軸。

起:“如來佛性涅(一行)亦非三世所攝何故不得名(二行)”。

訖:末行題“《大般涅槃經》卷第卅七”。

參《大正藏》第十二卷《涅槃部》,三七四號,五八一頁上十五行～五八六頁下倒六行。

【七六】第二册第六八七頁第一行

007526《大般涅槃經》(北凉曇無讖譯,存一卷,六朝人寫卷子本)

黄紙,十四紙,紙廿三行,行十七字。凡存三百二十行。四界。匡高十八點九公分。不諱世字治字。

起:“能分别我唯當與佛”。

訖:末行題“《大般涅槃經》卷第卅九”。

參《大正藏》第十二卷《涅槃部》，三七四號，五九四頁下七行~五九八頁中十五行。

【七七】第二册第六八七頁第二行

004725《大般涅槃經》（北涼曇無讖譯，存一卷，六朝人寫卷子本）

黄紙，一紙半，存廿九行，行十七字。四界。匡高一八點九公分。不諱世字。

起："種因緣不能（一行）令貪繫縛於心（二行）"。

訖："菩薩脩大涅槃心得解脱"。

《總目》0024蓋即此卷。

參《大正藏》第十二卷《涅槃部》，三七四號，五一五頁下七行~五一六頁上六行。

【七八】第二册第六八七頁第三行

004746《大般涅槃經》（北涼曇無讖譯，六朝人寫卷子本）

白紙有光，七紙，每紙行數不等，行十八字。末數行殘缺。凡存二百一十二行。四界。匡高廿四點四公分。字有隸意。有墨筆校及乙改。

起："寶安住無有傾動"。

訖："諸衆生故"。

背鈔梵網經及雜文，有一行云："敕歸義軍節度留後使檢校司空兼御史大夫上柱國曹。"字草率。漆軸原裝。

《總目》0025即此卷。

參《大正藏》第十二卷《涅槃部》，三七四號，四一三頁下倒七行~四一六頁下十一行。

【七九】第二册第六八七頁第四行

《大般涅槃經》(存一卷,北凉曇無讖譯,隋大業四年釋慧住寫卷子本)

黄紙質薄,十一紙,紙廿九行,行十七字。凡存三百一十五行。四界。匡高十八點七公分。有朱筆校字。不諱世字民字治字。

起:“尒時大醫名曰耆婆”。

訖:末題“《大般涅槃經》卷第十九”。

卷首有“老陶”篆文圓印。卷尾有題記云:“大業四年二月十五日比丘慧休知五衆之易遷,曉二字之難遇。謹割衣資,敬造此經一部。願乘兹勝福,三業清净,四實圓明,戒慧日增,惑累消滅,現在尊卑,恒招福慶;七世久遠,永絶塵勞。普被含生,遍洽有識,同發菩提,趣薩婆若。”又有細字一行,爲裝裱折損,僅“清信□子□嘉□□□”數字約略可辨。

規案:題記比丘慧休,休字作体,釋爲慧住,蓋非。

《總目》0023即此卷。

參《大正藏》第十二卷《涅槃部》,三七四號,四七七頁上七行~四八〇頁下倒三行。

【八〇】第二册第六八七頁第五行

007519《大般涅槃經》(北凉曇無讖譯,唐初寫卷子本,朱校)

黄紙質薄,廿三紙半,每紙廿八行,行十七字,凡存六百五十二行。四界。匡高一九點二公分。字工。不諱世字民字治字。

起："道菩薩如是欲出"。

訖：末題"《大般涅槃經》卷第十一"。

有朱筆校字云："十二卷頭，十二卷尾"。

參《大正藏》第十二卷《涅槃部》，三七五號，六七三頁下一〇行～六一八頁下。又三七四號，四三二頁上倒五行～四四〇頁上。

【八一】第二册第六八七頁第六行

004767《大般涅槃經》（北凉曇無讖譯，存一卷，唐人寫卷子本）

黄紙，廿三紙，紙廿九行，首紙有損缺，行十六或十七字。凡存六百四十三行。四界。匡高十九點二公分。有朱校字。卷尾有朱書"勘訖"二字。漆木軸。不諱世字治字虎字。

起："何以故諸佛世尊"。

訖：末行題"《大般涅槃經》卷第五"。

《總目》0021即此卷。

規案：此卷字體似唐初或隋代寫本。

參《大正藏》第十二卷《涅槃部》，三七四號，三九〇頁中十三行～三九八頁上十二行。

【八二】第二册第六八七頁第七行

《大般涅槃經》卷八（唐高弼寫卷子本）

黄紙質薄，二十二紙，首紙缺損，每紙廿四行，行十七字。凡存五百〇六行。無四界。幅高廿四點七公分。不諱世字民字治字。舊漆木軸。"相狠"，"貌"作"狠"。

起:“血則變白草血滅已”。

訖:末行題“《大般涅槃經》卷第八”。

卷尾標題下有淡墨書“一校”二字，又有題記云:“高弼爲亡妻元聖威所寫經。”

案:斯坦因4033號《摩訶般若波羅蜜經》卷十四有題記云:“高弼爲亡妻元聖威所寫經。”又斯坦因4252號《大方廣佛華嚴經》卷第廿有題記云:“高弼爲亡妻元聖威所寫經。”

案:此卷紙質、字體、簡字，皆不似唐代寫本，疑爲北魏人書。

參《大正藏》第十二卷《涅槃部》，三七四號，四一一頁中十一行~四一七頁下一行。

【八三】第二册第六八七頁第八行

007527《大般涅槃經》(北涼曇無讖譯，存一卷，唐人寫卷子本)

黄紙質薄，十九紙，首紙有缺損，每紙廿八行，行十七字，凡存四百九十七行。四界。匡高二〇點一公分。不諱世字民字治字。

起:“生下老下病下”。

訖:末行題“《大般涅槃經》卷第十三”。

卷尾有題記云:“菩薩戒弟子尼智行受持”，筆迹與寫經相同，當即智行所書。

參《大正藏》第十二卷《涅槃部》，三七四號，四三九頁中倒二行~四四五頁中。

【八四】第二册第六八七頁第九行

《大般若波羅蜜多經》（北凉曇無讖譯，唐人寫卷子本）

黄紙，九紙，末紙有損缺。每紙廿八行。行十七字。凡存二百三十三行。四界。匡高二〇點二公分。不諱世字。又有斷紙，八行。

起:“迦葉菩薩白佛言”。

訖:“善男子慈若能得”。

此卷末編號，在館藏寫經第二箱紙袋中。

參《大正藏》第十二卷《涅槃部》，三七四號，四五四頁上十八行~四五六頁下倒四行。

【八五】第二册第六八七頁第十行

007524《大般涅槃經》（北凉曇無讖譯，存一卷，唐人寫卷子本）

黄紙，十八紙，完好。每紙廿八行，行十五、十六、十七字。凡存四百九十三行。四界。匡高十九點八公分。

起：標題“《大般涅槃經》卷第十七”。

訖：末行題“《大般涅槃經》卷第十七”。

卷尾有“三界寺藏經”長方墨印。卷背原題“《大般涅槃經》卷第十七　二天”。“二”字朱書。

卷首標題下有“悔庵”陰文方印，“吴龠”陽文方印，“歙許芚父游隴所得”長方朱印。

此卷原裝裱，原漆木軸，原題籤，最完整。

參《大正藏》第十二卷《涅槃部》，三七四號，四六三頁上十五行~四六八頁下倒五行。

【八六】第二册第六八七頁第十一行

004757《大般涅槃經》（北凉曇無讖譯，一卷，唐人寫卷子本）

黄紙質薄，十六紙，每紙廿八行，行十七字。凡存四百三十六行。四界。匡高二〇公分。不諱世字民（眠）字治字。漆軸舊物。

起："惠施故"。

訖：末行"《大般涅槃經》卷第十八"。

規案：此卷字體似初唐或隋代寫本。

《總目》0022即此卷。

參《大正藏》第十二卷《涅槃部》，三七四號，四六九頁下倒九行～四七五頁上四行。

【八七】第二册第六八七頁第十二行

007539《大般涅槃經》（北凉曇無讖譯，存一卷，唐人寫卷子本）

黄紙，十一紙半，每紙廿八行。行十六、十七、十八字不等，凡存二百九十六行。四界。匡高二〇公分。字不工。

起："我時贊言善哉童子"。

訖：末題"《大般涅槃經》卷第三十四"。

參《大正藏》第十二卷《涅槃部》，三七四號，五六五頁上一〇行～五六八頁中倒九行。

【八八】第二册第六八八頁第七行

《優婆塞戒》（六朝人寫卷子本）

黄紙，二十一紙，每紙廿六行，首紙有缺損，行十六字。凡存五百十五行。四界。匡高廿二點八公分。不諱世字。有墨筆校字。原漆木軸。

起："者無戒（一行）得殺罪何以故（二行）"。

訖："《優婆塞戒》卷第七"。

卷尾有題記二行，一行云："校已"；一行云："優婆郭弘宗經"。

標目有：《優婆塞戒羼提波羅蜜品》第廿五、《優婆塞戒毗梨耶波羅密品》第廿六、《優婆塞戒禪波羅蜜》第廿七、《優婆塞戒般若波羅蜜品》第廿八。

規案：此卷當是北凉曇無讖譯《優婆塞戒經》，存卷七。

參《大正藏》第二十四卷《律部》，一四八八號，一〇六九頁下五行～一〇七五頁。

【八九】第二册第六八八頁第八行

004744《菩薩戒羯摩文》（唐釋玄奘譯，一卷，唐人寫卷子本）

黄紙，二十九紙，有缺損。正文行十六或十七字，雙行注字數不等。凡存七百六十九行。四界。匡高二〇公分。字工。不諱世字治字。

起："諍事後瞋恚作是語"。

訖："餘類准以可知"。

《總目》0020即此卷。

參《大正藏》第二十二卷《律部》，一四三二號、一四三三號、一四三四號。

【九〇】第二册第六八八頁第九行

《式叉摩那尼六法》（不著譯人，一卷，唐人寫卷子本）

白紙質粗，二紙，首紙殘缺。凡存七十一行，行廿七至卅一字不等。四界。匡高廿四點五公分。字不工。有朱校圈點。

起:“佛及法比丘僧今留毗尼法”。

訖:“故善護持著用隨因緣”。

【九一】第二册第六八八頁第十二行

《毗尼心》（不著撰人，唐人寫卷子本）

白紙，二紙，行二十三、四、五、六字不等，凡存五十六行。四界。匡高二十三點三公分。字不工。

起：首行標題“《毗尼心》一卷”。

訖:“四師僧衆滿如法”。

參《大正藏》第八十五卷《古逸部》，二七九二號，六五九頁上～六六〇頁上四行。

【九二】第二册第六八八頁第十三行

004738《鳩摩羅什法師誦法》（囗釋道融集，一卷，唐人寫卷子本）

黄紙，二紙，凡存八十三行，行十六至十八字不等。四界。匡高二〇點一公分。世字不諱。

起：標題“《鳩摩羅什法師誦法》，慧融等集”。

訖:“忍辱得度翻畜”。

前有序云："四部弟子受菩薩戒，原於長安城內大明寺鳩摩羅什法師與道俗百千人受菩薩戒。時慧融、道詳八百餘人次預彼末，書持誦出《戒本》及《羯摩受戒文》云云。菩薩戒序云：諸大德……是日已過，命亦隨減，如少水魚，斯有何樂。"

此卷編目書籤題"□釋道融集，唐人寫卷子本"，《總目》0053亦題"□釋道融集，唐人寫卷子本"，蓋即此卷。然據標題當云"慧融等集"。

【九三】第二册第六八八頁第十四行

004734《小鈔》（不著撰人，一卷，唐人寫卷子本）

白紙粗糙，七紙，首紙有損缺，存一百五十四行，行十九至廿三字不等。書法不工整。四界。

起：首行標題"《小鈔》一卷"。

訖：末行題"《小鈔》一卷"。

卷尾有題字一行云："乾符貳年四月十七日納邑判官孫興晟分配如後。"卷背復有題字云："乾符貳年四月十七日納邑判官孫興晟分配如後，燉煌、莫高、神沙、平康、洪池、玉關、赤心、慈惠、效穀。"

此卷雜鈔戒律儀法。

《總目》0055即此卷。

參《大正藏》第八十五卷《古逸部》，二七九〇號《律雜抄》。

【九四】第二册第六八八頁第十五行

《戒律》（一卷，唐人寫卷子本）

白紙粗糙，四十紙，首紙殘缺，凡存九百九十四行，行廿五至卅字不等。四界。

起："安居及受日法"。

訖："摩德勒伽論云變金作銅度税處犯偷"。

標目有《四部律及論明受戒法》第二、《四部律及論明結界法》第三、《四部律及論明羯摩法》第四、《四部律明安居及受日法》第六、《自恣法》第七、《四部律及論明衣法》第八、《功德衣》第九、《四部律及論明净地護净方法》第十、《匡救僧徒同住法衆法》第十一、《四部律及論明三寶物法》第十二、《四部律及論明亡比丘輕重物看病囑受法》第十三、《四部律及論明五篇七聚犯輕重》第十四。卷首標題更有《明除罪懺悔法》第十五、《明諸部雜威儀》第十七。

吴其昱先生曰：當是《四部律并論要用抄》。參《大正藏》第八十五卷《古逸部》，二七九五號，六九一頁上四行～七一一頁下廿四行。"

【九五】第二册第六八九頁第二行

004765《大智度論》（姚秦釋鳩摩羅什譯，存二卷，唐人寫卷子本）

黄紙，十八紙，第一紙首數行泐損。每紙廿八行，行十七字。凡存四百四十八行。四界。匡高十九點五公分。不諱世字民字。

起：首行"大智度□卷第六十三"。

訖：末行題卷第六十三。

第十紙有《大智度論》第卌一品釋論。

卷首有"歙許芚父游隴所得"長方篆文朱印，與004759卷朱印同。卷尾有"悔庵"長方印。

《總目》0018《大智度論》（存二卷），印度龍樹菩薩造，姚秦鳩摩羅什譯，唐人寫卷子本，存卷六二、六三、共一卷，蓋即此卷。札記云：

“經核對實存卷六十三内第四十、第四十一兩品。”

參《大正藏》第二十五卷《釋經論部》，一五〇九號，五〇三頁上～五〇九頁上。

【九六】第二册第六八九頁第三行

004748《大智度經七十品釋論之餘》（姚秦鳩摩羅什譯，唐人寫卷子本）

黄紙質薄，十九紙。每紙廿七或廿八行，行十七字，凡存五百二十五行。匡高十九公分。字體近六朝人。不諱世字。漆木軸，舊物。無背記。

起：首行標題“《大智度經七十品釋論之餘》，卷八十四”。

訖：“無作合行故”。尚餘空白烏絲欄十行。

此卷疑初唐以前人寫本。經文於界上欄外寫一“經”字，論文於界上欄外寫一“論”字。

《總目》0019即此卷。

參《大正藏》第二十五卷《釋經論部》，一五〇九號，六四五頁中～六五一頁下。

【九七】第二册第六八九頁第四行

《大乘百法論》一卷（不著譯人，唐人草書卷子本）

白紙，三十七紙，每紙廿二行或廿三行，行十九至廿一字不等，凡存八百一十六行。紙幅高廿八點五公分。

起：“法有情類無始時”。

訖：末題“《大乘百法論》一卷”。

此卷無標題，第二釋題目云："《大乘百法明門論本事分》"云云。草書，有朱墨筆校，舊木軸，卷背有雜抄。

【九八】第二册第六八九頁第九行

004747《十地論》（一卷，不著撰人，六朝人寫卷子本，民國袁克文手書題記）

黄紙質薄，十九紙，每紙廿二行，行十六或十七字。凡存三百八十三行。四界。匡高十八點七公分。不諱世字治字。

起："經曰佛子是菩薩"。

訖：末行題"《十地論不動地》第八卷之十"。

卷尾有"一校"題記。軸卷背題一"上"字。卷頭有袁克文題記云："六朝人書《十地不動論》卷子，燉煌莫高窟所出六朝隋唐人書夥矣，古籍固罕，若經論經疏亦鮮于寫經，此《十地不動論》確爲北朝人書。卷末有'一姣'二字，殆書者之名也。據此以校大藏，勝于經典遠矣。乙丑冬月，克文。"有"洹上寒雲""雙爰龕"二印。規案：此卷有墨筆校字，卷尾"一校"二字，乃寫經人所記，謂經校勘一次，非人名也。寒雲以一校爲一姣，蓋誤。

《總目》0052即此卷。

參《大正藏》第二十六卷《釋經論部》，一五二二號，一八一頁下五行~一八六頁。

【九九】第二册第六八九頁第十行

004728《佛性觀月燈經名諸法體性平等無戲論》（不譯撰人，一卷，

唐人寫卷子本）

白紙，七紙，每紙廿四行或廿五行，行十五、十六、十七字不等。凡存一百五十六行。字體粗率，烏絲欄，不依格寫。第五紙行間畫人像及虎形。紙幅高廿七點二公分。

起："名想或名歸"。

訖："此之利益更何可論"。卷中引禪師集録及裴公云云。

規案：此卷無標題。卷末云："又此佛性觀月燈經名諸法體性平等無戲論三昧，經中説偈贊云：佛眼所見諸衆生，假使一時成佛道。……"

《總目》標題"佛性觀月燈經名諸法體性平等無戲論"，蓋未諦。

《總目》0057即此卷。

【一〇〇】第二册第六八九頁第十四行

004716《大乘密嚴經》（唐釋地婆訶羅譯，存一卷，唐人寫卷子本）

黄紙，七紙半，首有缺損。每紙廿七至廿九行不等。行十七字，凡存一百七十六行。匡高廿一點二公分。

起："園囿若於屋宅及"。

訖：末行題"《大乘密嚴經》卷上"。

即《總目》0017卷。

參《大正藏》第十六卷《經集部》，六八一號，七二七頁中八行~七三〇頁下。

【一〇一】第二册第六八九頁第十五行

《大佛頂首楞嚴經》（一卷，唐人寫卷子本）

黄紙，八紙，每紙廿八行，首紙有缺損，每紙廿八行，行十六至十九字不等。四界。匡高二〇點二公分。有墨筆校字。不諱世字，原漆木軸。

起："圖見外閉眼見暗名見内是義云何"。

訖：末行題"《大佛頂萬行首楞嚴經》卷第一"。

參《大正藏》第十七卷《密教部》，九四五號，一〇七頁下十一行~一一〇頁。

【一〇二】第二册第六九一頁第一行

007541《藥師琉璃光如來本願功德經》（唐玄奘譯，一卷，唐人寫卷子本）

黄紙，十二紙半，首二紙缺損，每紙廿四行，行十七字。凡存二百六十九行。四界。匡高二〇點五公分。不諱世字。此卷筆勢峻拔，似開瘦金書之先河。

起："善哉曼（一行）本願（二行）法轉（三行）爲汝説（四行）"。

訖：末行題"《藥師琉璃光如來本願功德經》"。

參《大正藏》第十四卷《經集部》，四五〇號，四〇四頁下倒五行~四〇八頁中。

【一〇三】第二册第六九一頁第二行

《藥師琉璃光如來本願功德經》（唐人寫卷子本）

黄紙，六紙，每紙廿八行，首紙殘缺，行十七字。凡存一百八十四行。四界。匡高一九點八公分。不諱世字民字治字。

起："瑠璃光如"。

訖："國土交通人民歡喜是"。

參《大正藏》第二十一卷《密教部》，一三三一號，五三三頁上一〇行～五三五頁上倒二行。

【一〇四】第二册第六九一頁第三行

007530《佛頂尊勝陀羅尼經》（□佛陀波利譯，一卷，唐人寫卷子本）

黄紙，七紙半，首二紙損缺菸脆，每紙廿八行，行十六、十七、十八字不等。凡存一百八十二行。四界。匡高二〇點一公分。

起："大菩薩僧萬"。

訖：末行題"《佛頂尊勝陀羅尼經》"。

呪中有反語。

參《大正藏》第十九卷《密教部》，九六七號，三四九頁下倒二行～三五〇頁上。

【一〇五】第二册第八九一頁第四行

004766《大灌頂經》（東晋帛尸梨蜜多羅譯，唐人寫卷子本。存一卷）

黄紙，九紙，首紙殘缺。每紙廿八行，行十七字。凡存二百二十五行。四界。匡高十九點九公分。字工。

起："何殯葬"。

訖：末行題"《大灌頂經》卷第六"。

有埊、恵、圀、击，武氏新字。

即《總目》0001卷。

參《大正藏》第二十一卷《密教部》，一三三一號，五一二頁上八行～五一四頁下。

【一〇六】第二册第六九一頁第五行

007533《諸星母陀羅尼經》（卷一，唐人寫卷子本）

白紙，四紙，首紙有損缺，每紙廿七或廿八行，行十六、十七、十八字不等。凡存九十二行。四界。匡高二〇點三公分。舊漆木軸。有墨筆校改，衍字於字旁作“卜”記，不諱世字。

起：“悉皆□□□大金剛誓願之”。

訖：末行題“《諸星母陀羅尼經》一卷捺【姊末反】 紇【胡吉反】 哆【得者反】 揭【許葛反】”。

參《大正藏》第二十一卷《密教部》，一三〇二號，四二〇頁上八行～四二一頁上。

【一〇七】第二册第六九一頁第六行

《准提大陀羅尼大明呪法》（一卷，唐人寫卷子本）

黄紙，二紙，紙廿七或廿八行，行十七字。凡存五十五行。四界。匡高一九點九公分。

起：“向東方蹦跪誦呪一千八遍”。

訖：“諸聖衆等作禮而去”。

參《大正藏》第二十卷《密教部》，一〇七七號，一八五頁中一一行～一八六頁中。

【一〇八】第二册第六九一頁第八行

《觀音經》(一卷唐人寫卷子本)

黄紙，四紙，每行十六至廿字不等，凡存四十六行，匡高一九點九公分。

起:“一心供養觀世音菩薩”。

訖：末行題“《觀世經》一卷”。

襯裱紙借券，署時者有癸丑年正月廿二日。

參《大正藏》第九卷《法華部》，二六二號，五七頁中倒九行～五八頁中。

【一〇九】第二册第六九一頁第九行

004754《觀世音經》(不詳譯人，一卷，唐人寫卷子本)

黄紙，四紙，首尾有缺損，行十七、十八字。凡存一百〇七行。

起:“國土滿中夜”。

訖：末行題“《觀世音經》”。

《總目》0051即此卷。

參《大正藏》第九卷《法華部》，二六二號，五六頁下一八行～五八頁中。

【一一〇】第二册第六九一頁第十行

004727《觀世音三昧經》(不詳譯人，存一卷，六朝成漢人寫卷子本)

白紙，三紙，天綫烏絲欄，地欄粗墨綫，無直格，行廿一、廿二、廿三字不等。首紙末紙有缺損。不諱世字民字。

起：首行“《□説觀世音三昧經》”。

訖：“乃能受持斯呪”。

規案：字體不似六朝人書，殆唐末人寫本。

《總目》：“0058《觀世音三昧經》（一卷），不詳譯人，六朝成漢人寫卷子本。”即此卷。

【一一一】第二册第六九一頁第十一行

007532《佛説香火本國（因）經》（一卷，不詳譯人，唐人寫卷子本）

黄紙，五紙半，首紙有缺損，每紙廿四行，行十七字。凡存一百三十一行。四界。匡高一九點五公分。字工。不諱世字民字治字。

起：“白佛言世尊有何罪人”。

訖：“我諸法子一時入化城如”。

【一一二】第二册第六九一頁第十二行

004769《呪魅神經》（不著譯人，一卷，唐人寫卷子本）

白紙質粗，每紙廿八行，行十五至十七字不等，凡存一百一十九行。每一紙殘，上下有横欄，無直欄，匡高一九點八公分。字不工。不諱世字。

起：“□縷或”。

訖：末行題“《佛説呪魅神經》”。

《總目》0049即此卷。

參《大正藏》第八十五卷《疑似部》，二八八二號，一三八三頁中倒一一行～一三八四頁中。

【一一三】第二册第六九一頁第十三行

004780《新菩薩經》（一卷，不著撰人，唐人寫卷子本）

黄紙，一紙，十二行，行十四、十五、十六字不等，字率。紙幅高廿七公分。

起："《新菩薩經》一卷"。

訖："《新菩薩經》一卷"。

此經云："從西州京州正月二日盛中時，雷明兩聲，有一石下大如升，遂兩片，即見此經，報諸衆生，今載饒患。"

《總目》0046即此卷。

參《大正藏》第八十五卷《疑似部》，二九一七號A、二九一七號B、一四六二頁。

【一一四】第二册第六九一頁第十四行

004750《大乘殘經》（六朝人寫卷子本）

黄紙質薄，六紙半，每紙廿五行，行十七字，凡存一百五十六行。字體近北魏。無四界。紙幅高廿五點七公分。無背記。不諱世字。首尾有缺損。

起："見定光佛爲無量大衆説"。

訖："名爲功德法身法"。

《總目》0050即此卷。

【一一五】第二册第六九一頁第十五行

007552殘經（一卷，北魏寫卷子本）

黄紙，十七紙半，首紙缺損，每紙廿三行，行十七或十八字。凡存三百八十五行。四界。匡高十九公分。不諱世字民字。“端正”作“端政”，“顔貌”作“顔狠”。

此卷夾有編目草簽云：“〔登記號〕7552，〔類别〕子部釋家類，〔書名〕《大方廣佛華嚴經》，〔注釋者〕東晋釋佛陀跋陀羅譯，〔卷數〕一卷，原六十卷，存五十六卷，首尾皆缺，〔册數〕一段，〔版本〕北魏寫卷子本。”欄頂批注云：“戰時滬購。”

起：“所起（一行）諸劫中佛興（二行）”。

訖：“能見一切諸善知識，究竟成就”。

參《大正藏》第九卷《華嚴部》，二七八號，七五六頁中六行～七六二頁上倒一行。

【一一六】第二册第六九二頁第一行

004770殘經（六朝人寫卷子本）

黄紙，二紙，凡存四十七行，行十七字，首尾有缺損。無四界，紙幅高廿七點六公分。世字不諱。

起：“示現受持真妙法故”。

訖：“法如來於燃燈佛所”。

《總目》：“0048殘經（一卷），六朝人寫卷子本，無頭尾”，當即此卷。

此卷夾有“中央圖書館”善本圖書編目草簽，著録4770號。“〔類

别〕子部釋家類。〔書名〕《金剛般若波羅蜜經論》。〔編著者〕印度天親菩薩造。〔注釋者〕元魏釋菩提流支譯。〔卷數〕原三卷，存中卷，首尾皆缺。〔册數〕一段。〔版本〕六朝人寫卷子本”。草簽欄頂注云：“戰時滬購。”

參《大正藏》第五卷《釋經論部》，一五一一號，七九〇頁中一〇行～七九〇頁下倒一行。

【一一七】第二册第六九二頁第二行

007531殘經（一卷，六朝人寫卷子本）

黄紙，二十紙，首紙破損，凡存四百六十八行，行十六、十七、十八字不等。四界。匡高廿一點一公分。

起：“得知速利强持力故八”。

訖：“隨事即得不（倒二），園戒（末行）”。

此卷夾編目草簽云：“〔登記號〕7531，〔類别〕子部釋家類，〔書名〕《大方便佛報恩經》，〔編著者〕失譯人名，出《後漢録》。〔卷數〕一卷，原七卷，存第六卷一卷，首尾稍缺，〔版本〕六朝人寫卷子本。”欄頂批注云：“戰時滬購。”

參《大正藏》第三卷《本緣部》，一五六號，一五五頁下倒一行～一六一頁中五行。

【一一八】第二册第六九二頁第三行

004771殘經（一卷，唐人寫卷子本，附殘葉二紙）

紙黑質粗，二紙，遭煤傷紙脆。行十六、十七、十八字不等。凡存六十七行。匡高二〇點九公分。

起：“故爲囗（一行）喜故爲無邊佛法而作本（二行）”。

訖：“諸佛不共之法能攝持故”。

此卷夾有編目草簽云：“〔登記號〕4771。〔類别〕子部釋家類。〔書名〕《金光明最勝王經》。〔注釋者〕唐釋義净奉制譯。〔卷數〕原十卷，存第二卷，首尾皆缺。〔册數〕一段。〔版本〕唐人寫卷子本。”又草簽欄頂批注云：“戰時滬購。”

附殘葉二紙：一紙，廿行，行十六字。黄紙，無四界。幅高廿五點七公分。起：“其道此人若能不惜身命”，訖：“名爲沙門中濁名爲”。一紙，廿二行，行十七或十八字，黄紙，四界。匡高十八點九公分。起：“何以故文殊師利”，訖：“慧光照一切”。

《總目》0047即此卷。

參《大正藏》第十六卷《經集部》，六六五號，四〇八頁中倒六行~四〇九頁中八行。

【一一九】第二册第六九二頁第四行（殘經三卷）

007551殘經（一卷，唐人寫卷子本）

白紙，四紙，每紙廿八或廿九行，行十七或十八字。凡存一百十四行。無四界。紙幅高廿九點三公分。字不甚工。

起：“等當知此三乘法皆是聖所稱嘆”。

訖：“與諸菩薩及聲聞衆”。

此卷夾有草簽云：“〔登記號〕7551，〔類别〕子部釋家類，〔書名〕《妙法蓮華經》，〔注釋者〕姚秦鳩摩羅什譯，〔卷數〕一卷，原七卷，存第二卷，首尾皆殘，〔册數〕一段，〔版本〕唐人寫卷子本。”草簽欄頂批

注云:“戰時滬購。”

參《大正藏》第九卷《法華部》,二六二號,一三頁中一五行~一五頁上一三行。

殘經(唐人寫卷子本)

黄紙,二紙。凡存四十三行,行十七至十九字不等。字工。匡高二〇點四公分。

起:“或住不退地或得陀羅尼”。

訖:“如今日世尊諸釋中之王道場師子吼説法無所畏”。

吴其昱先生曰:“此羅什譯本《法華經》卷五、《分别功德品》第十七,見《大正藏》第九册,第二六二號,頁四四中第十四行至四五頁中第五行。”

背鈔雜文。

殘經(一卷,唐人寫卷子本)

白紙,四紙,首尾二紙殘損,每紙廿三行,行十七字,凡存七十二行。四界。匡高廿三點一公分。有朱校字。

起:“外法住(一行)心是無爲不應在有(二行)”。

訖:“世尊見是事已生”。

有《親近真善知識品》第五、《二十一種譬喻善知識品》第六、《寶明聽衆等悲不自勝品》第七。

吴其昱先生曰:“當是《佛説法句經》(僞經)。參《大正藏》八十五册二九〇一號,一四三三頁上一三行至一四三四頁上一三行。”

【一二〇】第二册第六九二頁第五行

番文經四卷（舊寫卷子本）

（甲）007521番文經（一卷，舊寫卷子本）

白紙，三紙，紙幅高三〇點二公分，長一公尺三公寸。綾裱甚精。

規案：藏文。末行有佛像方形墨印。吴其昱先生云："此經首尾具全，書體工整。藏文本見藏文《大藏經甘殊爾秘密部》北京版第十六策，葉二四三b至二四九a。又同題另一本見同策葉二四九a至二五四a；東京影北京本第七册第三六一號三六二號經，頁三〇一點四至三〇三點五，三〇三點五至三〇五點五。此經漢文名"《大乘無量壽宗要經》"，譯於中唐吐蕃占領河西期間，失譯人名，收入《大正藏》第十九册，編爲第九三六號經（《大正藏》編者以爲法成譯，尚非定論）。北宋法天亦有譯本（《大正藏》十九册九三七號經）。漢文及藏文本同爲敦煌卷中常見之佛經。又有梵文于闐回鶻文本，數十年前，歐洲日本已有多人研究。

此經首頁梵文經題作：a pa ri mi ta a yur na ma ma ha ya na su tra（Aparimitāyur-nāma-mahā-yāna-sūtra）。首頁及末頁藏文經題作：Tshe dpag-tu myed-pa shes-bya-ba theg-pa ċhen-poṅimdo。末行爲書者姓名：koṅ-tshe gis bris意爲koṅ-tshe所書。koṅ-tshe疑亦作koṅ-tse，參巴黎藏敦煌藏文寫本伯九八七、九八八、九九二、一四二九號。伯一四二九號第三五九葉爲koṅ-tse書phab-dsaṅ校（七五五〇、七五四九號卷子校對人），故七五二一、七五五〇、七五四九號之書寫校對者似爲同時人。又印文原不清楚，極難解讀。

（乙）007550番文經（一卷，舊寫卷子本）

白紙，一紙。紙幅高三一點二公分。

（丙）007549番文經（一卷，舊寫卷子本）

白紙，三紙。紙幅高三一點二公分。

吴其昱先生云：七五五〇號適爲七五四九號所缺之前段，二卷恰合成全本藏文《無量壽宗要經》。二號經文相接，書寫格式及書法均相似，原當共爲一卷。全經共一百二十八行，題記二行。首頁首行有梵文經題：a pa ri myi tha a yu na ma ma ha na ya na su tra。首頁第二行及末頁第三行有藏文經題：Tshe-dpag-tu myed-pa shes-bya-ba theg-pa ċhen-poḥi mdo。七五四九號卷子末頁四五兩行爲書寫校對人題記：

j̇eḥu brtan koṅ bris

Ban-de Phab-dsaṅ shus，Phab-ċi yaṅ shus，Dpal-mċhog sum shus.

昱按：此二行意謂 j̇eḥu brtan koṅ書，比丘Phab-dsaṅ校Phab-ċi再校，Dpal-mċhog三校。j̇eḥu brtan koṅ一名，亦見巴黎圖書館藏敦煌寫本《百千頌般若經》，伯希和一六二九及一九四四號。Phab-dsaṅ，Phabċi，Dpal-mċhog三名，又同見倫敦舊India Office圖書館敦煌藏文寫本《無量壽宗要經》ch.87.Xlll.b.及Ch.87.Xlll.d.。Phab-dsaṅ一名尤爲常見，如巴黎藏文《百千頌般若經》伯一三二二、一四〇三、一四〇四、一四二四、一四二九、一四三七、一四三八等號，皆有其名。

（丁）007547番文經（一卷，舊寫卷子本）

白紙，一紙。紙幅高二七點六公分，長七十七公分。

規案：藏文卷子。紙背有漢文題記一行云："倉雜文抄"。

吴其昱先生云：首藏文經題作：ses-rab-kyi pha-rol-tu-phyind-pa stoṅ-phrag-brgya-pa dum-bu bshi-pa bam-po sum-ċu-gċig-go（《百千頌般若波羅蜜多》，第四部，第三十一篇）。末句作dbaṅ-po Iṅa dbaṅ-po-rnams ma bral-ba lags-sam（五根於五根，爲遠離爲不遠離）。此段經文見藏文《大藏經》、《甘殊爾》、東京影北京本，第七三〇號，《百千頌般若經》，第二百五十六卷卷首第十七册，第七十一頁，第二葉第四行至同頁第三葉第六行（北京本第三十七策，第二百六十七葉上，第四行至同葉下第六行），相當於玄奘漢譯本《大般若經》第三百五十四卷，初分，《多問不二品》第六十一之四，《大正藏》第二二〇號經，第六册，第八二一頁，第二欄第五行至第廿七行。

梵本《百千頌般若經》有寫本，其前十二品約爲全書四分之一，曾由pratāpacanera Ghoša訂，於一九零二至一九一四年在印度加爾各答出版。

《大般若經》初分與《無量壽宗要經》同爲敦煌漢藏文寫本常見之經文。

【一二一】第二册第六九三頁第十三行

004737《净名經關中疏》（唐釋明真章草寫卷子本，存一卷）

白紙，廿一紙，凡存六百零三行，行三十餘字，章草書。四界。匡高二六點七公分。朱墨點校。

起："□二第一文二此初乘也"。

訖：末題"《净名經關中疏》卷上"。

卷尾有題記四行云："己巳年四月廿三日，京福壽寺沙門維秘於沙州（一行）報恩寺，爲僧尼道俗敷演此净名經，已傳（二行）來學之徒，願秘藏不絶者矣（三行）。龍興寺僧明真寫，故記之也（四行）。"

《總目》0054《净名經關中疏》（存一卷），□釋維秘演説，唐釋明真章草寫卷子本，存卷上。即此卷。

參《大正藏》第八十五卷《古逸部》，二七七七號，四五八頁上倒五行～四七三頁上。

【一二二】第二册第六九三頁第十四行

007534《净名經關中疏》（不著撰人，一卷，唐人寫卷子本）

白紙，四紙，首紙缺損，每紙四十二行，行廿六至卅字不等。字細行書。匡高廿四點一公分。

起："天臺云（首行）難量猶須略（二行）"。

訖："順物情故也五"。

參《大正藏》第八十五卷《古逸部》，二七七八號，五〇一頁中七行～五〇四頁中倒四行。

【一二三】第二册第六九三頁第十五行

007535《净名經關中釋抄》（唐釋道液撰，存一卷，唐人寫卷子本）

白紙，十六紙半，凡存四百二十五行，行二十五至三十字不等。有天欄，無直界，字率。紙幅高廿七點一公分。有朱校及圈點。不諱世字治字。

起："《净名經關中釋抄》卷上，沙門道液撰集"。

訖："唯佛菩薩藏所餘諸分"。

參《大正藏》第八十五卷《古逸部》，二七七二號，五〇一頁中～五〇八頁中五行。

【一二四】第二册第六九四頁第一行

004736《净名經關中釋抄》（唐釋道液撰，存一卷，唐釋道真寫卷子本）

白紙質粗，十四紙。每紙廿七至卅二行不等，行廿五至三十字不等，凡存三百九十八行。四界，紙幅高廿九點五公分。不依界寫，行草書。有朱圈點。不諱世字治字。

起："《净名經關中釋抄》卷上，沙門道液撰集"。

訖："名不思議也已（倒二）前（末）"。

卷尾有朱書題記二行云："戊戌年夏五月廿日三界寺沙門道真（一行）念記。俗姓張氏（二行）。"字體較拙，又稱念記，蓋讀經之人，非寫經之人。朱筆圈點當出其手。

《總目》0016《名經關中釋抄》（存一卷）即此卷。

參《大正藏》第八十五卷《古逸部》，二七七六號，五〇一頁中～五〇八頁下一二行。

【一二五】第二册第六九四頁第十四行

007548殘經疏（一卷，唐人寫卷子本）

白紙，七紙，凡存一百五十五行。無四界，前二紙幅高三〇點五公分，餘高廿七點二公分。行草書。

起："言位擿者即是三種擿之因所謂三十七擿"。

訖："雖有此衆緣之時身即不得生此三雖無作者而成其果也經彼地界亦"。

吴其昱先生云："當是《大乘稻芊經隨聽疏》"。參《大正藏》八十五册二七八二號，五四九頁上八行～五五二頁下一三行。按巴黎藏伯希和二二八四號卷背書題，"疏"作"手鏡記"，餘同。

【一二六】第二册第六九四頁第十五行

007536殘經疏（一卷，唐人寫卷子本）

白紙，三紙，每紙卅或卅一行，行廿九至卅一字不等，凡存九十一行。行草書，四界。匡高二五點五公分。

起："群生封累深厚不可頓捨"。

訖："肇曰正位取證之位也三乘同觀無生惠力弱"。

吴其昱先生云："當是僧肇注《維摩詰經》卷五文。參《大正藏》三十八册一七七五號，三七七頁上十五行至三八三頁上二五行。

【一二七】第二册第六九五頁第一行

007522殘經疏（一卷，六朝人寫卷子本，朱墨點注）

白紙，十七紙半，首尾損缺，每紙卅行，行廿五至卅字不等。凡存五百十八行。四界。匡高二六點八公分。草書。朱墨點校。

起："耶爲更有餘故論答云"。

訖："修等引行故論文言被染汙心言"。

卷尾有朱書"第一卷欲終"題記。

每紙背接縫處有"福惠"署名，此卷蓋即僧福惠所書，紙背有朱筆抄疏文數行。卷首有"歙許芚父游隴所得"長方朱印。

吴其昱先生曰："疑福惠即福慧，似爲敦煌净土寺僧，曾於大中末在沙州開元寺聽高僧法成講《瑜珈論》，録有《瑜珈論手記》(《大正藏》第八十五卷《古逸部》，二八〇二號刊布一部分）。此卷疑是《瑜珈論手記》之類。手記中常用'言……者謂……''故論答云''故論文言'……"

【一二八】第二册第六九五頁第五行

殘《比丘戒律疏》一卷（唐人寫卷子本）

白紙，三紙，紙廿八行，行廿七、八、九、卅字不等。字不工，凡存七十八行。匡高廿四公分。有朱筆校點。

起："律云若以草土擲虫水中"。

訖："已下正明戒本此戒因迦留（倒二）陀夷爲尼作衣（末）"。

標題有《覆屋過三節戒》第廿、《輙教受教尼戒》第廿一、《説法至日暮戒》第廿二、《譏訶教授師戒》第廿三、《與非親尼衣戒》第廿四、《與非親尼作衣戒》第廿五。

吴其昱先生曰："當是'四分戒木疏'。參《大正藏》卷八十五《古逸部》二七八七號，六〇三頁上八行至六〇四頁下一行"。

【一二九】第二册第六九五頁第三行

《惟教三昧》（唐釋僧成寫卷子本）

黄紙質薄，十一紙，首紙缺損。凡存三百八十五行，行十七、十八、十九字不等。四界。紙幅高廿六點八公分。不諱世字民字治字。舊木漆軸。字體似北朝人寫本。

起："慈心哀之心"。

訖：末行題"《惟教三昧》下卷"。

卷尾有題記云："金二丈四寺道人僧成敬寫供養（一行）普爲法界衆生（二行）一校（三行）"。標目有："《五部僧服飾品》第五。"

俗字有"丏"、"遀"、"狩"（獸）、"宍"（肉）、"㐜"（老）。

此卷優婆塞作優披塞，以"披"代"婆"。

此卷譯文甚拙樸，如“諸比丘言，坐卧是火中，甚痛劇矣。佛言：寧入此火中，不與他家端正女人卧起一時，何以故？火燒人熱痛須臾間耳。”又“這到後年”“其人這於餓鬼中”“這欲耕種”，按“這”當即“適”字。

吴其昱先生曰：“《出三藏記集》五，《疑經録》有‘《惟務三昧經》（或作《惟無三昧》）一卷’（《大正藏》卷五十五《目録部》，三八頁下）。”

【一三〇】第二册第六九五頁第七行

《大乘百法明門論開宗義記》（唐人草書卷子本，一卷，京西明道場沙門曇曠撰）

白紙，三紙半，每紙卅行，行廿五、六、七、八、三十字不等。凡存九十五行。草書。匡高廿三點一公分。

起：“《大乘百法明門論開宗義記》，京西明道場沙門曇曠撰”。

訖：“隨攝二人理行果義”。背鈔祭文。卷首以他種敦煌寫經修補。

《總目》0063《大乘百法論》（一卷），唐人草書卷子本，蓋即此卷。

參《大正藏》第八二五卷《古逸部》，二八一〇號，一〇四六頁上～一〇四八頁上六行。

【一三一】第二册第六九五頁第八行

004743《成實論義記》（□釋其甲撰，存一卷，唐人寫卷子本）

黄紙，十一紙。四界。匡高廿四公分。注釋雙行夾寫，行草書。

起：“論主即答一微獨去義”。

訖：末行“《成實論義記》卷中，比丘其甲”。

背襯裱紙有一紙題云：“《辯中邊論》一部”。

《總目》0040即此卷。

【一三二】第二册第六九八頁第七行

004720《大悲禪門偈》（不著撰人，一卷，唐人寫卷子）

白紙，六紙，每紙十八或十九行，行十九、廿、廿一、廿二字不等。凡存一百〇八行。無四界。幅高廿八點六公分。不諱世字。

起：“場無柏食茨萁榁”。

訖：“苦海深無底衆生流浪幾千回”。

《總目》0062即此卷。

【一三三】第二册第六九八頁第八行

《大乘禪門要略》一卷（五代後周廣順二年（九五二）寫卷子本卷下）

白紙，九紙，每紙行數字數不等，凡存一百八十餘行。紙幅參差不齊，首紙幅高約三十公分。

起：“住法界，感而即通，名大覺尊”。

訖：“《禪源諸詮集都序》卷下，後鈔圭峰大師所纂集著，訖‘都總二百五十卷圖面’。卷尾有題記云：‘廣順二年三月十日，從京來漢大師智清本上，抄寫《大乘禪門要録》一卷’”。

此卷原作“《大乘禪門要略》一卷　不著撰人，五代後周廣順二年釋智清　卷子本”，蓋誤。按題記意，智清非寫經人，《大乘禪門要録》亦

非此卷經名，蓋此卷末紙中有標題曰“《禪源諸詮集都序》卷下”可證。

參《大正藏》：第四十八卷《諸宗部》，二〇一五號，四一〇頁上二行~四一三頁上。

【一三四】第二册第六九八第十五行

《説法》一卷（不著撰人，唐人寫卷子本）

黄紙，三紙，每紙二十行，行十七字，凡存五十六行。四界。匡高一八點七公分。不諱世字。有鬿、穿、豕等俗字，字體似北朝人書。

起：“空者無有内外定法”。

訖：“應有生生如是復應有生”。

此殘經無標題，善本書目擬題云：“《説法》一卷，不著撰人，唐人寫卷子本”。

吴其昱先生曰：“羅什譯《大智論》卷三十一。見《大正藏》第二十五卷，第一五〇九號，二八七頁上第十二行至同頁下第十五行”。

【一三五】第二册第七〇一頁第四行

004719《爲二太子中元盂蘭薦福表》（不著撰人，一卷，唐人寫卷子本）

白紙，質粗，一紙半，行二十餘字。凡存二十二行。無四界。紙幅高三〇點五公分。長四九公分。字拙。

起：“伏維二太子間生帝子”。

訖：“此時大赦不抄欠”。

中有云：“闢盂蘭之道場，開超生之論席者，即我　府主太保爲二太子薦福之懇也”。

《總目》0039即此卷。

【一三六】第二册第七〇一頁第五行

004775雜疏文（不著撰人，唐人寫卷子本）

白紙粗糙，四紙，首葉損缺，字草率，無四界。有朱筆圈點。第一行題“《結壇散食回向發願文》”。

規案：此蓋唐末以後人所録。

《總目》著録：“0045雜疏文一卷，不著撰人，唐人寫卷子本，無頭尾。”當即此卷。

【一三七】第二册第七〇七頁第一行

《勸善經》一卷（不著撰人，唐人寫卷子本）

白紙質粗，一紙，二十行，行十一至十六字不等。四界。匡高一九點七公分。字不工。

起：第一行標題“勸善經”，第二行“勑左丞相賈optional頒下諸州”。

訖：“勸念阿彌陀佛不久見太平時”。

參《大正藏》第八十五卷《疑似部》，二九一六號，一四六二頁上。

【一三八】第二册第七〇七頁第七行

《大悲觀世音菩薩至道禮文》（一卷，不著撰人，五代卷子）

白紙，質粗，一紙，廿一行，行廿二、廿三字不等。紙幅高三〇點五

公分。字率。

起：標題“大悲觀世音菩薩至道禮文”。

訖：“學聞思修第一法”。

背雜鈔十餘行，有辛巳年正月十日，於何法律曹法律手上領得官分壹拾伍石玖斗云云。

【一三九】第二册第七〇七頁第八行

004724《道安法師念佛讚文》附《入山讚文》（一卷，五代後梁貞明四年寫卷子本）

黄紙，一紙半。三十二行，行十七至廿一字不等。四界。匡高二四點六公分。字不工。

起：首行“道安法師《念佛讚文》”。訖十九行題云：“貞明四年己卯歲二月十日書記”。隔一行爲《入山讚》，凡十三行，訖“不怕污塵埃”。

《總目》0060即此卷。

參《大正藏》第八十五卷《古逸部》，二八三〇號A，一二六八頁。

【一四〇】第二册第七〇七頁第九行

殘讚文一卷（敦煌寫卷子本）

白紙，十七紙，每紙廿六或廿七行，行二十餘字。凡存四百四十八行。四界。紙幅高廿七點六公分。字不工。有黄筆標點。

起：“知於彼時無我等相經我於往昔至應生嗔恨”。

訖：“故天親論依真念處更名爲住不動”。

背抄《賢聖品法門名義第一》，共廿一行。

吴其昱先生曰："疑是西京崇聖寺沙門智恩集《金剛般若經依天親菩薩論贊略釋秦本義記》卷下（《大正藏》第八十五册2736號只有上卷。承和六年十二月十九日表上〔840〕靈巖寺和尚《請來法門道具等目録》及十一世紀下半義天新編《諸宗教藏總録》卷一均著録之。《大正藏》第55册N.2164，P.1073a及N.2184，P1170c）。"

【一四一】第二册第七〇七頁第十三行

004752佛像（舊刊本一葉）

白棉紙，一紙。

似刊本，又似淡墨畫。李書華《中國印刷術起源》第四章《印刷術發明的時期問題》第五節《義净記載中的印絹紙》云："唐義净（公元六三四～七一三）《南海寄歸内法傳》：'造泥制底（印泥製像Kaitya）及拓模泥像，或印絹紙，隨處供養，或積爲聚，以甎裹之，即成佛塔，或置空野，任其銷散，西方法俗，莫不以此爲業。'……所謂"拓模泥像"，即以泥置模中壓成小佛像。至於印絹紙，乃是把佛像印於絹上或印於紙上。……敦煌及新疆發現板印佛像甚多，每捲紙中印有許多同一佛像，多爲西元九或十世紀之物，伯希和曾在新疆庫車獲得小型雕印佛像的方木板一塊，由其周圍其他物品，推知此木板之年代不能晚於西元八世紀。這種板印佛像的辦法，應在中國内地通行很久以後，方能流傳到邊疆。由於這種事實與義净記載，伯希和推論到中國當時必早已普遍板印佛像於絹紙上。"疑此紙佛像即李氏引述義净所云"拓模泥像或印絹紙"之遺迹。

【一四二】第二册第八三三頁第三行

004774《道經》殘卷（子部道家類，一卷，唐人寫卷子本）

黄紙，二紙，第一紙缺損，凡存三十九行，行十七字。四界。匡高二〇點四公分。諱民字。

起：第一行存“初受”二字，第二行存“岳名山洞天宫館及四”九字。

訖：“神尊曲垂哀愍”。

《總目》0066即此卷。

卷背有題記云：“開元二年十月初五日道士索洞玄寫。”另紙背又題云：“唐道士寫道經。”

吴其昱先生云：“據起訖二行文字推測，當是《本際經》卷五第二行末至第四十一行之文（行數據拙編《本際經》卷五經文）。”

【一四三】第二册第八三三頁第四行

004721《太上業報因緣經》（不著撰人，一卷，唐人寫卷子本）

黄紙，三紙半，每紙廿八行，行十七、十八、十九字不等。凡存八十九行。四界。匡高二〇公分。不諱世字民字。

起：“《太上業報因緣經》卷第一”。

訖：“見有皇后常立百座”。

次行標題“《開緣品》一”。背抄《般若波羅密多心經》。

《總目》0064即此卷。

參正統《道藏》（藝文印書館影印本）《洞玄部本文類》，文上，卷一第一至卷一第五。

【一四四】第二册第八三三頁第五行

004717《太上元陽經》（不著撰人，存二卷，子部道家類，唐人寫卷子本）

黄紙，四紙，每紙廿八行，行十七字，凡存一百一十二行。四界。匡高二〇點三公分。世字民字不諱。

起："樹珍寶莊飾然此仙館"。

訖："始年十四乃往久遠日"。

存"第十六（殘），《太上元陽經净土品》第十七（全），《太上元陽經莊嚴品》第十八（存標目及正文一行）"。

《總目》："0065《太上元陽經》（存二卷），不著撰人，唐人寫卷子本，原十卷，存《净土品》第十六（殘），第十七。"按即此卷。

（原載《敦煌學》第二輯，1975年12月，頁1—55）

《敦煌俗字譜》序

《敦煌俗字譜》，何爲而作也？曰：敦煌寫本，字體淆亂，正俗糾紛。斯譜之作，所以爲讀敦煌寫本者導夫先路也。

考現存敦煌卷子，乃六朝迄五代寫本。其時雕版未興，書皆手寫。值隸變之後，繼以楷變，鈔寫文字，無定體可循，故滿紙訛俗，幾至不可卒讀。《顏氏家訓・雜藝篇》嘗論六朝以來寫本字體之弊，其言有云：

> 晋宋以來，多能書者。故其時俗，遞相染尚，所有部帙，楷正可觀，不無俗字，非爲大損。至梁天監之間，斯風未變。大同之末，訛替滋生。蕭子雲改易字體，邵陵王頗行僞字，前上爲草，能旁作長之類是也。朝野翕然，以爲楷式，畫虎不成，多所傷敗。至爲一字，唯見數點，或妄斟酌，遂便轉移。爾後墳籍，略不可看。北朝喪亂之餘，書籍鄙陋。加以專輒造字，猥拙甚於江南。乃以百念爲憂，言反爲變，不用爲罷，追來爲歸，更生爲蘇，先人爲老，如此非一，徧滿經傳。

今觀敦煌寫本，俗字訛文，變體簡寫，盈紙滿目，與顏氏所論，若合符節。即以偏旁混淆而言，已使讀者艱於辨認。如禾耒不分，故耦作稠，耕作秨。宀穴不分，故寤作𥨊，寔作窦。广疒不分，故廢作癈，瘦作庡。木扌不分，故扶作枎，打作朾，抽作柚，折作析。木爿不分，故壯作杜。商啇不分，故適作適。衣示不分，故褘作禕，衿作衿。亻彳不分，故彼作佊，征作佂，徑作俓，脩作徻。氵冫不分，故滅作減，況作况，凝作凝，恣作恣。弋戈不分，故杙作栈，弋作戈。卯卬不分，故昴作昂，聊作聊。日目不分，故昕作盺，暇作瞍。曰罒不分，故勖作罰，冒作罥。后舌不分，故姤作姡，逅作适。艸竹不分，故簡作蕳，筮作莁。忄巾不分，故帨作悦，幘作憤，帷作惟。予矛不分，故茅作芧。干于不分，故訐作訏。土士不分，故士作土。北比不分，故毖作毙。其甚不分，故萁作萁。披卷觀之，未有不廢書而嘆者。今爲此譜，蒐羅寫本俗字，分部排列，若網在綱，以供稽核參考，其便利可勝言耶？

或曰："自雕版之術興，書籍賴刻本而傳，文字皆經楷正，讀者稱便。敦煌卷子，校以傳本，即可通曉。紛紛訛俗之字，聽其自生自滅可矣，何勞考訂網羅，勒爲專書乎？"持此説者，蓋未究敦煌寫本之内容，故爲此孟浪之言耳。請略抒所見，以解其惑。

夷考敦煌漢文寫本，多爲殘卷佚書，欲以刻本校讀，蓋戛戛乎其難。況寫本中簿籍契約，賬單轉貼，雜文題記，并刻本所無，而皆有關社會經濟，民情風俗之重要資料，豈可因訛俗難讀而遂棄置之乎？故研讀敦煌寫本，必先通曉敦煌俗字，乃不易之定理，請更舉數事以明之。

如《敦煌變文集·降魔變文》："舍利弗者，是我和尚甥甥。"《伍子胥變文》："占見外甥來趁"，伯二七九四卷作"占見甥甥來趁"。"子胥有兩個外甥"，伯二七九四卷作"子胥有兩個甥甥"，斯三二八卷作"子胥有兩個姓甥"。故知甥、姓皆外之俗字，因與甥連文，偏旁或加男爲甥，或加生爲姓。《龍龕手鑑》生部："姓，注音外，斯爲明證。"然精研甲骨鐘

鼎石刻以及敦煌寫本之羅振玉氏竟不能知。其《龍龕手鑑跋》云："考舛字從外生，肌斷其文，當是甥字别體，此注音外，疑未必然。"是由昧於敦煌俗字，故以不誤爲誤矣。

又如斯二七二九號卷子，爲一《毛詩音》，無撰者名氏。其息字注云："炫以休求息韵，疑息當爲思。"規案，《漢廣》："南有喬木，可不休息。漢有游女，不可求思。"《毛傳》云："興也。南方之木，美喬上竦也。思，辭也。漢上游女無求思者。"據《毛傳》行文，"南方之木美喬上竦"釋"南有喬木不可休息"，"漢上游女無求思者"釋"漢有游女不可求思"，而"思辭也"一訓在解經文"漢有游女"之前，則此訓非釋"不可求思"之"思"，乃釋"不可休思"之"思"。且思乃語辭，語辭上字，例宜叶韵，是休息之息，當爲思字之誤。故孔穎達《正義》曰："以泳思方思之等皆不取思爲義，故爲辭也。經求思之文，在游女之下，傳解喬木之下先言思辭，然後始言漢上，疑經休息之字作休思也。何則？詩之大體，韵在辭上，疑休求字爲韵，二字俱作思。但未見如此之本，不敢輒改耳。"是《正義》謂休息當作休思。唯陸德明《经典释文·毛詩音義》云："休息并如字，古本皆爾。本或作休思，此以意改耳。"是陸氏以休息爲不誤。今觀此卷，"炫以休求息（規案：此息字蓋衍文）韵，疑息當爲思。"是此卷以休求當叶韵，疑息當爲思，其説與《正義》全同。孔穎達《正義》多本劉炫《舊疏》，劉文淇《左傳舊疏》考正言之甚詳。此本稱"炫以"，正劉炫自稱之辭。《左傳·襄公二十四年》"在周爲唐杜氏"疏云："炫於處秦爲劉，謂非丘明之筆；豕韋唐杜，不信元凱之言。己之始祖，數自譏訐，或聞此義，必將見嗤。但傳言於人，懼誤後學，意之所見，不敢有隱，唯賢者裁之。"規案：炫即炫字。據巴黎伯三六九三號《切韵》殘卷上聲廿五銑："泫，露光。胡犬反。"是六朝唐人書泫作泫之明證。由是推之，"炫"之爲"炫"，無可置疑矣。然則"炫以""炫於"，皆劉炫自稱之辭。疏文與此卷，皆稱名以自抒己見。行文之例，亦正符同。證以此卷，足明詩疏爲劉氏之筆；證以詩疏，知此卷乃作者自稱其名，即劉炫所撰之《毛詩音》。孔穎達《毛詩正義序》，自云據劉焯、劉炫爲本；而疑休息爲休思之誤，惟首見於孔疏。孔疏本於劉炫，得此卷益足證明。此卷不諱世字民字，且以民世作音，其時代當在初唐以前，早於孔疏，愈足明此卷爲劉炫所撰之《毛詩音》。余之得判定此卷爲劉炫所作，全賴證明炫爲炫之俗字。然則研求敦煌俗字，其重要爲何如乎？

又敦煌《雲謡集》寫本，俗字最多，解讀最難。集中有二攔字，一曰"百步惟聞攔麝香"（《竹枝子》第二首），一曰"攔徑萋萋芳草緑"（《破陣子》第二首）。校《雲謡集》者皆讀《竹枝子》爲"百步惟聞蘭麝香"，以蘭讀攔，是已。然校《破陣子》者，任二北諸人讀爲攔徑，盧冀野、饒宗頤諸人讀爲欄徑，從未有讀爲蘭徑者。衡以文義，攔徑、欄徑，均頗費解；而蘭徑則遠本《楚辭》。《招魂》云："皋蘭被徑兮斯路漸，湛湛江水兮上有楓，目極千里兮傷春心。"芳草萋萋亦出於《楚辭·招隱士》。文義即妥貼而又有來歷，自應讀爲蘭徑。况同一攔字，一讀攔，一讀蘭，自不如均讀作蘭之爲允當。若更深察敦煌俗字書寫之慣例，則此二攔字本皆爲蘭。蓋敦煌俗寫，多喜增加偏旁。《經典釋文》論用字條例謂"豈必飛禽即須安鳥，水族便應著魚，蟲屬要作虫旁，草類皆從兩屮。"雖以俗寫爲非，然正可反映俗人之心理。故敦煌寫本中，果字多加艸作菓，園字多加艸作薗，艷質之質加女旁作艷嬻，外甥之外加生旁或男旁作𤯕作㚈，故此卷蘭字俗寫加木旁作攔也。敦煌寫本木扌往往不分，加扌即同於加木，是加木之欄，猶加艸之菓薗諸字。菓薗即爲果園，則欄攔當同爲蘭字。理證分明，無待辭費。由此可知凡欲研究某一時代之作品，必須通曉某一時代之文字；欲通曉某一時代之文字，必須通曉某一時代書寫文字之慣例。吾人苟不研究敦煌之俗字，即難望通曉敦煌之作品，此俗字譜之作所以不容

或緩也。

嘗試論之，語言文字，乃心靈思想之符號。人皆可以表達思想，亦皆可以創製文字。故《荀子·正名篇》云：“名無固宜，約之以命，約定俗成謂之宜，异於約則謂之不宜。”名即文字，約定即民意所公認，俗成即大衆所使用。文字經約定俗成，足爲標準，謂之正字。正字既已通行，復有人詭更正文，斯爲新造之俗字。如《説文》：“對，譍無方也。从丵口，从寸。對或从士，漢文帝以爲責對而面言，多非誠對，故去其口，以从士也。”又《南史》卷三《宋本紀》下：“明帝多忌諱，言語文書有禍敗凶喪疑似之言，應回避者，犯即加戮。改騧馬字爲馬邊瓜，以騧字似禍故也。”唐武後造新字，尤爲世所習知。《新唐書》卷七十六《后妃傳上》：載初中，……作曌、四、埊、㊀乙、囝，〇、𠡦、恖、𠁈、𡕀、𤯔、𠀑，十有二文。”此蓋造字得其主名者。若《顔氏家訓》所舉：“亂旁爲舌，揖下無耳，黿鼉從龜，奮奪從雚，席中加帶，惡上安西，鼓外設皮，鑿頭生毁，離則配禹，壑乃施豁，巫混經旁，皋分澤片，獵化爲獦，寵變爲寵，業左益土，靈底著器。”如此之類，則流俗所作，無從知其名氏。要之，此類俗字，或出自帝王，或造於氓庶。苟爲學者所采用，則歷萬祀而長存，否則淪爲終古之廢字。是故標準文字，爲古今所遵用。而一般俗字，則爲文士所輕，固其宜也。

然則敦煌寫本之俗字，何爲獨見重視乎？良由敦煌漢文寫本二三萬卷，皆四世紀至十世紀經典、文學、宗教、史地、美術、音樂、社會、經濟、法制、民俗之重要資料，又皆彼時手寫僅存之孤本。倘不通曉其俗字條理，則解讀無從。此《敦煌俗字譜》之所以汲汲編纂，欲爲讀敦煌寫本者導夫先路也。

抑尤有進者，敦煌俗字既明，不獨可通敦煌文書；即典籍中種種重要問題，亦可賴以解决。如《經典釋文》一書，其音義注釋，皆爲經學重要資料，此衆所共知者也。然日、曰二字，本無注音之必要；而全書一再注明日爲人實反，曰音越，令人有贅疣之感。及讀敦煌卷子，乃知日、曰二字，俗寫全無分别，不加音注，必致混淆。若不明其真相，雖閉門思之十年，不能知其故也。

又遼僧行均《龍龕手鑑》一書，自錢大昕、李慈銘以下，抨擊嗤鄙，譏爲廢書。錢氏謂“其中文攴不分，日臼莫辨，耑呰入於山部，鬭鬧入於門部，糞弃入於米部，瓢瓟入於爪部……滴音商，而又音都歷反，則混商於啇；鑴音子泉反，而又音户圭反，則溷雟於雋。”李氏譏其“既有瓦部，而瓬、瓶、甗等字皆入凡部，字俱从凡；既有瓜部，而瓠、瓢、瓣、瓞、瓟等字皆入爪部，字俱从爪。”實則諸氏所指斥者，皆寫本俗書之真相。行均撰書，遠在宋初，蓋根據寫本而成。諸氏所驚詫呵斥者，正當時寫本之實況。今取敦煌俗字以證《龍龕手鑑》，而《手鑑》明；以《龍龕手鑑》證敦煌俗字，而敦煌俗字明。是研究敦煌俗字，其有益於學術，又不僅限於敦煌卷子而已。

至於字譜既具，异體并陳。察俗寫之蕃變，或樂簡易，或好增繁。南本北本，風格各殊；初唐晚唐，體勢并异。倘更溯源於金石簡牘，沿流於宋元版刻，廣攬俗文字之全貌，斯亦民族文瀾之巨觀也。

本所成立敦煌學研究會以來，即釐定編纂敦煌俗字譜計劃。全體會員，或羈教務，或勤課業。講習之餘，晨鈔暝寫，僶俛一載，幸得告成。惟是倉卒赴功，訛誤難免，尚冀方聞君子，賜予匡糾，俾資改正，則幸甚矣。

一九七八年七月一日潘重規書於中國文化學院中國文學研究所。

（原載《敦煌俗字譜》，石門圖書公司，1978年，頁1—8）

敦煌卷子俗寫文字與俗文學之研究

敦煌寫本，保存了不少俗文學，而保存下來的俗文學，幾乎都是用俗文字寫成的。敦煌卷子中儒釋道三家的經典，很多是由名寫生工楷書寫，還經過一校再校的勘正，閱讀起來困難較少。但是，俗文學如變文、曲子詞等，多半是經俗手寫俗字而流傳下來的。我們可以說，如果不通曉敦煌俗寫文字，幾乎就讀不通敦煌的俗文學。敦煌俗字、敦煌俗文學應該是可以分别獨立的兩門學問。我現在拈出“敦煌卷子俗寫文字和俗文學之研究”這個題目，不可能説明這兩門學問的全體，只能指出敦煌俗寫文字和敦煌俗文學的關係及其重要性。因爲敦煌俗文學幾乎離不開俗文字，二者的關係幾乎是如膠似漆不可分離的。所以我分兩個層次來加以闡明。

一、敦煌俗寫文字的情況

敦煌手寫字體，與後世習慣出入極大。尤其是俗文學變文、曲子詞等的卷子，多半是中晚唐五代時的寫本。抄寫的文字訛俗滿紙；但是訛俗之中，又自有它的習慣，自有它的條理。如果不小心推敲，擅作主張，便會陷於錯誤之中而不自覺。例如精研甲骨鐘鼎石刻以及敦煌寫本的羅振玉先生，他在《龍龕手鑑跋》[1]中說："考姓字從外生，臆斷其文，當是甥字别體，此注音外，疑未必然。"但是，我們看《伍子胥變文》，伯二七九四卷："子胥有兩個甥甥"，斯三二八卷作"子胥有兩個姓甥"；《變文集·搜神記》中村不折藏本："知是甥甥"，伯五五四五作"知是外甥"，可見"姓""甥"都是外的俗字。因與甥連文，偏旁連類或加男作甥，或加生作姓，《龍龕手鑑》是據寫本編成，音外是對的，羅氏臆斷却錯了。所以閲讀敦煌俗文學的作品，最難克服的便是文字俗寫的障礙。簡括説來，有字形無定、偏旁無定、繁簡無定、行草無定、通假無定、標點無定等的障礙。現在分别加以説明。

（一）字形無定　敦煌卷子俗寫，字形往往混淆。如人、入不分，雨、兩不分，瓦、凡不分，文、攴不分，門、鬥不分，瓜、爪不分，商、啇不分。我們發現《龍龕手鑑》是一部根據寫本編纂的字書，它的編纂人是遼僧行均，其時刻本尚希，因此以通行的寫本爲根據，所以瓜部、爪部雖然分開，但是從瓜的瓢瓟等字，仍收入爪部内。這種現象最能反映敦煌俗寫瓜、爪，雨、兩等字不加分别的實況；甚至把俗寫字再造成俗字，輾轉孳乳，如巴黎伯二五二九號毛詩殘卷"髧彼兩髦"寫成"髧彼雨髦"，雨、兩不分，又産生了從雨從隻的雙字。列寧格勒藏《雙恩記》，寫成《雙恩記》。從雨從隻，實即從兩從隻，兩隻故爲一双。敦煌寫本中這一類俗字，不勝枚舉，如果不能辨認，那就不能了解敦煌俗文學作品了。

（二）偏旁無定　敦煌寫本，偏旁寫法，混亂已極。如亻彳不分，故彼作佊，征作伌，徑作俓，待作侍，脩作循；氵冫不分，故恣作恣，盜作盗，凝作凝，憑作憑，況作况；卬仰不分，故迎作迎；卯卬不分，故昴作

① 羅振玉：《面城精舍雜文》乙編。

昂，聊作聊；日目不分，故昕作昕，暇作暇；票栗不分，故摽作探；忄巾不分，故帨作悦，帷作惟；艸竹不分，故簡作蕳，篤作薥；分兮不分，故盼作肹；日田不分，故香作畓；予矛不分，故茅作苧；干于不分，故訏作訏；北比不分，故毖作悲；白自不分，故皈作皈；木扌不分，故横作擴，檀作擅，樓作摟；衣示不分，故初作初，補作補。以上所舉，如暇作暇，初作初之類，讀者還可以猜測出來，至於帷字作惟，帨字作悦的寫法，讀者如果對原書不熟，必然會誤認誤鈔。而且敦煌俗寫文字任意增添偏旁，如果園加草頭作菓薗，蘭字加木旁作欗或攔，這些字與草木還扯得上關係。甚至兩字連文，也連類添加，如前舉“外甥”寫成姓甥、㚏甥。還有鼎鑊寫成鐤鑊（《季布傳文》）[①]，羌笛寫成箜笛（《李陵變文》），孤松寫成柧松（《妙法蓮華經講經文》），荒虚寫成荒蘧（《維摩詰經講經文》），蒼波寫成滄波（《長興四年中興殿應聖節講經文》），究竟寫作究竟（《維摩詰經講經文》），嬰孩寫成孆孩，吐甘寫成吐咁（《父母恩重經講經文》），簪纓寫成簪纓，石榴寫成石磂（《雲謡集》）[②]，薗種寫成薗穜（《敦煌曲》）。又敦煌寫本任意改變偏旁位置，如韵或作䪼（變文《雙恩記》），皓或作皛（《無常經講經文》），翫或作𦐇（《無常經講經文》），略或作畧（《父母恩重經講經文》）。這種特殊的寫法，都造成閲讀敦煌俗文學作品的障礙。

（三）繁簡無定　有人説，中國文字發展的途徑一定是由繁趨簡的。其實從敦煌寫本看來，書寫的途徑是繁簡并進，所以寫本中簡字繁字都同樣多。先看簡寫的字：佛作仏（《伍子胥變文》），與作与又作与、滄作凔（《季布罵陣傳文》），齊作斉、塵作尘、競作竟、歸作㱕（《張淮深變文》），某乙作△乙、萬作万、瓜作爪、糴作籴（《舜子變》），糶

① 見拙編:《敦煌變文集新書》，以後引用《敦煌變文》皆同，不一一注明。

② 見拙著:《敦煌雲謡集新書》，石門圖書公司出版，1977年。

作枽、落作洛、掘作拴（《韓朋賦》），駈作駈、闗作閞（《孔子問項托書》），貌作皃（《晏子賦》），腦作惱（《鷰子賦》），門作冖、蟲作虫，第作弟（《鷰子賦二》），嘗作甞（《茶酒論》），芽作牙、葉作菜，餘作余（《太子成道變文》），蓮作連、少作小、頷作頓、枕作扰、待作侍、體作躰、門作门（《太子成道變文》），聞作徇、因作囙、尊作𠮷（《太子成道變文》），個作个、心作𢖽、頭作吹、乘作𠂹、富作畐（《太子成道變文》），禪作袖、短作矩（《降魔變》），教作交（《難陀出家緣起》），斷作断、牟作牟、聲作𡉈、頭作頙、空作𡨋、門作门（《祇園圖記》），圖作啚，風作凬（《長興四年中興殿應聖節講經文》），陛作坒、即作𠀉、説作𫝀、者作𦒱、竟作气、門作一、所作𠂗、界作𠃓、鏡作鈌、智作𢍁、歲作𡯂、事作𠄐、重作𠂤、證作𫝃、齋作𠫤、諸作𠂛、登作𠈌、常作𫞂、雙作蒦、聞作印、盡作尽、華作𫞅、簡作苘（《金剛般若波羅蜜經講經文》），須作𠄎、門作丁、問作可、衆作𠂜、採作釆、畔作胖、寶作琮、身作𠂉、闍作𪛊、無作𠄎、開作𠕁、互作𠄐、此作𫝃、無作𫞂、間作司、於作於、乃作𠄎、盡作𠁥、行作𠂉、聞作司、塵作尘、知作𠂇、舉作釆、受作叓、邇作迩（《阿彌陀經講經文》），聽作聍、齊作奆（《阿彌陀經講經文》），頭作吹（《舜子變》），孤作抓（《妙法蓮華經講經文》），某作厶、行作刂（《妙法蓮華經講經文》），落作洛、寶作宀、開作开、兩作𠄎（《維摩詰講經文》），聲作𠫤、錢作𫞅、繼作继（《維摩詰講經文》），積作稓（《維摩詰講經文》）、覺作覔、碍作㝵（《維摩詰經講經文》），辭作辞、業作苿、劍作釼、懇作㹆、喜作𠮷、交作文、第作𠂤（《維摩詰經講經文》），齊作𠫤、亂作乱、義作𠂤、錢作𫞅、通作通、既作𫝃、儀作𠂤、胸作匈、處作𠁥、數作𠂤、盡作尽、相作𫝃、齒作㱐、舞作𠂤、寶作宀（《無常經講經文》），戀作𢖽、甞作𫞂、風作凬、返作𠄐（《父母恩重經講經文》），躭作躭、舉作𫞅、齋作𠫤（《目連緣起》），喙作𠯅、

瓜作爪、適作適、恡作怯（《大目乾連冥間救母變文》），壯作牡、卒作卆、謝作射（《頻婆娑羅王后宮綵女功德意供養塔生天因緣變》），纏作纆、遞作逓（《歡喜國王緣》），願作𩓞、筒作同（《醜女緣起》），柱作主、諷作䛘（《秋吟》），願作[illegible]（《不知名變文》），富作冨、廣作広（《故圓鑒大師二十四孝押座文》）又作庻。還有許多合文簡字，如二十作廿（《鷰子賦》）又作卄（《阿彌陀經講經文》），三十作卅（《阿彌陀經講經文》）又作卅（《金剛般若波羅蜜經講經文》），四十作卌（《王陵變文》），菩提作𦬆（《破魔變文》）又作𦬆（《金剛般若波羅蜜經講經文》《妙法蓮華經講經文》《佛説觀彌勒菩薩上生兜率天經講經文》），菩薩作井（《長興四年中興殿應聖節講經文》），涅槃作卌（伯二二〇四號《悉談章》）又作𠀍（斯二七二號），可謂簡化到了極點。

再看繁體的字：含作啥（《伍子胥變文》），怨作惌、殼作𣪊、架作榤、桑作𣙶、彭作彭（《王陵變文》），抬作擡、翻作飜、茶作茶、嘗作嘗、率作䢦（《捉季布傳文》）、昏作婚又作㫰、鼎作鼑、鶴作鸖（《昭君變文》），鼉作鼉（《張議潮變文》），奪作奪、宴作宴（《張淮深變文》），摘作擿（《舜子變文》），條作絛、席作㡳、豈作豈、素作索（《韓朋賦》），往作徍（《劉家太子傳》），土作圡（《嚧山遠公話》），表作逺、拋作拋（《叶淨能詩》），齊作齊（《孔子項托相問書》）又作齋（《晏子賦》），跨作跨、燕作鷰（《鷰子賦》），縣作懸、泥作埿（《鷰子賦二》），虎作㹱、狗作猗、茶作荼（《茶酒論》），拋作拋、笑作咲、邪作𦬆、一作壹（《妇下女夫詞》），奢作奓、看作看、儀作儀（《降魔變》），宴作宴、索作索、鼓作皷、膽作膽、賓作賔（《祇園圖記》），但作伹、美作羙、蛇作虵（《阿彌陀經講經文》），哀作哀（《維摩經講經文》），兒作皃、巧作巧、操作摻、益作益、虛作䖏、喻作喻、鍮作鍮、拋作拋、瞻作瞻、竟作竟、穀作縠、亦作糸、塵作塵、巧作巧（《無常經講經文》），初作初（《父母恩重經講經文》），宦作宧、美作羙、皆作皆（《目連緣起》），酸作酸、消作消（《大目乾連冥間救母變文》），前作前、俗作俗、狼作鄉、冥作寞、瑟作瑟、抛作拋又作拋、繭作璽（《頻婆娑羅王后宫綵女功德意供養塔生天因緣變》），哀作哀（《歡喜國王緣》），豈作豈、闇作闇、量作量（《醜女緣起》），擔作擔（《不知名變文三》），數作數（《不知名變文三》），香作香（《維摩經押座文》《雲謡集·竹枝子》），營作營（《季布詩咏》），甘脆作甘脆、涕作滯（《蘇武李陵執别詞》），羌作羌、象作象（《四獸因緣》），擔作擔（《齖䶗書》），牢作牢（《搜神記》），蛭作蛭、電作電（《孝子傳》），昇作昇、含作含、洒作洒、文作交（《籯金》）。由上所舉，可以看出敦煌俗寫、簡體字多，繁體字也同樣多。這些都是抄寫的人自由使用，既無人提倡，也無人抑制，乃是自然發展的現象。

（四）行草無定　敦煌行草書寫本頗多，寫法非常紊亂，不易辨認。例如斯一四四一卷《雲謡集·破陣子》“和愁風去書”，風作凡，胡適之先生誤認爲“反”字。伯三〇九三號《佛説觀彌勒菩薩上生兜率天經講經文》是一個草書卷子，略字作略，義字作义、又作义，王重民《變文集》都錯認成“處”字；緣字作缘，王重民誤認成“解”字；通字作通，王重民誤認成“色”字；儀字作儀，王重民誤認成“後”字。又伯二四一八號《父母恩重經講經文》是一個行書卷子，念作念，《變文集》向達誤作會；捻作捻，又誤作檢；意内作意内，誤作竟似；經作经，誤成孩；美作美，誤作羹；最作最，誤成窮；纔作纔，誤成總。伯二三〇五號《無常經講經文》，也是個行書寫本，寶字作宀，《變文集》王慶菽誤作門；盡作尽，誤作冬；無作无，誤作死。伯三八〇八號《長興四年中興殿應聖節講經文》，是章草書的寫本，歲作歲，《變文集》向達誤爲乘；愛河作爱河，誤爲恒河；顯作顯，誤作離；緣作缘，誤作解；證作證，誤作終；事作事，

誤作尚，又誤作與；登作[illegible]，誤作聞；智作[illegible]，誤作聲。胡適、王重民、向達都讀錯，可見讀卷之難了！

（五）通假無定　敦煌寫本同音通假之字，觸目皆是，但與一般習用的多不相同。在當時寫讀已成慣習，自可通行；到了後代，觸處都成障礙。蓋文字通假，本無嚴邪，如古籍中早之作蚤，晚之作輓，徒以音同；借用异字，迨俗習已行，則謂之通假；若違俗習，則謂之誤字。試觀《雲謠集》中“知麼”作“知磨”、“皆是”作“皆事”、“覺夢”作“教夢”、“泪滴”作“泪的”、“斷却”作“段却”、“今宵”作“金宵”、“蓮臉”作“連臉”、“枉注”作“往注”、“故著”作“固著”、“水際”作“水濟”、“於斯”作“於思”、“朝霞”作“朝遐”，其他寫本也往往如此。如《變文集·伍子胥變文》：中作終，連作蓮，猶作由；《漢將王陵變文》今作金，是作事，已作與；《捉季布傳文》：而作如，鍾作中，之作諸，得作德，感作敢，仁作人，久作九，依作衣，君作軍，如作而，紛紛作芬芬，仕作事，兒作而，唐唐通堂堂，去通氣，神通臣，中通忠，黄通皇，諸通知，酬通讎，薪通辛，去通起，變通遍，以通與，意通衣，得通德；《王昭君變文》：軍通君，由通游。《舜子變》：豈通起，姑通孤，潦楊通遼陽；《韓朋賦》：已通與，如通而，刑通形，兇通胸；《前漢劉家太子傳》：知通之，小通少，變通遍，里通理，之通知，阡通千，與之通以之；《葉净能詩》：衣通於；《孔子項托相問書》：喜、虚均通戲，兒通而，公通功，成通城，座通坐，里通理，須通雖，下通夏，事通是，章通張，如通兒，望通忘，聞通文，去通氣；《晏子賦》：志通智，意通益，須通雖；《鷰子賦》：德通得，惱通腦，亭通停，莽通没，勉通免，臣通承，悮通吾，吴通吾，徒通圖；《茶酒論》：已通與，諸通之，人通仁，明通名，金通今，生生通狌狌；《下女夫詞》：如通已，與通已，故通古，金通今，之通知，亭通停，理通里，是通侍，中通終，辛通新，依通衣；《太子成道經》：與通以，顧通股，之通知，之通諸，連通蓮，金通今，中通終，走通奏，餘通余，之如通知兒，問通聞，弁通辯，依通於，精通睛，河通何；《太子成道變文》：如通而；《八相變〉：城通成，刑通形，衙通涯，事通是，兒通而，知通之；《破魔變文》：泥通你，久通救，邊通遍，之通知，君通軍，政通正；《降魔變文》：知通之，首通手；《難陀出家緣起》：交通教，清通青，性通姓，文通聞；《祇園圖記》：保通抱，須通雖；《長興四年中興殿應聖節講經文》：幡通番；《佛説阿彌陀經講經文》：幡通番；《佛説阿彌陀經講經文》：之通是，望通忘；《妙法蓮華經講經文》：新通辛，徒通圖，已通以，新通薪，何通河，得通德；《維摩詰經講經文》：何通河，洛通酪，艷通炎、焰，側通測，烈通列，剩通盛，之通知，志通至，使通始，敢通感，辰通晨，連通蓮；《無常經講經文》：泡通胞，尚通上，良通梁，序通緒，槁通靠，暄通喧；《父母恩重經講經文》：躭通擔，榭通謝；《目連緣起》：惠通慧，苦考通枯槁；《大目乾連冥間救母變文》：遐通霞，换、唤通焕，路通露，嬌通驕，之通諸，怒通努，如通兒，泥通你，良通凉；《頻婆娑羅王后宫綵女功德意供養塔生天因緣變》：射通謝；《觀喜國王緣》：如通而，得通德；《醜女緣起》：敢通感，增通憎，路通露，同通筒，色通索，玄通旋；《秋吟》：凋按通雕鞍；《不知名變文》：借通惜；《維摩詰經押座文》：惻、側通測；《故圓鑒大師二十四孝押座文》：霜通孀；《左街僧録大師壓座文》：榭通謝；《季布詩咏》：德通得，河通何，望通忘，夜通也；《百鳥名》：壇通彈，鶬通蒼；《搜神記》：以通與，歌歌通哥哥，小通少，段通斷，與通已，逍通消，爲通謂，其通奇。以上所舉通假文字，像之通知、如通兒、金通今等，在不同寫本中頻頻使用，可見在那時代中已經相習成風，普遍使用。如不了解，便讀不通敦煌俗文學。

（六）標點符號多异　敦煌寫本標點符號甚繁，并且和現代通用符號大不相同，所以容易致誤。現列舉如後：

1.乙倒符（∨） 倫敦斯五二五卷載管輅救趙顔子的故事，有一段話：

顔子再拜，不敢更言。南邊坐人語北邊坐人曰："凡吃人一食，慚人一色；吃人兩食，與人著力。朝來飲他酒脯，豈可能活取此人。"北邊坐人曰："文案已定，何由可改。"南邊坐人曰："暫借文書看之。此年始十九，易可改之。"把筆顛倒句（鈎）著。語顔子曰："你合壽年十九即死，今放你九十合終也。"自爾以來，世間有行文書顛倒者，即乙復，因斯而起。

這段故事，雖屬荒誕不經，但可證明唐代寫書是用"∨"作爲乙倒的符號。敦煌寫本伯二四一八號《父母恩重難報經講經文》："月滿生時，受諸痛苦至徹"，原卷"痛苦"作"苦痛"，"痛"側有乙倒的符號，故當爲"痛苦"。"咽苦咁吐"，原卷"吐"側有乙號，故當爲"咽苦吐咁"。"又似家人慈母"，原卷"人"側有乙號，故當爲"似人家慈母"。"爲人孝不負於天"，原卷"不"側有乙號，故當爲"爲人不孝負於天"。"不孝行養恣情乖"，原卷"行"側有乙號，故當爲"不行孝養恣情乖"。又伯二三〇五號《無常經講經文》："人世生一瞥然間"，原卷"生"側有乙號，是"生一"二字與上乙倒，故當爲"人生一世瞥然間"。"交你似石崇家總"，"總"側有乙號，則當爲"總交你似石崇家"。蓋乙倒一字爲常，也有乙倒二字或多字，那要觀察上下文義而定。例證甚繁，不遑枚舉。

2.刪除符　任二北《敦煌曲校録·悉曇頌》云："命舍此惡法須舍，命乃衍文。原卷此字旁有'卜'，示此字作廢。乃當時書手所用之符號。《十二時》（六二二）原卷携旁有卜、《十恩德》（六八三）原卷須旁有卜，亦此意。他如劉書《下女詞》'紅葉藥開時一朵花'，'紫袍金帶，曜日耀輝光'，又《唐韵》序藍筆：'輒罄搜遺文，敢補遺闕'，在'葉''耀'

及第一‘遺’字之旁，各附卜，皆謂衍文也，按之文理，皆合。宋末人《愛日齋叢鈔》引趙景安云：‘古人書字有誤，即墨塗之。今人多不塗，旁注云“卜”，諺語謂之“卜煞”，莫曉其意。近於范機宜華處，見司馬温公與其祖議《通鑑》書，有誤字，旁注云丰，然後乃知“非”字之半，後人又省作卜，或三點者。’據此，北宋人猶用此符號。若指爲非字省，未知確否？”規案：此删除號，在敦煌寫本中極爲流行，而在今日則幾已無人使用。故斯一四四一卷《雲謠集·洞仙歌》：“又珠卜悲鴈隨陽”，胡適之先生校本云：“又字下有珠字，旁有卜號，不知應補在上闋何處？羅朱皆無珠字。”是胡先生已不知“卜”爲删除號。唯省號作三點者，如巴黎伯二六八三卷《白澤精恠圖》卷首云：“如器煞之則已一云”八字右側各著三點，表示塗去，與趙景安所説相符，但敦煌寫本中殊爲少見。

3.疊字符　敦煌寫本中，凡遇重疊字，往往以一點（丶）或（丶丶）表示之。著一點者，如斯五五四〇《山花子》：“西江水竭南山碎，憶得終日心無退，當時只合同携手，悔丶丶”，悔字下兩個單點，表示是兩個重文，此句乃是“悔悔悔”三字，王重民誤爲兩個缺文。

著兩點的更爲常見，如巴黎二八三八《雲謡集·内家嬌》：“輕丶丶浮粉，深丶丶長畫眉渌”，此例遍見敦煌寫本，今日仍屬通行。

4.疊詞符　詞之重疊，也往往於字下著二點來表示，如伯二六七三《龍門賦》：“船中鼓笛應山丶丶頭丶丶極目無窮已”，“山丶丶頭丶丶”是山頭一詞的重疊，原卷應讀作“船中鼓笛應山頭，山頭極目無窮已”。也有在詞下著點的，如《應聖節講經文》：“廣道弘人丶丶丶廣道”，即“廣道弘人，弘人廣道。”

5.疊句符　句有重疊，也往往於字下著二點來表示。如伯二五二九卷子《毛詩·齊風·東方之日》：“東方之日兮，彼姝者子，在丶丶我丶丶室丶丶兮丶丶，履我即兮。　東方之月兮，彼姝者子，在丶丶我丶丶達丶丶兮丶丶，

履我發兮”，應讀爲：“東方之日兮，彼姝者子，在我室兮，在我室兮，履我即兮。　東方之月兮，彼姝者子，在我達兮，在我達兮，履我發兮。”讀者不明寫例便容易致誤。

6.省字符　敦煌俗寫遇着習用的詞，或卷中屢屢出現的詞，往往於首字下著一點或二點來表示省略。著一點的，如伯三八〇八《長興四年中興殿應聖節講經文》“功德”作“功、”，“如來”作“如、”，《變文集》向達誤“功、”爲“功力”。又伯二二九二卷《維摩詰經講經文》：“居士問光嚴”，“光嚴”作“光、”，又伯二一三三卷《妙法蓮華經講經文》“供養”作“供、”，又伯二四一八卷《父母恩重經講經文》“衆生”作“衆、”。

有首字下著二點的，如伯二一三三《金剛般若波羅蜜經講經文》“煩惱”作“煩、、”（也有作“煩、”的），“清净”作“清、、”，“將來”作“將、、”。《變文集》王慶菽誤“煩惱”爲“煩煩”，誤“將來”作“將將”。

7.省句符　敦煌寫本遇有頻頻出現的文句，抄手往往省略，如伯二三〇五號《無常經講經文》的唱文中，有十幾句“由不悟無常抛暗號”：

一一君親眼見來　　由不悟無常抛暗號
直須折得形骸鬼不如　由不悟無常抛暗號
……

便寫成

一一君親眼見來　　由……
直須折得形骸鬼不如　由……

有的或寫成：

看丶丶面皺尚覓强良（梁） 由不悟無……

况今情序（緒）頓昏沈　　由不悟……

又《父母恩重經講經文》，有“阿娘悲泣無情緒”多句重複，便只空出位置表示省略，如：

爲兒子抛出外邊　　阿娘悲泣無情緒

見四時八節未皈來　阿娘悲泣

兒子雖然向外安　　阿娘悲泣

信息希疏道路遥　　阿娘悲泣

又《無常經講經文》，有“也遭白髮驅催老”多句重複，也只空出位置表示省略，如：

將爲紅顔一世中　　也遭白髮驅催老

將爲他家得久長　　也遭

只留名字在人間　　也遭

將爲無常免得身　　也遭

假饒富貴似石崇　　也遭

又有“不修實是愚癡意”重複句多句，也是空出位置表示省略，如：

人生一世瞥然間　　　不修實是愚癡意

無常忽到一生休　　　不修

忽然擘手向兩邊頭　　不修

前程一一自家躭　　　不修

同泡（胞）共乳長爲人　不修

波吒一、、自家當　　不修

忽然失脚落三塗　　　不修

8.節略符　敦煌寫本遇有文字節略處，或用連點（……），或用竪畫（——、△——）來作表示。如伯二四一八號《父母恩重難報經講經文》：

書云曾參云——

案：竪畫下表示節略。

又：

此有五色，初生羯邏藍△——三十八七日

案：“△——”，表示下有節略。

以上許多符號，都與通行寫本不同；稍一疏忽，便會發生很多錯誤。這正是我們讀敦煌俗文學寫本時，應該特别注意的。

二、敦煌俗寫與俗文學的關係

敦煌俗寫與敦煌俗文學，存在着膠漆不分的關係。幾乎可以説，不通敦煌俗寫文字，便讀不通敦煌俗文學。我們知道敦煌文書的發現，震動了國際學術界，其中所保存失傳已久的變文，尤爲中外學人所注目。關於彙輯變文材料，以供學者研究與參考，前有周紹良編的《敦煌變文彙録》，後有王重民等合編的《敦煌變文集》。後者根據一百八十七個寫本，過録之後，經過互校，編成七十八種。每一種篇中有旁注，篇末有校記。就資料供應、披閱便利方面看來，已被國際學者公認是從來變文輯本中最豐富的一部。因此，一九五六年出版以來，海内外研究變文的學人，無不憑藉此書爲立説的根據。照常理來説，向達、王重民、啓功諸位負責整理過録的人，都是極富盛名的學者，憑他們的學識才能，把古人的作品如實抄下來，不可能也不應該有太多的錯誤。但是，事情却大大出人意外。我在最近五年中，每年暑假都往巴黎、倫敦校讀變文卷子。曾將原卷一卷一卷的和敦煌《變文集》校對，發現王重民等録抄的錯誤委實非常多；詳察其致誤的原因，大半都由於誤認敦煌的俗寫文字。試舉一個重大而突出的例子。

敦煌《變文集》卷四載有一篇《祇園因由記》。王氏校記云："本卷有兩本，今以編號伯二三四四卷爲原卷，校以伯三七八四卷，今稱爲甲卷。標題原卷原缺，據甲卷尾題補。"我仔細觀察伯三七八四卷的尾題，是朱筆書"已上祇園啚記"六字。啚，本音鄙，《廣韵》以爲圖俗字。伯二三四四正文"臣欲啚我園"，伯三七八四卷亦作啚，又用朱筆改"臣"爲"卿"，可證"啚"即"圖"字俗寫。敦煌的壁畫中，現存《祇園圖記》還不少。最早的一鋪，在敦煌西千佛洞的第十窟東壁入口的北側。從壁畫的題記，可以看到文學與繪畫結合的具體事實。[①]此卷《祇園圖記》，可能是根據祇園圖而寫的記文。王氏誤認"圖"作"因由"二字，本篇内容便發生了重大的出入。這卷用朱筆寫的尾題，顔色非常黯淡，我爲慎重起見，特别商請法國國家圖書館東方部隋麗玫主任，鄭重其事地把原卷

① 金維諾:《敦煌壁畫祇園記圖考》。

拿到樓上顯微室紅外綫影視機下透視，證明確實是《祇園圖記》，而不是“祇園因由記”。

其次，試舉任二北《敦煌曲校録》中一首曲子詞，現在移抄於後：

五里竿頭風欲平，長（張）忛（帆）舉棹覺船行。柔虜（艣）不施停却棹，是船行。　滿眼風波多陜汮，看山恰似走來迎。子細看山〔山〕不動，是船行。

——浪濤沙

這是一首天真質樸的曲子詞，巴黎伯三一二八號和倫敦斯二六〇七號兩個卷子都抄録了它。王重民的《敦煌曲子詞集》、任二北的《敦煌曲校録》、饒宗頤的《敦煌曲》都將這兩個卷子轉載到他們的著作裏。他們三位先生記抄下來的詞句，除任二北教授改訂數字外，幾乎是全部相同。原卷忛字是帆字的俗寫，敦煌寫本中從巾的字往往寫成竪心旁。“長”和“虜”是“張”和“艣”的省寫。“子細看山山不動”，原卷因紙損缺，脱一“山”字，他們替它加上。任二北改調名爲“浣溪沙”，改“竿”字作“灘”，改“覺船行”作“覺船輕”。他的《校録》説：“調名原作浪濤沙，‘灘’原作竿，‘張帆’原作‘長風’（規案：原卷是帆，任氏誤認帆作風）。以‘張帆’接上句‘風欲平’，固欠佳，以‘長風’接‘風欲平’，更矛盾！‘覺船輕’原作‘覺船行’，行韵在全首内，已叶兩次，此處再叶，乃三復矣。‘陜汮’，伯卷作‘殎釣’（規案：伯卷作汮，不作釣，任氏誤認），王《集校》作閃灼，非。劉書《季布歌》：“夢見楚家猶戰酌，謂楚雖滅，猶有餘威，夢中人亦令人戰栗，陜汮乃戰栗之意。”規案：第一句“五里竿頭風欲平”，文義不通，任二北没有看到原卷，所以將“竿”字改作“灘”；但是改作“灘”後，仍然和第二句文義不能貫串。其實倫敦斯二六〇七號作“五雨（兩）竿頭風欲平”，敦煌俗寫“雨”和“兩”往往不分，如《雲謡集·内家嬌》“兩眼”作“雨眼”，“兩足”作“雨足”，故“五雨竿頭風欲平”即是“五兩竿頭風欲平”。郭璞《文選·江賦》云：“覘五兩之動静”，李善注云：“兵書曰：‘凡候風法，以雞羽重八兩，建五丈旗，取羽繫其巔，立軍營中。’許慎《淮南子注》曰：‘綄，候風也，楚人謂之五兩。’”原來古人測候風力的儀器叫作五兩，而五兩是繫在旗竿之巔，所以這句詞應作“五兩竿頭風欲平”，伯三一二八號卷子“兩”字誤作“里”，王重民、饒宗頤皆未校出，實是疏忽。任二北看不到原卷，只好根據王、饒的錯本來加以改正；但他萬想不到“五里”是“五兩”之誤。現在把原本校正後，這兩句詞的文義纔能明白，全篇也就豁然貫通了。它是説，從測風器顯示風力很平均，因此張起風帆，不須摇艣舉棹，船自然而然地前進。由於御風而行，没有覺得船動，彷彿山跑來迎接似的。等到想起山是静止的，仔細觀看，原來山并未移動，而是船在進行。這種普通兒童和成人共有的感覺，用天真質樸的語句描寫出揚帆疾駛的快感，用韻不避重複，富有民歌的情調。我們看蘇東坡的“水枕能令山俯仰，風船解與月徘徊”（《六月二十七日望湖樓醉書》），便是詩家的吐屬了。至於陝汋，王《集校》作閃灼，表示波光閃爍的情况，以同聲通用的關係看來，王《集》是對的。任二北誤認此詞是驚濤駭浪的情景，所以解作戰栗，那是與文義都不愜合了。由此看來，一篇敦煌俗文學的作品，如果不明它的俗寫文字，誤認誤解，無异將天吴紫鳳割裂成衣裾襤褸、精金美玉埋没在糞壤荒墟，俗寫文字的重要，不待煩言而喻了。

最後，我舉《雲謡集》爲例。敦煌石室發現《雲謡集》曲子詞，是中國文學史上一件大事。因爲在敦煌石室未開以前，趙崇祚編的《花間集》，是我們能看到最早的一部“詞的總集”。《花間集》編定於後蜀孟昶的廣政三年（後晋高祖天福五年，公元九四〇年），而《雲謡集》鈔寫的

時代，最遲在後梁末帝龍德二年（西元九二二年）[①]，距唐代亡國不到十五年；編撰的時間，當然更在後梁以前，所以羅振玉印行《雲謡集》，題爲唐人撰，還是不錯的。根據這一事實，中國第一部“詞的總集”在文學史上便須改寫爲《雲謡集》了。有了這一部隱閉千餘年新發現的詞集，研究文學的人可以更明瞭詞的發展情況，可以領略詞的更新鮮、更樸真的風格。

談到敦煌石室發現的《雲謡集》，一半藏在倫敦，編號爲斯一四四一；一半藏在巴黎，編號爲伯二八三八。羅振玉得伯希和所寄倫敦本攝影，刻入《敦煌零拾》中。朱古薇得董康倫敦鈔本及劉復所得巴黎鈔本，合成全帙，歿後刻入《彊村遺書》中。王重民則校刻入《敦煌曲子詞集》。任二北未見原卷，誤認爲“《雲謡集》原寫卷，人間實有（甲）（乙）（丙）三本，不止兩本。羅書之底本（甲本），乃伯希和寄給之攝影，雖亦十八首不全，但并非（乙）倫敦斯一四四一之十八首本，更非（丙）巴黎伯二八三八之十四首本。朱氏所見，與王氏所見，均僅乙丙二本，而未曾及甲本，實爲憾事”。任氏既認定羅本爲巴黎另一寫本，故常據羅書之臆改以訂正原本，不但失去了原本真面目，也失去了《雲謡集》曲子詞的真風格。如倫敦卷《柳青娘》第二首：“因何辜負少年人”，任校云：“按末三字，朱本作少年人，兹從羅書，作倚闌人，尤妙！少年人，在雲謡内數見不鮮，似已成爲當時濫調，此類异文，非常難得，諸本多失之。”“少年人”正是早期曲子詞的本色。“倚闌人”乃是羅振玉的臆改。我們試看倫敦本《洞仙歌》第二首“寒蛩響”，原卷俗寫作“宆蛩響”，羅本作“它它蟲響”，可見羅氏誤認“宆”字作“它它”二字，這是羅本據倫敦本爲底本的確證。任氏不能觀察清楚，因此造成了不少的過失。如果能留意原

① 見拙著:《敦煌雲謡集新書》。

卷俗寫文字，便不致釀成誤會了。

還有許多整理《雲謡集》的詞家學者，不了解俗寫文字的條例，以爲《雲謡集》滿紙都是錯字，於是任意改動原卷的文字，如倫敦斯一四四一卷《竹枝子》第一首末數句：

垂珠泪的點點的成斑，待伊來敬共伊言，須改往來段却顛。

冒鶴亭[①]改上九字爲“艄幃悄、、垂珠泪，□□□□□，點、、滴、、成斑。”任二北《敦煌曲校録》説：“改如上，頗具匠心，兹從之。……不知作者之原意果如此否？”“待伊來敬共伊言”句，任氏改作“待伊來即共伊言”。校云：“即，羅書原闕，餘卷作敬，費解。查劉書王梵志詩：‘飲酒妨生敬。’劉氏注：‘一本作計。’又開蒙要訓於髻旁注敬。皆因方音而誤寫也。敬既可爲計、髻，當亦可爲即。”“須改往來段却顛”句，任校説：“結語亦費解。往來或係從來。段，冒本及王文才校作假；或爲斷之音訛。柳青娘斷却妝樓伴小娘，可參考。向柳溪校此句作須改往日狂與顛。”據諸家所改，這幾句便變成：

艄幃悄、、垂珠泪，□□□□□，點、、滴、、成斑。待伊來即共伊言，須改往日狂與顛。

諸家輕率任意增删改動原文，甚至“不知作者之原意果如此否”，還是要大加改動；因爲内心以爲《雲謡集》都是錯字，自然不妨大膽修改。我的看法和他們不同，我以爲集中許多簡體、别體、同音的字，都是當時

① 冒鶴亭:《新斠雲謡集雜曲子》，《同聲》月刊1卷9期。

通常習用的文字，不可一概視爲錯字。所以我只按照本文，讀成“垂珠泪滴，點丶丶滴成斑，待伊來敬共伊言，須改往來斷却顛。”卷子中滴字往往寫作“的”，如“泪珠串的”“泪流點的”，滴均作的；“斷”也往往寫作“段”，如斯四六五四《舜子變》：“兒憶阿耶長段”，“長段”即“腸斷”，我按照寫卷子時的習慣，把他轉寫成通常的文字，所以并非改動原來的文字。又往來猶言往還，是朋友的意思，如伯二〇五四《禪門十二時曲》：“尋求處士訪靈丹，囑托往還回藥餌”；又“門庭寥落管絃休，車馬稀疏往還棄”，往還是朋友之義甚明。伯二七一四、三二八六“囑托往還回藥餌”，往還又作往來，是往還、往來皆朋友之義。蓋此詞言良人游蕩，思婦憂傷，故欲待良人歸來時，鄭重向其進言勸告，須改換舊時往來之惡友，斷却舊時顛狂之惡習。文意本來明白，爲什麽要改動得面目全非呢！

以上約舉幾篇敦煌俗文學的作品，説明它和敦煌俗寫文字的密切關係。不了解敦煌俗寫文字，便只有仰望敦煌俗文學的門墻，不得其門而入。因此，我們更深深體認到，凡欲研究某一時代的作品，必須通曉那一時代人寫字的習慣，必須通曉那一時代人用字的習慣，纔能看得見作品的真面目，纔能領略到作品的真風格，纔不會傷害作品的真面目，纔不會破壞作品的真風格。

（原載《孔孟月刊》18卷11期，1980年7月，頁38—46）

《龍龕手鑑新編》引言

余讀敦煌卷子蓋有年矣，每苦其俗字訛文、變體簡寫，充滿篇幅，時有窮思力索，不得其解者，不覺廢書掩卷而嘆。後玩遼僧行均《龍龕手鑑》，觀其分别部居，纂集文字，蓋皆根據寫本而成。遇敦煌卷子蓄疑，往往迎刃而解，爲之歡喜踴躍，不能自已。良以敦煌寫本，爲千年前遺物，無异《龍龕手鑑》編纂時取資之底稿；而《手鑑》輯存文字，記録音義，又不啻敦煌寫本之注釋。爲此字書者，殆懸知千載後必有讀寫本，徬徨求索而不得其解者，故於古今字書中别出手眼，以成此獨特之著作也。

今傳世《龍龕手鑑》，前有遼聖宗統和十五年（宋太宗至道三年，九九七年）沙門智光序，略云："有行均上人，字廣濟，俗姓于氏，派演青齊，雲飛燕晋，善於音韵，閑於字書，睹香嚴之不精，寓金河而載緝，九仞功績，五變炎凉。"宋沈括《夢溪筆談》首論其書，深加詆譽，其言曰：

> 幽州僧行均集佛書中字，爲切韵訓詁，凡十六萬字，分四卷，號龍龕手鏡，燕僧智光爲之序，甚有詞辨，契丹重熙二年（一〇三三）

集。契丹書禁甚嚴，傳入中國者，法皆死。熙寧中，有人自虜中得之，入傅欽之家。蒲傳正帥浙西，取以鏤板。其序末舊云“重熙二年五月序”，蒲公削去之。觀其字，音韵次序，皆有理法，後世殆不以其爲燕人也。

清代文字學家，不明行均據寫本成書之真相，則衆口一辭，攻之不遺餘力。錢大昕《龍龕手鑑跋》云：

> 六書之學，莫善於説文，始一終亥之部，自《字林》《玉篇》以至《類篇》，莫之改也。自沙門行均《龍龕手鑑》出，以意分部，依四聲爲次，平聲九十七部，上聲六十部，去聲二十六部，入聲五十九部，始金終不，以雜部殿焉。每部又以四聲次之，計二萬六千四百三十餘字。其中文攴不分，臼臼莫辨，耑耑入於山部，鬪門入於門部，糞券入於米部，瓢瓟入於爪部。以几爲部首，而讀武平反；以亠爲部首，而讀徒侯反；以步爲部首，而讀居凌反。滴音商，而又音都歷反，則混商於啇；鐫音子泉反，而又音户圭反，則混雋於巂。辤則多辛複出，弜則弓雜兩收。奓歪甭孬，本里俗之妄談；巤悳生卡，悉魚豕之訛字。而皆繁徵博引，汙我簡編。指事形聲之法，掃地盡矣！

李慈銘《越縵堂讀書記》抨擊之尤甚，其言曰：

> 此書俗謬怪妄，不可究詰，全不知形聲偏旁之誼，又轉寫訛亂，徒淆心目，轉滋俗惑，直是廢書，不可用也。其書本名《龍龕手鏡》，宋人避諱改爲鑑耳。
>
> 其部居誤認偏旁，不必論矣。且如既有瓦部，而瓭瓻瓹等字皆入

凡部，字俱从凡。既有瓜部，而瓠瓢瓤瓤瓟等字皆入爪部，字俱从爪，此類蓋亦不勝究詰，特以其爲宋以前字書，墜文佚義或間有存者，披沙揀金，聊供采穫，故好古者亦頗蓄之，然其誤人實不淺也。

近人羅振玉氏，研治甲骨鐘鼎碑刻及敦煌寫本，於《手鑑》稍有褒辭，所撰跋文云：

《龍龕手鑑》四卷，遼僧行均撰。其書爲讀教中經典而作，故多載佛藏中文字，俗作僞體，甄録甚詳。蓋像教盛於六朝，經典之刻亦六朝爲盛。如直隸之房山，山西之風峪，金石刻畫，徧布山谷，至今尚存。唐宋以後，傳世梵夾，疑多就石刻傳寫，故多存六朝畐别字，玉篇廣韵均所未收者甚夥，行均撰集成書，有功於文字甚大。

羅氏於《手鑑》雖稍有褒辭，然復譏其書“訛誤多有，不勝指摘”，謂“緇流疏於考核，不足深責”，蓋猶未深知此書乃據寫本而作也。

余嘗反覆研索行均之書，對勘敦煌寫本，可以互相印證者，不一而足。舉其犖犖大者言之，一曰分别部居與寫本相應，二曰獨有文字與寫本相應，請申論之。

曷爲曰分别部居與寫本相應？試察錢李諸氏呵斥《手鑑》瓦凡、瓜爪諸部之混淆，殆無不爲寫本俗字之實狀。如《手鑑》衣部收祜字，注云：“胡古反，福也。”又衤部亦收祜，注云：“胡古反，福也。”且於衤部“衤”字注：“此字與衣、示三部相涉。”此明言寫本從衣、從衤、從示之字往往不分也。又旅字見方部，衣部又收旅，注云：“俗，音吕，祭名也。”衤部又收旅，注云：“音吕，祭山川名也。”此由寫本旅字或从衤作旅，或从衣作旅，故方、衤、衣三部兼收也。又爿部牀、牆、戕、牄諸

字，兼收入牛部，作牀、犃、牋、犤，此寫本從牛從爿之字往往不分也。又日部曀、曖諸字，收入肉部作膭作腰，此從日從肉之字往往不分也。彳部有㣚字，注云："音憂，㣚游也。"有俗字，注云："似足反，風俗，與俗同。"此从亻、从彳之字往往不分也。又兀部注云："五忽反，高危皃，此部與尣部相涉。"故從尢之字如尪尰，與從兀之字如尯、尵同列部中。宗廟之字从广不从疒，而《手鑑》疒部載瘤、瘌，注云："二俗，明笑反，正作廟。"此从广从疒之字往往不分也。其他如卷一文部第十四"文"字注云："字與攴攵部俗字相濫。"攴部第十五"攴"字注云："《説文》云無點，又此部與文攵三部俗字相濫，故出之耳。"又卷四攵部第三十四"攵"字注云："此字與攴文三字相涉。"卷一瓜部第六十六"瓜"字注云："瓜部與爪部相濫，爪音側絞反。"卷二爪部第三十"爪"字注云："側絞反，指也。又古文示字。又爪部與瓜部相濫，瓜音古花反。"卷四肉部第四"肉"字注云："或俗作宍，亦通隸書變體作月，故與月部相濫耳。"卷二冈部第二十九"冈"字注云："此字與四部相濫，故從俗者也。"是以卷三四部收羈罹罣罽諸字。卷二几部第三十五几字注云："居履反，案屬也。又烏光反，曲脛也。此字兩處收之耳。"凡此皆因俗寫混淆，寫本業已通行，故必從俗分別部居。甚至有同部同字重出而實爲俗寫异字者，如雨部平聲："雙，正，所江反，兩皃也，今作雙，同也。"又入聲出雙字云："正，胡郭反，靃靃，大雨也。"是雨部兩出雙字，一从兩隻爲雙，一從雨隻爲大雨，故知雨、兩同形不分也。凡此俗寫文字混淆之現象，無不與敦煌寫本相同，俗寫既已通行，寫本亦成典要，行均苟不據俗寫分部，則讀寫本者不能據形檢索，此《龍龕手鑑》分別部居，所以與寫本相應之故也。

曷爲曰寫本獨有文字相應？今敦煌寫本文字，异體多歧，往往不見於其他字書，而《龍龕手鑑》獨有，如生部有甡字，注音外。羅氏《龍龕手鑑》跋云:“考𤯷字從外生，臆斷其文，當是甥字别體，此注音外，疑未必然。”案:《敦煌變文集·降魔變文》:“舍利弗者，是我和尚𡵆甥。”《伍子胥變文》:“占見外甥來趁。”伯二七九四卷作:“占見𡵆甥來趁;子胥有兩個外甥。”伯二七九四卷作:“子胥有兩個𡵆甥。”斯三二八卷作:“子胥有兩個𤯷甥。”故知𡵆、𤯷皆外之俗字，因與甥連文，偏旁或加男爲“𡵆”，或加生爲“𤯷”。《龍龕手鑑》據寫本收字，知“𤯷”即“外”之俗寫，故注音外;羅氏不知《手鑑》所據爲寫本，故疑“𤯷”爲“甥”之别體，而以“音外”爲非也。又如《變文集·韓朋賦》有㧾字，讀者多不得其解，賦云:“宋王即遣人㧾之，不見貞夫。唯得兩石，一青一白。宋王睹之，青石㧾於道東，白石㧾於道西。”今案:《龍龕手鑑》手部:“�、㧾，二俗，其月反，正作㧾。”證以《廣韵》入聲十月，掘字正作其月反，是㧾即掘之俗字，以解賦文，則辭義豁然而大白。又人部伹，“七餘反，拙人也”。七餘音與俱同，蓋俱字俗寫，變文《𩃬恩記》俱字多作伹，《手鑑》有“伹”而無“俱”，知“伹”亦兼作“俱”字也。又《韓擒虎話本》:“一齊拜舞，吋呼萬歲。”案《手鑑》:“𠯗、吋、叫，三俗;噭，正，古吊反，鳴也，遠聲也，亦唤也，與叫同。”蓋吋呼即叫呼也。敦煌伯三七一七號卷子，蓋劉宋《衆經别録》殘本著録:“怛梞尼百句一卷”，余往年疑梞爲捻字之俗寫[①]，今案《手鑑》卷一心部“𢘅”字注云:“和禍二音，琳法師云:‘僻字也。’今作和字。”案:慧琳《一切經音義》卷三十八:“提和，音和，古人僻用字也。”《龍龕手鑑》據慧琳音義謂𢘅爲僻字，通行則寫作和。據此知《衆經别録》梞乃和之僻字𢘅，非捻之俗寫。凡此皆《龍龕手鑑》俗字與敦煌寫本相應之明證也。

又敦煌寫本頗有俗寫合文，以不見於其他字書，故治敦煌學者往往

① 見拙撰:《敦煌寫本〈衆經别抄〉之發現》,《敦煌學》第四輯，敦煌學會編印，1979年。

暗中摸索，偶有所獲，輒矜爲獨得。如“卄”“艹”二字，讀寫本時比較推敲，以爲卄應讀爲菩薩（敦煌寫本中習見），艹應讀爲菩提（《敦煌變文集》之《金剛經講經文》《妙法蓮華經講經文》《彌陀經講經文寫本菩提》均作艹）。今檢《龍龕手鑑》卷二草部，“艹”字注云：“音菩提二字。”“卄”字注云：“莫朗反，草木冬生不死也。又音菩薩二字。”莫朗反爲草莽字，“音菩薩”則獨據寫本之明證也。又《手鑑》人部“仔”字注云：“此是九子二字，經文云：仇子，陀也，在《廣弘明集》第七卷。”案仔當作仔，右旁作孕，故注云：“此是九子二字”，“經文仇子陀”，寫本“仇子”二字合書爲“仔”，《龍龕手鑑》據寫本收“仔”字，刻本訛作仔耳。今檢《廣弘明集》卷七：“章仇子陀者，魏郡人，齊武平中爲儒林學士。”正如《手鑑》所言，則行均所據即《廣弘明集》第七卷寫本也。又《手鑑》卷一文部“𤑔”字注云：“誤，經音義云：熱變二字，在四諦經。”此謂𤑔爲“熱變”二字合文；卷一瓜部“瓰”字注云：“作分布二字。”卷二爪部“瓰”字注云：“經音義作分布二字呼。”此謂“瓰”爲“分布”二字合文；卷三雜部“☷”字注云：“音乾坤二字，《周易》卦名二。”此謂☷爲乾坤二字合文。凡此《手鑑》獨有文字，莫不得自當時寫本，此《龍龕手鑑》收録文字與寫本相應之明證也。

上舉二端，乃犖犖大者。窮其枝葉，更有多條。一曰避唐諱。卷一矛部“矜”字注云：“㥍也。”民字缺筆，此注文存避諱字也。甚至正文亦多收避諱字，如卷二水部云：“泯通泯正。”是以避諱字爲通。卷四系部，收紲、緤諸字，紲避世字諱；卷三足部以“蹀”爲通，以蹀爲正，蹀避世字諱，唐人寫本避太宗李世民諱，行均收抄爲《手鑑》通行文字，此必據唐寫本之遺文也。

二曰存俗寫。卷二阜部“陁”字注云：“山㟂毁落義。”崩字作㟂；雨部“霣”字注云：“齊人胃雷爲霣。”土部“垻”字注云：“蜀人胃平川爲平垻。”謂字均作“胃”；卷四肉部“㬋”字注云：“骨有宍也。”肉字作宍，《手鑑》注文“㓠”“胃”“宍”，皆敦煌寫本俗字。卷二鳥部，以鵬爲鵬之通用字；古部收𠀤、胡二字，注云：“隨函云誤，合作𠆸。”卷三見部“覬”字注云：“覬覦，希望也”，卷四系部“幻”字注云：“舊藏作幼，在經音義。”雜部“后”字注云：“音后。”今敦煌寫本朋字俗寫作𠬝，豈字俗寫作豈，幼字俗寫作幻，后字俗寫作后，《龍龕手鑑》皆收入正文，此行均編集《手鑑》據寫本之明證也。

三曰存誤字。卷四木部“罘”字注云：“誤，音浮，正作罦，兎罟也。”此“罘”爲“罘”之誤；“棿”字注云：“誤，經音義作掘，渠物反，掘土也，在拔悲經。”此蓋經文寫本誤“掘”作“棿”；頁部“傾”字注云：“誤，音傾，側也，在《西域記》第六卷。”此蓋《西域記》第六卷寫本誤“傾”作“傾”；“頙”字注云：“誤，新藏作，字義合作頨，音雨，孔子頭也，在梁《弘明集》第一卷。”此蓋《弘明集》“仲尼反頨”之“頨”，新藏寫本誤作“頙”。凡此，皆寫本誤字，行均并收入《手鑑》中，亦以寫本也已通行，故雖誤字并存録之也。

四曰以俗音存俗字。卷二口部“㖡”字注云：“俗侍待二音。”此由俗字待侍往往不分，故㖡字有侍待二者；水部滴字注云：“音商，滴河縣名；又都歷反。”此由俗字商、啇不分，故滴有商、滴二音。金部“鐫”字注云：“正，子泉反，又户圭反。”此由寫本巂、雋不分，故鐫有子泉、户圭二音也。今敦煌寫本俗字皆與此相應，此又《龍龕手鑑》據寫本收抄俗字之明證也。

五曰據寫本俗字形分别部居。卷二犬部收“奂”字，法云：“呼貫反，文彩明皃也。”案：“奂”本从大，當入大部。“奂”爲奂之俗字，此據寫本俗字收入犬部也。其他如欞、棭、柆、椶，本攎、掖、拉、掇之俗寫，《手鑑》皆收入木部。罘字誤作罘，《手鑑》即收入木部。此皆《手鑑》

據寫本俗字字形歸部之明證也。

六曰作音皆稱反。《夢溪筆談》云："幽州僧行均集佛書中字，爲《切韵》訓詁，凡十六萬字。"觀智光《龍龕手鑑》序，尤足明其書爲讀佛教經典而作，序云：

> 故祇園高士，探學海洪源，準的先儒，導引後進，揮以寶燭，啓以隨函，郭迻但顯於人名，香嚴唯標於寺號，流傳歲久，抄寫時訛，寡聞則莫曉是非，博古則徒懷惋嘆，不逢敏達，孰爲編修！有行均上人字廣濟，俗姓于氏，派演青齊，雲飛燕晋，善於音韵，閑於字書，睹香嚴之不精，寓金河而載緝。九仞功績，五變炎涼。具辯宫商，細分喉齒，計二萬六千四百三十餘字，注一十六萬三千一百七十餘字，并注總有一十八萬九千六百一十餘字。

由上所稱，可知行均以五年之力，集經論文字二萬餘，采佛藏舊有音訓，加注十六萬餘字。序中論及者皆《手鑑》注中所徵引。今注中所引隨函、西川隨函、江西隨函、基法師、應法師、琳法師、郭迻、郭氏、經音義、音義、香嚴、香嚴音等。香嚴、郭迻，智光序皆指斥爲不精，據錢大昕諸氏所考，應法師當即玄應，琳法師當即慧琳，基法師當即窺基。又《宋高僧傳》卷廿五："釋行瑫，姓陳氏，湖州長城人也……唐天祐二年（九〇五），依光遠師求子剃染……慨其郭迻音義疏略，慧琳音義不傳，遂述大藏經音疏五百許卷，今行於江浙左右僧坊。"由此可知《龍龕手鑑》所引佛藏音義，皆宋以前之書。智光序又明言"流傳歲久，抄寫時訛"，知行均所據皆宋以前寫本。考敦煌所出宋以前韵書，作音皆稱反，宋以後則稱切，今《龍龕手鑑》作音皆稱反，知《手鑑》所據爲宋以前寫本明矣。

七曰經藏刻本晚出。考佛藏雕版，以北宋開寶藏爲最先。其藏開刊自太祖開寶四年（九七一），至太宗太平興國八年（九八三）粗成，至真宗咸平元年（九九八）尚有續刊。據智光統和十五年序："草創功績，五變炎凉。"則《手鑑》當草創於統和十年（九九二），距開寶藏創刊不過二十載。而契丹藏敕令雕造，則遠在遼興宗之後（一〇三一～）[①]，契丹隔絶大邦，書禁又嚴，開寶刊藏，恐難大行遼境。行均編集佛典文字，取材寫本，自亦當時情勢所造成。今《手鑑》中時引新藏、舊藏，疑亦與宋以後刊板藏經無涉。考現存藏經目録，自梁僧祐《出三藏記集》、隋法經《衆經目録》、隋費長房《歷代三寶記》以下，有唐沙門道宣《大唐内典録》、智昇《開元釋教録》等，而《開元釋教録》尤爲世所推重。吕澂《佛教研究法》嘗論之曰："但爲諸録中之白眉者，唯《開元釋教録》。此係開元十八年智昇所撰，爲以前各録之歸著點，復爲以後各録之出發點。"《龍龕手鑑》所謂新藏、舊藏，殆皆指稱寫本佛藏。如《手鑑》卷三欠部歌歌，注云："上出新藏，下出舊藏，皆誤，正作歌。"此明謂此歌字，新藏誤書作"歌"，舊藏誤書作"歌"，皆據寫本而言。又卷四頁部"頙"，注云："誤，新藏作，字義合作頨，音羽，孔子頭也。在梁《弘明集》第一卷。"此明言《弘明集》"仲尼反頨"之頨，新藏誤書作頙，是《手鑑》所據新藏、舊藏，皆非刻本而爲寫本也。

綜上諸端，證以現存敦煌寫本，吾人乃得確知《龍龕手鑑》爲佛徒據佛藏寫本編成之字書。古代寫本已蜕變爲版刻書籍，似已失去編集時之作用；然千載之後，敦煌寫本數萬卷復現於天壤間，讀者擿埴冥途，暗中摸索，求一導夫先路者不可得，而《龍龕手鑑》炳然一燈，閃耀千古，照明發伏，得不謂爲學林之大幸耶？今舉世皆讀刻版書，而敦煌寫本獨存，欲

① 葉恭綽:《歷代藏經考略》,《現代佛學》1卷第1期。

求行均其人，斷不可再得，是則謂《龍龕手鑑》即敦煌寫本專造之字書可也。清儒不見敦煌遺書，未明真相，横加詆毀，遂使《龍龕手鑑》之功效，鬱千載而不彰。今幸得窺其奥藴，使後之學者取敦煌寫本以證《手鑑》而《手鑑》明；取《手鑑》以證敦煌寫本而寫本明，行均編集之功於是爲不唐捐矣！惟是《手鑑》之爲書，分别部居，排比文字，即非據形繫聯，閱讀尤難檢索。爲求顯其特色，盡其功效，不辭僭越，爲之新編，以字爲經，按筆畫多寡，爲之索引。條例既明，檢求自易。末附敦煌寫本俗字對照表，覽者可睹一時手寫文字之風氣，亦以存一代寫本之异文，有求之古今字書而不可得者，於此表而出之，誠快事也！

此編之成，蓋在敦煌學課程中，與諸生講習討論所得，黽俛一載，獲竟其功。然草創急就，訛誤必多，匡謬補缺，是所望於大雅君子。

一九八〇年八月識於中國文化大學中文研究所。

（原載《龍龕手鑑新編》，石門圖書公司，1980年，頁1—8）

《龍龕手鑑》與寫本刻本之關係

書籍的形成，不外鈔寫和刻印二種，故寫本與刻本成爲版本學上兩大類别。晚清張之洞教人讀書宜求善本，并且爲善本下了清楚的定義。他説："讀書宜求善本。善本非紙白板新之謂，謂其爲前輩通人用古刻數本精校細勘付刊，不譌不闕之本也。善本之義有三：（一）足本，即非節本，非改本也；（二）精本，即精校本、精注本也；（三）舊本，即舊刻本、舊鈔本也。"刻本要舊刻，寫本要舊鈔，刻本在後，寫本居先，故寫本更受學人的重視。臺北"中央圖書館"藏有元明清各代舊鈔本達三千五百部之多，真稱得上是琳琅滿目。但是現存更早期的鈔本，還是要數到敦煌石室的卷子。現在先談敦煌寫本，然後再説明《龍龕手鑑》和寫本刻本的關係。

一、敦煌寫本文字的困擾

敦煌石室閉藏千年之久的文書，自清末發現以後，分散在英、法、德、俄、日本，以及本國所藏，總計不下四萬卷。寫本上起東晋，下訖宋初，亘五六百年之久，其内容弘富，提供了佛、道、摩尼、景教、儒

家經典、史地、文學、語文、社會、經濟、法律、政治、天算、兵技、醫藥、繪畫、音樂、舞蹈多方面的重要資料，價值之高，無法評估。但這些卷子的手寫文字，和後世的書寫習慣出入極大，尤其是晚唐五代時的寫本，滿紙都是訛俗文字。但是訛俗的文字，又自有它的條理和系统。如果不仔細觀察，擅作主张，便會陷於錯誤之中而不自覺。例如精研甲骨鐘鼎石刻以及敦煌寫本的羅振玉先生，他在《龍龕手鑑跋》中說：“考甡字從外生，臆斷其文，當是甥字别體，此注音外，疑未必然。”《龍龕手鑑》的甡字，也見於敦煌寫本，斯三二八卷《伍子胥變文》“子胥有兩個甡甥”，伯二七九四卷作“子胥有兩個㚿甥”；《敦煌變文集·搜神記》中村不折藏本：“知是㚿甥”，伯五五四五卷作“知是外甥”，可見“甡”“㚿”都是“外”的俗寫。因與甥連文，偏旁連類或加生作甡，或加男作㚿，《龍龕手鑑》是據寫本編成，音外是對的，羅氏臆斷却錯了。所以閱讀敦煌寫本，最難克服的便是文字的障礙。據我歷年讀敦煌寫本的經验，簡括説來，有字形無定、偏旁無定、繁簡無定等現象，現在分别加以説明：

（一）字形無定　敦煌卷子俗寫，字形往往混淆：如人、入不分，雨、兩不分，瓦、凡不分，門、鬥不分，瓜、爪不分，商、商不分。故巴黎伯二五二九號《毛詩》殘卷“髧彼兩髦”，寫成“髧彼雨髦”；伯三五三二號新羅慧超《往五天竺國傳》“兩人共娶一妻”，寫成“雨人共娶一妻”。由於雨、兩不分，又産生了從雨從隻的𩂣字。列寧格勒藏《雙恩記》，雙寫作𩂣，從雨從隻，實即從兩從隻，兩隻故爲一雙。敦煌寫本中這一類寫法，不勝枚舉，如果不能辨認，那就不能讀通敦煌寫本的作品。

（二）偏旁無定　敦煌寫本，偏旁的寫法，極爲混亂。如亻、彳不分，故彼作彼，征作佂，徑作俓，待作侍，徜作倘；氵、冫不分，故恣作恣，凝作凝，憑作憑，况作况；日、目不分，故暇作暇，昕作昕；忄、巾不分，故帨作悦，帷作惟；艸、竹不分，故簡作蕳，篤作蔫；日、田不分，故香作香；兮、分不分，故盼作昐；予、矛不分，故茅作芧；干、于不分，故訏作訐，白、自不分，故皈作皈；木、扌不分，故樓作摟，標作摽；衣、示不分，故初作初，補作補。瓜、爪不分，故瓢作瓢，瓠作瓠。以上所舉，如暇作暇、初作初之類，讀者還可以猜測出來，至於帷字作惟，帨字作悅，便極容易引起誤會。而且敦煌俗寫文字任意增加偏旁，如果園加草頭作菓薗之類。甚至兩字連文，也連類添加，如前舉外甥寫成姓甥、甥甥，以及嬰孩寫成孆孩、嬰姟，水病寫成沵病，腸胃寫成腸腡，錫杖寫成錫鈦，扁鵲寫成鶣鵲，結跏寫成跍跏，蒿里寫成蒿莗，號咷寫成號跳，豺狼寫成豺狼。這種特殊的寫法，不明白他的習慣，便會造成閱讀的困難。

（三）繁簡無定　有人說，中國文字演進的途徑，一定是由繁趨簡的。其實從敦煌寫本看來，它是繁簡并進的。敦煌寫本中簡字繁字都同樣多。先看簡寫的字：佛作仏（《伍子胥變文》），與作与、与（《季布駡陣傳文》），塵作尘，競作竟（《張淮深變文》），羅作罖（《舜子變》），耀作耒，掘作拴（《韓朋賦》），貌作皃（《晏子賦》），餘作余（《太子成道變文》），斷作断、頭作頭、圖作啚（《長興四年講經文》），盡作尽、寶作宀（《無常經講經文》），舉作𢩯，齋作斎（《目連緣起》）。還有許多合文簡字，如二十作廿，三十作卅（《阿彌陀經講經文》），菩提作𦬊（《金剛般若波羅蜜經講經文》），菩薩作井（《長興四年講經文》），可算是簡化到了極點。再看繁體的字：含作唅（《伍子胥變文》），茶作茶（《茶酒論》），宴作宴（《張淮深變文》），席作席（《韓朋賦》），泥作埿（《鷰子賦》），宴作宴、索作索（《祇園圖記》），哀作哀（《維摩詰經講經文》）、膽作膽（《無常經講經文》），電作電（《孝子傳》），營作營（《季布詩咏》）。由上所舉，可以看出敦煌寫本，簡體字多，繁體字也同樣多。這些都是書寫的人自由使用，既無人提倡，也無人抑制，乃是自然演進的現象，然而都造成了讀卷人的困擾。

以上我們發現寫本文字的紊亂現象，我們一直没有可供利用的工具書，爲我們解决困難問題。一直到我們發現了遼代的《龍龕手鑑》是根據寫本編纂而成的字書，然後纔尋找到解决寫本文字困難的新途徑。以下我將簡述《龍龕手鑑》一書的狀況，和它與寫本、刊本的關係。

二、《龍龕手鑑》遭受文字學家的鄙視

《龍龕手鑑》的作者是遼代僧人行均，此書前有遼聖宗統和十五年（宋太宗至道三年，九九七）沙門智光序，約略提到行均的身世。序云："有行均上人，字廣濟，俗姓于氏，派演青齊，雲飛燕晋，善於音韵，閑於字書，睹香嚴之不精，寓金河而載緝，九仞功績，五變炎涼。"此書編制，和《説文》《玉篇》都不相同。部首簡化爲二百四十二部，最後一部爲雜部，收無法歸類的雜字。部首依平上去入分爲四類，每類一卷，共四卷。金、言、心、山等部在平聲一卷，手、走、水、火等部在上聲二卷，見，面、又、貝等部在去聲三卷，木、竹、日、肉等部在入聲四卷。這部字書受到清代文字學家極低的評價，所以一向不爲學術界所重視。錢大昕《龍龕手鑑跋》云：

> 六書之學，莫善於説文，始一終亥之部，自《字林》《玉篇》以至《類篇》，莫之改也。自沙門行均《龍龕手鑑》出，以意分部，依四聲爲次，平聲九十七部，上聲六十部，去聲二十六部，入聲五十九部，始金終不，以雜部殿焉。每部又以四聲次之，計二萬六千四百三十餘字。其中文攴不分，臼臼莫辨，耑砦入於山部，鬬門入於門部，糞弆入於米部，瓢瓟入於爪部，以几爲部首，而讀武平反；以亠爲部首，而讀徒侯反；以歩爲部首，而讀居凌反。滴音商，而又音都瀝反，則

混商於商；鐫音子泉反，而又音户圭反，則混雋於傿。辥則多辛複出，弜則弓雜兩收。奓歪甭孬，本里俗之妄談；巤惪生卡，悉魚豕之訛字，而皆繁徵博引，汙我簡編。指事形聲之法，掃地盡矣！

李慈銘《越縵堂讀書記》抨擊得更厲害，他說：

此書俗謬怪妄，不可究詰，全不知形聲偏旁之誼。又轉寫訛亂，徒淆心目，轉滋俗惑，直是廢書，不可用也。……其部居誤認偏旁，不必論矣。且如既有瓦部，而瓬甂甗等字皆入凡部，字俱从凡。既有瓜部，而瓠瓢瓤膢瓟等字皆入爪部，字俱从爪，此類蓋亦不勝究詰。特以其爲宋以前字書，墜文佚義或間有存者，披沙揀金，聊供采穫，故好古者亦頗蓄之，然其誤人實不淺也。

由於文字學家對《龍龕手鑑》的鄙棄，這部書一直不被人注意，近人羅振玉氏對此書雖稍有褒辭，謂其“多存六朝鄙别字，《玉篇》《廣韵》所未收者甚夥，行均撰集成書，有功於文字甚大。”但仍譏其“訛誤多有，不勝指摘，緇流疏於考核，不足深責。”他們都没有注意到行均這部字書的特點，他們不知道行均是根據當時的寫本編成的字書，而他編成的字書正是供給讀寫本時查考之用；以致一千年來湮没了編書者的用心，使得《龍龕手鑑》遭受冷落，忽視了它的價值，未能發揮它應有的功能。

三、《龍龕手鑑》根據寫本編纂的發現

多年來我閱讀敦煌卷子，發現敦煌寫本文字，紊亂到了極點，既無字書可查，又無版本可校。像瓜字和爪字，門字和鬥字，兩字和雨字之類，

寫法混淆不分，令人無限困惑。恰好看到文字學家錢大昕諸人攻擊《龍龕手鑑》的缺點，正和我看到敦煌寫本的情況如出一轍，所以我忽然悟到行均是根據寫本來編纂《龍龕手鑑》這部字書的。他爲了便利讀寫本的人可以據形檢字，故爬瓢等字，既收入瓜部，又收入爪部，使讀者立刻可從瓜部或爪部中查獲。我統觀《龍龕手鑑》全書，現在列舉證據説明它是根據寫本編纂而成的一部字書。

（甲）分别部居與寫本實際情況相應

試察錢李諸氏攻擊《手鑑》瓜爪諸部混淆，無一不是寫本的實況。如《手鑑》：

衣部，祜，注云："胡古反，福也。"

礻部，祜，注云："胡古反，福也。"

案：此因寫本祜字或從衣作祜，或從礻作祜，故衣、礻二部均收。

又：

方部，旅，注云："音吕。"

衣部，旅，注云："俗，音吕，祭名也。"

礻部，旅，注云："音吕，祭山川名也。"

案：此因寫本旅字或從方作旅，或從衣作旅，或從礻作旅，故方、衣、礻三部兼收。

又：

爿部，牀，注云："士莊反，牀榻也。"

牛部，牀，注云："俗，士莊反，牀榻也。"

案：此因寫本偏旁爿、牛不分，故牀也寫作牀。爿部牆、戕、牄、斨、戕、牂諸字偏旁也寫作牛，均同時收入牛部。

又：

人部，傲，注云："正，五到反。傲慢也，倨也，蕩也，不敬也。"

彳部，傚，注云："俗，五到反。慢也，倨也。"

案：此因寫本偏旁人、彳不分，故傲也寫作傚。人部低、但、優、俗諸字偏旁也寫作彳，故同時收入彳部。

又：

瓜部，瓠，注云："正，音胡，瓠𤬸，瓢也。又音護，瓜瓠也。"

爪部，𤓰，注云："音胡，𤓰𤔦，瓢也。又音護，匏器也。又音雹，爪𤓰也。"

案：此因寫本偏旁瓜、爪不分，故瓠也寫作𤓰。瓜部瓢、瓤、𤫧、𤬪、𤬸、𤬹、瓟、瓝、瓞等字的偏旁也寫作爪，故同時均收入爪部。

這些偏旁混淆的現象，編者還一再説明，如衤部部首衤字注云："此字與衣、示三部相涉"，明言寫本從衣、從衤、從示三部之字往往不分。又兀部部首注云："五忽反，高危皃，此部與尣部相涉"，故從尣之字尪、尰等，與從兀之字䖣、尥等同列部中。又如卷一文部部首文字注云："字與攴支部相濫"。攴部部首攴字注云："《説文》云無點。又此部與文支三部俗字相濫，故出之耳。"卷四支部部首支字注云："此字與攴文三字相涉。"明言寫本從支、從文、從攴的字往往不分。又卷二爪部部首爪字注云："側絞反，指爪也。又古文示字。又爪部與瓜部相濫，瓜音古花反。"卷四肉部部首肉字注云："或俗作宍亦通。隸書變體作月，故與月部相濫耳。"卷二冈部部首冈字注云："此字與四部相濫，故從俗者也。"因此四部與冈部均收羈罹罟罻諸字。卷二几部部首几字注云："居履反，案屬也。又烏光反，曲脛也。此字兩處收之耳。"因此卷二几部收尪字，九部也收尪字，均音烏光反。甚至有同部一字重出而實爲不同的字，如

雨部平聲，霅，注云："正，所江反，雨皃也，今作雙，同也。"

雨部入聲，霅，注云："正，胡郭反，霍霅，大雨也。"

案：作大雨解的字當從雨；作雨貌解的字當從兩。這是雨、兩二字都

寫作雨的明證。

由上舉例證，《龍龕手鑑》分部收字顯然是根據寫本的實際情況而决定的。

（乙）《龍龕手鑑》收抄寫本獨有的文字

許多寫本文字，不見於其他字書，而《龍龕手鑑》獨有，可證明其來源必是寫本。如卷一生部有𤯝字，注云：“音外。”這一𤯝字，只見於敦煌寫本。又如《變文集·韓朋賦》有捦字，各字書都没有收録。賦云：“宋王即遣人捦之，不見貞夫，唯得兩石，一青一白。宋王睹之，青石捦於道東，白石捦於道西。”讀者不識捦字，故不明白賦文的意義。但是《龍龕手鑑》卷二手部却收録了拾、捦二字，注云：“二俗，其月反，正作捦。”證以《廣韵》，掘字正作其月反，知捦即掘字。認得寫本捦字，纔能了解賦文。

又敦煌寫本有許多俗寫的合文字，最令讀者困擾，如卉、𦬰二字，不見於任何字書，但《龍龕手鑑》卷二草部有卉字，注云：“莫朗反，草木冬生不死也。文音菩薩二字。”莫朗反是草莽字，音菩薩則是據寫本的文字。又有𦬰字，注云“音菩提二字”，也是根據寫本文字而作的讀音。又《手鑑》人部有侼字，注云：“此是九子二字，經文云仇子陀也，在《廣弘明集》第七卷。”案：侼當作侼，右旁作孛，故注云：“此是九子二字。”經文仇子陀，寫本仇子二字合書爲侼，《龍龕手鑑》據寫本收侼字，刻本訛誤作侼。今檢《廣弘明集》卷七：“章仇子陀者，魏郡人，齊武平中爲儒林學士。”正符合《手鑑》的話。可見行均所依據的即是《廣弘明集》的寫本。又《手鑑》卷一文部有𢿱字，注云：“誤，經音義云：熱變二字，在四諦經。”此謂𢿱爲熱變二字合文。又卷一瓜部有𤬪了，注云：“作分布二字。”卷二爪部有𤓹字，注云：“經音義作分布二字呼。”此謂𤬪、𤓹都是分布二字的合文。又卷四雜部有䷋字，注云：“音乾坤二字，《周易》卦名二”，此謂䷋爲乾坤二字的合文。凡此獨有的文字，既不見於刻本及字書，當然是來自寫本。

（丙）《龍龕手鑑》爲寫本誤字作音

《龍龕手鑑》收録了很多寫本的誤字，這是很特殊的現象，如卷四木部：

⿱罒木，注云：“誤，音浮，正作罘，兎罟也。”案：⿱罒木乃寫本罘之誤字。

⿰木屈，注云：“誤，經音義作掘，渠物反，掘土也，在拔悲經。”

案：此拔悲經文寫本誤掘作⿰木屈。

又頁部：

傾，注云：“誤，音傾，側也。在《西域記》第六卷。”

案：此《西域記》第六卷寫本誤傾爲傾（《西域記》第六卷有“基雖傾陷”）。

頊，注云：“誤，新藏作，字義合作頨，音雨，孔子頭也。”

案：此蓋《弘明集》第一卷仲尼反頨之頨，新藏寫本誤作頊。

此類寫本誤字，行均并收入《龍龕手鑑》中，因爲寫本既已通行，雖屬誤字，也應該收鈔説明，以便讀者。

（丁）《龍龕手鑑》根據俗寫歸部

《龍龕手鑑》收録俗寫文字，即依照俗寫的字形來歸部。如卷二犬部：

⿳⺈冂犬，注云：“呼貫反，文彩明皃也。”

案：⿳⺈冂犬爲奐之俗寫，奐本從大，當入大部。此據寫本俗字收入犬部。

又如卷四木部：

⿱罒木，注云：“誤，音浮，正作罘，兎罟也。”

案：此⿱罒木爲寫本罘字之誤，《龍龕手鑑》即據誤寫歸入木部。

其他如櫎、⿰木夜、柆、棳，本擴、掖、拉、掇的俗寫，《手鑑》都收入木部，這些都是《手鑑》根據寫本俗字誤字的字形來歸部的證明。

四、《龍龕手鑑》根據寫本的背景和原因

遼僧行均編纂《龍龕手鑑》這部字書，是爲讀佛教經典而作。智光序説得很清楚，他説："故祇園高士，探學海洪源，準的先儒，導引後進，揮以寶燭，啓以隨函。郭迻但顯於人名，香嚴唯標於寺号，流傳既久，抄寫時訛。寡聞則莫曉是非，博古則徒懷惋嘆，不逢敏達，孰爲編修，有行均上人，字廣濟，俗姓于氏，派演青齊，雲飛燕晋，善於音韵，閑於字書，睹香嚴之不精，寓金河而載緝。九仞功績，五變炎涼，具辯宫商，細分喉齒，計二萬六千四百三十餘字，注一十六萬三千一百七十餘字，并注總有一十八萬九千六百一十餘字。"

據序文所稱，知道行均以五年的時間，集經論文字二萬餘，采佛藏舊有音訓，加注十六萬餘字。今注中所引隨函、西川隨函、江西隨函、基法師、應法師、琳法師、郭迻、郭氏、經音義、音義、香嚴、香嚴音等。據錢大昕諸人考索，應法師當即玄應，琳法師當即慧琳，基法師當即窺基。又《宋高僧傳》卷廿五："釋行瑫，姓陳氏，湖州長城人也……唐天祐二年（公元九〇五），依光遠師求于剃染……慨其郭迻音義疏略，慧琳音義不傳，遂述大藏經音疏五百許卷，今行於江浙左右僧坊。"由此可知《龍龕手鑑》所引諸家音義，都是宋以前的寫本。

至於《龍龕手鑑》根據寫本來編纂的原因，大概是由於當時還是通行寫本的背景環境。尤其是佛藏雕版頗遲，據葉恭綽《歷代藏經考略》佛藏雕版，以北宋《開寶藏》爲最先。它是自宋太祖開寶四年（公元九七一）開刊，至太宗太平興國八年（公元九八三）粗成。直到真宗咸平元年（公元九九八）還在繼續刊刻。據智光統和十五年序："草創功績，五變炎涼。"則《手鑑》當草創於統和十年（宋太宗淳化三年，公元九九二），距《開寶藏》開刊不過二十載。而契丹藏敕令雕造，則遲在遼興宗之後（公元一〇三一——)。契丹隔絶大邦，書禁又嚴,《開寶藏》縱使刊刻完成，恐怕也不易大行遼境。行均編纂字書，取材寫本，自然是時勢所造成。今《手鑑》中屢引新藏、舊藏，似與宋以後刊本藏經無涉。現存藏經目録，自梁僧祐出《三藏記集》、隋法藏《衆經目録》、隋費長房《歷代三寶記》以下，有唐沙門道宣《大唐内典録》、智昇《開元釋教録》等，而《開元釋教録》尤爲世所推重，吕澂《佛教研究法》嘗論之曰:“但爲諸録中之白眉者，唯《開元釋教録》，此係開元十八年智昇所撰，爲以前各抄之歸著點，復爲以後各録之出發點。”是寫本佛藏有分新舊的可能。《龍龕手鑑》所引，如卷三欠部歌歍，注云:“上出新藏，下出舊藏，皆誤，正作歌。”明白指出此歌字，新藏誤書作歍，舊藏誤書作歍，所據當是寫本。又卷四頁部頊，注云:“誤，新藏作，字義合作顊，音羽，孔子頭也。在梁《弘明集》第一卷。”此明言《弘明集》“仲尼反顊”之顊，新藏誤書作頊，可見《手鑑》所據新藏、舊藏，顯然是寫本而非刻本，這也是根據寫本編纂字書特有的現象。

五、《龍龕手鑑》根據寫本的價值和影響

我們發現了《龍龕手鑑》是根據寫本編成的字書，所以我們讀幾萬卷的敦煌寫本時，遇到文字文義發生問題，便可以憑藉《龍龕手鑑》來解決，試舉任二北《敦煌曲校録》中一首曲子詞作例，現在先抄録如下:

> 五里竿頭風欲平，長(張)帆(帆)舉棹覺船行，柔虜(艣)不施停却棹，是船行。
>
> 滿眼風波多陝汋，看山恰似走來迎。子細看山〔山〕不動，是船行。
>
> ——浪濤沙

這是一首天真質樸的曲子詞，巴黎伯三一二八號和倫敦斯二六〇七號兩個卷子都抄録了它。王重民的《敦煌曲子詞集》、任二北的《敦煌曲校録》、饒宗頤的《敦煌曲》都將這兩個卷子轉載在他們的書裏。他們三位先生抄録下來的詞句，除任二北教授改訂數字外，幾乎是全部相同。原卷忛字是帆字的俗寫，敦煌寫本中從巾的字往往寫成竪心旁。長和膚是張和艣的省寫。“子細看山山不動”，原卷因紙損泐，缺一“山”字，他們替它加上。任二北改調名爲浣溪沙，改竿字作灘，改覺船行作覺船輕。他的《校録》説：“調名原作浪濤沙，灘原作竿，張帆原作長風（規案：原卷是忛，任氏誤認忛作風）。以張帆接上句風欲平，固欠佳，以長風接風欲平更矛盾！覺船輕原作覺船行，行韵在全首内，已叶兩次，此處再叶，乃三複矣。陝汋，伯卷作殃鈞（規案：伯卷作汋，不作鈞，任氏誤認），王集作閃灼，非。劉書《季布歌》：‘夢見楚家猶戰酌。’謂楚雖滅，猶有餘威，夢中亦令人戰栗，陝汋乃戰栗之意。”規案：第一句“五里竿頭風欲平”，文義不通，任二北没有看到原卷，所以將竿字改作灘，但是改作灘後，仍然和第二句文義不能貫串。其實倫敦斯二六〇七號作“五雨竿頭風欲平”，根據《龍龕手鑑》，雨、兩同字，“五雨竿頭風欲平”即是五兩竿頭風欲平。《文選》郭璞《江賦》：“覘五兩之動静”，李善注云：“兵書曰：‘凡候風法，以雞羽重八兩，建五丈旗，取羽繫其巔，立軍營中。’許慎《淮南子注》曰：‘綄，候風也，楚人謂之五兩’。”原來古人測候風力的儀器叫作五兩，而五兩是繫在旗竿之顛的，所以這句詞應作“五兩竿頭風欲平”，伯三一二八號卷子兩字誤作里，王重民、饒宗頤皆忽略了這個“五雨”的“雨”字。任二北没有看到原卷，只好根據王氏的錯本來加以改訂；但他萬想不到五里是五兩的誤字。因爲一個兩字的誤認，全篇都發生障礙。現在把它校正後，這兩句詞的文義纔能明白，全篇也就豁然貫通了。這首詞是説，從測風器顯示風力很平均，因此不須摇艣舉棹，船自然而然地前進。由於御風而行，没有覺得船動，仿佛山跑來迎接似的。等到記起山是静止的，仔細觀看，原來山并未移動，而是船在行進。這種普通兒童和成人共有的感覺，用天真質樸的語句，描寫出揚帆疾駛的快感；用韵不避重複，富有民歌的情調，更是這首詞的特色。《龍龕手鑑》替我們留下雨、兩同字的記録，解决了這首詞的主要障礙，使得全篇的意義晦而復明，恢復了優美文學的本來光采。《龍龕手鑑》的價值，也就不言而喻了！

以上舉了一個敦煌寫本作例，下面再舉日本古寫本唐張楚金撰的《翰苑》作一例證。據内藤湖南博士《翰苑》一書的解説云：

> 舊鈔本《翰苑》殘帙，失卷次，卷尾有後叙，以《新唐書》及日本見在書目所録卷數推之，當爲卷第卅。筑前男爵西高辻君信稚所藏，或審定以爲菅爲長卿書。顧其書法古勁，紙墨芬郁，不下貞觀元慶（規案：公元八五九—八八四），豈菅氏囊藏古本，傳于西高辻氏者，僅得以保殘守缺歟？……書經傳寫，訛奪滿紙，往往至不可句，然已爲天壤間孤本。

這一殘卷，和敦煌寫本類似。雨、兩不分，所以“兩道襲之”的“兩”作“雨”；日、目偏旁不分，所以“涇陽盡晦”的“晦”作“晦”；弋、戈偏旁不分，所以“騎入代”的“代”作“伐”；竹、艸偏旁不分，所以“事籍劉敬之謀”的“藉”作“籍”；宀、穴偏旁不分，所以“哀牢創基”的“牢”作“窂”；木、扌偏旁不分，所以“趙他構其遥緒”的“構”作“搆”。像這一類的寫法，普見於日本古抄本中，也都要從《龍龕手鑑》索取證明。

韓國寫本也是同樣的情況，試舉嶺南大學民族文化研究所影印出版的《金剛經三家解》爲例。《金剛經三家解》是十五世紀李朝時的印本，其中許多文字的寫法，都有古寫本遺留下來的痕迹。如：

捻（一10A） 揔（一19B） 愡（二30B） 収（一14B） 覔（一19B、二10A） 躶（一19A） 摸捺（一19B、二39B、三52A） 膝（二1A） 藐（二3AB、二54B） 㦲（二6B） 邉（二10B） 搽（二31B、三36B、四29A、55B） 麁（二33B） 舩（二36A） 依俙（二40A、50B） 栴（三15A、四2A） 擕（三23B） 莭（三28A） 寂（三45B） 處（三50B） 揷（四3B） 恠（四9B） 切（四9B） 断（五1B） 蔕（五49B） 嫛（五43B）

這類寫法都和敦煌寫本相同，甚至偏旁書寫的慣例也相合。如栖泊的栖作揷，偏旁也是木、扌無定；節節的節作莭，偏旁也是竹、艸無定；依稀作依俙，摸索作摸捺，也和敦煌寫本嬰孩寫作嫛孩，外甥寫作夗甥，是同樣的類化連詞偏旁的慣例，這些都是讀寫本遭遇的困難。像揷泊的揷，我們查《集韵》：一讀遷，是遷的古字；一讀移，與移同。其他字書根據《集韵》，也只收這兩個音。惟有《龍龕手鑑》手部有揷字，注云："音西"；又有捿字，注云："俗，音西。正作棲，鳥捿。"木部有"栖，俗；棲，正，音西，息也。又鳥棲木棲也。"可見棲、捿同字；揷即是栖，捿即是棲。這個問題，儘管有人猜測，但必須等待《龍龕手鑑》的真相大白後，纔能獲得徹底的解决。

《龍龕手鑑》不但可以解决寫本的困惑，即後世刻本有許多地方受了寫本的影響，也還須仰仗《龍龕手鑑》來解决。例如陸德明《經典釋文》一書，乃研究中國經典之要籍，其間音義注釋皆爲經學重要資料，這是衆所皆知的事實。但是極普通常用的"日""曰"兩個字，却有極不尋常的注音現象。全書日字數十條，分見《周易》《尚書》《詩經》《禮記》《左傳》《公羊》《穀梁》《孝經》《爾雅》《莊子》，有人實、而乙、而一、人逸諸音；曰字數十條，分見《周易》《尚書》《詩經》《禮記》《左傳》《孝經》《論語》《老子》《莊子》，有音越、於月二音；又《書·吕刑》"日勤”，注:“人實反，一音曰。”日字兼讀日、曰二音;《書·洛誥》“曰記”，注:“音越，一音人實反”，《詩·小雅·采薇》“曰戒”，注:“音越，又人粟反”，《左傳·僖公三十一年》“卜曰三百年”，注:“曰音越，或人實反，非也”，諸條曰字兼讀日、曰二音。這個現象，在後代刻本看來，極爲可怪。因爲後代日、曰二字的形體分别甚明，没有一注再注的必要。這是由於寫本日、曰形體不分，遇到文義有可疑處，必須作音區别，以免混淆。要找到明確答案，只有從《龍龕手鑑》中尋覓。我們看《龍龕手鑑》入聲日部，收録曦、昕等從日的字，也收録了昅、冒等從曰的字。因爲寫本日、曰二字形體没有分别，所以《龍龕手鑑》曰部兼收從日、從曰的字。《經典釋文》刻本承襲了寫本的遺迹，所以纔發生异乎尋常的現象。如果没有《龍龕手鑑》，這個疑團，是永遠没法解開的。

我們再看佛藏的刻本，也有頗多寫本遺留下來的痕迹。如佛教《大藏經》論部五《大智度論》，泥字作埿，扳字作板，滴字作渧，都可以一一和古寫本印證。甚至有些承襲寫本的文字，還必須靠《龍龕手鑑》纔能確定。例如《大智度論》卷二十二:“譬如以蚊嘴，猶可測海底;一切天與人，無能量僧者。”嘴字不見字書，但《龍龕手鑑》上聲口部有“嘴、嘴、嘴、嘴、嚾、嚾”諸字，注云:“六俗，即委反，正作觜、觜二字，鳥喙也。”又此部有“柴、觜、觜”三字，注云:“即委反，鳥喙也。”可見“蚊嘴”即是蚊觜、蚊嘴。如果没有《龍龕手鑑》收録寫本文字，我們就没法認識這些文字。這樣的現象，一部《大藏經》，不勝枚舉。由此看來，我們研究古寫本，包括敦煌寫本，以及韓國、日本的古寫本，甚至後世的刻本，都不可漠視《龍龕手鑑》這部書。研究版本學的人，對《龍龕手鑑》這部字書，應該有重作評鑑的必要了!

（原載《敦煌學》6輯，1983年6月，頁87—98）

用敦煌俗寫文字校釋《文心雕龍》刊本中殘存俗字考

現存敦煌卷子，多爲南北朝迄五代寫本。其時雕版未興，書皆手寫。值隸變之後，繼以楷變，鈔寫文字，無定體可循，故滿紙訛俗，幾至不可卒讀。《顏氏家訓·雜藝篇》嘗論六朝以來寫本字體之弊，其言有云：

> 晋宋以來，多能書者，故其時俗，遞相染尚，所有部帙，楷正可觀，不無俗字，非爲大損。至梁天監之間，斯風未變。大同之末，訛替滋生。蕭子雲改易字體，邵陵王頗行僞字。前上爲草，能傍作長之類是也。朝野翕然，以爲楷式。畫虎不成，多所傷敗。至爲一字，唯見數點，或妄斟酌，遂便轉移。爾後墳籍，略不可看。北朝喪亂之餘，書籍鄙陋，加以專輒造字，猥拙甚於江南，乃以百念爲憂，言反爲變，不用爲罷，追來爲歸，更生爲蘇，先人爲老，如此非一，徧滿經傳。

今觀敦煌寫本，俗字訛文，變體簡寫，盈紙滿目，與顏氏所論南北朝俗寫情況，若合符節。即以偏旁混淆一端言之，如亻彳不分，故彼作彼、征作征、徑作徑、脩作脩；氵冫不分，故滅作滅、況作况、凝作凝、恣作恣；木扌不分，故扶作扶、打作朾、標作摽、析作折；啇商不分，故適作適、滴作滴；衣衤不分，故衿作衿、禕作褘；宀穴不分，故寤作寤、寵作寵；弋戈不分，故戈作弋、伐作代；卯卬不分，故昻作昂、聊作聊；日目不分，故昕作昕、暇作暇；艸竹不分，故簡作蕑、籍作藉；今令不分，故矜作矜、泠作冷；人入不分，故入作人；雨兩不分，故兩作雨。像這類情況，舉不勝舉。乃至敦煌寫本同音通假的文字，也與一般習用的多不相同。在當時寫讀已成慣習，自可通行；到了後代，觸處皆成障礙。如寫本“金”通作“今”，“連”通作“蓮”，“城”通作“成”，“大”通作“代”，“志”通作“至”，“異”通作“易”，當時的讀者雖不致迷惑；後代的讀者，便很難索解。我在一九八〇年八月十五日，曾在“中研院”召開的國際漢學會議，宣讀《敦煌卷子俗寫文字與俗文學之研究》一篇論文[①]，舉出敦煌寫本文字，有字形無定、偏旁無定、繁簡無定、行草無定、通假無定、標點符號無定等特徵。因此，我編了一部《敦煌俗字譜》[②]，提供敦煌寫本讀者的參考。後來我又發現遼代行均編纂的《龍龕手鑑》是一部根據寫本作底本的字書，因此《龍龕手鑑》和敦煌俗寫文字可以互相印證。取敦煌俗字以證《龍龕手鑑》，可以明白《手鑑》的來源；用《龍龕手鑑》以證敦煌俗字，使得敦煌俗字有了正確的解答。因此我整理出一部《龍龕手鑑新編》，爲讀寫本的解決許多問題。我又進一步觀察，唐以後書籍雕版，對文字有很大的整齊作用。但後世刻本的前身，仍然是寫本，其中不免有沿襲寫本遺留下來的俗寫文字。例如陸德明《經典釋文》一書，乃研究中國經典的要籍，其間音義注釋皆爲經學重要資料，這是衆所皆知

① 見《“中研院”國際漢學會議論文集》文學組，1981年。

② 潘重規:《敦煌俗字譜》，石門圖書公司，1978年。

的事實。但是極普通常用的“日”“曰”兩個字，却有極不尋常的注音現象。全書“日”字數十條，分見《周易》《尚書》《詩經》《禮記》《左傳》《公羊》《穀梁》《孝經》《爾雅》《莊子》，有人實、而乙、而一、人逸諸音；曰字數十條，分見《周易》《尚書》《詩經》《禮記》《左傳》《詩經》《論語》《老子》《莊子》，有音越、於月二音。又《書·吕刑》“日勤”注：“人實反，一音曰。”日字兼讀日、曰二音；《書·洛誥》“曰記”注：“音越，一音人實反。”《詩·小雅·采薇》“曰戒”注：“音越，又人栗反。”《左傳·僖公三十一年》“卜曰三百年”注：“曰音越，或人實反，非也。”曰字兼讀月、曰二音。這種現象，在後代刻本看來，極爲可怪。因爲後代刻本“日”“曰”二字的形體分别甚明，没有一再注音的必要。這是陸德明根據當時寫本“日”“曰”形體不分，遇到文義有可疑處，必須作音區别，以免混淆。這可從敦煌寫本“日”“曰”字形不分，得到證明。而且《龍龕手鑑》入聲日部，收録了曦、昕等從日的字，也收録了旳、㬝等從曰的字，尤其可以證明寫本中日、曰兩字的俗寫形體不分的事實。由於我發現刊本《經典釋文》留下了寫本俗字的遺迹，使我想到其他刻本中也有不少類似的情況，如能加以探索，或可於校讎訓詁方面開闢一條新途徑。因此我取《文心雕龍》一書，作爲觀察的一站。我檢閲《四部叢刊》影印明刻張之象本（楊明照説）[①]，和上海古籍出版社影印元至正本兩部早期的《文心雕龍》刊本。據至正本出版社的説明：“《文心雕龍》宋刻本久已亡佚。上海圖書館所藏元至正本《文心雕龍》，《讀書敏求記》《愛日精廬藏書志》《皕宋樓藏書志》《善本書室藏書志》《四庫全書總目》《四庫簡明目録標注》等均曾著録或提及。此本爲《文心雕龍》今存的最早刻本，係元至正十五年（公元一三五五）刊於嘉興郡學……弘治甲子吴門本、嘉靖庚子新

① 楊明照：《文心雕龍校注拾遺（增訂本）》，上海古籍出版社，1982年。

安本、嘉靖癸卯新安本、萬曆己卯張之象本、萬曆壬午兩京遺編本等，與元至正本出入甚少，由此可推出它們大抵屬於同一版本系統。”根據這兩個刻本，我發現其中有許多俗寫文字，和敦煌卷子完全吻合，顯然是寫本遺存在刊本中的痕迹。至正本字體猶存宋槧遺風，但版面或有漶漫，且多脱文缺叶，因此以《四部叢刊》影本爲底本，分篇出校。至正本文字附叢刊本下。凡俗寫字皆加“、”號。至正本土作“圡”、民作“民”、沐作“沭”、吐作“吐”、昏作“昏”，字旁加點是俗寫的慣習，叢刊本改從楷體，字旁多未加點，這一類字頗爲煩瑣，校文姑且從略。

《原道第一》

“制”詩緝頌　至正本同

案:《敦煌俗字譜》制作“制”。

《徵聖第二》

文章昭“晣”以象離　至正本晣作“晢”

案：敦煌寫本日、口往往相濫，故晢寫作“哲”。

《宗經第三》

“人”神致用　至正本亦作“人”

案：敦煌寫本人、入不分，此句當作“入神致用”。

據事“制”範　至正本同

“楊”子比雕玉以作器　至正本同

案：敦煌寫本扌、木偏旁不分，故揚雄字或作楊。《敦煌俗字譜》“揚”作“楊”。

《正緯第四》

孝論昭“晢”　至正本同

案：敦煌寫本日、口往往相濫，故晢寫作哲。

“商”周以前　至正本作商

案:《敦煌俗字譜》商作“商”。

“虽”叶成字　至正本作“虫”

案:《敦煌俗字譜》蟲或作“虽”“虫”。

《辨騷第五》

“楊”雄諷味　至正本同

士女雜“座”　至正本同

案:敦煌俗寫座坐不分。

環詭而“惠”巧　至正本同

案:敦煌俗寫慧作“惠”。

卜居“摽”放言之致　至正本同

案:敦煌俗寫扌、木偏旁不分,故標作“摽”。《敦煌俗字譜》標作“摽”。

故才高者“菀”其鴻裁　至正本同

案:敦煌俗寫苑或作“菀”。

《明詩第六》

自“商”既周　至正本作商

故“商”賜二字　至正本作商

唯取昭“哲”之能　至正本同

故能“摽”焉　至正本同

或“梤”文以爲妙　至正本同

案:《敦煌俗字譜》析或作“梤”。

《樂府第七》

季“札”鑑微於興廢　至正本札作扎

案:敦煌俗寫木、扌偏旁不分,故札作“扎”。

故知季札觀辭　至正本札作“扎”

《詮賦第八》

結言“拒”韵　至正本同

案:《敦煌俗字譜》短作“拒”。

宋玉風“鈞”　至正本同

案：敦煌俗寫勹、匀往往相濫。

王“楊”騁其勢　至正本“楊”作揚

“按”那之卒章　至正本按作“桉”

案：敦煌俗寫扌、木偏旁不分。

枚乘“菟”園　至正本同

案:《敦煌俗字譜》兔作“菟”。

此“楊”子所以追悔雕蟲　至正本“楊”作揚

“拚”滯必“楊”　至正本同作“拚”,“楊”作揚

《頌贊第九》

自“商”已下　至正本“商”作商

“商”人以前王追抄　至正本“商”作商

馬融之廣“成”上林　至正本成作“城”

案：敦煌寫本成往往作城。

以皇子爲“摽”　至正本同

又紀傳“侈”評　至正本作洿

案：寫本後作“浚”，誤作洿，又誤作侈。

仲“治”流別　至正本治作“冶”

案：敦煌寫本氵、冫偏旁不分，故治作“冶”。

《祝盟第十》

耕彼南“畝”　至正本同

案:《敦煌俗字譜》畝作“畝”。

神之來“格” 至正本格作“挌”

案:《敦煌俗字譜》格作“挌”。

《銘箴第十一》

大夫稱“伐” 至正本伐作“代”

案：敦煌俗寫弋、戈往往相濫，故伐作“代”。

稱“伐”之類也 至正本伐作“代”

吁可“茂”也 至正本同

案：敦煌俗寫笑、茂形近致誤。

曾名品之“末”暇 至正本“末”作未

案：敦煌俗寫未、末不分，故未作“末”。

夏“商”二箴 至正本“商”作商

戰“伐”已來 至正本同

案：敦煌俗寫代、伐不分，故代作“伐”。

卿尹州牧“廿”五篇 至正本同

案：敦煌俗寫二十作“廿”。

《誄碑第十二》

旌之不“朽”也 至正本朽作“杇”

案:《敦煌俗字譜》朽作“杇”。

夏“商”已前 至正本作商

“揚”雄之誄元后 至正本揚作“楊”

杜“篤”之誄 至正本篤作“蔫”

案:《敦煌俗字譜》篤作“蔫”。

《哀弔第十三》

“抑”亦詩人之哀辭乎 至正本“柳”作抑

案:《敦煌俗字譜》抑作“抑”。

虐民“搆”敵　至正本同

“斷”而能悲也　至正本斷作“断”

案:《敦煌俗字譜》斷作“断”。

割“枏”褒貶　至正本同

《雜文第十四》

“博”雅之人　至正本博作“愽”

案:《敦煌俗字譜》博作“愽”。

腴辭云“搆”　至正本同

文章之枝“泒”　至正本同

案：敦煌俗寫派作“泒”。

“技”辭攢映　至正本同

案：敦煌寫本木、扌偏旁不分，故枝作“技”。《敦煌俗字譜》枝作“技”。

嘒若參“昴”　至正本“昴”作昂

案：敦煌俗寫昂、昴往往不分，昴作“昂”。

《諧讔第十五》

淳“干”説甘酒　至正本“干”作于

案：敦煌俗寫干、于往往不分。

至魏“大”因俳説以著“茂”書　至正本同

案：敦煌寫本大、代往往通用。茂當爲笑俗寫之誤。

豈非溺者之妄“茂”　至正本同

案：茂當爲笑。

回互其辭　至正本互作“𠀋”

案:《敦煌俗字譜》互作“𠀋”。

無棄“管”蒯　至正本管作“菅”

案：敦煌俗寫偏旁竹、艸不分，故菅作“管”。

《史傳第十六》

徵存亡以“摽”勸戒　至正本同

子長繼“至”　至正本同

案：敦煌俗寫志、至通用，此至當爲志。

“干”寶述紀以審正　至正本干作“于”

案：敦煌俗寫干、于往往不分。

至鄧“琰”晋紀　至正本同

案：敦煌俗寫璨作“琰”。

析理居正　至正本析作“折”

《諸子第十七》

申“商”刀鋸以制理　至正本“商”作商

至如“商”韓　至正本“商”作商

慎到“折”“蜜”理之巧　至正本析作“折”，“蜜”作密

案：敦煌寫本扌、木偏旁不分，故析作折。密、蜜，敦煌俗寫往往不分。

雖“摽”論名　至正本同

“摽”心於萬古之上　至正本同

《論説第十八》

仲宣之去“代”　至正本同

案：敦煌寫本伐、代往往不分，故伐作“代”。

雖有“日”新　至正本同

案：敦煌俗寫日、曰往往不分，故日作“曰”。

《詔策第十九》

不反若“汗”　至正本汗作“汙”

案：敦煌寫本干、于不分，故汗作“汙”。

“牙”管斯任　至正本同

案:《敦煌俗字譜》互作“牙”，故刊本誤作牙。

所以百辟其“刑”　至正本刑作“形”

案：敦煌寫本形、刑往往不分，故刑作“形”。

《檄移第二十》

發丘“模”金　至正本同

案：敦煌俗寫扌、木偏旁不分，故摸作“模”。

“摽”蓍龜於前驗　至正本同

《封禪第二十一》

“爾”其表權輿　至正本爾作“尒”

案:《敦煌俗字譜》爾作“尒”。

計“武”功　至正本武作“武”

案:《敦煌俗字譜》武作“武”。

“搆”位之始　至正本同

《章表第二十二》

表者“標”也　至正本標作“摽”

孔璋稱“健”　至正本健作“徤”

案：敦煌俗寫偏旁亻、彳不分，故健作徤。

晋初筆“札”　至正本札作扎

案：敦煌俗寫本木、扌不分，故札作扎。

《奏啓第二十三》

固以明允“篤”誠爲本　至正本篤作“簹”

案:《敦煌俗字譜》篤作“簹”。

辨“折”疏通爲首　至正本同

案:《敦煌俗字譜》析作“拼”。

若乃“按”劾之奏　至正本按作“桉”

總司“按”劾　至正本按作“桉”

而“按”辭堅深　至正本按作“桉”

辭有風“軌”　至正本軌作“軓”

案:《敦煌俗字譜》軌作“軓”、“軌”。

《議對第二十四》

楷式“照”備　至正本同

案：敦煌俗寫昭、照往往不分，故昭作“照”。

賈捐之陳於“朱”厓　至正本同

案：敦煌俗寫朱、珠往往不分，故珠作“朱”。

“佃”穀先曉於農　至正本同

案：敦煌俗寫田、佃往往不分，故田作“佃”。

支離“搆”辭　至正本同

《書記第二十五》

漢來筆“札”　至正本札作“扎”

抑“揚”乎寸心　至正本揚作“楊”

爲吏所“簿”　至正本簿作“薄”

案：敦煌俗寫竹、艸不分。

八“刑”克平　至正本刑作“形”

喪言亦不及“交”　至正本同

案：敦煌俗寫“文”往往作“交”，故交即文。

“思”理實焉　至正本思作“恩”

案：敦煌俗寫思、恩往往不分。

托在筆“札”　至正本札作“扎”

《神思第二十六》

仲宣舉筆似宿“搆” 至正本同

《體性第二十七》

煒燁枝“派” 至正本同

“擯”古競今 至正本擯作“檳”

案：敦煌俗寫偏旁扌、木不分，故擯作“檳”。

士衡“矜”重 至正本矜作“矝”

案:《敦煌俗字譜》矜作“矝”。

《風骨第二十八》

剛“健”既實 至正本健作“徤”

使文明以“健” 至正本健作“徤”

文明以“健” 至正本健作“徤”

符采克炳 至正本符作“徤”

《通變第二十九》

“凡”詩賦書記 至正本凡作凢

案:《敦煌俗字譜》凡作“凢”。

馬融廣“成”云 至正本成作“城”

案：敦煌寫本成、城往往相濫。

“矜”激乎一致 至正本矜作“矝”

《定勢第三十》

必隨時而“適”用 至正本同

案：敦煌俗寫商、啇不分，故適作“適”。

宮“商”朱紫 至正本“商”作商

《情采第三十一》

君子“嘗”言未“嘗”質也 至正本嘗作甞

案：敦煌俗寫嘗、常往往不分，“嘗言”當作常言。

《鎔裁第三十二》

檃“括”情理　至正本括作“栝”

獻贊“節”文　至正本節作“莭”

异端“藂”至　至正本同

案:《敦煌俗字譜》叢作藂。

《聲律第三十三》

聲含宫“商”　至正本“商”作商

沈則響發而“斷”　至正本斷作“断”

案:《敦煌俗字譜》斷作“断”。

“摽”清務遠　至正本同

宫“商”難隱　至正本商作“啇”

《章句第三十四》

環情“草”調　至正本同

案:《敦煌俗字譜》革俗作“草”，故革誤爲草。

《麗辭第三十五》

如宋畫吴“冶”　至正本冶作“治”

案：敦煌俗寫偏旁氵、冫不分，故冶作“治”。

毛嬙鄣“袂”　至正本同

案：敦煌俗寫偏旁衣、衤不分。

“鐘”儀幽而楚奏　至正本鐘作鍾

案：敦煌俗寫鍾、鐘不分。

《比興第三十六》

至於“楊”班之倫　至正本同

《夸飾第三十七》

“沿”飾而得奇也　至正本同

案:《敦煌俗字譜》沿作“沿”。

《事類第三十八》

聽者因以“篾”韶夏矣　至正本同

案：敦煌俗寫偏旁艸、竹不分，故蔑作“篾”。

乃相如接“人”　至正本同

案：敦煌俗寫人、入不分，故入作人。

《練字第三十九》

有别風淮“雨”　至正本雨作“兩”

案：敦煌俗寫雨、兩不分。

已用淮“雨”　至正本雨作“兩”

字靡“異”流　至正本同

案：敦煌俗寫異、易往往通用，故易作“異”。

《隱秀第四十》

源奥而“泒”生　至正本同

辭生“互”體　至正本作“乑”

《指瑕第四十一》

凡巧言易“標”　至正本同

故名號必“雙”　至正本雙作“雙”

案:《敦煌俗字譜》雙作“雙”。

《養氣第四十二》

雖“沿”世彌縟　至正本同

“志”於文也　至正本同

案：敦煌俗寫志、至通用，故至作“志”。

無“榎”文慮　至正本榎作“擾”

案：敦煌俗寫偏旁扌、木不分，故擾作“榎”。

《附會第四十三》

類多枝“泒”　至正本同

整“泒”者依源　至正本同

《總術第四十四》

制勝文“苑”哉　至正本苑作“菀”

《時序第四十五》

蓋“篾”如也　至正本“篾”作蔑

偉長從“宦”於青土　至正本宦作“宧”

案：敦煌俗寫宀、穴往往相濫，故宦作“宧”。

降及懷“愍”　至正本愍作“慜”

案：《敦煌俗字譜》愍作“慜”。

機云“摽”二俊之采　至正本同

劉“刀”禮吏而寵榮　至正本作“刁”

案：敦煌俗寫刀、刁不分。

“亟”滿玄席　至正本同

案：敦煌俗寫亟作“亟”。

蔚映十“伐”　至正本伐作“代”

質文“沿”時　至正本同

《物色第四十六》

珪璋挺其“惠”心　至正本同

案：敦煌俗寫慧、惠通用。

“矜”肅之慮深　至正本矜作“矝”

且詩騷所“摽”　至正本同

而“折”辭尚簡　至正本同

案：敦煌俗寫偏旁木、扌不分，故析作“折”。

《才略第四十七》

故不“兢”於先鳴　至正本“兢”作競

案：敦煌俗寫競、兢相濫，故競作“兢”。

未爲“篤”論也　至正本篤作“䔰”

徐幹以賦論“摽”美　至正本同

則百壹“摽”其志　至正本同

曹“攄”清靡於長篇　至正本作“櫖”

遺風“藉”甚　至正本作“籍”

《知音第四十八》

不見西“墻”也　至正本同

案：《敦煌俗字譜》牆作“墻”。

“沿”注討源　至正本同

《程器第四十九》

垣墉立而雕“杇”附　至正本杇作“朽”

案：《敦煌俗字譜》朽作“杇”。

潘岳詭禱於“愍”懷　至正本愍作“悘”

孫楚“佷”愎而訟府　至正本同

案：《敦煌俗字譜》很作佷。《説文》：“很，不聽從也。一曰：行難也。从彳，㫐聲。”無佷字。《玉篇》：“佷，口懇切，戾也。本作很。”是佷爲很字之俗。

“沿”兹以下　至正本同

涓流所以寸“折”者也。　至正本同

案：敦煌俗寫偏旁扌、木不分，故折作“析”。

彼“楊”馬之徒　至正本“楊”作揚

《序志第五十》

夫宇宙綿“邈”　至正本同

案:《敦煌俗字譜》邈作“邈”。

何能規“短”　至正本“短”作矩

案: 敦煌俗寫短、矩往往相濫，故矩作短。

由前列《文心雕龍》舊刊本五十篇校出的俗字，可以清楚看出這是《文心雕龍》刊本沿襲寫本遺留下來的痕迹。其中多數經後代校讀者加以改正，但是也有遇到文義多歧，使得後代校讀者發生疑惑，或竟錯解了原文的意旨。如能用讀寫本的眼光來細心觀察，往往可以獲得“發前人所未發”的收穫。現在就上列校出的俗寫文字，撮取數例，略加説明，以見後人校訂曲折以趨至當的過程。

(一)

《宗經篇》:“人神致用。”黄叔琳校云:“入一作人，從御覽改。”《事類篇》:“乃相如接人。”黄叔琳云:“接人疑當作推之二字。”孫詒讓手録顧千里黄蕘圃合校本云:“馮本接人作推之。”紀昀云:“接人二字疑或增入之訛。千人萬人自指漢時之歌舞者，不過借陶唐葛天點綴其事，非即指上二事也。子建固誤，彦和亦未詳考也。”楊明照《校注拾遺》云:“按梁玉繩《史記志疑》卷三四,《司馬相如傳》聽葛天之歌千人唱萬人和條附案:《文心雕龍·事類篇》曰:‘《陳思報孔璋書》云: 葛天氏之樂，千人唱，萬人和，聽者因以蔑韶夏矣。案葛天之歌，唱和三人而已。相如上林，濫侈葛天，推三成萬，信賦妄書，致斯謬也。余謂千唱萬和，此賦乃總承上文，非專言葛天，謬在陳思，不在相如。’梁章鉅《文選旁證》卷十一《上林賦》千人倡萬人和條略同。所論視紀説爲長。”重規案:“相如接人”，“人”亦當如《宗經篇》作“入”。《文心雕龍》此篇云:“陳思，群才之英也，

《報孔彰書》云：葛天氏之樂，千人唱，萬人和，聽者因以蔑韶夏矣，此引事之實謬也。按葛天氏之歌，唱和三人而已。相如《上林》云：奏陶唐之舞，聽葛天之歌，千人唱，萬人和，唱和千萬人，乃相如接人，然而濫侈葛天，推三成萬者，信（倍）賦妄書，致斯謬也。”細繹文意，是説相如《上林賦》并没有否定《吕氏春秋》葛天氏之樂三人操牛尾的意思。“千人唱，萬人和”是相如接入的詞句，用於誇述漢朝君臣作樂的盛況。《文心雕龍》用接字的地方頗多，如《練字篇》：“如不獲免，可至三接”；《附會篇》：“或片接以寸附”，“接附者甚衆”；《總術篇》：“少既無以相接，多亦不知所删”。用法都和“接人”差不多。曹子建違背了相如賦文的原意，妄謂葛天氏之樂是千人唱萬人和，顯然是曹子建的錯誤。“信賦妄書”的信字，和《比興篇》“紛紜雜遝，信舊章矣”的“信”字都是“倍”字的形近之誤。倍字的本義是違背，《説文》解釋爲“反也”。《孟子·滕文公上》：“師死而遂倍之”，《禮記·大學》：“上恤孤而民不倍”，都是違背的意思。曹子建違背了相如賦文的意義，信口説葛天氏之樂是千人唱萬人和，確實是一個謬誤。劉彦和在《指瑕篇》中也特别指出曹子建文章的瑕疵，這是具有深意的，彦和認爲文名愈高的人，影響力愈大，因此，更須指出他的錯誤，以免貽誤後學，作爲文學批評家的劉彦和，是應該負荷衡量古今的責任的。

（二）

《辨騷篇》：“故才高者菀其鴻裁”。范文瀾注云：“菀訓鬱，訓藴，是自動詞。下列三句獵、銜、拾三字皆他動詞，語氣不順，疑菀即捥之假字。《集韵》：‘捥，取也。’捥其鴻裁，謂取鎔屈宋之大義，以自鑄新辭。”先師黄君云：“苑獵銜拾四字詞性相同。苑獵連語，苑猶囿也。蓋才高者則盡得其體製，衷巧者僅獵取其艷辭而已。”重規案：唐寫本菀正作苑。蓋俗寫文字苑、菀相濫，菀即苑字，非“菀彼柳斯”之菀。近人如周振甫教授等猶用鬱積之義，殆非。王（利器）楊（明照）二家，則確定菀當爲苑圃之苑。

（三）

《史傳篇》："子長繼至"。楊明照《校注拾遺》云："志，黄校云：'元作至，胡改。'此沿梅校。按《御覽》《史略》引正作志。《禮記・中庸》：'夫孝者善繼人之志，善述人之事者也。'繼志二字出此。"《養氣篇》："志於文也。"楊明照《校注拾遺》云："何焯云：'志疑作至。'紀昀説同。按何、紀説是。訓故本正作至，《樂府篇》'精之至也'，唐寫本誤至爲志；《史傳篇》'長長繼志'，元本等又誤志爲至，是至、志二字易淆誤之證。"重規案：敦煌寫本至、志習慣通用，并非誤字。《敦煌變文集・醜女緣起》斯四五一一寫本"禮拜至心恭敬"，伯三〇四八寫本至作志，是其證。

（四）

《章句篇》："環情草調。"楊明照《文心雕龍校注拾遺》云："草，黄校引孫云：'當作節。'（此沿梅校）按孫説於文意雖通，於致誤之由則失，未可從也。疑原是革字，草，其形誤。革，改也（《易・革卦》鄭注）；更也（《詩・大雅・皇矣》毛傳）。革調即篇中改韵從（原作從，此從鈴木氏説改）調之意也。徐㶿亦校爲革，可謂先得我心。"重規案：楊、徐説是。其字形致誤，即由寫本革作草，故革誤作草。

（五）

《練字篇》："字靡異流，文阻難運。"黄季剛先生《札記》云："異當作易。"王更生《文心雕龍讀本》云："易原作異，音誤。現據黄侃《文心雕龍札記》校改。"重規案：敦煌俗寫易往往作異。如《敦煌變文集新書・唐太宗入冥記》："子玉遂乃奏曰：陛下若〔不通〕文狀，臣有一箇問頭，陛下若答得，却歸長安；若〔答不〕得，應不及再歸生路。皇帝聞已，忙怕極甚，若囑〔崔〕子玉，卿與我出一個異問題。""易問題"寫作"異問題"。王重民《補全唐詩》："桓顒秋夜：近城聞鼓異，遠寺聽鐘難。"易也寫作異。可見"字靡異流"即是"字靡易流"。靡是精密的意思（《章句篇》説：章之明靡，句無玷也）。這句話是説用字精密，則文意易於流暢。季剛師讀異爲易是正確的。周振甫《文心雕龍注釋》據異字立説，滯礙難通。注釋云："字靡異流，用字倒向詭異一邊。靡，倒向。異流，詭異的趨向。文辭阻奥，難於用它來達意抒情。"周氏文阻難運的注釋很妥貼；"字靡異流"的解釋，顯然是錯誤難通了。

（六）

《諧讔篇》："至魏大因諧説以著笑書。"黄叔琳云："文元作大。"楊明照《校注拾遺》云："按元明各本皆作大，馮舒、何焯始校爲文，然未言所據，黄氏竟改而從之，殊違闕疑之義。"王利器《文心雕龍校證》云："文原作大，馮校云：大當作文。黄注本改。案魏文笑書，未詳，黄注亦未言及。疑大爲人字之誤，指魏人邯鄲淳之笑林也。"重規案：敦煌寫本"代""大"往往互用。"魏大"當即"魏代"。蔣禮鴻《敦煌變文字義通釋》云："四代即四大，佛家謂地水火風四大和合成身體，四大即指身體。《王昭君變文》：'五神俱總散，四代的危危'，代和大同音通用。《李陵變文》：'陵家歷大爲軍將，世世從軍爲國征'，歷大，《變文集》校記作歷代，極確。唐人崔令欽《教坊記》：'大面，出北齊蘭陵王長恭，性膽勇而貌若婦人，自嫌不足以威敵，乃刻木爲假面，臨陣著之。'刻木爲假面，就是代面。《舊唐書·音樂志》二記此事，正作代面。可見唐詩大、代二字通用。"是《文心雕龍》"魏代"作"魏大"，乃唐時俗寫慣例。宋元舊刊沿襲寫本，明清人以爲不通，故誤改爲魏文；近人以魏文無著笑書之事，又改爲人字，然雖善無徵，難取共信。今既知《文心雕龍》舊刊，多存寫本文字，又知唐時俗寫慣例，魏大即魏代，則文辭事義，無不愜當，庶幾可以説是"涣然冰釋，怡然理順"了！

（原載《第二屆敦煌學國際研討會論文集》，1991年6月，頁155—170）

簡談幾個敦煌寫本儒家經典

敦煌寫本遺書的面世，是由於敦煌石室的偶然發現。原來我國黄河以西的地區，自古稱爲河西走廊，是漢唐通西域的要道，張騫出使，印度佛教傳入中國，唐玄奘天竺取經，皆由此道往來。敦煌便是當其衝要的一個富庶城市，因此能够成爲一個文物昌盛、宗教發皇、經濟繁榮的大都會。唐代以前，占領其地的有前凉、苻秦、後凉、北凉和元魏。安史亂後，在唐德宗建中年間陷於吐蕃，宋又爲西夏占領。所謂敦煌石室就在今甘肅省敦煌縣東南二十公里的千佛洞的一個洞窟中。敦煌千佛洞古稱莫高窟。莫高窟約有五百餘洞，發現遺書的敦煌石室在張大千編號第一百五十一號，也即伯希和編號第一百六十三號洞内。一個不到高廣方丈的石室，内中貯滿數萬卷經卷。大約在宋仁宗景祐初年，寺僧因逃避兵亂而將許多書卷封閉在這個石室中。直到清光緒二十五年（一八九九），千佛洞一位叫王圓籙的道士，無意中發現了這一個寶藏。當時雖有少數卷子流傳到士大夫之手，他們只當作古董收藏，并没有進一步追尋。直到一九〇七年春天，英籍匈牙利人斯坦因率領探險隊到達敦煌，找到王道士，用詭計利誘，運走了廿四箱的寫本和五箱的繡畫美術品，安置在不列顛博物館。次年一九〇八年春天，法國伯希和教授也趕到千佛洞，他能説流利中國話，秘密從王道士處購去大批卷子珍品。日德兩國也相繼有人前來訪求。寶藏喪失後，羅振玉等聽到消息，建議清學部將剩餘卷子運至京師。近年蘇聯公布了列寧格勒所藏卷子目録，臺北"中央圖書館"也公開印行了館藏全部卷子。據諸家記述，敦煌遺書，粗略估計，共約四萬餘號，今分藏於北平（約一萬號）、倫敦（約一萬一千號）、巴黎（約六千六百號，内藏文二千七百號）、列寧格勒（約一萬一千號）、臺北（一百五十餘號）。此類寫本，内容包括佛教、道教、摩尼教、景教、儒家經典、文學、語言、社會、經濟、法律、政治、公私文書、天文曆算、兵法、醫藥、術數、繪畫、樂舞等，皆爲治中古學術文史之嶄新資料。除漢文寫本外，藏文、回鶻、于闐、粟特等寫本，亦極珍貴。

敦煌寫本雖出自佛洞，但儒家經典也保存不少。因爲自漢以降，儒家經典已成爲國定教科書，用作取士選能的工具，是一切應試所必讀的課本。即使是佛道之徒，啓蒙入學，也必誦讀，所以儒家經典又成爲一般通俗的讀物。陳鐵凡教授曾據所知所見的敦煌寫本儒家經典做過統計①，分别是：

《周易》十一卷；

《尚書》三十四卷；

《毛詩》二十八卷；

《禮記》十二卷；

《左傳》三十五卷；

《穀梁傳》五卷；

《論語》五十四卷；

① 見陳鐵凡：《敦煌本易書詩考略》，《孔孟學報》第17期；《敦煌本〈禮記〉〈左〉〈穀〉考略》，《孔孟學報》第21期；《三近堂讀經札記》，《敦煌學》第1輯。

《孝經》三十一卷；

《爾雅》三卷。

合計是二百一十三卷。陳教授又説：“今石室所出經傳，《論語》《孝經》共爲八十五卷，占寫本經傳總數五分之二。而《論語》一書卷數，即占四分之一。綜上以言，可見《論語》傳授之廣遠，由來已久，又不僅西北一隅爲然也。”我在巴黎國家圖書館讀伯三四〇二號敦煌《論語集解》殘卷，正文行間夾有藏文，如“子在回何敢死”側有藏文署名；“願爲小相焉”側有藏文虎年紀年，可見這個卷子是吐蕃人的讀本。又伯三七〇五號《論語集解》卷第四殘卷紙背有塗鴉云：“中和二年十二月學生蘇師子蘇賢子”，又有漫畫及藏文。伯二六六三《論語集解》殘卷，卷末有藏文數字，并有塗鴉云：“丑年三月月生六日學〔生〕吴良義。”這類卷子可能是漢人讀《論語》，同時也學習藏文的證據。（我不懂藏文，在巴黎圖書館讀卷時，適遇西藏禪幢bsam gtam博士也在館中閱讀，因此得承其指教。

現在我來談談讀過的兩個很有特點的卷子。一個是伯三五七三號皇侃《論語義疏》，此卷白楮、四界、字工，有朱筆校字，有雌黄塗改。殘存卷一卷二兩卷，卷一之首，與卷二之尾，各殘缺十餘行。卷二首題疏第二，而不著撰人姓氏，校以知不足齋本《論語義疏》，知即爲梁皇侃《論語義疏》之單疏本。此卷卷首殘缺處，據王重民《敦煌古籍叙録》説是用舊公文紙裝裱，并云：“有墨筆一行云：‘貞元九年癸未閏四月十’；又朱筆一行云：‘龍德二年。’按貞明、龍德，并爲五代梁末帝年號，貞明僅六年，龍德僅二年，貞明九年，則當唐莊宗同光元年矣。”我在一九七三年十二月在巴黎國立第三大學任教授時，曾再度閱讀此卷，卷首已將王重民所稱襯裱的舊公文紙揭開，原來是一紙賣子契，頗有殘缺，首行旁有“龍德二年”朱字，現在移録如後：

龍德二年

貞明九年癸未閏四月十

一人拾歲字三奴出　鄉百姓段□□□□□□

疋半長叁丈八尺幅闊一尺九寸堪暑大練貳齒羊一□

准折絹半疋其人及價當日交相分付并無玄（懸）欠中

别飾認稱爲王記者仰留住覓於年歲人充□

買了世世代代永爲段家奴僕共面對平章□

法不悔如若先悔者罰麥拾馱充入不悔人恐

故勒此契用爲後憑

出賣人□□□

此卷未揭開卷首襯裱紙另裱之前，有黄楮紙條，題字一行云：“儀鳳三年十月廿七日於開遠”，粘於此卷之邊沿，疑此卷爲唐高宗儀鳳三年（公元六七八）的寫本。但再度閲讀時，已不見此紙條。詢之館員，知是重裱時揭開，其揭開之紙條及碎片現仍保留。我從數千號的碎片中，在編號伯三五七三之五號中檢得，因此，我懷疑此卷可能是初唐時的寫本，流傳到五代時，重付裝裱，所以卷頭用貞明九年的賣子契做襯紙。王重民《敦煌古籍叙録》云：

按宋咸平中，邢昺奉詔依皇本作新疏，頒列學官，皇疏遂微。至南宋而竟失傳。余蕭客輯古經解鈎沈，據邢疏及丘光庭兼明書，輯録成卷；於時得傳本於海舶，四庫收之，鮑氏刻之，自是全書復行中土，戴東原譏余書有鈎而未沈者，蓋指此也。

不過南宋以前所傳皇疏，并是單本，合疏於注，蓋後人所爲。日本所傳皇

氏《義疏》，每攙入邢昺《正義》及他説，而且日本所傳合疏於注之本，於皇疏未盡采入，割棄者尚多。用敦煌寫本和日本刻本相校，便可以發現删去的部分。現在舉有關民族思想的一條作例：

《八佾篇》經文："子曰：夷狄之有君，不如諸夏之亡也。"

《知不足齋》本疏："此蓋爲下僭上者發也。諸夏，中國也。亡，無也。言中國所以尊於夷狄者，以其名分定而上下不亂也。周室既衰，諸侯放恣，禮樂征伐之權，不復出於天子，反不如夷狄之國，尚有尊長統屬，不至如中國之無君也。"

日本元治刊本疏："此章重中國，賤蠻夷也。諸夏，中國也。亡，無也。言夷狄雖有君主而不及中國無君也，故孫綽曰：諸夏有時無君，道不都喪；夷狄强者爲帥，理同禽獸也。釋惠琳曰：有君無禮，不如有禮無君也。刺時季氏有君無禮也。"

敦煌卷子本疏："此明孔子重中國，賤蠻夷。言夷狄之有君生（主），而不如中國之無君，故云不如諸夏之亡。故孫綽云：諸夏有時無君，道不都喪；夷狄强者爲帥（原卷作帥，蓋帥字），理同禽獸。釋慧琳云：有君無禮，不如有禮無君，言季氏有君無禮。"

敦煌本保存了皇疏的本來面目，日本刊本已頗有删改，知不足齋本更是竄改了尊華攘夷的民族精神，顯然是受了异族入侵的影響。東晋名士孫綽，身處五胡亂華的時代，他雖是著名的清談之士，但他的民族自尊心在注文中却流露無遺，敦煌保存遺佚之功真是不能忽視呵！

其次，敦煌伯三三七八寫本，是一個《孝經注》的殘本，没有注者的名氏。其書雜引故事，發揮經義，所引的故事，很像小説家言。如注《卿大夫章第四》"夙夜匪懈，以事一人"云：

傳曰：趙盾盛服。昔趙盾者，是晋零公大夫。爲恭肅，常假寐而早朝，忠節無有休失（佚）。而零公爲人好食能（熊）掌宍（肉），常使厨士煮之，少時不熟，公即嗔怒，以洞（銅）杖叩煞之。公自思村（忖），以食煞人，不彰路（露），亦不用人諫。於是即使人解剔厨士支節，以畚盛之，以菜覆其上。辰（晨）旦，密遣人擔出。會於外道，遂逢趙盾大夫，欲來入朝。獨見使一人擔轝而出。盾問此人："是何物？"使人答曰："菜耳！"趙大夫曰："菜當從外而入，何因從内而出？"使者答曰："大夫不信，公曰（曰字疑衍）自看之。"盾便即看之，其菜下乃見一死人。趙大夫嘆曰問（曰問疑倒）："何致然？"使人報言："此厨士，公使煮熊掌，少時不熟，公嗔，即以銅杖叩煞之。"趙盾曰："食是小事，如何煞人乎！"諫曰："爲臣當朝於君，不其（期）君返朝臣，陰陽逆順，何然也？"盾朝訖即還。而零公自耻其意，即懷惡心，欲煞趙盾。使人言大夫趙盾作驕奢乃事伎樂，私生异心，過於寡人，猶尚如此，蓋（盍）有君臣之義。零公即便問："誰有如鉏倪勇健者？往遺（遣）煞盾。"鉏倪依命，往至趙大夫門，聽之寂然無音樂之聲。又入中閤，窺無所見。便復前進閤内，乃見盾左右相，只見一妻二妻食魚食飯而已。鉏倪等便還白零公曰："都無公所言，寂無音樂。又見盾左右相，只見一妻二妻飡飯之時，以不（報）零公。""但往煞之，何須覆聽。"鉏倪奉命更注（往），欲煞趙盾。鉏倪等思村（忖），盾一國忠賢之臣，如何得煞！我等鉏倪只得爲趙大夫死，便即叩頭在槐樹自絞而死，因方便盾還活。大夫於後出境，勸課人民。乃見道桑下有餓人，氣息惙然，口不能語。盾因下車傾壺中酪，口含數口與之，飢人便得蘇活。盾問曰："君是何人？在此弊卧。"飢人答曰："日僕晋零公字輒，指（詣）於齊游學，今欲還家，貴（齎）糧計日應達，道路急逢天雨，糧食乏少，至此弊卧。"盾聞此語以嘆曰："男女窮達有時。"盾并與餘人糧食，使達前所。所去飢人歸還到家，遂乃得事晋零公。恒欲煞盾，不知有何方便煞之。各敕諸臣，至明清旦施設大會，密潛隱伏兵著門外。公語左右曰："設會訖，汝往就盾索劍，如得便即刺。"往日桑下飢人得作零公左右，今欲報盾恩，私地語盾曰："你明日自察自覺，有人煞你，你在陛下會，實莫拔劍與他人，但内着敝中，速取階而去。"盾承命即去，盾得脱。零公煞之。公語左右曰："吾有一犬，名曰夫遨，但解人語，甚能嚙人煞。汝等左右將此夫遨從盾後行，趣階而去，趙盾但舉脚，汝等放遨便嚙煞着。"爾時趙盾有左右彌明，明脚蹴遨口下唅而出血，遂不能嚙趙盾。啓公曰："君之放遨，何以臣遨。"盾嘆曰傷。門外有伏兵。將者是往日桑下餓人，故來報恩，發應之。盾便乘車出境，勸道百姓，逢泥雨轍迹不通車路。兼復糧食乏短。往日桑下之人見盾，乃濟梁（糧）食，扶上車，并復扶輪出於泥難進而路去。盾問曰："君是何人，而能濟人之命，復扶輪。"此人答曰："我蒙君傾壺之義，今有扶輪之我是桑下飢人。"盾即嘆曰："一飡之惠，乃有存身之報！"何謂有德之義。此之即爲孝道，以治萬人，善明吏（史）策乎也。

考今行《孝經疏》，爲宋邢昺增損唐元行冲《疏》所成。宋《崇文總目》云："初，世傳元行冲《疏》外，餘家尚多，皆猥俗褊陋，不足行遠。咸平中，昺等奉詔，據元氏本而增損焉。"我們看上引伯三三七八敦煌寫本《孝經疏》殘卷，大概就是《崇文總目》所説的元行冲以外的"猥俗褊陋，不足行遠"的《孝經疏》。但是蔓引故事，流於猥俗，顯然是受了唐代佛教徒俗講經文風氣的影響。唐代最著名的俗講師，首推唐武宗時會昌寺俗講第一的文漵法師，趙璘《因話録》卷四記載了文漵用故事講經吸引了無數聽衆的盛况，云：

有文溆僧者，公爲聚衆談説，假托經論，所言無非淫穢鄙褻之事。不逞之徒轉相鼓扇扶樹，愚夫冶婦樂聞其説，聽者填咽寺舍，瞻禮崇奉，呼爲和尚。

由於佛教徒用説故事的方法來宣揚佛典，造成了震撼時代的風氣，思想文藝界自然會受到重大的影響。撰《孝經注》的儒生受到了佛教徒的刺激，也采取了佛家用故事講經的方法。試看伯三三八二敦煌寫本《孝經注》解“天地之性人最爲貴，言人身法天地之狀”有云：“人有五藏，脾腎肺肝膽魂心意各自相持，假合共立此身。”其立論即取諸釋氏，也足證儒生解經有取法佛門俗講之可能。又伯二七二一號卷子有《皇帝感·新集孝經十八章》云：“新歌舊曲遍州鄉，未聞典籍入歌場。新合孝經皇帝感，聊談聖德奉賢良。開元天寶親自注，詞中句句有龍光……歷代已來無此帝，三教内外總宣揚，先注孝經教天下，又注老子及金剛。”明白提到解經和俗講的關係。唐代變文曾盛行一時，其影響及於儒家解經，乃是風氣自然的感染。這一特殊的現象，治儒學史的人更值得加以注意。

（原載《孔孟月刊》24卷12期，1986年8月，頁21—24）

敦煌唐寫本《尚書釋文》殘卷跋①

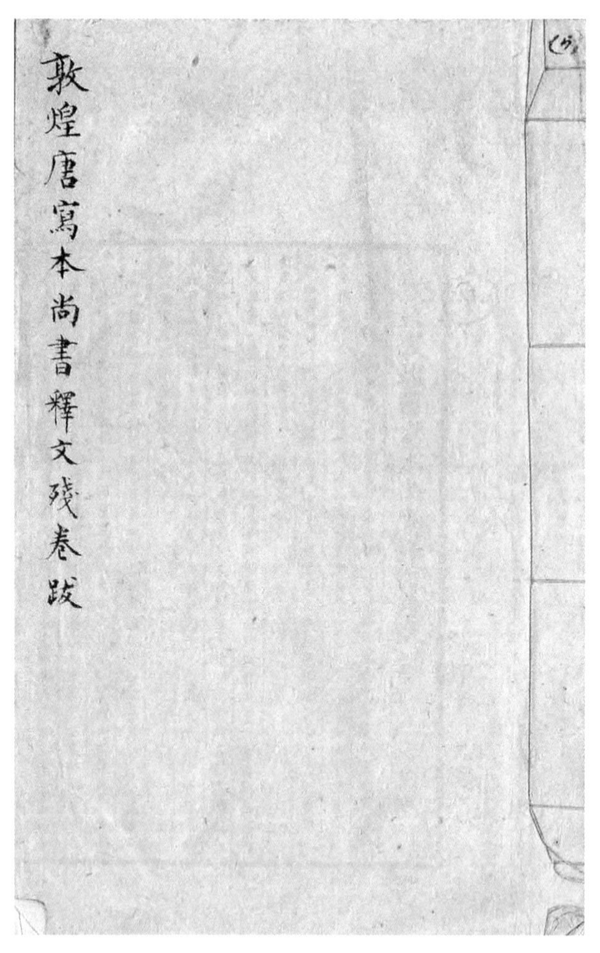

敦煌唐寫本尚書釋文殘卷跋

① 本篇論文因難以整理，故附影印。

敦煌唐寫本尚書釋文殘卷跋

潘重規

右敦煌寫本尚書釋文殘卷，存堯典舜典二篇，堯典一篇復有殘缺，今藏巴黎國家圖書館，曾印於涵芬樓秘笈及吉石庵叢書中，吳檢齋龔向農兩先生並有攷證之作，（日人狩野直喜亦有所說）今藏長夏予從姜亮夫教授假得所攝影片讀之，蓋猶是未經宋人竄改之先唐舊本，可珍也已。

攷尚書一經，正義為解釋文作音，並依用所謂隸古定本，自天寶三載詔衛包改為今文，而六朝相傳僞古文之真面目盡失，自宋開寶五年陳鄂刊定尚書釋文，而陸氏古文音義之真面目又盡失，承學之士，莫不憾然引為恨事。今得此卷，而尚書釋文之真象乃可推測得其梗槩矣。

嘗謂釋文敘錄列舉諸經，於尚書獨曰古文，明與他經作今字者異，宋人新定釋文盡改古文為今字，而於敘錄古文尚書題號未及刪去，核之名實，殊為不符。此卷舜典音義作舜典注云「此下或更有舜典題者，非也，此篇既是王注，應作今文，相承以續孔傳，故亦為古字，然則舜典王本本為今文，尚改作古字，是陸氏用孔傳為本者，其為古

音直忍反　不能刿彼列反又一本作不能分別　刑于古刑字法也　媯水居危反

諸條。

舜典篇有

𡕒字又作𡕒古之字　𢌭古使字　𡥉古嗣字　𡽗本又作𡽗古諸字　作舜典此下或更有舜典題者非也此篇既是王

注應作今文相承以續孔傳故亦爲古字　昚古慎字　亽古文五字又作兀　内音納下同　𢿯古揆字古文作𢿯其也

劉古列字　靁古雷字　雨古作淵用　格女音汝下皆同　及　丂古考字　女陟古文作㚄　攘于音讓

稷同　受終本又作𠇍皆古終字說文作𠂦　玉𡗝古衡字平也　肆音四字王云次也馬云故也　𩕍字又作䫉古類字

徧于古遍反　𥙊古神字又作𥛱　𡈼于古至字　脩音脩　又𠃵古文礼　如又器並依字賈𣏌云鄭讀如音

乃佐反　卒子恤反終也稷皆同　歸古歸字　奏如字又作𡘽古文作𣪠　𡈼古封字古文作𡈼　㳅古流字放也

夋古文𪊍字必縣反　金古金字　贖𠛬音樹刑　𢦏本又作𢦏皆古災字說文云𢦏字也𢦏或𢦔字也古文作𢦏

𡶦山古崇字　三辠古文罪字從自辛秦始皇以其似皇字改從罪之也　三𣐸古海字　舜格庚百反至也　𠙶才

古食字　𢔰古文邇音迩近　衛古𧗦字　𦨶古文服字　𢡖古文惠字順也　柏古以此爲伯仲字　俞古𠊱字說

文古文作命　女平音汝後皆同　𢪇古拜字說文以爲今字云古文作𢪇又作𢷎今本止作拜字　𥞒古稷字官名也　𢪓音

𡗐古棄字后稷名也　𩛿古飢字　不遜音遜順也　殳音殊　𦱿本又作屮古草字　柏伯夷目名也馬本作

志林　敦煌唐寫本尚書釋文殘卷跋　二　國立東北大學

字明矣。文獻通考經籍考引崇文總目云：「皇朝太子中舍陳鄂奉詔刊定尚書釋文。始開寶中，詔以德明所釋乃古文尚書，與唐明皇所定今文駁異，令鄂刪定其文，改從隸書。蓋今文自曉者多，故音切彌省。」今以此卷校宋本釋文，凡此卷之古文，或全刪，或改易，與崇文總目說合。

其全刪者。

堯典篇有

蒸古烝字說文古文作𤋲　格如百反古作𢦏　畯本又作儁𥉷古俊字　悳古德字　旡古既字　睦古文作𡕝

𢿱古變　辰古文辰　敬授　中旾古春字古文作𣌂　朔古朔字亦足云北方　𠮷古方字　昴徐又音茅古文

作卯　中冬古作㝯古文作𡨚也　咨女音汝　𠂇古有字　定如字古文作𡧍說文以𡧍爲古文正字也　咸古咸字

𢧢古歲字　𠫤古庶字衆也　登庸古作𦘕　𡊅古齊字齊臣名也　孥古文子　启古文啓字開也　𠮷𢻻音矯

聚也　𢼄古功字　𢒈古靜字謀也　言古作𠓛口　三苗古苗字　𠟭古制字割也　𧝓古懷字苞也　𧝓

古襄字上也　陵古作𨸏大阜曰陵　𠀠古其字　𠇗耐古能字　乂音刈治也下同　才古𢦏字作才若才能之字則從

未他皆反放此　𢿞敗必邁反　徃古往字古文作𨒌　續𠂤古文用字　𢎗古弗字　女耐音汝　𢽈古揚字舉

也　𡰥古字又作𡰥側字　師或作𠂤古文作𨸏　予𢍘古聞字說文古作𦖞此無青字　無目音無目一本作無目矚

(吁 況于反 徐往付反 一音于) 嚚 古文嚚字魚巾反 言不忠信為嚚 (嚚 魚巾反) 鴅 古驩字呼端反 (驩 呼端) 吺 古兜字丁侯反

驩兜臣名也 (兜 丁侯) 浩浩 胡老反 古作灝 (浩浩 胡老反) 鯀 古鯀字故本反 馬云顓頊之子禹父也 (鯀 故本反 馬

云禹父也) 否惪 音鄙又方九反不也 (否 方久反不也又音鄙) 曰䒭舜 虞氏舜名也馬云舜謚也舜死後賢臣録之臣子為諱故變名言謚

(虞舜 虞氏舜名也馬云舜謚也舜死後賢臣録之臣子為諱故變名言謚) 㚃 古敖字五報反 (傲 五報反) 姦 古姧字說文作㤲 (姦 古顏

反) 㵨 字又作嬀居危反水名 (嬀 居危反) 內 音汭如銳反水之內也杜預注左傳云水隈之曲曰汭 (汭 如銳反水之內也杜預注左傳

云水之隈曲曰汭) 𡜊 本又作嬪皆古字毗真反婦也 嬪 (嬪 毗人)

諸條

舜典篇有

𩀨 古難字乃丹反 (難 乃丹) 曰若稽古帝舜曰重華協于帝 此十二字是姚方興所上孔傳本阮孝緒七録亦云然方

興本或此下更有濬哲文明温恭允塞玄德升聞乃命以位凡廿八箇字異聊出之於王注無施 (曰若稽古帝舜曰重華協于帝

此十二字是姚方興所上孔氏傳本無阮孝緒七録亦云然方興本或此下更有濬哲文明温恭允塞玄德升聞乃命以位凡二十八字異聊出之於王注無施也)

刅 古從字 (從 才容) 大麓 古文麓字王云録也馬鄭云山足也 (麓 音鹿 王云録也 馬鄭云山足也) 正月 音政又音征說文古

文作正作𤴓 (正月 音政又音征) 𢓊祖 古文祖字古示邊多作礻後放此王云文祖廟名也馬云文者天也天為文万物之祖故日文祖

(文祖 王云文祖廟名馬云文祖天也天為文萬物之祖故日文祖) 璿 古璿字音旋美玉也馬本作璣 (璿 音旋) 上帝 王云上帝天也馬云

志林 敦煌唐寫本尚書釋文殘卷跋 三 國立東北大學

伯异　咨伯本或作咨伯夷舊本皆無夷字　女秩宗本或作女作秩宗作秩字　夙本又作𡖍古夙字早也　𡖍本又作夙古夜

字　竜本又作龍古龍字且名　但古則字古文作信　亾亡音無古文無字皆亾乚失之字作乚從人　朿古閒字亡

𣏕五報反　詘古詩字　言恙古志字　哥古歌字　夔如字或作古𡕥字　石古作后磬　衛翌古舞

字　內言音納下同　二十有二人禹垂益伯夷夔龍六人四岳十二牧凡廿二人　嶽古文作嶽

諸條，

其改易者，（今本釋文附當條之下）

堯典篇有

暘古暘字（暘音陽）　寅古文作𡩟音夷徐以真反敬也下同　又（寅徐以真反又音夷下同）　為五禾反化也（訛五禾反）

寅淺注作餞同下有殘盡（餞賤衍反馬云滅也滅猶淺也）　毨古洗字先典反理也說文云仲秋鳥獸毛盛可選取以為器用也讀若選（毨先典

反說文云仲秋鳥獸毛盛可選取以為器用也）　𤈦古隩字於六反室也馬云煖也（隩於六反馬云煖也）　氄本又作䎡又作𣰋如勇反徐又而宂

反又如宂反謂濡毳細毛也馬云溫柔皃說文作䩞人尹反云毛盛皃也（氄如勇反徐又而充反又如宂反馬云溫柔皃）　臮其器反與也（暨其器

反）　𣅀本又作朞皆古朞字居其反說文作稘云復其時期也（朞居其反下同）　旬似遵反十日為旬古文作𠣫（旬似遵反十日為

旬）　名釐本亦作釐力之反理也（釐力之反）　𤋮古文熙字許其反居也馬云興也（熙許其反興也）　𠷎古疇字誰也（疇

直由反）　𦙍古文胤字引信反國名馬云嗣也（胤引信反馬云嗣也）　吁況于反疑怪之辭也徐又往付反一音于古作吁說文作亐

作兹古益字咎繇子名（益皋陶子也） 罴彼皮反古文作羆（羆彼皮反） 𧇊求龜反目名也（蘷求龜反） 胄直又反王云胄

子國子也馬云胄長也教長天子之子弟（胄直又反王云胄子國子也馬云胄長也教長天下之子弟） 稟古栗字又作桌𣓌栗也（栗戰栗也）

塈徐音在力反也說文才尸反云古文字疾惡（塈徐在力反） 殄古文作𠀁（殄典切反韻徒） 帝𪉩本又作𪉩字力之反馬云賜也理也

（𪉩力之反馬云賜也理也） 分臂方云反扶問反（分方云反扶問反徐） 𦱳庶反賜也𦱳𦱳亦書篇名也汨作等十一篇共同此序

其文皆亡而序与百篇之序同編故存今馬鄭之徒百篇之序揔為一卷孔以各冠其篇首而亡篇之序亦隨其次弟居見在之閒衆家経文並盡此唯王注本下

更有汨作九共故（飫）於庶反棄飫亦書篇名也汨作等十一篇同此序其文皆亡逸故亦作古文也而序與百篇之序同編故存今馬鄭之徒百篇之序揔為一

卷孔以各冠其篇首而亡篇之序即隨其次弟居現存者之閒衆家経文並盡此唯王注本下更有汨作九共故逸故亦作古

諸條。

凡此皆涉及古文而為開寶校定釋文諸人所刪改者也。

釋文解經，每引所宗注家之義於前，他家之義則列於後。如古文尚書首引孔傳之解，次用馬鄭諸家之說，此其通例也。計此卷堯典殘篇所出音義尚存四十三事，皆首引孔傳之義，次列他家。今本釋文則什九刪去孔傳之文，存而未刪者纔五事耳。今列舉其文於次，並綴今本以明其刪除之迹焉。

黎力兮反衆也（黎力兮反） □□二氏重黎之後也馬云羲氏掌天官和氏掌地官四子掌四時（羲和馬云羲氏掌天官和氏掌地官四子）

上帝太一神在紫微宮中天之最尊者 （上帝 王云上帝天也馬云上帝太一神在紫微宮天之最尊者） 楫 徐音集王云合也馬云斂也 （輯 徐音

集王云合馬云斂也） 祡 仕佳反說文作祡祭此木云燎天祭也古文作稽尒疋云祭天曰燔柴馬云祭山曰柴積柴加牲其上而燔之也今經典並止作柴

新字 （柴 士皆反爾雅祭天曰燔柴馬云祭時積柴加牲其上而燔之云） 庬 古度字丈尺也說文以為古文宅字 （度 如字丈尺也） 輿 揖也音衛

（衡 縛也） 摯 本又作贄至所執也 （贄 音至本又作摯） 十有 如字徐于救反 （十有 如字徐于救反） 藝 魚世反又馬王云禰也

（藝 魚世反馬王云禰也） 三載 直遙反注同馬王皆云四面朝於方岳之下也鄭云四朝四年一朝京師也 （四朝 直遙反注同馬王皆云四面朝

於方岳之下鄭云四朝四年朝京師也 四） 專 古數字音孛陳也 （數 音孛） 十有二州 古文州字謂冀青兗徐荊揚豫梁邕并幽營 （十

有二州 謂冀兗青徐荊揚豫梁雍并幽營也） 濬川 荀俊反深也 （濬 荀俊反） 荐 書卜反徐數卜反字作荐注同楚荐 （朴 書卜

反徐數卜反） 怙 音戶恃也 （怙 音戶） 卹才 峻律反憂也 （恤 峻律反憂也） 鴅吺 （驩 呼端反 兜 丁侯反） 式

古文三字 苗 （三苗） 縣 （鯀 故本反） 如㚟 古作喪如字又息浪反 （喪 如字又息浪反 息） 辟 本又作闢婢亦反徐甫亦反闢

也說文作闢 （闢 婢亦反徐甫亦反） 惇 本又作惇皆古敦字厚也 （惇 音敦） 壬人 如字又而鴆反注同壬人佞人 （任 音壬又而鴆反）

㭬才 古茂字王云勉也馬云美也 （懋 音茂王云勉也馬云美也） 諧 古稽字音啓 （稽 音啓） 首 古首字稽首至地臣事君之禮 （首

稽首首至地臣事君之禮） 离 古文作禼皆古偰字息列反臣名也 （契 息列） 繇 音遥咎繇臣名 （陶 音遥） 沮 本又作阻莊呂反王云難

也馬本作徂云始也 （阻 莊呂反王云難也） 圉 古文播波佐反數也又或作敿亦古播字 （播 波左反） 姦宄 古宄字又作宄古文作宄音

軌 （宄 音軌） 叢 本又作垂皆古垂字垂臣名也徐一音睡 （垂 如字徐音睡） 柏與 音餘伯與臣名 （伯與 下音餘） 蕤 字又

如堯典篇。

寅。此卷注云。音夷。徐又以真反。

今本改為徐以真反。又音夷。

若予。此卷注云。羊汝反。一音餘也。

今本改為音餘。又羊汝反。

否悳。此卷注云。音鄙。又方九反。

今本改為方久反。又音鄙。

舜典篇。

惟寅。此卷注云。徐音夷。又以真反。

今本改為如字。徐音夷。

永言。此卷注云。如字。長也。徐音詠。

今本改為徐音詠。又如字。

觀上數事。所以移易音讀之位次者。蓋由宋人習讀寅為以真反。予為餘。否為方久反。歌永言之永為詠。乃移其習讀之音於首。其寅之音夷。予之音羊汝反。否之音鄙。歌永

時字四）　平如字均也馬作苹普耕反云使也下亦然也（平如字馬作苹普耕反云使也下皆放此）　秩如字序也說文作䄷（秩如字）

為五禾反化也（南訛五禾反）　毨先典反理也（毨先典反）　隩室也　氄謂濡毳細毛也　臮與也　允釐理也

熙古文熙字許其反廣也馬云興也（熙許其反興也）　疇誰也　胤國名　吁疑怪之辭也　嚚言不忠信為嚚　訟爭訟

也　若予義也　采事也　鴅吺驩兜臣名也　共工官名　滔漫也　湯湯流皃　洪水大也　畀

使也　僉皆也　曰於歎美之辭（於歎美之辭用傳）　都　鯀古本反崇伯之名馬云顓頊之子禹父也（鯀古本反馬云禹父也）

咈。戾也（咈。念。戾也）　圮毀也　异。徐。鄭音異。孔王音怡已也（异。徐。云。鄭音異。孔王音怡已也）　巽順也　否。悳。音鄙。又方

九反不也（否。古。久。反。不也。又音鄙）　忝。他。簟。反。辱也（忝。他。簟。反。辱也）　錫與也　鰥無妻曰鰥　曰。虞。舜。虞氏。舜名也（虞。

舜。虞氏。舜名也）　俞然也　瞽無目曰瞽　諧和也　女于妻也　刑于法也　嬀水也　嬪婦也

其舜典一篇，陸德明用王肅注，不用方興偽傳，故於此置不論列。茲更總計尚書釋文所出音義凡一千七百二十九事，所列孔傳纔五十四事，三十分中尚不及一。雖其間複字頗多，然已足知刪削之夥矣。蓋宋人以為釋文與經注並行，無庸複出，故盡槩從刪除，而復偶有不盡，加以校者麤疏，往往割裂致誤。如熙下注刪去孔傳及馬云一語，惟餘興也之文，一若興也一訓即是孔解。以此條而測全書，類此致謬者，當亦不在少數矣。

又今本釋文於陸氏作音原次，頗有移易先後者。

陳而止。若周隋人撰音疏，絕不一及。又可證其撰述必在陳時也。有無稱引切韻之理。段氏玉裁嘗疑之。其古文尚書撰異卷三有云：他經音義無有引切韻者，惟古文尚書音義屢引之。蓋皆開寶中陳鄂所為也。切韻者，陸法言切韻，孫愐增之為唐韻者也。開寶中廣韻未出。又以用唐韻為嫌。故襲法言書名。其所引反語如悖都昆反、愨苦角反、蒩側魚反等，皆與徐鼎臣所引唐韻無不合者。段氏之言殊有精識。今得此卷，遂為确證。據此二條，既非原本所有，則餘條引切韻者亦宋人所增。檢今本尚書釋文有引切韻者，如

舜典　讒切韻士咸反　殄切韻徒典反

皋陶謨　悖切韻都昆反　愨切韻苦角反

禹貢　蒩切韻側魚反　緜切韻武延反　觸切韻尺玉反

泰誓上　嗜市志反切韻常利反

洛語　襃薄謀反切韻博毛反

呂刑　耄毛報反切韻莫報反

有連引玉篇切韻者，如

之音如字。皆與習讀違異。遂移其音於後。此亦宋人輒更陸氏原本之一端也。

今本釋文復有增加原本之音者。如

舜典篇。

讒。今本注云。切韻士咸反。

殄。今本注云。切韻徒典反。

此卷二注皆無引切韻之語。其爲開寶中陳鄂所增無疑。案法言切韻成於隋高祖仁壽元年辛酉。而元朗釋文則成於陳後主至德元年癸卯。是歲即隋高祖開皇三年。下距法言成書之歲垂二十年。錢大昕潛研堂集卷廿七跋經典釋文曰。陸氏自序云。粤以癸卯之歲。承乏上庠。攷唐書儒學傳。秦王平王世充。辟爲文學館博士。補太學博士。高祖釋奠。賜帛五十匹。遷國子博士。封吳縣男。是元朗於高祖朝已任博士。史雖不言其卒年。大約在太宗貞觀之初。若癸卯歲則貞觀十七年也。恐元朗已先卒。即或尚存。亦年近九十。不復能著書矣。且在國學久次。不當始云承乏。竊意癸卯乃是陳後主至德元年。元朗嘗受業於周宏正。宏正卒於太建中。則至德癸卯元朗年已非少。本傳但云解褐始興國左常侍。不言爲博士。恐是史家脫漏。細檢此書。所述近代儒家。惟及梁文、馬、鄭、王注遂廢、今以孔氏爲正、其舜典一篇仍用王肅本」是陸氏舜典用王肅本之明證也、至於沖遠正義多襲劉疏、其舜典即用姚方興所造僞傳本、與釋文所據各異、史通正史篇曰「晉元帝時、豫章内史梅賾始以孔傳奏上、而缺舜典一篇、乃取肅之堯典從慎徽以下分爲舜典以續之、自是歐陽大小夏侯家等學馬融鄭玄王肅諸注廢而古文孔傳獨行、列於學官、永爲世範、齊建武中、吳興人姚方興采馬王之義以造孔傳舜典、云於大航購得、詣闕以獻、舉朝集議、咸以爲非、及江陵板蕩、其文入北、中原學者得而異之、隋學士劉炫遂取此一篇、列諸本第、故今人所習尚書舜典元出於姚氏者焉」是正義舜典用劉炫所列姚方興本之明文也、舜典僉曰益哉、正義云「馬鄭王皆爲禹曰益哉、是字相近而彼誤耳」取王本相校、是亦正義不用王本之證、蓋陸孔並陳隋閒大儒、而師承各異、故陸所音舜典、王肅注也、正義所疏舜典、姚方興采馬王注託稱爲孔傳者也、陸明斥姚氏之僞、而孔深信之、故虞書正義曰「晉書云、晉太保公鄭沖以古文授扶風蘇愉、愉字休預、預授天水梁柳、字洪季、即謐之外弟也、季授城陽臧曹、字彥始、始授郡守子汝南梅賾、字仲真、又爲豫章内史、遂於前晉奏上其書而施行焉、時已亡失舜典一篇、晉末范寧爲解時已不得焉、至齊蕭鸞建武四年、姚方興於大航

志林　敦煌唐寫本尚書釋文殘卷跋　七

國立東北大學

禹貢　漯天答反。篇韻作他合反

甘誓　勦子六反。玉篇子小反。馬本作巢。與玉篇切韻同

微子　隮子細反。玉篇子兮反。切韻祖稽反

引切韻者既宋人所為。則連引玉篇切韻者亦必宋人之為矣。蓋讒殄諸字以字僻無音。故以切韻音補之。隮裒諸字篇韻音與釋文異。宋人習讀蓋與篇韻同。故引篇韻音補之也。凡此數端。雖不涉及古文。而宋人亦以私意輒加刪改增沾矣。

宋人刪改釋文。其最鹵莽滅裂者。尤在舜典一篇。蓋釋文正義所據舜典本各不同。而刪改者懵焉妄作。所以紕繆百出矣。釋文敘錄云。「江左中興。元帝時豫章內史梅賾奏上孔傳古文尚書。亡舜典一篇。購不能得。乃取王肅注堯典從眘徽五典以下分為舜典篇以續之。學徒遂盛。後范寧變為今文集注。俗間或取舜典篇以續孔氏。齊明帝建武中。吳興姚方興采馬王之注造孔傳舜典一篇。云於大航頭買得上之。梁武帝時為博士。議曰。孔序稱伏生誤合五篇。皆文相承接。所以致誤。舜典首有曰若稽古。伏生雖昏耄。何容合之。遂不行用。漢始立歐陽尚書。宣帝復立大小夏侯博士。平帝立古文。永嘉喪亂。眾家之書並滅亡。而古文孔傳始興。置博士。鄭氏亦置博士一人。近唯崇古

皆王肅本所無也。陸以姚氏僞書。不足輕重。故曰聊出之。雖出此二十八字。而與王本無涉。故於王注無施。十六字不大書者。又方興本之別本。尤不足信也。（王鳴盛以濬哲十六字為劉炫所造。語無依據。殆非也。案北史儒林傳云。下里諸生畧不見孔氏注解。武平末。劉光伯劉士元始得費甝義疏。乃留意焉。據北史。二劉得見僞孔書傳甚晚。武平末下距撰釋文時不及十稔。劉氏取姚造舜典列諸本第。必列於其尚書義疏中。計撰述流傳必逾十稔。況陸氏於姚本之僞辨之甚明。所引十二字及二十八字。蓋當時相傳已有此二本。故聊出之。不然。陸氏豈肯妄援劉氏僞中之僞以淆惑後人乎。）音義既用王肅本。則二十八字不當存。而大書十二字。綴書十六字以存之者。敘錄條例所謂若涇渭相亂。朱紫可分。亦悉書之。隨加刊正者也。此條文義昭明。足表此篇乃用王注本。宋人既以姚本改竄王本。而於此條竟不加刊削。可謂顢頇之極。又此卷舜典題下出王氏注三大字。即標明此篇是王氏注也。夾注云。「相承云梅賾上孔傳古文尚書。亡舜典一篇。時以王肅注頗類孔氏。故取王注從慎徽五典以下為舜典篇。以續孔傳。徐仙民亦音此本。今依舊音。」即注明本篇用王氏注之意。而宋人併王氏注三字於夾行小注中。有似舜典第二題下之注文矣。又此卷出作舜典三大字。注云。「此下或更有舜典頊得兩獻之議者以為孔安國之所註也。值方興有罪。事亦隨寢。至隋開皇二年購募遺典。乃得其篇焉。又舜典曰若稽古云云正義曰「昔東晉之初。豫章內史梅賾上孔氏傳。猶闕舜典。自此乃命以位已上二十八字。世所不傳。多用王范之注補之。而皆以慎徽已下為舜典之初。至齊蕭鸞建武四年。吳興姚方興於大航頭得孔氏傳古文舜典。亦類太康中書。乃表上之。事未施行。方興以罪致戮。至隋開皇初購求遺典。始得之。」此兩疏斥齊蕭鸞。似皆北儒之筆。與元朗南人稱齊明帝者出辭迥異。蓋沖遠襲用劉氏之辭。又沖遠預修隋書。故隋書經籍志云「至東晉豫章內史梅賾始得安國之傳。奏之。時又闕舜典一篇。齊建武中。吳姚方興於大桁市得其書。奏上。比馬鄭所注多二十八字。於是始列國學。」其言亦篤信姚本。與元朗明黜方興本而以王肅注補之者不同。開寶中。陳鄂刊定釋文。不得其說。妄以孔氏正義所據衛包所改之本黜竄此篇。使元朗舜典音義面目盡變。蓋宋人於舜典釋文似了不知其為用王注本者。此卷曰若乩古帝舜曰重華叶亐帝注云。此十二字是姚方興所上孔傳本。句絕。今本釋文本下衍一無字。既今本釋文作既。是孝緒七錄亦云然。方興本或此下更有濬哲文明溫恭允塞玄德升聞乃命以位。凡廿八字異。聊出之。於王注無施。所謂凡廿八字異者。合十二字十六字計之。凡廿八字。

如初二字上文已有，恐其易混也。」夫以段氏辨擇之明，由於宋人竄改之率妄，遂亦不能得其真象，非見此卷，有百思不得其說者已。

又此卷放勳（方往反）遏殂，注云：「本又作殂，古文作殂，皆古殂字，才枯反，死也。馬鄭本同，方興本作帝乃徂落。」今本删存殂字，注云：才枯反。

重規案：據此條釋文，是馬鄭王本皆作放勳遏殂，方興本則作帝乃徂落，宋人以與正義本違異，遂徑删之，僅留一殂字，而注云才枯反矣。古文尚書撰異曰：「說文四篇歺部曰：殂，往死也。从歺且聲。虞書曰：勳乃殂。小徐本如是。洪氏容齋所引正同。大徐本作放勳乃殂。集韵十一模所引、王氏伯厚藝文志攷引漢儒所用異字正同。今大徐本作放勳乃殂落，有落字，淺人增之也。今本古文帝乃殂落，恐姚方興本，未可為據。陸氏用王本作音義，恐不爾。師古注王莽傳引虞書放勳乃徂，似無落字。此當是馬鄭王之本。堯典之紀堯也，始言曰放勳，終言放勳乃殂。其書舜之即真也，始言舜格于文祖，舜曰咨四岳，終言舜生。古史文法精嚴如是。自偽孔傳不謂放勳為堯，而云言堯放上世之功化，則放勳乃殂不可通矣。於是姚方興傅會之，易為帝字，推見至隱，其在斯乎。」段氏之言可謂洞見垣一方矣。今得此卷，遂

國立東北大學

題者非也。此篇既是王注，應作今文，相承以續孔傳，故亦為古字，是陸氏此篇全用王本，作音，所異者惟改經文為古字耳。其云此下或更有舜典題者非也者，以王本本無舜典題目，或有如此一題者，故云非也。宋人以此條涉及古文，遂徑删之，凡此皆宋人顢頇删改，不堪致詰者也。

其餘釋文所出此篇經文，凡與正義本違異者，宋人見其不合，即以正義本竄改之，如

此卷至于北岳如初注云：馬本同，方興本作如西禮。宋人改為至于北岳如西禮，注云：方興本同，馬本作如初。

重規案：馬鄭王皆治真古文尚書，王本豈應同於姚氏偽書而異於馬本乎？良由宋人不知正義本即方興本，而以正義本竄改王本，其誤一。以王本與方興本混同，其誤二。又誣馬本與王本相異，其誤三。段氏玉裁嘗解此條釋文曰：釋文大書至于北岳如西禮，注云方興本同，馬本作如初。玉裁按云：方興本同者，陸氏用王注本作音義，謂王本作如西禮，姚方興本亦然也。正義本即方興本也。云馬本作如初者，謂如西禮三字馬本作如初二字也。陸不單書如西禮，兼書至于北岳者，

者舜賓迎之，皆有美德也。重規案：僞傳云「來朝者」，馬云「朝者」，語小異，王注蓋與馬注同。凡釋文所引馬注與正義所引王注，其文往往相同，蓋王注多用馬說也。

其應（今本釋文無）　愆伏（今本釋文單出愆字）　之行（今本釋文無）

此三注皆納于大麓烈風雷雨弗迷王肅注。僞傳云「麓，錄也。納舜使大錄萬機之政，陰陽和，風雨時，各以其節，不有迷錯愆伏，明舜之德合於天」。重規案：釋文「麓」下引王云「錄也」。後案引王注云「麓，錄也。堯納舜於尊顯之官，使大錄天下萬機之政，任之事無不統，自慎徽五典以下是也」。僞傳迷錯愆伏，蓋亦采王注。舜之德，王蓋作舜之行。後案所輯未全。

爲哉（今本釋文無）。　案此詢事考言乃言厎可績王注。

渾天（今本釋文無）　嬴（今本釋文無）　縮（今本釋文無）　以重（今本釋文無）

四注皆在璿璣玉衡以齊七政王注。僞傳云「在，察也。璿，美玉。璣衡，王者正天文之器，可運轉者。七政，日月五星各異政。舜察天文，齊七政，以審己當天心與否」。後案引馬注云「璿，美玉也。璣，渾天儀，可轉旋，故曰機。衡，其中橫簫，所以視星宿也。以璿爲機，以玉爲衡，蓋貴天象也。七政者，北斗七星，各有所主：第一曰主日，法天；第二曰主月，法地；第三曰命火，謂熒惑也；第四曰殺土，謂填星也；第五曰伐水，謂辰星也；第六曰危木，謂歲星也；第七曰剽金，謂太白也。日月五星各異，故曰七政。皆以璿璣玉衡度知其盈縮進退失政所在」。王與馬注蓋亦大同。

埋（今本釋文無）　少牢（今本釋文無）　大駱（今本釋文無）　祖迎（今本釋文無）　坎（今本釋文無）　壇（今本釋文無）

幽宗（今本釋文無）　雩（今本釋文無）　宗（今本釋文無）

上凡注皆禋于六宗王注。釋文「六宗」下引王云「四時、寒暑、日月、星、水旱也」。後案引王注云「禋，絜祀也。六宗者，所宗者六，皆絜祀之。埋少牢于泰昭，祭時也；相近於坎

志林　敦煌唐寫本尚書釋文殘卷跋　十　國立東北大學

戚定論。

至於此篇王注，宋人所刪尤多，王鳴盛不悟其故，所撰尚書後案辨釋文曰「德明之意總以馬鄭但注三十四篇爲未見增多之篇，而東晉晚出者即真古文，此其懵妄實甚。惟舜典一篇頗有疑焉，故不錄二十八字，而經文亦皆用王肅本，不用方興本，差似有識。但傳文仍用方興本，亦終于無識而已」。重規謹案：釋文明言舜典一篇用王肅注，而力斥姚書之僞，是此篇經固王本之經，注亦王氏之注，斷無經用王本而注用姚傳之理。王西莊力斥元朗，可謂立言不慎。今見此卷，知宋人凡釋文所出王注，其與姚傳合者則存之，少異者則改之，全異者則刪之，斯乃宋人妄改之過，豈陸氏之咎耶。今取此卷所出注文與今本相校，略加甄明，足以知爲王肅注矣。

八元　釋文今本同。愼徽五典，五典克從。僞孔傳曰：舉八元使布之於四方。王注當有八元語。釋文徽注引王云：美也。僞傳：徽，美也。亦采王注。

揆度　納于百揆。僞孔傳曰：揆，度也。即采王注。今本釋文無此二字，蓋宋人僞誤刪去。

八凱　釋文今本同。僞傳曰：舜舉八凱，使揆度百事。王注當有八凱語。

朝者　釋文今本出來朝。賓于四門，四門穆穆。傳曰：四門，四方之門。四方諸侯來朝者，舜賓迎之，皆有美德，無凶人。尚書後案引馬注云：四門，四方之門。諸侯羣臣朝

案玄纁黃云云，即釋文攝引王注之辭，而未標明姓氏者，以與偽傳異，故宋人刪去此條。

纁 今本釋文同　適子 今本釋文無

案三帛偽傳曰：「三帛，諸侯世子執纁，公之孤執玄，附庸之君執黃。」疏引王肅云：「三帛，纁玄黃也。附庸與諸侯之適子、公之孤執皮帛，其執之色未詳聞，或曰孤執玄，諸侯之適子執纁，附庸執黃。」姚即采王注及所引或說揉合之，惟變適子言世子，故宋人刪去適子一條。

則還 今本釋文單出還字

案如五器卒乃復偽傳曰：「器謂圭璧，如五器禮終則還之，三帛生死則否。」復案引馬曰：「卒，乃復。五玉禮終則還之，三帛以下不還也。」王注蓋與馬同，偽傳采之。

華山 今本釋文同

案至于西岳偽傳云：「西岳，華山。」亦采王注。

禰 今本釋文無

案歸格于藝祖偽傳云：「藝，文也。」此卷藝下引馬王云：「禰也。」復案引鄭注云：「藝祖，文祖。」偽傳蓋采鄭注。

旌以 今本釋文無

此車服以庸王注，此經偽傳云：「功成則賜車服以表顯其能用。」下益稷篇車服以庸偽傳云：「以車服旌其能用也。」二偽傳意同而文小變，以此條釋文核之，二偽傳皆采王注也。

烝齋 今本釋文無　遼遠 今本釋文無

壇，祭寒暑也。王宮，祭日也。夜明，祭月也。幽禜，祭星也。雩禜，祭水旱也。禋于六宗，此之謂也。」此經孔疏曰：「祭法云：埋少牢於太昭，祭時。相近於坎壇，祭寒暑。王宮，祭日。夜明，祭月。幽禜，祭星。雩禜，祭水旱也。」疏又曰：「王肅亦引彼文，乃云禋于六宗，此之謂矣。」重規案：祭法釋文曰：「相近，依注讀為禳，下音巨依反。王肅作祖迎也。」是王肅讀相近為祖迎。孔疏以行文之便，故曰王肅亦引彼文，其實王引祭法即作祖迎也。又幽宗雩宗，鄭以宗為禜之誤，王引亦必作宗，不得從鄭讀作禜也。

壙行今本釋文同。

案：偽傳曰：羣神謂丘陵壙行，古之聖賢皆祭之。王注蓋同。

守原注：詩鼓反。本或作狩，注守禜謂同。

案：注所引守禜謂即王注，偽傳無此語，故宋人刪去。

為天子原注：于偽反，下舜為同。今本釋文無。循行今本釋文作巡行。

案：二注為東巡守王注。偽傳云：諸侯為天子守土，故稱守。巡行之，蓋采王注。又所引舜為亦王注。

以燔今本釋文出燔字。

案：偽傳云：燔柴祭天告至，無以字，故為宋人刪去。

四瀆今本釋文出瀆字。

案：望秩于山川，偽傳云：「五岳牲禮視三公，四瀆視諸侯，其餘視伯子男。」蓋亦采王注。

三帛原注：玄纁黄也。附庸諸侯之適子公之孤所執也。馬云：三孤所執也。

飽今本釋文同。

業此四海遏密八音王注，姚傳采之。

故獲今本釋文同。

業此舜格于文祖王注，姚傳采之。

元長今本釋文出之長。

惇德允元偽傳曰，元善之長，與王注微異，故宋人改為之長以就偽傳。

居度今本釋文無。

此枝宅百揆王注，與偽傳異，故宋人刪去。

長稱今本釋文無。

此伯禹作司空王注。

剽今本釋文無。

此寇賊姦宄王注。

劓今本釋文同。　厞今本釋文作剕。　辟今本釋文同。

此五刑有服王注，偽傳采之。

志林

敦煌唐寫本尚書釋文殘卷跋

十二

國立東北大學

段案引馬注"肇十有二州"曰："禹平水土，置九州。舜以冀州之北廣大，分置并州。燕齊遼遠，分燕置幽州，分齊爲營州。于是爲十二州。在九州之後也。"重規案：王注蓋與馬同。

令得 今本釋文無。 當其 今本釋文無。

案：二條爲"封十有二山，濬川"王注，與僞傳不合，故宋人刪去。

形見 今本釋文無。

重規案：此條爲"流宥五刑"王注。疏引王肅云："謂君不忍刑殺，宥之以遠方。"又云："言宥五刑，則正五刑見矣。"此卷"形見"蓋"刑見"傳寫之誤。

贖罪 今本釋文出"贖"字。 坐不 今本釋文無。

金作贖刑，僞傳云："金，黃金。誤而入刑，出金以贖罪。"段案引馬注云："金，黃金也。意善功惡，使出金贖罪，坐不戒慎者。"重規案：王注蓋與馬同。姚采馬王而小變其文耳。

北裔 今本釋文出"裔"字。

流共工于幽洲，僞傳曰："幽洲，北裔。"與王注同。

縉雲 今本釋文出"縉"字。 饕 今本釋文同。 餮 今本釋文同。

竄三苗于三危，僞傳曰："三苗，國名，縉雲氏之後，爲諸侯，號饕餮。三危，西裔。"此卷引馬王云："三苗，國名也。縉雲氏之後，爲諸侯，蓋饕餮也。"僞傳即采馬王注。

之行 今本釋文無。

此條爲"四罪而天下咸服"王注。僞傳曰："皆服舜用刑當其罪，故作者先敘典刑而連引四罪，明皆徵用所行，於此總見之。"與王注有異。

附：向宗魯先生復書

石禪吾兄左右：承周於舊曆六月初遄返鄉閭，晝苦炎曦，宵乏明燭，雖日以文史自怡，未嘗把筆也。七月杪，忽患痎瘧，飲食都廢，得吾兄賜書及大著《尚書音義跋》文，病中展讀，精神爲之一振。唐寫釋文殘卷，曾印於《涵芬樓秘笈》四集中。羅叔言復印入《吉石盦叢書》初集，吴絅齋爲作校語（附《秘笈》中，其説多可笑）。吴檢齋復有所説（在《國學雜志》中）。日人狩野直喜（中國學文藪）有《唐鈔釋文考》。吾鄉龔向農先生有《釋文殘本考證》（華西大學印行），凡此諸本及諸家考證之作吾皆見之，自龔君外，未有如吾兄考證之密者也。龔君唯詳文字，未涉流變，此則吾兄所得爲多。尊作移易音韵，竄入篇韵諸條尤善，皆學林創獲也。（下略）

往年爲敦煌《尚書》釋文殘卷跋，以正於亡友巴縣向宗魯先生，曾荷復書，有所垂誨，謹録於此，以志人琴之痛。一九五五年二月八日潘重規識。

附摹寫敦煌原卷影片（今本釋文移録於唐寫本每行之側，用資比較）。

嵎音隅
嵎音隅
音仲注及下羲中和中并四中放此
也尚書考 暘音陽 谷工
也尚書考 暘古陽字 谷工ト
東
寅徐以真反又音夷下同
寅古文作㝥音夷徐以真反欲也下同
谷陽衍字
日出於谷 本或作日出於陽谷陽衍字
平 如字馬作苹普耕反云使也下皆放此
秩如字
平 如字均也馬作苹普耕反云使也下亦然也
秩 如字序也說文
七宿 音秀下同
七宿 音秀下同
中 曺 古春字口古文作旹
乳化
乳化 尾古尾字 字古字 日字
南 訛五禾反
為 五禾反 化也
中、

Pelliot 3315

辰 明記

表 古表字說文古文作𧝗 格 加百反古作𢦏

逸 畯 本又作儁皆古俊字 悳 古德字

上自 旡 古既字 睦 古文作𥈎 平

黎 力兮反

邦本又同 黎 力兮反衆也 𢾈 古變

羲 和 馬云羲氏掌天官和氏掌地官四子掌四時

二氏重黎之後也馬云羲氏掌天官和氏掌地官四子掌四時

本又作辰 辰 古文辰 敬 授

日月所會 謂日月交會於十二次也寅曰析木卯曰大火辰曰壽星巳曰

謂日月交會於十二次也寅曰

木卯曰大火辰曰壽星巳曰

熈許其反 興也　疇直由反　放古往反 注同

衆字也 𤈦古文熈字 許其反 廣也 馬云興也　𠷎古疇字 誰也　登庸古作𩫖　放古往反 注同　𪙛古齊字 齊呂名

胤引信反 馬云嗣也　吁況于反 徐往付反 一音于

也 𦙍古文胤字 引信反 國名 馬云嗣也　𡕒子古文　启古文啓字 開也　吁況于反 疑怪之辭也 徐又往付反 一音于 古作吁 說文作吁

嚚魚巾反　訟才用反 馬本作庸　又好呼報反 下注同　爭鬭也

𡐱古文嚚字 魚巾反 言不忠信為嚚　訟才用反 爭訟也 馬本作庸 ●又好呼報反 下好此同 ●爭訟爭鬭之爭

若予音餘 羊汝反　采七在反 馬云官也　復求上扶又反　驩呼端反　兜丁侯反

𥅦予羊汝反 我也 一音餘也　采七在反 事也 馬云官也　復求扶又反　䳓古驩字 呼端反　𠰇古兜字 丁侯反

共工上音恭 注同　僝仕簡反 徐音撰 馬云具也　都於

驩兜臣名也　共工音恭 注同 共工官名　𠂤救音鳩 聚也　僝仕簡反 余音撰　𢀜古功字 ●都於

下音烏　官稱尺證反　滔土刀反　漫

音烏　官稱尺證反　䛐古靜字 謀也　言古作𠁣　字　滔吐刀反 湯也 ●湯

規記

規記

云滅也滅猶沒也

鳥獸毛盛可選取以為器用也

云仲秋鳥獸毛盛可選取以為器用也讀若選

朔 古玥字亦定云北方 亡 古方字 分別 彼列反下同 昴 亡卯反徐又音茅古文作卯

隩 於六反馬云煖也 氄 如勇反徐又而充反又馬云溫柔貌 毨 尺銳反

中冬 古作㚱古文作奧也 燠 古燠字於六反室也馬云煖也 𣯫 本又作氄又作𣯫如勇反徐又而充反又如充反謂濡毳細毛也馬云溫柔皃說文作𣰈

辟 音避 耎 如兖反本或作濡音儒 暨 其器反

入尹反云毛盛皃也 以辟 音避 生濡 本或作㬮音儒本又作㬮如兖反 毳 尺銳反 咨女 音汝 泉 其器反與也

朞 居其反下同 旬 似遵反十日為旬

晉 本又作朞皆古朞字居其反說文作稘云復其時期也 十 古有字 旬 似遵反十日為旬古文作旬 定 如字古文作𤴓說文以走為古文正

迊 子合反

字也 戚 古戚字 𢧵 古歲字 帀四 子合反 日期 居其反 允釐 本亦作釐力之反理也 𢽎 力之反 庶 古庶

餞 賤衍反馬 寅淺 注作餞同 毨 先典反說文云仲秋 毨 古洗字先典反理也說文

不肖音笑說文云肖骨肉相似也不似其先故曰不肖 錫星歷反 鰥

字又作庂古側字 不肖音笑說文云肖骨肉相似也不似其先故曰不肖 師或作師師衆也古文作𠂤 錫與星歷反 鰥

故領反 虞舜虞氏舜名也馬云舜謚也舜死後賢臣録之臣子為諱故變名言謚 俞羊朱反

故頌反無妻曰鰥 曰若舜虞氏舜名也馬云舜謚也舜死後賢臣録之臣子為諱故變名言謚 俞羊朱反然也 予聓

德行下孟反下其行同 聓音古 傲五報反

古聞字說文古作䎽無此聓字 德行下孟反下其行同 聓音古無目曰聓 㚖古敖字五報反 無目曰聓

瞍素后反 之稱尺證反又如字 諧戶皆反

一本作無目瞯音直忍反 不能別彼列反又一本作不能分別 白瞍字或作瞍素后反 之稱尺證反 諧戶皆反和

烝烝之丞反 姦古顏反 女于據上而反 妻千計反

也 烝之承反 姦古姧字說文作悬 女于恧據反妻也注女妻也同 㓝于古刑字法也 女妻七計反下

嬀居危反 汭如銳反水之内也杜預注左傳云水之隈曲曰汭 嬪毗人反

同 𣶃字又作㶇居危反水名 内音汭如銳反水之内也杜預注左傳云水隈之曲曰汭 嬪字本又作姘皆古嬪字毗真反婦也 嬀

舜典第二

水居危反 之内音汭又如字

舜典第二

Eliot 3315

規景敷

興 規記

末旦反下同又末寒反 背音佩 傲五報反下同 很恨懇反 湯湯音傷 洪

乜末旦反下同 𠫤背音佩 傲五報反 很恨懇反 三芔字古岳 湯湯音傷流皃 洪 浩浩胡老反

戶工反 水戶工反大也 創古刱字害也 褱古懷字苞也 襄古襄字上也 陵古作䧅大阜曰陵 浩浩胡老反古

滌大歷反 襄上時掌反 俾必爾反 僉

作灕 滌直歷反 襄上時掌反下同 卄古其字 亣古能字 畀必尔反使也 乂音刈治也下同 僉

七廉反又七劍反 曰於音烏 鯀故本反馬云禹父也

七廉反皆也徐又七劒反 日於音烏歎美 鯀古鮌字故本反崇伯之名馬云顓頊之子禹父也 才古弐字作才若才之字則從木他皆放此

朝臣上直遙反 咈扶弗反戾也 方命如字馬云方放也徐云鄭王音放 圮皮美反 戾力計反

朝臣直遙反 咈扶弗反戾也 匚命如字馬云方放也徐云鄭王音放 圮皮美反毀也 戾力計反 毀

异徐云鄭音異孔王音怡已也 朕直錦反馬云我

敗必邁反 异徐鄭音異孔王音怡已也 徃古往字古文作逞 績 𠛑古文用字 弫古弗字 朕直錦反馬云我

也 巽音遜馬云讓也 否方久反又音鄙不也 忝他簟反辱也

也 女 耐音汝 巽音遜順也馬云讓也 否 悳音鄙又方九反不也 忝他簟反辱也 敭古陽字舉也 仄

2

朝直遥反　麓音鹿王云錄也馬鄭云山足也

者直遥反　大禁古文麓字王云錄也馬鄭云山足也　剡古列字　靁古雷字　雨古作羽雨　·其應

悳　起虔反　詢音荀　厎

應對之應其又作期　·愆伏起虔反　·之行下孟反　格女音汝注及下皆同　詢音荀謀也　丂古考字　厎

之履反王云致也馬云定也本或作厎非

之履反王云致也馬云定也本或作底也字非也　·爲我于僞反　女陟古文作陟　攘予音讓後同

正月音政又音征　文祖

正月音政又音征說文古文作正作𤴓　受終本又作𠂔皆古終字說文作𠂔　文祖古文祖字古亦邊多作亦後放此王云文祖廟名馬云文祖天也天為文萬

物之祖故曰文祖　璿音旋

名也馬云文者天也天為文萬物之祖故曰文祖　璿古璿字音旋王也馬本作璇　玉衡古衡字平也　·渾天胡門反　上帝

𪊱音盈　·縮所六反　以重直用反　肆音四字王云次也馬云故也　類古類字又作𩠹　上帝

王云上帝天也馬云上帝太一神在紫微宮天之最尊者　禋音因王云絜祀也馬云精意以享也　六宗王云四時寒暑日月星水旱也馬云天地四時也

王云上帝天也馬云上帝太一神在紫微宮中天之最尊者　禋于音因字王云潔祀也馬云精意以享也　六宗王云四時寒暑日月星水旱也馬云天

第二片

王氏注相承云梅頤上孔氏傳古文尚書云舜典一篇時以王肅注頗類孔氏故取王注從慎徽五典以下爲舜典以續孔傳徐仙民亦音此本今依舊音之

王氏注相承云梅賾上孔傳古文尚書亡舜典一篇時以王肅注頗類孔氏故取王注從慎徽五典以下爲舜典篇以續孔傳徐仙民亦音此本今依舊音 业

字又作业古之字 峉古使字 孠古嗣字 㠊本又作𢖍古諸字 難古難字乃丹反 作舜典此下或更

難乃丹反

曰若稽古帝舜曰重華協于

有舜典題者非也此篇既是王注應作今文相承以續孔傳故亦爲古字

日㫺乩古帝舜日重𤋮叶亏

㫺說現

帝此十二字是姚方興所上孔氏傳本無阮孝緒七録亦云然方興本或此下更有濬哲文明温恭允塞玄德升聞乃命以位凡二十八字異聊出之於王注無施也

帝此十二字是姚方興所上孔傳本既孝緒七録亦云然方興本或此下更有濬悊文明温恭允塞玄德升聞乃命以位凡廿八字異聊出之於王注無施 睿

徽許韋反王云美馬云善也 從才容反 八元左傳高辛氏有才子八人伯奮仲堪叔獻季仲伯虎仲熊叔豹季貍忠肅

古慎字 徽許違反王云美也馬云善也 从古文五字又作允 刅古從字 八元左傳云高辛氏有才子八人伯奮仲堪叔獻季仲伯虎仲熊叔豹季狸忠

恭懿宣慈惠和天下之民謂之八元 揆葵癸反 八凱開在反左傳高陽氏 來

肅恭懿宣慈惠和天下之民謂之八元也 内亏音納下同 百揆葵癸反度也 揆度待洛反下同 八凱開在反字又或作愷〻古

有才子八人蒼舒隤敳檮戭大臨尨降庭堅仲容叔達齊聖廣淵明允篤誠天下之民謂之八凱

字也左傳云高陽氏有才子八人蒼舒隤敳檮戭大臨尨降庭堅仲容叔達齊聖廣淵明允篤誠天下之民謂之八愷 敹〻古穆字古文作縣美也 朝

許云反 許云反 適子丁歷反下同 贄本又作贄音至所執也 如又器並依字賈𫁡云鄭讀如音乃佐反 卒
復扶又反下同 還音旋 華戶化反華山在弘農 十有如字徐于救反 至于北岳如
子恤反終也後皆同 則 還如字下同 華山戶化反又戶花反 十有如字徐于救反 至于北岳如
西禮方興本同馬本作如初 藝魚世反馬王云禰也 四朝直遙
初馬本同方興本作如西禮 歸古歸字 藝魚世反又馬王云禰也 禰本又作祢乃礼反考廟 三朝直遙 四
反注同馬王皆云四面朝於方岳之下鄭云四朝四年朝京師也 敷音孚 肇
反注同馬王皆云四面朝於方岳之下也鄭云四朝四年一朝京師也 旉古敷字音孚陳也 奏如字又作奏古文作𣪘 旌以音精 肇
兆音 十有二州謂冀兗青徐荊揚豫梁雍并幽營也
音兆始也 十有二州古文州字謂冀青兗徐荊揚豫梁𡷨并幽營 燕齊音烟下同 遼遠了彫反
濬荀俊反 宥音又馬云
𡉚古封字古文作𡉚 濬川荀俊反深也 令得力呈反 當其丁浪反 泝古流字放也 宥音又馬字
宥三宥也 扑普卜反徐敷卜反
云宥三宥也 形見賢遍反 㝵古文鞭字必綿反 符普卜反徐敷卜反字又作朴注同楚荊 金古金字 贖

地四時也　埋亡皆反　少牢詩照反　大昭音泰　祖迎並如字與鄭注祭法不同　坎本又作埳苦感反　壇　3

墳衍扶云

徒丹反　幽宗如字下同　雩音于　宗本或作禜音詠字　徧于古遍反　祇古神字又作禔　墳衍扶云

及下音濱　輯徐音集王云合也馬云斂也　五瑞垂偽反信也　牧牧養之牧徐音目　巡似遵反徐養純反　守

反　揖徐音集王云合也馬云斂也　五瑞垂偽反信也　羣牧牧養之牧徐音目　巡古作徇以遵反徐養純反　守

詩救反或作狩　岱山音代泰山也　柴士皆反爾雅祭天曰燔柴馬云祭時積柴加牲其上而燔之　巡行下孟反　燔扶袁反又扶云反

詩救反本或作狩注守祟謂同　至于古至字　岱宗音代岱宗泰山也　柴仕佳反說文作祡從此木云燎天祭也古文作禟爾雅云祭天曰

燔柴馬云祭山曰柴積柴加牲其上而燔之也今經典並止作柴薪字　為天子于偽反下舜為同　循行下孟反　以燔扶袁反又扶云反

瀆徒木反　同律王云同齊也律六律也馬云律法也鄭云陰呂陽律也　度如字丈尺也　量

反　四瀆徒木反　同律王云同齊同也律六律也馬云律法也鄭云同陰呂也律陽律　庋古度字丈尺也說文以為古文宅字　量

力尚反注同斗斛也　衡稱也　贄音至本又作摯　纁

力尚反注同升斛　衡稱也音衡　脩音循　又亂古文禮　三帛玄纁黄也附庸諸侯之適子公之孤所執也馬云三孤所執也　纁

Pelliot 3315

明德以亂天常天下之民謂之檮杌杜預云
即緜也檮杌凶頑無疇匹之貌
明德以乱天常天下之民謂之檮杌杜云即 三皐古文罪字從自辛秦始皇以其似皇字改從㓨非之也
鯀也檮杌頑凶無疇正之皃 殂才枯反 喪如字又息浪反
之行下孟反 放勛方往反 迺殂本又作殂古文作𣦸皆古殂字才枯反死也馬鄭本同方興本作帝乃殂落 如喪古作𡁟如喪
考妣必履反父曰考母曰妣 遏安葛反或音謁 八音謂金鍾也石磬也絲琴瑟也竹箎笛也匏笙也
字又息浪反 考妣必履反父曰考母曰妣 亖𣳚古海字 遏安遏反或音謁絶 八音謂金鍾也石磬也絲琴瑟也竹箎笛也匏笙也
也土塤也革鼓也木柷敔也 匏白交反 故復扶又反 闢婢亦反徐甫亦反
土塤也革鼓也木柷敔也 匏白交反 舜格庚百反至也 故復扶又反 闢本又作闢婢亦反徐甫亦反開也說文作闢
惇音敦 之長丁丈反下同 而難
乃旦反 𠊊才古食字 耐迩古文邇音迩近 惇本又作㥫皆古敦字厚也 元長丁丈反下注同 而難
任音壬又而鴆反 奮弗運反 俞以朱反
乃旦反注及下皆同 壬人如字又而鴆反注同壬人佞人 衛古率字 䑧古受字文服 奮弗運反明也 惪古文惠字順也 𠷎
度待洛反 柏古以此爲伯仲字 命古禹字說文古文作命 長稱尺證反 俞以朱反 女平音汝後皆同

4

贖石欲反徐音樹　眚所景反

徐音樹刑　贖罪食欲反又音樹　坐不才卧反　眚所景反過也注同　烖本又作災皆古災字宮也說文云災籀文烖字

怙音户　恤峻律反憂也　共工上音恭左傳少皞氏有不才子毀信廢忠崇飾惡言靖譖

也災或烖字也古文作秋　怙恃音户恃也　卹峻律反憂也　共工音恭左傳云少皞氏有不才子毀信廢忠崇飾惡言靖譖

庸回服讒蒐慝以誣盛德天下之民謂之窮奇杜預云即共工　裔以制反　驩呼端反　兜丁侯反左傳帝鴻氏有不才子掩義隱賊好行

庸回服讒蒐慝以誣盛德天下之民謂之窮奇杜預云即共工　裔以制反　鴅吺左傳云帝鴻氏有不才子掩義隱賊好行凶德醜

凶德醜類惡物頑嚚不友是與比周天下之民謂之渾敦杜預云即驩兜也帝鴻黃帝也　竄七亂反　三

類惡物頑嚚不友是與比周天下之民謂之渾敦杜云即驩兜也帝鴻黃帝也　宗山古崇字　竄七乱反字林七外反　弎古文三

苗馬王云三苗國名也縉雲氏之後為諸侯蓋饕餮也左傳縉雲氏有不才子貪于飲食冒于貨賄侵欲崇侈不可盈厭聚斂積實不知紀極不分孤寡不恤窮匱天下之民

苗馬王云三苗國名也縉雲氏之後為諸侯蓋饕餮也左傳云縉雲氏有不才子貪

于飲食冒于貨賄侵欲崇侈不可盈猒聚斂積實不知紀極不分孤寡不恤

以比三凶謂之饕餮杜預云縉雲黃帝時官名非帝子孫故以比三凶也貪財曰饕貪食曰餮　縉音晉　饕

窮匱天下之民以比三凶謂之饕餮杜云縉雲黃帝時官名非帝

子孫故以比三凶也貪財為饕貪食為餮也　縉雲音晉　饕

七刀反　餮他節反　殛紀力反　鯀故本反左傳顓頊氏有不才子不可教訓不知話言告之則頑舍之則嚚傲很

本又作叨吐刀反　餮他節反或作飻字　殛紀力反誅也注同　鯀左傳云顓頊氏有不才子不可教訓不知話言告之則頑舍之則嚚傲很

皋陶子也 罷（彼皮反）

（字又作茲古益字斜繇子名）羆（彼皮反古文作𩡷）柏尸（伯夷臣名也馬本作伯夷）涾伯（本或作涾伯夷字舊本皆無夷字）

伯規記

女袟宗（本或作女作袟宗作衎字）歼（本又作𣦸古歼字早也）死（本又作𣦸古夜字）惟寅（徐音夷又以真反）寅（如字徐音夷）

夔（求龜反）茛（求龜反臣名也）竜（本又作龍古龍字臣名）胄（直又反王云胄子國子也馬云胄長也教長天下之子弟）曺学（直又反王云胄子國子也馬云胄長也教長天子之子弟）桌（古栗）栗（戰栗也）

（字又作𣞤戰栗也）㑌（古剛字古文作信）丙亡（音無古文無字皆亾上失之字作亾從人）㦿（古蕑字）亡𢆡（五報）

蕑規記

反 詍（古詩字）言志（古志字）哥（古歌字）永言（如字長也下同徐音詠）永（徐音詠又如字）䉡倫（如字或作古㔻字）

於（如字或音烏而絕句者非）於予（並如字讀者或以於為烏音而絕句非也）石（古作后磬）拊石（音撫徐又音府）拊（音撫徐音府）衛習（古舞字）脤

不氏（周礼有其職掌養禽獸）塱（徐音在力疾也說文丰尸反云古文字疾惡）即（徐在力反）讒說（如字失銳反）讒（切韻士咸反）說（如字注同徐失銳反）殄

懋音茂王云勉也馬云美也　稽音啓　首稽首至地臣
楙古茂字王云勉也馬云美　𢷎古拜字說文以為今字云古文作𢷎又作𢍰今本止作拜字　𩠐古稽字音啓也　𩠐古首字稽首之
事君之禮　契息列反　陶音遥
至地臣事君之礼　𥝩古稷字官名也　卨古文作禼皆古偰字息列反臣名也　咎音羔　繇音遥卦繇臣名　弃古棄字后
播波左反
稷名也　殂本又作阻莊呂反王云難也馬本作徂云始也　餧古飢字　𢾺古文播波佐反𢾺也字又或作𢿱亦古播字　不遜
阻莊呂反王云難也
猾户八反　寇苦豆反　宄音軌
音遥順也　滑于八反亂　寇苦豆反　姦宄宄字又作宄古文作宄皆音軌　剽疋妙反說文云一日劫人也字林父召反
劓魚器反截鼻也　剕扶味反刖足也　大辟婢亦反死刑也
劓魚器反截鼻反　剕扶貴反刖足也　大辟婢亦反死刑也下同　朝直遥反　市　甸師田遍反
三處昌慮反　於朝直遥反　垂如字徐音睡
三處昌慮反　復陳扶又反篇末注同　垂本又作𡍮皆古垂字如字臣名也徐一音睡　女共工共音恭
斨七良反　伯與下音餘　益
馬云共工司空官也本或作女作共工　殳音殊　斨七良反殳斨臣名　柏與音餘伯與臣名　屮本又作屮古草字　𦬸

Pelliot 3315

敦煌唐寫本《尚書釋文》殘卷跋

（原載《志林》第2期，第1—13頁。後載《學術季刊》3卷3期，1955年3月，第1—15頁）

王重民題敦煌卷子徐邈《毛詩音》新考

王重民《敦煌古籍》:

《毛詩音》，徐邈撰，伯三三八三，敦煌秘籍寫真新編影印本。《叙録》云:"敦煌本《毛詩音》殘卷，首尾殘缺，起《大雅·文王之什》《旱麓》，訖《蕩之什》《召旻》，存九十八行（規案:計原卷行數，實九十六行）。"以余考之，蓋晋徐邈所撰也。陸德明《經典釋文》，自《旱麓》至《召旻》，引徐氏音三十一則（規案:實引徐氏音四十五則），持與此卷子本相校，文字同者八條，陸氏以今音改紐韵者十三條，以直音改切語者六條，釋文誤者一條，餘三條蓋爲徐爰音也。

規案:王氏論據多誤，斷爲徐邈音，尤不可輕信。今先檢正王氏之説，然後申論此卷有關諸問題。

（一）王氏所舉此卷音與《釋文》所引徐氏音文字同者八條。今案:《鳧鷖》在潨，《釋文》云:"在公反。徐云:鄭音在容反。"卷子本作:"毛存東反，鄭殊容反。"存東之音與在公同;殊容與在容，則一爲禪紐，一

爲從紐，舌齒音异。又:《卷阿》茀祿爾康矣，《釋文》云:“毛音弗；徐云：鄭音廢，福也。”卷子本作:“毛弗，鄭袚妃勿。”弗在物韵非紐，廢在廢韵非紐，袚（妃勿反）在物韵敷紐。廢之與袚，聲韵皆异。又《雲漢》蟲蟲，《釋文》云:“徐徒冬反，卷子本作徒東反。”東、冬韵异，王氏謂“卷子本正作徒冬反”者，誤也。是王氏所舉文字同者，僅大斗音主，不泯音民，文字全同。其餘《卷阿》伴奐，《釋文》云:“伴音判，徐音畔；奐音喚。”卷子本作:“伴毛普半反，鄭蒲半反；奐毛呼亂，鄭胡亂。”《民勞》能邇，《釋文》云:“徐云毛如字，鄭奴代反。”卷子本作:“乃登，鄭能代反。”《桑柔》荓云，《釋文》云:“字又作迸，徐補耕反。”卷子本經文荓作迸，八耕反。伴、奐、能、荓、四字作音之字雖异，而音則同。是所舉八條，相同者僅五條耳。

（二）王氏謂陸氏以今音改紐韵者十三條，且云:“徐音近古，重脣唐時已讀輕脣，舌頭舌上之分，亦已清晳，凡此之類，陸氏均改從今音，此又《釋文》之例，依此卷子而可推知者也。”今案：王氏所舉生民維秠，《釋文》云“徐芳婢反”，徐當爲郭，王氏所據乃《釋文》誤本。其他切音之异者亦多誤以爲同。如《靈臺》維樅，《釋文》云:“徐七凶反”，卷子本作“促雙”，七凶，促雙皆清紐，而一在鍾韵，一在江韵。《生民》唪唪，《釋文》云:“徐薄孔反”，卷子本作“逋孔”。薄孔、逋孔，皆董韵，而一在並紐，一在邦紐。又維芑，《釋文》云:“徐巨己反”，卷子本作“羌己”，巨己、羌己，均在止韵，而一在群紐，一在溪紐。《民勞》小愒，《釋文》云:“徐丘麗反”，卷子本作“卿列”。丘麗、卿列，均爲溪紐，而一在霽韵，一在薛韵。《板》熇熇，《釋文》云:“徐許酷反”，卷子本作:“香約反，又荒哭（王氏誤認爲笑字）。”許酷、香約、荒哭，皆爲曉紐，而酷在沃韵，約在藥韵，哭在屋韵（如王氏誤釋爲笑，笑在去聲笑韵，則更非入聲字）。《蕩》掊克，《釋文》云:“徐又甫垢反”，卷子本作“蒲侯”，甫垢爲非紐厚韵，蒲侯爲並紐侯韵。又湎，《釋文》云：“徐莫顯反”，卷子本作“民善”。莫顯、民善均明紐，而顯在銑韵，善在獮韵。《韓奕》炰，《釋文》云：“徐甫九反”，卷子本作“彭交”，甫九爲非紐有韵，彭交爲并紐肴韵。以上八條音皆不同。惟《皇矣》王此，《釋文》云“徐于况反”，卷子本作“于誑”，皆爲紐漾韵。《板》泄泄，《釋文》云：“徐以世反”，卷子本作“以世”（王氏誤據《民勞》篇音云：卷子本作盈世），音切文字全同。《抑》不讎，《釋文》云：“徐市又反”，卷子本作“市由、市救”。市又與市救同音。《卷阿》昄，《釋文》云：“徐符版反”，卷子本作“彭板”。符版，彭板，均在潸韵，而符屬奉紐，彭屬並紐；徐邈時輕重唇未分，故符亦屬並紐，是符版，彭版，音亦相同。綜計王氏所舉十三條，僅王、泄、讎、昄四條音同，其餘九條音皆相异。即四條同音之字，亦非若王氏所云：“卷子音近古，重唇唐時已讀輕唇，舌頭舌上之分，亦已清晰，凡此之類，陸氏均改從今音也。”蓋泄字音切全同。王、讎二字音切，皆以市爲上字。昄字音切，陸氏正用徐邈反音，觀《釋文》：“敝笱，婢世反，徐扶滅反”；“載驅薄薄，普各反，徐扶各反。”陸皆以今音敝、薄讀重唇，而所録徐音上字皆爲輕唇，未嘗改輕唇爲重唇；豈有徐音本讀重唇作彭板，而改爲符版者乎？若敝笱徐扶滅反，《集韵》入聲十六屑敝下引徐邈讀作蒲結切，《集韵》徵引舊切，正以重唇字改輕唇字也。王氏謂陸氏以今音改紐韵者，據其所舉例證，殆無一是處。

（三）王氏謂以直音改切語者六條，今案：《靈臺》逢逢，《釋文》云：“徐音豐”，卷子本作“蒲工”。蒲工爲並紐東韵，豐爲敷紐東韵，陸氏不應誤譯蒲工爲豐。且逢逢，《釋文》第一音爲薄紅反，第二音爲徐音豐，此明二音不同，陸氏主第一音而特附綴徐音。且《釋文》第一音“薄紅”，正與卷子“蒲工”音全同，則非改“蒲工”爲“豐”明矣。又《文王有聲》維翰，《釋文》云：“徐音寒”，卷子本作“恒案”，寒在平聲寒

韵，案在去聲翰韵，二音不同。《行葦》臺背，《釋文》云："徐音臺"，卷子本作"湯來"。臺爲定紐，湯爲透紐，二音亦异。《雲漢》如惔，《釋文》云："音談，徐音炎"，卷子本作"唐甘"。炎乃爲紐鹽韵，唐甘乃定紐談韵。唐甘正與《釋文》第一音之"談"同音，斷非陸氏以音炎，改唐甘也。又《江漢》來鋪，《釋文》云："普吴反，徐音孚"，卷子本作"妃于"。普吴乃滂紐模韵，孚乃敷紐虞韵，妃于乃非紐虞韵，三音皆不相同。以上所舉逢、翰、臺、惔、鋪五音皆誤；惟《板》維翰，《釋文》云："徐音寒"，卷子本作"恒安"，寒與恒安之音相應，然《文王有聲》翰音卷子本既與《釋文》不相應，則此相應者，亦出於偶合耳。

（四）王氏云：《釋文》誤者一條，今案：王氏云："《靈臺》王在靈囿一條，《釋文》云：'囿音又，徐于目反'，卷子本作'于救反'。陸氏既用直音音又，又引徐氏切語者，以與直音相應也；若作于目反，則不相應矣。似當依卷子本作于救反爲是。"規案：音又，與于救同音，皆屬爲紐救韵；于目則屬爲紐屋韵，一去一入，二音不同。陸以讀去聲者爲第一音，而以讀入聲者爲第二音，正所以兼載异讀，非誤字也。觀《釋文·秦風·駟驖》園囿云："音又，沈又尤菊反。"沈音尤菊，正與徐音于目同音，知囿字，《釋文》以前本有去入二讀，故《廣韵》去聲宥韵云："宥，于救切"，入聲屋韵云："宥于六切"；《集韵》去聲宥韵云："囿，尤救切"，入聲屋韵云："囿，于六切"于六一音，即本徐氏于目、沈氏尤菊而來，安得竟以爲誤也！

（五）王氏云："《抑》輯柔爾顔，《釋文》引徐音集；《桑柔》弗求弗迪，《釋文》引徐徒歷反；《雲漢》序百姓見憂，《釋文》引徐音于救反，并不見於卷子本。"按《釋文》序録云："俗間又有徐爰詩音，此三條殆爲徐爰音耶？又邈并不爲詩序作音，而《雲漢》序有徐氏音，則此三條爲徐爰音審矣。"規案：除王氏所舉三條外，尚有《旱麓》以享，《釋文》

引“徐許亮反”;《板》出,《釋文》引“徐尺遂反”;《雲漢》大甚,《釋文》引“徐他佐反”;《韓奕》燕師,《釋文》引徐云“鄭於顯反，王肅孫毓并烏賢反”;《常武》序騷,《釋文》引“徐音蕭”；又繹騷,《釋文》引“徐音蕭”;《瞻卬》婦寺,《釋文》引“徐音侍”；諸條并不見于卷子本。如謂不見卷子之徐音，皆爲徐爰音，則《集韵》四十一漾“向”，引徐邈讀許亮反，是許亮反爲徐邈音明矣。且《釋文》序録云:“爲詩音者九人：鄭玄、徐邈、蔡氏、孔氏、阮侃、王肅、江惇、干寶、李軌”，僅附綴“俗間又有徐爰詩音”一語，蓋不爲陸氏所重，未必引用其音。至謂邈不爲詩序作音，尤爲無據。案《釋文》引徐音，其爲序作音者,《關雎》序有“所以風”“風風也”“不嫉”三條,《葛屨》序有“機巧”“趨利”二條,《鴻雁》序有“矜寡”一條,《庭燎》序有“庭燎”一條,《十月之交》序下箋有“番也”一條。《菀柳》序有“菀柳”一條,《苕之華》有“苕之華”一條,《公劉》序有“涖”一條,《常武》序下箋有“騷”一條,《武》序有“大武”一條,《酌》序有“大武”一條,《賚》序有“賚”一條,《駉》序有“牧乎”“坰野”二條，是王氏謂徐不爲序作音之説，顯與事實不合。且“菀柳”《釋文》云:“音鬱，木茂也，徐於阮反。”《正月》有菀,《釋文》云:“音鬱，徐又於阮反。”《都人士》菀結,《釋文》云:“於勿反，屈也，積也。徐音鬱，又於阮反。”是菀音三條，無論爲序文，爲經文，音鬱及於阮反，皆同爲徐音，豈可謂邈不爲序作音，而斷言序下徐音爲徐爰音耶!

綜上所論，王氏所舉《釋文》徐氏音與殘卷音相校，王氏謂爲合者什九，不合者什一；實則不合者居什之九，而合者僅什之一，是此卷非徐氏音昭昭明甚。故王氏説出，劉詩孫著《敦煌唐寫本晋徐邈〈毛詩音〉考》(《真知學報》第五卷第一期，本文據《王氏敦煌古籍叙録》轉引)一文疑之。其言曰:

友人王重民教授往巴黎，董理諸寫本，檢《經典釋文》《毛詩音義》所引徐音，間有與殘卷合者，始考知爲徐邈《毛詩音》。并著爲跋，載圖書季刊中。然余細爲紬繹，不能無疑。玆先述二事以明之。

1.《經典釋文》《毛詩音義》所引徐邈，非祇徐邈一家也。《釋文》敘録既稱徐邈詩音，又云“俗間又有徐爰詩音”，是則音義所引徐音，殆兼采二家反切。特音義所引，何者爲邈，何者爲爰，未有區别，而總標徐氏，此其失也。今據失載主名之音，姑定爲徐邈一家，已自不可。而况藉此引言，偶遇反切，有與殘卷合者，遽定殘卷爲徐邈詩音，是豈可爲定論哉？此不能無疑者一。

2.《經典釋文》序録曾引徐邈音云：徐仙民反易爲神石，此言徐邈用“神石”爲“易”字切也。今檢殘卷詩音，易字凡六見，用“盈豉”爲切者三，用“羊石”爲切者二，用“亦”字爲直音者一，俱與“神石”反切不合。豈殘卷非徐邈音歟？此余不能無疑者二。

今再準上所稱，羅列諸證，以實吾説。按殘卷存音，不及全書什一，因此《經典釋文》《毛詩音義》中此三什之音，凡其間引徐音切，以常理推之，或當與殘卷合。然合者僅得五則，不合者得二十有五則，又《釋文》已見徵引，而殘卷無此音切者，得十有一則，都共四十有一則。玆據此四十一則之音，析爲三類以言之：

1.凡《釋文》引徐音切，有與殘卷合者，此固可爲殘卷音切，得一佐證，暫定爲徐氏詩音。特是否徐邈，抑或徐爰，《釋文》既無反切主名，此更未敢妄定。况音切不合者，得二十有五則，過于合者倍蓰，此烏可遽定爲徐邈音耶？此一類也。

2.凡《釋文》引徐音切，有與殘卷不合者，此尤可證殘卷詩音，確非邈作。今若據其合者，定爲徐邈詩音，此更可據其不合者，駁爲妄定。且反切證據，多寡懸殊，是烏可據其五則反語，即可認爲定論哉？此二類也。

3.凡《釋文》引徐音切，殘卷缺載者，此更可爲殘卷非徐音之證。若屬徐音殘卷，縱無同音，亦必俱載异切，斯並异切不載，其非徐邈明甚，尤非徐邈音矣。此三類也。

劉詩孫氏既疑此卷非徐邈音，又檢《毛詩音義》之反切有與殘卷同者，得九十有四則，遂臆測此卷爲《經典釋文》《毛詩音義》之原本。然又謂有不能自信者四，其言曰：

今據此改本《釋文》，偶遇有九十四則音切，與殘卷相合者，謂殘卷音切，即《釋文》原本，此豈可爲定論？此余不能信者一。

矧殘卷音切，存者綦多，殆近二千（重規案：殘卷九十六行，都七百餘音），較之九十四則，何啻倍蓰。今據九十四則相合之音，謂即《釋文》原文；斯則不合倍蓰之音，究將何説乎？此余不能自信者二。

又《釋文》改本原重删訂，既加删訂，必較原本爲簡。今殘卷反切，溢于改本固多，可爲改本簡率之證。然較改本闕載者，亦復千有餘音，是又烏可遽定殘卷爲《釋文》原本耶？此余不能自信者三。

又《釋文》叙録云："前儒作音，多不依注，注者自讀，亦未兼通，今之所撰，微加斟酌。若典籍常用，會理合時，便即遵承，標之於首。其音堪互用，義可并行，或字有多音，衆家别讀，苟有所取，靡不畢書，各題氏姓，以相甄識，義乖於經，亦不悉記。"此言引述諸音，必標姓氏，倘有乖戾，即加刊剟，或僅存音，不標姓氏之意也。今此九十四則相合之音，安知非陸氏刊剟姓氏之切；縱非徐氏，亦必别家，縱非别家，亦非陸氏一人之音，此可據常理推證者。是則殘卷音切，是否爲《釋文》原本，固未可定。此余不能自信者四。

劉氏因此四端，未敢堅持殘卷爲《釋文》原本之説，故其結論曰：

“今姑從王重民教授之説，暫定殘卷音切，爲晋徐邈《詩音》。”重規案：劉氏推定殘卷爲《釋文》原本之説，即其自舉四端，已可斷言其不能成立。然其致疑于王氏之説，其理由則頗正確。唯謂“《經典釋文》《毛詩音義》所引徐邈，非祇徐邈一家，《釋文》叙録既稱徐邈《詩音》，又云俗間又有徐爰詩音，是則《音義》所引徐音，殆兼采二家反切。”此則未爲精審。今按《釋文》叙録，《易》《書》《詩》《周禮》《禮記》《左傳》《論語》《莊子》，徐邈皆爲作音，徐爰音則僅《詩》及《禮記》述及之。今就《毛詩音義》所引徐氏音與諸經音義略加比較，即可證明詩音雖未標明徐邈之名，實爲徐邈之音。案《詩·靈臺》《釋文》：“囿，音又，徐于目反”；《左傳·莊十九年》《釋文》亦云：“囿，音又，徐于目反。”《左傳·昭九年》，《穀梁·昭九年》《釋文》并云：“囿，音又，舊于目反”，舊音蓋亦徐音也。《詩·板》《釋文》：“泄，徐以世反”；《莊子·山木》《列禦寇》《釋文》亦云：“泄，徐以世反。”《詩·蕩》《釋文》云：“掊，徐又甫垢反”，《莊子·天道》《釋文》云：“掊，徐方垢反”，方垢即甫垢，方、甫聲類同也。《詩·抑》《釋文》云：“輯，徐音集”；《書·舜典》《釋文》亦云：“輯，徐音集。”《詩·桑柔》《釋文》云：“泯，徐又音民”；《書·吕刑》《釋文》亦云：“泯，徐音民。”《詩·瞻仰》《釋文》云：“寺，徐音侍”；《易·説卦》《釋文》云：“寺，徐音侍。”《詩·大東》《賓之初筵》《板》《釋文》并云：“出，如字，徐尺遂反”；《易·離卦》《釋文》云：“出，如字，徐尺遂反”；《鼎卦》《釋文》云：“出，徐尺遂反，或如字”；“《尚書·大禹謨》《顧命》并云：“出，如字，徐尺遂反”；《禮記·檀弓》《釋文》云：“出，如字，徐尺遂反”；《左傳·襄九年》《釋文》兩云：“出，如字，徐尺遂反”；又《左傳·序》《左傳·昭八年》《釋文》則云：“出，如字，又尺遂反”；《左傳·襄十年》《釋文》則云：“出，如字，一音尺遂反”；《論語·子罕》《釋文》則云：“出，如字，舊尺遂反。”凡《易》《書》《禮》《左傳》《論語》《莊子》

諸書,《釋文》所引之徐音，并皆徐邈音，既與《詩經》《釋文》所引徐音相合，則《詩經》《釋文》所引徐音乃徐邈音明矣。況《毛詩》《釋文》所引徐音三百餘事，此卷起《大雅·文王之什》《旱麓》，訖《蕩之什》《召旻》,《釋文》所引徐音，亦達四十事。今與殘卷相校，合者僅五事，而不合者至三十五事，其非徐音甚明，固不必分辨孰爲徐邈孰为徐爰也。又劉氏詩孫云:“《經典釋文》序録曾引徐邈音云:‘徐仙民反易爲神石’，此言徐邈用‘神石’爲‘易’字切也。今檢殘卷《毛詩音》,‘易字凡六見，用‘盈豉’爲切者三，用‘羊石’爲切者二，用‘亦’字爲直音者一，俱與‘神石’反切不合。豈殘卷非徐邈音歟?”重規案：陸德明《釋文》爲“易”字所作之音,《易經》有“盈隻”“以豉”二切，及直音“音亦”;《書經》有“以豉”“羊隻”“羊石”三切;《詩經》有“以豉”“夷豉”“羊豉”“以赤”四切，及直音“音亦”;《周禮》有“以豉”一切，及直音“音陽”;《禮記》有“以豉”一切,“音亦”一音;《左傳》有“以豉”“神豉”二切，及“音亦”一音;《論語》有“音亦”一音;《莊子》有“以豉”一切,“音亦”一音；其諸音切,“音亦”一音全同。其“音陽”蓋讀“易”爲“昜”，异形故异讀。“以豉”一切，諸書皆同。以、夷、羊、盈皆喻母字，則“夷豉”“羊豉”“盈豉”即“以豉”。“隻”“石”“赤”，皆同在昔韵，則“羊隻”“羊石”“盈隻”與“亦”字同音,“亦”字爲喻母昔韵也。是諸切音總括不過二音，輕易之義，則讀爲“以豉”；變易之義，則讀爲“亦”。讀經徐氏之音，當亦不外此二音，故《詩經·甫田》《釋文》云:“禾易，以豉反，治也；徐以赤反。”《禮記·檀弓》《釋文》云:“易之，徐以豉反。”凡徐邈爲《易》《書》《詩》《周禮》《禮記》《左傳》《論語》《莊子》作音，亦不外此二音。不得謂徐邈爲“易”所作之音，必爲“神石”也。今考“神石”之音，不見于《釋文》全書。唯《左傳·襄四年》“易土”、《左傳·襄十三年》“必易”，引徐神豉反。“豉”爲“寘”

韵，“石”爲昔韵，去入相承，韵本極近，疑“神石”“神豉”皆徐音。神字爲舌上音神母，與“以豉”“羊隻”屬於喉音喻母者，聲類相距甚遠，故陸德明深以爲异。要之，徐邈“易”字偶有“神石”“神豉”之音，與各家特异，故陸氏舉以爲言，不得謂無“神石”之切即非徐音也。是劉氏所疑二事，皆不必疑。然殘卷《毛詩音》與《釋文》所引徐音什九不合，則殘卷非徐邈音，固不争之事實。至劉氏校殘卷與《釋文》《毛詩音》合者九十四則，疑殘卷爲《釋文》原本。夫以千餘音而合者僅九十四則，其非《釋文》原本，事理至明。所謂“楚固失之，齊亦未爲得也”。

今試就此卷内容與《釋文》音義比較觀之，有可得知者數事：

一曰：此卷“又音”至罕，遠不及《釋文》“又音”之繁多也，計此卷七百七十餘音，有“又音”者僅十八事，兹列舉如左：

《皇矣》：菑，側理，又側吏。

剔，天歷反，又天帝。

《生民》：或揄，羊周反，又如字。

諏，足須反，又子樓。

《行葦》：敦彼，上徒官反徒桓反二音。

大斗，之專庾音主，又鍾庾反，二音同。

《公劉》：隩，衣六反，又爲報。

《卷阿》：菶菶，逋孔反，又蒲孔反。

《民勞》：譊，拏交反，又荒瓜反。

《板》：蹻，五高反，又斬妖。

熇熇，香約反，又荒哭。

《蕩》：忕，成勢反，又音太。

《抑》：洒，生買，一去音。

掃，桑老反，一去音。

不譖，創林反，又子念反。

《雲漢》：委，英僞反，又如字。

積，子漬，又如字。

《召旻》：苴，林沙反，在加反。

而此卷篇什之音，在《釋文》有又音者凡三十六事。且此卷每字不過二音，而《釋文》則羅列甚繁。如《旱麓》《釋文》："所燎，力召反，又力吊反。《説文》作尞，一云：祡，祭天也。又云：燎，放火也。《字林》同。尞音力召反，燎音力小反。"與此卷音義皆簡者，大相徑庭。蓋此卷乃一家之音，故其辭簡；《釋文》集衆家之音義，故其辭繁也。

二曰：此卷爲毛鄭作音，亦較《釋文》爲簡也。毛鄭解詩，頗有异義；及反切既興，後儒分别毛鄭异義，遂爲作反語，以异音明异義。此卷毛鄭音較《釋文》爲簡，亦由爲一家之音，與《釋文》兼收衆家者不同。兹表列卷子與《釋文》之音，以見其异同。

篇名	卷子	釋文
思齊	以御【毛顔嫁反，鄭言據反】	以御【毛牙嫁反，迎也。鄭魚據反，治也】
	無射【毛羊石反，鄭食夜反】	無射【毛音亦，厭也。鄭食夜反，射藝】
	列【毛力哲。鄭爲厲，良滯反】	烈【毛如字，業也。鄭作厲，力世反，又音賴病也】
	假【毛皆雅。鄭爲瘕，皆牙反。】	不瑕【毛音遐，遠也。鄭古雅反，已也】
	無斁【毛羊石。鄭作擇，根白反。】	無斁【毛音亦，厭也。鄭作擇】
皇矣	串【毛瓜患。鄭爲混，古温反】	串夷【古患反、毛云：習也。鄭云：串夷，混夷也。一本作患。或云：鄭音患】
	援【毛于萬，鄭胡唤】	畔援【毛音袁，取也，又于願反。鄭胡唤反】
	其鮮【口口延，鄭息淺】	鮮【息淺反，又音仙，毛小山别大山曰鮮，鄭善也】

续　表

篇名	卷子	釋文
靈臺		於論【於音烏，鄭如字。論音盧門反，思也，一云鄭音倫】
下武		來許【王如字，鄭音賚；賚，勤也】
文王有聲	厥孫【如字，鄭作遜】	孫謀【王申毛如字，鄭音遜，順也】
鳧鷖	潨【毛存東反，鄭殊容反】	在潨【在公反，毛水會也。徐云：鄭音在容反，水外之高者也】
公劉	乃依【毛衣，鄭扆、應豈反】	乃依【毛如字，鄭於豈反。箋云：或扆字】
卷阿	伴【毛普半反，鄭蒲半】	伴【音判，徐音畔】
	奂【毛呼亂，鄭胡亂】	奂【音唤、徐音换。毛伴奂，廣大有文章也；鄭伴奂，自縱弛之意】
		茀【沈云：毛音弗，小也。徐云：鄭音廢，福也。一云：毛方味反，鄭芳沸反】
民勞	遠能【乃登，鄭能代反】	能邇【徐云：毛如字。鄭奴代反、伽也】
抑	用逷【天歷反。鄭作剔，音同】	用逷【他歷反。毛云：遠也。鄭作剔，音同，治也，沈上益反】
		不讎【市由反，用也。徐云：鄭市又反】
	於屋【烏鹿反。鄭泓角】	屋【如字。或云：鄭於角反】
桑柔	稼穡【鄭作家嗇】	家【王申毛音駕，謂耕稼也。鄭作家，謂居家也】
		穡【音色，王申毛謂收穡也。鄭云：吝嗇也】
	其相【毛息羊。鄭息亮】	其相【毛如字，質也。鄭息亮反，助也】
		狂【王居况反，鄭求方反】
		大風【毛如字，鄭音泰】
		陰女【鄭音蔭，覆蔭也。王如字，謂陰知之】
		赫【毛許白反，炙也。鄭許嫁反，口距人也】
		職凉【毛音良，薄也。鄭音亮，信也】

续　表

篇名	卷子	釋文
雲漢		不相【毛如字，鄭息亮反。】
	于摧【毛存雷；鄭作嗺，祖雷反】	于摧【在雷反，又子雷反，毛至也。鄭作嗺，子雷反，嗟也】
	心憚【毛當佐反，鄭唐當反】	憚暑【毛丁佐反，勞也。鄭徒旦反，畏也】
	昭假【毛皆客反，鄭皆雅反】	昭假【音格，毛至也，鄭升也，沈云：鄭古雅反】
韓奕	甸【毛庭見反，鄭食證反】	甸之【毛徒遍反，治也。鄭繩證反，或云：鄭亦徒遍反】
	虎共【毛音拱，鄭音恭】	虡共【毛九勇反，執也。鄭音恭，云：古恭字】
	綏【毛仁隹，鄭旬隹】	綏章【毛如誰反，大綏也。鄭音雖，車綏也】
		實墉【毛如字，鄭作寔，市力反】
江漢		來【毛如字，鄭音賚，云勤也】
	旬【毛松荀反，鄭作營】	旬【毛音巡，又音荀，偏也，鄭作營】
常武	有嚴【毛宜檢，鄭牛凡】	有嚴【毛魚檢反，鄭如字】
	匪紹【毛成沼，鄭尺遥反】	匪紹【如字，繼也。徐云：鄭尺遥反，緩也】
	敦【都温，鄭作屯，徒温反】	敦【王申毛如字，厚也，鄭作屯，徒門反】
瞻卬		哲知【音智，王申毛如字】
	介狄【毛天歷反，鄭田歷反】	狄【毛他歷反，遠也。鄭如字，謂夷狄】
召旻	訌【毛胡工，鄭古洪】	内訌【户工反，潰也。徐云：鄭音工】
	不潰【毛胡憒反，毛作彙，于貴反】	不潰【毛户對反，遂也。鄭作彙，音謂，茂貌】

觀上表所列，可知毛鄭本無詩音，皆由後儒分别毛鄭字義之异，爲之作音。各家謂毛某某反、鄭某某反者，皆代毛鄭擬音，非毛鄭所自爲也。

故《釋文》潨下曰："徐云，鄭音在容反。"茀下曰："沈云：毛音弗，小也。徐云，鄭音廢，福也。一云，毛方味反，鄭芳沸反。"邇下曰："徐云：毛如字，鄭奴代反。"讎下曰："徐云：鄭市又反。"假下曰："沈云，鄭古雅反。"如此之類，乃各家爲毛鄭擬音之明證，由於音非毛鄭自作，故同一御字，此卷毛顔嫁反，《釋文》毛牙嫁反；此卷鄭言據反，《釋文》鄭魚據反。同一假字，此卷鄭皆雅反，而《釋文》謂："沈云，鄭古雅反。"同一訌字，此卷鄭古洪，而《釋文》謂："徐云，鄭音工。"一一比較觀之，即知《釋文》所謂徐云者，謂徐邈爲毛鄭所作之音也；沈云者，謂沈旋（或沈重）爲毛鄭所作之音也。一云者，謂某氏爲毛鄭所作之音也。作者不同，則擬音作切，自不劃一。至于此卷毛鄭之音，從未稱引他人，知爲作者一家之音；《釋文》稱引徐氏、沈氏、某氏，則以《釋文》爲網羅衆家之作也。又案《四庫全書總目提要》曰："鄭氏《六藝論》云：'注詩宗毛爲主，毛義若隱略，則更表明，如有不同，即下己意使可識别。'自鄭箋既行，齊魯韓三家遂廢。然箋與傳義亦時有异同，魏王肅作《毛詩注》《毛詩義駁》《毛詩奏事》《毛詩問難》諸書以申毛難鄭，歐陽修引其釋《衛風》《擊鼓》五章，謂鄭不如王。王基又作毛詩駁以申鄭難王，王應麟引其駁《芣苢》一條，謂王不及鄭。晋孫毓作《毛詩异同評》，復申王説；鄭統作《難孫氏毛詩評》，又明鄭義（原注：并見《經典釋文》）。袒分左右，垂數百年。"是鄭氏釋詩，與毛有异，義既不同，音當异讀，於是作詩音者，據毛鄭异義，爲之分别作爲反切。其後王氏起與鄭抗，鄭學王學，樹幟相争，既有王氏申毛之義，故又有王氏申毛之音。此卷但有毛音鄭音，而《釋文》則毛音鄭音之外，復有王申毛之音，知此卷遠在釋文之前矣。

三曰：此卷作音既簡，釋義更稀，即有釋義，亦必稱引故書舊説以詮明之（僅虓虎聲一條未引舊説），兹具録如次：

列　鄭爲厲。《説文》云：惡疾。

式郭　《爾雅》云：郭，大。

栭　郭璞云：樹似槲樕而庳小，子如細栗。

椐樻　孫炎云：腫節，可以爲杖。

媲　孫炎云：凡相偶爲媲。

敏拇　賈逵云：大指。

不坼　《説文》云：裂也。

呱　《説文》云：小兒啼聲。

穎　《説文》云：禾末也。

虋　郭璞云：今赤粱粟是也。

一稃　《説文》云：穭也。《倉頡篇》云：甲也。《聲類》云：米之皮。

揄　《説文》云：引也，又如字。

賁軍　《禮記注》云：覆敗也。

蓋僅　《廣雅》云：劣也。

既挾　《説文》云：持也。

之壼　《爾雅》云：宫中巷。

餾　《爾雅》云：饋餾，稔也。郭璞云：今呼餐飯爲饋，饋熟爲餾。

蹶蹶　《爾雅》云：閑也。

蕘　《説文》云：草新。

蹻　《説文》云：行舉足高也。

屎　《爾雅》云：呻也。孫炎云：人愁苦呻吟之聲也。

懟　《説文》云：怨也。

脅肩諂笑　《孟子》曰：脅肩諂笑，病於夏畦，言竦體笑，勞於夏日灌園也。

芮　《説文》云：草生貌。

唈　郭璞云：短氣也。

熅《説文》：鬱烟也。

旱魃　薛綜云：魃鬼，人形，眼在頭上。

瘨《廣雅》云：狂病也。《聲類》云：風病也。

蠋　郭璞云：大蟲如指，似蠶。

蔌　郭璞云：菜茹之總名。

壑《爾雅》云：隍也。舍人云：城池也

貔《爾雅》云：白狐也。郭璞云：一名執夷、虎豹之屬。

糲《倉頡篇》云：脱粟米也。

總計殘卷七百餘音，釋義者不過三十餘事。而所引之書，不過《爾雅》《説文》《孟子》《廣雅》《倉頡篇》（稃、糲二條，《玉函山房輯佚書》無）《聲類》（稃一條，《玉函山房輯佚書》無；瘨一條，據《阿那律八念經》音義引云：瘨、風病也）《禮記注》《及舍人》，孫炎、郭璞（三家皆注《爾雅》）、賈逵、薛綜數家之説而已。且凡所稱引，皆魏晋以前之作。詩《釋文》所引，則有周續之、雷次宗、何胤、沈重、崔靈恩、阮孝緒、沈旋諸人，皆宋齊以後之説，足知此卷必出《經典釋文》以前。然此卷《抑》洒掃下云：一去音。四聲之名，肇於宋齊，又足知此卷必在徐邈以後，此殘卷時代可以考徵明白者也。

余嘗爲《敦煌〈毛詩詁訓傳〉伯二六六九號殘卷題記》一文（載《新亞學術年刊》第十期），指出其卷於卷背作音，厥制甚古，所作之音，泰半與《釋文》音同，而反切用字多异。且不同之音，皆較《釋文》爲勝。當爲《釋文》以前六朝人舊音，葢《毛詩音隱》一類之遺迹。試取與此卷相校，彼卷音起《大雅・大明》俔天之妹，訖《文王有聲》築城伊減，與此卷同具之音，僅有十二，玆表列於後：

篇名	詩文	作音字	本卷音	二六六九卷音
旱麓	乃人熂燎	熂	香氣	香氣
思齊	神罔時恫	恫	土工	土工
皇矣	其灌其栵	栵	力滯	力滯
	啓之辟之	辟	睥赤	睥赤
	其檉其椐	椐	起居	起居
	栵栭也	栭	而	音而
	椐樻也	樻	困匱反	困匱
	猶蘗蘗	蘗	迎竭	迎竭
	臨衝茀茀	茀	弗	甫勿
	四方以無拂	拂	扶勿	扶勿
靈臺	鼉鼓逢逢	逢	蒲工	蒲工
文王有聲	築城伊淢	淢	兄逼	况逼

計兩卷共有之十二音，切字全同者十音，茀字本卷音弗，二六六九卷爲甫勿反，甫勿爲非母物韵，與弗音全同。淢字本卷兄逼反，二六六九卷况逼反，本卷桑柔兄，音况、是“兄逼”與“况逼”音亦全同。且此兩卷共有之十二音，所用切語上下字，如上字溪紐之困，疑紐之迎，滂紐之睥，下字東韵之工，至韵之匱，昔韵之赤，皆隋唐人《切韵》《唐韵》諸韵書所未見，既足明二卷音切淵源之古，亦可覘二卷關係之深，使非同出一源，或同出一手，斷難音切全同，吻合無間，是此殘卷當爲徐邈以後、《釋文》以前，六朝專家之音，考鏡音韵源流者，當有取於斯。

此卷有敦煌秘籍寫真新編影印本，間有漫漶失真處，承法國國家圖書館惠允以原卷照片影印發表，特此志謝。一九六八年六月十八日潘重規附識

（原載《新亞學報》9卷1期，1969年6月，頁71—91）

敦煌《詩經》卷子之研究

一九六七年夏休，余游巴黎倫敦，得縱觀英法兩國所藏敦煌卷子。本文專就披閱所及之《詩經》卷子，撮其所得，爲簡要之陳述。文類胥抄，姑名研究云爾。

總計英法所藏敦煌寫本《詩經》，共二十有五卷。見於倫敦博物館者，有斯坦因編目〇〇一〇、〇一三四、〇四九八、〇五四一、〇七八九、一四四三、一七二二、二〇四九、二七二九、三三三〇、三九五一、五七〇五、六三四六，凡十三卷。見於巴黎國家圖書館者，有伯希和編目二一二九、二五〇六、二五一四、二五二九、二五三八、二五七〇、二六六〇、二六六九、二九七八、三三八三、三七三七、四九九四，凡十二卷。其間有僅存標題者，如伯二一二九卷；有僅存數行者，如伯二六六〇卷；有白文本，如伯二九七八卷；有詁訓傳本（除白文本外多屬之）；有詩音，如斯二七二九卷、伯三三八三卷；有卷背作音者，如斯一〇卷，爲王重民教授所發現，如伯二六六九卷，爲余所發現。此二十餘卷，皆唐以前人手寫，雖零縑殘楮，然綜合叙次，十五《國風》、二《雅》、三《頌》經序傳箋約略粗備，蓋六朝唐人講習之《詩經》

卷子，佚存於世者，具萃於斯。取與《釋文》《正義》相校，多可印證發明，良由《釋文》唐疏即取材於此等卷子也。昔嚴可均《鐵橋漫稿》（卷八）書宋本《後周書》後云：

> 書貴宋元本者，非但古色古香，閱之爽心豁且也；即使爛壞不全，魯魚彌望，亦仍有絶佳處，略讀始能知之。

究心典籍者，咸許嚴氏爲知言。若敦煌卷子，其爛壞不全，遠過於宋元傳本，其獨善絶佳處，亦迥非宋元傳本所能及。余遍校敦煌《詩經》卷子後，尤有會嚴氏甘苦自得之旨。既分篇詳記二十五卷之内容，兹復删取其要，以便讀者之省覽焉。

（一）伯二一二九號《毛詩》殘卷

此卷正面寫"《大乘解密嚴經》三卷"。背録王仁眗《刊繆補闕切韵序》，陸詞法言《切韵序》。卷背之末，有字二行，書法頗古，云：

> 毛詩卷第十一
> 鴻雁之什訓詁傳第十八

此卷篇題，《敦煌遺書總目提要索引》未著録，唯姜亮夫《敦煌——偉大的文化寶藏》第八章《敦煌的儒家經典》中"詩經類"云：

> 又《詩經》卷四（伯二一二九，僅有"鴻雁之什故訓傳第十六"篇題，而無正文）。

既誤“十八”爲“十六”，而又脱“毛詩卷第十一”標題一行。

（二）伯二六六〇號《毛詩詁訓傳·周南》殘卷

此卷僅存八行。《螽斯》全，《樛木》《桃夭》殘。取校今本，勝處頗多。今注疏本“葛藟縈之”，此卷作“葛藟帠之”。《釋文》云：“帠，本又作縈。”是此卷與《釋文》所據本同。今注疏本《螽斯》序：“則子孫衆多也”，此卷無也字。“詵詵兮”傳：“詵詵，衆多也。”此卷作“詵詵，衆口貌也”，多貌字。箋云：“后妃之德能如是，則宜然。”此卷“宜”作“亦”。“宜爾子孫振振兮”箋云：“后妃之德寬容不嫉妬，則宜女之子孫，使其無不仁厚。”此卷作“后妃之德寬容不嫉妬，則宜汝之子孫，使其無不人厚之也。”案《正義》云：“言宜爾子孫，明子孫皆化后妃能寬容，故爲仁厚，即寬仁之義也。”又云：“此言后妃子孫仁厚，然而有管蔡作亂者，此詩人盛論之，據其仁厚者多耳。”重規案：據此卷作無不仁厚之，人厚猶仁厚，之指子孫，蓋謂后妃無不仁厚其子孫。如此，則不必有《正義》管蔡作亂之疑矣。又《桃夭》序云：“國無鰥民也。”《正義》云：“國無鰥民焉，申述所致之美，於經無所當也。”此卷作“國無鰥民焉”（焉字泐，猶可辨識），是此卷與《正義》本同作“焉”，不作“也”，與今注疏本异也。

（三）伯二九七八號《毛詩·小雅》白文殘卷

起《小旻》于道謀是用不潰於成，訖《瞻彼洛矣》末。案此卷實《毛詩詁訓傳》本，特抄者略去傳箋，僅寫白文。故仍存“卷第十二”“《谷風之什》《詁訓傳》廿卷第十三”“《毛詩》卷第十三”“《甫田之什》《詁訓傳》第廿卷第四”（規案：“廿”下當脱“一”字、“四”上當脱“十”字）諸標題。而《蓼莪》篇有傳文：“鞠，養也；腹，厚也。”有箋文：“穀，養也；卒，終也。”《大東》篇有傳文：“如砥，貢賦平均也；如矢，賞罰不偏也。”“睠，反顧也；潸，涕下貌。”“東人，譚人也；來，勤也；西人，京師人也；粲粲，鮮盛也。”“漢，天河也。”《四月》有傳文：“淒淒，涼風也；卉，草也；腓，病。”《小明》有傳文：“艽野，遠荒田也。”《楚茨》有傳文：“妥，安坐也；侑，勸也。”知此卷所據，實毛傳鄭箋本也。抄者僅寫白文，而又偶録傳箋耳。

以此卷校注疏本，《小宛》“大夫刺宣王也”，此卷宣作幽，小宛作小菀，與宋本《釋文》合（據段玉裁校宋本《釋文》）。《何人斯》“誰暴之云”，此卷誰作維。皆此卷勝于注疏本者也。

（四）伯二五一四號《毛詩詁訓傳·小雅》殘卷

羅振玉《雪堂校刊群書叙録》云：“六朝寫本之甲卷（規案：即指此卷），存《小雅·鹿鳴》以下至卷九後題，前十三行書迹甚劣，以後甚清勁，蓋出兩人手也。”重規案：此卷與今本文字相異，而有關經義，足資考證處頗多。如“四牡騑騑，周道倭遲”傳：“文王率諸侯撫叛國而朝聘乎紂。”此卷文王上有“箋云”二字，是“文王”下乃箋文也。又下“豈不懷歸，王事靡盬，我心傷悲”，箋云：“無私恩，非孝子也；無公義，非忠臣也。”《正義》曰：“思歸而不歸者，以君子不以私害公，故又引《公羊傳》不以家事辭王事以證之焉。《集注》定本皆無箋云兩字。”規案：《毛傳》在《公羊傳》之前，當由鄭君引以證經，有“箋云”者於義爲長。《校勘記》引段玉裁説以無箋云者爲是，蓋非。又《常棣》外禦其侮，箋云：“禦，禁；務，侮也。”《校勘記》曰：“《釋文》：‘外禦，魚吕反，

與定本同。'《正義》云：'定本經御作禦，訓爲禁，集注亦然。'是《正義》本經作御字。"又引段玉裁云："此傳御禦務侮也，兄弟雖内鬩而外禦侮也，本《國語》《爾雅》，各本誤衍箋云，非也。定本改御禦爲禦禁，不知御禦見于《谷風》傳矣。《正義》疑《爾雅》有禦禁而無御禦，不知《爾雅》御禦禁三字互訓。"重規案：此卷經文禦作御，無"箋云"二字，傳作"御，禦也；務，侮也，兄弟雖内鬩，外御其務也。"與段校若合符節，段氏可謂洞見垣一方矣。

（五）伯二五七〇號《毛詩詁訓傳·小雅》殘卷

羅振玉《雪堂校刊群書叙録》曰："乙卷（規案：即此卷）存出車至卷九後題，書迹略遜，然望而知六朝人筆。"重規案：此卷傳箋訓釋分句處較多也字。小有异同，無關宏旨，唯《杕杜》"征夫不遠"箋，今注疏本云："不遠者，言其來，喻就近"，辭義頗晦。此卷云："不遠者，言其來愈近也"，知今本"喻"乃"愈"之誤，"路"則衍字耳。此段阮諸儒校勘經籍之所不能訂正者，古寫本之可貴如此。

（六）伯二五〇六號《毛詩詁訓傳·小雅》殘卷

羅振玉《雪堂校刊群書叙録》云："丙卷（規案即此卷）存六月以下至卷十後題，書法尤精善。此三卷均不避唐諱（規案：指六朝寫甲乙丙三卷）。以上五卷（規案：指此三卷及伯二五二九、二五三八卷）分卷與開成石本同。考《隋唐經籍志》《毛詩詁訓傳》亦作二十卷，合以此本，知開成本分卷乃是六朝相承之舊矣。"今校此卷，有甚精處。如"搏獸于敖"箋云："獸，田獵搏獸也。"《校勘記》云："案《九經古義》云：《水經注》引云：'薄狩于敖，《東京賦》同'，段玉裁云：'薄狩，《後漢書·孝安帝紀》注及《初學記》所引皆可證。薄，辭也。'箋釋狩以搏獸者，上文言苗，毛謂夏獵，則不當復舉冬獵之名，且上章之行狩，疏謂是獵之總名，則此狩字當爲實事，以別於上章。"段氏《詩經小學》云："後見惠定宇《九經古義》引徐堅《初學記》作搏狩，又引何休《公羊注》、高誘《淮南子注》、漢《石門頌》，證狩即獸字，故箋云田獵搏獸也。若經作搏獵，不已贅乎？玉裁始曉然於經文本作薄狩，鄭訓狩爲搏獸，《釋文》云：搏獸，音博，舊音傅，乃爲鄭箋作音義，非釋經也。鄭箋言田獵搏獸也，此經作薄狩之確證。"重規案：此卷經文"搏"作薄，最是。惠段之説，得此灼然無疑。然經文作獸，則非誤字，惠段之説，仍當細參。蓋狩獸古本同字，經文作獸或作狩，均無不可。箋以田獵搏獸釋獸者，謂此薄獸之獸乃動詞。猶《七月》"一之日于貉"箋云："于貉，往搏貉以自爲裘也。"亦謂于貉之貉爲動詞也。《七月》以搏貉釋貉，猶此以搏獸釋獸，皆辨明詩人屬詞，以名爲動，不得謂爲誤字。

（七）伯二五二九號《毛詩詁訓傳·國風》殘卷

羅振玉《雪堂校刊群書叙録》云："唐本甲卷（規案：即此卷）存《周南·麟之趾》至《陳風·宛丘》，《魏風》以上無注，《唐風》以下則有之。書迹凡拙，乃閭里書師所寫，然以較《釋文》所載諸本，頗有勝處，蓋依據六朝善本也……以上五卷分卷與開成石本同。考《隋唐經籍志》，《毛詩詁訓傳》亦作二十卷，合以此本，知開成本分卷，仍是六朝相承之舊矣。"重規案：《漢書·藝文志》云："《毛詩詁訓傳》三十卷。"《經典釋文》序録云："《毛詩詁訓傳》二十卷，鄭氏箋。"《隋唐经籍志》及日本國見在書目皆同作二十卷。吴承仕《經典釋文序録疏證》云："《藝文志》稱

《毛詩詁訓傳》三十卷者，毛公作傳，本與經別行，唯以序文分置篇首，今本題《詁訓傳·周南》第一至《詁訓傳·那》第三十，即《毛詩》傳之舊次也。鄭氏作箋，則以箋文附於經傳之下（原注:《正義》云，末審此詩引經附傳，是誰爲之，其鄭之箋當元在經傳之下矣），又約卷爲二十，而毛公卷次，尚仍其舊。至唐修《正義》，附以詩譜，仍以鄭箋二十卷爲大目，而别爲子卷。"重規案:《釋文》序録又云："馬融注十卷，無下袟。"《隋志》："梁有《毛詩》十卷，馬融注，亡。"盧文弨《釋文考證》曰："《隋志》云：'梁有毛詩十卷，亡。'蓋馬所注本二十卷，至六朝時，殘缺止存十卷，陸氏尚見及之，故標其目。至唐人修《隋書》，并十卷亦亡也，故唐志不著録。"據此，《詁訓傳》約爲二十卷，當始於馬融，《釋文》又著録王肅注二十卷，蓋鄭王分卷，皆承馬融。王肅爲《毛詩義駁》《毛詩奏事》《毛詩問難》諸書，專攻鄭氏，其注詩分卷，未必肯從鄭氏，故知約卷爲二十，始於馬融也。

（八）伯二五三八號《毛詩詁訓傳·國風》殘卷

羅振玉《雪堂校刊群書叙録》云："唐本乙卷（規案：即此卷）存《國風·柏舟》至《匏有苦葉》，字迹亦草率。二卷均避唐諱。"重規案：劉申叔先生《敦煌新出唐寫本提要》考證此卷，即詳且精。雖抄手輕率，訛脱甚多。唯卷子淵源甚古，故披沙揀金，往往見寶，劉先生提要幾已盡舉之矣。兹續舉一條，以見此卷之可貴。案《凱風》"凱風自南，吹彼棘心"，傳云："南風謂之凱風，樂夏之長養。"此卷作"南風謂之凱風，樂夏之長養也；棘；難長養者也。"文義最爲完善。阮元《校勘記》曰："長養下當更有'棘難長養'四字，下《正義》云：'又言棘難長養者可證。'"又段玉裁云："棘下當有心字，棘心，棘之初生者，故難長養。"重規案：

此傳《正義》曰："南風謂之凱風，釋天文。李巡曰：南風長養萬物，萬物喜樂，故曰凱風。凱，樂也。傳以風性樂養萬物，又從南方而來，故云樂夏之長養也；又言棘難長養者，言母性寬仁似凱風，已難長養似棘，故箋云凱風喻寬仁之母，棘猶七子也。"觀《正義》引述傳文，與此卷全同，知此卷同於《正義》本也。今宋以下各本皆有脱文，雖阮雲臺，段玉裁、顧千里諸家校訂《詩·詁訓傳》，漸得其底本之真，然終不若此卷之碻然明白也。

（九）伯四九九四號《毛詩詁訓傳·小雅》殘卷

此卷起"爲恤"，訖《鹿鳴之什》篇五章三百十五句《毛詩》卷第九，共十六行。抄手甚劣，衍脱訛誤滿紙。唯"魚麗于罶，鱨鯊"傳云："鳥獸魚鼈皆得其所然。"此卷作"鳥獸魚鼈皆得其性然也。"蓋别本异文，或非誤字。

（一〇）伯二六六九號《毛詩詁訓傳·大雅》《國風》殘卷

此卷十三紙，第一紙首有缺損，起"侯于周服"、訖第八紙"武王烝哉，傳故言武王者乎也"，以下另紙粘連，起《詁訓傳·齊·雞鳴》第八卷五，訖《魏國》七篇十八章百廿八句卷第十五。《大雅》卷章句題在經文前，《國風》卷章句題在經文後。《大雅》卷作"箋云"，《國風》卷作"箋云"，此《大雅》八紙及《國風》五紙所據似非一本。又此卷《大雅》於卷背作音，其制甚古。所注之音皆書於當字之背，與倫敦所藏斯一〇號卷子相類，在敦煌卷子中極爲罕見。考詩類著述以隱名書者，《隋志》：梁有《毛詩音隱》一卷，于氏撰；梁有《毛詩表隱》二卷，陳統撰；梁有

《毛詩背隱義》二卷，宋中散大夫徐廣撰，亡；梁有《毛詩隱義》十卷，梁處士何胤撰，亡。案《梁書》卷五十一處士何胤傳云："《易》注，又解《禮記》，於卷背書之，謂爲隱義，注《周易》十卷，《毛詩總集》六卷，《毛詩隱義》十卷，《禮記隱義》二十卷。"是所謂隱者，特以所著寫於卷背，隱而不現，故名爲隱，此卷殆即六朝音隱之遺製也（余有詳考，見《新亞學術年刊》第十期伯二六六九號題記）。

（一一）伯三七三七號《毛詩詁訓傳·三頌》殘卷

此卷首行題《詁訓傳·清廟之什》"第□□"，訖《那之什》五篇十六章百五十四句。標題完整者有二：一爲"駉之什詁訓傳第廿九，毛詩魯頌，鄭氏箋。"二爲"那之什詁訓傳第卅，毛詩商頌，鄭氏箋。"知所據亦爲《毛傳鄭箋》本，而但録《毛詩》白文。又據《魯頌》"駉駉牡馬"此卷作"駉駉牧馬"，則底本當出自北朝。《顔氏家訓·書證篇》曰：詩云"駉駉牡馬"，江南書皆作"牝牡"之"牡"，河北本悉爲"放牧"之"牧"。《經典釋文》云："牧馬，茂後反，本或作牧。"陸德明南人，所據本作牡馬，爲江南本；而或本作牧，蓋河北本也。又案孔疏云："駉駉然腹幹肥張者，所牧養之良馬也。所以得肥張者，由其牧之在于坰遠之野，其水草既美，牧人又良，飲食得所，莫不肥健，故皆駉駉然。"又云："定本牧馬字作牡馬。"是孔疏本原作"駉駉牧馬"；定本則作牡馬也。孔穎達爲《毛詩正義》，本於北朝劉焯劉炫《舊疏》，是其所據固河北本也。

（一二）伯三三八三號《毛詩音》殘卷

王重民《敦煌古籍叙録》云：敦煌本《毛詩音》殘卷，首尾殘缺，起《大雅·文王之什》《旱麓》，訖《蕩之什》《召旻》，存九十八行（規案：核計原卷，實九十六行）。以余考之，蓋晋徐邈所撰也。陸德明《經典釋文》，自《旱麓》至《召旻》，引徐氏音三十一則，持與此卷子本相校，文字同者八條，陸氏以今音改紐韵者十三條，以直音改切語者六條，《釋文》誤者一條，餘三條蓋爲徐爰音也。重規案王氏論據多誤，斷爲徐邈音，尤不可輕信。以余考之，此卷當爲徐邈以後、《釋文》以前，六朝專家之舊音，余有《王重民題敦煌卷子徐邈〈毛詩音〉新考》一文詳論之（載《新亞學報》九卷二期）。

（一三）斯一七二二號《毛詩·周南》白文卷

起“周南關雎詁訓傳第一毛詩國風”，訖“周南之國十有一篇凡三千九百六十三字。”標題雖號《詁訓傳》，然僅録序及經文，蓋據《詁訓傳》本而略去傳箋也。

《關雎》序“愛在進賢”，此卷“愛”作“憂”，作“憂”最是。唯自宋刻本以下，皆誤作“愛”，獨毛本作憂，與此卷合。此卷雖僅三千餘字，然文字多與《釋文》本合。如《關雎》序：“哀刑政之苛”，此卷“苛”作“荷”，《釋文》云：“苛”本亦作“荷”，作荷與《釋文》别本合。《卷耳》“陟彼砠矣”，此卷“砠”作“碹”，《釋文》作“碹矣”（據臧鏞堂校宋本《釋文》），云：“本亦作砠。”又《樛木》“葛藟縈之”，此卷“縈”作“帣”，《釋文》云：“帣之，本又作縈”；又“兔罝”：此卷“兔”作“菟”，《釋文》云：“菟罝，菟又作兔”，是此卷與《釋文》本皆同。《釋文》爲南學，此卷殆出自南朝舊本歟？

（一四）斯三九五一號《毛詩·周南》白文殘卷

此卷書法不工，起《卷耳》末章，訖《汝墳》“魴魚赬尾王”。不抄傳箋，章句在經文後，文字多同今本。案《汝墳》“惄如調飢”，此卷“調”作“輖”。《經典釋文》云：“調，張留反，朝也。又作輖，音同。”重規案：輖蓋六朝人俗字，以調爲朝義，故改從朝旁，所謂“蟲屬要作蟲旁，草類皆從兩屮”者也。陸氏《釋文》多存舊本俗字，如《葛覃》云：“本亦作蕈”；《行露》云：“穿我，本亦作穿”；《邶·柏舟》云：“邶，本文又作鄁；柏，字又作栢。”若此之類，不勝枚舉，此《釋文》輖字亦當作輖，蓋亦俗本之异文也。

（一五）斯七八九號《毛詩·國風》白文殘卷

王重民《敦煌古籍叙録》云：“斯坦因所獲毛詩白文凡三卷：甲卷（規案：即此卷）始《漢廣》訖《干旄》，共百七十四行。有傳無箋，而題曰鄭氏箋，則經文從鄭氏本也。按《正義》云：今定本詁作故，此三卷書題皆作詁，則似非顔氏定本；然此本在唐代頗流行，余頗疑即顔氏定本，詁字或後人依《正義》所改。《正義》曰：‘定本章句在篇後’，此卷子本均在篇後，余疑此爲定本，此亦一證也。”重規案：敦煌卷子往往全卷或僅録經序，或兼録傳箋，前後參差，皆由抄寫者任意省略。此卷未經精校，頗多誤字。同爲毛傳，而前書故訓傳，後書詁訓傳。知抄手粗疏，不足深據。且定本之名，非始于唐代，亦不創于顔籀。劉文淇《左傳舊疏考正》序謂：“疏中所云今定本者，當係舊疏指齊隋以前而言。”倘據《正義》所云定本，以當顔籀之書，其去真實至遠。且敦煌卷子，有章句題在經文前者，如伯二六六九號之《大雅》；有章句題在經文後者，如伯二六六九號之《國風》，亦難斷言顔師古之定本，其章句標題究在經文之前，抑經文之後也。竊謂王氏毛詩定本一題，宜削去不用，不必待詳校各本，而後定其説之是非也。

（一六）斯一〇號《毛詩詁訓傳·國風》殘卷

王重民《敦煌古籍叙録》云："毛詩傳箋殘卷，存《邶風·燕燕》至《静女》，共九十一行。字小頗工，唐諱不避，六朝寫本也，經文間與今本不同，如泄泄作䌷䌷，流離作鸖離，殆六朝時字如此作，卷背有音，適書於所音經字之後，此種寫書方式亦不多見，其音多與《釋文》及斯二七二九詩音卷同，輒讀'範凡之上聲'，尤與詩音卷合。今雖不能考定撰人爲誰氏，其爲六朝人舊音，則無疑也。"

重規案：此卷䌷䌷、鸖離之類，殆即六朝人俗字，陸德明所謂"豈必飛禽即須安鳥，水族便應著魚"者也。其作音卷背，與伯二六六九號《大雅》殘卷同，蓋亦六朝人音隱之類。音切頗與二七二九號相近，余考二七二九號乃劉炫音，則此卷音殆亦同時之作歟？

（一七）斯五四一號《毛詩詁訓傳·邶風》殘卷

起《邶風·匏有苦葉》末句傳，訖《旄丘》首章"旄丘之葛兮，何誕之節兮"箋。殘存三十九行。此卷未經校改，頗有誤字。然其佳處，亦有足采者。如《谷風》"無以下體"傳云："下體，根莖也。"箋云："然而其根有美時，有惡時。"此卷"根莖"上有"謂"字，"其根"下有"莖"字。依傳例當有"謂"字。據《正義》云："言采葑菲之菜者，無以下體根莖之惡并棄其葉"，則箋根下亦當有"莖"字也。又"行道遲遲，中心

有違”箋云：“徘徊也，行於道路之人，至將於别。”此卷“徘徊”上有“違”字，“於别”作“離别”，皆以此本爲長。

（一八）斯一三四號《毛詩詁訓傳·豳風·七月》殘卷

經文起“七月流火”，迄“禾麻菽麥”。此卷文字與今本异同，羅振玉、陳邦懷列舉其勝於今本者，已甚詳盡。兹再舉一事，以明舊本之不可及。“一之日于貉，取彼狐狸，爲公子裘”傳云：“于貉，謂取；狐狸，皮也。狐貉之厚以居。”箋云：“于貉，往搏貉以自爲裘也，狐狸以共尊者。”陳啓源《稽古編》曰：“傳語簡貴，讀者多誤，于貉二字當讀（原注：音逗），謂取二字當句。于，往也，經言往，不言取，故傳補言取。狐狸二字當讀，皮也二字當句；經言狐狸，不言皮，故傳補言皮。皆以補爲釋也。且狐狸言皮，則貉之爲皮可知，義又互相備也。康成善會毛意，故不更解，但分别用裘之不同。箋云：于貉，往搏貉以自爲裘，狐狸以共尊者是也。仲達誤讀，謂取狐狸皮爲一句，故其申毛，詞多牽合，幸不失經意耳。朱子誤讀傳，并誤釋經矣。”重規案：陳氏分析傳箋，以明經意，訂《正義》朱子之誤讀，其説甚是。唯傳語終覺簡澀。此卷傳作“于貉，謂取狐狸貉之皮也。狐貉之厚以居”。狸下有“貉”字。傳蓋探下文之意，兼以詳釋本文，此毛傳行文之常例。如《周頌·載芟》篇：“有厭其傑，厭厭其苗。”傳云：“有厭其傑，言傑苗厭然特美也。”傑苗之文，兼綜下文爲釋。又如《小雅·魚藻》篇：“魚在在藻。”傳云：“魚以依蒲藻爲得其性。”并言蒲藻，探下三章依於其蒲爲釋。傳文類此者頗多，蓋皆探後文之前，此傳本釋“于貉”爲取貉之皮；而下文取彼狐狸，亦爲取狐狸之皮，故綜釋於此，而云“謂取狐狸貉之皮也”。又續引鄉黨“狐貉之厚以居”，則狐狸貉皆取其皮，其義至明白矣。陳氏之説雖當，苟無此卷以爲徵驗，終不能使後世讀者之疑渙然冰釋也。

（一九）斯一四四二號敦煌《豳風》殘卷

起《豳風·鴟鴞》第三章“荼予所蓄租”，訖《狼跋》序“美周”。此卷抄寫甚率，脱誤頗多。然披沙揀金，終有可取。如《破斧》“既破我斧，又缺我斨”傳云：“隋銎曰斧。”此卷“曰斧”下有方銎曰斨”一語。據《正義·七月》傳曰：“破斧傳云：‘隋銎曰斧，方銎曰斨。’是《正義》本亦有‘方銎曰斨’一語。”此傳既釋斧，斷無略斨而不釋，知今本脱去此語者非也。《毛詩校勘記》曰：“隋銎曰斧，小字本相臺本同，案考文古本下有‘方銎曰斨’四字，非也。此與七月傳‘斨方銎也’互文見義，《七月》正義云：‘《破斧》傳云：隋銎曰斧，方銎曰斨，然則斨即斧也。’各本皆同，其實誤也。當作然則方銎曰斨，斨即斧也。因方銎曰斨，與所引《破斧》傳云‘隋銎曰斧’有似對文，乃誤屬然則二字於斨即斧也之首耳。此經又缺我斨，《釋文》斨下云：《説文》云：‘方銎斧也。’浦鏜校彼《正義》，以爲覩音義，則傳本無此四字，非脱也。其説當矣，特未悟彼《正義》，亦本不引此傳‘方銎曰斨’也。考文古本正采彼《正義》而致誤。”重規案：《校勘記》之説非也。《正義》引《破斧》傳作“隋銎曰斧，方銎曰斨”，各本皆然，不得妄改以就臆説。考文古本正據舊本之文，此卷及斯三〇四九卷此傳皆有“方銎曰斨”之文，尤爲明證，考文古本固非采《正義·七月》添綴此傳，此二卷子尤非采《正義·七月》而致誤也。舊卷之可貴如是。

（二〇）斯二〇四九號《毛詩詁訓傳》殘卷

起《豳風·七月》第三章“流火九月授衣”，訖《小雅·鹿鳴之什》《杕杜》第四章“斯逝不至而多”。章句皆在經文之後。標題有“鹿鳴之什故訓傳第十六　毛詩小雅　鄭氏箋”。詁訓作故訓，與《釋文》所謂“舊本多作故”者合。鈔寫不工，文多訛誤，然勝處亦復不少。如《鴟鴞》“予尾翛翛”傳云：“翛翛敝也。”阮元《校勘記》云：“予尾翛翛，小字本，相臺本同。唐石經翛翛作脩脩。”案《釋文》：“翛翛，素彫反，注同。”考此經相傳有作脩作翛二本也。沿革例云：“監蜀越本皆作脩脩，以疏爲據。興國本及建寧諸本皆作翛翛，以《釋文》爲據也。”又引疏云：“定本作脩脩，今《正義》誤，見下。”又《正義》云：“予尾消消而敝”，乃《正義》所易之字，如易令令爲鈴鈴，易遂遂爲璲璲，非其本經傳作消消也。以定本作脩脩推之，《正義》本當作翛翛矣。標起止當是後改。段玉裁云：“《集韵》、光堯《石經》作脩脩。”重規案：《正義》述毛云：“毛以爲鴟鴞言作巢之苦，予羽譙譙然而殺，予尾消消而敝。”又云：“傳譙譙殺消消之敝，《正義》曰：此無正文也。以此言鳥之羽尾疲勞之狀，故知爲殺敝也。定本消消作脩脩（據沿革例引）也。”是《正義》本經文作“消消”甚明。蓋《釋文》本作翛翛，定本作脩脩，《正義》本作消消，分别甚明。敦煌斯二○四九卷作消消，此同於《正義》本者也。斯一四四二卷作脩脩，此同於定本者也。阮段顧諸氏，未得見六朝舊本，故强以《正義》消消之文爲後人所改，亦足明此卷之可貴也。

（二一）斯三三三〇號《毛詩詁訓傳·小雅》殘卷

此卷即王重民所謂毛詩定本之己卷，起《小雅·庭燎》末章，訖《十月之交》“我不敢傚，我友自逸”。章句皆在經文後。標題有“節南山之詁訓傳第十九毛詩國風小雅　鄭氏箋　毛詩卷第十二。”“之”下脱“什”字，“毛詩”下衍“國風”二字，抄手據《詁訓傳》本，僅録經序，而略云傳箋，字體不工，又未勘校，故多脱誤，王氏云：“乙丙兩卷筆迹相同（規案，丙卷即斯六三四六號），當爲同一鈔本。”又云：“段玉裁作《毛詩故訓傳》定本，頗遵古式。《正義》曰：定本章句在篇後，段氏從《正義》本，置於篇前。此卷子本則均在篇後，余疑此爲定本，此亦一證也。”重規案：六朝唐人毛詩卷子，章句或在經文前，或在經文後，紛見錯出，即此一端，不足爲定本之驗，且所謂丙卷，章句或在經文前，不知王氏何以稱之爲定本也。

（二二）斯六三四六號《毛詩·大雅》殘卷

此卷即王重民所稱《毛詩定本》之丙卷，起《棫樸》，訖《公劉》。此卷《棫樸》《旱麓》《思齊》《皇矣》《靈臺》《下武》《文王有聲》，章句均在經文後。《生民》《行葦》《既醉》《鳧鷖》《假樂》《公劉》，皆在經文前。一卷之中，體例頓异，知王氏目章句在經文之後爲定本，未足據也。

（二三）斯五七五〇號《毛詩詁訓傳·周頌》殘卷

此卷存《周頌·臣工》之十八行（潛六行全，雝開端二行）。經文及傳箋旁每有讀者所加音切。計有猗，於宜反；漆，音七；沮，七餘反；鱣，張連反；鰷，音條；鱨，音嘗；鰋，音偃；鯉，音里；糝，素感反；鮎，乃謙反；貉，音洛。凡十一音，多與《釋文》相同。唯七餘作七余，音嘗作音常；餘余，嘗常，字極相近。蓋所注音，即讀者取之《釋文》。唐時

經傳與《釋文》别行，兩讀不便，故讀者注音於字旁，此即宋人注疏釋文合刻本之先河也。

（二四）斯四九八號《毛詩正義》殘卷

此卷存《正義·大雅·民勞》篇凡三十七行。自唐迄北宋，《五經正義》與經注皆各單行，此殘卷蓋唐寫《毛詩正義》之僅存者，至可寶也。此卷標傳箋起止朱書，《正義》墨書，當爲唐代《正義》原書之舊式，惜此類單疏卷子，至爲罕覯，誠可謂希若鳳毛，珍如和壁已。

（二五）斯二七二九號《毛詩音》殘卷

始《周南·關雎》第一，至《唐風·蟋蟀》第十，存百六十九行。王重民《敦煌古籍叙録》疑此詩音殘卷，爲《隋唐志》著録徐、鄭等詩音彙編本。重規案：此卷《漢廣》“不可休息”注云：“炫以休求息韵，疑息當爲思（王重民氏不識炫字）。”案《正義》曰：“以泳思方思之等皆不取思爲義，故爲辭也。經求思之文，在游女之下，傳解喬木之下先言思辭，然後始言漢上，疑休求字爲韵，二字俱作思。但未見如此之本，不敢輒改耳。”《正義》疑休息當作休思，與此卷之説同。《毛詩正義》多本劉炫《舊疏》（説詳劉文淇《左傳舊疏考正》），此卷云“炫以”，證以詩疏，知即劉炫自稱，故略姓而稱名。證以此卷，愈足明此疏爲劉炫之筆，劉炫博通群經，著述宏富，遭逢兵亂，凍餒而死。隋史叙其著作；詩類僅舉《毛詩述議》四十卷，注詩序一卷；而隋志則復録《毛詩譜注》。劉氏著作失傳載者必多，此《詩音》一卷，殆亦劉炫之作而遺佚者歟？

綜觀上列敦煌所遺詩經卷子，可得而論者，有數端焉：一曰：可覘六朝唐代詩學之風氣。今英法所藏敦煌《詩經》卷子，無一非《毛詩詁訓傳》，即僅録白文諸卷，如斯七八九、三三三〇、六三四六，皆標題爲“鄭氏箋”，是敦煌所存六朝唐人卷子，皆毛傳鄭箋本也。觀學者誦習之本，即知當時經學之風尚。此史《儒林傳序》曰:“江左:《周易》則王輔嗣,《尚書》則孔安國,《左傳》則杜元凱。河洛:《左傳》則服子慎,《尚書》《周易》則鄭康成,《詩》則并主於毛公,《禮》則同遵於鄭氏。”毛公之傳，得鄭箋而大行，三家乃替，是《詩》主毛公，實即鄭學。故《隋志》云:“齊詩魏代已亡，魯詩亡於西晋，韓詩雖存，無傳之者。唯毛詩鄭箋，至今獨立。”《釋文》序録亦云:“前漢魯齊韓三家詩列於學官。平帝世，毛詩始立，齊詩久亡，魯詩不過江東。韓詩雖在，人無傳者。唯毛詩鄭箋，獨立國學，今所遵用。”蓋當時南北朝時，南北經學不同。北朝所行者，皆東漢經師之説，而晋魏經師之説，傳者甚稀。南朝之儒，咸守魏晋經師之説，而詩則仍崇毛鄭。及唐代之初，孔冲遠奉敕撰定《五經正義》，詩學全據毛鄭，故天下士民，説詩者莫不奉毛鄭爲圭臬，此敦煌《詩經》卷子所以無一非毛鄭之本也。今案敦煌所遺《詩經》卷子，有可確知爲六朝人寫本，有可確知爲唐代人寫本，且有可推爲出於南朝或北朝舊本者，要皆傳寫毛傳鄭箋。其中獨有一疏本，亦即孔氏之《正義》，間有注音，亦皆附麗于《詁訓傳》本，是則六朝唐人之詩學，實毛鄭大一統時期，觀敦煌遺書，而一時學術風氣桀然若在几案之前矣。

二曰，可覘六朝唐代傳本之舊式。今敦煌《詩經》卷子，序文與經文每篇皆相連屬。《南陔》《白華》《華黍》序“有其義而亡其辭”，鄭氏箋云:“孔子論詩,《雅》《頌》各得其所，時俱在耳，篇第當在於此，遭戰國及秦之世而亡之，其義則與衆篇之義合編，故存。至毛公爲《詁訓傳》，乃分衆篇之義，各置於其篇端。”是置序於每篇經文之前，乃承《詁訓傳》之舊式，此一事也。又今敦煌《詩經》卷子，章句或在篇前，

如伯二六六九《大雅》卷；章句或在篇後，如斯三三三〇諸卷；有一卷而前後錯出者，如斯六三四六《大雅》殘卷，自《棫樸》至《文王有聲》，章句皆在篇前，自《生民》至《公劉》，章句皆在篇後。是經卷章句，標題前後，初無定式。段玉裁《毛詩詁訓傳》定本小箋云："各本章句在篇後。今案孔穎達云：定本章句在篇後，然則孔氏《正義》本章句在前可知也。杜甫以《曲江三章章五句》爲題，書於前，可知唐本多如此。"蓋亦臆測之辭，此二事也。《五經正義》，自唐迄北宋，皆與經注別行。倫敦藏斯四九八《毛詩正義·大雅·民勞》殘卷，即其舊式，此三事也。《詩音》多爲別行，如斯二七二九號《毛詩音》，伯三三八三號《毛詩音》是。然亦有書於卷背者，如斯一〇號，伯二六六九號，有書於字側者，如斯五七〇五號《周》《頌》殘卷。注音字側，最便誦讀，蓋宋人注疏合刻《釋文》之先河，此四事也凡。此四事，有關傳本型式，寫刻源流，皆校讎家所當考鏡者也。

三曰，可覘六朝唐人抄寫字體之情況，《顔氏家訓·雜藝篇》嘗論六朝以來寫本字體之訛，其言曰：

> 晋宋以來，多能書者，故其時俗遞相染尚，所有部帙，楷正可觀。不無俗字，非爲大損。至梁天監之間，斯風未變；大同之末，訛替滋生。蕭子云改易字體，邵陵王頗行僞字，前上爲草，能傍作長之類是也。朝野翕然，以爲楷式，畫虎不成，多所傷敗……爾後墳籍，略不可看。北朝喪亂之餘，書迹鄙陋，加以專輒造字，猥拙甚於江南。乃以百念爲憂，言反爲變，不用爲罷，追來爲歸，更生爲蘇，先人爲老，如此非一，徧滿經傳。

又張守節《史記正義》論字例云：

程邈變篆爲隸，楷則有常；後代作文，隨時改易。衛宏官書數體，呂忱或字多奇，鍾王等家，以能爲法，致令楷文改變，非復一端，咸著秘書，傳之歷代。又字體乖日久，其黼黻之字法從黹，今之史本則有從尚。若其黿鼉從龜，辭亂從舌，覺學從與，泰恭從小，匱匠從走，巢藻從果，耕籍從禾，席下爲帶，美下爲火，衰下爲衣，極下爲點，析旁著片，惡上安西，餐側出頭，離邊作禹，此之等類，例直是訛字。寵字爲寵，錫字爲錫，以支代文，將無混旡，若兹之流，便成兩失。

觀現存卷子，俗字訛文，變體簡寫，盈紙滿目，與顏張所言，若合符節。至如貌字作貇，作貇，或竟作狠，遂與凶狠字相混，若此之類，不勝枚舉。由於書寫字體之紊亂，故南北朝經師，傳授經典，考文字之异同，辨文字之點畫，遂産生所謂正本或定本。至唐初，顏師古考定五經，於字體多所辨正，其從孫顏元孫《干禄字書》序云：

元孫伯祖故秘書監，貞觀中，刊正經籍，因録字體數紙，以示讎校，楷書當代共傳，號爲顏氏字樣。

由是自顏元孫《干禄字書》，以迄張參《五經文字》，唐元度《九經字樣》，莫不考訂俗書，歸於楷正。唐開成石經據以刻石，於是吾國正楷文字遂得確立。觀敦煌卷子字體之紛歧，然後知建立楷書之重要，此李斯以後，又一同文之效，其關係國運文運者，至深且巨。然非披覽敦煌卷子，亦弗能明字體流變之故也。

附：巴黎倫敦所藏敦煌詩經卷子統計表

<table>
<tr><td rowspan="18">詁訓傳</td><td>斯</td><td>1722</td><td>周南關雎——麟之趾</td></tr>
<tr><td>斯</td><td>3951</td><td>周南卷耳——汝墳</td></tr>
<tr><td>伯</td><td>2660</td><td>周南螽斯——桃夭</td></tr>
<tr><td>斯</td><td>789</td><td>周南漢廣——鄘風干旄</td></tr>
<tr><td>伯</td><td>2529</td><td>周南汝墳——陳風宛丘</td></tr>
<tr><td>伯</td><td>2538</td><td>邶風柏舟——匏有苦葉</td></tr>
<tr><td>斯</td><td>10</td><td>邶風燕燕——静女</td></tr>
<tr><td>斯</td><td>541</td><td>邶風匏有苦葉——旄丘</td></tr>
<tr><td>伯</td><td>2669</td><td>齊風雞鳴——魏風木</td></tr>
<tr><td>斯</td><td>134</td><td>豳風七月</td></tr>
<tr><td>斯</td><td>2049</td><td>豳風七月——小雅鹿鳴之什杕杜</td></tr>
<tr><td>斯</td><td>1442</td><td>豳風鴟鴞——狼跋</td></tr>
<tr><td>伯</td><td>2514</td><td>小雅鹿鳴之什鹿鳴——南陔白華華黍序</td></tr>
<tr><td>伯</td><td>2570</td><td>小雅鹿鳴之什出車——南陔白華華黍序</td></tr>
<tr><td>伯</td><td>4994</td><td>小雅鹿鳴之什杕杜——鹿鳴之什末</td></tr>
<tr><td>伯</td><td>2506</td><td>小雅南有嘉魚之什六月序——南有嘉魚之什末</td></tr>
<tr><td>伯</td><td>2129</td><td>小雅鴻雁之什標題</td></tr>
<tr><td>伯</td><td>3330</td><td>小雅鴻雁之什庭燎——十月之交</td></tr>
</table>

（原載《華岡學報》6期，1970年2月，頁1—20）

《瀛涯敦煌韵輯新編》序

——海外《切韵》系韵書的新結集

唐代以前的韵書，傳世的爲數極少。魏建功先生（《十韵彙編序》）據前代著録所稱引的，羅列了一百六七十種名目，而實在完整存在的不過十來種。這十來種裏面可以認爲中古聲韵學史料的竟只有一部經過積累增改的《大宋重修廣韵》。直至近代西北探險發現了古寫本和最早刻本書卷，我們才着實新添了許多重要的史料。這些寶貴的材料，從甘肅省敦煌縣鳴沙山的莫高窟千佛洞等石室裏和新疆省天山北路吐魯番左近的沙磧中發現後，幾乎全部被外國人捆載而去。當時中國學人聞得消息後，費盡心機，求一見而不易得。葉德輝《書林清話》“刻板盛於五代”條説：

> 光緒庚子（一九〇〇）甘肅敦煌縣鳴沙山石室出《唐韵》《切韵》二種，爲五代細書小版刊本，惜爲法人伯希和所收，今已入巴黎圖書館，吾國失此瑰寶，豈非守土者之過歟！

王國維《唐寫本切韵殘卷跋》的末段説：

> 光緒戊申（一九〇八）余晤法國伯希和教授於京師，始知伯君所得敦煌古書中有五代刻本《切韵》。嗣聞英國斯坦因博士所得者更爲完善，尚未知有唐寫本也。

到一九二一年，王國維手寫石印本號稱巴黎國家圖書館藏的《唐寫本切韵殘卷》三種問世，國人爲之耳目一新。魏建功叙述這書印行的經過説：

> 伯希和敦煌書目明載爲韵書的，二零一四、二零一五以外有二零一九、二六三八都記着是“唐韵”，并没有這寫本《切韵》；倫敦博物館藏敦煌書目裏也查不出；當然，我們所知的目録本是羅福萇氏苦心孤詣會最寫成的，難得全備。王國維光緒戊申時，晤見伯希和，只知道伯氏得到五代刻本《切韵》，終他之身没有能寓目；後來又聽説斯坦因得著的還要完善，那就迄至今日國人都没有見著了。唐寫本呢，王氏起初并不知道；在民國初年伯希和寄了許多古書攝影給羅振玉、王國維，韵書不在内；等民國七、八之間，羅、王先後寫信向伯希和指明了要求這寫本的攝影，到民十秋季才寄到了天津。當時王氏在上海費了二十三天工夫抄寫成了（一九二一，十，一至二十三），并且加以考跋（同年十二月八日脱稿），石印行世見王跋。這是我們近年學者藉資論據而通稱的“王寫切殘一、二、三”三本。

其實這三個卷子，并非巴黎所藏。魏建功氏説：

> 原件好像是在倫敦，記得二十二年歲杪伯希和來中國的時候，曾經對我説是斯坦因的照片，他轉送給王氏的。

後來姜亮夫先生收入《瀛涯敦煌韵輯》的倫敦藏S二六八三、S二〇五五、S二〇七一，即是這三個卷子。

由於王國維費盡心機，得見流入海外的唐人所寫《切韵》，和國内保存的蔣斧所藏《唐韵》，以及故宫流出的王仁昫《刊謬補缺切韵》的殘卷。於是他一方面承襲乾嘉諸老考證略備的間接材料再作精詳的探討，一方面利用這些前輩所没看見的直接材料更作進一步的證實。因此他在前人所得的結果以外，獲得很豐富很重要的發現。例如考明陸法言《切韵》本爲一百九十三韵，比《廣韵》平聲少諄桓戈三韵，上聲少準緩果儼四韵，去聲少稕换過釅四韵，入聲少術曷二韵，打破向來《切韵》《廣韵》二百六韵韵部相承未改的舊説。像這類新發現，大大激起國人找尋新材料的欲望。接着，在民國十四年，劉半農先生從法國國家圖書館所藏敦煌寫本中，録出了文件一百零四種，分爲三集：上集是文學史的材料，中集是社會史的材料，下集是語言史的材料。下集中關於韵書的，有P二一二九《唐韵》序、P二〇一二守温撰論字音之書、P二〇一一《刊謬補缺切韵》。這些新材料，由北京大學研究所國學門，用木板刻成，定名《敦煌掇瑣》。到了一九三二年，劉半農先生擬定編輯計劃，把收集的三種《切韵》殘卷，兩種王仁昫《刊謬補缺切韵》和唐人寫本《唐韵》、五代刊本《切韵》、古逸叢書本《廣韵》排比剪貼，定名爲《八韵比》，後來改稱爲《八韵彙編》。一九三二年秋季，魏建功先生提議加入《西域考古圖譜》和德國普魯士學士院的《切韵》斷片各一種，於是再由《八韵彙編》正名爲《十韵彙編》。到了一九三四年夏天，彙編本文已寫定待印，而劉半農先生逝世，遂由羅常培先生董理遺稿，補製凡例，於一九三五年印行。在這時期，昭通姜亮夫先生訪書巴黎，也搜羅了許多敦煌韵書材料，回國後，完成了《瀛涯敦煌韵輯》一書。在他的自序裏，敘述他搜求編寫考訂成書的經過頗爲詳盡。他説：

一九三六之夏，游觀略遍，遂訪書於國民圖書館。因友人王君有三之助，得睹敦煌遺簡，雖非所好，而知其瓌寶。因自思量，發爲宏願，倘能善藏其事，蓋亦有當於學術之鼓吹，勞瘁之力，尚可一貫。遂排日入館，選字書韵書五經老子之屬，擇其要者，抄寫響拓攝影校録，日盡數卷，垂暮歸寓，更即燈下比次論列，夜深漏永，終不知疲，得凡百數十卷……次年……倭禍洶洶，勢已燎原……（返國）……時歐戰又起，余之所得，將成孤本。而飛鳶時驚，懼更毀廢，遂以餘日，覃思博辨，歷時三載，成韵輯二十四卷。

余初討論諸卷子之時，即有意以原照片影印，而附以叙論。逮余以海寧王先生寫切韵三種，與原片細校。以王先生之精審，達於音理，而誤者且三百五十餘事。

且書式裝樣，可爲討論之資借者至多，而殘紋斷迹，足證明一書内容之真相者尤不可計度。凡此種種，皆不能自照片中詳之。世固不妨有照片一本，以供清玩，而精加摹録，校對無訛，雖蠹迹魚痕，必肖原卷，依其品式，大小無所差殊，其對學術研討之用，必遠勝照片無疑。故余以二年之力，親爲描摹，務求精當，有無訛誤雖不敢必，而甘苦備嘗，心力交瘁矣。

本書所録巴黎各卷中，有未列號之卷甲乙丙丁戊五種，蓋余讀卷時，柏里和原未編目者。上年得科學院告知，未列號之甲爲P四七四六，未列號之乙即P四九一七，未列號之戊，即P四八七九，則王君重民於余離法後爲之續編者也。不及一一追改。且未列號之丙丁兩種，恐國内仍無所知，則仍存其舊，使不至混淆先後，亦余存實之一意也。柏里和氏選送倫敦中國藝術展覽陳列各卷，爲余所未得見者，歸國四年，於魏建功兄處得睹照片，以未親原卷，不敢論列。俟异日與他所得卷共研之，以作本書續補云。

觀姜君自序所言，知道他編寫《敦煌韵輯》，付出的心力時間確實是非常之多。我們再看他此書的凡例，更可以了解他編寫時的謹嚴態度和精密計劃，凡例說：

> 凡稱摹本者，皆影寫原卷大小品式無出入者。其稱抄本者，品式不殊，而大小長短不與原卷全合。
>
> 字部各頁，皆照原卷影録，其有殘痕剥紋，亦一并描出，匡格行綫亦依其粗細大小爲之。唯無匡格，或匡格已缺而可斷知者，則以虚綫表之。
>
> 字部各頁版心之高與原卷全同，唯卷幅寬，多有非本書半面所能容者，遂折爲兩面。凡原卷一頁折爲兩面者，則缺魚口處之邊緣以明之。凡非折爲兩面者，則四垂邊緣皆具。
>
> 諸卷每於韵目韵首紐首之處，多以朱書作大豆標點之。本書以印刷及整潔計，皆一律用小圈標之。
>
> 諸卷每紐計數字多用朱書之者，本書亦改用墨筆。凡此皆各各於考論該卷時明之。
>
> 各卷稱名，一依原卷所題，所以便人之覆案。唯Pelliot各卷魚口處，與論部中有作P者，所以省繁重也。
>
> 原卷中有曼胡不明者之字，本書皆以□號記之，每一□號代一字，一字之中有偏傍或一部分不明者，亦各隨勢以▯▭若└諸號代之。
>
> 劉復《十韵彙編》所采瀛外韵書，有多出本書者。以例言可采入附録。然劉氏録P二〇一一卷誤訛多至二千則，因以不敢信《彙編》之不誤，唯有俟得原卷，再爲續補。
>
> 原卷皆當時寫本，多有遺誤。然本書以保存原卷真面目爲目的，故決不校定。余别爲校勘記，與此書别行。

姜氏此書寫成後，於一九五五年十月，由上海出版公司出版，八開本，綫裝四巨册。書首總目叙録介紹全書内容云：

右敦煌韵輯二十四卷總目。全書共分三部，計字部九卷，皆摹録原卷者也。共收三十三種。計原卷摹本二十七種，附録六種。論部十卷，則所以考論記述字部三十卷之作也。譜部五卷，所以綜攝字部諸内藴，而比其同异者也。初，余游巴黎，以友人王君有三之助，得徧閲柏里和氏所得敦煌經卷。有三以余稍閑聲韵，慫恿料檢諸韵書卷子。余於音學雖已久廢不理，而自念此亦責之所在，不容推謝，遂勉力爲之。後復携以走倫敦柏林諸處，以校其所藏。歸國後，寄食長安，展轉來潼，此卷尚能苟全，乃即二十七年之冬，從事考研。至今年四月，而論述摹録一切皆畢，其得失將以待世之讀吾書者。然有數事，尚不能已於言，願於此述之。

初余閲卷時，先求良工攝爲影片，更以影片與原卷對讎。復以蠟紙覆原卷上影其品式大小，并緣殘痕處録其韵字。又以别紙照原卷抄録一過，故每卷皆有三樣本。既歸國，則以蠟紙影樣以配抄寫本於别紙，更以影片細校。校畢，乃躬自影録而爲此書。故每紙之成皆反覆六七次，雖未必即與原卷逼真，而所差必極微。然原卷有行款極亂，字迹極草率者，如倫敦之S二〇五五，則摹寫時亦偶然徑直其行次，方整其筆畫，要以不失其真爲度。今既殺青，皆曰摹本云。又原卷P二一二九、P二六三八、P二〇一九、P二七五八、P二七一七、S五一二等六卷，或爲叙跋，或爲他種字書，書之内容，不必求助於行款品式之研究而可探知者。當閲卷時，但有寫本，而不爲影樣照片。今玆録爲正本，亦但曰抄本云。又諸未見原卷，引自他書之頁，則各各附於相類各卷之後，名曰附録。其有他家考證之語，可爲吾説張目者，亦或隨原本録入，此又一事也。

巴黎諸敦煌卷，由柏氏編目者，僅及半數，此中韵書餘皆一一得見。然當時倫敦開中國藝術展覽會，柏氏曾抽選此刻本數頁以去，余因以遺其一斑。此於十六卷中已詳言之，將來當别爲續編，更加徵録，故巴黎所得脱遺最少。倫敦諸卷編目既未全，而又無相與往還之士，僅翟理斯博士面以相假之百數十卷，然韵書特少。普魯士博物館，余所得本有八種，歸後亡其三。故英德兩京之藏，恐尚有爲余所不知者，他年有缘，當更往訪之云。此又一事也。

余平日小有所集之書，兩次滬難，全遭毁滅。年來旅食南北，蓬轉無定，借書不易，購亦無力。故爲各卷考證，不能借助於舊説，但能就卷子各各求其自證，以各卷互爲比勘而已。其爲文不能敷與旁達，然頗能自守藩籬，歸其本真，雖取證之材料甚少，而自圓之方術極真。大抵每卷各爲一文，先叙品質款式，然後分論韵部聲首反語注釋字體諸端。而其中倫敦之S二〇七一、巴黎之P二〇一一兩卷最爲完整，遂詳考兩卷，以當中心，而爲考論各卷之標準，然後相與比合上下出入，定其先後繁簡，以求其爲陸本，爲長孫本，爲孫本，爲王本，爲唐末本，爲北宋本，宏綱既明，諸維皆振。反似較引他書以佐説者，爲益切實，爲益彰顯。然諸篇考證，雖以S二〇七一、P二〇一一爲尺墨，而各卷仍求其能獨自成篇。故諸論證之處，似多冗贅之説，蓋以證求其密，理求其切，語求其暢，義求其顯，雖有傷於詞費，而實便於瀏覽，此又一事也。

譜部諸篇，實各卷綜貫之説，雖爲全書之總攝，實與一代一學之源流系統有關。故其取材泛出本書之外，近及於吴縣蔣氏之《唐韵》，内府王氏之刋補，遠及於夏徐鉉鍇之撰著，宋人之《廣韵》，凡足以佐觀省者，靡不徵擇焉。取材既廣，故體性不能以本書爲限，合之此册，可增佳妙。離而爲篇，亦各獨立，别子爲宗，不害本支，此又一事也。

上述兩種《切韵》系韵書的結集工作：在劉復《十韵彙編》出版後，學術界認爲得了《切韵》系韵書材料的總結集。而在姜氏《瀛涯敦煌韵輯》問世後，學術界也認爲是海外《切韵》系韵書目前最完備的總結集。更由於姜氏一再指陳以前大學者王國維、劉復抄録的錯誤，以及他自己摹寫校對的審慎精詳，學術界心目中都認爲這部《韵輯》應該是最少錯誤最接近原卷的總集。因此，我於一九六七年秋天，在法國國家圖書館觀覽飄零在异邦的國家瓌寶的敦煌卷子時，只打算順便將姜氏提及他未曾收入《韵輯》中的少數卷子抄録回來，作爲姜書的補充。至於姜書已收録的韵書，我和所有讀者都信任姜氏長時期細心工作的成果。所以披閱到這些原卷時，僅僅留意卷子的款式，筆法的工拙，楮墨的精粗，作一番欣賞把玩。没有想到要將姜書和原卷互相核對，來證明姜書是否與原卷相符。因爲這樣做，徒然浪費我閱讀其他卷子的寶貴時間。但是由於一個偶然的觸發，在閱讀期間，鄰座有來自日本的馬淵和夫教授，他接連數日攤開《敦煌韵輯》，用敦煌卷子互相核對。待他停止核對工作後，我也從久居巴黎的吴其昱博士借到《瀛涯敦煌韵輯》一套。隨意核對一卷，發現有不少錯誤。又取伯二一二九王仁昫《刊謬補缺切韵》殘卷互校，發現原卷第一行，原文作“刊謬補缺切韵序　朝議郎衢州信安縣尉王仁昫字德温新撰定”。這最重要的一行，姜氏的摹本竟然漏抄，而且在序文之首擅自添上“王仁昫序”四字，使我不禁駭然。序文中“又支脂魚虞共爲不韵，先仙尤侯俱論是切”，原卷并無反語，姜抄則每個韵目下皆有反語，如“支【章移反】脂【旨夷反】……”這些反語顯然都是姜氏臆加的。短短的序文，除此之外，還有許多的錯誤。於是我撿出姜氏指稱劉氏誤抄二千條的伯二〇一一《刊謬補缺切韵》卷，和姜書核對。此卷巴黎館裝釘成册頁，字甚工整，小韵皆朱點，計字數皆朱書，唯因朱色不甚顯明，故姜多漏去。如“差【楚宜反不齊】”，原卷齊下有朱書的“一”字，姜漏抄，全卷類此者甚多。又姜抄作缺文的，也多可認出，如“徒【度都反口又或作述步行廿一】”，原卷缺文作“空”，正是注釋徒字的意義。原卷“述”作“辻”，正是“徒”字另一寫法，從土，後辵。全卷這一類的錯誤也非常之多。甚至《敦煌掇瑣》《十韵彙編》并不錯而姜抄錯的也不少。如原卷“漪【於離反水名八】”，《掇瑣》《彙編》都不錯，姜抄“名”作“文”，又漏抄名字下朱書“八”字。雖然漪字的意義應該是“水文”，《廣韵》也作“水文”，但是姜氏凡例中已説明“以保存原卷真面目爲目的，故决不校定。”這是姜氏自己的錯誤，不能算做劉氏的錯誤。像這一類的錯誤在一卷中不斷被發現。因此，我决心把姜書通校一遍。經過一個多月的時間，巴黎所藏的卷子全部校完。跟着我就去倫敦，住在鄰近大英博物館一間旅店，每日往博物館校閱《敦煌韵書》。發現姜書幾乎每一卷都有重要的錯誤。例如伯二〇一七卷可能是陸法言原書，除不全的序文外，有極具價值的四聲相承的一百九十三韵的韵目。這麽重要的韵目，姜氏摹本至少有六十個以上的失誤。其中因不能認識而記下的缺文，幾乎全部可以認出。如“十三【□□】佳”，原卷缺文是“旨膎”二字，“廿【□欣】殷”，原卷缺文是“於”字等。韵目上本有反語，姜氏漏抄的也非常多，如“二一震”，原卷作“廿一【職刃】震”，“二二問”，原卷作“廿二【無運】問”等。原卷的字，姜氏誤認的也不少，如“隊”韵是“徒對”反，姜誤“對”爲“葑”；原卷“廿八諫”，姜誤“諫”爲“謙”等。還有更大的錯誤，姜氏摹本“卌七【無反語取蒸上聲】”，原卷作“卌七【之□】拯”，并非無反語；姜氏摹本“五十一【無反語取凡之上聲】範”，原卷作“五”，“十一”以下原缺，這些都是姜氏私自擅加的。姜氏一再表明他忠實謹嚴的態度，而有如此重大的過失，不獨造成音韵史上的錯誤，也傷害了姜氏全面可靠的信譽。此外，如伯二〇一六摹本，姜氏審定爲增字，更定本孫愐《唐韵》殘卷，并説明云：“本卷僅存一葉，凡二面，共

二十七行，前後皆殘損。前面存二十行，起孫愐《唐韵》序“克諧雅况”句，序文六行，承以上平韵目，韵目五行，承以東韵字九行，至檂、曨字而止。後面起公字注“公息忘七行，終冡字”。我把原卷核對後，其中個别字不算，前面“克諧”以上，漏抄了序文兩行五十餘字；後面公字注“公息忘”以上，漏抄夾注六行，凡二百餘字。伯二六三八存《切韵》《唐韵》序，姜摹本“有可昭其憑”，原卷作“有可紐不可行之及古體有依約之并采以爲證庶無壅而昭其憑”，姜漏抄二十一字。至於卷子中抄寫改正錯誤的符號，和特殊的標記，姜氏的錯誤也非常之多，如伯二六三八“子細言之研窮”，“言之”字旁有衍文符號，姜氏漏抄，便不知道原文是“子細研窮”，斯二六八三《切韵》殘卷，原卷阮韵上有一朱筆寫的特殊符號，表示韵目當提行。姜氏誤認爲文字，因而發出不可靠的推論。經過通校全書的結果，更使我感到有替姜氏作一修訂本的必要。因此準備在歐洲多逗留一段時期，來完成這一工作。不料在一九六七年九月廿五日的黎明，突然接獲舍弟從臺北打來的長途電話，知道先母患腦溢血，正陷於昏迷狀態中。立即趕辦訂票手續，在候機時間，仍往博物館直至中午十二時半趕校完最後的一卷韵書，即於當天下午六時由倫敦飛紐約，轉飛東京，於廿八日下午趕到臺北，停留兩個月，先母病漸好轉，到十一月返香港，回校授課。由於我决意替姜君作一個新的修訂本，恐怕校對不够精確。在一九六九年往意大利參加漢學會議之便，又往倫敦、巴黎把姜書已收録的和未收録的敦煌韵書卷子，重新再細校一遍。除普魯士學院所藏的韵書，據云已毁於二次大戰外，其他各卷都作成“新校”，姜書提到伯二〇一四、伯二〇一五的缺頁，和未提到的伯三六九三、伯三六九四、伯三六九五、伯三六九六、伯三七九八、伯三七九九，以及伯二〇一二等卷，都已補抄。還有姜抄的《字寶碎金》，僅收伯二七一七殘卷，我補輯伯二〇五八、伯三九〇六、斯六一八九、斯六二〇四各卷校成較完足的本子。回港以後，把所有卷子的校寫，都親手重抄一遍。我深深知道抄本有時比照片更重要，所以在校對抄寫時，十分小心。例如斯二〇七一："馳【直反】"原卷直下有"知"字，因爲裝裱時把知字位置移開，以致姜氏漏抄。又斯二〇五五：蕤"【儒佳反三加一說文草木】"，原卷"草木"下有"垂皃"二字，倒寫側註於前行之末，以致姜抄脱去。又伯二〇一八："宗"注"作冬反一"，原卷非"一"字，是斷紋。諸如此類，都非細心核對原卷不能辨明。所以卷子上的一點一畫都不能忽略，如伯二〇一九卷首行損泐，可從點畫認出"數人定"三字；伯四八七九卷第三行殘餘的點畫，可辨認出是"握筆各記綱紀"數字；諸如此類，都應該像勇士保衛疆圉般，寸土必争，不可有絲毫的失落。又姜書中論部、譜部二部門：譜部是摹寫本的總結賬，我覺得姜氏摹寫的基礎并不穩固，目前也還未到結總賬的時候，所以這一部門暫時存而不論。論部是姜氏考論字部的個人意見，姜氏表明他的考證是"就卷子各各求其自證，以各卷互爲比勘"，故我依據姜氏每篇論文，把姜氏根據字部所得的結論，加以案語，指出字部原卷的真相與姜氏立論不符之處。如姜氏論伯二〇一一卷反切用字與前後諸家之异同，説：

> 凡與本卷相异者，《廣韻》多與本卷合，而不與S二〇七一合。蓋以時論，《廣韻》與S二〇七一益相遠，兹亦舉十二證以明之。如租字S二〇七一作"則胡"，在精紐，而《廣韻》與本卷則用側字切，在莊紐。齊字S二〇七一以見紐之俱字切，而《廣韻》與本卷以從紐之徂字切。蹁字S二〇七一以蒲切，《廣韻》與本卷皆以部切。囂字S二〇七一以審紐之詩切，《廣韻》與本卷以曉紐之許切。倭字S二〇七一以喻紐之與字切，《廣韻》與本卷則以影紐之烏字切之。尤字S二〇七一用雨字，《廣韻》與本卷均用羽字。阮字S二〇七一以魚字切，《廣韻》

與本卷以虞字切。剸字S二〇七一以從紐慈字切，而《廣韵》與本卷則以精紐兹字切。劋字S二〇七一以牀紐之鋤爲切，《廣韵》與本卷以精紐之子字切之。鱎字S二〇七一以從紐之在字切之，《廣韵》與本卷以郡紐巨字切之。想字S二〇七一以心紐之思字切，《廣韵》與本卷以從紐之息字切之。嗛字控字S二〇七一以古字切，《廣韵》與本卷以苦字切。諸切語上字，雖有字异而聲實同者，然字异聲亦异者，數亦夥頤。古今音變，蓋皆一部分之禮易，而非全族通譜，故有變有不變者矣。

我寫的案語是：

規案：姜氏引證多不可據。"租"字，《廣韵》"則吾切"，本卷作"側胡反"，切語上字與《廣韵》异；而S二〇七一卷作"則吾反"，正與《廣韵》相同。齊字，《廣韵》"徂奚反"，本卷作"徂嵇反"，S二〇七一作"俱嵇反"，"俱"乃"徂"之形誤。S二〇一七爲陸氏原書，韵目反語上字作徂；S二〇七一卷上聲薺作徂禮反，可證"俱嵇"當作"徂嵇"。蹁字，本卷反語損泐，無從知其上字。姜謂《廣韵》與本卷皆以"部"切，不知何據而云然。囂字，S二〇七一反語上字本作"許"，姜誤抄寫詩字。S二〇七一，本卷及《廣韵》皆同作"許"也。倭字，S二〇七一作"与和反"，"与"乃"烏"之誤字。婐字，S二〇七一作"烏果反"，姜誤抄"烏"爲"与"，"婐"乃"倭"之上聲，知"倭"當爲"烏和反"也。剸字尊，S二〇七一作"兹損反"，姜誤抄"兹"爲"慈"。本卷混韵精清從心四字：剸，兹損反；忖，倉本反；鱒，徂本反；損，蘇本反。與S二〇七一卷反語全同。劋字，S二〇七一與本卷及《廣韵》同作"子小"，姜誤以劋之又切"鋤交反"爲劋之正切。鱎字，S二〇七一在小反，其平聲喬作"巨朝反"，"在"

蓋“巨”之誤字。想字，S二〇七一反語上字用思，本卷及《廣韻》用息；思，息同屬心紐，姜以息爲從紐誤。嗛字控字，《廣韻》上字均用苦；嗛字，S二〇七一用古，本卷用苦。控字，S二〇七一原缺，本卷用古。姜謂“嗛字控字S二〇七一以古字切，《廣韻》與本卷以苦字切”者未諦。且S二〇七一上聲忝韵：“嗛，古簟反”：“謙，苦兼反”；入聲“愜，苦協反”：皆與《廣韻》切語同，疑上聲“古簟”乃“苦簟”之誤。又本卷去聲送韵：“控，古貢反”；其上聲“孔，康董反”；入聲“屋，空谷反”，皆溪紐字。且送韵已有“貢，古送反”則“控”作“古貢反”，當亦“苦貢反”之訛。至於“尤”之上字或用“雨”，或用“羽”；“阮”之上字或用“魚”，或用“虞”，字屬同紐，不足爲异。是姜氏所舉例證，什九皆誤，則所論不足信賴明矣。

總括起來，我對姜書字部，作了一番新校的工夫，并補抄姜書未收的倫敦巴黎所藏的韵書卷子；對於姜書論部，作了一番訂正的工夫，而對於譜部則存而不論。因此，我這一部書分爲三部分：第一部分是摹印姜書三十三種卷子，和我新補抄的十二種卷子；第二部分是核對姜書字部的新校；第三部分是姜書論部的案語。爲了便於觀覽，以卷子爲經，每一卷子先列姜的摹抄本，跟着便是該卷子的新校和案語。定名爲《瀛涯敦煌韵輯新編》。一方面表示本書是姜書的加工，一方面也表示本書是姜書的延續。中國學術典籍是中國民族文化精神智慧的結晶，它是具有永恒不朽的生命的。我們都只是爲它服務的工作人員，但我們都對它有崇高親切的敬愛。我們希望一個接一個的貢獻心力爲它做出有價值的工作。我指正姜書的錯誤，補充姜書的遺漏，但是列寧格勒藏有一萬二千葉敦煌卷子，其中未必没有韵書殘卷，也許還有其他未知或未發現的材料，都需要文化工作者爲它繼續不斷服務。所以我也希望我的書能有一份參考的價值，而得到爲它

服務的人的指正和補充。

羅莘田先生在《十韵彙編》完成之後寫了一篇序，指出《十韵彙編》"這部書是我們現在已竟得到《切韵》系《韵書》材料的總結集"。他又鄭重地説：

> 這部書的功用不是給從前研究《切韵》的人的結束，而是給以後研究《切韵》的人作引端。

他在序文中列舉例子做切實的證明，我極同意羅先生的見解。同時我也舉幾個例來證明《瀛涯敦煌韵輯新編》這部書也可適用羅先生的啓示。

我們知道姜亮夫先生搜羅敦煌韵書時，伯二〇一四卷缺少第八、第九兩頁。這兩頁由伯希和選送倫敦參加中國藝術展覽時，天津大公報（一九三五年十月六日）巴黎通訊曾報導其詳目云：

> 二零一四（伯希和號碼）
>
> 大唐刊謬補闕切韵　刻本，僅選兩葉與會。

記者在二〇一四號下云："是書爲唐王仁昫撰，書名上標'大唐'兩字，則爲刻於唐代可知也。"魏建功先生《十韵彙編》序根據大公報記者所寫，記下他的疑點説：

> 二〇一四"大唐刊謬補闕切韵"題字是一張末葉，我們不能必斷是王仁昫無疑。故宫本王仁昫韵衹寫"切韵"，《敦煌掇瑣》本王仁昫韵都寫"刊謬補闕切韵"，體制原不一定。後人復刊前代的書并不改字，澤存堂刻《廣韵》依然題"大宋重修廣韵"，有"大唐"字樣還可

以有五代刻的可能。隋唐韵書作者蜂起，名稱相襲相重的屢見不一見，我們不能因爲知道王仁昫有刊謬補闕之作，遇有刊謬補闕的就給王仁昫遇缺即補。故宫本王韵與《敦煌掇瑣》本王韵不相同，這刻本也不與那兩本相同。第一宣韵不是王韵裏有的；第二鹽韵五十一的次第不是王韵的系統；第三宣韵三十三和鹽韵五十一排不連攏；第四三十五豪韵影片注二〇一四（8）與注二〇一四（5）的肴韵殘葉影片確是同板的兩張印本，然則二〇一四總號下的各紙必是從書的形式上的觀察集合起許多殘葉來的了：從這四點上看，我們反不敢説什麽的話了（原注：通訊未載韵目名稱，也很覺可惜！）。

魏氏又比較二〇一四和《敦煌掇瑣》中伯二〇一一兩卷的异同，作出極有見地的推論，他説：

五代刻本中間有大唐《刊謬補缺切韵》一頁，便是那小字本有“宣”韵的一種；現在和這本（規案：指P二〇一一卷）對看，第十七頁上的二十八個韵首裏“先”“仙”之後并無“宣”韵目，第八九兩頁上“仙”韵特别完全也没有把“宣”字獨立起來。那本的宣韵第三十一，該是連了平聲上數的，依照這本上去韵目看，宣韵排不到三十一，“宣”排到三十一的次第，要有“諄”“桓”韵才對，上聲便要有“準”“緩”“選”，去聲也要有“稕”“換”，這本裏是都没有的。那小字本還有一頁，鹽韵排在五十一，看來應是和三十一宣的韵目相關。由“宣”向後到“歌”後加“戈”，再數到“鹽”正得五十一；不然，像我曾經解釋過的在齊韵後出“移”韵，再加“諄”“桓”“戈”數到“鹽”也正得五十一：前一説法“宣”韵是李舟韵徵，後一説法，“移”韵是孫愐韵徵。最近巴黎通訊記者惜乎没有告訴我們是些什麽韵

目，尤其是與“大唐刊謬補缺切韵”題字同頁的韵字和他所屬的韵目，如果這題字無王仁昫名，而竟是與“宣”“鹽”兩韵相關，我們也許可以添出幾種假設：

《刊謬補缺切韵》不止王仁昫的一種；

孫愐或李舟書也許有刊謬補缺之名；

或許別有像故宫本混合意味的韵書叫刊謬補缺。

所最可疑的就是有題字的一頁恐怕原來不與這些小字本相合。那麽，這王仁昫韵才或許有與那頁題字的是一種可能。

魏氏未見伯二〇一四第八、第九兩頁，能够提出上舉多項疑問，可説是目光如炬。但我們得見伯二〇一四第九頁，末行標明“大唐刊謬補闕切韵一部”，而這一頁正反面有職韵的殘字，及卅四德、卅五業、卅六乏的韵目及殘字，可見此本入聲有三十六個韵部。又伯二〇一四卷四前頁殘存第卅五清至五十八凡的韵目，第四種又有卅一宣韵目，可見此本平聲有五十八個韵部。伯五五三一與伯二〇一四是同類的本子，它的第一頁殘存有廿雪、廿一錫兩韵，雪韵是由薛韵分出的入聲新韵部。此本如上去聲存在，合計韵部當有二百一十部。不獨韵部多於伯二〇一一和宋濂跋本王仁昫《刊謬補缺切韵》，而且也多於宋人增修《廣韵》。夏竦《古文四聲韵》所據唐切韵，平聲齊韵後有移韵，仙韵後有宣韵，上聲獮韵後有選韵，去聲梵韵後有釅韵，入聲質韵後有聿術二韵，正是與伯二〇一四相近的韵書。大概陸法言《切韵》盛行以後，韵學家剖析日密，王仁昫據《切韵》一百九十三韵增爲一百九十五韵，孫愐又增訂爲二百零五韵，晚唐人根據《刊謬補闕切韵》分析增加到二百十韵。我們過去以爲《切韵》系的韵書時代越後，分部必定越多。現在看來，晚出的大宋重修《廣韵》的韵部還是繁簡適中的本子。《切韵》《唐韵》是韵部較《廣韵》爲簡的韵書；

伯二〇一四卷大唐《刊謬補闕切韵》及夏竦、魏鶴山所見的《切韵》是較《廣韵》韵部爲繁的韵書。大唐《刊謬補闕切韵》因卷首殘缺，失去撰人姓名，可能是晚唐人根據王仁昫的《刊謬補闕切韵》續修的。即宋濂跋本標明王仁昫撰的，我們有證據證明它也還是經過後人續修的。由於伯二〇一四末葉的問題，魏氏不能解决，因此伯二〇一二守温《韵學殘卷》内容牽涉到二〇一四卷，對於守温《韵學殘卷》的年代也懸而不敢决。羅常培《敦煌寫本守温〈韵學殘卷〉跋》云：

今案卷中四等重輕例所舉，“觀【古桓反】關【删】勬【宣】涓【先】”及“滿【莫伴反】轡【潸】免【選】緬【獮】”二例，勬字《廣韵》屬仙韵合口，而此注爲宣韵，免字屬獮韵合口，而此注爲選韵：其宣，選二目與夏竦《古文四聲韵》所據唐《切韵》同。而徐鍇《説文解字篆韵譜》所據《切韵》，徐鉉改定《篆韵譜》所據李舟《切韵》，尚皆有宣無選；陸詞、孫愐、王仁昫等書則并無之。據王國維書《古文四聲韵》後謂：“其獮韵中甓字注人兖切，而部目中選字上注思兖切，二韵俱以兖字爲切，蓋淺人見平聲仙、宣爲二，故增選韵以配宣，而其反切則未及改。其本當在《唐韵》與小徐本所據《切韵》之後矣。”又《古文四聲韵》引用書目有《祝尚丘韵》《義雲切韵》《王存義切韵》及《唐韵》四種，則其所據韵目當不外乎祝尚丘、義雲、王存義所爲。若就增選韵以配宣一點言，其成書尚在李舟《切韵》後。王國維《李舟〈切韵〉考》既據杜甫“送李校書二十六韵”斷定李舟在唐代宗乾元之初年二十許，《切韵》之作當在代、德二宗之世。則守温、夏竦所據之《切韵》必不能在德宗以前。且半農先生亦嘗據其紙色及字迹，斷爲唐季寫本，故舊傳守温爲唐末沙門，殆可徵信。

魏氏也在《十韻彙編》序裏説：

> 這一段例字中間有一點與韻書有關，就是平聲有勸字注宣韻，上聲有免字注選韻，可以藉此考見這卷子所據的韻書而決定其時代（原注：羅文已詳言之）。我在前面五代刻本韻書三十一宣韻的問題下，説了巴黎通訊記者稱爲王仁昫《刊謬補缺切韻》的可疑。現在這連帶的將我們決定守温卷子時代的一個證據存疑起來了；雖然我是和羅君的主張相同，也只好等待王仁昫韻有無宣韻和有宣韻的《刊謬補缺切韻》是不是王仁昫的書兩個問題證實了再説。

我們現在補全了伯二〇一四卷的缺葉，事實顯示給我們，《刊謬補缺切韻》是有"無宣韻"與"有宣韻"的兩種。無宣韻的在前，有宣韻的是晚唐人據《刊謬補缺切韻》分析增益而成的本子。守温是晚唐人，所以他根據當時流行的韻書來供他等韻學説的舉例。單是這一葉韻書已經在韻學史上占有非常重要的位置，發生非常巨大的作用了。由這一個例證説明了材料的有無、多少、完缺，對於學説的發明和結論的可靠與否是有多麼大的關係。

我們再舉一個例説明材料正確的重要。羅莘田先生根據《十韻彙編》所得的新材料，提出了新問題，他在《十韻彙編》序裏説：

> 《切韻》裏有四個以喻切影的例：
>
> 倭　与和（切三）　烏和（王一）　烏禾（廣、王二）
>
> 婐　与果（切三）　烏果（廣、王一）
>
> 啞　與雅（切三）　烏雅（王一）　烏下（廣）
>
> 跧　與洽（切三）　烏洽（廣、刊、王一、王二、唐）

同在一種寫本裏而有這麽幾個内部一致的特别切法，我們就不能把它們僅僅當作偶然的例外，假如是由“烏”形訛爲“与”，再由“与”類推爲“與”，那麽問題還比較簡單，如其不然，就得很費一番解釋了。還有：

兄　詩榮（切三）　許榮（廣、王二）

囂　詩【嬌】（切三）　許嬌（廣、王一）

自然也可以説“詩”是“許”的形訛，可是《顔氏家訓·音辭篇》説：“通俗文曰，入室求搜，反爲‘兄侯’，然則兄當音‘所榮反’今北俗通行此音，亦古語之不可用者。”敦煌寫本守温韵學殘卷也有“心邪曉是喉中音清”（見劉復《敦煌掇瑣》下輯四二一頁）一句話。這樣看起來，“詩榮”“詩嬌”兩切是否單是形訛，就大有考慮的餘地了。

我們看羅氏舉出六個字的反語的异同，似乎發生了新問題。但是我們把新校的結果加以審核，發現與原卷頗有出入。斯二〇七一（即切三）啞，原卷作烏雅反，王國維抄誤作“與”，姜亮夫抄誤作“与”。䶢，斯二〇七一原卷作“与洽反”，王國維誤抄作與。婐，斯二〇七一原卷作烏果反，王國維姜亮夫均誤抄作“与”。“婐”是倭的上聲字，“婐”的上字既是烏，則倭的上字也應該是影紐字“烏”。“䶢”的平聲字是“猎”，“猎”的反語是“乙咸”，“乙”是影紐字，則䶢的上字也應該是影紐字“烏”。况且這四個字的反語上字，伯二〇一一卷（即王一）全部作“烏”，可見這四個字的反語上字，斯二〇七一卷也應該作“烏”。“婐”“啞”原卷本作“烏”，“倭”“䶢”則原卷誤“烏”爲“与”。又囂字，斯二〇七一原卷上字作“許”，王國維、姜亮夫均誤抄作“詩”。“兄”“囂”二字反語的上字，伯二〇一一均作“許”，可見“兄”作“詩榮”的“詩”也是斯二〇七一卷的誤字。羅氏懷疑説：“同在一卷寫本裏而有這麽幾個内部一

致的特別切法，我們就不能把它們僅僅當作偶然的例外。”這個懷疑既失去了可靠的根據，自然也不必懷疑了。我們根據正確的新材料，可以得到正確的新學説；如果根據不正確的新材料，推論出來的新學説，自然也不正確了。因此我們必須把握新材料的正確性，纔能消除不正確的新學説，纔能産生正確的新學説。我整理這部《瀛涯敦煌韵輯新編》，目的便是在繼續前輩學者的努力，尋回失落在海外的學術新材料，正確的呈獻給學術界人士，作爲發明新學説的可靠的根據。我希望從事學術的朋友，爲了愛護中國學術的共同心願，不斷的予以指正和修訂，使我們獲得的新材料越來越豐富，越來越正確。我們不分先後，不分彼此，我們一切都是爲了愛護中國學術的共同心願。

（原載《瀛涯敦煌韵輯新編》，新亞研究所，1972年，頁1—17）

韵學碎金

一九七二年暑假，自香港赴巴黎，出席東方學會。會畢，得觀列寧格勒東方院所藏敦煌卷子、《石頭記》抄本，暨黑水城資料。[①]孟氏曾出小册子相示，謂得自黑水城，高約四五寸，寬約三四寸，紙質粗糙。蝴蝶裝，抄本，字不工。編列黑水城資料第二八二號。標題爲“解釋謌義壹畚”。案：畚，布忖切，見《廣韵》上聲廿一混本紐。畚與本同音，壹畚，即一本也。内容解釋等韵門法歌訣，蓋羅莘田、趙蔭棠諸君所未見。既無工具複印，亦無時間全録，瞥視一過，掠鈔較重要者數條，聊附管窺所得於後，以供韵學家參考。一九七七年三月廿八日記。

解釋謌義壹畚

幫非互用稍難明　爲侶諸師兩重輕

義曰：古師自指陸法言、孫愐、劉臻、魏淵、裴頠、蕭該、李若、薛道衡，以上等八人即是集韵本之人。致得兩重輕，開口成重，合口

① 參拙作：《我國在列寧格勒的國寶》，《幼獅月刊》1973年12月號。

成輕。故曰，是兩重輕也。

符今教處事無傾

義曰：今者，智公建立指玄論，謂之是今。教者，指教也。

前三韵上分幫體　後一音中立奉行

義曰：是非……母中字，在於後一韵中所收。於平聲五十九韵，并上去入聲共有二百七韵。在於二百七韵内分三十三輕韵，故曰後一音也。

因君指决參差後

義曰：智公指决刊定參差不齊之義也。

入韵八行王氏括

義曰：王氏者，其人姓王，名氏，字忍公，將入聲六十四字以攝入聲。

平聲十六智家收

義曰：智公所撰指玄論之圖簡，頓然開豁往日迷滯之情。而又智家將平聲五十九韵，皆以重輕四等列之。一十六韵以包括平聲。攝之上去二聲，真者剋實，并准此理也。

照類兩中一作韵

義曰：照者，照穿床審禪也。兩者兩等也。一者，第一也。如用歸見溪群疑中字爲切，將審穿禪床照兩等中第一字爲韵，若外轉字切第二，如居梢切交。如内轉字爲韵切第三，如去愁切惆，故曰内三外二自名分。

據以上抄寫所得資料，有數事可知：

一、智公撰指玄論。

二、智公指玄論有圖。圖韵本於唐人增修之陸法言《切韵》，平聲五十九韵，并上去入聲共二百七韵。

三、指玄論圖分列四等，以十六韵攝上去二聲。

四、王氏忍公有韵圖，入韵八行，以入聲六十四字攝入聲。

重規案：《四聲等子》序云：

《切韵》之作，始乎陸氏；關鍵之設，肇自智公……其指玄之論，以三十六字母約三百八十四聲，别爲二十圖……近以《龍龕手鑑》重校，類編于大藏經函帙之末……遂以此附《龍龕》之後。

據此序文，智公著有《指玄論》，又别爲二十圖，而附於《龍龕手鑑》末之四聲等子，似即智公之指玄論圖。趙蔭棠《等韵源流》據遼僧行均《龍龕手鑑》之燕僧智光序云："又撰五音圖式附於後。"趙氏謂智光當即著指玄論之智公，而五音圖式殆即《四聲等子》。今此小册子出於黑水城遺址，殆亦宋代西夏契丹流行於北方之作。作者闡釋門法歌訣，故名曰解釋歌義。其中折衷諸説，多從智公，故曰："因君揩决參差後。"假令智公爲智光，則其作序時爲遼聖宗統和十五年，即宋太宗至道三年（九九七）殘唐五代既訖，至此不過三十餘年。今觀解釋歌義所述，知智公指玄論之圖，所本《切韵》，平聲韵爲五十九，全部爲二百零七韵，宋修《廣韵》爲二百〇六韵，平聲僅五十七韵，和智公所本爲唐人增修之《切韵》。案，巴黎藏伯二〇一四號卷子三十仙之後，有三十一宣，末署"大唐刊

謬補闕切韵一卷”，知唐修《切韵》有增多宣韵之本。又夏竦《古文四聲韵》齊第十二之後有移第十三，增多一部；下平先第一仙第二之後有宣第三①，是唐修《切韵》平聲或有五十九韵之本。巴黎藏伯二〇一二號守温《韵學殘卷》“定四等重輕”，蓋即據唐修《切韵》②而定。智公爲五代宋初人，其時代亦與守温頗近。故皆用唐修《切韵》爲作圖之本，然則等韵之興，淵源甚遠，必出於宋以前也。此小册又謂王忍公以六十四字攝入聲，蓋其人亦有韵學著作。《五音集韵》序云：

> 復至泰和戊辰……先叔者諱孝彦字允中，况於篇韵之中最爲得意，注疏指玄之論……

又《四聲篇海》序云：

> 復至明昌丙辰，有真定校將元注指玄，韓公孝彦字允中，著其古法，未盡其理，特將己見，剏立門庭。

明昌丙辰爲金章宗明昌七年（是年改元承安，公元一一九六），西夏桓宗天慶元年。是北人注解《指玄論》及討論門法者不少，此小册殆亦此類著作之一種，匆匆翻閲一過，摘録數條，略陳所見。惜未能盡寫全書，以供韵學家采穫論定也。

（原載《幼獅學志》14卷2期，1977年5月，頁38—41）

---

① 段玉裁：《經韵樓集》卷六“跋古文四聲韵”。

② 參羅常培：《敦煌寫本守温〈韵學殘卷〉跋》，見《羅常培語言學論文集》，及拙作：《守温〈韵學殘卷〉校記》，見《瀛涯敦煌韵輯别録》。

敦煌變文新論

一、前言

《中國俗文學史》第六章，介紹新發現的變文的源流名義，作了如下的説明：“在敦煌所發現的許多重要的中國文書裏，最重要的要算是變文了。在變文没有發現以前……許多文學史上的重要問題，都成爲疑案，而難於有確定的回答。但自從三十年前斯坦因把敦煌寶庫打開了而發現了變文的一種文體之後，一切的疑問，我們纔漸漸的可以得到解决了，我們纔在古代文學與近代文學之間得到了一個連鎖，我們纔知道宋元話本和六朝小説及唐代傳奇之間并没有什麽因果關係，我們纔明白許多千餘年來支配着民間思想的寶卷鼓詞彈詞一類的讀物，其來歷原來是這樣的……如果不把變文這個重要已失傳的文體弄明白，則對於後來的通俗的作品簡直有無從下手之感。”“斯坦因和伯希和獲得了敦煌文庫裏的許多文卷之時，他們并不注意到有這樣的一種特殊的文體。許多人鈔録着影印着敦煌文卷之時，他們也没有注意到這樣重要的一種發現。”“最早將這個重要文體——變文發表了出來的是羅振玉，他在《敦煌零拾》裏，翻印着佛曲三種……

這是羅氏他自己所藏的東西。這三種都是首尾殘缺的，所以羅氏找不到原名，只好稱之爲佛曲。"[1]北平圖書館的目録把這類演述佛經故事的，便稱之爲俗文。伯希和編的目録則稱之爲《維摩唱文殘卷》、《法華經唱文》一卷。在没有找到變文這個正確的名稱之前，我們對於這個文體是有了種種的臆測的稱謂的。""但就今日所發現的文卷來看，以變文爲名的實在是很多。凡有新發現，大抵皆足證明變文之稱爲最普遍。""《太平廣記》裏……張祜所謂目蓮變，也許指的便是我們所知道的目蓮變文吧！""在唐代有所謂變相的，即將佛經的故事，繪在佛舍壁上的東西，張彦遠《歷代名畫記》記之甚詳。吴道子便是一位最善繪地獄變（變相也簡稱爲變）的大畫家。""像變相一樣，所謂變文之變，當是指變更了佛經的本文而成爲俗講之意（變相是變佛經爲圖相之意）。後來變文成了一個專稱，便不限定是敷演佛經之故事了（或簡稱爲變）。""變文是講唱的，講的部分用散文，唱的部分用韵文，這樣的文體，在中國是嶄新的，未之前有的。""變文的來源，絶對不能在本土的文籍裏來找到。"以上俗文學史的作者説明了變文的淵源和變文的名義後，便將變文分爲二大類。（一）關於佛經的故事的；（二）非佛經的故事的。講唱佛經的故事的變文，又分爲（一）嚴格的説經的；（二）離開經文而自由叙狀的。一九五二年，周紹良編撰的《敦煌變文彙録》；一九五六年，王重民等編撰的《敦煌變文集》，收録的範圍，大致與鄭氏相同。此後國内外研究變文的幾乎都承用鄭氏的説法。不過，向達先生撰《唐代俗講考》時，已提出了反對的意見，他説：

> 説者亦有謂俗講話本。應一律稱爲變文者，試加覆按，可以知其

① 鄭振鐸:《中國俗文學史》，商務印書館，1938年。

> 不然。目蓮變、降魔變、王陵變、舜子至孝變等多以變文名，固矣。然季布罵陣詞文固明明以詞文或傳文標題矣。而所謂押座文、緣起，以及敷衍全經諸篇，非自有名目，即體製與變文迥殊。今統以變文名之，以偏概全，其不合理可知也。

到一九六二年，程毅中發表《關於變文的幾點探索》一文，更發揮向氏的說法。他說：

> 就拿燉煌變文集來説吧，其中所收的并非全是變文。原來題作變文或變的，只有王陵變、舜子變、破魔變、降魔變等七種。其餘有的是原本闕題，有的是本來不該叫作變。敷演佛經故事的本來不應該稱作變文，應該叫作某某經講唱文或講經文，也就是當時人所謂的俗講。現存燉煌寫卷中，原來有標題的如“長興四年中興殿應聖節講經文”“温室經講唱押座文”，形式和變文有所不同。可惜一大部分燉煌寫卷都殘闕無題，不知原名叫什麽；但從内容和形式來看，大致可以分辨是否講經文。講經文一般都引經文，加以敷演，由都講唱經，法師講經，兩人互相配合，所以每一段詩贊結尾總有“××××唱將來”的套語。
>
> 儘管現在有很多人在習慣上已經把變文這個名稱擴大運用了，用它來統稱講經文以至詩賦詞論等各種文體；然而作爲科學的研究，實有辨别名實的必要，更需要辨别的是變文和講經文相似而實不相同。講經文是專講佛經的，而變文則未必，這樣區别一下，對我們研究説唱文學的淵源是有好處。從現存的資料來看，不能説變文是專講佛經故事的文體，很可能這種文體本來在民間非常流行，所以被僧人用來

> 作爲俗講的一種形式。這種文體本來不叫作變文，形式也不十分固定，和燉煌寫卷中的詩賦詞論那樣，隨便題名。只是在和變相結合的時候，才叫作變文，正如後世的所謂“全相平話”一樣，説明它是一種圖文對照的話本。

從上引各家的説法，綜合起來，可分新舊二説。舊説認爲變文與變相的得名頗爲相似。其起源是由僧徒爲了宣傳教義，運用講唱方式而産生發展出來的一種通俗文體。所以最早的變文，是引據經文，穿插故事，使之通俗化，既説且唱，用以吸引聽衆。它的儀式是講前有押座文，次唱經題名目。唱經題畢，用白話解釋題目，叫開題。開題後摘誦經文，以後一白一歌，又説又唱，直至講完爲止。進一步的開展，是不唱經文，可以隨意選擇經文中故事，經短的便全講，經長的便摘取其中最熱鬧的一段講。在正講前也還要唱出經題，所以這一種也仍是講經的一體，照例也題作變文。再進一步的開展，便是講唱變文，不向佛典而向中國文書史傳中尋找故事，現存敦煌寫本，這類變文也很不少。因此，追溯變文的源流，是由説唱兼施，散韵間用，敷演故事，闡揚佛教的講經文，蜕變爲講史傳俗事的作品，也稱爲變文。這種説法，解釋變文的名義和源流演變都很正確，所以在文學界似乎已普遍被接受。不過向達、程毅中創立新説，他們根據敦煌寫本，統計《變文集》所收《長興四年中興殿應聖節講經文》《金剛般若波羅蜜經講經文》《佛説阿彌陀經講經文》《妙法蓮華經講經文》《維摩詰經講經文》《佛説觀彌勒菩薩上生兜率天講經文》《無常經講經文》《父母恩重經講經文》凡二十餘個卷子，除《長興四年講經文》是寫本原題外，其他皆缺標題，是編書人後加的題目。這些所謂俗講的話本，没有一篇標名爲變文的。但是標題變文的卷子，計有伯二一八七的《降魔變押座文》尾題爲“《破魔變》一卷”。斯四三九八號首題“《降魔變》一卷”，尾題也是“《降魔變》一卷”。斯二六一四號首題是“《大目乾連冥間救母變文并圖》一卷”，尾題作“《大目乾連變文》一卷”。斯三四九一號首題“《頻婆娑羅王后宫綵女功德意供養塔生天因緣變》”，斯五四三七號首題“《王陵變》”，尾題“《漢八年楚滅漢興王陵變一鋪》”，斯四六五四號存首題“《舜子變》一卷”，伯二七二一號存尾題“《舜子至孝變文》一卷”，還有伯三六四五號，首題是“《前漢劉家太子傳》”，但尾題却是“《劉家太子變》”。伯三〇四八號首題是“《醜女緣起》”（斯四五一一號首題作《金剛醜女因緣一本》），尾行却是“上來所説醜變”。北平圖書館雲字二十四號無首尾題，紙背全是空白，只有“八相變”三字，當是原有標題。這許多原卷清清楚楚有標題的變文，當然必須承認它是變文。但是它的文體不是嚴格的講經文，内容也不完全是佛經故事；而所謂講經文，敦煌寫本都没有變文的標題。向程二氏根據寫本的原題來區别變文的歸屬，同時劃分了俗講經文和變文的界限。於是講經文、俗講和變文的沿襲演變的過程也必須重作評估和探測。眼前擺着敦煌寫本，誰也不能否認這是事實，他們提出來的新看法新主張，我們必須細心觀察，來作取捨從違的决定。

二、“變相”名稱的來源

我們觀察變文這一“變”字的來源。我們應該承認它是首先用在佛相方面。《歷代名畫記》歷載梁朝名畫有《寶積經變傳於代》（卷七），隋朝有展子虔的《法華變》、董伯仁的《彌勒變》、楊契丹的《雜佛變傳於代》（卷八）等，可見佛寺中畫變相圖的風氣早在六朝就已開始了。所謂變相，可能是變現出來的形相的意思。宋代法顯《佛國記》説：

王便夾道兩邊，作菩薩五百身已來種種變現，或作須大拏，或作睒變，或作象主，或作鹿馬，如是形象，皆彩畫莊校，狀若生人。

畫家描繪這種變現的形相，就叫作變相，省稱便叫作變。究竟變相起於何時，我們從《歷代名畫記》也可得其梗概。《歷代名畫記》卷二云：

顧生首創維摩詰象，有清羸示病之容，隱几忘言之狀，陸與張皆效之，終不及矣。

顧愷之作《維摩詰居士像》，在東晋時代，約當四世紀中葉。到了南朝劉宋（四二〇—四七八），袁倩畫《維摩詰經一百餘椿故事》時，便叫作變，也即是變相。《歷代名畫記》卷五：

（袁倩）又維摩詰變一卷，百有餘事，運筆高妙，六法備呈，置位無差，若神靈感會，精光指顧，得瞻仰威容。前使顧陸知慚，後得張閻駭嘆。

從這同一書的兩條記載，合理的推測，應該是畫單身的維摩詰相，便叫作相；畫情節變化的維摩詰故事，便叫作變——也即是變相。《歷代名畫記》的作者雖然没有加以説明，却清楚地記録了由“相”演變爲“變”或“變相”的名稱。這從事實發展的過程是可以看得出來的。至於“變”這一名詞是張彦遠所追加的呢？還是袁倩自己題名？抑或是袁以前已經流行的名稱。看來“變相”這一名稱，在唐以前甚至在六朝時是早已經流行的。有了這比較清楚的記載，變相得名的原因和它興起的時代，可以説得到了確實的證明。

三、文獻上最早紀録的“變文”是指稱俗講經文

談到變文的文獻記載，比起變相來要貧乏得多，儘管一般人認爲講唱佛經的故事的叫作變文，或省稱變。但是王重民等編的《變文集》，收録的講唱經文，所有原卷全都没有變文的標題，以致引起研究者的懷疑，認爲俗講經文不可以叫作變文，這一看法，關係整個變文的名義、體裁、流變，非辨明澄清不可。

我現在舉出證據，證明俗講經文可以稱作變文，而且變文的名稱，正是從俗講經文纔開始。《大唐大慈恩寺三藏法師傳》[①]卷九云：

> （顯慶元年十二月五日）其日，法師又重慶佛光王滿月，并進法服等，奏曰：輒敢進金字般若心經一卷并函，報恩經變一部。

據此，玄奘西元六五六年獻給唐高宗的《般若心經》一卷，是《心經》原本；而《報恩經》獨稱爲“報恩經變一部”，當然不是《報恩經》原本，而應該是《報恩經》的俗講經文。可見講經文是可以稱爲變文的。由於《報恩經》中善友惡友兩王子的故事，曲折離奇，驚險哀艷，最富小説意趣，敦煌壁畫也常常用作變相的題材。玄奘法師特别呈獻《報恩經》變文，是有其道理的。最難得的是《報恩經》變文，居然在敦煌寫本中發現。一九七二年，蘇聯孟西科夫教授和左義林女士合編《雙恩記》二册出版，我收到編者贈書後，查看列寧格勒敦煌卷子目録，原來即是第一册所著録的一四七〇號的《佛報恩經講經文》。《雙恩記》現存三卷，六百八十四行。第一行題“《雙恩記》第三”，第二百三十八行題“《雙恩

---

① 《大正藏》第五十册《史傳部》二〇五三。奏文只見第五十二册《史傳部》二一一九，寺沙門玄奘上表記。

記》第七”，至第四百六十行卷末題“《佛報恩經》第七”。第四百六十一行題“《報恩經》第十一”，至六百八十四行卷末題“《佛報恩經》第十一”。現存敦煌講經文，多缺標題；講經文有正式題名的，《雙恩記》似乎是第一次的發現。此卷第一二九行“説報恩經於此處”，第一六六行“於佛會之中聽説報恩經典”，第二一三行“知佛欲説大報恩經”，第二一六行“聞説報恩演暢”，可見變文是根據“佛報恩經”來講唱，而由講唱寫成的變文，則題有正式的專名爲“雙恩記”。故就其所本則爲“佛報恩經”，就其講唱之變文則名爲《雙恩記》。此變文卷七首題“雙恩記”，尾題則曰“佛報恩經”，便是最明白的證據。由此看來，俗講經文不但可以稱爲變文，而且還有别立專名的變文。玄奘的《報恩經變》是否即《雙恩記》，不得而知；但《雙恩記》是《報恩經變》的一種，則無問題。根據這事實，變文正和變相一樣，它都是因描寫佛經的故事而得名的。有了玄奘呈獻的《報恩經變》，無論是玄奘自撰的講經文，抑或是玄奘以前的舊作，這都證明了唐顯慶元年（公元六五六年）以前，已有稱呼俗講經文爲變文的。而且也可以説，變文這一名稱的開始，便是指的俗講經文，這是變文的源頭，看清楚了變文的源頭，然後纔可以看清楚它的流變。

四、講佛經故事且有變文標題的變文是源自俗講

敦煌寫本有標題的變文，無論是有關佛經故事的，或非佛經故事的，都可以發現它從俗講經文蜕變而來的痕迹。現在先舉巴黎伯二一八七號《降魔變押座文》來證明這個説法。按孫楷第《讀變文》（《滄州集》卷一）云：

《破魔變》藏國家圖書館，卷子編號爲二一八七，卷後題云：“破

魔變一卷”；而第一行標題爲降魔變押座文。首録梵贊長行文云：“年去年來暗更移……亦經題名目唱將來。”……此變文不出經題，故不知所據爲何經，唯押座文有唱經題名目之語，則此講在正説前必有唱經題之事，無可疑也。

又向達《唐代俗講考》之《論俗講之話本問題》云：

據上引P三八四九號一卷紙背論俗講儀式，説押座乃俗講所特有。所謂押座，即指押座文而言。法京國家圖書館藏P二一八七號一卷爲《降魔押座文》，下即爲《破魔變》，破魔變即降魔變，盡述佛弟子舍利弗降六師故事者也。押座文與變文相聯屬，則變文之與俗講有關，而即爲俗講之話本，從可知矣。

由向孫二家之説，知俗講經文必有押座文。今巴黎所藏《降魔變》，題名爲變，而其首有押座文，又有經題名目唱將來之語。這種不覆述經文，自由叙述佛經故事的變文，仍舊沿襲俗講經文的儀式。由此可知它實在是從説經的俗講變文演變而來的。因爲徵引經文的講唱，有時難免枯燥乏味，所以俗講師便乾脆將引唱經文的部分略去，只就佛經内容敷衍成有趣的故事，其文體則仍然保留韵散互用的講唱形式。伯二一八七號《破魔變》，便是絶好的例證。

我們進一步觀察《變文集》原卷本題名的變文，可以看出它們遺留下來的講經文的痕迹。除前舉《降魔變》外，如《大目乾連冥間救母變文》是用俗講文體演繹《佛説盂蘭盆經》而成。變文末尾云：“當時（疑時爲持字之誤）此經時，有八萬菩薩、八萬僧、八萬優婆塞、八萬優婆姨作禮圍繞，歡喜信受奉行。”顯然是講經文三門最後流通門的口氣。還有

《頻婆娑羅王后宫綵女功德意供養塔生天因緣變》，正講前有押座文，有念觀世音菩薩儀式，有開贊文，有“功德意供養塔生天緣”簡題。正講後還有講師保宣的自述，云：“但保宣空門薄藝，梵宇荒才，經教不便於根源，論典罔知於底漠。輒陳短見，綴秘密之因由；不懼羞慚，緝甚深之緣喻。”説明他宣講功德意供養塔生天緣的心情。這不是俗講經文是什麼？而它的題目是《生天因緣變》，可見俗講經文是通稱爲變文的。又斯二一一四號首題“醜女緣起”，斯四五一一號題作“金剛醜女因緣一本”，伯二九四五號題作“金剛醜女緣”，也是用講唱文體敷演百緣經裏《波斯匿王醜女嫁》而成。卷尾題云“上來所説醜變”，可見這類變文都是“源於俗講而來。還有雲字廿四號卷背署題的“八相變”，也可能是根據佛本行集經敷演而成的俗講。文中常有“於此之時，有何言語”，“當此之時，有何言語”，“當爾之時，道何言語”，“於爾之時，有何言語”，以及稱佛子，作吟偈，都是俗講的常套。講末也有講師的自白：“况説如來八相，三秋未盡根原，略以標名，開題示目。今具日光西下，座久迎時，盈場并是英奇仁（人），闔郡皆懷云（云懷）雅操。衆中俊哲，藝曉千端，忽滯淹藏，後無一出。伏望府主允從，則是光揚佛日，恩矣恩矣！”更加説明了它是一篇俗講。由此可知不徵引經文，純粹宣講佛經故事的變文，也是從通稱變文的俗講經文衍變而來。

五、講佛經故事没有變文標題的變文也源自俗講

前面説明内容與佛經有關而又標明爲變文的，其源出於俗講。現在説明即使是没有變文標題的佛經故事，我們也可推斷它是源出於俗講。如成字九十六號用講唱體叙述目連救母的故事，可能因首尾不全，所以缺去標題。但是開頭説“上來所説序分竟，自下第二正宗者”，這是講經儀

式中分“序分”“正宗”“流通”三門的遺規。文中“當爾之時，有何言語”，也是講經文的常套。又如伯二一九三號“目連緣起”，講唱兼施，也是俗講的體裁。而講完目連救母之後，還有一段説詞云：“奉勸座下弟子，孝順學取目連，二親若也在堂，甘旨切須侍奉。父母忽然崩背，修齋聞法酬恩。若學一輩愚人，不報慈親恩德。六畜禽獸之類，由懷乳哺之恩，況爲人子之身，豈不行於孝順。且如董永賣身，遷殯葬其父母，敢（感）得織女爲妻。郭巨爲母生埋子，天賜黄金五百斤。孟宗泣竹，冬日笋生。王祥卧冰，寒溪魚躍。慈烏返報（哺），書使（史）皆傳。跪乳之牛（羊），從前且説。”最後云：“上來稱贊目連因，只是西方羅漢僧，母號青提多造罪，命終之後却沈輪（淪）。奉勸聞經諸聽衆，大須布施莫因循。托若專心相用語，免作青提一會人。須覺悟，用心聽，閑念彌陀三五聲。火宅忙忙何日了，世間財寶少經營。無上菩提勤苦作，聞法三塗豈不驚。今日爲君宣此事，明朝早來聽金經。”這更説明“目連緣起”是俗講經文，也是變文。又《敦煌零拾》和伯三三七五號的《歡喜國王緣》，開首便説：“謹案藏經説：西天有國名歡喜，有王歡喜王，王之夫人名有相者。”陳寅恪先生云[①]：“案魏吉迦夜曇曜共譯之《雜寶藏經》卷十，優陀羡王緣有相夫人生天事，適與此合。石室比丘尼之名亦相同。惟國王名稍异，或别有所本，未可知也……予曾見柏林人類學博物館土魯蕃壁畫中，有歡喜王觀有相夫人跳舞圖。可知有相夫人生天因緣，爲西北當日民間盛行之故事；歌曲畫圖，莫不於斯取材。”全篇講唱相兼，唱詞注明‘吟’‘側’‘斷’‘吟斷’‘断側’，和俗講經的體製相同。這一類卷子，儘管没有標明是變，但可以斷定它是從俗講變孳的變文。

① 見陳寅恪先生論文《有相夫人生天因緣曲跋》。

六、非佛經故事有標題的變文

敦煌寫本，題目標明的，頗多是演唱非佛動人故事，但仍舊看得出從俗講變文演變而來的痕迹。如《王陵變》，斯五四三七號首題作“漢將王陵變”，伯三八六七號（巴黎圖書館近并三八六七於伯三六二七内）尾題作“漢八年楚滅漢興王陵變一鋪”。全篇一講一唱，和俗講文相同，每講至吟唱前，往往有提示詞句，如“二將斫營處，謹爲陳説”，“便往却回，而爲轉説”，“説其本情處，若爲陳説”，“嚇脅陵母言云，肯修書詔兒已否，其母遂爲陳説”，“可不肝腸寸斷，若爲陳説”，“其時天地失瑕之光，而爲轉説”，“祭禮處若爲陳説”，這和俗講文的情況相同，而且轉説的轉，也是從佛教轉經而來。又斯五四三七卷首，有“從此一鋪，便是變初”之語，一鋪就是一幅畫，所以卷尾又題爲“楚滅漢興王陵變一鋪”。畫本與變文有頗密切的關係，這也可證明《王陵變》講的不是佛經故事，文體却是從俗講孳生出來的。至如《舜子變》，斯四六五四存前題《舜子變》一卷，伯二七二一存後題《舜子至孝變》一卷，這是前後題都標明是變文的。《前漢劉家太子》，伯三六四五、斯五五四七首題都作《前家太子傳》，伯三六四五（斯五五四七僅殘存開端）尾題却作“劉家太子變”一卷。這些標明變文的，當然應該承認它是變。然而這種變，已演變到除有詩句外，全部只講不唱的程度，幾乎和後世的短篇小説相仿佛。從源到流，它的脉絡是很清晰的。

七、非佛經故事又無標題的變文

《敦煌變集》鈔録伯二五五三寫本《王昭君變》，由於開頭殘缺，失去題目，編者斟酌内容，證以唐人吉師老《看蜀女轉昭君變》的詩，爲之補題。卷中唱詞前也有像俗講經文慣常的提示詞句，如“遂指天嘆帝鄉而曰處若爲陳説”“留將死處若爲陳説”“乃葬昭軍處若爲陳説”“遂出祭詞處若爲陳説”。又卷中唱至“莫怪適來頻下泪，都爲殘雲度嶺西”處，寫本有云：“上卷立鋪畢，此入下卷”。“立鋪”即是竪起畫本，與吉師老詩中所謂“清詞堪嘆九秋文”“畫卷開時塞外雲”也極相合。可見此篇也是變。又斯二一四四號寫本，原無標題，王慶菽擬題爲《韓擒虎話本》。文末有云：“畫本終，并無抄略”，可見此卷有圖。變往往附有圖畫，故《大目乾冥救母變》，有圖一卷；《漢將王陵變》有圖一鋪。伯四五二四全卷，一面是《降魔變》圖畫，一面是《降魔變》的唱詞，可見本和變的密切關係。王慶菽認爲畫本是话本誤字，恐未必可靠。况且《擒虎話本》寫的是信佛毁佛的鬥争，也是佛教徒編造的故事，應該是後起的變文。以上所舉的敦煌寫本，雖無標題，但仍可以看見它從俗講經文蜕變而來的痕迹，應該是源於俗講的變文。推之，性相近的《伍子胥變文》《孟姜女變文》《捉季布傳文》《李陵變文》《董永變文》《張義潮變文》《張淮深變文》《秋胡變文》等，也應該是同類的變文。

八、押座文緣起及自有名目的寫本

向達先生《唐代俗講考》認爲寫本自有題目的便不可稱爲變文，這一看法是非常值得商榷的。因爲變文只是一個通俗謂。最早被稱爲變文的，便是俗講經文，其論證已如前文所説。他如《功德意供養塔生天因緣變》《金剛醜女因緣》，本身便題作因緣或緣起，也因爲是從俗講經文孳生的作品，所以也通稱爲變文。巴黎敦煌伯三六九七號寫本首題爲“捉季布傳一卷”，次行題云“大漢三年楚將季布駡陣漢王羞耻群臣拔馬收軍詞文”，尾題是“大漢三年季布駡陣詞一卷”。因爲記事，所以叫作傳；因爲吟唱，

所以作詞文。當時人對這一類文章都通稱變文，所以又稱它變文，試看《季布交》結尾説："若論罵陣身登貴，萬古千秋衹一人，具説漢書修製了，莫道詞人唱不真。"也可與吉師老詩"檀口解知千載事，清詞堪嘆九秋文"互相印證。巴黎敦煌寫本《前漢劉家太子傳》，尾題作"劉家太子變"；本身是傳文，也可通稱爲變文。《變文集》中利用傳、記、詩、賦、書、論、詞、話等中國固有文體，以講唱風格寫成的作品，應該都可以叫作變文。必須明白這一事實，纔不致目迷五色，覺得變文形式不固定，令人捉摸不透。

向氏又謂押座不可稱爲變文。按押座文，乃唱經題前的吟詞，爲唱經題之先聲，屬於俗講之一部分。既稱俗講爲變文，則押座當然爲變文之一部分。

九、變文宣講的場所

變文是佛門的產物，講唱經文當然是在寺廟。由俗講孳生的各種詩詞傳記體裁的變文，各種有説有唱，有説無唱及一些對話體的變文，其中與佛經有關的當然可由法師在高座上聚衆宣講。縱然不是嚴格的講唱經文，法師在法會中誘導四衆，還是可以照傳統儀式宣講。不過，那些説唱對話與佛經無關的變文，總不能堂堂正正的在法會上，由法師禮佛唱拜，像蜀女似的轉昭君變罷！我想這一類的變文，可能是在法會之餘，或在寺廟戲場演出，以娛觀衆。向氏《唐代俗講考》"長安寺院與戲場"云：

> 錢易《南部新書》云："長安戲場多集於慈恩，小者在青龍，其次薦福、永壽。尼講盛於保唐，名德聚之安國。士大夫之家入道，盡在咸宜。"此處所舉，除咸宜一寺不知所在外，其餘如慈恩、青龍、薦

福、永壽、保唐、安國六寺全在長安城的東部，即所謂左街也。保唐寺原名菩提寺，在平康坊，會昌末始改此名。故錢易所述，當是大中以後的情形。唐代長安寺院，凡國家有大事追薦行香，以及春秋佳日士大夫游賞多聚於此。平時以法相莊嚴，繪畫精好，當有不少游人，所以戲場薈萃。宗教的境域之外，并成爲民間游樂消遣的中心。這同北平的廟會似乎相差不遠。古昔印度寺院多蓄舞樂，印度戲劇的來源，近人多以爲出於歌舞，唐代寺院雖無伎樂，而有戲場，大約也是受的印度的影響。

看了向氏的叙述，知道佛教寺院多有戲場。遇到寺院齋集法會，游客填咽，寺僧正式俗講之餘，自然會利用戲場，搬演吟唱，以娛群衆。這些説唱對話的變文，可能便是當時演唱的話本。這一構想，我去年暑假在巴黎施博爾教授（Prof. Shiper）研究室，看到他所收集的道教資料，似乎又可以作爲一個有力的旁證。施博爾教授在臺南居住七八年，深入道壇，了解道教儀式，收集了二三百年前道士傳授下來的手鈔經懺唱本，不下千册，我現在引鈔編號AS.MT. Ⅰ 1–106鈔本一段如下：

道德無爲清淨香　妙洞真香靈寶惠
金爐香靄炁氤氲　玉華散彩雲祥瑞
上通三境至諸天　下徹九泉并九地
十方三界盡聞知　千真萬聖咸供儀
發願上報四重恩香供儀太乙救苦尊　發願下濟三途苦
廣運慈悲憐一切　廣行方便度衆生
天覆地載育群生　修設齋筵答皇恩
下民無報乾坤德　香花品物表丹誠

憶着母親眼泪淋漓匕匕誰知道今旦我母
正會送命墜落陰司匕匕目連命箔（薄）羅卜
命箔自古説是大限到來有只非禍終
久都也難迯匕匕避舉目無親四目無親
今卜固誰人得是我必須着見閻君去
見閻王説出一拙事志度伊知机匕匕不合
我母親匕匕爾今開葷來恰不是阮力母一
身匕匕送覓治只酆都地獄城裡苦痛傷
悲匕匕我今憶母一會慘切啼聲啼叫刘
氏母親爾今治去匕匕羅卜堅心目連堅心
定卜救母來出苦輪謝得我佛賜我金
錫只點卜來救母上往匕匕……
郭巨埋兒天賜金　丁蘭刻木奉雙親
孟宗哭竹多生笋　孝順由來世上珍
………
自家出家正是爲着乜因爲着我母目
連母親義重恩深鴉有反哺羊有跪乳
深恩禽獸也識通知報本匕匕豈可人子無
孝義心

這類目連救母唱本，顯然是道士從佛教引進來的。原來俗講在唐玄宗時即甚流行，且經禁斷。《唐大詔令集》一一三載開元十九年，誡勵僧尼敕云：

近日僧尼，此風尤甚，因依講説，眩惑閭閻，溪壑無厭，唯財是斂。津梁自壞，其教安施？無益於人，有蠹於俗。或出入州縣，假托威權。或巡歷村鄉，恣行教化。因其聚會，便有宿宵。左道不常，异端斯起。自今以後，僧尼除講律之外，一切禁斷。

長慶、太和、會昌以後，俗講又盛。《盧氏雜説》云：

文宗善吹小管，時法師文溆爲入内大德。一日，得罪流之。

唐趙璘《因話録》云：

有文溆僧者，公爲聚衆譚説，假托經論。所言無非淫穢鄙褻之事。不逞之徒，轉相鼓扇扶樹。愚夫冶婦，樂聞其説。聽者填咽寺舍，瞻禮崇拜。呼爲和尚。教坊效其聲調，以爲歌曲。其甿庶易誘。釋徒苟知其真理，及文義稍精，亦甚嗤鄙之。近日庸僧，以名繫功德使，不懼臺省府縣，以士流好窺其所爲，視衣冠過於仇讎，而溆僧最甚，前後杖背，流在邊地數矣。

俗講僧經過禁斷杖流之後，到宋真宗的時代，僧侣們的講唱變文，被明令申禁。除了閟藏在莫高窟的寫本外，人世間似乎已聲銷迹絶。但道教在宋以後開始爲亡親做齋，所謂黄籙幽法。道教的齋事，金書齋最短，始於中午，止於次日拂曉；九幽齋稍長，始於清晨，達一晝夜；黄籙齋最長，首尾三日。他們講唱經文，有都講，有高功，開壇做齋、早朝、修法、拜青詞等，由早到晚，在深夜後，還演出鍊度戲，有二十四孝、三綱五常、孟姜女、朱壽昌、目連師兄弟雙探地獄等名目。還有更猥褻的打城戲，插科打諢，極盡詼諧戲謔的能事。這和唐代俗講師文溆“聚衆談説，假托經論，所言無非淫穢鄙褻之事……聽者填咽寺舍”的情況，如出一轍。看了

道教講唱目連救母卷子和道士演唱情形，實在可以反映唐代佛教俗講的狀況。

十、結論

綜合以上情況，可以得出如下的結論：變文是佛教的産物，它是用講經儀式，講唱佛經教義，着重佛教故事的俗講。通俗叫它做變文。在佛教裏，凡是用繪畫或雕刻表現出佛經中故事的場面，叫作變現、變相，或省稱爲變。所以顧愷之畫的《維摩詰單身相》叫作相，而袁倩畫的有故事性的《維摩詰百餘事》，就叫作維摩變。同樣用講經儀式，依據經文，科别義旨，便是正式的講經文。用講經儀式，講唱經文，着重宣演故事以吸引聽衆，便是俗講。由於它的故事性非常突出，通俗也稱它爲變文，或省稱變。爲了吸引聽衆，漸漸演變成不援引經文，只是講唱佛經故事，當然還是稱它爲變文。甚至只是沿襲變文講唱對話的風格，用中國固有文體，如詞、賦、傳、記等來鋪叙故事，以娱聽衆，也還是叫作變文。開始是在寺院内演唱，影響所及，流傳到寺院以外的藝人。如吉師老所咏的《看蜀女轉昭君變》，和尚唱經叫作轉，用的還是佛教的術語。影響傳播，深入民間，甚至移植於异教。演變成千枝萬派，波瀾壯闊的各種俗文學，這真非俗講僧始料所及的了！

（原載《幼獅月刊》49卷1期，1979年1月，頁41—48）

敦煌變文與儒生解經

變文之名，由佛徒俗講經文而起，唯以敦煌傳世寫本講經文皆未標明變文之目，故近人向覺民、程毅中諸氏均謂俗講經文不可失變文之名，其説雖新，實則未諦（余别有《敦煌變文新論》一文辨明之）。良以講經文稱變，已見於玄奘奏表，大唐大慈恩寺三藏法師傳[①]卷九云：

（顯慶元年十二月五日）其日，法師又重慶佛光王滿月，并進法服等，奏曰："輒敢進金字般若心經一卷并函，報恩經變一部。"

寺沙門玄奘上表記[②]所載，其文亦同。據此，玄奘於西元六五六年獻唐高宗《心經》一卷、《報恩經變》一部，二者并舉;《心經》既爲經本，則《報恩經變》當指稱俗講經文，此俗講經文稱變之明證也。列寧格勒藏有敦煌寫本《佛報恩經講經文》[③]，現存三卷，凡六百八十四行，第一行

①《大正藏》第五十册《史傳部》二〇五三。

②《大正藏》第五十二册二一一九。

③ 孟西科夫編:《列寧格勒藏敦煌卷子目録》第一四七〇號。

標題“《霎恩記》第三”；第二百三十八行首題“《霎恩記》第七”，至四百六十行尾題“《佛報恩經》第七”，是《佛報恩經講經文》，同時亦名爲《雙恩記》，《雙恩記》即變文通名中之别名也。以是知俗講經文不但可稱爲變文，且有爲之别立專名如《雙恩記》者。玄奘之《報恩經變》是否即《雙恩記》，不得而知；但《雙恩記》爲《報恩經變》之一種，則無問題。王重民等編輯之《變文集》，所收講經文，多首尾殘缺，不見標題，未可遽謂講經文不可稱爲變文也。大抵俗講經文有一大特點，即在藉故事以宣講佛道，使玄理故事化。《報恩經》中善友惡友二王子入海求寶，情節曲折離奇，實爲最富小説趣味之故事。由於佛徒開此風氣，影響吾國後世俗文學至爲深遠。舉凡寶卷、彈詞、宋元話本、明清小説，無不與變文有密切之關係。此近代治俗文學史者所艷稱，且闡揚幾無餘蘊矣。唯儒生解經曾受佛徒俗講之影響，似尚無人拈出實證。余讀敦煌伯三三七八、伯三三八二《孝經》殘卷，蓋晚唐人寫本。其書雜引故事，發揮經義，與俗講經文藉故事以宣揚佛理者，其用意正同。此種解經風格，顯然受俗講經文之影響。現節引數事，以資證明。

（一）伯三三七八《孝經》殘卷

夙夜匪懈，以事一人，傳曰：趙盾盛服。昔趙盾者，是晋零公大夫。爲恭肅，常假寐而早朝，忠節無有休失（佚）。而零公爲人好食能（熊）掌宍（肉），常使厨士煮之，少時不熟，公即嗔怒，以稠（銅）杖叩煞之。公自思村（忖），以食煞人，不彰路（露），亦不用人諫。於是即使人解别厨士支節，以畚盛之，以菜覆其上。辰（晨）旦，密遣人擔出。會於外道，遂逢趙盾大夫，欲來入朝。獨見使一人擔畚而出。盾問此人：“是何物？”使人答曰：“菜耳！”趙大夫曰：“菜當從外而入，何因從内而出？”使者答曰：“大夫不信，公曰（曰字疑衍）自看之。”盾便即看之，其菜下乃見一死人。趙大夫嘆曰問（曰問疑倒）：“何致然？”使人報言：“此厨士，公使煮熊掌，少時不熟，公嗔，即以銅杖叩煞之。”趙盾曰：“食是小事，如何煞人乎！”諫曰：“爲臣當朝於君，不其（期）君返朝臣。陰陽逆順，何然也。”盾朝訖即還。而零公自耻其意，即懷惡心，欲煞趙盾。使人言大夫趙盾作驕奢乃事伎樂，私生异心，過於寡人，猶尚如此，蓋（盍）有君臣之義。零公即便問：“誰有如鉏倪勇健者？往遺（遣）煞盾。”鉏倪依命，往至趙大夫門，聽之寂然無音樂之聲。又入中閤，闃無所見。便復前進閤内，乃見盾左右相，一妻二食魚食飯而已。鉏倪等便還白零公曰：“都無公所言，寂無音樂。又見盾左右相，只见一妻二妻飡飯之時，以不（報）零公。”“但往煞之，何須覆聽。”鉏倪奉命更注（往），欲煞趙盾。鉏倪等思村（忖），盾一國忠賢之臣，如何得煞！我等鉏倪只得爲趙大夫死，便即叩頭在槐樹自絞而死。因方便盾還活。大夫於後出境，勸課人民。乃見道桑下有餓人，氣息惙然，口不能語。遁（盾）因下車傾壺中酪，口含數口與之，飢人便得蘇活。盾問曰：“君是何人？在此弊卧。”飢人答曰：“日僕晋零公字輒，指（詣）於齊游學，今欲還家，賫（齎）糧計日應達，道路急逢天雨，糧食乏少，至此弊卧。”盾聞此語以嘆曰：“男女窮達有時。”盾并與餘人糧食，使達前所。所去飢人歸還到家，遂乃得事晋零公。恒欲煞盾，不知有何方便煞之。各敕諸臣，至明清旦施設大會，蜜（密）潜隱伏兵著門外。公語左右曰：“設會訖，汝往就盾索劍，如得便即刺。”往日桑下飢人得作零公左右，今欲報盾恩，私地語盾曰：“你明日自察自覺，有人煞你，你在陛下會，實莫拔劍與他人，但内着敞中，速取階而去。”盾承命即去，盾得脱。零公煞之。公語左右曰：“吾有一犬，名曰夫遨，但解人語，甚能噹人煞。汝

等左右將此夫遨從盾後行，趣階而去，趙盾但舉脚，汝等放遨便嚙煞着。”爾時趙盾有左右彌明，明脚蹴遨口下唅而出血，遂不能嚙趙盾。啓公曰：“君之放遨，何以臣遨。”盾嘆曰傷。門外有伏兵，將者是往日桑下餓人，故來報恩，發應之。盾便乘車出境，勸道百姓，逢溼雨轍迹不通車路。兼復糧食之短。往日桑下之人見盾，乃濟梁（糧）食，扶上車，并復扶輪出於溼難進而路去。盾問曰：“君是何人，而能濟人之命，復扶輪。”此人答曰：“我蒙君傾壺之義，今有扶輪之我是桑下飢人。”盾即嘆曰：“一飡之惠，乃有存身之報！”何謂有德之義。此之即爲孝道。以治萬人，善明吏（史）策乎也。

（二）伯三三七八《孝經》殘卷

故以孝君則忠：以，用。事父之孝所移事君則爲忠臣。所以知之，欲求忠臣，必出孝子之門。昔楚相申明至孝。其時乃有白公返（反）亂，以楚王兄子，遂征白公，頻頻不勝。楚王嘆曰：“緣吾無忠臣故。”楚聞申明至孝，復能用兵，即遺（遣）人往召之爲相。申明不肯就。明父曰：“楚以汝爲相，何故不就？”申明對父曰：“豈可拾（捨）父事君。”父曰：“汝但爲國相，吾死不恨耳！”申明承父之命，遂往應楚。楚王即封申明爲上相，領兵遂伐白公。白公〔曰〕：“若申明爲君師（帥），吾必敗矣！”白公即使人往縛取申君父。白公使人即作書與申明，謂曰：“子與吾同心者，即共汝國半治。若不同者，吾必當煞子父。”申明曰：“仕是食其禄，何有避之難，非爲忠。”則便前進，而與白公合戰，即勝。白公乃煞父。申明還爲父報讎，亦煞白公。捉至楚，楚王歡喜，即遇（過）金千斤，封邑萬户。是申明辟退，不愛（受）楚王爵禄。申明口云：“煞父事君，非爲孝也。”遂辭楚王歸。還葬父，治服三年，如父故。改服畢訖，乃以自刎而死。此之謂也。

（三）伯三三八二《孝經》殘卷

昔者周公郊祀后稷以配天：郊者是祭天名，其在南郊。謂之后稷也者，周公武王廿四世祖，姓姬，名弃。當時稷父帝嚳祭南郊，皇后姜嫄從後到郊上，見一大人脚，足履大人脚迹，乃滿大人一女（大）母指，姜嫄因以體然如有娠也。日月充滿，乃生后稷，后稷醜陋，姜嫄耻慙，不忍留養。以糞箕成（盛）之，弃着林野之中。時有狼犳（豹）獡（禽）狩（獸）臨上乳之，又不肯死。後復徙着五道郊上，使牛馬踏煞，其牛羊等乃見避之，不得踏死。復遣着於深泉水上，遂有一神鳥鳳凰，一翼補（輔）之，一翼覆之。夕後不死，始知后稷有賢德乃聖。因收還，遂寄周公養之，長大成人。明曉爲堯稷，言能教人播種百穀禮，後生湯爲稷已。此是皇后稷姜嫄履大人迹而生，故名后稷。后稷以糞箕成以弃之於林野，因以姓姬名弃。受周公養，長大成人，故號周公。后稷有大至聖，所以身自不爲王，但有三被祿食。在於林野深淋之難，世脩其業。後世時王至姬旦（昌），旦（昌）爲殷西伯，天下歸之。及子發伐紂而有天下，爲武王。周公旦投武王弟，有聖德，攝政七年，乃追念爲尊先祖，拜爲后稷神祀南郊，配祀后稷以配天，是也。一解云："皇帝姜嫄見聖人迹，長三丈，皇后姜嫄敬而履之，政（正）滿拇指，姜嫄體中貪然而有神通。日月充滿，即生一小兒。爲無大智，姜后耻羞不養，遂與（以）糞箕成（盛）之，弃着巷中，欲使牛羊踏死，牛羊避之不踏，亦不死。更着深林之中，驎鳳百狩（獸）皆來乳之。姜嫄之（知）有聖德，即收養之，長大成人。堯

舜爲皇后官，故曰后稷。箕弃之，因姓姬。弃不收，故號爲名弃。周公武王伐紂，剋定天下，號爲周公。追尊先祖，拜爲后稷，爲配南郊，配祭於天，故爲孝經郊祀后稷以配天。”

考今行《孝經疏》，爲宋邢昺約修唐元行冲疏而成。宋《崇文總目》云：“初世傳元行冲疏外，餘家尚多，皆猥俗褊陋，不足行遠。咸平中，昺等奉詔，據元氏本而增損焉。”敦煌寫本《孝經》殘卷，蓋即《總目》所謂“猥俗褊陋，不足行遠”者。觀上文所引，與説唱故事之言無异，亦由受俗講變文影響，蔓引故事，流於猥俗故也。大抵學術文辭，風氣感染，或塤篪相應，或水火相成，有不知其然而然者。伯三三八二卷解《孝經》“天地之性人最爲貴，言人身法天地之狀”有云：“人有五藏，脾腎肺肝膽魂心意各自相持，假合共立此身。”其立言蓋取諸釋氏，亦足證儒生解經有取法俗講之可能。又伯二七二一號卷子有《皇帝感》十八章《新集孝經》云：“新歌舊曲遍州鄉，未聞典籍入歌場。新合孝經皇帝感，聊談聖德奉賢良。開元天寶親自注，詞中句句有龍光……歷代已來無此帝，三教内外總宣揚，先注孝經教天下，又注老子及金剛。”是則明言解經與俗講之有關係矣。唐代變文曾盛行一時，其影響及於儒家解經，蓋亦風氣自然之感染，因舉其辜略，以供言學術史者參證焉。

（原載《静宜學報》4期，1981年6月，頁1—13）

《敦煌變文集新書》引言

敦煌石室藏書的發現，震動了國際學術界。其中最重要而絶傳已久的變文，尤爲近代學人所注目。關於變文的名稱、體製、流變、範圍，孫楷第、向達、王重民、周紹良等著名學者考證綦詳，發揮甚備，在此不擬多加討論。關於彙集變文材料，以供學人研究與參考者，前有周紹良編的《敦煌變文彙録》，後有王重民等所合編的《敦煌變文集》。王編根據一百八十七個寫本，過録之後，經過互校，編成七十八種。每一種，篇目中有旁注，篇末有校記。就資料供應，披閱便利方面看來，已被國際學者公認是所有變文輯本中最豐富的一部。王重民先生自己也稱："這可以説是最後最大的一次整理。"因此，自一九五七年出版以來，海内外研究變文的學人，無不憑藉此書爲立説的根據。《敦煌變文集》無疑在國際學術界中已建立了崇高卓越的地位。

我在1976年秋季，旅游歐洲，賡續五六個暑假，曾將巴黎倫敦所藏的敦煌變文卷子，一卷一卷的和《敦煌變文集》校對，發現王重民等抄録的錯誤非常多。舉幾樁重大的來説：

（一）標題的錯誤。《敦煌變文集》卷四載《祇園因由記》一篇。王

慶菽校記云："本卷有兩本，今以編號伯二三四四卷爲原卷，校以伯三七八四卷，今稱爲甲卷。標題原卷原缺，據甲卷尾題補。"我仔細觀察伯三七八四卷的尾題，是朱筆寫的"已上祇園啚記"六字。"啚"是圖的俗字，王氏誤認作"因由"二字。我們知道，敦煌莫高窟的壁畫中，現存《祇園圖記》還不少。這篇祇園圖記可能是根據祇園圖而寫的記文。因爲這個用朱筆寫的標題顔色非常黯淡，我還商請法國圖書館東方部隋麗玫主任，特别把原卷拿到顯微室紅外綫影視機下透視，確實是"祇園啚記"，而不是"祇園因由記"。

（二）章句的錯誤。《敦煌變文集》卷七載左街僧録大師壓座文，全文只存二十六句，是組合三首律詩和第四首律詩開頭兩句的殘卷。本來文意可通，被王慶菽誤改誤抄，以致不堪卒讀。

現在把原卷和王集的文字抄録於後，作一比較。原卷没有標題，是我後加的。

三界衆生多愛痴，致令煩惱鎮相隨。
改頭换面無休日，死去生來没了期。
饒俊須遭更姓字，任奸終被變形儀。
直教心裏分明著，合眼前程總不知。
假饒不被改形儀，得個人身多少時。
十月處胎添相貌，三年乳哺作嬰兒。
寧無命向臍風謝，也有恩從撮口離。
子細思量争不怕，纔生便有死相隨。
設使身成童子兒，年登七八歲髫雙垂。
父憐編草竹爲馬，母惜胭脂黛染眉。
女即使聞周氏教，兒還教念百家詩。

算應未及甘羅貴，早被無常暗裏追。

笄年弱冠又何移，漸漸顔高即可知。

以上是原卷的文字，王氏抄録校訂成：

三界衆生多愛痴，致令煩惱鎮相隨。

改頭換面無休日，死去生來没了期。

饒縱須遭更姓字，任奸終被變形儀。

直教心裏分明著，合眼前程總不知。

假饒不被改形儀，得個人身多少時。

十月處胎添相貌，三年乳哺作嬰兒。

寧無命向臍風謝，也有恩從撮口離。

子細思量終不怕，纔生便有死相隨。

設使身成童子兒，年登七八歲，髫雙垂父憐。

編草竹爲馬，母惜胭題黛染眉。

女郎使聞周氏教，兒還教念百家詩。

算應未及甘羅貴，早被無常暗裏追。

笄年弱冠又可多，漸漸顔高即可知。

此壓座文全是七字句，僅“年登七八歲髫雙垂”一句例外，王氏失察，以致斷錯了句讀，損害了對仗，破壞了押韵，使得文義不通，造成了嚴重的錯誤。王氏又不懂“饒俊”的意義，把俊字改成縱。其實“饒俊”和“任奸”相對，是説任你奸詐，饒你俊俏，終須輪回生死，改變形儀，更换姓字。如果改作“饒縱”，就不知所云了。王氏又誤“女即”作“女郎”，這是抄寫不細心。誤末句“何移”作“可多”，這是王氏看原卷或

照片不真切的原故。因爲原卷有一長畫拖過“何移”二字中間，墨色較淡，乃是寫字的人不慎污染，王氏以爲係將二字偏旁抹去，故誤抄成“可多”二字。“笄年弱冠又可多”，不成文理。“笄年弱冠又何移，漸漸顔高即可知”，是説年輕時容貌没有什麽改移，漸漸年高，容貌就會發現衰老了。而且此二句是七律的開頭，照例應該押韵；“多”“知”不押韵，而“移”“知”却是押韵的。像這樣的錯誤，如果不加改正，那就遺誤後學不淺了。

（三）分篇的錯誤。《敦煌變文集》卷七載《四獸因緣》一篇。這篇變文是和另一篇《破魔變》同鈔在一個巴黎編號伯二一八七的卷子上。在《破魔變》尾“居淨土寺釋門法律沙門願榮寫”題記之後和“四獸因緣”標題之前，有一行半的文字。“又將稱贊功德奉用莊嚴我都僧統和尚伏願長承帝澤爲灌頂之國師永鎮臺階贊明王於理化”這一行半的文字，本來應該屬於《破魔變》的，王氏誤將它繫屬於《四獸因緣》。恰好《四獸因緣》正文之後，又抄了一篇《唐僧統和尚贊述四獸恩義頌》。王氏誤以唐僧統和尚即都僧統和尚。其實唐僧統和尚是稱呼敦煌一個僧人，都僧統乃是管理釋徒的僧官。王氏做出錯誤可笑的結論説：“按此文（規案：指《四獸因緣》）前之字所云，可見本文是僧統和尚講經。”何以知道他這個結論是錯誤的呢？因爲有關講經的一行半文字，確實應該屬於《破魔變》。《破魔變》發端有：“以此開贊大乘所生功德，謹奉莊嚴我當今皇帝貴位，伏願長懸舜日，永保堯年，延鳳邑於千秋，保龍圖於萬歲。伏願我府主僕射，神資直氣，岳降英靈。”“謹將稱贊功德，奉用莊嚴我府主司徒。”“次將稱贊功德，謹奉莊嚴國母聖天公主。”“又將稱贊功德，奉用莊嚴合宅小娘子郎君貴位。”倫敦斯三四九一《破魔變》文卷子此下有“又將稱贊功德，奉用莊嚴我都僧統和尚，伏願長承帝澤，爲灌頂之國師，永鎮臺階，贊明王於理化”，正與伯二一八七號《破魔變》尾一行半題字完全相同；可見此一行半文字是願榮漏去，補抄在題尾後面的。總之，這一行半文字必然是屬於《破魔變文》的，絶對和《四獸因緣》無關。講《破魔變文》的和尚贊頌莊嚴了皇帝、府主、國母、小娘子郎君之後，又贊頌莊嚴僧官都僧統。因爲講經變文流行之後，深入政府民間，不僅用來宣傳教義，也用來祈福禳灾。例如《敦煌變文集》第五編載《長興四年中興殿應聖節講經文》，便是敦煌石室保留下來一篇在皇宫裏祝壽的講經變文。後唐明宗李亶，生於唐懿宗咸通八年（公元八六七）九月初九，長興四年，在他六十七歲的壽辰，請和尚在中興殿講《仁王護法經》。和尚講經時頌聖也説："以此開贊大乘所生功德，謹奉上嚴尊號皇帝陛下……皇后……淑妃。"還有篇中所提到的宋王、潞王，俱與史實相合，可見是當時祝壽講經文的底本。和尚講經，同時頌聖，這是事實，但却與《四獸因緣》那篇變文無關。

以上所舉，不過略陳大端。還有許多極難校正的錯誤，不但没有機會閲讀原卷的學者無法判斷；即使看過原卷的學者也不易發覺它的錯誤。最大的原因，是變文卷子多半是唐五代時的寫本。鈔寫的文字訛俗滿紙，但是訛俗之中，又自有它的習慣，自有它的條理，如果你不小心推敲，擅作主張，便會陷於錯誤之中而不自覺。例如精研甲骨鐘鼎石刻以及敦煌寫本的羅振玉先生，他在《龍龕手鑑跋》中説："考甥字從外生，臆斷其文，當是甥字别體，此注音外，疑未必然。"他没有留意《伍子胥變文》，伯二七九四卷："子胥有兩個𡯆甥"，斯三二八卷作"子胥有兩個甥甥"，甥、𡯆都是外的俗寫，因與甥連文，偏旁或連類加男作"𡯆"，或加生作"甥"，《龍龕手鑑》音外是對的，羅氏臆斷却錯了。所以校録《敦煌變文》寫本，最難克服的便是文字障。簡括説來，有字形無定之障，有偏旁無定之障，有繁簡無定之障，有行草無定之障，有通假無定之障，有標點無定之障（説詳拙著《敦煌卷子俗寫文字與俗文學之研究》）。這許許多多的

障礙，使得歷來校録敦煌寫本的學者，如羅振玉、胡適、向達、王重民諸先生等，憑他們卓越的學問智識，單作抄寫謄録的基本工作，還是免不了發生相當繁多而且嚴重的錯誤，這便是我不得不耗費五六年的時間，僕僕於倫敦、巴黎的圖書館，披校卷子十餘過的原因。

前年秋季，敦煌學國際研討會在巴黎舉行。日本學者在會中提到王重民等編纂的《敦煌變文集》，特別加以推崇。有些法國、日本和我國研究敦煌學的學者，知道我曾作校訂《變文集》的工作，都一再催促我早日付印。今年夏季，應日本九州大學文學部的邀請，作有關敦煌學的演講，許多學者也殷殷以新校《變文集》出版之期相詢。由於敦煌寫本的複雜紛歧，字體的變异訛濫，無法請人代抄；幾十萬字的清稿，只能親手繕寫。因此直到今年春假結束，才將初稿完成，交付排印。全書的體例，另見例言，簡單地説，是以《敦煌變文集》七十八種變文爲底本。《變文集》有錯誤的，加以訂正；有漏脱的，加以補充。《變文集》的校記也全部保留，只是將錯誤的改正，缺少的增加。凡是新校的都冠以“規案”二字，以資區别。雖然新校的分量相當多，但是我仍保留原名，只加“新書”二字，定名爲《敦煌變文集新書》。新書以舊書爲基礎，舊書也包含在新書之中。不僅增添舊書以外的新材料，也提出我個人的新説法。新舊同時陳列，讀者展卷瞭然。新舊材料的异同，自可明察；新舊説法的是非，自易判斷。這樣的做法，對於學人研究和參考，相信會有不少的方便和收獲。我往年對姜亮夫先生的《瀛涯敦煌韵輯》作了一番校訂的工夫，更名爲新編。在序文中寫下了一段懇誠的話，説：

> 這部書定名爲《瀛涯敦煌韵輯新編》，一方面表示本書是姜書的加工，一方面也表示本書是姜書的延續。中國學術典籍是中國民族文化精神智慧的結晶，它是具有永恒不朽的生命的。我們都只是爲它服

務的工作人員，但我們都對它有崇高親切的敬愛。我們希望一個接一個的貢獻心力爲它做出有價值的工作。我指正姜書的錯誤，補充姜書的遺漏，但是列寧格勒藏有一萬二千號敦煌卷子，其中未必没有韵書殘卷，也許還有其他未知或未發現的材料，都需要文化工作者爲它繼續不斷服務。所以我也希望我的書能有一份參考的價值，而得到爲它服務的人的指正和補充。

我又繼續披肝瀝膽的説：

我們根據正確的新材料，可以得到正確的新學説；如果根據不正確的新材料，推論出來的新學説，自然也不正確了。因此我們必須把握新材料的正確性，纔能消除不正確的新學説，纔能産生正確的新學説。我整理這部《瀛涯敦煌韵輯新編》，目的便是繼續前輩學者的努力，尋回失落在海外的學術新材料，正確呈獻給學術界人士，作爲發明新學説的可靠的根據。我希望從事學術的朋友，爲了愛護中國學術的共同心願，不斷予以指正和修訂，使我們獲得的新材料越來越豐富，越來越正確，我們不分先後，不分彼此，我們一切都是爲了愛護中國學術的共同心願。

讀者只需把上面説的話，將“瀛涯敦煌韵輯新編”幾個字，换成“敦煌變文集新書”，便和我今日的心情，没有一絲一毫的差异。我雖然盡了我最大的努力，除校訂了王氏的缺失外，又增添了臺北“中央圖書館”藏的《目連變文》，和列寧格勒藏的變文《雙恩記》，但是我仍不敢也不願像王重民先生那樣大膽地説：“這是最後最大的一次整理。”因爲誰也不敢斷言今後没有新材料出現，我們毋寧希望有更多的新材料出現，繼續補充，益臻完善。我這部《敦煌變文集新書》，只不過爲將來從事研討的人，做了

一番掃除清道的工作而已。

現在新書即將出版，内心感到最遺憾的，便是未能求正於法國華學大師戴密微（Paul Demiéville）先生。戴先生是研究變文文學的專家，平生酷愛中華學術文化，無畛域的偏見，抱弘揚的熱忱。廿餘年來，我頻頻往來巴黎倫敦披讀敦煌寫本，每有述作，先生輒爲文推介於歐洲通報中。西元一九七三年七月，我出席巴黎第廿九屆國際東方學會。會後，受聘擔任巴黎第三大學博士班的教職，寄居巴黎大學城的東南亞館。次年三月，我踐張曉峰先生之約返華岡任教。啓行前夕，先生携樽酒至東南亞館作別，惆悵之色，見於眉宇。我返香港寓居，不及半月，忽得先生手書，謂拙著《敦煌論述》，蜚聲士林，法蘭西學士院已經通過了他的建議，以漢學儒連獎頒贈給我；又解釋儒連獎是法國頒贈給國際有成就的漢學家的崇高榮譽獎，請我務必接受。這突如其來的消息，事先没有半點透露，既無人向戴先生游揚説項，我也不曾寫過一紙履歷，更没有填過一份表格，這種無微不至的尊重讀書人的禮遇和情意，令我深深感受到學術界罕有的沁人心脾的甘露和風。漂泊异邦，無求有惠，人非木石，豈能不興知遇之感。其時戴先生和饒宗頤教授合作整理敦煌曲；爲了對學術、對先生的回報，我也私自打算，希望和先生共同整理敦煌變文。没料到前年國際敦煌學預定開會之際，先生竟溘然逝世。我藴藏着的一番心願，竟永遠没有機會表達，直到今天，纔將此書完成，此中包含了多少先生的鼓勵，憑藉了多少先生的支持，如果此書對學術界能作出些微的貢獻，那纔不致辜負先生的知遇和期望呵！

一九八二年五月於華岡

（原載《敦煌學》第5輯，1982年9月，頁63—69）

敦煌押座文後考

敦煌石室俗講變文卷子中，有一種所謂“押座文”，其名義性能，各家頗多异説。向達先生首先提出押座文是“俗講所特有”的問題[①]，他説：

> 俗講雖假托經論，利誘愚氓，辭意淺顯，見譏大雅。然會昌時固曾奉敕開講，寶曆時人主親臨禮聽，則其開講時必有莊嚴儀式，不能草草，蓋不待煩言。唯以前以無確證，説者只有依據講經法式，懸測比傅而已。其後得見法京國家圖書館所藏伯三八四九號敦煌卷子一卷……紙背文字二段，一爲佛説諸經雜緣喻因由記，一爲俗講儀式……紀俗講儀式一段，適足以解舊來之惑，其文云：“夫爲俗講，先作梵了；次念菩薩兩聲，説押座了；素舊（原注：二字不解）温室經法師唱釋經題了；念佛一聲了；便説開經了；便説莊嚴了；念佛一聲，便一一説其經題字了；便説經本文了；便説十波羅蜜等了；便念佛贊了；便發願了；便又念佛一會了；便回向發願取散云云。已後便開維摩經，

① 向達：《唐代俗講考》，《文史雜志》第三卷第九、十期。

講維摩，先作梵，次念觀世音菩薩三兩聲；便説押座了；便素唱經文了……”此處之講維摩，當亦指俗講中之開講維摩經而言。俗講儀式之作梵，禮佛唱釋經題，説經本文，回向發願諸法，與講經無甚出入。唯説押座則元照、圓仁書俱未之及，不見於講經儀式之中，蓋爲俗講所特有者。漢魏以來釋氏講經，主講者爲法師，誦經論議者爲都講。謝康樂山居賦注所謂南倡者都講，北居者法師是也。俗講亦復具備法師都講二者[①]。上引圓仁書紀文漵諸人俱爲俗講法師，而巴黎藏長興四年中興殿應聖節講經文亦有都講之名，是其明證。

向氏指出俗講儀式的“説押座”，不見於講經儀式之中，是俗講特有的一項節目，這是向氏的創見。由於俗講變文失傳已久，押座文也是新發現的作品，故一般學者都不十分了解它的名義和作用。孫楷第先生有極正確的説明[②]：

所謂押座文者，乃唱經題前所吟詞，今敦煌寫本尚有其本。如英國倫敦大英博物館所藏有温室經講唱押座文、維摩經押座文、三身押座文、八相押座文等……至押座之義，頗不易解。近世儒者，或以爲其文録置佛座之下因而得名。然押座文乃開題前所吟，似不必取義於佛座。余今竊爲之説：押者即是鎮壓之壓，座即四座之座。慧琳《一切經音義》卷二十六“打擲埳押”注云：“押正體作壓，烏狎反，鎮也。押字古狎反，籠辟也，非此義。”是押可通作壓，有鎮静鎮伏意。《續高僧傳・雜科聲德篇》：“梵者净也。梵之爲用，集衆行香，取其静攝專仰也。”《翻

① 規案：余在巴黎圖書，觀伯三七七〇號長卷，有至德二載題記。卷背有俗講莊嚴回向文，題下小字注云：“作梵了，法師先念佛三二十聲竟，令都講舉經讀，便回向。”此註可作俗講儀式的補充。

② 孫楷第：《滄州集》卷一，《唐代俗講軌範與其本之體裁》，中華書局，1965年。

譯名義集》卷四《衆善行法篇》:“梵唄此云止，由是外緣已止，爾時寂静任爲法事也。”然則押座之義可釋爲静攝座下聽衆。開講之前，心宜專一，故以梵贊鎮静之，此雖爲余個人臆説，似未嘗不可備一解也。

向氏《唐代俗講考》也説:

> 敦煌所出俗講文學作品，大别之可分爲三類。標題爲押座文者爲第一類，以緣起爲名者亦可歸入此類。押座文之正確解釋如何，不得而知。今按押座之押或與壓字義同，所以鎮壓聽衆，使能静聆也。又押字本有櫽括之意，所有押座文，大都概括全經，引起下文。緣起與押座文作用略同，唯視押座文篇幅較長而已。此當即後世入話引子楔子之類耳。

向氏説與孫氏同，别出櫽括一解，則尚有待商榷。鄭氏俗文學史對押座文的名稱，也曾作模糊揣測的説明:

> 恐怕所謂講唱押座文，只是當時寫者或作者隨手拈來的一個名稱吧！其他，尚有人稱之曰“押座文”，或稱之曰“緣起”的。稱“押座文”的頗多……上舉的温室經講唱押座文也是其一。但我們要注意的是，在“押座文”之上，還有一個“變”字（原注:“變文”或簡稱“變”）。所謂“押座文”實在并不是“變文”的本身的别一名稱，所謂“押座文”大約便是“變文”的引端或“入話”之意。

日本學者也有不同的意見，如那波利貞教授説[①]:

① 轉引自金岡照光:《押座考》，東洋大學紀要文學部編（18），洪順隆譯。

> 押座，或是押借講經説法之座的意義。“押”字又有“管”義，也有抵押之意；以物相抵當以借貸謂之押，故質物於當铺謂之押。若然，或可謂由於懸變相一铺於講經説法之座，以供聽衆觀覽。爲借講座以説明變相圖，故稱其所用禮贊説明文爲押座文。數其繪畫爲一铺，稱其説明文爲押座文，想是由中晚唐俗語而來，與铺押文字有關，而且，法國伯二一八七號“降魔變押座文”卷尾只題“破魔變”，據此，則可謂爲某某變相押座文之略稱。就一般原則而言，所謂變文，應該附有説明的繪畫；而變文，又應該是借寺院講經説法之座，以講説歌唱之押座文。

那波氏之説，金岡照光教授已指正其誤。[①]又倉石武四郎教授曾承内藤湖南博士之説，加以説明[②]：

> 緣起，也就是變文，正如湖南博士所説，乃曼荼羅之謂（所以稱降魔變文押座文者，或許由於中間佛座下録銘文的習慣），其本出於佛家無疑。依此意，則如目連變者可謂本色。

倉石氏之説，金岡教授也據傅芸子《敦煌本温室經講唱押座文跋》加以駁正。又道端良秀博士在其唐代佛教史研究中，介紹押座文諸解，綜括爲孫氏與那波氏相异二説。謂孫氏依倫敦本四種押座文資料，斷爲開題前吟詞，其説允當。而那波氏據伯二一八七《降魔變押座文》卷尾題破魔變之事實，倡變文即押座文之説，也不可忽視[③]。金岡教授又介紹捷克斯拉夫

① 轉引自金岡照光:《押座考》，洪順隆譯。
② 轉引自金岡照光:《押座考》，洪順隆譯。
③ 轉引自金岡照光:《押座考》，洪順隆譯。

雷路大學副教授維涅捷恩拉娃・哈奴多李繼柯娃女史《敦煌變文辨疑》[①]一文中，説明押座文云：

> 此等均是説明經文所用的短引，多爲韵文，而且常含有慣用的句子……要説明押座文這術語，并不簡單，想下結論，則資料稍嫌不足。

接着她列舉孫氏、周氏、那波氏等主要學説，該女史的意見，由其開場白可以察知，近於孫氏。

金岡教授羅列衆説，加以整理[②]，謂押座文定義，有“入話櫽括説”“開經前吟詞説”“變文即押座文説”“押座文緣起同系説”諸端，又有關押座語義，也有“四座鎮壓説”“抵押説”“佛座録文説”數種。金岡氏在觀察各説所據資料，多有不同，因找出留有押座名稱之敦煌寫本，檢討其根本資料的文體、構造，闡明押座語義，并探尋與講經文、變文、緣起之間的關係，以顯現押座文的機能和定義。金岡氏結論云：

由根本資料的考證，我們可以揭開下面諸點事實：

> 1. 押座文是以七言爲中心的韵文，其終場使用“唱將來”慣用句。
>
> 2. “唱將來”乃領起經文、經題的吟唱的文句。
>
> 3. 繼此與押座文相同的文句頻頻出現講經文中，再度領起經文，頻加使用。
>
> 4. 講經文中的右句，既是文的叙述的一環，又因領起下面經文，與經典全體之序的押座文，一脉相通，機能相同。
>
> 5. 押座文不固定於一種變文、講經文，有轉用、流動於其他“變

① 轉引自金岡照光：《押座考》，洪順隆譯。

② 轉引自金岡照光：《押座考》，洪順隆譯。

文”“講經文”之可能。這種情形，不僅在“變文”“講經文”全體開端如此；同時，可於文中之偈語，韵文中見其事實，其意義與4.所舉相通。

綜上所舉中外學者所説，關於押座文的解釋，應該以孫氏所得爲多。余承諸氏之緒，偶有管見，特爲補苴罅漏如後。

一、押座的名義

押座的名義，應該信從孫楷第氏的説法：“押者即是鎮壓之壓，座即四座之座。”唯孫氏引慧琳《一切經音義》，押字正體壓是烏狎反，而押字是古押反。“烏狎”與“鴨”同音，“古押”與“甲”同音，似乎“壓”“押”聲音并不全同。但是《廣韵》入聲三十二狎，“押”字兩見：一在烏甲紐，與“壓”字同音；一在古狎紐，與“甲”同音。因此“押”“壓”聲音完全相同，是不折不扣的同音假借字。在敦煌寫本中，押座文多作“押”。唯倫敦斯三七二八號“左街僧録大師壓座文”作“壓”。倫敦斯七刻本《故圓鑒大師二十四孝押座文》，巴黎伯三三六一及斯三七二八卷均題作“押座文　左街僧録大師賜紫雲辯述”，如果此二題的左街僧録同爲雲辯，則不獨“押”“壓”字通，且可證明“押座文”即“壓座文”，同出於一人之手，特以壓字較繁，簡寫作押，其爲同字無疑。至於“座即四座”，也有明文可證：如伯二〇四四卷押座文云：“座中弟子信心人，曠劫輪迴不值佛”；斯二四四〇卷三身押座文尾云：“今朝法師説其真，坐下聽衆莫因循，念佛急手歸舍去，遲歸家中阿婆嗔”；伯二三〇五卷《無常經講經文》云：“説多時，日色被，珍重門徒從座起，明日依時早聽來，念佛階前領取偈”；又“更擬説，日西垂，坐下門徒各要歸，忽然逢着故醋擔，五十茄子兩旁箕”；伯三三七五《歡喜國王緣》：“座下總須聽此説，常來畢（必）定免輪回”；“座中”“座下”顯然指的都是在座的聽衆。孫氏以鎮静、鎮伏釋“壓”，以静攝座下聽衆釋“押座”，意義是十分正確的。由於俗講聽衆的素質十分參差不齊，正如趙璘《因話録》所記：“有文溆僧者，公爲聚衆談説，假托經論，所言無非淫穢鄙褻之事。不逞之徒轉相鼓扇扶樹，愚夫冶婦樂聞其説，聽者填咽寺舍。”又《北里志》云：“諸妓以出里艱難，每南街保唐寺有講席，多以月之八日，相率牽聽焉……故保唐寺每三八日，士子極多，蓋有期于諸妓也。”鑒於俗講聽衆流品之雜，故在宣講之前，特制押座文以鎮攝喧譁，此正因應環境必需之事。俗講特有押座文，其原因當即在此。

二、索唱經文即催唱經文

俗講僧講唱經文，尋文講説，本是釋經之體，其節次與職事分配，也是六朝以來講經舊制。其不同者，此等雖於誦文之次，逐句立説，而所説的是故事，虚誕夸張，全是浮詞。又頌贊繁多，徒以聲音靡人，故爲時論所鄙，别於名德之講，而目之曰俗講。然只講談深淺與雅鄙之异，在形式上實無何等區别。故凡開講每經時，例以一人唱經，一人解釋，唱經者謂之都講，解釋者謂之法師。講唱經文之體；唱經之後，繼以解説；解説之後，繼以吟詞；吟詞之後，又爲唱經。如是回環往復，以迄終卷。文中短偈注“經”者，即是唱經催聲。其配置方法，乃綴於長偈或斷詩之後而爲之殿，而位於經文之前。且此等偈之末句，例寫“……唱將來”以起經文，乃純爲唱經之催聲。凡詞偈末句著“唱將來”三字者，其後必爲“經云”；凡“經云”之前，其上文詞偈必爲“唱將來”之句。可知“唱將來”三字，其作用爲催起經文無疑；經聲之起乃在應吟詞者之請求而爲之，其事更爲明顯。因此催唱經文在俗講進行中無疑是貫串上下文的連鎖。這一事實，孫楷第先生早已解説得很清楚。不過，這一事實，我以爲還能够在敦煌寫本“俗講儀式”中尋得到根據。向氏《唐代俗講考》引巴黎伯三八四九卷俗講儀式[①]：“説押座了；素舊（原註：二字不解）温室經法師唱釋經題了……講維摩，先作梵，次念觀世音菩薩三兩聲，便説押座了，便素唱經文了。”我曾在巴黎倫敦，細看原卷，兩個“素”字均作“索”，“唱”字泐損，頗似“舊”字的省寫“旧”。敦煌寫本“索”字往往作“索”[②]，原文實是“索唱”二字。我以爲“索唱”所指，正是孫氏反復説明的“催唱經之請求語”。“索”與“求”同義，《離騷》：“吾將上下而求索”；《國策·齊策》：“客之美我者，欲有求於我也。”註：“求，索也。”索唱，即是請求催促唱經。押座文是唱經文的先聲，經題是經文的開始，所以押座文末句慣用“經題名目唱將來”以催唱經題；其作用，與講經文諸贊末句“□□□□唱將來”完全相同。試看斯三八七二卷《維摩詰經講經文》，長者寶積願聞得佛國土清净，諸菩薩净土之行一段吟詞之末吟了“欲望開真路，專希振法雷，敕文令諦聽，便請唱將來”索唱詞後，接着便寫下一段索唱的經文：“諦聽諦聽，善思念之，乃至受教而聽云云。”以後佛説隨其心净則佛土净一段吟詞之末説：“清净土，紫蓮臺，莫遠尋求使意懷，會内一人都不悟，忽然起問唱將來。”在“唱將來”之後，便有一段索唱的舍利弗發問的經文。接着這段發問吟詞之末，又寫下索唱詞説：“垂憫念，賜悲哀，幸乞毫光照下懷，大聖呵呵添幸色，與他説喻唱將來。”跟着便寫出“佛知其念，即告之言，乃至日月豈不净也云云”一段經文。以下演説是身如聚沫、如泡、如夢、如影、如電、如毒蛇、如怨賊等，都使用索唱的形式一節一節的交遞進行。可見索唱經文是在俗講情

① 倫敦斯四四一七卷也載俗講儀式，文字内容，都差不多。

② 潘重規主編：《敦煌俗字譜》，石門圖書公司，1978年。

節段落交遞當中的例行事項，其作用能使講詞層次分明，眉目清楚，收放自如，提頓有致。不但宣講時秩然有序，聽衆也趣味盎然。這樣安排，仿佛章回小説，每一回末，有提問懸疑，引起下回的詞句，例如《紅樓夢》第一回末尾説："封肅聽了，唬得目瞪口呆，不知有何禍事，且聽下回分解。"這幾句話，和索唱詞的作用是一樣的。認清這一事實，我們確知索唱經文是俗講僧在作業中的一項安排；使講唱者循着便利的軌道進行，也使聽講者增加有效的精神收穫。這項作業，一貫分插在每一節次相銜接的當中，發揮了承上啓下的功效。它并不是附屬於某一節次或某一段落，而是鑲嵌在前一節次和後一節次當中。此一解釋如可成立，則孫氏催唱經文的説法，在"俗講儀式"中也有了明確的根據。

至於孫氏論催唱經文之偈語必限"來"字韵，這層似乎尚待商確。其言云[①]：

> 凡偈用以催經者，必限來字韵。長偈導引經聲有不用來字韵者，如北平圖書館藏河字十二號父母恩重經講唱文：
>
> 供承隨順遣心安，父母時常見喜歡，
>
> 孝行永標經史上，直教萬代廣流傳。
>
> 懷躭十月千般苦，起坐身心早晚安，
>
> 都講闍黎著氣力，如擎重擔唱看看。

此以看字結韵，與他本异，然余所見數十偈中衹此一例，此或係作者拙於文詞，偶拈他韵，亦未可知。偈贊導引經聲，要以用來字韵爲常；在未得更多之變例以前，似不能謂導經聲之偈除押來字韵外，尚有任押他韵之變

① 孫楷第：《滄州集》卷一，《唐代俗講軌範與其本之體裁》，中華書局，1965年。

通辦法也。規案：巴黎藏伯二一三三卷《妙法蓮華經講經文》云："禮拜了，又虔虔，利益還添百萬般，佛把諸人修底行，校量多少唱看看。"用的也是看字韵。還有伯二一三三《金剛般若波羅蜜經講經文》，同時用歌、哈、魚等韵的字索唱，顯然并不限用"來"字韵，如：

五眼義門排遣了，若干心數又如何。
指示恆河沙數如，經中便請唱唱羅。

筭料不應取次説，都公案上復如何。

牟尼佛有多方便，變現令居百億花。
過去未來及現在，三心難弁（辨）唱將羅。

直得剩轉金剛教，般若無過遍數多，
施惠萬般求福德，三千七寶唱唱羅。

深觀濁世苦偏多，惡業持身不那何。
諸相未知何似許，文中應有唱唱羅。

黄金座，紫金臺，一法門中萬法開。[1]
假設虛施皆不用，真言實語唱將來。

世間事，白前存，若樂相兼有甚誇。

---

① 《敦煌變文集》"開"作"用"，潘重規《敦煌變文集新書》校改作"開"。

聽取經中没語道[1]，分明好爲唱唱羅。

也剛築，也柔和，虚空逼塞滿娑婆。
此如來平等義，修何善法唱將羅。

堅修善法没人過，定證菩提[2]阿耨多。
向下經文没語道，三千七寶唱將來。

終朝只是行邪道，甚時政見一花臺。
偈頌適來言已了，長行好爲唱將來。[3]

説斷滅，復如何，特地應須[4]説向他。
六種之心第五段，又分兩段唱將來。

捨七寶，又如何，盡勝常持阿耨多。
功德未知何似許，不教貪處唱將來。

有漏福，受榮花，何似持經種善芽。
菩薩不貪如是福，如來義理唱將羅。

湛然不動超三界，六道常行自利他。
法報二身人不會，由如何等唱將來。

---

① 規案："没語"，猶言"什麽話"，今粵閩俗字作"乜"。
②《變文集》"菩提"作"菩薩"，《新書》校改。
③《變文集》"唱將來"作"唱唱羅"，誤。"來"與上"臺"韵。
④《變文集》"須"作"得"，《新書》校改。

微塵道理稱揚了，向下經文事若何。
各請斂心合掌手，依前好好唱將羅。

當日如來親爲説，都公案上復何如。

向下更有一唱經，便是如來相勸處。
各請斂心合手掌著，斷除法相唱將來。

又將七寶依前施，不裝演説事如何。
無量阿僧祇劫數，清令雅調唱將羅。

持四句，滅千灾，任運心中覺性開。
既解持經莫取相，如何不動唱將來。

有爲法，右絶多，觀行觀伊事若何。
夢幻之身應不久，再三相勸唱將來。

序分政宗今講了，流通末[1]後意如何。
一段經文三段唱，且當第一唱將羅。

辭法座，捨花臺，修羅大衆意徘徊。
奉計當時聞法了，誰人領解唱將羅。

①《變文集》“末”作“未”,《新書》校改。

圍寶座，遶花臺，覺道菩提心已開，

信受奉行歡喜處，分明好爲唱將羅。

以上《金剛般若波羅蜜經講經文》，有正確文字可據的索唱文共二十三處：用“何”字、“如”字韵的各一見，用“來”字韵的九見，用“羅”字韵的十二見。由此一明白的事實，可以證明“用以催經必限來字韵”的定例是不能成立的。中國文字押韵本極容易，宣講的人儘可自由使用，不過現存變文卷子，用“來”字韵索唱的比較多見罷了。

三、押座文的類别

押座文是唱經題前吟詞，在講經次第中居於最先的地位。這是孫楷第先生提出的正確説法。我們根據日本龍谷大學所藏敦煌“悉達太子修道因緣”寫本，也可以得到證明。此卷完整，開首有“迦夷爲國净飯王，悉達太子厭無常”一段吟詞，接着有講師一段表白：

凡因講論法師，便似樂官一般，每事須有調置曲詞。適來先説者，是悉達太子押座文。且看法師解説義段，其魔耶夫人自到王宫，并無太子。因甚於何處求得太子？後又不戀世俗，堅修苦行。其耶輸綵女修甚種果，復與太子同爲眷屬？更又羅睺之子從何而托生？如何證得真悟，同登正覺？小師略與門徒解説，總交省知，暫捨火宅，莫喧莫鬧！

這是俗講僧對押座文自己的説明，也是最好的證據。金岡照光教授曾據

《敦煌變文集》所收押座文製成一表[①]，現在轉録如後：

題名	テクスト編號	七言	九言	八言	六言	五言	四言	三言	散文
八相押座文	〔S.2440〕	42句		1					
〔八相①〕	同右	16句	1	1			1		
〔八相②〕	同右	11句	1	4	2	1	1	1	
〔八相③〕	同右	4句							
三身押座文	同右	26句	1	5					
維摩經押座文	同右	60句							
温室經講唱押座文	同右	42句							
故圓鑒大師二十四孝押座文	〔S.7〕	107句		1		3	4		
左街僧録大師壓座文	〔S.3728〕	24句				3			46字序
押座文	〔S.2044〕	10句		3					
押座文	〔S.2440〕	14句	2	2	2				
降魔變神押座文	〔P.2187〕	24句		4					148字中間文

由上表看來，有稱名某某經的押座文，如《維摩經押座文》《温室經講唱押座文》等。有單稱押座文的，如斯二〇四四、二四四〇的兩卷。從文字内容看來，可以分成兩類：一類是專用的押座文，一類是通用的押座文。所謂專用的押座文，如《維摩經押座文》，内容敘述維摩居士示疾説法的情節，作爲宣講維摩詰經的引子。這類押座文只能用之於特定宣講的經典，不能隨便移用。又如《悉達太子押座文》，法師一再提問摩耶夫人如

① 金岡照光:《押座考》，洪順隆譯。規案:《左街僧録大師壓座文》，原卷有四十六字，本在題目之前，與押座文無關，以爲序文，誤。又《降魔變神押座文》，原卷無“神”字。

何求得太子，太子如何結婚，如何出家成道，這也顯然是特製的專用押座文。所謂通用的押座文，大都是泛説生死事大、無常迅速一類警醒世人的話，對於要宣講的經典内容，不加觸及。如《降魔變押座文》：

年去年來暗更移，没一個將心解覺知。
只昨日顋邊紅艷艷，如今頭上白絲絲。
尊高縱使千人諾，逼促都成一夢斯，
更見老人腰背曲，駈駈猶自爲妻兒。
一世似風燈虚没没，百年如春夢苦忙忙。
心頭托手細參詳，世事從來不久長。
遮莫金銀盈庫藏，死時争豈與君將？
紅顔漸漸雞皮皺，緑鬢看看鶴髮蒼。
更有向前相識者，從頭老病總無常。
春夏秋冬四序催，至令人世有輪回。
千山白雪分明在，萬樹紅花闇欲開。
燕來燕去時復促，花榮花謝競推排。
聞健直須知覺悟，當來必定免輪回。
欲問若有如此事，經題名目唱將來。

此押座文抄在斯三四九一卷中。前段是《功德意供養塔生天因緣變》，也冠以同樣的押座文。兩個不同的變文，用了相同的押座文，故此押座文在此卷上抄寫兩遍，這是押座文通用的例證。像這一類的押座文，是可以施用於任何的講經變文，俗講僧講任何經典時都可取來應用。因此，爲了便利俗講師選用，這一類的押座文，常常有集録成卷的寫本出現。例如斯二四四〇號一個卷子，便抄録了《八相押座文》《三身押座文》《維摩經

押座文》《温室經講唱押座文》，以及單稱《押座文》的押座文。俗講師可以隨意選用合適的押座文。又由於押座文單篇别行，因此往往和散會時的“解座文”合抄在一起。“解座文”這一名稱，也是孫楷第氏所創[①]，我以爲“解座”即是俗講儀式中最後所稱“取散”。我們試看斯二四四〇卷《三身押座文》：

常嗟多劫取輪迴，末法世中多障難。
慚愧我世尊悲願重，唯留佛教在世間。
向娑婆世界作舟船，五濁劫中爲導首。
只是衆生惡業重，敬信之心大瓥希。
見人造惡處强攢頭，聞道説經則佯不睬。
今生少善不會作，來世覓人身大瓥難。
不知不覺大忙忙，不怕不驚長造罪。
若不是者[②]死王押頭者，准擬千年餘萬年。
今朝希遇大乘經，似見優曇花一種。
暫解聞聽微妙法，萬劫身中惡業消。
輪王髻寶此時逢，窮子衣珠今日得。
十法行中行一行，六千功德用嚴身。
既能來至道場中，定是願聞微妙法。
樂者一心合掌著，經題名字唱將來。
今朝法師説其真，坐下聽衆莫因循。
念佛急手歸舍去，遲歸家中阿婆嗔。

---

① 孫楷第:《滄州集》卷一,《唐代俗講軌範與其本之體裁》，中華書局，1965年。
②《變文集》“者”作缺文,《新書》據原卷校補。

押座文“經題名字唱將來”之後，本應該接着唱講經題，却附録了最後取散的“解座文”，這正是抄者把講經文的一頭一尾抄出别行，成爲單行本的模式。孫楷第説：“遲歸阿婆嗔，乃調笑語也。以調笑語入贊，信乎其爲俗講矣。”這番話是不錯的。

我們分清押座文的類别以後，發現向氏押座文一解的來由，他説：“押字本有檃括之意，所有押座文，大都概括全經，引起下文。緣起與押座文作用略同，唯視押座文篇幅較長而已。此當即後世入話引子楔子之類耳。”向氏這一解釋，正因爲看見了專用特製的押座文有概括全經的提示，誤以所有押座文都是如此。又由於向氏此一誤解，導致緣起一類的變文和押座文混淆的錯誤。例如《敦煌變文集》所載《醜女緣起》，乃是一篇完美的變文，并非變文的引子。這篇變文共有斯四五一一、二一一四、伯三〇四八、三五九二、二九四五等五個寫本。伯三〇四八題作《醜女緣起》，斯二一一四題作《醜女金剛緣》，斯四五一一尾題作“《金剛醜女因緣》一本”，而伯三〇四八末句作“上來所説醜變”，顯然本身是一篇變文。如果這一類的變文，錯認成押座文，對變文的研究，那是會發生巨大的誤解和障礙的。因此不能不提出修正的意見，以就教於海内外碩學通人。

（原載《華岡文科學報》14期，1982年6月，頁79—100）

《長興四年中興殿應聖節講經文》讀後記

向達先生撰《唐代俗講考》，附録了巴黎國家圖書館所藏編號伯三八〇八寫本的《長興四年中興殿應聖節講經文》。全篇完整，首題尾題都具足，故尤爲可貴。我曾經就原卷詳加核對，寫成校記，編入《敦煌變文集新書》。[①]去年六月，參加香港國際敦煌吐魯番學術會議。有機緣讀到周紹良先生叢稿中《長興四年中興殿應聖節講經文校證》一文[②]，其中勘正文字，詮明史實，創獲頗多。我在《敦煌變文集新書》校記以外，也有許多意見，因讀周作，特寫爲成此文，以伸未盡之意。

《應聖節講經文》，是俗講從寺廟盛行以後，影響到帝王用來作爲祝壽工具的產品。據向達《唐代俗講考》，他發現了敦煌“俗講儀式”的寫本，證明俗講首先宣講的是押座文，而且押座文是俗講經文獨有的特色。此篇講經文首尾完整，却并無押座文，我認爲不必諉爲底本省略，而是替皇帝祝壽的俗講，理所當然不需要押座文。因爲宣講押座文的用意，是靜攝座下聽衆，使專心聽講。據趙璘《因話録》，俗講僧文溆開講，“愚夫

① 潘重規編著:《敦煌變文集新書》，中國文化大學中文研究所敦煌學研究會，1983年。
② 周绍良:《紹良叢稿》，齊魯書社，1984年。

冶婦樂聞其説，聽者填咽寺舍”，可見俗講衆份子十分複雜，所以有宣講押座文的必要。至於天子誕辰，名僧蒞講，御駕親臨，大臣諦聽，自然不須要押座文鎮壓聽衆。因此，應聖節講經文，開講前逕用恭祝聖壽的文字來代替押座文。據“俗講儀式”，説押座了，便索唱經文，所以敦煌寫本的押座文，在最末的一句，都有索唱經文的套語。如斯二四四〇《温室經講唱押座文》[①]，末句云：

經題名字唱將來。

斯七《故圓鑒大師二十四孝押座文》[②]，末句云：

不過孝順也唱將來。

而此篇恭祝聖壽文字最末一句云：

永同金石唱將來。

正是索唱經文的套語。所以接下去法師便説“適來都講所唱經題”云云，然後法師詮釋經題，詮釋既畢，吟詞末二句又説：

未審此經何處説，甚人聞法唱將來。

都講便唱“如是我聞”一段序分文字，法師便又加以詮釋。詮釋序分文字

① 潘重規：《敦煌變文集新書》上册，第17頁。

② 潘重規：《敦煌變文集新書》上册，第21頁。

畢，算是結束了講經工作。以下又是一椿一椿的頌揚皇帝的德政，最後歸結到祝賀皇帝長壽，文云：

> 此日是人慶賀，是處歡呼。上應將相王侯，下至士農工賈。皆瞻舜日，盡祝堯天。有人烟處，羅列香花；有僧道處，修持齋醮。旝麻道廣，虔禱心同。唯希國土永清平，只願聖人長壽命。
>
> 今日多聞絲竹聲，滿乾坤賀聖人生；
>
> 恩同玉露家家滴，貴并金花處處呈。
>
> 宫上盤旋非霧重，天邊摇曳稱雲輕；
>
> 巨僧禱祝資天算，願見黄河百度清。
>
> 三載秦王差遣臣，今朝舜日近舜雲；
>
> 磨礱一軸無私語，貢獻千年有道君。
>
> 只把宣揚申至道，別無門路展功勛；
>
> 又從今日簾前講，名字還交四海聞。

全篇講經文，應該至此爲止。以下有絶句詩十九首，雜咏時事，不可能在祝聖壽的講經座中宣讀，因爲既悖禮制，也不合講唱體裁。據我推測，是講經僧人把他個人寫作的詩稿，寫在他的講經底本上，與講經文無關。周氏《校證》云："其最後一段，則全用詩篇歌頌諸王以及執政者，另外則是用詩篇攻訐异教，大概是有意使明宗聞之者。以一個僧人居然在講經會上敢如此，可能與秦王從榮有關無疑。"因此周氏解"江頭忽見小蛇蟲，試與捻抛深水中，因此碧潭學養性，近來也解使雷風"諸詩爲"與道衆互相攻訐之詩句"，證以講經文中所言："數隊幡花，引僧道衆高昇寶殿"，"君臣合會，僧道徘徊，談經上福於龍圖，持論用資於鳳扆"，"有僧道處，修持齋醮，旝麻道廣，虔禱心同"，都是僧道并舉，同樣推重，似乎没有在講經會上攻訐道教的理由。周氏的説法恐難采信。

周氏《校證》，在校的方面，也有頗多沿襲前人之誤及誤解的地方。如講經文“永同金石唱將來”句後有“經”字，及“皇帝萬歲”四字。經字蓋經題之省，如不省，則當全寫“仁王護國般若波羅蜜多經”云云。“皇帝萬歲”，蓋歡呼祝聖，其義有同高聲念佛。俗講儀式云：“法師唱釋經題了，念佛一聲了，便説開經了，便説莊嚴了，念佛一聲，便一一説其經題字了。”俗講儀式有念佛，故應聖節經文也有念佛。但應聖節是在中興殿爲皇帝講經，“當時法會佛爲尊”“今朝法會帝王尊”，佛和皇帝是并爲尊極，所以在應聖節講經時，既念佛如儀，又添加了歡呼“皇帝萬歲”一個節目。周氏沿襲王重民《敦煌變文集》之誤，把“皇帝萬歲”認作“皇帝萬乘”，故《校證》説：“開頭經字疑誤，上文願贊金言資聖壽，永同金石唱將來。這裏又説以此開贊大乘所生功功，可見都講所唱乃是贊文而非經，當是贊字，而皇帝萬乘四字則是都講所唱贊文起始四字。因講經文乃法師所執底本，所以對於都講吟唱之詞只節録贊文開端，遂保留此四字於此，其全文若何已無法考見矣。”恐怕是錯誤的揣測。

至於周氏校文精當的地方，尤其應該提出來供讀《變文集》的采擷。現在列舉如後：

（一）《應聖節講經文》中，有宋明帝和求那跋摩一段對話，周氏引《高僧傳》卷三《求那跋摩傳》對勘。《應聖節講經文》云：“帝王以四海爲家，萬民作子。出一嘉言，士女以悦；布一善政，人神以和。因當形不夭命，役無勞力……寧在闕半日之飡，全一貪之命，然後方爲弘濟耶？帝撫几曰：法師所言，真乃開悟明達，百譚人天之際矣。懿哉若人！非獨誘進於空門，抑亦俾興於王化。是知如來妙行，國主能修，非小聖之測量，豈非夫之參類。一言才啓。四海皆承。遺懷中履孝，道廣德新；令力義虧仁者心驚膽懾。”《高僧傳》作：“帝王以四海爲家，萬民作子，出一嘉

言，則士女咸悦；布一善政，則人神以和。刑不夭命，役無勞力……寧在闕半月之餐，全一禽之命，然後方爲弘濟耶？帝乃撫几嘆曰：夫俗人迷於遠理，沙門滯於近教。迷遠理者，謂至道虚説；滯近教者，則拘戀篇章。至如法師所言，真謂開悟明達，可與言天人之際矣！"周氏對勘後訂正云："因當形不夭命句。因字當是固字，形字當是刑字。全一貪當是全一禽。百譚當是可與譚三字。豈非夫當是豈凡夫。遣懷中履孝句，中當作忠，孝下落者字。令力當是令負。"這一段校訂，是非常精審的。

（二）《應聖節講經文》云："皇風吹□瑞烟開。"周校云："皇風吹□瑞烟開句，當是皇風吹過瑞烟生方叶韵。"規案：《變文集新書》校記云："開字不叶韵，原卷作畀，疑當是昇字。"昇與周改生略同。又此句缺文，原卷字迹模糊，似了字。吹了與周補吹過義同。

（三）《應聖節講經文》云："□比嵩山無動轉。"周校云："□比嵩山，當脱壽字。"規案：壽字甚安。

（四）《應聖節講經文》云："東西南北，列帝子以驚天，内外公私，賀皇親而捧日。"周校云："列帝子以驚天，當作列帝子以擎天。"規案：説是。

（五）《應聖節講經文》云："玉泉山上，聖人重飾寶蓮宫；金谷河邊，皇后藏經殿。"周校云："皇后二字下當落更修二字，始可與上句重飾成對文，且如此全句方完整。"規案：説是。

（六）《應聖節講經文》云："我皇帝宫圍西面，園苑新成。斜分玉兔之光，平注金鵝之水。心臺榭，安排起自於天機；御道林巒，行列全因於宸聲。好花萬種，布影而錦儭池中；瑞鳥千般，和鳴而樂陳林裏。皇居匪遠，天步頻游。撐船而衝破蓮荷，奏曲而驚飛鴛鷺。"周校云："文中宫圍當作宫闈。心臺榭句，《敦煌變文集》校云：'此句心字當是衍文。'所論非是。心字實非衍文，而是其上落一字，依上句平注金鵝之水，疑脱湖字。如此始與下文御道林巒恰成對句，行烈全因於宸聲，當是行列全因於宸衷。搪船當是撐船。”規案：文句訛脱，固宜加以訂正，然其事甚難。如“心臺榭”句，心上脱一字，周氏臆補湖字，我認爲很妥貼。但行列全因於宸聲，周氏訂爲行列全因於宸衷，衷字雖較聲字意義爲佳，但此處當用仄聲字，衷字仍是平聲。王重民《敦煌變文集》固誤，周氏亦誤。因敦煌原卷此句實作行列全因於宸智，智則聲義皆協。又搪字當即樘字，《説文》：“樘，柱也。從木，堂聲。丑庚切。”段注：“字或作牚，或作撐，皆俗字耳。”《集韵》：“撐，柱也。抽庚切。”是樘、撐本一字。敦煌寫本偏旁，從木、從扌，往往不分。故搪即樘字。樘正，撐俗，不必改正字爲俗字。由此可見校訂文字之不易。甚至據誤本再加推測，更釀成重大之錯誤。如下文絶句詩：“□□盡節奉明君，數片祥雲捧日輪。自古詩書明有語，須知主聖感賢臣。”周校云：“首二字空闕，可見是原本爲臨時補上官稱使用的，所以詩意也比較敷泛，任何人都可用的。”規案：原卷缺二字處，紙有摺皺，故字迹不顯，王重民《敦煌變文集》誤以爲缺文。我在巴黎國家圖書館曾仔細閲讀原卷，缺字處乃盡忠二字。可見絶句首句是“盡忠盡節奉明君”，并不如周氏所推詞，二字空白是法師講經時預先留待“臨時補上官稱使用的”。可見根據不可靠的底本，可能會發生意想不到的錯誤。所以我在周文中謹慎地加以選擇，認爲可以補充《敦煌變文集新書》校記的，列舉如上。其他校文，或正或誤，就不一一加以説明。

關於證史方面，周氏《校證》闡發甚多。如引證史籍，對孟知祥爲蜀王，錢玄瓘爲吴王等，詮釋與講經文相關事實，使讀者知講經文與時事可互相印證。將來疏證這篇講經文的，自當盡量取資周氏的《校證》。

最後，我讀過這篇講經文，并校訂文字後，發現講經文不但可印證史事，而且有可以訂正正史文字之處。如本篇講經文有進加尊號的歌頌，而《舊五代史·明宗本紀》（據商務印書館影印文淵閣四庫全書本）也有如

下的記載："（長興四年）六月丙午朔，文武百寮宰臣馮道等拜章，請於尊號内加廣運法天四字。凡拜二章，詔允之……八月戊申，帝被衮冕，御明堂殿受册，徽號曰聖明神武廣運法天文德恭孝皇帝。"

《應聖殿講經文》云：

> 今則進加尊號，重播天勛。顯百辟之盡忠，表一人之實德。聖明之字，旌識〔□〕見遠之功；神武之言，稱定亂安邦之業。法〔□〕取則，廣道弘人。弘人廣道，取（故）文德彰而肅静乾坤，恭孝厚而饗安宗廟。德過千古，美貫華夷。稱一德而率土咸歡，添四字而普天皆賀。
>
> 爲見君王契上天，進加尊號義周旋；
> 一身超越古今主，四字包含造化玄。
> 已表國肥令俗阜，方知主聖感臣賢；
> 法天廣道稱尊後，更治乾坤萬萬年。

這一段講唱文，説明了後唐明宗先有聖明神武文德恭孝八字尊號，後來又加添了法天廣道四字。在講經文的散文部分，我認爲它略有脱誤，"法"字原卷似法，又似"德"，向達《俗講考》作"法"，王重民《變文集》作"德"，作"法"爲是。識字下疑脱"微"字，法字下疑脱"天"字，取字是"故"字之誤。文中把"聖明""神武""法天""廣道""文德""恭孝"等字俱嵌入句中，并加上一句"添四字而普天皆賀"。在韵文中，贊美"四字包含造化玄"，又説"法天廣道稱尊後"，可見後添的四字尊號就是"法天廣道"。但《舊五代史》的明文，却是"廣運法天"。究竟是《舊五代史》作"廣運"對呢，還是講經文作"廣道"對？試看《册府元龜》卷九十三"帝王部　赦宥一十二"記載長興四年加尊號大赦的詔書：

四年八月戊申册尊號，禮畢，制曰："朕聞爲而不有曰天，使而不知曰道。下覆萬物，中含兩儀，難以嘗（規案：明代避常字諱作嘗）名加，難以嘗（常）德報。是故賢君哲后，則而象之。雖有唐堯之聰明，不伐其善；雖有夏禹之勤苦，不矜其功。朕善愧唐堯，功慚夏禹。屬六十年亂離之後，承億兆人塗炭之餘，兒童悉習於戰爭，耆艾罕聞於聲教。强吞弱吐，禮壞樂隳，凉德眇躬，豈易爲治。所賴王公卿士，戮力一心。善無細而不行，惡無大而不去。革彼積弊，成斯小康。夫化自心生，平其心則化洽；令從身出，正其身則令行。朕御兹九州，迨今八載。嘗（常）懷戒懼，罔敢怠荒。每務推心感人，謹身率下。刑必有罪，豈以喜怒而死生；賞必有功，豈以親讎而厚薄。却雕鏤之靡麗，慮淫巧以蕩心；罷畋獵之游娱，恐逸豫之敗度。未能全臻於富庶，未能盡偃於干戈。誠宜業業以兢兢，詎可自尊而自大。中外文武，不謀同辭，謂朕弘清净之風，戴以廣道；樹生成之德，而推之以法天。堅讓固辭，至於數四。遏之不止，去而復來。雖義乃爾心，深可嘉也；而名過於實，良所惕焉，既大舉於徽章，宜溥覃於霈澤。可大赦天下。

還有《五代會要》卷一，有詳明的記録：

明宗聖德和武欽孝皇帝（追册孝成皇帝長子，母追册懿皇后張氏），唐咸通八年九月九日，生於代北金鳳殿（以其日爲應聖節）。同光元年十一月，授蕃漢馬步總管。四年四月，即位於西宫，改名亶（年六十，初名嗣源）。長興元年四月，上尊號曰聖明神武文德恭孝皇帝。四年八月，再上尊號曰聖明武廣道法天文德恭孝皇帝。其年十一月二十六日，崩於大内之雍和殿（年六十七）清泰元年四月二十七日，葬徽陵（在洛京洛陽縣）謚曰聖德和武欽孝皇帝。廟號明宗。

根據《五代會要》和《册府元龜》，添加的四字徽號，都是“法天廣道”，可見講經文保存了當代最正確的史料。法天與廣道相對，天與道都是名詞，法與廣都是動詞。所以大赦文“爲而不有曰天，使而不知曰道”，以爲而不有，使而不知解釋天與道；“下覆萬物，中含兩儀，雖以常名加，雖以常德報”以非常名、非常德來指稱天與道。“謂朕弘清净之風，戴以廣道；樹生成之德，而推之以法天。”以“弘清净之風”來解釋“廣道”，以“樹生成之德”來解釋“法天”。“法天廣道”四字的正確性是無可懷疑的。而且《孟子·滕文公上》説：“大哉堯之爲君，唯天爲大，唯堯則之”，正是法天之所本。《孝經·開宗明義》章説：“先王有至德要道以順天下。”又《特立廣要道》一章，邢昺疏云：“要道先於至德者，謂以要道施化，化行而後德彰。”這恐怕是廣道二字所本。又唐代尊崇老子，《道德經》二十五章云：“域中有四大，而王居一焉。人法地，地法天，天法道，道法自然。”法天廣道，正好綜合了儒道二家的教義。雖然《舊五代史》確作“廣運法天”四字，但宋代官書十七史，衹用歐陽修《新五代史》，歐史没有上尊號的記載。《舊五代史》被正式排斥，元明以來，傳本漸就湮没，唯明内府有之，見於文淵閣書目。故《永樂大典》多載其文，然均割裂分述，淆混莫辨。近代傳本，出於補輯翻刻，其易滋誤字，不難想見。所以根據《五代會要》《册府元龜》，訂正《舊五代史》“運”字是“道”字的誤字，是有其必要的。更可貴者，這一篇講經文是當時人歌咏當代時事的文獻。因此，它提供了訂正正史的堅證。俗講文學的光輝，令人奪目，它又在史學領域裏散發出燦爛的异彩。

（原載《敦煌學》14輯，1989年4月，頁1—7）

變文《雙恩記》試論

一、前言

一九一三年，俄國考古團從我國西北運去一大批敦煌卷子，庋藏在列寧格勒博物館。直到一九六三年，出版了孟西科夫教授編撰的《敦煌卷子目録》第一册，國際學者纔對蘇聯所藏敦煌卷子有一較明晰的認識。一九七二年，孟西科夫和左義林女士合編《雙恩記》二册出版。今年三月，我收到編者贈書，原來《雙恩記》即是此目録一四七〇號的《佛報恩經講經文》。由於這獨一無二、前所未見的新卷子面世，令全世界關心敦煌學的人士，都增添了一份喜悦。

據編者寫的英文提要説:“變文《雙恩記》是蘇聯亞洲研究所列寧格勒分所珍藏敦煌資料中的手抄孤本。現存第三卷、第七卷、第十一卷。第三卷所引經文，出自《大方便佛報恩經》序品第一；第七卷、第十一卷則出自《佛報恩經惡友品》第六。此變文的文體是講經文；其形式是引述經文，加以解説，繼之以韵文的反復咏嘆。第三卷原文，開始即引述經文第一句，是每一經文普遍的形式，説明集會的地點、時間、聽衆、講經者等

等，即所謂‘六種成就’。變文第七卷和第十一卷，描述善友和惡友兩王子兄弟入海求寶的故事。推算起來，變文的開端部分可能有四卷，其中包括‘押座文’的前驅和‘開題’的解釋。而兩王子的故事可能有十一卷或十五卷。因此，《雙恩記》的全本，可能有十五卷或十九卷。就我們所知，講經文是中國文體中最長的叙事文。《雙恩記》的形式更爲復雜，它引經文疏解咏嘆之外，另一特徵是有時不確引經文，僅給予説明解釋。後來變文的發展，必起因於此種工作。我們可以認定宋代講史平話是與講經文有密切的關連，因爲我們發現三點：第一，‘講經’和‘講史’第一個字同是‘講’字；第二，講經文和平話，在措辭結構方面相似；第三，以叙述代替經史引文，也復相似。在今日，追溯講史、平話長篇叙述式文體之起源，可見者唯講經文而已。至於《雙恩記》韵文部分，可分兩類，即包含四或八行之短詩，及可以八除盡無定行數之長詩。其最特殊處爲長短詩之相互關係，與晚唐時期平仄换韵規格之詩體甚爲相似，其淵源影響，於此可以窺見。此抄本之字體與其他變文相類，但有時遇到宋代字體，此點可能假定此變文爲十世紀末或十一世紀初之抄本。現在出版的《雙恩記》，包括了序文、原卷的譯文和注釋，原卷的影印本，文法解釋和語彙。附録中列表注明特殊的敦煌字體和通行宋體字的异同，以供讀者參考。”以上删取編者對《雙恩記》的簡介；以下提出我讀後所見，加以討論。

二、《雙恩記》的行款

《雙恩記》全書現存六百八十四行，每行十四、十五、十六字不等。第一行標題“雙恩記第三”，至第二百三十七行“遍天地坺羅未省纖起”止，詞氣似未完。第二百三十八行標題“雙恩記第七”，至四百六十行，末標“佛報恩經第七”。此卷字體略小，筆法與第三卷也异，似出自另一抄手。第四百六十一行標題“報恩經第十一”，至第六百八十三行尾題爲“佛報恩經第十一”。此卷字體也比第三卷略小，字迹又與第七卷不同。從字迹看來，不算太草率，却談不到精工，也不曾仔細校勘，如第九十六行“經説此處”，曾在“説”字旁作乙號，校正爲“説經此處”。但第一百七十六行“無於量”，應作“於無量”；一百七十八行“菩者提”，應作“菩提者”；“薩者埵”應作“薩埵者”，像這類情況，都未加校正。

三、《雙恩記》抄寫的年代

《雙恩記》不是全本，首尾殘缺，没有作者的署名，所以無從知道作者是誰。也没有抄寫人的題記，因此不知道抄寫人的姓名和時代。不過從文字的形體風格，還是可以推測出抄寫的年代。孟西科夫教授認爲抄本有宋代字體，因此假定此變文爲十世紀末或十一世紀初之抄本。公元九六〇年是宋太祖建隆元年，一〇三四年是宋仁宗景祐元年，即是假定爲宋代初期的抄本。不過據我看來，晚唐宋初的手寫字體，并没有明確的區分，但從此卷民字都省筆避諱，如三一二行“耕稼之民”，三七四行“民不怨”，三八七行“民辛苦”，四二一行“凡小人民”，六五七行“多少人民”，民字都避諱作“巳”，二四三行“愍二苦之太甚”，二八〇行“何偏傷愍人駈役”，三五七行“若有悲心愍憔悴”，六二二行“再三愍念”，“愍”字都避諱作“悘”。這是唐人寫本避唐太宗諱的現象，看來此變文可能是五代以前唐人的抄本。

四、《雙恩記》的取名

現存敦煌講經文，多缺標題，如《敦煌變文集》所收《金剛般若波

羅蜜講經文》《佛説阿彌陀經講文》《妙法蓮華經講經文》《維摩詰經講經文》《佛説觀彌勒菩薩上生兜率天經講經文》《無常經講經文》《父母恩重經講經文》等，原卷都缺標題，都是後人據内容補擬的題目。其中《維摩詰經講經文》，卷尾題有“《持世菩薩》第二卷”“《文殊問疾》第一卷”，《父母恩重經講經文》有“《誘俗》第六”的尾題。這些可能是全篇中一部分的小題。講經文有正式的題名的，“雙恩記”似乎是第一次的發現。這本變文第一部分題名“《雙恩記》第三”；第二部分首題“《雙恩記》第七”，尾題“《佛報恩經》第七”；第三部分首題“《報恩經》第十”，尾題“《佛報恩經》第十一”；第一二九行“説報恩經於此處”，第一六六行“於佛會之中聽説報恩經典”，第二一三行“知佛欲説大報恩經”，第二一六行“聞説報恩演暢”，可見變文是根據“佛報恩經”來演講，而由演講寫成的變文，則題有正式的專名爲“雙恩記”。故就其所本則爲“佛報恩經”，就其演説之變文則名爲“雙恩記”。此變文第二部分首題曰“雙恩記”，尾題曰:“佛報恩經”，便是最明白的證據。此變文第三部分稱其本經，第一部分則稱其新名。大概隨俗稱呼，均無不可。這是此一首次面世的講經文，給我們的最新創獲。至於《雙恩記》取名的意義，可能由於報恩經中屢次提到知恩、報恩的緣故。《報恩經論議品》第五云:“佛告阿難，當念父母及善知識恩，是故知恩常當報恩。”又《親近品》第九云:“佛告阿難，若有善男子善女人，知恩報恩，當行四事。一者親近善友，二者至心聽法，三者思惟其義，四者如説修行。復有四法，一者隨法不隨人，二者隨義不隨字，三者隨智不隨識，四者隨了義經不隨不了義經。行此八法名爲知恩，復行八法是名報恩。何等爲八？一者利，二者衰，三者毁，四者譽，五者稱，六者譏，七者苦，八者樂。復行四事，是名知恩，亦名報恩。”《佛報恩經》中提到菩薩知恩報恩，在十次以上。有時也連説念恩報恩，如《議論品》第五云:“佛告阿難，當念父母及善知識恩，是故知恩常當報恩。”又《親近品》第九云：“如來今者念汝重恩，如來今者欲報汝恩。”念恩和知恩意義接近。唯知恩，乃能報恩，能知恩報恩，這便是雙恩。變文稱爲《雙恩記》，可能是取義於此。可惜此本首尾皆缺，無從看到作者自己的説明，只好提出我個人的意見，供專家讀者們考慮。

五、《雙恩記》的評價

《雙恩記》是現存講唱文學裏的重要講經文之一。孫楷第《唐代俗講軌範與其本之體裁》一文（見一九六五年十二月中華書局出版《滄州集》卷一），對講唱文學有精確的説明。他説：

> 講唱經文之本，其體與名德之講同。而頌贊頻繁，述事而不述義。其節次，講前贊唄，今所見押座文是。次唱經題名目。次就經題詮解，謂之“開題”，亦作“發題”（原注：發開同義）。次入文正説。正説時先摘誦經文，謂之“唱經”。次就經文解説。又次吟詞偈。如是每摘誦一次經文，即繼以説解吟詞各一段，至講畢爲止。講畢，又贊唄。此其大較也。初講謂之“發講”，亦作“開講”。講畢謂之“解講”。其經文繁者，往往講須經若干時日，非一次所能了。今所見俗講維摩詰經講唱文，即兼旬講演之本也。

現在根據孫楷第先生所説，把《雙恩記》來印證一下。《雙恩記》卷三從“如是我聞一時佛在王舍城”起，正是初講的開端。可見卷一、卷二應該是“押座文”或“開題”之類。正説時先摘講經文，由都講唱經；唱經之後，由法師解説。孫楷第云：

講唱經文之體，首唱經。唱經之後繼以解説，解説之後，繼以吟詞。吟詞之後，又爲唱經。如是回環往復，以迄終卷。此種吟詞，與解説相輔而行。近世説書，尚沿用此格。今按其詞，即歌贊之體，彼宗所謂梵音者。蓋解説附經文之後，所以釋經中之事；歌贊附解説之後，所以詠經中之事；用意不同，故體亦异也。按：以詩偈頌贊，經論中多有之。其偈或陳語言，或嘆德美。以叙説與偈結合，實與此唱經本同。唯此廣其意，例以歌贊附叙述之後耳。又按其文字，實是講經之本，以叙述附經，相當於經疏。去其白則同着偈之經，去其歌則爲無贊之疏。今以附歌贊之經疏視之，實至妥貼也。

《雙恩記》的體式，正和上引孫氏之説相符。如卷三“如是我聞一時佛在王舍城耆闍屈山中”上，加一經字，表明是歌唱的經文。接着“如是兩字信成就，我聞兩字聞成就”以下便是解説經文。直到第四十行“牛羊蘇乳能奇异，變造多般諸巧伎”以下便是吟詞，在“牛羊蘇乳能奇异”之前注一“韵”字，表明以下是吟詞韵文。到一二九行、一三〇行云：“説報恩經於此處，有幾多羅漢唱將來。”此等限來字韵，末句爲“……唱將來”之句，皆所以引起經文，乃純爲唱經之催聲。故接着便是經文“與大比丘……”，又加以解説。全篇中第一七五行“合應有菩薩也唱將來”，第二〇六行“更應有天衆也唱將來”，第二九〇行“大家安樂唱將來”，第三三〇行“阿誰諫諍唱將來”，第三六八行“阿那邊足利唱將來”，第四二八行“愜意不愜意唱將來”，第四五三行“太應不樂也唱將來”，第五二〇行“阿誰看守也唱將來，等五五四行”“還到何國土也唱將來”，第五八二行“問善友到何安泊也唱將來”，第六二二行“再三慇念也唱將來”，第六五七行“何以生音指也唱將來”，第六八〇行“被阿誰借請也唱將來”，這些都是唱經的催聲。在長篇叙事的文章中，加插提頓鉤勒之筆，也確有點明情節發展和提醒聽衆的作用。

至於吟詞方面，有長短二種，短的多七言八句，在《雙恩記》全部二十三個偈裏面，有七個未曾標明偈字（第三三五、三七三、三七九、三九七、五五八、五六五、六六二行），可能是脱漏。只有第二七二行標“詩曰”。其餘十五個都標明爲偈（第二四九、二六一、二九八、三四二、三八三、三九一、四三三、四六六、四七五、五〇〇、五二三、五三七、六〇四、六二七、六三六行）。且有叙明偈語的作用，稱爲偈贊（四三三行）、偈告（四七五、五三七行）、偈問（六〇四行）。這種短偈頗近於律詩。另一種長的也是七字句，中間偶然參雜長短句。結句引起唱經文的較長，或八字，或九字不等。其體式略如詩家的古風歌行。有些標注曰“韵”，有的也省略不注明。據孫楷第的説法，這長短二種的吟詞，都同屬詩偈，并非兩種體裁。他説：

> 此長短二種，短者即後來詞話中的詩，長者即詞話中吟唱之詞，就形式言之，似二者體製不同。然以余考之，則此等長詞，固亦是詩偈，與注詩偈之詞，僅長短之异，初非二體也。蓋經論中所插偈，或長或短，本無一定。短者數行，長者乃至數十行。即名德效經偈作頌，有極短者，亦有極長者（原注：如宋罽賓國僧求那跋摩遺偈三十六行，乃長偈之著者，《高僧傳》卷三本載其文）。此諸長詞在講唱經文中，與詩偈同爲頌贊之詞；與經中之以長偈頌贊者亦同，則其應爲偈，實無可疑。

孫楷第推論講唱文的體裁，主要是憑藉敦煌發現的《維摩詰講經文》，現在又有《雙恩記》面世，無疑是《維摩詰經講經文》後又一重要的發現。

關於《雙恩記》的内容，較之其他講經文也有其特出之處。現存講經文，如《金剛般若波羅蜜講經文》《佛説阿彌陀經講經文》《妙法蓮華經講

經文》《維摩詰經講經文》《佛説觀彌勒菩薩上生兜率天經講經文》《無常經講經文》《父母恩重經講經文》，都是講唱兼施，富有吸引力和感染力的宣化工具和通俗文字。不過内容比較偏於説理，而演繹出來的情節也比較單純。唯獨《雙恩記》依據善友惡友兄弟兩王子的故事，發揮描寫，曲折離奇，驚險哀艷，高潮迭起。其入海求珠，似乎看到小説《西游記》的詭怪神奇。惡友奪珠刺目，似乎看到傳奇中山狼的險惡奸邪。牛王護身，以舌舐眼，拔出竹刺，又儼然是《大雅・生民》后稷誕生的一篇神話。盲士隱姓埋名，街坊彈箏乞食，又聯想到高漸離慷慨擊筑的一段悲凉故事。利師跋王公主鍾情盲士以下的故事，證明有真愛情的可使不盲者盲，也可使盲者不盲。可惜以下講經文已殘佚，否則，敷演出來，也將和《牡丹亭》離魂倩女同樣動人心魂。我們讀遍所有的講經文，感到《雙恩記》的故事最爲突出，將死生離合，善惡悲歡，描寫得淋漓盡致，情瀾壯闊，真是動天地泣鬼神的杰作。這種作品出現，不但發展成平話小説，韵語彈詞。内容方面，更有促進後起作家多方面嘗試的啓發作用。因此，《雙恩記》的出現，豐富了講唱文學的資産；同時，也應該給予它本身相當崇高的地位。

六、《雙恩記》文字的校訂

《雙恩記》的抄手不佳，也未經精細校對，所以錯字、脱字滿紙皆是。還有當時通俗的手寫字體和正式楷書，有時差异到幾乎不能認識。孟西科夫教授在附録裏的字體對照表，是有其必要的。不過，表中校訂的文字，遇有疑問的，他都加一問號。如第四〇五行“含”，孟訂爲“舍？”；其實原文“普令含織”，應該作“普令含識”，“含”不是“舍”，而“織”應當作“識”。第四九四行“諧”，孟訂爲“該？”；按原文作“諧”，當是“諧”字。原文“謂之悲喜兩盈懷，大願今朝已允諧”，“諧”

與“懷”韵。第二六九行“𤘅”，孟訂爲“牙”；第二五九行“𤘅”，孟訂爲“芽”；第六六六行“𤘅”，孟訂爲“？”。按六朝唐人俗寫“互”爲“𤘅”，三“𤘅”字，皆是互字。第六四行“眷”，孟訂爲“沓（脊）？”，我疑爲“睿”字。第一一〇行“僾”，孟訂爲“藝？”，我疑當作“護”。第四六八行“湆”，孟訂爲“？”，按當爲“諳”。第一八九行“斯”，孟訂爲“？”，按原文云：“無恨怨酬無愛春，不憐毫富不斯貧”；“斯”當爲“欺”，“毫”當爲“豪”，“春”當爲“眷”。第一三七行“的”，孟注“？”，按原文云：“永割親愛，無的莫故”，“的”蓋“適”之誤；《論語》：“無適也，無莫也”，此用《論語》。這些是表内注明問號的。其他無疑問訂正的字，也有不正確的。如第五一七行“推”，孟訂爲“𪘲”。原文“莫眠莫慢莫遲回，莫信因循莫妄推”，“推”、“回”押韵，“推”字不誤。又第一一八行，“聲聞各總居權地”，孟誤認“權”爲“推”。第五五一行“石作心肝見也摧”，孟誤認“摧”爲“推”。又第一九三行“權菩薩之形儀”，一九九行“所以權爲菩薩相”，孟均誤認“權”爲“推”。又第三九七行“此計思量更不名”，孟改“名”爲“明”；第五九五行“念伊癡騃唤伊名”，孟改“名”爲“命”，兩“名”字皆不誤，不應改。又第六五六行“調弄瑟絃曲暗排”，孟改“暗”爲“安”；按上句“摩挱頭面情私喜”，“私喜”與“暗排”對文，“暗”字不誤。第三四九行“雖依王敕暫出”，孟改“暫”爲“漸”；按“暫”字不誤。第二八七行“子未披申永繫懷”，“申”字不誤，孟改“申”爲“甲”。又第三五五行“忝作丈夫兒”，孟認“丈”爲“才”，按當爲“丈”字。又第二四四行“蒻”，孟讀爲“搦”，按當爲“弱”。原文“强弱欺者，幾時解息於冤家”，當作“强欺弱者，幾時解息於冤家”。又第四七四行元是誘兄珠之去處矣，孟認“誘”爲“謗”，按當是誘字。又第三三二行“却爲勤王”，孟改“勤”爲“動”，非。又第三〇〇行“耕桑處處忙三際”，第三二八行“頓棄耕

桑忙歲月”，兩“桒”字，孟釋爲“業”，按當爲“桑”字。又第四一九行“攽攽羅綺皆能出，種種金銀一切隨”，孟釋“攽”爲“處”，按當爲“般”。又第一二五行“四海風儀別有情”，孟改“儀”爲“義”，按“儀”不誤。又第四五七行“一或”二字，孟誤認爲“成”。又第六一七行“都是牛王具大悲”，“具”字不誤；孟改“具”爲“巨”，非。這些都是從文義字體來辨認。最後，我們還可從《雙恩記》注明引用的經文，和《大方便佛報恩經》（影印《大正大藏經》第五册本緣部上頁一二四——一六六）互相校訂。

第二行　一時佛在王舍城　經“在”作“住”。

　　　　耆闍屈　經“屈”作“崛”。

第二四〇行　即迴即車　經無車上“即”字。

第二九一行　太子白言　經無“白”字。

第三六九行　爾時善友太子即集諸臣百寮　經無“爾時善友太子”六字。“寮”作“官”。

第三七〇行　求財於何業最勝　經“財”下有“利”字，無“於”字。

第三二九行　善友太子言善哉善哉唯此快耳　經無“善哉善哉”四字，“快”上有“爲”字。

第四三〇行　太子今欲大海采取好實　經“子”上無“太”字，“欲”下有“入”字，“好”作“妙”。

第四五四行　王聞此譬如人啨　經“譬”上有“語”字，“啨”作“噎”。

第四五五行　何爲方便　經“便”作“復”。

第四五六行　卧則帷賬食則恣口言今者遠涉途路　經“帷”作“幃”，“言”字無，“途”作“塗”。

第四五七行　飢渴寒暑毒，大海之中衆非一　經“暑”下無“毒”

字，“衆”下有“難”字。

第四五八行　有惡毒龍　回波湧復　經“惡”下有“鬼”字，“復”作“澓”。

第四六二行　汝徒儻伴侶　經“儻”作“黨”。

第四九八行　心生嫉妬　而偏　經“妬”作“妒”，“而”下有“常”字。

第四九九行　更得摩尼珠實　經“更”作“加”，“珠寶”作“寶珠”。

第五二〇行　次應守珠　求二乾竹刺　經“守”下有“寶”字，“刺”字重。

第五五五行　賫持珠寶還歸本國　經“珠寶”作“寶珠”，“還歸”作“歸還”。

第五五五行　與父母相見曰言　經“曰”作“白”。

第五五六行　我身福得　與諸從伴　經“得”作“德”，“從”作“徒”。

第五八四行　乾竹籤刺　經“籤刺”作“刺著”。

第五八六行　到利師跋王國界　經無“界”字。

第六二三行　即語言　經無“即”字。

第六二五行　重重飲食　經“重重”作“種種”。

第六五八行　巧善彈瑟　經“瑟”作“箏”。

第六五九行　利師跋王國内伍百乞人　經“王國内”作“道上”，“伍百乞人”作“五百乞兒”。

第六八一行　有一果菌　經“菌”作“園”。

第六八二行　汝當爲我防護　經“汝當”二字無。

第六八三行　我當相供給願　經“相”上有“好”字，給下無“願”字。

從《大藏經》和敦煌抄本校勘的結果，發現抄本許多錯字、脱字、俗字。這是抄寫的人水準不高，不如校刻經藏鄭重其事的緣故。但也間或發現抄本文字有勝過刻本的地方，如第二行抄本一時佛在王舍城，經本“在”作“住”，似乎不及作“在”爲佳。第六八二行抄本“汝當爲我防護”，經本無“汝當”二字，也似乎有“汝當”二字，文義較長。像此類情形，不獨可用經本校訂抄本的脱誤，似乎也可用抄本校訂經本的訛誤。

七、附論變文的名義

變文的名稱，根據孟棨《本事詩》中記載張祜譏誚白居易詩“上窮碧落下黄泉，兩處茫茫皆不見”是“目連變”，可見變文的名稱，在唐貞元、元和以前，早已廣泛流行。這種文體的作品，幾乎隱埋了一千年，直至七十年前敦煌藏書發現，才漸爲學術界所注意。這些變文抄本，有的保存了原題，如倫敦斯二六一四號原卷標題爲《大目乾連冥間救母變文并圖》一卷，倫敦斯五五一一號原卷標題爲《降魔變文》。這是此種文體號稱“變文”的明證。由於此種作品埋藏已久，不爲人知。因此初發現時，遇有缺題的卷子，各就其内容形式。紛紛揣測，賦予不同的名稱。如羅振玉《敦煌零拾》中所著録三篇，命名爲“佛曲”。北京圖書館目録稱《維摩詰经講經文》爲“俗文”。伯希和目録稱《維摩詰经講經文》爲維摩詰唱文殘卷。“佛曲”“俗文”“唱文”都不是適當的名稱。即原有標題的“講唱文”“緣起”“押座文”也只是變文中的一部分，不能作爲各種變文的總名。我認爲此種文體應該正名爲“變文”，才是適當而有根據的名稱。

考變文的起源，是由於佛教僧徒爲了宣傳教義，運用講唱方式而産生發展出來的一種通俗文學。所以最早的變文，是引據經文，加以演變，使之通俗化。既說且唱，用以吸引聽衆。它的形式是講前歌唱，叫押座文。歌畢唱經題，唱經題畢，用白文解釋題目，叫開題。開題後背唱經文。以後一白一歌，又説又唱，直至講完爲止。進一步的開展，是不唱經文，可以隨意選擇經文中故事，經短的便全講，經長的便摘取其中最熱鬧的一段講。在正講前也還要唱出經題，所以這一種也還是講經的一體，照例也題作變文。再進一步的開展，便是講變文不向佛經中尋求故事，而向佛典外書史文傳中尋求故事。現存敦煌變文，有説列國志的，有説漢書的，這是講史；有《舜子至孝變》，有《昭君變》，這是小説傳奇；有《唐太宗入冥變》，這是小説靈怪。甚至有把當時人物作講談材料的，如説張義潮、張懷深。因此，追溯變文的源流，是由説唱兼施、散韵間用、敷衍故事、闡揚佛典的講經文，蜕變爲講史傳俗事的作品，也稱爲變文。正如樂府詩是入樂詩，發展到不入樂的新樂府，也稱爲樂府詩。所以講唱佛經教義故事及非佛經故事的作品，都可以稱爲“變文”。

至於變文“變”字的解釋，孫楷第（《滄州集·讀變文》）以爲“變者，奇异非常之謂”，此一解釋很可以説得通。但我以爲變字可能是變化、演變的意思。即是説，變文是從佛經本文變化演義出來的。由平淡深奥的經典，變化敷衍爲生動通俗的語文，所以稱爲變文。這一假設，似也不無理由。因論變文《雙恩記》，順使提出來，希望海内外通人指正。

（原載《新亞書院學術年刊》15期，1973年9月，頁1—81）

中國第一部“詞的總集”

——敦煌《雲謠集》——之發現與整理

敦煌石室遺書中，發現了唐五代歌辭的寫本，這是近世紀中國文學史上的一件大事。其中《雲謠集》，更屬文學界最注目的一部异書。因爲在敦煌石室未開以前，趙崇祚編的《花間集》，是我們能看到的最早的一部“詞的總集”。《花間集》編定於後蜀孟昶的廣政三年（後晋高祖天福五年，公元九四〇年），而《雲謠集》抄寫的時代，最遲在後梁末帝龍德二年（公元九二二年），距唐代亡國不到十五年；編撰的時間，當然更在後梁以前，所以羅振玉印行《雲謠集》，題爲“唐□□撰”，還是不錯的。根據這一事實，中國第一部“詞的總集”，在文學史上便須改寫爲《雲謠集》了。有了這一部隱秘千餘年新發現的詞集，研究文學的人可以更明瞭詞的發展情况，可以領略詞的更新鮮、更樸真的風格，因此當倫敦博物館一卷不全的《雲謠集》，在1923、1924年間傳到東方時，羅振玉便踊躍歡喜地刻在敦煌零拾裏。而現代號稱四大詞家之一的朱古薇先生，那時正在上海彙刻歷代詞集，定名爲《彊村叢書》，得到董康從倫敦鈔回來的寫本，立刻把它收在叢書裏，成爲叢書第一部詞集，他的跋文説：

> 雲謡集曲子，敦煌石室舊藏唐人寫卷子本，今歸英京博物館。毘陵董授經游倫敦，手録見貽……其爲詞樸拙可喜，洵倚聲椎輪大輅，且爲千餘年來未睹之秘籍，亟付槧人，以冠吾書，以餉同嗜。倘傾盃樂諸佚詞，得旦暮遇之，俾斯集復成完帙，益幸矣。中元甲子始春朱孝臧跋。

後來劉復鈔得巴黎國家圖書館所藏的《雲謡集》殘卷，編入《敦煌掇瑣》中，被朱氏看見，取校舊刻，除《鳳歸雲》前二首兩本重出外，餘悉爲倫敦所無，合之適成全帙。他大喜過望，悉心校訂，歿後又刻入《彊村遺書》中，成爲中國第一次合編倫敦、巴黎兩本的足本。同時校訂研討《雲謡集》的人有詞家況周頤、龍沐勛、冒鶴亭、盧冀野等。鄭振鐸又用《敦煌零拾》《敦煌掇瑣》《彊村遺書》合校成世界文庫本。唐圭璋自言“集合諸家之長，重爲校訂”，成《雲謡集雜曲子校釋》。此外，有王重民《敦煌曲子詞集》的校本，有任二北《敦煌曲校録》中校訂的《雲謡集》，有胡適之先生詩選附載的校訂本《雲謡集》，有饒宗頤教授所著《敦煌曲》中鈔校的《雲謡集》。其他俞平伯、夏癯禪、邵潭秋、蔣禮鴻等人都有考訂，幾乎中國的詞人學者對它都發生過或多或少的關係。這一部秘籍，冷藏在沙州，過了千年荒寒寂寞的生涯，忽然熱熱烘烘起來，真令人有悲歡交集之感。

我去年八月間往巴黎參加法國漢學會議，原意想披覽敦煌卷子，做點研究工作，没料到從倫敦轉機到巴黎時，短短四十五分鐘不停的航程，英國航空公司竟把我掛號隨機一件名爲衣箱實爲書籍的行李遺失，令我在巴黎過了一個月赤貧如洗的生活，把原定的研究計劃被打碎。湊巧口袋中袋着一本胡適之先生編的詩選，本來是供飛機上打發空閑時間之用的，爲了書尾附載敦煌《雲謡集》，就根據這一本册子，遍校巴黎、倫敦所藏的原

卷，後來又從巴黎友人處，借來了一大堆關於《雲謠集》的著述，居然自得其樂，忘記了世間一切。同居大學城英國館的方杰人、陳奇禄、蘇瑩輝諸教授，見我一套西裝，行李蕭條，老是笑口常開，都認爲我是樂天派。就這麼在巴黎呆了整整一個月，倒參考了不少資料，發現各家的説法，還有許多值得商榷之處，所以對《雲謠集》做了一番徹底的整理工作。現在提出來向各位請教。

過去研究《雲謠集》的人，因爲没有看到原卷，往往發生很大的誤會。例如任二北氏，校敦煌曲最勤，求敦煌曲資料最力，著有《敦煌曲初探》《敦煌曲校録》諸書，他在《初探》中曾列一原卷與印本間的簡單系統表如次：

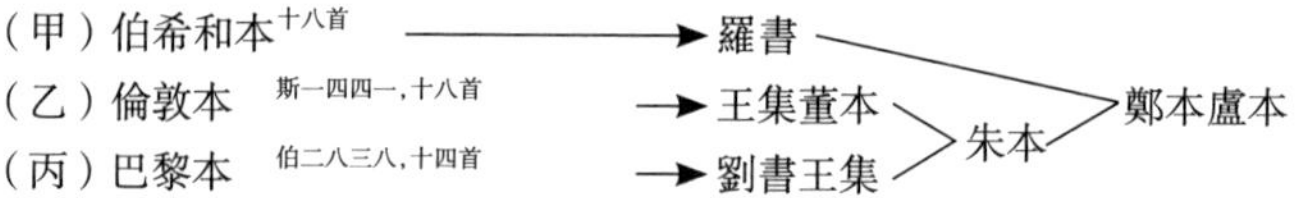

他認爲："《雲謠集》原寫卷，人間實有上列（甲）（乙）（丙）三本，不止兩本，羅書之底本（甲本），乃伯希和寄給之攝影，雖也十八首不全，但并非（乙）本倫敦斯一四四一之十八首本，更非（丙）巴黎伯二八三八之十四首本。朱氏所見，與王氏所見，均僅乙丙二本，而未曾及甲本，實爲憾事。"（規案：巴黎伯三二五一號卷子：有《内家嬌》一首，其詞亦見伯二八三八卷中）其實羅振玉所得底本，雖由巴黎伯希和寄贈，但伯希和乃得自斯坦因，任氏誤會伯希和所寄的是巴黎的另一寫本。這同當年王國維誤以伯希和所贈倫敦《切韵》殘卷三種照片爲巴黎殘卷，如出一轍。試觀倫敦本《洞仙歌》第二首："寒蛩響"，原卷作"[illegible]蛩響"，羅本誤作"它它蟲響"，即羅本爲倫敦本之確證。任氏既認定羅本爲巴黎另一寫本，所以常常據羅書之臆改以訂正原本，不但失去了原本真面目，也失去了《雲謠集》曲子詞的真風格。試舉一例以明之。如倫敦卷《柳青娘》第二首：

"因何辜負少年人"，任校云："按末三字，朱本作少年人，兹從羅書，作倚闌人，尤妙！少年人，在雲謡内數見不鮮，似已成爲當時濫調，此類异文，非常難得，諸本多失之。""少年人"正是早期曲子詞的本色，"倚闌人"乃是羅振玉的臆改，任氏未見原卷，信以爲真，造成了不少的過失。此外各家因不見原卷，造成字句文義種種失誤，多至不勝枚舉。

不過，看見原卷，倘或不仔細觀察，也會造成過失。例如《雲謡集》第一首，題目是《鳳歸雲》，雲下有一"衟"字，劉復誤認作街。羅振玉根據照片，認爲是徧字。王重民雖看見原卷，却認爲羅振玉改得對。其實此字巴黎本作"衟"，倫敦本作"衟"，從全卷門字的寫法比較起來，知道確是"閨"字。次首題"又"字下有一怨字。此題本是"閨怨"，鈔寫的人將它分繫在兩首之下，表示這兩首的題目都是"閨怨"。羅振玉、王重民都誤詞牌名爲"鳳歸雲徧"，可謂大錯。不但劉王有錯，即近年著《敦煌曲》的詞學專家饒宗頤教授，也不能免。他逗留巴黎九個月，寫成《敦煌曲》一書。巴黎卷《拋毬樂》第一首"珠泪芬芬濕綺羅"之芬字，原卷斜側作芬〻，實芬芬二字，敦煌卷子常用芬芬作紛紛。而饒校云："芬〻各本皆作紛紛，未敢遽定。"足見寫本之不易讀。

至於《雲謡集》寫成的年代，全集是否三十首，以及文義是非種種問題，都非靠原卷不能决定。第一點，我們先看《雲謡集》寫成的年代。巴黎本是寫在一個中和四年（公元八八四年）油麥賬牒的卷子背面。卷背還鈔録了慶幡文、開經文、散經文、轉經文等。轉經文内有"金山聖文神武天子撫運龍飛乘乾御宇"句，知在金山天子時代所鈔寫，約當朱梁之世。以下接書《雲謡集》，可見《雲謡集》鈔寫時代，不會晚於朱梁，這是許多學者已加以證明的。第二點，《雲謡集》雜曲子三十首是否完帙的問題。我仔細觀察，倫敦本是鈔在一個《勵忠節鈔》的卷子背面。卷背鈔安傘文、患難月文等，空數行，從另紙起（由紙的接縫可以看出），鈔標題

“《雲謡集》雜曲子共三十首”，接鈔《鳳歸雲》等十八首後，寫到《傾盃樂》詞牌名爲止，尚餘空白數行。卷的另一端已先鈔録了贊功德文等。大概鈔《雲謡集》的人，鈔至《傾盃樂》時，發現後面只餘空白紙數行，不但不够鈔完全卷，連《傾盃樂》一首的位置都不够，因此輟筆不書。又取另一卷（即巴黎卷）重鈔，初時還是從頭鈔起，鈔完《鳳歸雲》二首後，纔想起紙幅不够鈔寫全集三十首，因此又接續倫敦卷，從《傾盃樂》鈔起，一直鈔到第三十首完畢。倘若不省去倫敦卷已鈔的十六首，便又將成爲一個不全本。這樣，《鳳歸雲》纔有重複兩首的現象。我們不能認爲鈔完三十首後，略有餘紙空白，便認爲尚未鈔全。劉復《敦煌掇瑣》移録巴黎本至第三十首《喜秋天》，注云：“原卷未鈔完。”這是劉復判斷的錯誤。其實合倫敦巴黎兩卷，正符標題三十首之數。當年兩卷同在敦煌，今日分居英法，“同心而離居”，這又是誰能料到的呢？這是我細看原卷後，得出來的結論。

第三點講到卷子文字的問題。歷來講《雲謡集》的人，都認爲全集觸目皆爲訛文。其實集中除少數錯字外，許多同音、簡體、别體的字，都是當時通常習用的文字，不可一概視爲錯字。我最近寫了一本《雲謡集新書》，在緒言中博引晚唐俗文學卷子用字的例子，來互相證明，知道這些習慣上已通行的文字，如今日、今宵，寫作金日、金宵；受恩之人寫作受恩知人；點滴寫作點的，這和古代早晚寫作蚤輓，性質并無不同。認清了這一事實，就不應該輕易竄改《雲謡集》的文字。許多學者以爲《雲謡集》滿紙都是錯字，自然不妨任意地改，多多地改。我知道這些文字，并非錯字，所以非常尊重卷子本來的文字，絶不輕易改動。試舉例來説明，如《竹枝子》第一首末數句：

垂珠泪的點點的成斑，待伊來敬共伊言，須改往來段却顛。

冒鶴亭改上九字爲“幃幃悄悄垂泪，□□□□□，點點滴滴成斑。”任二北《敦煌曲校録》説：“改如上，頗具匠心，兹從之……不知作者之原意果如此否?”“待伊來敬共伊言”句，任本改作待伊來即共伊言。校云：“即，羅書原闕，餘卷作敬，費解。查劉書王梵志詩：‘飲酒妨生敬。’劉氏注：‘一本作計’。又開蒙要訓於髻旁注敬。皆因方音而誤寫也。敬既可爲計，髻，當亦可爲即。”“須改往來段却顛”句，任校説：“結語亦費解，往來或係從來，段，冒本及王文才校作假；或爲斷之音訛。柳青娘斷却妝樓伴小娘，可參考。向柳谿校此句作須改往日狂與顛。”據諸家所改，這幾句便變成：

幃幃悄悄垂珠泪，□□□□□，點點滴滴成斑。待伊來即共伊言，須改往日狂與顛。

諸家輕率任意增删改動原文，甚至“不知作者之原意果如此否”，還是要大加改動；因爲内心以爲《雲謡集》都是錯字，自然不妨大膽修改；我的態度和他們不同，我只按照本文讀成“垂珠泪滴，點點滴成斑，待伊來敬共伊言，須改往來斷却顛。”卷子中“滴”往往寫作“的”，如“泪珠串的”“泪流點的”，“滴”均作“的”；“斷”也往往寫作“段”，如斯四六五四《舜子變》：“兒憶阿耶長段”，“長段”即“腸斷”，我們按照寫卷子時的習慣，把他轉寫成通常的文字，所以并非改動原來的文字。又往來猶言往還，是交游朋友的意思。伯二〇五四《禪門十二時曲》：“尋求處士訪靈丹，囑托往還回藥餌”；又：“門庭廖落管弦休，車馬稀疏往還棄。”往還爲友朋之義甚明。伯二七一四、伯三二八六“囑托往還回藥餌”，往還又作往來，是往還、往來皆交游友朋之義。蓋此詞言良人游蕩，思婦憂傷，故欲待良人歸來時，鄭重向其進言勸告，須改换舊時往來之惡友，斷却舊時顛狂之惡習。文意本來明白，爲什麽要改動得面目全非呢!

我寫完《敦煌雲謡集新書》之後，深深地體認到，凡欲研究一時代的作品，必須通曉那一時代人寫字的習慣，必須通曉那一時代人用字的習慣，必須通曉那一時代人思想的習慣。必須如此，纔能看見作品的真面目，纔能領略到作品的真風格，纔不會傷害作品的真面目，纔不會破壞作品的真風格。例如《雲謡集》中有兩攔子：一個是“百步惟聞攔麝香”（《竹枝子》第二首），一個是“攔徑萋萋芳草緑”（《破陣子》第二首）。校者皆讀《竹枝子》爲“百步惟聞蘭麝香”，以蘭讀攔，這是對的。但是《破陣子》“攔徑萋萋芳草緑”的攔字，任二北諸人讀爲攔字；盧冀野、饒宗頤諸人讀爲欄字，從没有人讀攔徑爲蘭徑的。衡以文義，欄徑、攔徑，都頗費解。而蘭徑則遠本《楚辭》。《招魂》云：“皐蘭被徑兮斯路漸，湛湛江水兮上有楓，目極千里兮傷春心。”且萋萋芳草也出自《楚辭·招隱士》：“王孫游兮不歸，春草生兮萋萋。”文義既妥帖而又有來歷，當然應該讀爲蘭徑。况且同一攔字，一讀攔，一讀蘭，自然不如都讀作蘭，較爲劃一。如果深一層看，能够了解敦煌卷子寫字的習慣，則這兩個攔字必須讀作蘭。因爲此字本作蘭，敦煌寫本的文字歡喜增加偏旁，如“果”字要加艸頭作“菓”，“園”字要加艸頭作“薗”，艷質要加女旁作嬞，石榴要改木旁作磂。因此蘭字就加木旁作欗，敦煌卷子木扌不分，加“扌”等於加木。所以加木的欗字，等於加艸的菓字。果、菓同是果字，當然蘭攔同是蘭字。由此看來，如果了解那時代人寫字的習慣，就可以斷定攔是蘭字，就可以看到那時代人作品的真面目。

又敦煌寫本中有些常用的通假字，和别的時代大不相同，如終朝作中朝，不憚作不旦，泪滴作泪的，豈知作豈之，如果不了解他們用字的習慣，便不能了解他們作品的真意義。例如《傾盃樂》第二首：“窈窕逶迤，貌超傾國應難比，渾身掛綺羅裝束，未省從天得知。”任校云：“至原作知，從冒本改，此處叶平，意則是至，聲則當知。”我以爲改“知”爲

“至”，既無根據；而取至的意義，讀知的聲音，説法更是勉强。其實敦煌變文“知”與“之”常常通用，如二一八七《破魔變文》:“昏闇豈之南北”，斯三四九一作“昏闇豈知南北”。此句“未省從天得知”，即“未省從天得之”。意謂貌超傾國，未知是否得之於天，蓋天生麗質之意。《雲謡集》中常有類似散文字句，如“直至于今”“緣業至于斯”之類，如果不了解當時人用字的習慣，便不能了解此詞的真意義。

還有各時代人的想法也各不同。如《内家嬌》第一首:“輕輕浮粉，深深長畫眉渌……明如刀割，口似珠丹。”明當作眼。刻本改作“眉如刀割”，以爲文義較妥。其實前面已言及眉，不應再言眉。况《内家嬌》第二首:“兩眼如刀，渾身似玉，風流第一佳人。”正是眼如刀割的明證。張鷟《游仙窟》詩“一眉猶叵奈，雙眼定傷人”，薛逢詩“笑回丹臉利雙刀”，方干《贈美人》“醉眼斜回小樣刀”，可見唐代人確有用刀割形容目光鋭利的想法。如果不了解這層道理，便没法領略作品的真風味。《詩經·邶風》:“心之憂矣，如匪澣衣。”拿没有浣洗衣裳來形容内心憂愁，我想我們現代人也不會有這樣想法的，我整理《雲謡集》時，本着以上的看法，寫成《雲謡集新書》，我不敢説有什麽成績，但希望體驗得來的若干觀念，能對讀者專家們有些微的參考價值。這就算没有白費工夫了。回顧《雲謡集》面世五十年，經朱、羅、况、龍諸家整理以後，鄭振鐸又重加整理，編入世界文庫，認爲“這個集子的整理工作，相當的可以告一結束。”但鄭氏之後，整理的學者更多，發現的問題更夥，我這次又整理成一部《雲謡集新書》，我不敢説整理工作可告結束，或許應該説整理工作還須加强。《雲謡集》如此，其他敦煌文物何嘗不如此！這一責任，我們還能不聞不問，袖手旁觀嗎！

（原載《中華文化復興月刊》10卷5期，1977年5月，頁2—5）

讀《雲謠集考釋》

韓國首尔大學車柱環教授在《幼獅學志》第十八卷第四期（一九八五年十月三十日出版）發表《雲謠集考釋》一文（以下簡稱車文），對本世紀二十年代以來，研究敦煌《雲謠集》的著作，有相當懇切的批評，也有突出的意見。細讀一過，略抒淺見，以就正於車教授和海内外讀者。

車文導言提到《雲謠集》題名和編成年代的問題，并且判斷《雲謠集》本來是在宫廷演唱的雜曲子詞臺本。他説：

> 原卷題爲“云謡集”，云是雲字的古文。從來各家没有試圖作“雲謡集”題名的考究。《穆天子傳》三所載穆天子觴西王母于瑶池上的故事裏，西王母爲天子謡：“白雲在天，山陵自出。道里悠遠，山川間之。將子無死，尚能復來”。《穆天子》也有答謡。《西王母謡》首句有白雲二字，因而後人稱其爲《白雲謡》。《白雲謡》就是西王母在仙界與天子唱酬的歌謡。由此後人就用雲謡二字指稱天子所作的詩歌或者宫廷演唱的歌謡。晚唐皮日休（？～八八〇）《秋日人宴詩》有云：“高韻最宜題雪贊，逸才偏稱和雲謡”。南唐末北宋初徐鉉（九一七～九九一）

《春雪應制詩》有云：“欲識宸心悦，雲謡慰兆人。”可作雲謡二字的用例。《雲謡集》中《内家嬌》第二首有别本，分明題爲“御制”，由此可知至少《内家嬌》第二首就是某一位皇帝所作。《雲謡集》既然收録這一首皇帝所作的《内家嬌》，我們可以推知《雲謡集》的三十首詞本來是在宫廷演唱的雜曲子詞臺本，後來流出民間，偶然爲一個敦煌寫字生所看重，終於得有被鈔寫在卷子而傳到後世的機會。至於御制《内家嬌》到底是那一位皇帝所作，現在無從推知。《拜新月》第二首明明是歌頌皇帝之作，似由宫廷文人之手填就。《内家嬌》第一首咏出宫女的才色，也無疑是宫廷文人所作。任二北教授在他的《校録》提出一個值得注意的意見。他推測《雲謡集》所收兩首《内家嬌》詞可能都是爲楊太真事而作，而且就在楊爲女道士以後，將册爲貴妃以前。據《新唐書》七六《楊貴妃傳》，開元二十四年（七三六）太真十九歲，初被召内得幸，到天寶初（七四二）進册貴妃。任氏的看法，就是兩首《内家嬌》詞所描繪的宫女的姿態及舉措若不是這五六年間的楊太真决不能配上。《新唐書》叙述太真得幸以後的情況説：“善歌舞，邃曉音律，且智算警頴，迎意輒悟。帝大悦，遂專房宴，宫中號娘子，體與皇后等。”兩首《内家嬌》詞的描繪具有促使聯想太真這時期情況的充足條件，可知任氏有驚人的眼光。只可惜在兩首《内家嬌》的詞文裏，我們找不出能够具體指定是楊太真事的語詞。但是還有一首讓我們特别注意。《拋毬樂》第二首“寶髻釵横墜鬢斜”詞也是描繪宫女艷麗姿色之作，第二句“殊容絶勝上陽家”帶有具體性，直與楊貴妃故事符合。《樂府詩集》九六元稹新題樂府《上陽白髮人》題下有解説如下：“白居易傳曰：天寶五載已後，楊貴妃專寵，後宫無復進幸。六宫有美色者，輒置别所，上陽其一也。貞元中尚存焉。”同書九七也有白居易新樂府《上陽白髮人》一首，其中如“皆云入内便承恩，臉似

芙蓉胸似玉。未容君王得見面，已被楊妃遥側目。如今潛配上陽宫，一生遂向空房宿。”數句也和前引楊貴妃故事互相襯托。“殊容絶勝上陽家”可説是具體贊許楊貴妃麗質的好例。但是時期比任氏所説《内家嬌》二首的年代稍晚，就降到天寶五年（七四六）楊貴妃二十九歲以後。《内家嬌》二首所描繪的内容雖然和進册貴妃以前的太真情况逼似，也不容易據它斷定《雲謡集》的編成年代。雖然如此，我們仍然可以《雲謡集》一書可能是在楊貴妃全盛時期集合那些演唱在玄宗宫廷的雜曲子詞臺本而成的。“新書”緒言（二六頁推想）説：“又雲謡曲子，出自民間，多存口語。”現在詳看上述《内家嬌》等數首詞，顯然不是出自民間之作，却明明是皇帝和其近臣所作，而且口語的成分不算多。其餘二十多首詞起初可能出自民間，經過教坊樂工等當時有關人士的選擇與調整，纔留下現存的詞文。《雲謡集》一書似爲天寶五年以後安史亂以前當時禁中樂官所編的宫内演唱用的雜曲子臺本。

看了車文後，猛然省起，過去研討《雲謡集》的人，的確“没有試圖作《雲謡集》題名的考究”，我想，這個原因，大概是因爲“雲謡”只是一個古代歌謡的典故，所以歐陽炯作《花間集叙》，開首便説：

鏤玉雕瓊，擬化工而迥巧；裁花剪葉，奪春艷以争鮮。是以唱雲謡則金母詞清，挹霞醴則穆王心醉。名高白雪，聲聲而自合鸞歌；響遏行雲，字字而偏諧鳳律。

《雲謡集》的題名，似乎是屬於這一普通的意義。車教授把它看成是“指稱天子所作的詩歌或者宫廷演唱的歌謡”，這可能是陷於一偏之見。即以車文所舉二則雲謡二字的用例，一則是南唐末北宋初徐鉉《春雪應制》

詩:"欲識宸心悦，雲謡慰兆人"，因爲是奉天子之命作詩，所以雲謡用作天子作詩的典故。另一則是晚唐皮日休《秋夕文宴得遥字》詩有云:"高韵最宜題雪贊，逸才偏稱和雲謡。"皮日休和他的友人陸龜蒙在晚唐時，互相唱和，且有盛名。他們朋友間文會唱和之詩甚多。皮日休有《秋日文宴得遥字》詩云:"啼螿衰葉共蕭蕭，文宴無喧夜轉遥。高韵最宜題雪贊，逸才偏稱和雲謡。風吹翠蠟應難刻，月照清香太易消。無限玄言一杯酒，可能容得蓋寬饒。"陸龜蒙也有《秋夕文宴得成字》詩云:"筆陣初臨夜正清，擊銅遥認小金鉦。飛觥壯若游燕市，覓句難於下趙城。隔嶺故人因會憶，傍檐棲鳥帶吟驚。梁王座上多詞客，五韵甘心第七成。"自註云:"梁昭明嘗文宴，賦詩各五韵，劉孝威第七方成。"可見梁王也只是辭章隸事，説自己詩思遲鈍，并非真的參與侯王的文會。他們文士們飲酒唱和，運用雲謡的典故，只不過説是詩歌唱和而已。車文肯定雲謡是"天子所作的詩歌或者宫廷演唱的歌謡"，實在没有足够的事實作證明。車文却據此做成假設。又因爲《雲謡集》中有一首《御制内家嬌》，就推衍成整個《雲謡集》便是"宫廷演唱的歌謡"，這一推測尤其危險。我們不能因爲蘅塘退士選了一首唐玄宗的詩，便認爲唐詩三百首是宫廷編成的詩歌。假定"《雲謡集》曲子詞三十首"是"宫廷演唱的歌謡"，編輯本的人更應該鄭重標明"御制"，而且應該把標明"御制"的《内家嬌》，恭恭敬敬地安置在全集三十首中"起初可能出自民間"的二十多首詞的前頭做壓卷之作，這纔合乎天經地義、君尊臣卑的道理。豈有毫無分别地混雜在"出自民間"的作品中！我們能够知道這首《内家嬌》是御制，還是靠另一個民間傳鈔的卷子，可見這一首曲子詞，只不過是編輯《雲謡集》的人，從流傳的寫本抄録來的，編輯時連御制的來歷也索性省去。車文建立了這個不可靠的假設後，特别强調任二北教授《内家嬌》兩詞可能是爲楊太真事而作的説法，從而産生了"《雲謡集》一書似爲天寶五年以後安史亂以前當

時禁中樂官所編的宫内演唱用的雜曲子臺本”的結論。其實，兩首《内家嬌》即使都是爲楊太真事而作，作的人也未必是唐明皇，作的時間也未必是開元天寶。即如白居易《長恨歌》，便是爲楊太真事而作的。《長恨歌》描寫的“回頭一笑百媚生，六宫粉黛無顔色。春寒賜浴華清池，温泉水滑洗凝脂。侍兒扶起嬌無力，始是新承恩澤時”，遠比“兩眼如刀，渾身似玉，風流第一佳人，及時衣著，梳頭京樣，素質艷麗情春”，更爲“逼似”。但我們不能斷言《長恨歌》的作者是皇帝，尤其不能説《長恨歌》寫成的時代是開、天年間。所以我認爲車文的結論是不能成立的。不過提出考究《雲謡集》題名的試圖，無論如何，對學術研討，總是有益的。我們知道《雲謡集》編成的時代，遠早於《花間集》(我國最早的一部詞的總集)。如果我們分析求證，略加比較，便可看出《雲謡集》的作品比較不定型，而《花間集》則趨於整齊劃一。《雲謡集》三十首共有十三調，同一調的作品，多的有四首，少的有二首。同調的各首的字句，很少是整齊劃一的。而《花間集》五百首同調的詞，幾乎全都整齊劃一。試舉《雲謡》《花間》兩集均有的調名《魚歌子》作例。《雲謡集》有二首《魚歌子》，第一首前後闋的句型是三、三、八、三、三、六、三、四、七、三、三、六，全首共五十二字。第二首前後闋的句型是三、三、七、三、三、六、三、三、七、三、三、六，全首僅五十字。《花間集》有李珣的四首《漁歌子》，每首都是五十字，前後闋句型都是三、三、七、三、三、六、三、三、七、三、三、六。《花間集》首首皆有作者主名，《雲謡集》則全部没有，這些現象都可以説明《雲謡集》的時代遠比《花間集》爲早。但車文僅根據作品抽象的描寫，和普通隸事的典故，便用作判斷時代的證據，這是很難令人取信的。例如車文指出《抛毬樂》第二首“殊容絶勝上陽家”帶有具體性，直與楊貴妃故事符合，便判定是天寶五載楊貴妃二十九歲以後安史亂以前的作品。如果用這種眼光衡量古今作品，則必然造成無窮的紊亂，試看温庭筠的《清平樂》：

上陽春晚，宫女愁娥淺。新歲清平思同輦，怎奈長安路遠。鳳帳鴛被徒熏，寂寞花瑣千門。競把黄金買賦，爲妾將上明君。

這首詞比“殊容絶勝上陽家”帶有具體性，何止倍屣。我們豈能斷言這首詞是天寶時期的作品。前人對《雲謡集》不曾多加推測，可能是因爲文獻不足，不免有雖善無徵的顧慮吧！

關於車文“詞文考釋”，有需要辨明的，也擇要條例於後，首抄車文，後加案語。

（一）《鳳歸雲》共有四首，第一首調名下有一“閨”字，第二首略去調名，只作“又怨”。“又”表示與前首同一詞調的意思。“閨”“怨”二字是詞題，表示所咏的内容。《雲謡集》只有此二首各有單字詞題。閨怨二字連作一詞是常見的事，但是拆開分用的例子極爲罕見。新書對此有説：“《鳳歸雲詞》凡四首；一、二兩首爲閨怨，三、四則否，故分寫‘閨怨’於一、二首詞牌下，以示二首爲閨怨也。”見解未必妥當。因爲從一般情理想敦煌寫字生恐怕不至於如此節省加寫一字的勞力。兩首《鳳歸雲》調名下，分寫閨與怨二字，或者有别的意義，也未可知。譬如第一首主要寫出閨中情況，第二首説出怨婦心情。《鳳歸雲》後二首，“校録”斷定是演故事的聯章。《新書》也説：“此二詞則前首極言錦衣公子之傾倒，後首盛稱父兄良人之顯赫，自矢堅貞以拒之。”細味詞文，前首前段是錦衣公子的口氣，後段是嬌女的西鄰人口氣，後首全是嬌娥的口氣。

重規案：《鳳歸雲》第一、第二兩首都是寫“閨怨”的情景，第一首：“孤眠鸞帳裏，枉勞魂夢，夜夜飛颺。思君薄行，更不思量。誰爲傳書與，表妾衷腸。”第二首：“緑窗獨坐，修得君書……豈知紅臉，泪滴

如珠。枉把金釵卜，卦卦皆虛。魂夢天涯無暫歇，枕上長噓。”都同樣的是抒寫閨怨的情景，并不如車文所説：“第一首主要寫出閨中情況，第二首説出怨婦心情。”據合理的推測，編《雲謡集》的人收録了四首《鳳歸雲》，前二首有“閨怨”的題目，後二首没有題目，抄寫人把閨怨二字分寫在第一、二首調名下，不但表示兩首都是閨怨，同時也分别出後二首是没有題目的《鳳歸雲》。如果第一、二首詞調下都寫上“閨怨”二字，仍然不能令人不懷疑後面二首是漏寫了“閨怨”或其他的題目。把“閨怨”二字分寫在第一、二首調名下，便能把四首的性質分别得很清楚。主要是這一作法，并不會引起誤會，因爲“閨怨”是最習用的題名，而用“閨”作題名，可能古今詩詞中幾乎没有，而且本詞也無法説成是咏“閨”。

又車教授解釋“月下愁聽砧杵，擬塞雁行”爲“擬塞雁行就是飛向邊塞的雁行，這裏所提的雁行表示其鳴聲。愁聽的聲音有砧杵和雁行兩種……新書從胡適校本行下又加一個行字作‘擬塞雁行行’，頗不順通”。

重規案：車教授的解釋，正和我領會的意思相同。但我贊同胡適先生加一“行”字，能够使全句更爲生動，翻作白話是：一行一行的雁陣度過邊塞。行行，和葉葉、點點、滴滴的用法一樣。似乎没有什麽“不順通”。

又第二首“己憑三尺”，車教授説：“兩本己字寫得不分明，《校録》作只，《新書》作已。”

重規案：斯一四四一作“已”，似爲改筆。伯二八三作“巳”。作“已”，似較作“己”爲安。

又第四首，車教授云：“後段末句曾父堅貞，有出處，諸家不考究而各自爲説，莫衷一是……《晋書》五一章《皇甫謐傳》有謐的叔母任氏告戒的話：‘昔孟母三徙以成仁，曾父烹豕以存教。’也援用曾父的故事。此句曾父二字本無錯誤。”

重規案：車教授説可從。

（二）《天仙子》

燕語鶯啼驚覺夢，羞見鸞臺雙舞鳳。

前段第二句“鸞臺”是路邊地。《六臣注文選》二十曹植《應詔詩》：“朝發鸞臺，夕宿蘭渚。”註：“向曰：鸞臺、蘭渚，并路邊地，美言之也。”“鳳”指的是鳥，也是美言的例子。

重規案：鸞臺，蓋指鏡臺。庾信《鏡賦》云：“鏡臺銀帶，本出魏宮，能橫却月，巧挂垂風。龍垂匣外，鳳倚花中。鏡乃照膽照心，難逢難值。鏤五色之盤龍，刻千年之古字。山鷄看而獨舞，海鳥見而孤鳴。”此首言獨宿夢回，羞見鏡中雙鳳之影。温飛卿《和友人悼亡》詩云：“寶鏡塵昏鸞影在”，戴叔倫《宫詞》：“春風鸞鏡愁中影”，皆與此詞情境相似。下《竹枝子》“不施紅粉鏡臺前”，鸞臺蓋言鸞鏡之臺。

（三）《竹枝子》

羅幌塵生，帡幃悄悄，笙篁無緒理。恨小郎游蕩經年，不施紅粉鏡臺前，只是焚香禱祝天。垂珠泪，滴點點滴成斑。待伊來敬共伊言，須改往來斷却顛。

前段第三句“笙篁”，篁字稍覺生疏。但是《文心雕龍·樂府》有“志感絲篁”句，篁謂簫笛類，可與笙字連用。笙簧爲習用語詞，而且是一種特定吹奏樂器。如《新書》竟然從董校篁改作簧。篁字既可用，不須改作簧。後段首二句《新書》上四下五斷句作“垂珠泪滴，點點滴成斑”，滴字上讀，不免覺得蹇滯不順。滴點點滴是順倒連用，屬於一種行文技巧。

重規案:《文心·樂府》:“志感絲篁”，猶言志感絲竹。故絲篁可連用。此“笙篁無緒理”，蓋言没有心情去理吹奏的樂器。故董校以篁、簧同音，因改爲簧。笙簧出《詩經·小雅·鹿鳴》“吹笙鼓簧”，毛傳云:“簧，笙也，吹笙鼓簧矣。”是笙簧乃一特定吹奏樂器，此句笙簧，正與南唐李璟“小樓吹徹玉笙寒”之玉笙同意。衡量詞意，“笙篁”似當讀爲“笙簧”。

又拙校“垂珠泪滴，點點滴成斑”，車文以爲“不免覺得蹇滯不順”，其實“垂珠泪滴”，即綜合《破陣子》“寂寞長垂珠泪”、《洞仙歌》“泪珠串滴”二句之意。下垂的珠泪，可能尚未滴落；及至下垂的珠泪滴落了，則一點一點的珠泪都滴成了斑紋，似乎并没有“蹇滯不順”的地方。

（四）《洞仙歌》

戰袍待縷，絮重更薰香。

後段第三句“絮重更薰香”，《校録》（規案：當作校議，疑手民之誤）有云:“重更的重字讀平聲。”《新書》對此説表示反對，説:“重亦不當讀平聲。”著綿時所用的絮打成薄張，要厚時須重疊加著。此句“重更”的重字當讀平聲，始合著綿事。

重規案:“絮重”是説著綿的重量已够，然後薰香縫合戰袍，不是叙述著綿的方式和過程，假使重疊加著未達重量，則不會薰香縫縷。

（五）《破陣子》

蓮臉柳眉休韵，青絲罷攏雲。煖日和風花戴媚，畫閣雕梁燕語新，捲簾恨去人。寂寞長垂珠泪，焚香禱盡靈神。應是瀟湘紅粉繼，不念當初羅帳恩，抛兒虚度春。

次句“應是瀟湘紅粉繼”的“繼”字,《新書》讀爲繫，詞意可通，但是以繫義讀覺得取意過於單純。繼字有接連不絶義，此句用繼字，表紅粉之多接連纏住不絶，竟使去人不暇懷念當初女人。

重規案：此首當爲良人遠去，閨中懷念之辭。懷疑在外爲紅粉所繫絆，而使己虚度青春。假使此繼字不作繫絆解，則瀟湘紅粉，千萬相繼，亦與良人無涉；如爲瀟湘紅粉所繫絆，則雖一人即可使良人留滯不歸，何須紅粉之多接連纏住不絶。且一云繫絆，即有不斷纏住之意；但云相繼，則戰禍相繼，考試相繼，女人相繼，如良人心無繫絆染著，儘可隨時賦歸去來也。

（六）《傾盃樂》

憶昔笄年，未省離閣，生長深閨苑。閑凭著繡床，時拈針綫。擬貌舞鳳飛鸞，對粧臺、重整嬌姿面。知身貌算料，豈教人見。又被良媒，苦出言詞相誘該。

每道説水際鴛鴦，惟指梁間雙燕。被父母將兒匹配，便認多生宿姻眷。一旦娉得狂夫，攻書業，抛妾求名宦。縱然選得，一時朝要，榮華争穩便。

前段第二句“離閣”，猶云離家出門。未省離閣就是笄年時常在閨中生活，不會出門游玩與外人接觸。《校録》《新書》并改此二字作“離合”。《新書》校語有云：“離閣即離合，未省離合，謂不知有離别之苦。”以離合解離閣，與前後不相切合。第四句“針綫”，原卷作“金針”，詞意可通，然不叶韵。《新書》校語：“針，疑綫之筆誤。綫與苑、面、見等字協韵。”其説可從。唯時拈金綫，無何意義。作“針綫”詞意順通。

重規案：離閣讀爲離合，不獨不會“與前後不相切合”，而且正是全

首貫串的脉絡。此生長深閨的少婦，被父母嫁與重富貴功名的狂夫，“拋妾求名宦”，至是乃飽嘗離别之苦，不禁發出怨嘆的聲音。唐人詩：“閨中少婦不知愁，春日凝粧上翠樓。忽見陌頭楊柳色，悔教夫婿覓封侯。”彼詩自怨自艾，此詞則怨懟父母，而其怨狂夫重富貴輕别離之意則同。又車文謂“時拈金綫，無何意義，作針綫詞意順通”説亦不能成立，因“時拈金綫”與“苦恨年年壓金綫”意同。且拈針、拈綫，意義同爲做針黹之意，若拈綫“無何意義”，則拈針綫亦同樣無意義也。

（七）《内家嬌》

除非却應奉君王，時人未可趨顔。

《内家嬌》有二首，并爲誇贊宫女嬌豔之作。第二首與伯三二五一“御制臨鍾商内家嬌”，雖有一二字出入，確爲同一作品，據知是某一位皇帝所作，如前所説，現可推測玄宗爲贊揚楊妃而作此一首。

末句“時人”就是是人，作者自稱。趨顔，就是趨侍顔前。

重規案：末句“時人”意同世人，如解爲“是人”，又解爲作者，則作者必然不是一位皇帝，當然更不是唐玄宗。導言中的假設自然也被否定。關於御制問題，饒宗頤先生《敦煌曲》中曾作過推測説：“敦煌曲有題‘御製’者，不知何帝所撰。考《新五代史》三十七《伶官傳》云：‘莊宗既好俳優。又知音能度曲，至今汾晋之俗，往往能歌其聲，謂之御製者皆是也。’今斯三七三爲李存勖同光元年迎太后詩。敦煌卷寫於同光年間者不一而足，若嘆百歲詩，當即《舊五代史》二十七（《莊宗紀》）伶人所奏之百年歌（原文：初，唐龍紀元年，帝纔五歲，從武皇校獵于三垂崗，岡上有玄宗原廟在焉。武皇于祠前置酒作樂，作伶人奏百年歌者，陳其衰老之狀，聲調悽苦），則御製《内家嬌》一類，可能爲莊宗時之作品。《内家嬌》云：'歌令尖新。'《舊五代史》五十六章《符存審傳》：'妓曰：俘囚有符存審者，妾之舊識，每令繫節以贊歌令。'則歌令亦當日常用語也。《舊五代史》補：'初，（唐）莊宗爲公子，雅好音律，又能自撰曲子詞，其後凡用軍，前後隊伍，皆以所撰詞授之，使揭聲而唱，謂之御製。至于入陣不論勝負，馬頭纔轉，則衆歌齊作。'是當日多目莊宗之作品爲御製也。"饒氏考訂《内家嬌》爲五代莊宗時之作品，似較車文較近情實。

（原載《敦煌學》11輯，1986年7月，頁59—66）

瀛涯敦煌詞話

今年九月，旅居巴黎，寄宿在大學城英國館。每日往法國國家圖書館東方寫本室披閱敦煌卷子。歸途中，又訪問倫敦英國圖書館，逗留三日，也争取了兩天閲讀的時間。由於前年我寫了一本《敦煌雲謡集新書》，日本波多野太郎教授發表文章，提出有關敦煌曲子詞的問題，指名要我表示意見。因此閲讀時，對這方面的卷子特别注意。現代研究敦煌曲的學者，最受國際學術界重視的，是任二北、王重民、饒宗頤三位教授。這次我研究所得，頗有可以訂正他們著述中未能解决的問題。回國以後，略加整理，寫出來供學術文化界人士的采擇。如荷指正，尤爲感幸。一九七九年十一月一日記於華岡。

完整無缺的《山花子》曲子詞

倫敦藏斯坦因五五四〇號敦煌卷子，抄寫了《山花子》四行。王重民《敦煌曲子詞集》、任二北《敦煌曲校録》、饒宗頤《敦煌曲》都收録了這一首絶妙好詞，但都顯示出殘缺不全的面貌。現在先將他們紀録的詞句寫下：

去年春日長相對，今年春日千山外。落花流水東西路，難期會。西江水竭南山碎，憶得終日心無退，當時只合同携手，悔□□。

任二北《校録》云："悔字下，王集注'下缺'，乃缺二字，待補。悔亦可能爲韵，則所缺二字在悔字之上。"饒著《敦煌曲》"悔"字下同樣作缺字符號。王重民、饒宗頤兩先生久居歐陸，親見原卷，任二北教授或許只看見照片。三人都作出同樣的紀録，使得一首美妙無比的名作，到最後戛然打斷，令人心頭綁上一個死結，非常不舒服。今年雙十國慶，我在倫敦圖書館，把原卷借出，原來是一本蝴蝶裝册子，共三葉，每半葉八行，抄寫了《百行章》《鷰子賦》等。第三葉就是這首《山花子》詞。由於歲隔千年，紙墨顔色非常黯淡。仔細辨認，"悔"字下正中有分開相當距離的兩點，作"悔・・"。我在文化學院研究所"敦煌學"課堂上，常常教學生要特别注意寫本使用標點符號的慣例，不但兩點"："表示重文，有時一點也是表示重文。所以這兩個單點即是兩個重文。而且這首詞抄寫的人增加句號，每一斷句處都有一圓點"・"，"悔・・"的最後一點的旁側，也加了一個斷句的圓點"・"，可見這一句是"悔悔悔"三個字。既不是"悔"字下缺兩個字，也不是悔字上缺兩個字。雖然猜謎的是詞學名家，却没有一個能猜中。從前宋朝有人試猜杜詩"身輕一鳥過"這句詩中的"過"字，在未見杜詩傳本前，也没有任何人想到是"過"字。可見真正的好作品，竟是一般人意想不到的。這首詞情思的婉轉、設想的恢奇，開闢了後代詞家新境界。南宋朱淑真有名的《生查子》詞，以"去年元日""今年元日"兩兩對比，正是此詞"去年春日""今年春日"的翻版。陸放翁有名的《釵頭鳳》，在"一懷愁緒，幾年離索"，無可奈何之餘，不禁吐出了"錯！錯！錯！"的哀音，文情體態，不正是山花子"悔！悔！悔！"的同調嗎？失去了這個精彩的結尾，玉缺便不成其爲完璧了！

一字萬金

今年十月九日，在倫敦不列顛圖書館，看到斯坦因敦煌第四三三二號寫本，一張舊紙，正面抄録了兩首曲子詞：第一首《别仙子》，第二首《菩薩蠻》。尤其是《菩薩蠻》詞，更爲杰出。據任二北《敦煌詞校録》説："此辭可能寫於天寶元年，而作於開元間。就現有資料言，可能爲歷史上最古之《菩薩蠻》，亦文藝極高之作。"兹逐録如後：

> 枕前發盡千般願，要休且待青山爛。水面上秤墟（錘）浮，直待黄河徹底枯。白日參辰現，北斗回南面，休即未能休，且待三更見日頭。

這首詞，王重民《敦煌曲子詞集》、任二北《敦煌曲校録》都已收入。王重民曾見原卷，任二北看過照片，但"日頭"都誤作"月頭"。

三更見日頭，乃不可能之事，與水面秤錘浮，青山爛，黄河枯，參辰日現，北斗南回等同類。通俗稱月，或云月亮、月兒、月子、月姊，似乎没有稱"月頭"的。可見月頭之月，必是錯字。我讀此詞時，注意到原卷確作日頭，日字寫得特别工整清楚，不知任、王何以致誤。如果作月字，那全篇的統一性，便遭到破壞。這首詞情意的真摯，想像的恢詭，設譬的精奇，屬辭的頓挫，可與漢樂府鐃歌《上邪》一首并駕齊驅。《上邪》的歌辭説：

> 上邪！我欲與君相知，長命無絶衰！山無陵，江水爲竭，冬雷震震，夏雨雪；天地合，乃敢與君絶！

雖然兩首的風格、情意、用詞异常相似，也都没有作者的姓名，但可斷言，絶非摹擬的復製品。大抵人類有古今不變的真感情、真意志。從肺腑流出後，凝鍊成動天地、泣鬼神的語言歌咏，傳播萬口，流注百世，是人類心靈的聲音，是人類集體的創作。到了寫録傳鈔時，竟不知誰是作者，誰是讀者。因此古今最出類拔萃的名作，往往是屬於全體人類共同的創作，作者的姓氏只應屬於人類全體，所以只好稱作者爲無名氏了！

明朝天啓崇禎間馮夢龍輯的小曲《挂枝兒》："要分離除非是天做了地，要分離除非是東做了西，要分離除非是官做了吏。你要分時分不得我，我要離時離不得你。就死在黄泉，也做不得分離鬼！"雖然是出自民歌的同類作品，但意境構詞，顯然都遠不及漢鏡歌和敦煌曲。樂府《上邪》，後世久無嗣響，賴敦煌《菩薩蠻》一詞，炳爍聯華，後先輝映，成爲我國歌曲中的并蒂奇葩，爲文藝界添一段异彩。唯"日"字誤爲"月"字，一字之差，便損傷了全體真美。我有幸得見原卷，證明了一個"差之毫釐，謬以千里"的關鍵字，省去後人不必要的揣測和猜疑，似乎對優美作品也有了一分"參與感"，心中自然充滿無限喜悦。但一計算這次在倫敦小住，旅館日租二十英磅，竟用去臺幣一萬元。"一字萬金"，只説明我獲見作品真面目的代價。至於文章本身，縱然是倒海量珠，傾山獻玉，也不足評估它的身價了！

（原載《華學月刊》98期，1980年2月，頁17—19）

敦煌寫本曲子孟姜女的震蕩

今年九月來巴黎，吴其昱博士以日本出版的第五十一①、五十三②兩期《東方宗教》見示，内中有波多野太郎教授兩篇文章，報導任二北、饒宗頤兩位教授對巴黎伯三七一八號卷子有關《孟姜女》曲子的論辯，波氏并希望我表示意見。他説：問題的肇端，是由於他的滿漢合璧子弟書《尋夫曲校證》，引用了饒著《敦煌曲》伯三七一八“曲子名目”中的一段：

長城下，哭成憂，敢淹長城一朶摧，里半酒樓千萬个，十方獸骨不空回。

而任教授即將出版的《敦煌歌辭集》則校讀如左：

長城下，哭聲哀，感得長城一垛摧，裏畔髑髏千萬個，十方骸骨不教回。

---

①《任半塘教授の最近の研究》，1978年12月。

②《敦煌歌詞を回の任饒兩大家の論争》，1979年5月。

任先生致波多野教授的長信説：

拙稿曰："長城下，哭聲哀，感得長城一垛摧，裏畔髑髏千萬個，十方骸骨不教回。"其中髑髏，本孟姜女變文，人人得而政之，毫不足矜，而饒訂爲酒樓，敢問古今社會建設，果有安置酒樓於長城腹中，至於千萬個之多歟？無論敝國於漢於唐兩代，又豈有千萬億酒徒，探長城腹，而登樓痛飲？即今日各國地下都市之豪華場景中，亦不容有如此幻妄之舉也。

其後，饒先生與書波多野對此有所答辯，云：

頃見《東方宗教》第五一號，載先生譯介任老書札，似以爲唐代無酒樓之稱謂，考唐人詩中，酒樓二字屢見，《李白憶舊游詩》："憶昔洛陽董糟丘，爲余天津橋南造酒樓"（黄山谷嘗書此詩，原卷不全，現藏貴國有鄰館），杜牧《潤州》詩："青苔寺裏無马迹，緑水橋邊多酒樓"，兹不遑，湘潭曾鈞爲《凉州賦》，有句云："肆列奇贏，儼若上國，酒沈醴而浮蟻，餚炰牛而爛羊，帘壚光户，喈飲流觴，喧呼雜遝，日暮皆狂"（文載《永登縣志》，永登，古莊浪也）。此描繪清時之凉州，若唐代當更有甚於此，邊城所在，驕將蓄估，胡姬壓酒，其事自至尋常也。法京所藏伯希和敦煌中文卷列3718號，原爲一極長寫卷，最可寶貴者，爲保存若干歸義軍時代人物之貌真贊，并記清泰，天成，同光，天福等年號，蓋出五代末年邊陲人士之手，其卷背有兵馬使宋慈順、押衙吴賢信名字，筆迹甚佳，末尾忽抄曲子名目《雲如盞》一首，書寫則十分潦草，別字滿紙，不易句讀。任老述此卷頗多失實："曲子名目"四字，抄在卷背，任老有所不知，一也，是卷之中；"曲子名目"只有一首，并無

所謂第四首，二也。“敦煌曲”原作十方，函中誤爲“六方”，三也。原卷“樓”字極明顯，其下一字偏旁是水，黄文弼《高昌磚集》滔字，其形略近，故暫疑爲“酒”并非“滔”字，四也。初疑該二句寓意，或指一里半以外，人家醉生夢死，以酒樓林立爲喻，而長城則白骨成堆（上句如“朱門酒肉臭”，下句如“路有凍死骨”，兩相對比）。“千萬”則誇張之辭，言酒肆之多耳，此爲比方，非不可解，“里半”二字可照原文，不必改讀爲“裏畔”，《敦煌曲》僅據原形謄録，以括號注一酒字，即示不敢十分確定，亦無其他説明，何來“長城之内有酒樓千萬間之設計”乎？“曲子名目”標題，與文字内容，不甚符合，詞句多在可解不可解之間，試披讀原卷，定有同感。且舉世只有此一寫本，别無他卷可以參校。從校勘規律言，未可爲求通順，而輕易改易原文，拙録爲初次提供資料，尚是嘗試工作，前此楊聯陞教授書評（載《清華學報》），對此首亦感興趣，嘗提出一些新鮮意見，敦煌卷子中，同音借用，讀卷者見仁見智，非一時所能遽定，必待及覆推勘，此中甘苦，衆所共喻。

任老所校改，讀樓爲髏，説自較佳，惜上字右旁非是“蜀”字，假如是“濁樓”，讀爲髑髏，即怡然理順，且上句云髑髏，下句曰骸骨，頗病重複；原卷此字仍須細究，逕以爲“髑”，亦有未安。“哭成憂”句，讀“成”爲“聲”可也，憂字則不必改爲“哀”，白傅《新豐折臂翁》詩“萬人塚上哭呦呦”，憂或借爲“呦”。

兩家論點既明，現將“曲子名目”此節文字據饒著《敦煌曲》録於後方，并試作文字之估定：

孟薑（姜）女，陳去（杞）梁，生〻㨢（掬）朏（腦）小臣王，神王敢沲三邊滯，千香（番）万里竹（築）長城，長城下，哭成憂，敢淹

（敢湆）長成（城）一朵堆（摧），里半滔（酒）樓千万个，十方獸骨不空回。

在估定文字之前，先略説明估定文字之原則，本來文字之通行，是建立在共同承認的基礎上，《荀子·正名篇》説：“名無固宜，約之以命，約定俗成謂之宜”，意思是説文字没有絶對的標準，製定之後，得到公衆的承認使用，便是對的。但約定俗成也并非一成不變，某一時代有某一時代的約定俗成，某一地區有某一地區的約定俗成，先秦古籍和漢代文字的使用有所差异，因此漢儒注經，往往指明古今文字聲音多有不同：如“故書位作立”（《周禮·小宗伯》鄭注），即是説漢人通用的位字，先秦古文寫作立；讀先秦古書時，應該知道這“立”字就是“位”，這是字形和字義發生了時代的差异。又如古者聲寘、填、塵同（《詩·豳風·東山》鄭箋），這是説古字同聲通假，意義是相通的，所以漢儒發疑正讀，不過是説明文字形體聲音的時代差异；明白了時代差异，則生在後代的人，可以正確了解前代人的語言文字，不獨書本上如此，甚至現代社會使用的特殊俗字，例如餐館速記客人的菜單，也有他們的一套文字，把龍蝦寫作“龙虾”，花捲寫成“化〇”，如果我們要正確認識他們的記録，也必須尊重他們使用的習慣。認清這個道理，我們讀敦煌寫本，就必須遵守敦煌寫本文字的書寫和使用的習慣。這不是崇古，也不是媚今，只是以先秦還之先秦，以漢魏還之漢魏，以現代還之現代。同樣也必須以敦煌還之敦煌，因此讀敦煌卷子，必須改寫成現代的通行文字；如上舉“孟姜女，陳去梁”，不改寫便毫無意義可言。故此類寫本，必須改訂成現代通行文字，方能普及。但改訂文字并非易事，必須深明敦煌寫本文字的書寫和使用的習慣，審慎地求得當時人寫作的真意。否則郢書燕説，流弊更大。本此原則，兼采任饒二家之説，將此節文字重訂如後：

> 孟薑（姜·饒）女，陳（秦）去（杞·饒）梁。生生耨（搁·饒）腦小臣（秦·饒）王，神（秦）王敢德（感得）三邊滯，千香（香·鄉）萬里竹（築·饒）長城，長城下，哭成（城）憂（哀·任），敢德（感得·任）長成（城·饒）一朵（垛·任）堆（摧·饒）。里半潰樓（髑髏·任）千萬个，十方獸（朽）骨不空回。

以上凡未注明任饒讀定的改訂文字，皆是我的看法，饒氏讀薑爲姜，讀去爲杞（伯三一一三號《法體·十二時》"一切善法從心去"，去旁注起），這是毫無可疑的。唯"孟姜女，陳杞梁"的陳字頗費解。既不宜説爲國名，也不可解作動詞，案伯三一一三號《古賢集》："孔丘雖然有聖德，終歸不免厄於秦"，可見敦煌寫本"秦""陳"通用。"生生搁腦小臣王"，饒著《敦煌曲》謂"小臣王"疑讀爲小秦王，唐教坊有小秦王曲，即《破陣樂》。此借用以罵秦，'耨腦'即'搁腦'，《方言》：'搁，離也。'猶言墜肝腦。李商隱詩：'乞腦剜身結願重。'意略近。"案伯三〇八七號《法體·十二時》："恨不捥挑人腦髓"，搁取人腦，猶捥挑人腦，辭意蓋謂秦王之殘暴。神、臣二字，唐代同音，故神也即秦字。卷子"敢德"當爲"敢德"，敦煌寫本"感敢""德得"往往互用，伯三六九七《捉季布傳文》："須臾敢得動精神"，"敢得"即"感得"。伯三一一三《法體·十二時》："不德隨風"，"德"旁注"得"，"感得"一詞，敦煌寫本習用，如伯二七二一《皇帝感》："感得萬國總歡情"，任釋"敢德"爲"感得"不誤，此"秦王敢德三邊滯"，"敢德"也當釋爲"感得"，"三邊滯"，可能是指胡人留滯漢人，伯三九一一《望江南》詞三："龍少塞，路遠隔恩波，每恨諸蕃生留滯，只緣當路寇讎多"，諸蕃留滯，當路寇讎，似可爲"三邊滯"的注解，千香的"香"當是香字，《雲謠集》曲子：《天仙子》："香爛漫"，《竹枝子》："只是焚香禱告天"，香皆作香，香當借爲鄉，伯二五〇六《獻忠心》曲子："齊拍手，奏香音"，香音即鄉音，此言千鄉萬里，謂全國各地皆來築長城，遭受苦役，"成""城"二字，敦煌寫本互用，或以城爲成，或以成爲城，例證不遑枚舉，此節長城四見，二用城，二用成，孟姜哭城哀切，感得長城崩摧，故此哭成也當讀爲哭城，憂字，原卷似憂字，又似愛字，《毛詩序》："哀窈窕，思賢才"，哀窈窕即愛窈窕，故愛可讀爲哀，原卷"樓"字上似"瀆"字，實非酒字，瀆與髑同爲舌音，僅舌頭舌上之别，任氏《敦煌曲校録·十二月相思》："教妾尋常獨自眠"，斯六二〇八獨作讀。以讀代獨，猶以瀆代髑。任讀瀆樓爲髑髏，於義爲安。伯五〇三九《孟姜女變文》"髑髏無數，死人非一，更有數个髑髏，無人般運"，髑髏稱个，酒樓却不宜稱个，里半髑髏千萬个，言里半内有千萬个髑髏。獸骨之獸，原卷不甚清楚，很像獸字。獸，似當讀爲朽，如寫本意讀爲衣之比。獸骨不當來自十方，也没有歸骨故鄉的道理，此"十方朽骨"即各方死於築城之人。杞梁死後，得孟姜女哭城，感動天地，在骸骨縱横中，一一撿取，自咬指取血，《孟姜女變文》所謂"誠若是兒夫血入骨，不是杞梁血相離"，好不容易，纔能尋得杞梁骸骨運回，一般的骸骨是輕易不能搬回去的。所以説"十方朽骨不空回"。其實，縱然把骸骨搬回故鄉，也何救人亡家破的慘痛，只不過長歌當哭，作爲對暴君虐民的一種控訴罷了！以上蠡測管窺，不知能否有當寫本的真面目，謹將鄙見寫出，以就正於任、饒、波多野諸教授及當世通人。

一九七九年十月六日寫於巴黎大學城英國館

（原載《"中央日報"》副刊1979年11月28日、29日）

天真質樸的敦煌曲子詞

五里竿頭風欲平，長（張）帆（帆）舉棹覺船行。柔虜（艣）不施停却棹，是船行。　滿眼風波多陝汋。看山恰似走來迎。子細看山〔山〕不動，是船行。

這是一首天真質樸的曲子詞，鈔寫在巴黎伯三一二八號和倫敦斯二六〇七號兩個卷子內。王重民的《敦煌曲子詞集》、任二北的《敦煌曲校録》、饒宗頤的《敦煌曲》都將這兩個卷子轉載到他們的著作裏。他們三位先生記録下來的詞句，除任二北教授改訂數字外，幾乎是全部相同。原卷帆字是帆字的俗寫，敦煌寫本中從巾的字往往寫成竪心旁。“長”和“虜”是“張”和“艣”的省寫。“子細看山山不動”，原卷因紙損缺，脱一“山”字，他們替它加上。任二北改調名爲“浣溪沙”，改“竿”字作“灘”，改“覺船行”作“覺船輕”。他的《校録》説：“調名原作浪濤沙。‘灘’原作‘竿’。‘張帆’原作‘長風’（規案：原卷是帆，任氏誤認帆作風）。以‘張帆’接上句‘風欲平’，固欠佳，以‘長風’接‘風欲平’，更矛盾！‘覺船輕’原作‘覺船行’。行韵在全首内，已叶兩次，此處再叶，乃三複矣。‘陜汋’，伯卷作‘殃釣’（規案：伯卷作汋，不作釣，任氏誤認），王《集校》作閃灼，非。劉書《季布歌》：“夢見楚家猶戰酌，謂楚雖滅，猶有餘威，夢中亦令人戰栗。陜汋乃戰栗之意。”規案：第一句“五里竿頭風欲平”，文義不通，任二北没有看到原卷，所以將“竿”字改作“灘”；但是改作“灘”後，仍然和第二句文義不能貫串。其實倫敦斯二六〇七號作“五雨（兩）竿頭風欲平”。敦煌寫本“雨”和“兩”，往往不分，如《雲謡集·内家嬌》“兩眼”作“雨眼”，“兩足”作“雨足”，故“五雨竿頭風欲平”即是“五兩竿頭風欲平”。郭璞《文選·江賦》云：“覘五兩之動静”。李善注云：“兵書曰：‘凡候風法，以雞羽重八兩，建五丈旗，取羽繫其巔，立軍營中。’許慎《淮南子注》曰：‘綄，候風也。楚人謂之五兩。’”原來古人測候風力的儀器叫作五兩，而五兩是繫在旗竿之巔，所以這句詞應作“五兩竿頭風欲平”。王重民、饒宗頤皆未校出，實是疏忽。任二北看不到原卷，只好根據王、饒的錯本來加以改正；但他萬想不到“五里”是“五兩”之誤。現在把原本校正後，這兩句詞也豁然貫通了。它是説，從測風器顯示風力很平均，因此張起風帆，不須摇艣舉棹，船自然而然地前進。由於御風而行，没有覺得船動，仿佛山跑來迎接似的。等到想起山是静止的，仔細觀看，原來山并未移動，而是船在進行。這種普通兒童和成人共有的感覺，用天真質樸的語句描寫出揚帆疾駛的快感，用韵不避重複，富有民歌的情調。我們看蘇東坡的“水枕能令山俯仰，風船解與月徘徊”（《六月二十七日望湖樓醉書》），便是詩家的吐屬了。至於陜汋，王《集校》作閃灼，表示波光閃爍的情況，以同聲通用的關係看來，王集是對的。任二北誤認此詞是驚濤駭浪的情景，所以解作戰栗，那是與文義都不愜合了！

（原載《中華日報》副刊，1979年12月12日）

敦煌詞不可輕改

任二北教授是近代詞曲大師，所著《敦煌曲校録》《敦煌曲初探》《唐戲弄》，都是敦煌巨著，備受國際學者的重視。由於敦煌寫本文字叢殘，卷紙損泐，任氏出其所學，往往有精確的訂正，嘉惠士林，裨益學術，貢獻不可謂不大。但有時自出手眼，也造成了失誤。現在姑舉一例，以明治學之難。巴黎伯三二五一號卷子，鈔寫《菩薩蠻》詞四首，前二首云：

清明節近千山緑，輕盈士女腰如束。九陌正花芳，少年騎馬郎。羅衫香袖薄，佯醉抛鞭落。何用更迴頭，謾添春夜愁。

朱明時節櫻桃熟，卷（捲）簾嫩笋（筍）初成竹。小玉莫添香，正嫌紅日長。　四支（肢）無氣力，鵲語虚消息。愁對牡丹花，不曾君在家。

這兩首詞，第一首寫芳春郊游的艷情，第二首寫初夏幽閨的愁思。任氏《敦煌曲校録》依據第一首“清明節近”改第二首“朱明時節”作“清明時節”，造成了很大的錯誤。因爲櫻桃成熟，嫩笋成竹，紅日嫌長，都是夏日的景色。《禮記・月令》説：“仲夏之月，天子羞以含桃，先薦寢廟。”含桃就是櫻桃。《漢書・叔孫通傳》説：“惠帝常出游離宫，通曰：‘古者春嘗菓，方今（按謂仲夏之月）櫻桃熟可獻，願陛下出，因取櫻桃獻宗廟。’上許之。”杜工部《野人送朱櫻》詩云：“西蜀櫻桃也自紅，野人相贈滿筠籠。數回細寫愁仍破，萬顆匀圓訝許同。憶昨賜沾門下省，退朝擎出大明宫。金盤玉箸無消息，此日嘗新任轉蓬。”寫出了唐代宫内獻櫻桃後頒賜臣下的情况。而且“朱明”本來就是指的夏天，《爾雅・釋天》説：“夏爲朱明。”用朱明爲夏日紀時，在敦煌寫本中仍然可以看到，巴黎伯二七二一號卷子的背面抄寫了《舜子至孝變文》，末尾有題記云：“天福十五年歲當己酉朱明蕤賓之月蓂生拾肆葉寫畢記。”天福是後晋高祖的年號，己酉（九四九）已經到了後漢隱帝乾祐二年，偏遠地方消息不靈，寫本紀年常有此種現象。朱明是夏，蕤賓之月是五月，《禮記・月令》：“仲夏之月，律中蕤賓。”蓂是蓂莢，“堯時瑞草”（《集韵》），“月一日生一莢，十五日畢；至十六日，去莢”（《白虎通・封禪》）。詩蓂生十四葉，即是月之十四日。换句話，這個題記是天福十五年己酉夏五月十四日寫畢的。筍是竹萌，《毛詩草木蟲魚疏》：“筍，竹萌也。皆四月生。”所以這首詞寫的是夏景，朱明指的是夏日。把朱明改作清明，那真是天大的錯誤！因讀此詞，回想起五十年前，就讀南雍，每年初夏，徘徊在後湖櫻桃樹下，萬顆垂珠，恣意采食，此情此景，何日忘之！

（原載《“中央日報”》副刊，1979年12月17日）

敦煌寫本唐昭宗《菩薩蠻》詞的新探測

倫敦藏斯坦因二六〇七號敦煌卷子，鈔録了五首《菩薩蠻》詞，其中兩首，《全唐詩》收入唐昭宗所著詞中。現依任二北《敦煌曲校録》轉鈔如後：

登樓遥望秦宫殿，翩翩只見雙飛燕。渭水一條流，千山與萬丘。野煙遮遠樹，陌上行人去。何處有英雄，迎歸大内中。

飄颻且在三峰下，秋風往往堪沾灑。腸斷憶仙宫，朦朧烟霧中。思夢時時睡，不語長如醉。何日却迴歸，玄穹知不知？

唐昭宗是不幸生在帝王家的一位苦命皇帝。據《唐書》卷二十《昭宗紀》：“（乾寧）四年（公元八九七）春正月丁丑朔，車駕在華州行宫。……七月甲戌，帝與學士親王登齊雲樓，西望長安。令樂工唱御製《菩薩蠻》詞，奏畢，皆泣下沾襟。覃王已下，并有屬和。”《新五代史》卷四十《韓建傳》：“建已得昭宗幸其鎮，遂欲制之。因請罷諸王將兵，散去殿後諸軍，累表不報。昭宗登齊雲樓，西北顧望京師，作《菩薩蠻》三章以思歸。其卒章曰：野煙生碧樹，陌上行人去。安得有英雄？迎歸大内中。酒酣，與從臣悲歌泣下。建與諸王皆屬和之。”宋沈括《夢溪筆談》卷五云：“《新五代史》：唐昭宗幸華州，登齊雲樓，西北顧望京師，作《菩薩蠻》三章。其卒章曰：野煙生碧樹，陌上行人去。安得有英雄？迎歸大内中。今此辭墨本猶在陝州一佛寺中，紙札甚草草。予頃年過陝，曾一見之。後人題跋，多盈巨軸矣！”敦煌寫本雖未署作者姓氏，然據史籍《筆談》所載，此二詞爲昭宗所作無疑。且昭宗原作三章，此僅存其二，或已佚去一首。任二北曾校此詞後片异文（見《敦煌曲初探》），以爲敦煌曲接近原作真相，乃比較可信之本，不經對勘，不明也。現引述任氏校勘的結果如後：

第一首後片五條——

①“野煙遮遠樹，陌上行人去。何處有英雄？迎歸大内中。”

——《敦煌曲》。

②“野煙生碧樹，陌上行人去。安得有英雄？迎歸大内中。”

——《新五代史·韓建傳》《夢溪筆談》《碧雞漫志》《雞肋編》。

③“遠烟籠碧樹，陌上行人去。何處是英雄？迎孥歸故宫。”

——《中朝故事》。

④“遠煙籠碧樹，陌上行人去。何得有英雄？迎奴歸故宫。”

——《唐詩紀事》《癸巳存稿》。

⑤“遠煙籠碧樹，陌上行人去。安得有英雄？迎歸大内中。”

——《全唐詩》。

任氏認爲《夢溪筆談》談到的佛寺中墨本，乃作者的手迹。“足見上列①③④⑤諸條中，與手迹②最爲接近者，乃①敦煌曲也。”又説末句之“迎儂”“迎奴”者，“皆出後人竄改，并非原作”。任氏篤信敦煌寫本，

無形中存有偏見。因此并無充分證據時，便斷言“迎儂”“迎奴”的本子，都是出於後人竄改。又斷言沈括所見陝州佛寺中的墨本，乃作者的手迹。其實唐昭宗與學士親王登齊雲樓西望長安，命樂工唱御製《菩薩蠻》詞，韓建與諸王皆有屬和。皇帝的手迹不可能是“紙札甚草草”的墨本。既不能確定“紙札甚草草”的墨本是昭宗御書手迹，如何能貿然説“迎奴”“迎儂”的本子，皆出後人竄改！在我看來，《唐詩紀事》“迎奴”的本子，也許是最爲接近原作。清吴衡照《蓮子居詞話》云：“古男子稱奴，見世説。唐昭宗‘何處是英雄？迎儂歸故宫。’錢竹汀《養新録》引《唐詩紀事》，儂作奴，云奴即儂之轉聲。”案“奴”爲第一人稱代詞，從敦煌寫本的資料看來，男女尊卑都可自稱爲奴。

倫敦斯二一四四號《韓擒虎話本》云：“皇后問言：將軍今夜點檢御軍五百，須得闊刃陌刀，甲幕下埋伏。阿奴來日，前朝自幾（己）宣問。”又巴黎伯二五五三號五《昭君變文》寫本云：“异方歌樂，不解奴愁”，“遠指白雲呼且住，聽奴一曲别鄉關”。這是女子自稱奴的例子。倫敦斯二一四四號《韓擒虎話本》記陳後主的話道：“阿奴今擬興兵，收伏狂秦”，又記隋文帝的話道：“阿奴無德，濫處爲君”，這是男子而又是皇帝自稱奴的例子。據此，可以推斷“迎奴歸故宫”，乃是唐昭宗用的當時通行的本色語言。到了史臣記事，文士摛詞，認爲不雅，纔加以潤色改動。如果昭宗本詞是“迎歸大内中”，後來的人斷没有修改成“迎奴歸故宫”的道理。敦煌卷子也不過是後人輾轉鈔寫的本子，我們不能没有證據，輕率地説它和手迹最爲接近。

又倫敦斯二六〇七號卷子另有《菩薩蠻》一章，任氏以爲此乃華州修造行宫之工匠，和昭宗“飄颻”一首之作，不但和意，且和原韵。這個説法我也不敢苟同。現移録如後：

常慚血願居臣下，明君巡幸恩霑灑。差匠見修宫，謁誠無有終。奉國何曾睡，葺治無人醉。剋日却迴歸，願天涯總□。

任校説："和辭'終'韵，句有訛脱，不可通。""末字原闕。據昭宗辭，應補作知，但不成句，故未補。王重民《敦煌曲子詞集》對總下之缺字，又注□，未知是何字誤植。"我在倫敦圖書館寫本部主任納爾遜君辦公室中，細閲原卷，曾補正這首詞的兩個缺字。終韵乃是"誠"字，末字乃是"西"字。全詞旨意没有不可通之處。史稱昭宗登齊雲樓，願望京師，作《菩薩蠻》三章以思歸。酒酣，與從臣悲歌泣下，韓建與諸王皆屬和。這首詞，正是諸臣屬和詞中的一首，玩索詞意，很可能就是韓建的和詞。韓建是華州刺史，京師遭亂，昭宗出奔，是韓建極力挽請留駐華州的。這首詞説："常慚血願居臣下，明君巡幸恩霑灑"，正合韓建的身份和口吻。"差匠見修宫"，見與現通用，是説現在差遣工匠修建行宫。唐紀載昭宗駐歸華州，以衙城爲行宫，當然有修葺的工作。"謁誠無有終"，是説奉謁之誠永無有終。如果改讀謁誠爲竭誠，也可以説得通。後片更是句句針對原詞的和作。原詞説"思夢時時睡，不語長如醉"，和作便説"奉國何曾睡，葺治無人醉。"原詞説"何日却迴歸，玄穹知不知？"和作便説"剋日却迴歸，願天涯總西。"京師長安在華州之西，所以唐紀説："帝與學士親王登齊雲樓，西望長安。""願天涯總西"，即是説願在天涯終能剋日西歸京師。君臣唱和酬答的詞意是非常明白貼切的。（如果我這一推測不錯的話，斯二六〇七號寫本"千年鳳闕争雄异""自從鑾駕三峰住"諸首，恐怕都是當時諸臣屬和之詞，可惜敦煌寫本把作者的姓氏全都鈔漏了！）任氏誤解"差匠見修宫"，以爲是華州修造行宫之工匠和昭宗的作品，事實上是説不通的。因爲"常慚血願居臣下"，"謁誠無有終"，决不符合工匠的身份口吻。况且差匠的意思是"差遣工匠"，所以作詞的人應

該是差遣工匠的人，而不是工匠。這是可以由文義決定的。唐代自黄巢事以後，軍閥更驕，外禍更烈，唐昭宗眼看就要落得漢獻帝、李後主、宋徽宗的下場。唐尉遲偓《中朝故事》云："乾寧三年，鳳翔李茂貞與朝臣有隙，將欲搆難，犯干神京。上乃順動，欲幸太原，行止渭北華州，韓建迎歸郡中，上鬱鬱不樂，時登城西齊雲眺望。"韓建雖表面輸誠，却心懷叵測，想幹董卓、曹操的勾當。所以千載後人，讀了這兩首悲歌慷慨的《菩薩蠻》，哀吟"安得有英雄，迎奴歸故宫"的詞句時，都覺得和宋徽宗"燕山亭見杏花"、李後主"垂泪對宫娥"，同一悽慘，作者長歌當哭，我們那能不沾灑一把同情的熱泪呢！

（原載《"中央日報"》副刊，1980年1月26日、27日）

敦煌愛國詞

近年來閲讀敦煌詞，發現敦煌被吐蕃侵占後，有許多作品流露出外族統治下人民的心聲，格外顯現出熱愛祖國的情操。在古今文學作品中，説得上是絶無僅有的。現在根據任二北《敦煌曲校録》，轉鈔《獻忠心詞》二首如後：

獻中（忠）心

臣遠涉山水，來暮（慕）當今。到舟（丹）闕，御龍樓。弃（棄）氈帳與弓劍，不歸邊地，學唐化，禮儀向（同）休（沐）恩深。　見中華好，與舜日同。垂衣理，菊花濃。臣霞（遐）方無珍寶，願公千秋住，感皇澤，垂珠泪，獻中（忠）心。

莫（驀）却多少雲水，直至如今。陟（涉）歷山阻，意難任。早晚得到唐囹（國）裏。朝聖明主，望丹闕，步步泪滿衣襟。　生死大唐好，喜難任。齊拍手，奏香（仙）音。各將向本國裏，呈歌舞，願皇壽，千萬歲，獻中（忠）心。

以上二詞，見倫敦藏斯二五〇六號卷子，括號内是任氏校訂的文字，大致都十分正確，如“莫”讀爲“驀”，驀是度越的意思，也是敦煌寫本中習用的字眼。“驀却多少雲水”，猶言度過多少雲水。“莫”是“驀”字的省寫。這樣校訂，字形字義都很貼切。只有“奏香音”改讀爲“奏仙音”，那是不對的。敦煌寫本往往以“香”爲“鄉”，如伯三七一八號卷子“千鄉萬里”寫作“千香萬里”。敦煌陷蕃後，當地人在吐蕃治下過生活；回到唐朝，纔能齊奏鄉音，盡情歌舞，這個鄉字是萬萬不能錯的！

任氏在《敦煌曲初探》考證曲子的時代説：“《獻忠心》二首可能作於武后以後不久，因次首之前片，有‘早晚得到唐圀裏’句，猶存武周文字遺迹。……就一般情形論，此曲内雖存留‘圀’字，於推斷其作辭時代上，實無甚作用。但若就小範圍看，亦另有可述者。一，敦煌曲五百餘首内，‘圀’字僅此一見，無第二例。此點可以解釋爲此辭之時代，去武后之死，必尚不甚遠；此類字體當時書手之印象尚較深，故雖幾經轉録，此一字尚未被磨滅，而嶄然獨存（同辭後片‘各將向本國裏’句，已未用圀字）。二，此二辭之内容，乃番酋朝覲時，用以獻忠，必其人已身至唐都，在帝后前之所歌唱。其曲與辭，或居番國時，即有宿構，或至京都後，臨時由唐太常代爲之謀。苟非其時，上述兩方面，均未必尚用其字，此非民間曲辭之偶然用及其字者比也。事後辭以聲傳，字以辭傳，輾轉流入瓜州，寫儲石室，致今日猶得按其原用字體，可知其事其辭，去武后之死，尚不甚遠也。三，其辭前片曰：‘早晚得到唐圀裏’，後片又曰：‘生死大唐好！’已非‘周圀’或‘大周’，當然在武后之死後。唯其辭真誠熱烈，迴出常篇，王集《叙録》甚至謂‘温飛卿不能道，秦婦吟秀才何曾有！’未嘗無因。苟非唐室威德猶盛之時，對於諸蕃，殆難致此，玄宗以後，國勢日削，概不足道；玄宗以前，武后以後，乃其時歟？”這一作品時代的推測，我認爲是不正確的。日人常盤大定《武周新字之研究》一文，於武后新字使用時期，考證甚詳，據云（以下轉引自《敦煌曲初探》）："起於上元元年，備於載初元年（公元六八九），行至長安四年（公元七〇四）武后死時止。至一百二十四年後，文宗太和二年（公元八二八）十月，方詔令禁廢。即謂在此百二十四年之内，中原與邊地之民間，對此項之文字，仍多自由使用者，雖在此次禁廢以後，如《宣和書譜》所載昭宗（公元八八九至九〇三）賜錢鏐衣襟書内，仍用武周字體。日本至我明末，尚用圀字。其中材料與敦煌關係較切者，有聖曆元年（公元六九八）之莫高窟碑内，猶用圀字。"據常盤大定所説，知武周新字，在文宗禁廢以後，皇室民間，仍然使用不絶。根本不能用作推斷作詞時代的依據。至於敦煌寫本使用武周新字的情况，雖然常盤大定未做深入的研究，但是實際的情况也普遍相同。如伯二一八七號卷子沙門願榮所寫的《破魔變》和《四獸因緣》（此規所考定，見《大陸雜志》第五十九卷第四期拙著《敦煌變文集四獸因緣訂正》），有"天福九年"（公元九四四）明確鈔寫時期的題記。《破魔變》稱贊功德説："伏願長承帝澤，爲濯頂之圀師"；《四獸因緣》説："往昔世時，有一大圀號曰迦尸。"（此句《敦煌變文集》鈔誤，此據原卷）國字皆作"圀"，而在《破魔變》及《四獸因緣》中，其他的國字仍作"國"。可見唐五代時期，一部分武周新字已經通行，所以敦煌寫本國、圀二字，習慣上是隨便書寫的。況且敦煌曲五百餘首，鈔手各不相同，如果單憑一個武周新字，就拿來判斷作者的時代，那是非常錯誤的。

我的看法，這兩首詞應該是敦煌陷蕃，經張義潮收復後，陷蕃官吏，久經胡化，因事歸朝，得重投祖國懷抱時的作品。第一首是呈獻給當朝大官的；第二首是呈獻給皇帝的。我們知道，唐代自至德、乾元以後，河西隴右相繼淪陷於吐蕃幾達七十年。直至宣宗大中二年（公元八四八），張義潮以一介書生，收復瓜沙諸州，河西遺民纔得重睹漢官威儀，復奉唐

家正朔。倫敦藏斯三三九號卷子，有張義潮收復沙州後派使入朝的記載："沙州既破吐蕃，大中二年遂差押牙高進達等馳表函入長安，以獻天子。"當時因甘、凉二州尚未攻克，使者繞道入京，跋涉險阻，經過幾年的時間纔能到達長安。原來沙州人民受吐蕃統治後，胡服臣虜。只有逢年過節的時候，纔敢穿着中國服飾，偷偷地來祭祀祖先，經過短暫行禮時間，隨即要把那些服裝隱藏起來。他們内心的沉痛，可想而知。有朝一日，居然能回到自己的國土，其歌舞踴躍自不言可喻。《張義潮變文》附録伯三六四五號卷子歌咏使臣入朝的情况説："流沙古塞改多時，人物須（雖）存改舊儀，再遇明王恩化及，遠將情懇赴丹墀。燉煌昔日舊時人，虜醜隔絶不復親，明王感化四夷静，不動干戈萬里新。靈雲繚繞拱丹霄，聖上臨軒問百寮，龍沙没落何年歲，賤疏猶言憶本天（朝）。奉奏明王入紫微，便交西使詔書追，初霑聖澤愁腸散，不對天顔誓不歸。"他們的心情和《獻忠心》詞也差不多。巴黎伯二四五一卷子《張淮深變文》也敘述了沙州人熱愛祖國的情况説："尚書授勑已訖，即引天使入開元寺，親拜我玄宗聖容。天使睹往年御座，儼若生前。嘆念燉煌雖百年阻漢，没落西戎，尚敬本朝，餘留帝像。其餘四郡，悉莫能存。又見甘凉瓜肅，雉堞彫殘，居人與蕃醜齊肩，衣着豈忘於左衽。獨有沙州一郡，人物風華，一同内地。天使兩兩相看，一時垂泪，左右驂從，無不慘愴。"可見陷落番邦，久經胡化，臣服胡虜，隔絶祖國的唐人，幾十年來藴積着根於天性的祖國愛，一旦得遂回歸祖國的願望，直如失乳兒投入慈母的懷抱。自然會嗚咽嚎啕，歡呼踴躍。像《獻忠心》這一類歌詞，便是這種真情的流露。人生罕逢的遭遇，産生了人類罕見的文學作品，在茫茫的詞海中，激起了壯闊的波瀾，創造了偉大的境界，不能不説是敦煌詞中最輝煌、最動人的一頁！

（原載《"中央日報"》副刊，1980年3月5日）

敦煌唐人陷蕃詩集殘卷研究

一、敦煌唐人陷蕃詩集殘卷校録

敦煌石室寫本，保存了極豐富的古典文學作品，最重要的有詩、詞、變文、俗曲數種。王重民先生整理的《敦煌變文集》和《敦煌曲子詞集》，早已問世。俗曲現任二北教授正在整理中。詩的數量最多，也最難整理。敦煌詩大概都是唐人作品，全唐詩已十存八九。王重民先生用數十年的功夫，搜輯《全唐詩》以外的逸詩，編成一集，以補《全唐詩》之缺。全稿分三卷，第一卷均有作者姓氏；第二卷均失作者姓氏，凡殘詩集依集編次，凡單篇詩依詩編次；第三卷爲敦煌人作品，咏敦煌者如“敦煌廿咏”亦附入。這三卷詩，在前年王氏逝世之前，大致已經完成。第一卷曾在《中華文史論叢》第三輯發表，題名爲《補全唐詩》，我曾經加以校訂。第二卷在王氏逝世後，有一部分得到舒學的整理，發表在《敦煌資料》第一輯，題名《敦煌唐人詩集殘卷》，舒君曾加説明云:“敦煌卷子中，有一個殘卷録有若干詩篇（編號爲伯二五五五）。其中有唐人詩作七十二首，爲唐朝中期我國國内民族戰争中被吐蕃俘虜的兩個敦煌漢族人所作。這些詩，過

去没有見過著録，《全唐詩》也没有收入。這兩個殘詩集的作者：一個姓名不可考，是唐德宗建中二年（公元七八一）吐蕃攻占敦煌後，在此年初秋被押解離開敦煌，經過一年零一二個月的時間，由墨離海、青海、赤嶺、白水、到達臨蕃。另一個是馬雲奇，大概是公元七八七年吐蕃攻占安西後，從敦煌出發，經過淡水，被押送到安西。他們的這些詩，按時間先後編排，記録了作者沿途的見聞和感慨。他們所經歷的時間，正是吐蕃的極盛時代。他們所經過的地區，在被吐蕃占領後便失去記載，在唐代史書上幾乎成爲一個空白。因此，這些詩雖算不得文學上的好作品，内容上也有一些糟粕，但在歷史上是很寶貴的紀行詩，也是研究這段歷史的有用的參考材料。王有三先生曾從巴黎圖書館將這一殘卷全文録出，以後又作過整理加工，惜未最後完稿。現在我們在王先生原來録文的基礎上，又據北平圖書館所藏照片作了一次校對整理［原有的錯字，用（ ）注出；不清楚的字，用□表示］，在這裏發表，供有關研究工作者參考。”雖然舒君作了最後的整理，但是文字的校訂不能臻於精確；對於作者的推定，更是异乎尋常的錯誤。如不加以辨正，必將引發後來研究者更多更大的訛謬。

原來伯二五五五號卷子的詩篇，遠在二十多年前，法國戴密微（Paul Demiéville）教授，已選輯并譯注若干首於所著《吐蕃佛教會議》[①]一書中。其後留法學人陳祚龍教授曾發表《新校重訂敦煌古鈔李唐詞人陷蕃詩歌初集》[②]《關於敦煌古鈔某些李唐邊塞詞客之詩歌》[③]兩篇大作。他們對這些詩歌的作者，都不敢斷定爲何人所作。陳教授説[④]：“上列這些詩歌，不幸其原抄悉未標明作者姓名，故難斷定究爲何人之作。唯其皆當開、天以後，河西相繼陷蕃之詞客（可能只係一人）所作，則屬毋容置疑。另

① 法文本，1952年出版於巴黎，收入巴黎大學中國學院叢書。

② 見《夏聲》月刊第123期，1957年。

③ 見《民主潮》第26卷第1期，1976年。

④ 見同前注，以上二篇又收入《敦煌學海探珠》上册，臺灣商務印書館，1979年。

外，此類詩歌，縱難謂爲第一流之杰作上製，然其隨遭湮没，計時竟已超過千年！”“戴教授固已將其選輯、譯注，而得謂爲其敦煌古鈔之最初選輯譯注刊本，但其全部刊本，説來倒還得以我的這種新校重訂彙録爲一創舉焉！”我近年暑假在巴黎國家圖書館東方稿本部披閲敦煌原卷，再參考戴、陳、王、舒諸家的説法，可以判斷舒君的作者馬雲奇一説，是錯誤的。因爲伯二五五五號卷子很長，鈔寫的詩文很多，也很雜亂。首行起“漸漸稀見在收將且送歸。”連寫詩數首後，至第四紙有孔璋代李邕死表，接着抄“一生長養”五七言絶句十六首，體似詩謎，如第二首筆云：“一生長養在蓬門，久在公衙不立勛，蒙得都官配入管，平明點着墨離君。”以下自“冬出燉煌郡入退渾國朝發馬圈之作”起，即唐人陷蕃詩歌。至第五十七、五十八首“閨情”後，接鈔承議郎前廬州合肥縣令劉商的《胡笳十八拍》、江州刺史劉長卿的《高興歌》、劉希夷的《白頭老翁》等詩，接着又鈔竇昊的《爲肅州刺史劉臣壁答南蕃書》。卷背鈔《月賦》及岑參《從軍行》、江行《遇梅花之作》，至《閨情》五首後，接鈔馬雲奇《懷素师草書歌》。以後是没有作者姓名的《白雲歌》，有題解云：“予時落殊俗，隨蕃軍望之，感此而作。”一直到“諸公破落官番中制作”“贈樂使君”止，皆是陷蕃之作。此下有抄手臨王羲之書數行。細辨馬雲奇《懷素師草書歌》一首，字體較陷蕃詩爲大，筆迹也不同，似爲另一人所書。即使是一人所書，也不可根據一首詩的作者，便牽連以下没有作者名氏的詩篇歸爲同一人所作。懷素以草書擅名當代，遠在唐德宗建中以前。馬雲奇這首詩説懷素客游江南，又將入秦：“闍到（道）懷書西入秦，客中相送轉相親；君王必是收狂客，寄語江潭一路人。”懷素既非被送往蕃邦，馬雲奇更離蕃邦遠之又遠。顯然馬雲奇這個作者，與陷蕃的詩人毫不相干。戴密微、陳祚龍兩先生的輯本摒馬雲奇《草書歌》而不録，那是對的，舒君憑空添出一個陷蕃詩人馬雲奇，那是没有事實根據、不能成立的。

細閱戴、陳、舒諸家校録文字，也未盡精審，如《青海望敦煌之作》：“九夏無芳草，三時有雪花”，諸家皆誤作“九夏呈芳草，三時有雪花”，此詩言青海苦寒，九夏不生芳草，若云“呈芳草”，則詞意相悖。蓋“無”字原寫作“二”，後改作“乇”，乃草書“無”字；下面《秋夜聞風水》詩：“忽坐長嘆恨無已”，“無”亦作“乇”，可以互證。《夏日非所書情》云：“六月尚聞飛雪片，三春豈見有烟花”，更是“九夏無芳草”的説明。像這一類的誤認，自然貶損了陷蕃詩人的文價。因此我重加寫定，或於原作不無小補云。

冬出燉煌郡入退渾國朝發馬圈之作

西行過馬圈，北望近陽關。回[①]首見城郭，黯然林樹間。野烟暝村墅，初日慘寒山。步步鍼（緘）愁色，迢迢唯夢還。

至墨離海奉懷燉煌知己

朝行傍海涯，暮宿幕爲家。千山空皓雪，萬里盡黄沙。戎俗途將近，知音道已賒（賒）。回瞻雲領（嶺）外，揮涕獨咨差（嗟）。

冬日書情

殊鄉寂寞使人悲，异域留連不暇歸。萬里山河非舊國，一川戎俗是新知。寒天落景光陰促，雪海穹廬物色稀。爲客終朝長下泣，誰憐曉夕老容儀。

登山奉懷知己

閑步陟高岡，相思泪數行。陣雲横北塞，煞（殺）氣暝南荒。極目愁無限，誰（惟）心恨未遑。黯然鄉國處，空見路茫茫。

夏中忽見飛雪之作

三冬自北來，九夏未南回。青溪雖鬱鬱，白雪尚皚皚。[②]海闇山恒暝，

① 陳校云：“龍按：回，原本缺，今補。戴本作回。”規案：原卷不缺。

② 陳校云：“皚皚，戴本作皚皚。”規案：原卷作皚皚。

雲愁霧[1]不開。唯餘鄉國意，朝夕思難栽（裁）。

冬日野望

出户過河梁，登高試望鄉。雲隨愁處斷，川逐思彌長。晚吹低叢草，遥山落夕陽。徘徊噎不語，空使泪霑裳。

夏日途中即事

何事鎮駈駈，馳驂傍海隅。溪邊論宿處，澗下指飡（餐）厨。萬里山河异，千般物色殊。愁來竟[2]不語，馬上但長吁。

青海卧疾之作

數日穹廬卧疾時，百[3]方[4]投藥力將微。驚魂漫漫迷山際，怯魄悠悠傍海涯。旋知命與浮雲合，可嘆身同朝露晞。男兒到此須甘分，何假含啼枕上悲。

邂逅（逅）遇迍蒙，人情詎見通。昔時曾虎步，即日似禽籠。有命如朝露，無依類斷蓬。緬懷知我者，榮辱杳難同。

秋夜

一夜秋聲傍海多，五更寒色早來過。自然羈旅腸堪斷，况復猜嫌[5]被網羅。

青海望燉煌之作

西北指流沙，東南路轉遐。獨悲留海畔，歸望阻天涯。九夏無[6]芳

---

① 陳本作“愁雲雲”，校云：“雲雲，原本作雲霧，藏本作雲霧。”舒本作“愁雲霧”。規案：原卷作“愁雲霧”，雲旁有乙倒符號“√”，當作“雲愁霧”，上句“海闇山恒暝”，下句作“雲愁霧不開”，乃能相對。當以作雲愁霧不開爲是。

② 陳校：“竟，原本作意。”規案：原卷作“竟”。

③ 陳校：“百，原本作日。”規案：原卷損泐，百字上畫缺。

④ 方，舒本作“万”。規案：原卷作“方”。

⑤ 陳校：“猜嫌，原本作精嫌，戴本作猜疑。”規案：原卷作“猜嫌”。

⑥ 戴本、陳本、舒本“無”皆作“呈”。陳校云：“呈，原本作主。”規案：原卷初作“二”字，後改作草書無字，作“⺅”，似“主”字，實非主字。由書寫墨色深淺，可以辨明。

草，三時有雪花。未能刷（刷）羽[①]去，空此羨城鵶（鴉）。

首秋聞雁并懷燉煌知己

戎庭節物由來早，倏忽霜風[②]被寒草。旅雁嗺嗺[③]□□□，羈人夜夜心如擣，與君離别恨經年，何事音書遂黯然。腸斷祇今□□□，空知西北泣雲烟。

秋中雨雪

蹔趯雨雪下長川，浩蕩風波近海□[④]。鄉國[⑤]祇今迷所在，音書縱有遣誰傳?

臨水聞雁[⑥]

□來臨水吊愁容[⑦]，忽睹愁容泪滿胸。肝膽隳離凡幾度，雲山阻隔況[⑧]千重。心殊語异情難識，東步西馳意不從。羈紲祇今腸自斷，更聞哀雁叫嗺嗺。

秋中霖雨

寒雨霖霖竟不停，羈愁寂寂夜何寧?山遥塞闊阻鄉國，草白風悲感客情。西瞻瀚海腸堪斷，東望咸秦思轉盈。才薄孰知無所用，猶嗟戎俗滯微名。

夢到沙州奉懷殿下

一從淪陷自天涯，數度栖惶怨别家。將謂飄零長失路，誰知運合至流

---

① 羽，陳本作缺字，原卷有羽字。

② 舒本“風”誤作“秋”。

③ 嗺嗺，舒本作□□。

④ 字缺，依韵疑作“堧”。

⑤ 陳校：“國，原本作同。”規案：原卷紙縐，故似“同”字。細辨乃“國”字。

⑥ 陳本雁下有叫字。校云：“叫，原本缺，今補，戴本無。”規案：原卷無“叫”字，非缺，不應補。

⑦ 陳本“容”作“客”。

⑧ 隔況，陳本作“以萬”，校云：“萬，原本作脱。”舒本“隔”字作缺文。規案：此處原卷紙縐，實“隔況”二字。“雲山阻隔況千重”與“肝膽隳離凡幾度”對文。

沙。流沙有幸逢人主，唯恨無才遇尚賒。日夕恩波霑雨露，縱横顧盼益光華。光華遠近誰不羨，常思刷羽搏風便。忽使三冬告别離，山河萬里誠[①]難見。昨來魂夢傍陽關，省到敦煌奉玉顔。無𢉺（席）[②]歌樓似登陟，綺筵花柳記躋攀。總緣宿昔承言笑，此夜論心豈蹔閑。睡裏不知回早晚，覺時不覺泪班班（斑斑）。

秋夜望月

皎皎山頭月欲低，月厭（壓）羈愁睡轉迷。忽覺泪流痕尚在，不知夢裏向誰啼。

愁眠枕（枕）上泪痕多，况復寒更月色過。與君萬里難相見，不然一度夢中羅。

夏日非所書情

自從去歲别流沙，猶恨今秋歸望賒。將謂西南窮地角，誰言東北到天涯。山河遠近多穹帳，戎俗追（追）[③]觀少物華。六月尚聞飛雪片，三春豈見有烟花。凌晨倏閃奔雷電，薄暮斯須斂霽霞。傍對崇山刑（形）[④]屹屹，前臨巨壑勢呀呀。昨來羈思憂如擣，即日愁腸亂似麻。爲客已遭迍否事，不知何計得還家。

憶故人

别君彼此兩平安，别後栖惶凡幾般。誰（雖）然更寄新書去，憶時捻取舊詩看。

一更[⑤]獨坐泪成河，半夜相思愁轉多。左右不聞君語笑，縱横秖見唱戎歌。

---

① 舒本“誠”作“城”。
② 舒本“席”作“習”。
③ 舒本作“迢”。
④ 敦煌寫本“形”字作“刑”。
⑤ 舒本“一更”誤作“更一”。

夜度赤領（嶺）懷諸知己

山行夜忘寐，拂曉遂登高。回首望知己，思君心鬱陶。不聞龍虎嘯，但見豺狼號。寒氣凝如練，秋風勁似刀。深溪多渌水，斷岸饒黄蒿。驛使□靡歇，人疲馬亦勞。獨嗟時不利，詩筆唯然操。更憶綢繆者，何當慰我曹。

晚次白水古戍見枯骨之作

深山古戍寂無人，崩壁荒丘接鬼鄰。意氣丹誠□□□，唯餘白①骨變灰塵。漢家封壘徒千所，失守時更歷幾春。此日羈愁腸自斷，□□到此轉悲新（辛）。

晚秋至臨蕃被禁之作

一到荒城恨轉深，數朝長嘆意難任。昔日三軍雄鎮地，今時百草遍誠（城）陰。隤墉窮巷（巷）無人迹，獨樹孤墳有鳥吟。邂适（逅）流移千里外，誰念栖惶一片心。

晚秋登城之作

孤城落日一登臨，感激戎庭萬里心。鄉國雲山遮不見，風光慘澹益愁深。漂流空嘆東溪水，倏忽仍嗟西嶺陰。留滯祇今寒暑變，誰憐客子獨悲吟。

東山日色片光殘，西嶺雲衆②暝草寒。谷口穹廬遥邐迤，蹊邊牛馬暮盤跚（蹣）。目前愁見川原窄，望處心迷興不寬。鄉國未知何所在，路逢相識問看看。

秋夜聞風水

夜來枕席（席）喧風水，忽坐長嘆恨無已。爲客愁多在九秋，況復淪流更千里。

---

① 陳校："枯，原本作古。"規案：原卷作"白"。

② 衆，陳本作"象"。校云："象，原本作衆。"舒本作象。規案：疑是"褱"字。

望燉煌

數回瞻望燉煌道，千里茫茫盡白草。男兒留滯蹔時間，不應便向戎庭老。

晚秋羈情

悄然獨立思疇昔，忽爾傷心泪旋滴。常時游涉事文華，今日羈縲困戎敵。知音好識竟何在，黯然已矣山河隔。吊影慚魂嗟一身，夕往朝朝絶三益。非論邂逌（逅）離朋友，抑亦淪流彫羽翮。自憐銷瘦衣漸寬，誰念恓惶心轉窄。近來殊俗盈衢路，尚見蒿莱（萊）[①]遍街陌。屋宇摧殘無箇存，猶是唐家舊蹤迹。城邊谷口色蒼茫，木落霜飛風枴（淅）瀝。凌晨煞氣半天紅，薄暮寒雲滿山白。羈紲時深情憤怒，漂泊鄉遥心感激。不憂懦（懦）[②]節向戎夷，衹恨更長愁寂寂。

國[③]中登山

戎庭悶且閑，誰復解愁顏。步步或登嶺，悠悠時往還。野禽噪何（河）[④]曲，村犬吠林聞（間）。西北望君處，躊躇日暝[⑤]山。

有恨久囚

人易千般去，餘嗟獨未還。空知泣山月，寧覺鬢蒼班（斑）。

冬夜非所[⑥]

長夜閇（閉）荒城，更深恨轉盈。星流數道赤，月出半山明。不聞村犬吠，空聽虎狼聲。愁卧眠雖着，時時夢裏驚。

忽有故人相問以詩代書達知己兩首

---

① 陳本“萊”作“菜”，誤。

② 陳本“懦”作“儒”，誤。

③ 陳校：“國，戴本作困。”舒本作困。規案：原卷實“國”字。

④ 敦煌寫本“河”往往作“何”。

⑤ 暝，陳本作“映”。

⑥ 陳本題作“同前”，校云：“原本無此標題，今補，戴本題作冬夜非所。”規案：原卷題作“冬夜非所”。

忽聞數子訪覊人，問着咸[1]言是德隣。與君咫尺不相見，空知日夕泪霑巾。

自閇（閉）荒城恨有餘，未知君意復何如。非論阻礙難相見，亦恐猜慊（嫌）不寄書。

得信[2]詶回

人回忽得信，具委書中情。覊思頓雖豁，憶君心轉盈。自憐漂泊者，邂逅閉荒城。欲識肝腸斷，更深[3]聽叫聲。

聞城哭聲有作

昨聞河畔哭哀哀，見説分離凡幾回。昔别長男居异域，今殤小子瘞泉臺。覊愁對此腸堪斷，客舍聞之心轉摧。漂泊自然無限苦，况復存亡有去來。

除夜

荒城何獨泪潸然，聞説今宵是改年。親故暌携長已矣。幽縲寂寞鎮愁煎（煎），更深腸絶誰人念，夜永心傷空自憐。爲恨漂零無計力，空知日夕仰穹天。

春宵有懷

獨坐春宵月[4]漸[5]高，月下思君心鬱陶。躊躇不覺三更盡，空見豺狼數[6]遍號。

久憾縲紲之作

① 咸，陳本舒本作“感”。

② 舒本“信”誤“倍”。

③ 陳本“深”作“後”，校云：“後，戴本作深。”規案：原卷紙裂，此字似後字，亦似深字。

④ 原卷作“月”，陳本誤作“日”。

⑤ 漸，舒本誤作“見”。

⑥ 陳本“數”作“久”。校云：“久原本作數，後經其原抄人於其右旁另添久，今即據此，删數用久。戴本作久。”規案：原卷細書久字於遍字右上角，似非改“數”爲“久”。

一從命駕赴戎鄉，幾度□先[①]亘法梁。吐納共欽江海注，蹤（縱）横竟（競）[②]揖慧風颸。今時有恨同蘭芝（艾）[③]，即日無辜比冶長。黠虜莫能分玉石，終朝誰念泪霑裳。

非所寄王都護姨夫

燉煌數度訪來人，握手千回問懿親。蓬轉已聞過海畔。萍居見[④]説傍河津。戎庭事事皆違意，虜口朝朝計苦辛。縲紲儻逢恩降日，宿心言豁（豁）在他辰。

哭押牙四寂（叔）[⑤]

哀哉存殁苦難量，共恨淪流處异鄉。可嘆生涯光景促，旋嗟死路夜何長。空令肝膽摧林竹，每使心魂痛渭陽。縲紲時深腸自斷，更聞凶變泪霑裳。

□□[⑥]

白日走風沙，黄昏飛雪花。愁雲闇□[⑦]畔，寒色暝天涯。縲紲今將久，歸期恨路賒。時時眠夢裏。往往見還家。

感藜草初生

羈客絶知聞，急難阻投杖。泪與泉俱流，愁將草齊長。縲紲淹歲年，歸期唯夢想。春色縱芳菲，片心終鬱怏。

春日羈情

鄉山臨海岸，别業近天垝。地接龍塠（堆）北，川連雁塞西。童年

---

① 舒本缺字作“躬”。陳本先作光。規案：原卷躬字模糊，似躬字。

② 舒本競作“竟”，誤。

③ 舒本艾作“芝”，誤。

④ 陳校：“萍居見，原本作萍見居，唯居之右上角有一‘√’，今即據此調轉符號，改作萍居見。戴本作莎居見。”舒本作莎居見。

⑤ 陳本作“坐押牙囚寂”，似誤。寂當作叔，此押牙蓋作者尊親，觀詩中林竹，渭陽用事可知。

⑥ 此首缺題。

⑦ 脱文，擬補海字。

方剃削，弱冠導群迷。儒釋雙被（披）翫，聲名獨見躋。須（雖）緣隨懇請，今乃恨暌携。寂寂空愁坐，遲遲落日低。觸槐常有志，折檻爲無蹊。薄暮荒城外，依稀聞遠鷄。

□□

恨到荒城一閇（閉）關，鄉園阻隔萬重山，咫尺音書猶不達，夢魂何處得歸還。

□□

憤悶屢[①]蹤（縱）横，愁深百計生。相思凡幾度，慷慨至三更。虜塞饒白刺，戎鄉多紫[②]荊。關山爾許遠，魂夢若爲行。

晚秋[③]

戎庭縲紲向窮秋，寒暑更遷歲欲周。斑斑泪下皆成血，片片雲來盡帶愁。朝朝心逐東溪水，夜夜魂隨西月流。數度恓惶猶未了，一生榮樂可能休。

天涯地角一何長，雁塞龍堆（堆）萬里強（强）。[④]每恨淪流經數載，更嗟縲紲泣[⑤]千行。

縲紲戎庭恨有餘，不知君意復何如。一介耻無蘇子節，數回羞寄李陵書。

髮爲多愁白[⑥]，心緣久客悲。更遭縲紲事，因此改儀容。

□□

春來漸覺没心情，愁見豺狼夜叫聲。君但遠聽腸應斷，况僕羈縲在

① 舒本悶作心，陳本屢作屬。
② 舒本紫作柴。
③ 陳本作曉秋。
④ 舒本强作疆，誤。
⑤ 陳本泣作泛，誤。
⑥ 白字原卷字損不全。

此城。

日月千回數，君名萬遍呼。睡時應入夢，知我斷腸無。

白日歡情少，黄昏愁轉多。不知君意裏，還解憶人摩。[①]

逢故人之作

故人相見泪龍鍾，總爲情懷昔日濃，隨（垂）[②]頭盡見新白髮，何曾有箇舊顔容。

題故人所居

與君昔離别，星歲爲三周。今日觀顔色，蒼然雙鬢秋。茅居枕河滸，耕鑿傍山丘。往往登撨（樵）[③]逕，時時或飯牛。一身尚栖屑，庶事[④]安無憂。相見未言話[⑤]，唏吁先泪流。

非所夜聞笛

夜聞[⑥]嗟（羌）笛吹，愁雜豺狼□[⑦]。涕泪落如雨，肝腸痛似刀。更深新月没，坐久明星高。感激不遑寐，連宵思我曹。

感興臨蕃馴雁

感兹馴雁色蒼蒼，徘徊顧步貌昂昂。不見銜蘆避矰繳，空聞落翮困堤塘。差池爲失衝（衡）陽伴，邂逅飄零虜塞傍。引頚（頸）長鳴望雲路，何時刷（刷）羽接歸行。

閨情

① 此三首似缺題。敦煌寫本往往用摩爲麼。
② 敦煌寫本往往用隨爲垂。
③ 樵，陳本作摧，校云："摧，原本作撨。"舒本作憩。皆誤，撨即樵字。
④ 事，舒本作身，誤。
⑤ 話，陳本、舒本皆誤作語。
⑥ 聞，陳本作國，誤。
⑦ 缺文擬補"號"字。

千回萬轉夢難成，萬遍千回睡[①]裏驚。總爲相思愁[②]不寐，縱然愁[③]寐忽天明。

百度看星月，千回望五更。自知無夜分，乞願早天明。

白雲歌

予時落殊俗，隨蕃軍望之，感此而作。

遥望白雲出海灣，變成萬狀須臾間。忽散鳥飛趁不及，唯祇清風隨往還。生復滅兮滅復生，將欲凝兮旋已征。因悟悠悠寄寰（寰）宇，何須擾擾徇功名。滅復生兮生復滅，左之盈兮右之玦（缺）。從來舉事皆爾爲，何不含情自怡悦。殊方節物异長安，盛夏雲光也自寒。遠[④]戍只將烟正起，横峰更似雪猶殘。白雲片片暎青山，白雲不盡青山盡。展轉霏微度碧空，碧空不見浮雲近。漸覺雲低駐馬看，聯[⑤]綿縹渺拂征鞍。一不一兮幾紛紛，散不散兮何漫漫。東西南北乎（互）□[⑥]馳，上下高低恣所宜。影□[⑦]碧池冰縈底，光浮緑樹霰凝枝。欲謂白雲必從龍，飛來飛去龍不見。欲謂白雲不從龍，乍輕乍重誰能變。一重未過一重催，一畔縈巖一畔[⑧]開。欒巴噀酒應隨去，子晋吹笙定伴來。被（披）襟引袖遽迎風，欲爲吹雲置袖中。雲飛入袖將爲滿，袖卷看雲依舊空。雷殷殷兮雨濛濛，成陰潤下雲之功。倏然雲晴[⑨]銷四極，所潤寧知白雲力。大賢濟世徒自勞，一朝運否誰相憶。不知白雲何所以，年年歲歲從山起。雲收未必歸石中，石暗

① 睡，舒本作夢。陳校："睡，戴本作夢。"規案：原卷作睡。

② 愁，陳本作秋。規案：原卷作愁。

③ 秋，陳本作秋。規案：原卷作愁。

④ 遠，陳本作遶。校云："遶，戴本作遠。"

⑤ 聯，陳本作聰。

⑥ 互，陳本誤作平。缺文擬補"相"字。

⑦ 缺文擬補"落"字。

⑧ 陳本作"一畔索巖間□"。

⑨ 晴，舒本作清。

翻埋在雲裏。世人遷變比白雲，白雲無心但[①]氛氲。白雲生滅比世人，世人有心多苦辛。旋生旋滅[②]何窮已，有心無心只如此。當須體道有貞素，不用浮榮説非是。望白雲，白雲遼亂滿空山。高低賦象非情欲，餘遂感之心[③]自閑。望白雲，白雲天外何悠揚[④]，既悲出塞復[⑤]入塞，應亦有時還帝鄉[⑥]。

送游大德赴甘州口號此便代書寄呈將軍

支[⑦]公張掖去何如，异俗多嫌不寄書。數人四海皆兄弟，爲報慇懃好在無。

九日同諸公殊俗之作

一人歌唱數人啼，拭泪相看意轉迷。不見書傳清（青）[⑧]海北，衹知魂斷隴山西。登高乍似雲霄近，寓目仍驚草樹低。菊[⑨]酒何須頻勸酌，自然心醉已如泥。（太常妻曰：一日不齋醉如泥。）

俯吐蕃禁門觀田判官贈向將軍真言口號

怪來偏得君王怜（憐）[⑩]，料取[⑪]分明在眼前。説相未應驚鸞頷[⑫]，看心且愛直如弦。

題周奉御

① 但，陳本作從。
② 滅，舒本作更。規案：原卷作滅。
③ 之心二字陳本作□□。
④ 揚，陳本作傷。
⑤ 復，舒本作須。
⑥ 鄉，陳本作卿。
⑦ 陳本支作丈，校云：“戴本作支。”
⑧ 敦煌寫本往往以清爲青。
⑨ 菊，陳本作以。
⑩ 偏，陳本作徧。君王，陳本作主君。
⑪ 取，陳本作瞰，校云：“瞰，戴本作取。”
⑫ 頷，陳本作□，校云：“□，戴本作鴿。舒本作鸽。”規案：當作頷。

明王道得（德）[1]腹心臣，百萬人中獨一人。階下往來三逕迹，門前桃李四時春。

贈鄧郎將四弟

把袂相歡意最濃，十年言笑得朋從。怜君節操曾無易，祇是青山一樹松。

同前已（以）詩代書

故（古）來同病總相憐，不似今人見眼前。且隨浮[2]俗貪趨世，肯[3]料寒灰亦重然（燃）。

途中憶兒女之作

髮爲思鄉白，形因泣泪枯。爾曹應有夢，知我斷腸無。

至淡河同前之作

念爾兼辭國，緘愁欲渡河。到來河更闊，應爲涕流多。

被蕃軍拘繫之作

何事逐漂蓬，悠悠過鑿空。世窮徒[4]運榮（策）[5]，戰苦不成功。泪滴東流水，心遥北翥鴻。可能忠孝節，長遣閫（困）西戎。

諸公破落官蕃中製作

別來心事幾悠悠，恨續長波曉夜流。欲知起坐相思意，看取山雲一段愁。

贈樂使君

知君桃李遍成蹊，故托喬林此處栖。雖然灌木[6]凌雲處，會有寒鴟夜

① 敦煌寫本中"德"字往往作"得"。

② 浮，陳本作俘，舒本作浮。

③ 肯，舒本作肯。王本亦作肯。

④ 徒，舒本作途。

⑤ 榮乃策字，運策謂運籌獻計之意。"徒運策"與下句"不成功"相對。陳本作運榮，舒本作運蹇，皆非。

⑥ 木，舒本作水。原卷作木。

夜啼。

附録

懷素師草書歌　馬雲奇

懷素纔年卅（三十）餘，不出湖南學草書。大誇羲獻將齊德，切（竊）比鍾繇也不如。疇昔闍黎名蓋代，隱處[1]于今墨池在。賀老遥聞怯後生，張顛不敢稱先輩。一昨江南投亞相，盡日花（華）堂書草障。含毫勢若斬蛟龍，挫管還同斷犀象。興來索筆蹤（縱）横掃，滿坐詞人皆道好。一點三峰巨石懸，長畫萬歲枯松倒。叫啾（喊）忙忙禮不拘，萬字千行意轉殊。紫塞傍窺鴻雁翼，金盤亂撒水精珠。直爲功成歲月多，青草湖中起墨波。醉來祇愛山翁酒，書了寧論道士鵝。醒前猶自記華章，醉後無論絹與墻。眼看筆棹（掉）頭還棹（掉），祇見文狂心不狂。自倚能書堪入貢，一盞一回捻筆弄。壁上颼颼風雨飛，行間屹屹龍蛇動。在身文翰兩相宜，還如明鏡對西施。三秋月澹青江水，二月花開緑樹枝。聞到（道）懷書西入秦，客中相送轉相親。君王必是收狂客，寄語江潭一路人。

一九七九年十一月廿日寫定於華岡

二、敦煌唐人陷蕃詩集殘卷作者的新探測

敦煌是甘肅省西北部最大的一個縣份。它位居河西走廊的起點。漢唐以來，成爲東西交通的孔道，古今艷稱爲絲綢之路；張騫出使，玄奘取經，皆由此道往來。但自唐玄宗天寶十四載（公元755年）安史之亂發

① 處，舒本作秀。原卷作處。

生後，因内政紊亂，邊防空虚，到唐德宗建中二年（公元781年），沙州（唐朝設沙州於敦煌）便爲吐蕃人所占領。淪陷後六十七年，即唐宣宗大中二年（公元848年），沙州人張義潮率領當地各族人起義，收復失地，唐朝任命他爲歸義軍節度使，敦煌纔復歸唐朝版圖。自吐蕃攻占河西，敦煌和河西地區發生了許多重大事件，但史書上却極其簡略，形成這一段時期、這一區域歷史上的空白。敦煌學專家曾根據石室遺書文物，進行探索。關於文學方面。王重民先生曾發掘整理出不少資料。有一部分，王氏逝世後，經舒學先生整理，題名《敦煌唐人詩集殘卷》，發表在《敦煌資料》第一輯。舒氏曾加説明云："敦煌卷子中，有一個殘卷録有若干詩篇（編號爲伯二五五五）。其中有唐人詩作七十二首，爲唐朝中期我國國内民族戰争中被吐蕃俘虜的兩個敦煌漢族人所作。這些詩，過去没有見於著録，《全唐詩》也没有收入。這兩個殘詩集的作者：一個姓名不可考，是唐德宗建中二年（781）吐蕃攻占敦煌後，在此年初秋被押解離開敦煌，經過一年零一二個月的時間，由墨離海、青海、赤嶺、白水、到達臨蕃。另一個是馬雲奇，大概是公元787年吐蕃攻占安西後，從敦煌出發，經過淡水，被押送到安西。他們這些詩，按時間先後編排，記録了作者沿途的見聞和感慨。他們所經歷的時間，正是吐蕃的極盛時代。他們所經過的地區，在被吐蕃占領後便失去記載，在唐代史書上幾乎是一片空白。因此，這些詩雖算不得文學上的好作品，内容上也有些糟粕，但在歷史上是很寶貴的紀行詩，也是研究這段歷史的有用的參考材料。"舒君整理發表這篇文章之後，劉修業女士整理王重民遺稿，有一篇題名《補全唐詩拾遺》，發表於《中華文史論叢》（1981年第4期），也將此陷蕃殘卷收入。陰法魯教授根據王重民遺稿《補全唐詩拾遺》，發表了《敦煌唐末佚詩所反映的當地狀況》一文（《西北史地雜志》1982年第3期，蘭州大學歷史系出版），也承襲陷蕃詩人有馬雲奇的説法。我在巴黎國家圖書館東方稿本部披閲敦煌原卷，發現馬雲奇是陷蕃詩集作者之一的説法是錯誤的。爲了免使錯誤輾轉流傳，特草此文詳細説明，以就正於海内外通人學者。

按巴黎藏伯二五五五號卷子很長，鈔寫的詩文很多，也很雜亂。卷子正面首行起“漸漸稀見在收將且送歸”一首殘詩。接着鈔詩多首，至第四紙孔璋代李邕死表，全文未完，空白十餘行，又鈔“一生長養”五七言絶句十六首，體似詩謎，如第二首筆云：“一生長養在蓬門，久在公衙不立勛。蒙得都官配入管，平明點着墨離君。”以下空隔約兩行位置，開始寫“冬出燉煌郡入退渾國朝發馬圈之作”，即唐人陷蕃詩歌。至五十八、五十九首“閨情”後，又鈔承議郎前廬州合肥縣令劉商的《胡笳十八拍》，《十八拍》後有題一行，云：“落蕃人毛押牙遂笳一拍因爲十九拍”，并詩一首，接着鈔江州刺史劉長卿的《高興歌》《娥眉怨》《畫屏怨》等詩，及劉希夷的《白頭老翁》等詩，接着又鈔竇昊的《爲肅州刺史劉臣壁答南蕃書》。以上正面小字鈔寫，似同一人手迹。卷子背面字較大，筆勢也較飛動遒健，似另一人所書。首行起“帝城春，松篁翠色能藏馬，桃李垂陰可借人”一首七言詩。接鈔《月賦》《從軍行》，皆無作者姓名。又接鈔江行《遇梅花之作》，有作者岑參姓名，又接鈔《冀國夫人歌詞七首》《咏拗籠籌》《閨情》五首，皆無作者姓名。接着便是《懷素師草書歌》，題下有作者馬雲奇姓名，以後是没有作者姓名的《白雲歌》，有題解云：“予時落殊俗，隨蕃軍望之，感之而作。”一直到《諸公破落官蕃中製作》《贈樂使君》，皆是陷蕃之作。《白雲歌》字又較小，略與正面陷蕃詩相近。以下各詩字又較大。諦觀馬雲奇《懷素師草書歌》一首，字體較陷蕃詩爲大，筆迹似另一人所書。即使是同一鈔手，也未必是同一人的作品。因爲敦煌卷子鈔寫的情況非常複雜，絶對不可根據一首詩的作者，便牽連以下没有作者姓名的詩篇歸屬爲同一人作品。例如本卷岑參江行《遇梅花之作》，後面的《咏拗籠籌》詩，劉盼遂先生指出是朱灣的作品。伯

二五六七號卷子“咏青”詩，無作者姓名，因上接《寒食卧疾喜李少府見尋》諸篇皆孟浩然作品，故王重民《補全唐詩》也把它歸之於孟浩然。楊承祖教授撰《唐寫本唐人選唐詩校記》(《南洋大學學報》創刊號，1967年，新加坡出版)，考出《咏青》詩的作者是荊冬倩。可見單憑前一首詩作者的姓名，率然把接連一串無姓氏的作品認定是同一人所作，這種情況，在敦煌寫本中，是非常不可靠的。事實儘管如此，但敦煌寫本中，也并非連屬上一首作者的作品，都不是同一人所作。因此，我們必須從作品本身提出明確的證據。這一重要關鍵，便落在馬雲奇《懷素師草書歌》這首詩上。我們必須考明馬雲奇和懷素的時代，我們必須觀察陷蕃詩集的作者的年歲和作品的内容是否可以和馬雲奇配合得上。我們除了《懷素師草書歌》這首詩，對馬雲奇一無所知。我們只能從懷素生平先做一番觀察。我們如能考明懷素的生卒年歲，便可約略推斷馬雲奇的年齡，結合敦煌陷蕃年代和陷蕃詩的内容，便可判斷馬雲奇是否是陷蕃詩人。下面，我們要儘量發掘有關懷素的資料，來供給解决這一問題的依據。

現藏臺北故宫博物院的懷素《自叙帖》真迹，對《懷素師草書歌》和他的生平交游，提供了極重要的資料。帖尾署大曆丁巳冬書，丁巳是大曆十二年（777）。叙中説他欲睹從前書家的奇迹，所以西游京洛，謁見當代名公，許多學士名流贈詩贊美他的草書，大書法家顔真卿并爲他作叙。帖中提及贈詩的人，有張謂、盧象、王邕、朱遥、許瑶、戴叔倫、竇冀、錢起等，也撮引了他們詩中的警句。據《一統志》云:“懷素，零陵人，睹二王真迹及二張草書而學之，書漆盤三面俱穴，贈之歌者三十七人，皆當代名流，顔真卿作序。”可見《自叙帖》只引用了少數贈詩。今檢《全唐詩》所收録贈詩的《懷素上人草書歌》，有王顒（當作邕）、朱逵（當作遥）、戴叔倫、竇冀、魯收、蘇涣、李白、任華八篇全詩，有輯自《自叙帖》盧象、張謂、許瑶諸人的斷句。還有錢起《送外甥懷素上人歸鄉侍奉》詩。另外一篇，就是保存在敦煌石室中的馬雲奇《懷素師草書歌》。經我細加分疏，時期最早的，似乎是題作《草書歌行》的李白作品。考肅宗乾元二年（759），李白流夜郎途中遇赦，東返經江夏，因故人賈至適貶岳州司馬，故前往盤桓，共泛洞庭。李白如贈詩，當在此年。詩云："少年上人號懷素"，又說："湖南七郡凡幾家，家家屏障書題遍"，詩作當在懷素早年鄉居之時。其他戴叔倫、王邕、朱遥、魯收、竇冀五人的詩，我認爲是同時的作品。戴叔倫《懷素上人草書歌》是首唱，王邕、朱遥、魯收、竇冀是同作。王邕是懷素本州的刺史，爲他展示表演書法，導演的可能是戴叔倫，主辦的可能是王邕。叔倫和懷素舅父錢起是詩友，也和王邕有友誼，戴叔倫有《桂陽北嶺偶過野人所居聊書即事呈王永州邕李道州圻》詩（明倫版《全唐詩》第5册頁315），又有《與虞沔州謁藏真上人》詩（同前頁3107）："故侯將我到山中，更上西峰見遠公。共問置心何處好，主人揮手指虛空。"可見懷素未出湖南鄉居時早有大名，叔倫纔會同虞沔州到山中訪問懷素。叔倫作的《懷素上人草書歌》（同前頁3070）更是贊譽備至。詩中說"醉來爲我揮健筆"，也像是首唱的口吻。朱遥的詩，《全唐詩》作朱逵，注云："一作遥。"但錢謙益、季振宜遞輯的《全唐詩稿本》（聯經影印"中央圖書館"藏本）則附在戴叔倫《懷素上人草書歌》後，題作"又"（聯經本第26册頁165），没有標出作者的姓名。王顗（當依帖作邕）、魯收、竇冀三人的《懷素上人草書歌》均附在《戴叔倫集》後，題下都有小注："同戴叔倫作。"三人也没有作者小傳，可見朱遥、王邕、魯收、竇冀的詩，都是繼戴叔倫而同作。并且四人的作品，可能因附在《戴叔倫集》中，而得以流傳後世，正如同馬雲奇詩因獲得敦煌鈔本而幸存。懷素是零陵人，案《舊唐書·地理志》："永州，中，隋零陵郡。武德四年，平蕭銑，置永州，領零陵、湘源、祁陽、灌陽四縣。七年，省灌陽。貞觀元年，省祁陽縣；四年，復置。天寶元年，改

爲零陵郡。乾元元年，復爲永州。”王邕爲永州刺史，當在乾元元年（公元758）以後。懷素乃州民，故詩云：“我牧此州喜相識，又見草書多慧力。”竇冀《懷素上人草書歌》説“郡守王公同賦詩”，可見竇冀、王邕都是繼戴叔倫同作的。以當地長官和一時名流，聯袂賦詩來歌頌草書的絶藝，造成的轟動是可想而知的。據李白詩稱“少年上人”，朱遥詩説：“於今年少尚如此，歷睹遠代無倫比。妙絶當動鬼神泣，崔蔡幽魂更心死。”可見懷素在湖南時得名甚早。馬雲奇贈詩説“懷素纔年三十餘，不出湖南學草書”，顔真卿《草書歌序》説“精心草聖，積有歲時，江嶺之間，其名大著”，正可互相印證。以懷素草書成就之高，雖年僅三十餘歲，已陵轢古人，看起來自然覺得是年輕了。以上都是懷素未出湖南時期的名流贈詩。還有蘇涣《贈零陵僧》詩（明倫版《全唐詩》第4册頁2867），題下有小注云：“一本下有兼送謁徐廣州，一作《懷素上人草書歌》。”詩中有云：“忽然告我游南溟，言祈亞相求大名。亞相書翰凌獻之，見君絶藝必深知。”蘇涣是廣德二年（764）進士，累遷侍御史，佐湖南觀察使崔中丞瓘幕府。涣在長沙時，曾與杜甫唱和，事在大曆四年（769）。徐廣州是大書法家廣州刺史嶺南節度使兼御史大夫徐浩。徐浩於大曆二年（767），以工部侍郎出爲廣州刺史，見《舊唐書·代宗紀》。是涣贈詩當在大曆初年，其時懷素在府中華堂，當衆揮毫，邀涣賦詩相贈。最初告言將往廣州謁見徐浩，但我們從未發現徐浩和懷素往還的文字，也許計劃往廣州，後來却并未成行。現在敦煌發現的馬雲奇的這首歌，却説明了懷素在“西游上國”之前的一段經歷。根據這首詩，我們確知懷素三十多歲以前，是在湖南學草書的，而且書名已經蓋代。所以詩中説：“大誇羲獻將齊德，竊比鍾繇也不如。疇昔闍黎名蓋代，隱處於今墨池在。”詩中又説：“一昨江南投亞相，盡日華堂書草障。”江南亞相，未能確指何人。江南可能是指湘楚之間。韓翃《送客游江南》云：“桂水隨去遠，賞心知有餘。衣香楚山橘，手鱠湘波魚。芳芷不共挹，浮雲悵離居。遥想汨羅上，吊屈秋風初。”蘇涣的府主崔瓘，在大曆五年自澧州刺史遷潭州刺史，兼御史中丞，充湖南都團練觀察處置使（見《舊唐書·列傳》卷65）。潭州府治長沙，如果懷素所投的江南亞相是崔瓘，於情事似乎也頗相合。馬雲奇贈詩説：“聞道懷書西入秦，客中相送轉相親。”懷素確實是經過江南煊赫一時之後，“西游上國”。而且也可從任華《懷素上人草書歌》（明倫版《全唐詩》第4册頁2903）獲得證明。詩説：

人謂爾從江南來，我謂爾從天上來。負顛狂之墨妙，有顛狂之逸才。狂僧前日動京華，朝騎王公大人馬，暮宿王公大人家。誰不造素屏？誰不塗粉壁？粉壁摇晴光，素屏凝曉霜，待君揮灑兮不可弭忘。

可見懷素“西游上國”前確有“江南投亞相”一段事實。不過任華要形容懷素是天上人，偏要説他不是從江南來罷了。任華詩末又説：

狂僧狂僧爾雖有絶藝，猶當假良媒。不因禮部張公將爾來，如何得聲名一旦喧九垓。

據詩意，懷素“西游上國”，可能是張謂自江南偕懷素同行的。《唐詩紀事》卷二十五：“乾元中，謂以尚書郎出使夏口，沔州牧杜公觴於江城之南湖。謂命李白標之嘉名，白目爲郎官湖云。……謂登天寶二年進士第。奉使長沙，嘗作長沙風土記，云：‘巨唐八葉，元聖六載，正言待罪湘東。’……謂，大曆間爲禮部侍郎，典七年、八年、九年貢舉。”是張謂頗有往來湘鄂間的記録。顔真卿叙説：“今禮部侍郎張公謂賞其不羈，引共游處”，與“禮部張公將爾來”詩句，事實也相符合。還有，《自叙帖》

中提到的從父錢起，似乎是懷素的舅父。錢起的詩題是《送外甥懷素上人歸鄉侍奉》（明倫版《全唐詩》第4册頁2662），詩云：

> 釋子吾家寶，神清慧有餘。能翻梵王字，妙盡伯英書。遠鶴無前侶，孤雲寄太虚。狂來輕世界，醉裏得真如。飛錫離鄉久，寧親喜臘初。故池殘雪滿，寒柳霽烟疏。壽酒還嘗藥，晨餐不薦魚。遥知禪誦外，健筆賦閑居。

這首詩可能是懷素出游後回鄉時的送行之作。總之，我們從當時人和懷素往還的詩歌，對懷素的行迹獲得比較明晰的認識。至於懷素的生卒年歲，據陳垣《釋氏疑年録》云：

> 京師恒濟寺懷素，南陽范氏，此玄奘弟子也。貞元間，有善書懷素，全唐詩、全唐文均誤認爲一人。……藏真懷素，長沙錢氏，書史會要等誤爲玄奘門人，不知兩懷素相距百年也。唐貞元十五年（799）年六十三（737—？）。書苑菁華陸羽撰傳無年歲。今據懷素草書千文自題，見式古堂書考八。然書考又有素草書清淨經，款題貞元元年，年六十一。兩卷年歲不同，必有一贋。

規案：據小字千文末題："貞元十五年六月十七日於零陵書，時六十有三。"則當生於開元二十五年（737）。據《清净經》末題："貞元元年八月廿三日西太平寺沙門懷素藏真書，時年六十一歲。"則當生於開元十三年（725）。陳氏據李白贈素詩有"少年上人號懷素"之句，以李卒於寶應元年（762），年六十餘，據千文李卒時素年二十六，據《清净經》李卒時素年三十八。故從千文説。然李白詩自蘇東坡以下，頗有人疑爲僞，不能算是堅證。即使李卒時素年三十八，也與馬詩“懷素纔年三十餘，不出湖南學草書”之言合。陳氏又疑“素自叙稱錢起爲從父，起爲大曆十才子之一，其贈素詩有‘釋子吾家寶，神清慧有餘’之句，據《清净經》大曆末素已五十五。”案，《唐書》卷一百六十八：“父起，天寶十年（751）登進士第。”唐人成進士者年事往往高達四五十歲，如起年四十登第，下距素書《自叙帖》時二十六年，起年已六十有六，長懷素逾十歲。年輩皆無不合。即如《自叙帖》書於大曆十二年丁巳（公元777），稱“顏刑部書家者流，精極筆法，水鏡之辨，許在末行”。懷素自居後輩。據《顏魯公年譜》：“大曆十二年，公年六十九。八月，爲刑部尚書。”是寫《自叙帖》時，魯公正居京師。論年齡，錢顏皆可稱前輩。翁同文教授“懷素生年二説及其名下千字文二本問題”（《藝林叢考》頁258）曾引懷素《藏真帖》云：“懷素字藏真，生於零陵，晚游中州。所恨不與張顛長史相識。近於洛下偶逢顏尚書真卿，自云頗傳長史筆法，聞斯語，若有所得也。”據“晚游中州”之“晚”字，則懷素大曆末年五十五，生於開元十三年之説，與自述相合。故《清净經》貞元元年，年六十一之説，較爲可信。

我們辨明了懷素的年齡和交游，便可推測爲懷素作歌的馬雲奇的年齡和行迹。據馬詩：“一昨江南投亞相，盡日華堂書草障。”馬雲奇可能類似蘇涣，都是亞相幕僚中的文士。又據“聞道懷書西入秦，客中相送轉相親”的詩句，馬雲奇可能是宦游江南，所以説“客中相送”。送詩的末尾説：“君王必是收狂客，寄語江潭一路人”，相送的地點可能是湖湘之間。統計贈詩歌稱贊懷素草書的，如李白、王邕、戴叔倫、錢起、蘇涣、任華、張謂、盧象等人，幾乎都稱得上是懷素的前輩。馬雲奇詩筆與諸人不相上下，贈詩首稱“懷素年纔三十餘”，他的年齡顯然是超過懷素的。懷素貞元元年（785），年六十一，敦煌陷蕃的時間是德宗建中二年（781），懷素年五十七。贈詩的馬雲奇必然是六十以上的老翁。馬雲奇游宦江南後

的踪迹不明，以他的文才，亞相的僚佐，如何會淪落到敦煌屈居下僚，是很難令人相信的。只憑卷子上鈔録了他一首詩歌，和次首陷蕃詩銜接，便認定他是陷蕃詩人，這是輕率不妥當的判斷。

現在我們再仔細抽繹七十餘首陷蕃詩。它全没有流露老翁的口吻。試想，敦煌邊塞苦寒，每年平均有五個月冰凍，十月結冰，三月末解凍。雨量少，風沙多。每年七八月之間，氣温最高達攝氏四十四度；每年十二月、一月，最低到零下二十四度，這絶非中原老詩人所能安之若素的。加上被异族拘囚，驅向絶域。這種亘古罕有的遭遇，豈能不在詩辭中流露傾訴！而七十餘首陷蕃詩中，這種氣息却絲毫没有感覺到，充分證明絶非馬雲奇這類人的作品。試看馬雲奇以後的十二首詩，如《九日同諸公殊俗之作》：

> 登高乍似雲霄近，寓目仍驚草樹低。菊酒何須頻勸酌，自然心醉已如泥。

作者可以在重陽節隨衆登山，憑高雲近，寓目樹低，這絶不像六十老翁隨衆登高的情景。又如《俯吐蕃禁門觀田判官贈向將軍真言口號》：

> 怪來偏得君王憐，料取分明在眼前，説相未應驚燕頷，看心且愛直如弦。

俯伏着敵人禁門來遥觀吐蕃的將軍官吏贈送真言，還流露羡慕他們獲得君王的寵愛，這如何像早年歌咏懷素草書的詩人，經過二十年的宦途，垂老漂淪，却會産生這種异常的心理，委實令人無法置信。再看《途中憶兒女之作》：

髮爲思鄉白，形因泣泪枯。爾曹應有夢，知我斷腸無？

詩中説髮爲思鄉而白，形因泣泪而枯，可見作者本來不是龍鍾老翁，而是黑髮壯士，這如何像六十老詩人馬雲奇的形相！

至於馬雲奇《懷素師草書歌》以前的五十九首作品，也同樣可證明不是老人的吐屬。如《登山奉懷知己》：

閑步陟高岡，相思泪數行。陣雲横北塞，煞氣暝南荒。極目愁無限，椎心恨未遑。黯然鄉國處，空見路茫茫。

《夏日途中即事》云：

何事鎮驅驅？馳驂傍海隅。溪邊論宿處，澗下指餐厨。萬里山河异，千般物色殊，愁來竟不語，馬上但長吁。

像這類的詩，都和馬雲奇以後諸詩，如《九日同諸公殊俗之作》的健步情况相似，可見不是一個老翁的作品。又如《望燉煌》云：

數回瞻望燉煌道，千里茫茫盡白草，男兒留滯暫時間，不應便向戎庭老。

這首詩明白説出陷蕃作者是盛年的男兒，不甘老死番邦的心情。還有《春日羈情》云：

鄉山臨海岸，别業近天垸。地接龍堆北，川連雁塞西。童年方

> 剃削，弱冠導群迷。儒釋雙披玩，聲名獨見躋。須（規案：敦煌寫本“須”與“雖”通用）緣隨懇請，今乃恨睽携。寂寂空愁坐，遲遲落日低。觸槐常有志，折檻爲無蹊。薄暮荒城外，依稀聞遠鷄。

這首詩作者自述，幼年曾剃髮爲僧，又習儒書，聲名高出儕輩。説到家鄉的别業，北接龍堆，西連雁塞，似乎還是敦煌地區人士。所以有《非所寄王都護姨夫》《哭押牙四寂》《送游大德赴甘州口號》《贈鄧郎將四弟》諸作，顯示作者在邊區還有不少親戚家屬。總之，統觀馬雲奇詩前後鈔録的作品，騎馬登山，顯然是盛年人的形象，絶非衰老詩人的口吻。這七十一首詩，雖然分鈔成前後兩段，同樣提到被囚，同樣提到登山馳馬，也許是同一人的作品：即使是不同的兩個作家，也都與馬雲奇的年齡行迹絶不相稱。在唐人詩文中，四五十歲時的作品，便顯得老態龍鍾。例如大詩人杜甫，享年僅得五十九歲。他四十七歲《題李尊師松樹障子歌》，便説：“老夫清晨梳白頭，玄都道士來相訪。”奉答岑參補闕見贈，便説：“故人得佳句，獨贈白頭翁。”四十八歲作的《秦州雜詩》説：“曬藥能無婦，應門亦有兒。”五十歲的《野望詩》説：“惟將遲暮供多病，未有涓埃答聖朝。”五十二歲《泛江送魏十八倉曹還京，因寄岑中允參、范郎中季明》：“若逢岑與范，爲報各衰年。”臨到五十歲，便友朋間嗟嘆遲暮衰年。再舉享七十五歲高齡的詩人白居易，他詩中也是頻頻嗟嘆衰老。如“三十生二毛，早衰爲沈疴”（《寄同病者》）、“乃知浮世人，少得垂白髮。余今過四十，念彼聊自悦。從此明鏡中，不嫌頭似雪”（《聞哭者》）、“三十氣太壯，胸中多是非。六十身太老，四體不支持。四十到五十，正是退閑時”（《白雲期》）、“衰病四十身，嬌癡三歲女。非男猶勝無，慰情時一撫”（《念金鑾子》）、“四十未爲老，憂傷早衰惡。前歲二毛生，今年一齒落。形骸日損耗，心事同蕭索”（《自覺》）、“行年四十五，兩鬢半蒼蒼……老來尤委命，安處即爲鄉”（《四十五》）、“元和二年秋，我年三十七。長慶二年秋，我年五十一……近辭巴郡印，又秉綸闈筆。晚遇何足言，白髮映朱紱。銷沈昔意氣，改换舊容質”（《曲江感秋》）。他從三四十歲起，便嗟嘆衰老；到了五十歲，便無條件承認自己真正是衰老了。這種心態，在陷蕃詩中，雖在流離縲絏之中，也没有絲毫流露；反而説：“可能忠孝節，長遣困西戎”，“男兒留滯暫時間，不應便向戎庭老”。懷素如生於開元十三年（725），到建中二年（781）陷蕃時，年已五十有七，作歌相贈稱“懷素纔年三十餘”的馬雲奇，如果年長五歲或十歲，便是六十二歲或六十七歲的老人。統觀七十餘首陷蕃詩没有一首够得上稱爲六十老人的作品，所以我懷疑王重民、舒學貿然説的“這兩個殘詩集的作者：一個即這十三首作者，名馬雲奇。因爲這些詩格調均相似，除第一首外，又均是咏被吐蕃俘虜的事，故可定爲一人作品”（《補全唐詩拾遺》）。其實，第一首馬雲奇草書歌，風格與後十二首詩風格大不相同。可以肯定地説，馬雲奇在江南送懷素的作品，非陷蕃之詩；在江南作詩的馬雲奇也不是陷蕃詩人。王重民遺稿，經舒學整理，根據前一首詩的作者，便輕率地把接鈔的詩篇，看成同一人的作品。衡以王氏鑑定《咏拗籠籌》詩的慎重，似乎不至做出這樣的决定。如果憑空造出一個陷蕃詩人馬雲奇，不但歪曲事實，恐怕也違背了王重民先生的本意。最後我要指出一個真正陷蕃詩人的姓氏，那便是這個寫本正面陷蕃詩第五十九首《閨情》詩後，王氏漏鈔有姓氏的一首陷蕃詩。這首詩在《閨情》詩接鈔劉商《胡笳十八拍》後，有詩題云：“落蕃人毛押牙遂笳（加）一拍，因爲十九拍。”詩云：

第十九拍，去年骨肉悲〔離〕坼（坼），不似今年苦爲客。失土𦉜同落水瓶，歸蕃永作投河石。他鄉人物稀相識，獨有夫君沈憐惜。歲暮悲情生百端，不覺愁牽加一拍。

這首詩的作者是落蕃人毛押衙，他讀劉商《胡笳十八拍》深有所感，遂續作了一拍，名爲《胡笳第十九拍》。十九拍的筆迹完全相同，可見鈔詩人和作詩人都是毛押衙。而且前五十九首陷蕃詩的筆迹與第十九拍也相同，又與背面陷蕃詩《白雲歌》的筆迹也相似。如果要實指這七十餘首陷蕃詩的作者，似乎毛押衙的可能性最高；起碼，《胡笳第十九拍》的作者是毛押衙，毛押衙是作《胡笳第十九拍》的陷蕃詩人，這總是鐵一般的事實！

附録

唐·懷素《自叙帖》

懷素家長沙。幼而事佛。經禪之暇，頗好筆翰。然恨未能遠睹前人之奇迹，所見甚淺。遂擔笈杖錫，西游上國。謁見當代名公，錯綜其事，遺編絶簡，往往遇之。豁然心胸，略無疑滯。魚箋絹素，多所塵點，士大夫不以爲怪焉。顔刑部書家者流，精極筆法。水鏡之辨，許在末行。又以尚書司勛郎盧象、小宗伯張正言曾爲歌詩，故叙之曰〔規案：四部叢刊本《顔魯公文集》卷十二題作《懷素上人草書歌序》〕："開士懷素，僧中之英。氣槩通疏，性靈豁暢。精心草聖，積有歲時。江嶺之間，其名大著。故吏部侍郎〔《魯公文集》侍郎作尚書〕韋公陟，睹其筆力，勖以有成。"今禮部侍郎張公謂，賞其不羈，引以〔《魯公文集》以作共〕游處。兼好事者同作歌以贊之，動盈卷軸。夫草稿之作，起於漢代。杜度、崔瑗始以妙聞。逮乎伯英，尤擅其美。羲獻兹降，虞陸相承。口訣手授，以至於吴郡張旭長史，雖姿性顛逸，超絶古今；而模楷精法詳〔規案：《自叙帖》，法字側有乙倒符號，此句當作而楷法精詳。模蓋衍文。《魯公文集》同《自叙帖》。臺北故宫博物院1979年影本釋文作"而模楷精詳"，似非〕特爲真正。真卿早歲常接游居，屢蒙激昂〔《魯公文集》作激勸〕，教以筆法。姿質劣弱，又嬰物務，不能懇習，迄以〔《魯公文集》以作用〕無成。追思一言，何可復得。忽見師作，縱横不群，迅疾駭人，若還舊觀。向使師得親承善誘，亟〔據帖當爲亟字，《魯公文集》作亟，故宫釋文作函，誤〕挹規模；則入室之賓，捨子奚適。嗟嘆不足，聊書此以冠諸篇首〔《文集序》文止此〕。”其後繼作不絶，溢乎箱篋。其述形似，則有張禮部云：“奔蛇走虺勢入座，驟雨旋風聲滿堂。”盧員外云：“初疑輕烟澹古松，又似山開萬仞峰。”王永州邕曰：“寒猿飲水撼枯藤，壯士拔山伸勁鐵。”朱處士遥云：“筆下唯看激電流，字成只畏盤龍去〔帖作去，故宫釋文作走，似非〕。”叙機格，則有李御史舟云：“昔張旭之作也，時人謂之張顛；今懷素之爲也，余實謂之狂僧，以狂繼顛，誰曰不可。”張公又云：“稽山賀老粗知名，吴郡張顛曾不易。”許御史瑶云：“志在新奇無定則，古瘦灕灑半無墨。醉來信手兩三行，醒後却書書不得。”戴御史叔倫云：“心手相師勢轉奇，詭行怪狀翻合宜。人人欲問此中妙，懷素自言初不知。”語疾速，則有竇御史冀云：“粉壁長廊數十間，興來小豁胸中氣。忽然絶叫三五聲，滿壁縱横千萬字。”戴公又云：“馳毫驟墨列奔駟，滿座失聲看不及。”目愚劣，則有從父司勛員外郎吴興錢起詩云：“遠錫無前侣，孤雲寄太虚。狂來輕世界，醉裏得真如。”皆辭旨激切，理識玄奥，固非虚蕩之所敢當，徒增愧畏耳。時大曆丁巳冬十月廿有八日。

李白《草書歌行》

少年上人號懷素，草書天下稱獨步。墨池飛出北溟魚，筆鋒殺盡中山兔。八月九月天氣凉，酒徒詞客滿高堂。箋麻素絹排數厢，宣州石硯墨色光。吾師醉後倚繩床，須臾掃盡數千張。飄風驟雨驚颯颯，落花飛雪何茫茫。起來向壁不停手，一行數字大如斗。怳怳如聞神鬼驚，時時只見龍蛇走。左盤右蹙如驚電，狀同楚漢相攻戰。湖南七郡凡幾家，家家屏障書題遍。王逸少、張伯英，古來幾許浪得名。張顛老死不足數，我師此義不師古。古來萬事貴天生，何必要公孫大娘渾脱舞。

戴叔倫《懷素上人草書歌》

楚僧懷素工草書，古法盡能新有餘。神清骨竦意真率，醉來爲我揮健筆。始從破體變風姿，一一花開春景遲。忽爲壯麗就枯澀，龍蛇騰盤獸屹立。馳毫驟墨劇奔駟，滿座失聲看不及。心手相師勢轉奇，詭形怪狀翻合宜。人人細問此中妙，懷素自言初不知。

王邕《懷素上人草書歌》

衡陽雙峽插天峻，青壁巉巉萬餘仞。此中靈秀衆所知，草書獨有懷素奇。懷素身長五尺四，嚼湯誦咒吁可畏。銅瓶錫杖倚閑庭，斑管秋毫多逸意。或粉壁，或彩箋，蒲葵絹素何相鮮。忽作風馳如電掣，更點飛花兼散雪。寒猿飲水撼枯藤，壯士拔山伸勁鐵。君不見，張芝昔日稱獨賢。君不見，近日張旭爲老顛。二公絶藝人所惜，懷素傳之得真迹。峥嶸蹙出海上山，突兀狀成湖畔石。一縱又一横，一攲又一傾。臨江不羡飛帆勢，下筆長爲驟雨聲。我牧此州喜相識，又見草書多慧力。懷素懷素不可得，開卷臨池轉相憶。

朱遥《懷素上人草書歌》

幾年出家通宿命，一朝却憶臨池聖。轉腕摧鋒增崛崎，秋毫繭紙常相隨。衡陽客舍來相訪，連飲百杯神轉王。忽聞風裏度飛泉，紙落紛紛如跕鳶。形容脱略真如助，心思周游在何處？

筆下惟看激電流，字成只畏盤龍去。怪狀崩騰若轉蓬，飛絲歷亂如回風。長松老死倚雲壁，蹙浪相翻驚海鴻。于今年少尚如此，歷睹遠代無倫比。妙絶當動鬼神泣，崔蔡幽魂更心死。

魯收《懷素上人草書歌》

吾觀文士多利用，筆精筆妙誠堪重。身上藝能無不通，就中草聖最天縱。有時興酣發神機，抽毫點墨縱横揮。風聲吼烈隨手起，龍蛇迸落空壁飛。連拂數行勢不絶，藤懸查蹙生奇節。劃然放縱驚雲濤，或時頓挫縈毫髮。自言轉腕無所拘，大笑羲之用陣圖。狂來紙盡勢不盡，投筆抗聲連叫呼，信知鬼神助此道，墨池未盡書已好。行路談君口不容，滿堂觀者空絶倒。所恨時人多笑聲，唯知賤實翻貴名。觀爾向來三五字，顛奇何謝張先生。

竇冀《懷素上人草書歌》

狂僧揮翰狂且逸，獨任天機摧格律。龍虎慚因點畫生，雷霆却避鋒鋩疾。魚箋絹素豈不貴，衹嫌局促兒童戲。粉壁長廊數十間，興來小豁胸襟氣。長幼集，賢豪至，枕糟藉麴猶半醉。忽然絶叫三五聲，滿壁縱橫千萬字。吴興張老爾莫顛，葉縣公孫我何謂。如熊如羆不足比，如虺如蛇不足擬。涵物爲動鬼神泣，狂風入林花亂起。殊形怪狀不易説，就中驚燥尤枯絶。邊風殺氣同慘烈，崩槎卧木争摧折。塞草遥飛大漠霜，胡天亂下陰山雪。偏看能事轉新奇，郡守王公同賦詩。枯藤勁鐵愧三舍，驟雨寒猿驚一時。此生絶藝人莫測，假此常爲護持力。連城之璧不可量，五百年知草聖當。

蘇涣《贈零陵僧》

張顛没在二十年，謂言草聖無人傳。零陵沙門繼其後。新書大字大如斗。興來走筆如旋風，醉後耳熱心更凶。忽如裴旻舞雙劍，七星錯落纏蛟龍。又如吴生畫鬼神，魑魅魍魎驚本身。鈎鎖相連勢不絶，倔强毒蛇争屈鐵。西河舞劍氣凌雲，孤蓬自振唯有君。今日華堂看灑落，四座喧呼嘆佳作。回首邀余賦一章，欲令羡價齊鍾張。琅誦□句〔規案：清倪濤《六藝之一録》作“琅琅誦句”〕三百字，何似醉僧顛復狂。忽言告我游南溟，言祈亞相求大名。亞相書翰凌獻之，見君絶意〔《六藝之一録》意作藝〕必深知。南中紙價當日貴，只恐貪泉成墨池。

任華《懷素上人草書歌》

吾嘗好奇，古來草聖無不知。豈不知右軍與獻之，雖有壯麗之骨，恨

無狂逸之姿。中間張長史，獨放蕩而不羈。以顛爲名，傾蕩於當時。張老顛，殊不顛於懷素，懷素顛乃是顛。人謂爾從江南來，我謂爾從天上來。負顛狂之墨妙，有墨狂〔《六藝之一録》作顛狂〕之逸才。狂僧前日動京華，朝騎王公大人馬，暮宿王公大人家。誰不造素屏？誰不塗粉壁？粉壁摇晴光，素屏凝曉霜。待君揮灑兮不可彌〔《六藝之一録》作弭〕忘。駿馬迎來坐堂中〔《六藝之一録》堂中作中堂〕，金盆盛酒竹葉香。十杯五杯不解意，百杯已後始顛狂。一顛一狂多意氣，大叫一聲起攘臂。揮毫倏忽千萬字，有時一字兩字長丈二。翕若長鯨潑剌動海島，欻若長蛇戍律透深草。回環繚繞相拘連，千變萬化在眼前。飄風驟雨相擊射，速禄颯拉動簷隙。擲華山巨石以爲點，掣衡山〔《六藝之一録》作衡岳〕陣雲以爲畫。興不盡，勢轉雄，恐天低而地窄。更有何處最可憐，褭褭枯藤萬丈懸。拂秋水，映秋天。或如絲，或如髮，風吹欲絶又不絶。鋒芒利如歐冶劍，勁直渾是并州鐵。時復枯燥何襹褷，忽覺陰山突兀横翠微。中有枯松錯落一萬丈，倒挂絶壁蹙枯枝。千魑魅兮萬魍魎，欲出不出何閃屍。又如翰海〔《六藝之一録》作瀚海〕日暮愁陰濃，忽然躍出千里龍。夭矯偃蹇，入乎蒼穹。飛沙走石滿塞窮，萬里颼颼西北風。狂僧有絶藝，非數仞高墻不足以逞其筆勢。或逢花箋與絹素，凝神執筆守恒度。別來〔《六藝之一録》作别作〕筋骨多情趣，霏霏微微點長露。三秋月照丹鳳樓，二月花開上林樹。終恐絆騏驥之足，不得展千里之步。狂僧狂僧爾雖有絶藝，猶當假良媒，不因禮部張公將爾來，如何得聲名一旦喧九垓。

本論文曾在唐代研究學者聯誼會宣讀。

三、敦煌唐人陷蕃詩集殘卷餘論

巴黎國家圖書館藏敦煌伯二五五五號寫本，鈔録唐人詩多首，遠在三十多年前，法國戴密微（Paul Demiéville）教授，已選輯并譯注屬於陷蕃詩人的作品若干首於其所著《吐蕃佛教會議》一書中。其後，留法學人陳祚龍教授曾在臺灣發表《新校重訂敦煌古鈔李唐詞人陷蕃詩歌初集》《關於敦煌古鈔某些李唐邊塞詞客之詩歌》兩篇大作。王重民先生曾用二十餘年的辛勤，搜輯全唐詩的佚詩，擬編成一集，以補全唐詩之缺。全稿分三卷，第一卷均有作者姓氏；第二卷均失作者姓氏，凡殘詩集依集編次，凡單編詩依詩編次；第三卷爲敦煌人作品，咏敦煌者如《敦煌二十咏》亦附入。在王氏逝世之前，大致已經完成。第一卷曾在《中華文史論叢》第三輯發表，題名爲《補全唐詩》。第二卷在王氏逝世後，有一部分得到舒學先生的整理，發表在《敦煌資料》第一輯，題名《敦煌唐人詩集殘卷》。舒氏曾加説明云:“敦煌卷子中，有一個殘卷録有若干詩篇（編號爲伯二五五五）。其中有唐人詩作七十二首，爲唐朝中期我國國内民族戰爭中被吐蕃俘虜的兩個敦煌漢族人所作。這些詩，過去没有見過著録，《全唐詩》也没有收入。這兩個殘詩集的作者：一個姓名不可考……另一個是馬雲奇。”由於諸家頗多誤認寫本文字，又誤指馬雲奇是詩集作者，如不加以辨正，必將引發後來研究者更多更大的訛謬。所以我在一九七九年十一月廿日寫成《敦煌唐人陷蕃詩集殘卷校録》一文，在《幼獅學志》第十五卷第四期發表，旨在整理出一份正確可讀的陷蕃詩集，并指出馬雲奇絶非陷蕃詩集的作者。後來看見《中華文史論叢》（一九八一年第四輯）載有王重民輯録、劉修業整理的《補全唐詩拾遺》一文，知道王氏初稿已造成錯誤。因此，我又根據寫《敦煌唐人陷蕃詩集殘卷校録》時的觀點，補充證據。同時我又指出這個寫本正面陷蕃詩第五十九首閨情詩後，王重民漏鈔落蕃人毛押牙（衙）的一首《胡笳十九拍》，斷定陷蕃詩作者有一個毛押牙。一九八五年一月十二日并於唐代研究學者聯誼會宣讀後，把論文發表於《漢學研究》第三卷第一號。去年暑假在香港，又

看到柴劍虹先生的《敦煌伯二五五五卷馬雲奇詩辨》，柴文的觀點和我的主張相同，馬雲奇非陷蕃詩的作者，似乎獲得初步的肯定。唯柴文誤解馬雲奇詩“聞到懷書西入秦”并非專指懷素西游長安，我曾加以批評。又抄出陷蕃人毛押牙續作的《胡笳十九拍》中，頗有誤字，如原卷“去年骨肉悲坼”，“坼”即“坼”字，上或當脱一“離”字，柴文作“去年骨肉悲□□”。原卷“失土黐同落水瓶”，柴文誤作“告土□成落水瓶”。原卷“歲暮態情生百端”，“態”蓋原卷誤字，柴改作“愁”，我改作“悲”，因此又寫成《續論敦煌唐人陷蕃詩集殘卷作者的新探測》一文，在香港國際敦煌吐魯番學術會議發表。會議期間，獲友人惠贈《敦煌唐人詩集殘卷考釋》一書，作者爲高嵩先生。高先生序言稱於一九八〇年夏季赴青海湖東側及河西走廊的武威、張掖兩地進行考察，就殘卷中一些地名的位置進行踏勘和調查。次年二月，又把寫本照片和舒學整理稿作了覆校，費時三年，稿凡七易，纔寫成了這本考釋，用力不可謂不勤。但由於誤認文字，誤信作者有一位馬雲奇，就産生不少的錯誤。現在約略舉出其注釋中關於誤認誤解的錯誤，如：

（一）《首秋聞雁并懷敦煌知己》

倏忽霜秋被野草

注釋云：霜秋，照片迹近霜花。

規案：寫本原作“霜風”，舒本誤作“霜秋”，注釋不合原本。

（二）《困中登山》

步步□或嶺，悠悠時往還。

注釋云：步步二句似爲“步步城或嶺，悠悠時往還。”臨蕃城西北隅，近今之猪頭山，若此處再有子城，則可至山根，更宜乎“步步城或嶺，悠悠時往還”的意境。

規案：原卷作“步步登或嶺”，或字旁有乙倒符號，原文當爲“步步或登嶺”。文義本明。王重民本作“步步或☐嶺”，注釋誤作“步步☐或嶺”，遂滋生臆説。又題目《困中登山》，原卷實作《國中登山》。

（三）《得倍酬迴》

人回忽得信，具委書中情。羈思頓雖豁，憶君思轉盈。自憐飄泊者，邂逅閉荒城。欲識肝腸斷，更深聽叫聲。

注釋云：“建中四年冬作于臨蕃。按：詩題當作《得倍酬回》，意爲酬答得倍一位被遣歸的人。得倍即今之多巴鎮，或爲南凉王禿髮烏孤統治河湟時以其鮮卑宗姓禿髮（音禿拔）命名之地。其地在臨蕃城西北近側，當是依山瀕水的一個村墅，那裏也押着唐俘。”又高氏地名考略云：“佚名氏在臨蕃《有得倍酬迴》一詩，初讀此詩，疑‘得倍’係‘得信’之訛；酬迴係酬迴之訛。經至北京圖書館借伯二五五五號圖片細看，倍字原抄作‘信’，後由抄者特以重筆添加兩點改作倍，乃知‘得倍’不誤。‘酬迴’不通，當作酬回。題意爲酬得倍之回者。問題在於得倍其地，我們不明所在。值得注意的是，佚名氏住在臨蕃城裏，與外面并未隔絶，而是有朋友相過從、有詩札相往還，這在殘卷中看得很清楚。得倍和臨蕃的空間關係如何？何以佚名氏要請得倍友人傾聽自己發自臨蕃城内的深更絶叫？我以爲得倍其地，就是前文‘困中登山’‘村犬吠林間’一句中提到的那個村墅。它在猪頭山下，緊貼着臨蕃城西北角。今多巴的布局是前鎮後村；村子距東面西納川甚遠，其間正可容納一個臨蕃城。可以想像，當年佚名氏

在日，西出臨蕃城，便是猪頭山的土嶺；反之，下了土嶺，便是臨蕃城。而在土嶺的緩坡之下，便是得倍。至於得倍的得名，可能與鮮卑大姓拓跋或禿髮有關。南凉王禿髮烏孤及其弟禿髮利鹿孤統治此地頗有年月，得倍的名稱大概得於那時。而今之多巴，則可能是由古蒙語中轉音而來。再者，村墅得倍，地方雖小，壽命却長，并不像臨蕃軍城那樣煊赫一時而烟雲過眼。我以爲這裏在修建臨蕃城之前早有得倍存在；修建臨蕃城之後由於得倍偏在山隅而無妨於并存。今臨蕃堙毁已逾千載，作爲農耕據點的得倍却得世世相因而致有今之多巴。"

規案：原卷詩題作"得信詶迴"，字迹甚分明，并無"抄者以重筆添加兩點改作倍"之處。高氏篤信誤字，恣逞臆説。其實"得信詶迴"，意爲得來信以詩簡酬答，事義至明。若解得倍酬回，爲得倍之回者，則古今無此屬辭之法。況原文本爲得信，得倍乃憑空鑿造之文字乎？

（四）《除夜》

親改睽携長已矣。

注釋：親改睽携，謂輪到本人改變羈囚處境。睽携：携離也。謝靈運詩："即事怨睽携。"

規案：原卷作"親故睽携長已矣"，高氏誤"故"爲"改"，遂生誤解。

（五）《久憾縲紲之作》

今時有恨同蘭芝，即日無辜比冶長。

注釋：今時句，漢末五言樂府《孔雀東南飛》主人公劉蘭芝，受婆家虐待回娘家，受娘家逼迫而自殺。此處婆家喻蕃而娘家喻唐。

規案：原卷作“今時有恨同蘭艾”，《晋書·孔坦傳》：“蘭艾同焚，賢愚所嘆”，喻賢愚不分，同遭殘毁。高氏襲舒本、王本之誤，遂復滋生誤解。

（六）《晚秋》（七首）

（其一）戎庭縲紲向窮秋，寒暑更遷歲欲周。斑斑泪下皆成血，片片雲來盡帶愁。朝朝心逐東溪水，夜夜魂隨西月流。數度恓惶猶未了，一生榮樂可能休。

（其二）天涯地角一何長，雁塞龍堆萬里疆。每恨淪流經數載，更嗟縲紲泣千行。

（其三）縲紲戎庭恨有餘，不知君意復何如？一介耻無蘇子節，數回羞寄李陵書。

（其四）髮爲多愁白，心緣久客悲。更遭縲紲事，因此改容儀。

（其五）春來漸覺没心情，愁聞犲狼夜叫聲。君但遠聽腸應斷，况僕羈縲在此城。

（其六）日月千回數，君名萬遍呼。睡時應入夢，知我斷腸無？

（其七）白日歡情少，黄昏愁轉多，不知君意裏，還解憶人摩？

注釋：這一組詩，當是興元元年成於臨蕃者。其中的篇什，係步馬雲奇詩而成。看來係抄贈馬雲奇的。（其一）朝朝二句，東溪水（今剌撒水）東南入湟水而隨之東流。故“朝朝”一句是東望長安；而“夜夜”一句是西望敦煌。二句與馬雲奇被蕃軍中拘繫之作“泪滴東流水，心遥北翥鴻”的意境互相匯通。（其三）〔不知句〕，此處套用馬雲奇《送游大德赴甘州口號》首句“支公張掖去如何？”此詩係仄起，馬詩係平起。〔一介

二句〕，這是說，我作爲沙州降將的部下，羞於向友人寄出李陵答蘇武書式的信件。按，馬雲奇被蕃軍中拘繫之作，張掖軍民“戰苦不成功”而保全了忠孝節，該地是吐蕃硬打下來的。佚名氏此詩似是贈馬之作，否則便不易理解。（其四）〔髮爲二句〕，此二句套馬雲奇“途中憶兒女之作”“髮爲思鄉白，形因泣泪枯”之句。（其五）〔君但二句〕，君只要遠聽就應斷腸，何况我被關在這城裏面而近聽呢？按這話是對關在得倍的難友講的。這也可證馬雲奇是關在得倍。（其六）〔睡時二句〕，此二句套馬雲奇“途中憶兒女之作”“爾曹應有夢，知我斷腸無？”按：全詩也步其韵。

規案：高氏誤信馬雲奇爲陷蕃詩人，又據誤本立説，臆説瀾翻，不知所届。吾人深幸秘籍佚聞，出於千載沈埋之下，又恐訛言謬説，野語流傳，轉爲學術之蠹。即如（其三）“縲紲戎庭恨有餘，不知君意復何如？一介耻無蘇子節，數回羞寄李陵書”。高氏以爲“不知”句乃“套用馬雲奇送游大德赴甘州口號首句支公張掖去如何？此詩係仄起，馬詩係平起”。按高氏注釋以“支使”解“支公”，謂“在唐代，係節度使或觀察使的僚屬”，不知支公當指高僧支道林，蓋以比僧侶游大德。其誤至顯。又確指“不知君意復何如”爲套用“支公張掖去何如”，不知何所據而云然。其結論乃謂“這一組詩，係步馬雲奇詩而成，看來是抄贈馬雲奇的”。真使人興“匪夷所思”之感。

（七）《題故人所居》

往往登憩徑，時時或飯牛。一身尚栖屑，庶身安無憂。

注釋：〔憩徑〕，湟濱土山，多有小徑横斜，耕牧者回環而上，有塄坎可以憩息。〔一身〕，猶一人，專指皇帝。〔栖屑〕，恓惶狼狽，此指德宗奔奉天事。〔庶身〕，普通人，或僅爲地方長官任命的官吏均稱庶身。

規案：原卷“憩”作“憔”，敦煌寫本木、扌不分，憔乃樵字。樵誤作憩，遂從而爲之辭。原卷“庶身”作“庶事”，一身、衆事，皆指故人。又復攀引天子。

（八）《俯吐蕃禁門觀田判官贈向將軍真言口號》

怪來偏得君王憐。料取分明在眼前。說相未應驚鷰鴿，看心且愛真如弦。

注釋:〔說相句〕，是言：論相貌并不驚人，鷰、鴿皆小鳥名。

規案：原卷，鴿當是頷字。燕頷説相，見《後漢書·班超傳》：“超問其狀，相者指曰：生燕頷虎頸，飛而食肉，此萬里侯相也。”此二句言將軍不但具封侯之相，且有正直之心也。

以上略舉數條，并非有意攻訐高氏的錯誤。其實高氏親身探勘陷蕃詩人行踪，實事求是的精神，值得人敬佩。只是誤信馬雲奇也是陷蕃詩集的作者，又根據錯誤的文字，滋生誤解，這都是我在香港研討會宣讀論文所呼籲的。因爲珍貴的學術資料，不容易發現；正確的學術見解，不容易獲致。如果輕信謬見，誤認本文，以誤解誤字爲著書立説的基礎，斫傷學術成果，妨礙學術發展，其後果可以説是極端嚴重的，因此我再贅此文，作再一度的呼籲，希望從事學術工作者提高警惕，應該不是浪費筆墨而是有相當的意義的吧！

一九八七年十一月廿四日寫定

（原載《敦煌學》13輯，1988年6月，頁79—110）

敦煌王梵志詩新探

在神話氣氛籠罩下的王梵志和他的詩歌作品，給予人一種迷離惝恍和不可捉摸的感覺。其人似有似無，其詩疑真疑僞，既不能知其人，也不能論其世，欲求認識其人的真面目，評論其詩的真價值，那真是“戛戛乎其難”了！我根據事實，潛心研索之後，我發現王梵志是一個尋常的棄嬰，并不帶有神秘的色彩。他的詩是一種通俗的作品，絲毫没有詭异的風格。他所歌咏的時事，都是當時人切身的問題；他所歌咏的道理，都是當時人平實的思想。雲霧撥去，清光自來。我現在分别説明如後。

一、作者是平常的人

關於王梵志的事迹，遺留下來的記録，非常簡略；且有語涉荒誕，許多學者把他看成神話中的人物，以致損害事實真相，造成種種錯覺誤會，我們必須加以澄清。考王梵志早期可信的記載，應該是《桂苑叢談》[①]轉

①《四庫提要・子部・小説家》：“舊本題馮翊子子休撰，不著姓名。邯鄲書目稱其姓嚴，名則終不能考也。”

録自史遺的一段事實。《太平廣記》卷八十二也有相類的一條記載。但《桂苑叢談》的作者是唐僖宗昭宗時代的人，成書早於《太平廣記》(《廣記》是978年編成，981年刊行）一百年左右。細勘兩書的文字，《太平廣記》顯然是襲用同一資料，但却有許多竄改失真之處。現在抄録如後，并加以比對：

王梵志，衛州黎陽人也。黎陽城東十五里，有王德祖者（《太平廣記》作“城東有王德祖者”，“城東”上删“黎陽”二字，下省“十五里”三字），當隋之時（《廣記》作“當隋文帝時”，增“文帝”二字），家有林檎樹，生癭大如斗，經三年，其癭朽爛（《廣記》省“其癭”二字）。德祖見之，乃撤其皮（《廣記》作“德祖剖其皮”），遂見一孩兒（《廣記》省“遂”字），抱胎而出（《廣記》省“而出”二字），因收養之（《廣記》作“德祖收養之”）。至七歲，能語，問曰（《廣記》省“問”字）：“誰人育我？復何姓名？”德祖具以實告（《廣記》改“告”爲“語之”），因曰：“林木而生曰梵天（《廣記》作“雙木曰梵，名曰梵天”）；〔後改曰梵志〕（規案：“後改曰梵志”疑爲註文，謂初名“梵天”，後乃改爲“梵志”。混入正文，以致隔斷語氣）。我家長育，可姓王也”（規案：此皆王德祖答語，謂生於林檎木，故名之曰“梵天”，“長育於我家，可姓王也”。是七歲對答時猶名爲王梵天，其後乃改名爲“王梵志”。《廣記》此數句作“因曰：雙木曰梵，名曰梵天。後改曰志。王家育我，可姓王也。”語氣轉成梵志之言，謂雙木曰梵，名曰梵天，後改曰梵志；王家育我，可姓爲王。變“我家”爲“王家”，竄改的痕迹很爲明顯。本來是七歲孩童剛會説話時提出問題，王德祖依照事實的答話，變成了七歲孩童自問自答的對話，顯然不合情理。此由《太平廣記》或所據竄改所造成的現象）。作詩諷人，甚有

> 義旨，蓋菩薩示化也（《廣記》作“梵志善作詩，甚有旨趣”）。史遺（《廣記》作“出逸史”）。

將《桂苑叢談》和《太平廣記》文字互相比對，可以看出《叢談》的記載較早，也較爲正確。據我看來，《叢談》只是如實叙述：王德祖家園中有一棵林檎樹，生了斗大的瘿，經過三年，樹瘿腐爛了，德祖剥開樹皮一看，發現了一個嬰兒，就抱胎兒出來，把他收養成長。到了七歲纔能説話的時候，就詢問他出生的經過和姓名。王德祖據實告訴他，是從林檎樹朽瘿中抱出來的，并不知他出生的來歷；是他王家撫養成長的，所以就叫他王梵天。至於王梵志的名字，是以後更改的。從記載看來，并没有絲毫神异的色彩。據我的了解，王德祖只是發現了一個安置在樹瘿掩蔽中的嬰兒，抱來撫養成人。他心裏想這個嬰兒定然是被生身父母所遺棄，不過他没有對王梵天説出他心裏的想法罷了。這一段記載，被近人看成是一段神話，如胡適先生《白話文學史》根據《太平廣記》的記載，加以推斷説：“此雖是神話，然可以考見三事：一爲梵志生於衛州黎陽，即今河南浚縣，一爲他生當隋文帝時，約六世紀之末。三可使我們知道唐朝已有關於梵志的神話，因此又可以想見王梵志的詩在唐朝很風行，民間才有這種神話起來。”因此，日本學者入矢義高教授，認爲神話式的記載，不能作爲王梵志傳記的資料。[①]金岡照光教授甚至認爲王梵志這一人物的存在是非常神秘的，不妨認爲其名字大概也是假的。[②]菊池英夫教授也作同樣的看法，他説：“作者王梵志有着種種神秘化的傳説，有人把他和同時代人相比，推定爲天寶、大曆年間謎一樣的人物。入矢義高推測他不屬於特定僧團某一宗派的游行各地的游脚僧、化俗法師一人或幾人的稱呼，是可

① 入矢義高:《論王梵志》,《中國文學報》(日文)第3、4期，1955、1956年。

② 金岡照光:《敦煌的民衆——其生活與思想》，評論社版，1972年。

以想見的。”[①]其實，據《桂苑叢談》的記載，不過是一個棄嬰被人收養的經過，并没帶有什麽神秘色彩。我們試看另一棄嬰唐代詩人陸羽的身世。《新唐書》卷一九六《陸羽傳》：

> 陸羽，字鴻漸；一名疾，字季疵。復州竟陵人，不知所生。或言有僧得諸水濱，畜之。既長，以易自筮，得蹇之漸，曰："鴻漸于陸，其羽可用爲儀"，乃以陸爲氏，名而字之。……貞元末，卒。羽嗜茶，著經三篇，言茶之原之法之具尤備。天下益知飲茶矣。時鬻茶者至陶羽形置煬突間，祀爲茶神。

又《唐詩紀事》記他的出生云：

> 太子文學陸鴻漸，名羽，其先不知何許人。景陵龍蓋寺僧姓陸，於堤上得初生兒，收育之，遂以陸爲氏。及長，聰俊多聞，學贍詞逸，詼諧辯捷。性嗜茶，始創煎茶法。至今鬻茶之家，陶爲其像，置於湯器之間，云宜茶足利。

《唐詩紀事》所記，即是《新唐書·陸羽傳》"或言有僧得諸水濱"的較詳敘述。這得諸水濱的初生兒，當然是一個棄嬰。因爲被姓陸的僧人收養，就以陸爲姓，正如同王梵志被王家收養便姓王一樣。比較起來，《桂苑叢談》所記王德祖家發現的初生兒，係放置在王家園林的斗大樹癭中，外有樹皮，内有空窩，安全性遠比放置在水濱堤上爲高。這棄嬰的生身父母，或是一個窮苦人家，無力養育他的兒子，因此蓄意選中一個樂善素

---

① 菊池英夫:《唐代敦煌社會的外貌》,《敦煌講座》之三，大東出版社版，1980年。

封之家，使他的骨肉獲得安身的處所，纔會特意放置在王德祖家的林檎樹中。陸羽的生身父母把他拋棄在水邊堤上，就比較不關心他的生死禍福。姓陸的僧人偶然發現并收養他，對他缺少愛心，强迫他學做僧人，陸羽不願意，就驅使牧牛割草，做苦工，來虐待他。而王梵志則頗受王家善意撫養，所以他的詩中頻頻提到“吾家多有田”“吾家昔富有”。兩個同樣的棄嬰的記載，絲毫没有神秘的氣氛，也談不上什麽神話式的記載。

至於《桂苑叢談》《太平廣記》記載王梵志七歲纔能説話，似乎事不尋常；但説話較遲，事關生理，也非神話。王陽明先生就是一個説話遲過常兒的人。《年譜》[①]云：

> 憲宗成化十有二年丙申，先生五歲：先生五歲不言。一日，與群兒嬉，有神僧過之，曰：“好個孩兒，可惜道破。”（祖）竹軒公悟，更今名，即能言。一日，誦竹軒公所嘗讀過書，訝問之。曰：聞祖讀時，已默記矣。

清朝大學者戴震更是著名説話遲的兒童。劉申叔先生《戴震傳》[②]云：

> 戴先生震，字東原，安徽徽州府休寧縣人。生具异稟，十歲始能言。就傅讀書，過目成誦，日數千言不肯休。授《大學章句》，至右經一章節，問塾師曰：“此何以知爲孔子之言而曾子述之？又何以知爲曾子之意而門人記之？”師應之曰：“此朱文公所述。”即問：“朱文公何時人？”曰：“宋朝人。”“孔子曾子何時人？”曰：“周朝人。”“周朝、宋

① 門人錢德洪、王汝中編：《陽明先生年譜》，附《王文成公全書後》，《四部叢刊》初編縮印本。

② 劉師培：《劉申叔先生遺書·左庵外集》卷十八，寧武南氏印本，1934年。

朝相去幾何時矣？”曰：“幾二千年矣。”“然則朱文公何以知其然？”師無以應。識者知其非常人。

由於王陽明、戴東原時代近，著述豐，事迹顯，所以都不懷疑他們的事迹，否則單就遲説話一樁事，也可以説他們是神話人物，一切不足采信了。

還有王梵志的名字，只是受當時佛教熏習的社會風氣所產生。我們知道魏晋以來，佛教漸盛，即有人喜用佛典取名。南北朝隋唐時代取名沙門、羅漢、維摩、金剛的人很多，王梵志的取名，在當時社會風氣，實在是一樁極尋常的事件，即非怪异的傳聞，更不能視爲神話中的人物。《桂苑叢談》最後稱贊他“作詩諷人，甚有義旨，蓋菩薩示化也”，“菩薩示化”也是一句普通贊嘆的用語。正如《唐書・陸羽傳》説“祀爲茶神”，也不過摧崇他茶道高超之意。因此，我們用平常心對《桂苑叢談》做如實的了解，王梵志只是出生在隋代的一個被人收養的棄嬰，長大後寫成許多諷世動人的詩篇，在民間廣泛流傳，終於得到大衆稱許的偉大詩人而已。

二、作品是通俗的詩

張錫厚《王梵志詩校輯》一書[①]，從二十八種敦煌寫本，以及唐宋詩話、筆記小説裏，用力搜集，得到三百三十六首王梵志詩。這和敦煌斯七七八號寫本《王梵志詩集序》所説的：“目録雖則數條，制詩三百餘首”的話，頗爲吻合。同時《詩集序》説他的詩是“不守經典，皆陳俗語”，可見王梵志的詩是通俗的詩。這可從兩方面來説，一方面他的詩用的是通

① 張錫厚：《王梵志詩校輯》，中華書局，1983年。

俗的語言，一方面他的詩用的是通俗的體裁。現在舉《校輯》(〇三〇)一首作例，來看王梵志詩用俗語的情況：

> 村頭語户主，鄉頭無處得，在縣用紙多，從吾相便貸。我命自貧窮，獨辦不可得。合村看我面，此度必須得。後衙空手去，定是搦你勒。

此詩村頭、鄉頭、用紙、後衙、空手、搦勒等，全是當時極通俗的語言。《通典·食貨三》:“大唐令：諸户以百户爲里，五里爲鄉，四家爲鄰，三家爲保。每里置正一人，掌按比户口，課植農桑，檢察非違，催驅賦役。在邑居者爲坊，别置正一人，掌坊門管鑰，督察奸非，并免其課役。在田野者爲村，别置村正一人，其村滿百家，增置一人，掌同坊正。其村居如滿十家者，隸入大村，不須别置村正。”村頭即村正的俗稱，鄉頭即五里爲鄉的鄉長。用紙，是因鄉長辦公需用紙筆，即辦公費的代語。《唐六典》卷三:“凡男女始生爲黄，四歲爲小，十六爲中，二十有一爲丁，六十爲老。每一歲一造計帳，三年一造户籍。縣以籍成于州，州成于省，户部總而領焉。諸造籍起正月，畢三月，所須紙筆裝潢軸帙皆出當户内，口别一錢。計帳所須，户别一錢。”故用紙即用紙筆等之意。(〇二七)“乾唤愧曹長，紙筆見續到”，紙筆也是紙筆錢的意思。《敦煌變文集·鷰子賦》:“還有紙筆當值，莫言空手冷面”，紙筆也是錢財的代語。空手，手無錢物，是紙筆錢財的反面。“後衙”，指後一期的衙日。唐時，州縣官集會僚屬處理公事，稱爲衙日。韓愈詩:“如今便别長官去，直到新年衙日來。”“搦你勒”，唐代稱逮捕爲捉搦，有時單用捉字，如《敦煌變文集·王陵變文》:“待捉王陵不得之時，取死不晚。”有時單用搦字，如《李陵變文》:“追取左賢王下兵馬數十萬人，四面圍之，一時搦取。”又

《鷰子賦》："賴值鳳凰恩澤，放你一生草命，可中鷂子搦得，百年當時了竟。"搦即拘捕，勒即勒索，搦勒，謂捉拿勒索，"搦你勒"，猶言搦勒你。這首詩是一個村長替鄉長向村民斂財的寫照，村長對户長説："鄉長辦公，需要很多紙筆錢，這些費用没地方籌措，却來向我商量借貸，偏偏我天生窮命，叫我一個人如何辦得到！這一遭看在我的薄面，務必大伙幫忙湊合，如果拿不到這筆錢，下一次衙日，空着手去交差，定然會遭受嚴譴，還要把你們抓去敲問，那就有得你們好受呵！"狡詐的村頭，好哄，巧騙，軟語，硬逼，活生生寫出一尾老狐狸的形相。這種用最通俗的口語，最逼真的描寫，在古今詩的文學中真是别開生面，自創一格。王静安先生《宋元戲曲考》云：

> 古今之大文學，無不以自然勝，而莫著於元曲。蓋元劇之作者，其人均非有名位學問也。其作劇也，非有藏之名山傳之其人之意也。彼以意興之所至爲之，以自娱娱人。關目之拙劣，所不問也；思想之卑陋，所不諱也；人物的矛盾，所不顧也；彼但摹寫其胸中之感想與時代之情狀，而真摯之理與秀傑之氣，時流露於其間。（元劇之文章）

這一番話，拿來評王梵志詩，也可説是十分恰當。

其次，王梵志詩的體裁，絶大部分都是用最盛行、最通俗的五言詩寫成的。我們知道六朝至唐初，詩學界最通行的便是五言詩，所以梁朝鍾嶸《詩品》序説："夫四言，文約意廣，取效風騷，便可多得。每苦文繁而意少，故世罕習焉。五言，居文詞之要，是衆作之有滋味者也。故云會於流俗，豈不以指事造形，窮情寫物，最爲詳切者邪！"所以《詩品》所品評的作品，全部都是五言詩。由此可以看出六朝唐初的詩界，最盛行最通俗的便是五言詩。姑不論一般文人學士用來寫作的，多數是五言詩。甚至許

多人，遭逢巨變大難，在危迫的關頭，吐露心聲的也是五言詩。如梁元帝被囚時，製詩四絶[①]：

其一曰："南風且絶唱，西陵最可悲。今日還蒿里，終非封禪時。"

其二曰："人世逢百六，天道异貞恒。何言异螻蟻，一旦損鵾鵬。"

其三曰："松風侵曉哀，霜雰當夜來。寂寥千載後，誰畏軒轅臺。"

其四曰："夜長無歲月，安知秋與春。原陵五樹杏，空得動耕人。"

又如宋晋熙王昶，叛國奔魏，棄母妻，唯携妾一人，作丈夫服，騎馬自隨。在道慷慨爲斷句曰[②]："白雲滿鄣來，黄塵半天起。關山四面絶，故鄉幾千里。"

又如梁宗室蕭正德，自謂應居儲嫡，心常怏怏。普通三年奔魏。初去之始，爲詩一絶，内火籠中，即咏竹火籠曰[③]："楨幹屈曲盡，蘭麝氛氲銷。欲知懷炭日，正是履冰朝。"

還有弱女子如霸城王整之姊，嫁爲衛敬瑜妻，年十六而敬瑜亡。父母舅姑咸欲嫁之，誓而不許，乃截耳置盤中爲誓，乃止。遂手爲亡婿種樹數百株，墓前柏樹忽成連理，一年許，還復分散，女乃爲詩[④]曰："墓前一株柏，根連復并枝。妾心能感木，頹城何足奇。"

女所住户有燕巢，常雙飛來去，後忽孤飛，女感其偏栖，乃以縷繫脚爲志。後歲，此燕果復更來，猶帶前縷，女復爲詩[⑤]曰："昔年無偶去，今春猶獨歸。故人恩既重，不忍復雙飛。"

乃至不習文的大將，也能作詩，例如梁將曹景宗凱旋還朝，梁武帝於華光殿宴飲連句，令左僕射沈約賦韵，景宗不得韵，意色不平，啓求賦

①《南史》卷8《梁紀下》。

②《南史》卷14《宋宗室下》。

③《南史》卷51《梁宗室上》。

④《南史》卷74《張景仁傳》。

⑤ 同前。

詩。帝曰："卿伎能甚多，人才英拔，何必止在一詩。"景宗已醉，求作不已。詔令沈約賦韵，時韵已盡，唯餘競病二字，景宗便操筆，斯須而成，其辭[①]曰："去時兒女悲，歸來笳鼓競。借問行路人，何如霍去病。"

甚至有不識字的武夫也能賦詩，如宋孝武帝時的大將沈慶之。孝武嘗歡飲，普令群臣賦詩，慶之粗有口辯，手不知書。每將署事，輒恨眼不識字。孝武逼令作詩，慶之曰："臣不知書，詩口授師伯。"上即令顔師伯執筆，慶之口授之，[②]曰："微生遇多幸，得逢時運昌。朽老筋力盡，徒步還南岡。辭榮此聖世，何愧張子房。"

這種風氣，一直延綿不絶，如《朝野僉載》卷四"牛弘"條云："隋牛弘爲吏部侍郎，有選人馬敞者，形貌最陋，弘輕之，側卧食果子，嘲敞曰：'嘗聞扶風馬，謂言天上下。今見扶風馬，得驢亦不假。'敞應聲曰：'嘗聞隴西牛，千石不用軥。今見隴西牛，卧地打草頭。'弘驚起，遂與官。"《隋唐嘉話》卷中記載"唐太宗宴近臣，戲以嘲謔"的故事，長孫無忌嘲笑爲人"瘦小特甚，寢陋"的歐陽詢，詩云："聳膊成山字，埋肩不出頭。誰家麟閣上，畫此一獼猴。"歐陽詢毫不示弱，立即反唇相譏："索頭連背暖，俒襠畏肚寒。只由心溷溷，所以面團團。"我們看了上引詩句的作者，不論他們是侯王將相、學士文人、女子白丁，他們都是觸事見意，因感抒情，信口而發，率意而書，用的都是五言詩，可見五言詩是那個時代最通俗最通行的體裁。現在根據張錫厚校輯的王梵志詩前五卷（第六卷是經後人轉引，暫且除去）共二百九十三首詩，加以分析，共有五種：

（一）傳統五言詩：卷一,十七首；卷二,六十一首；卷三,五十八首；卷五,四十七首：共一百八十三首。

①《南史》卷55《曹景宗傳》。

②《南史》卷37《沈慶之傳》。

（二）五言絶句（五言四句詩）：卷三，七首[①]；卷四，九十二首，共九十九首。

（三）五言八句詩（全是古體）：卷三，共九首。[②]

（四）六言詩，卷三共一首。

（五）七言詩，卷一，一首；卷三，二首；共三首。

由上列統計，可以説王梵志詩幾乎全部都是傳統的最通行的五言詩。五言四句詩與六朝所謂絶句相同。五言八句詩也全是古體，没有一首符合初唐五律詩的規格，試舉九首中比較合律的（○八四）一首爲例：

雷發南山上，雨落北澤（戴密微校作海）中。雷驚霹靂火，雨激咆哮風。倏忽威靈歇，須臾勢乃窮。天地不能已，知汝身爲空。

這首詩首句仄起，第二句仍仄，聲律不協。頸聯對稱，但腹聯詞性却

---

①（○九二）（○九三）（一三七）（一四○）（一四二）（一四三）（一四四）。

②（○八四）（○八五）（○八八）（○九五—○九九）（一○一）（一○八）（一三○）。案張錫厚《校輯》（○九五）：“無常元不避，果到即須行。從作七尺影，俱墳一丈坑。妻兒啼哭送，鬼朴唱歌迎。”（○九六）：“古來皆有死，何必得如生。造化成爲我，如人弄郭郎。”（○九七）：“魂魄似繩子，形骸若柳木。掣取細腰肢，抽牽動眉目。”（○九八）：“繩子乍斷去，即是乾柳模。觀此身意相，都由水火風。”（○九九）：“有生皆有滅，有始皆有終。氣聚則成我，氣散即成空。一群泊死漢，何似叫頭蟲。”分首有誤。當改正爲（○九五）：“無常元不避，果到即須行。從作七尺影，俱墳一丈坑。妻兒啼哭送，鬼朴唱歌迎。古來皆有死，何必得如生。”（○九六）：“造化成爲我，如人弄郭郎[1]魂魄似繩子，形骸若柳木。掣取細腰肢，抽牽動眉目。繩子乍斷去，即是乾柳模[2]。”（○九七）：“觀此身意相，都由水火風。有生皆有滅，有始皆有終。氣聚則成我，氣散即成空。一群泊死漢，何以叫頭蟲。”是則張校輯此五首（二首六句，三首四句）當改爲三首八句詩。

[1] 規案：“郭郎”疑郭秃之誤，《顔氏家訓·書證篇》云：“俗名傀儡子爲郭秃，有故實乎？”答曰：“風俗通云：‘諸郭皆諱秃。’當是前代人有姓郭而病秃者，滑稽戲調，故後人爲其象，呼爲郭秃。”秃與木、目、樸皆入聲屋韵。八句四韵爲一篇，意義貫串。

[2] 張校：“模，出韵，俟校。”規案：敦煌寫本，模、樸形近，“模”當是“樸”字。樸，木材，言繩斷魂去，則形骸如乾柳之樸，即成僵屍。樸、目、木同爲屋韵字。

不對稱。可見王梵志詩完全没有熏染到初唐沈宋“回忌聲病，約句準篇”的風氣。試和唐代詩僧寒山的作品相比較，就可以看出王梵志詩是更早期更通俗的詩體。據王運熙、楊明《寒山子詩歌的創作年代》云：

寒山子詩今存三百十一首，内五言詩二百八十四首，其中五言八句者二百四十六首，約占五言詩總數的百分之八十七。這些五言八句的詩歌，從體制上説，可分爲兩大類：

第一大類：全詩無偶句或對偶很不工整，同時至少有一個詩句平仄嚴重不調；或者雖有對偶句，但平仄嚴重不調的詩句較多（所謂平仄不調，是以近體詩詩句的標準而言），此類詩凡一百七十七首：其中一百十五首押仄聲韵；又“手筆太縱横”一首第一、二聯押仄聲韵，第三、四聯押平聲韵。餘下的六十一首押平聲韵。

第二大類：均押平聲韵；單個詩句的平仄基本協調；對偶工整（中間兩聯對偶或前三聯對偶；也有少數後三聯對偶，或僅有第三聯對偶，或四聯均對偶）。或者雖有一至二句平仄嚴重不調，但中間兩聯對偶工整。此類凡六十一首。舉例如下：

可笑寒山道，而無車馬踪。聯溪難記曲，疊嶂不知重。泣露千般草，吟風一様松。此時迷徑處，形問影何從。

欲向東巗去，於今無量年。昨來攀葛上，半路困風烟。徑窄衣難進，苔粘履不前。住兹丹桂下，且枕白雲眠。

以上兩首詩句的平仄全部協調；第一首中間兩聯對偶，第二首僅第三聯對偶。我們看了《寒山集》中這類成熟的律體詩，幾乎占了他全部作品的五分之一。然而在王梵志詩中却一首也没有發現。可見王梵志詩，是寒山詩以前的産品；王梵志詩用的體裁，是唐以前傳統的最通俗的體裁。

三、諷刺當前時事

王梵志遺詩三百餘首，内容很多是諷刺當前時事的。他諷刺貪吏、奸商、逆子、查郎、游客、慵夫、懶婦等，都和《詩集序》所説的大致相應。[①]如刺貪吏的（〇二七）：

前人心裏怯，乾喚愧曹長。紙筆鬼（規案：原卷“鬼”作“見”，張校輯誤）續到，仍送一縑箱。錢多早發遣，物少被頡頏。解須（規案：原卷“須”作“寫”，張校輯誤）除却名，揩赤將頭放。

如刺奸商的（〇五一）：

興生市郭兒，從頭市内坐。例有百餘千，火下三五個。行行皆有鋪，鋪裏有雜貨。山鄣買物來，巧語能相和。眼勾穩物着，不肯遣放過。意盡端坐取，得利過一倍。

如刺逆子的（〇四四）：

父母生男女，没娑可憐許。逢着好飲食，紙裏將來與。心恒意不忘，入家覓男女。養大長成人，角睛難共語。五逆前後事，我死即到汝。

① 斯七七八號：“王梵志詩集并序上：但以佛教道法，無我苦空。知先薄之福緣，悉後微之因果。撰修勸善，誡勖非違。目録雖則數條，制詩三百餘首。且言時事，不浪虚談。王梵志之貴文，習丁郭之要義。不受經典，皆陳俗語。非但智士回意，實易愚夫改容。遠近傳聞，歡懲令善。貪婪之史，稍息侵漁；尸禄之官，自當廉謹。各雖愚昧，情極愴然。一遍略尋，三思無忘。從大德講説，不及讀此善文。逆子定省翻成甚孝，嬾婦晨夕事姑嫜。查郎嬲子生慙愧，諸州游客憶家鄉。慵夫夜起，嬾婦徹明對緝筐。悉皆咸臻知罪福，勤耕懇苦足餱糧。一志五情不改易，東州西郡□□□并稱揚。但令讀此篇章熟，頑愚暗惷悉賢良。”

如刺慵夫的（〇三七）：

世間慵懶人，五分向有二。例着一草衫，兩膊成山字。出語嘴頭高，詐作達官子。草舍原無牀，無氈復無被。他家人定卧，日西展脚睡。諸人五更走，日高未肯起。

如刺懶婦的（〇三九）：

家中漸漸貧，良由慵懶婦。長頭愛牀坐，飽吃没娑肚。頻年勤生兒，不肯收家具。飲酒五夫敵，不解縫衫袴。事當好衣裳，得便走出去。不要男爲伴，心裏恒攀慕。東家能捏舌，西家好合鬬。兩家既不和，角眼相蛆蛄。别覓好時對，趁却莫教住。

譏刺貧富不均的，如（二六九）（二七〇）：

當饒田舍兒，論情實好事。廣種如屯田，宅舍青烟起。槽上飼肥馬，仍更買奴婢。牛羊共成群，滿圈豢肥【規案：原卷作“養屯”，“屯”即“豘”省，校輯誤】”子。窖内多埋穀，尋常願米貴。里正追役來，坐着南廳裏。廣設好飲食，多酒勸遣醉。追車即與車，須馬即與使。須錢便與錢，和市亦不避。索麲驢馱送，續後更有雉。官人所須物，當家皆具備。縣官與恩澤，曹司一家事。縱有重差科，有錢不怕你。（二六九）

貧窮田舍漢，菴子極孤悽。兩窮前生種，今世作夫妻。婦即客舂擣，夫即客扶犁。黄昏到家裏，無米復無柴。男女空餓肚，狀似一食

> 齋。里正追庸調，村頭共相催。幞頭巾子露，衫破肚皮開。體上無褌袴，足下復無鞋。醜婦來怒罵【規案：原卷“怒”作“恶”】，啾唧搦頭灰。里正被脚蹴，村頭被拳搓。驅將見明府，打脊趁回來。租調無出處，還須里正陪。門前見債主，入户見貧妻。舍漏兒啼哭，重重逢苦灾。如此硬窮漢，村村一兩枚。（二七〇）

嗟嘆兵役戰争的痛苦的，如（二六四）：

> 你道生勝死，我道死勝生。生即苦戰死，死即無人征。十六作夫役，二十充府兵。磧裏向西走，衣甲困須擎。白日趁食地，每夜悉知更。鐵鉢淹乾飯，同伙共分諍。長頭飢欲死，肚似破窮坑。遣兒我受苦，慈母不須生。

甚至有諷刺出家人的，如（二七五）：

> 童子得出家，一生受快樂。飲食滿盂中，架上選衣着。平明喰稀粥，食手調羹臛。飽吃更取錢，此是口客作。天王元不朝，父母反拜却。黠兒苦讀經，發願離濁恶。身心并出家，色欲無染着。同時少出家，有悟亦有錯。憨癡求身肥，每日服石藥。生佛不供養，財色偏染着。白日趁身名，兼能夜逐樂。不肯逍遥行，故故相纏縛。滿街肥統統，恰似鼈無脚。

王梵志詩還有反映社會情況、不滿傳統重門第姓望的風俗的作品，是社會史的絶好資料。可惜張錫厚《校輯》認錯文字，以至失去作詩的意旨。現在將張輯鈔録於後，并加改正。

古人數不畢（一二〇）

古人數不畢[1]，今我少高門。錢少婢不嫁，財多奴共婚。各各服父祖[2]，家家賣子孫。自言鬻性鼠[3]，聲盡不可論。

［1］規案：伯三八三三王梵志卷三殘卷作“古人數下畢”，“畢”蓋“罼”字，乃澤字之省。張誤抄“下”爲“不”，又認罼爲畢。案《後漢書·馬援傳》：“乘下澤車，御款段馬……鄉里稱善人，斯可矣。”下澤車，田間任載之車，以喻鄉人，謂古人論婚，不棄庶族；今人擇婚，必求高門，以致演成惡俗。

［2］規案：伯三八三三“服”作“脤”，“脤”當爲“販”，張誤作“服”，此言天下惡風俗，以父祖姓望爲販賣之貨物。

［3］張校：“鬻性鼠，文義未詳，俟校。”規案：伯三八三三作“鬻性望”，敦煌寫本性、姓往往通用，如《維摩詰講經文五》（《敦煌變文集新書》頁三四三）“佛性昏迷於此退”，伯三〇七九作“佛性”，北光字九十四作“佛姓”，“性望”即“姓望”，姓氏郡望也。鬻姓望，猶言販祖父。

索婦得好婦（一一六）

索婦得[1]好婦，自到更須求。面似三拳作，心知一代休。遮莫你崔盧，遮莫你成劉[2]。若無主物子，誰家死骨頭。

［1］規案：伯三八三三作“須”，張誤作“得”。

［2］張校：遮莫你，原作“遮鄭莫你”，鄭爲衍文，已刪。成劉，原作“城劉”，據文義改。規案：伯三八三三作“遮莫你崔盧遮鄭莫你彭城

劉”。“鄭”誤寫在“遮”下。

此二句當作“遮莫你崔盧鄭，遮莫你彭城劉”。崔盧鄭及彭城劉氏皆當時望族。

這兩首詩經過校正後，顯然是諷刺隋唐之際競求門第姓望的惡習。陳寅恪《元白詩箋證稿》云:“南北朝之官有清濁之别，如《隋書》卷二十六“百官志”中所述者，即是其例。至於門族與婚姻之關係，其例至多，不需多舉。故士大夫之仕宦苟不得爲清望官，婚姻苟不結高門第，則其政治地位社會階級即因之而低降淪落。”這種慕虛榮的惡風俗，看在王梵志的眼裏，自然要作詩諷刺，“誡勖非違”。綜觀王梵志詩，都和序文所説“直言時事，不浪虛談”的話是完全吻合的。

四、歌咏平實道理

儒家人文精神，一直是締造中國文化的主體力量。它提升了傳統社會的理想人格，産生了傳統社會的杰出人物，形成了超越現實的理想境界。一般老百姓處在現實環境之中，接受了四方八面的時代思潮；理想與現實，相激相溶，自然形成一種中庸平穩圓通的處世哲學。隋唐之際的時代思潮，本土的儒家思想和外來的佛教思想，無疑影響并且支配了當時人的身心行動。王梵志詩便是這時代的産品。它代表了這時期的處世哲學，它標志了這時期的行爲規範。王梵志是民間詩人，他用最通俗的語言，最流行的詩體，易懂易記，所以最容易被大衆接受。流行遠及邊陲，寫本多至數十。我們看張錫厚先生搜輯的二十八個卷子（朱鳳玉女士增多寧樂館藏一卷），除題卷上、卷中、卷第三的寫本以外，原題“一卷”的有十二個寫本之多。可見王梵志詩集唐時除有三卷本外（伯四〇九四王梵志詩殘卷寫本末題“王梵志詩集一卷”，後有題記四行，首行云:“王梵志詩上中下三卷爲一部。”），一卷本寫本最多，其中原卷保存完整的有五個寫本：伯二七一八、伯三五五八、伯三七一六、斯三三九三，分别存詩九十一或九十二首。此外還有七個殘本：伯三二六六，存詩四十二首；斯二七一〇，存詩六十六首；斯五七九四，存殘詩十二首；斯四六六九，存殘詩二十七首；伯二八四二，存詩十四首；伯四〇九四，存詩五十八首；伯二六〇七，只殘存開頭“兄弟須”等字。可見九十二首的一卷本的王梵志詩，是民間流行最廣的本子，細看這寫本九十二首詩，其性質和敦煌寫本《太公家教》《夫子勸世詞》等非常相近，可説是民間拳拳服膺的治家格言和處世哲學。我們分析這九十二首詩，内容不外勸人孝父母，如（一七〇）：

耶孃絶年邁，不得離傍邊。曉夜專看侍，仍須省睡眠。

愛兄弟，如（一五五）：

兄弟須和順，叔侄莫相欺。財物同箱櫃，房中莫蓄私。

敬尊長，如（一六三）：

尊人共客語，側立在旁聽。莫向前頭鬧，喧亂作鴉鳴。

教子孫，如（一八四）：

欲得兒孫孝，無過教子孫。一朝千度打，有罪更須嗔。

擇兒婦，如（一八七）：

有兒欲娶婦，須擇大家兒。縱使無姿首，終成有禮儀。

慎嫁女，如（一八八）：

有女欲嫁娶，不用絶高明。但得身超後（規案：後疑當作俊），錢財總莫論。

勉學問，如（一八二）：

黄金未是寶，學問勝珠珍。丈夫無伎藝，虚霑一世人。

睦鄰里，如（一九四）：

鄰并須來往，借取共交通。急緩相憑仗，人生莫不從。

敬賓客，如（一八一）：

坐見人來起，尊親盡遠迎。無論貧與富，一概總須平。

慎擇交，如（二〇三）：

惡人相遠離，善者近相知。縱使天無雨，雲陰自潤衣。

濟貧親，如（二〇九）：

貧親須拯濟，富眷不須饒。情知蘇蜜味，何用更添膏。

莫充保，如（二一六）：

無親莫充保，無事莫作媒。雖失鄉人意，終身無害灾。

重報恩，如（二二五）：

貸人五斗米，送還一石粟。算時應有餘，剩者充臼直。

戒惡口，如（二〇〇）：

惡口深乖禮，條中却没文。若能不罵詈，即便是賢人。

戒飲酒，如（一九〇）：

飲酒妨生計，摴蒲必破家。但看此等色，不久作窮查。

戒財色，如（二二六）：

世間難割捨，無過財色深。丈夫須遠（達）命，割斷闇迷心。

戒殺生，如（二二七）：

殺生罪最重，吃肉亦非輕。欲得身長命，無過點續明。

戒偷盜，如（二二八）：

偷盜雖無命，侵欺罪更多。將他物己用，思量得也麼？

戒邪淫妄語，如（二二九）：

邪淫及妄語，知非總勿作。但知依道行，萬里無迷錯。

勸行善棄惡，如（二四六）：

惡事總須棄，善事莫相違。知意求妙法，必得見如來。

綜觀這一卷九十二首詩，歌咏的都是極淺近平常做人處世的道理，所以極容易爲大衆所接受，而成爲大衆傳誦的讀物。雖然這一卷詩有幾首關涉佛教所説的在家五戒，但主要的思想可以説是儒家的。

其他二百餘首詩，其中很多與佛教思想有關，但咏嘆的不外是生死無常、因緣果報等。如（〇〇一）：

遥看世間人，村坊安社邑。一家有死生，合村相就泣。張口哭他屍，不知身去急。本是長眠鬼，暫來地上立。欲似養兒氈，回乾且就濕。前死深埋却，後死續即入。

是感嘆生死的無常。如（〇五八）：

世間日月明，皎皎照衆生，貴者乘車馬，賤者膊擔行。富者前身種，貧者慳貪生，貧富有殊别，業報自相迎。聞强造功德，吃着自身榮，智者天上去，愚者入深坑。

是確信禍福由於因果。有皎然《詩式》徵引的：

我昔未生時，冥冥無所知。天公强生我，生我復何爲？無衣使我寒，無食使我飢。還你天公我，還我未生時。

宋人筆記傳誦的：

城外土饅頭，餡草在城裏。一人吃一個，莫嫌没滋味。

不外是咏嘆世間生死無常，既没有涉及佛教高超的理論，也没有賣弄禪門閃爍的機鋒。可以説全是那時代的思潮所熏陶所形成的平實道理。他流露出隋唐時代人的真實語言，也傾吐了隋唐時代人的真實心靈。因此我反復探索之後，發現了一位用通俗語言諷刺當前時事、寫出心中想法的民間詩人；而這位詩人，根據記録，是被人收養的棄嬰，長大後名叫王梵志。這是人間世的真人真事真詩，而不是太虚幻境的神話人物！

（原載《漢學研究》4卷2期，1986年12月，頁115—128）

《王梵志詩校輯》讀後記

友人吴其昱博士近以中華書局出版的張錫厚先生《王梵志詩校輯》一書相贈。張氏此書，網羅了敦煌寫本二十八種，校勘异同，輯成定本。詩中口語俚詞和佛教用語也加了注釋，用力既勤，收穫也富，是近年研究王梵志詩較爲杰出的一部著作。在張氏出版此書之前，有趙平和、鄧文寬撰成《敦煌寫本王梵志詩校注》，先發表於《北大學報》。項楚教授又有《敦煌寫本王梵志校注補正》，發表於《中華文史論叢》。張氏書後出，補正前人的錯誤處不少。但有諸家不誤而張氏反誤者，有諸家是而張氏不加采用者，如張校編號第〇四五首："顏色肥没忽"，第二七二首："到大肥没忽"，諸家皆不誤；張氏反誤作"耶没忽"，并解釋爲"唐代俗語，猶言怎麽樣"。有項氏解是而張氏不加采用的，如項氏解第二六二首"前死後人坐，本主何相在"説："相應作廂，何廂猶云哪邊、何處。"原主人死了，後人住他的屋舍，原主人却在何處呢？意思十分清楚。張氏却誤作"本主何須在"，像這類的情況，很難説是"後出轉精"。在此書出版以後，我又看見周一良先生寫的《王梵志詩的幾條補注》一篇文章，指出張書第一首詩注解的錯誤，説：

第〇〇一首"欲似養兒氈，回乾且就濕。"注云："回乾就濕，比喻去生就死。"下文并引敦煌寫本《父母恩重經講經文》，"回乾就濕者，經道乾處兒卧，濕處母眠"。案：這篇講經文中多處出現回乾就濕字樣，如"每將乾暖交（同教）兒卧，濕處尋常母自眠"等。聯係上文詩句"本是長眠鬼，暫來地上立"，梵志這裏所説的"乾"，是指長眠所在的地下，"濕"則指暫時生活在地上亦即人間。詩人的意思，生活在世間反而是苦惱，所以借用母親寧願睡在氈上濕冷地方爲比喻。重點在對比乾濕和母親之棄乾就濕，與母親的就濕原因在於愛惜孩子無干。注文以爲乾指生，濕指死，恰恰與詩人原意相反。這首詩的首句"遥看世間人"，就暗示嘆人世苦惱的味道。梵志詩中不少地方表示這種生不如死的思想。如第〇〇五首頭一句"可笑世間人"，末兩句"生時有痛苦，不如早死好"。第二四九首首句"生在常煩惱"，又"寄語冥路到，還我未生時"。第二六四首更明白地説："你道生勝死，我道死勝生"，皆足爲佐證。有完整序文的兩個殘卷，卷首皆是"遥看世間人"。這首隱約哀嘆生不如死的詩，從最初編輯王梵志詩的人看來，也許多少有點總領全書的意味吧？如果乾濕句中顛倒生死，理解就不確切了。

周氏提出的意見，在我看來，似乎并不愜當。其實這首詩只是慨嘆人世無常，生死迅速，所以説"前死深埋却，後死續即入"，用養兒氈回乾就濕來比喻生死輪回的迅速，這也是梵志詩中頻頻流露的思想。張注如注明是比喻生死去就非常迅速，那就符合詩人原意了。可見校釋詩文，不是一件容易的工作，實在有集思廣益的必要。我往年游歐，披讀英法所藏王梵志詩寫本，會擇要移録。因取與張書校讀，遇有可以匡正張書之處，皆稱"規案"，條繫張書之後。雖反復討論，未敢自信，因寫出以就正海内外方聞君子。一九八四年中秋日。

〔張錫《厚王梵志詩校輯》〕

但以佛教道法，無我苦空，知先薄之福緣，悉後微之因果。撰修勸善，誡罪非違[1]。目録雖則數條，制詩三百餘首。直言[2]時事，不浪虛談。王梵志之貴文，習丁郭之要義。不守經典，皆陳俗語。非但智士回意，實易愚夫改容。遠近傳聞，勸懲令善。貪婪之吏，稍息侵漁；尸禄之官，自當廉謹。各雖愚昧，情極愴然！一遍略尋三思，無忘縱使大德。講説不及，讀此善文[3]。

逆子定省翻成孝，懶婦晨夕事姑嫜。查郎孽子生慚愧，諸州游客憶家鄉，慵夫夜起□□□，懶婦徹明對絹筐[4]。悉皆咸臻知罪福，勤耕苦墾[5]足餱糧。一志五情不改易，東州西郡并稱揚。但令讀此篇章熟，頑愚暗蠢[6]悉[7]賢良。

［1］張校：“誡罪非違，原作誡勖非違。據大正藏本改。”規案：大正藏本作“誡勖非違”，張改勖爲罪，似未諦。此文“撰修勸善，誡勖非違”，謂勸人爲善，誡勖其不達善道者，所以勉其向善，誡勖其不可爲惡也。

［2］張校：“直言，原作且言，據甲二本改。”規案：原本、甲二本均作“且言”。

［3］規案：此數句句讀有誤，當作“一遍略尋，三思無忘。縱使大德講説，不及讀此善文”。意謂讀王梵志詩者，尋味一遍，三思不忘。雖高僧大德講説經論，亦不及讀此善文，“善文”猶“貴文”，即指王梵志詩。

［4］規案：據原卷，“絹筐”當作“緝筐”。緝，緝麻之緝。《管子·事語》：“女勤於緝績微織。”原卷緝作緝，乃緝字。《龍龕手鑑·系部》：“緝，七入反，績也。”張蓋誤認“緝”爲“絹”。

［5］規案：苦墾，原卷、甲二本均作“懇苦”。

［6］張校：“蠢，原作惷，據甲二本改。”規案：原本、甲二本均作

惷,《說文》:“惷,愚也。从心,春聲。”《禮記·哀公問》:“寡人惷愚。”是惷愚之字當作惷。又《說文》:“蠢,蟲動也。”《莊子·天地》:“蠢動而相使。”是蠢動之字作蠢。此句原卷作惷,不當改爲蠢字。

[7] 張校:“悉,原作恙,據大正藏本改。”規案:原卷作悉,即悉字。

身如圈裏羊(○○四)

從頭捉將去,還同肥好羊。羊[1]即辛苦死,人去無破傷。

[1] 張校:“羊原作人,據甲三本改。”規案:原本羊作“ㄑ”,乃重文符號,非人字。

撩亂失精神(○一○)

此是守財奴,不免[1]貧窮死。

[1] 張校:“免原作兑,據文義改。”規案:原卷作“兑”,即免字。

道士頭側方(○二一)

一被[1]霑聖賢,無弱亦無强。莫爲分别相,師僧自設[2]長。同尊佛道教,凡格[3]送衣裳。

[1] 規案:乙二本作“一種”,張校誤作“一被”;一種,猶言一樣、同樣。

[2] 規案:乙二本“設”作“説”,張校誤作設。

[3] 張校:“凡格,佛教徒稱世人爲凡夫,唐代俗語稱凡格。”規案:乙二本格作“恪”,蓋“俗”字之誤;當作“凡俗”。張作凡格,似非。

觀内有婦人(○二二)

觀内有婦人[1],朝朝步虚贊。道聲[2]數千般,一乞就[3]生緣活。

[1] 張校:“婦人,乙二本作婦女。”規案:乙二本作“婦人”。

[2] 規案:原本“聲”作“教”。

[3] 張校:“乞就,乙二本作與還。”規案:乙二本作“乞就”。

道人頭兀雷（〇二三）

道人頭兀雷，例頭[1]肥特肚。飲食哺盂中，衣裳架上取[2]。手把數珠行，愚肚[3]元無物[4]。

[1] 規案：例頭，乙二本作“别頭”。

[2] 張校：“取，原作去，據文義改。”規案：原本、乙二本皆作“出”。

[3] 張校：“愚，原本殘闕，乙二本作䫪，據文義改。”規案：原本缺文殘留筆劃似“闊”字，乙二本作“開”字。

[4] 張校：“無物，諸本作元物，據文義改。”規案：原本作“无物”，即“無物”。乙二本作“無物”。

寺内數個尼（〇二四）

衆厨空安竈，粗飯當房安[1]……今多捐却寶[2]，我生更若爲[3]。

[1] 張校：“安，原本殘，乙二本作吙，據文義改。安讀如衣，失鼻音。”規案：乙二本作“吙”，蓋吹字，借作炊，作炊入韵。

[2] 張校：“今多，乙二本作今身。”規案：原本作“今身損却寶”，文義較安。

[3] 張校：“我生，乙二本作來生。”規案：原本亦作“來生”。作“來生更若爲”，文義較安。

生即巧風吹（〇二五）

生即[1]巧風吹……來[2]去不相知。

[1] 張校：“原作‘口節’，據乙二本改。”規案：原本、乙二本均作“生即”。

[2] 張校：“原作不，據乙二本改。”規案：原本亦作“來”。

佐使非臺補（〇二六）

佐使非[1]臺補，任官州縣上[2]……有事檢案追[3]。

［1］張校："佐使非，原作'口史作'，據乙二本改。"規案：原作"佐史非"，不作"口史作"。

［2］張校："上，原本殘，據乙二本補。"規案：原本作"任官州縣上"，不殘。

［3］張校："檢案，原作'檢口'，乙二本作機案，據文義改。檢案，即檢行案。"規案：原本、乙二本均作"撿案"。

前人心裏怯（〇二七）

前人心裏怯，乾喚愧曹長[1]。紙筆鬼續到[2]，仍送一縑箱[3]……解須除却名[4]，楷赤將頭放。

［1］張校："曹長，原作書長，乙二本作胸長，據文義改。"規案：原本，乙二本均作"曹長"。

［2］張校："鬼，乙二本作見。"規案：原本、乙二本均作"見"。作"見"義安，張作"鬼"，誤。

［3］張校："縑箱原作偏想，據乙二本改。"規案：原本作"縑想"。

［4］張校："解須，原作'解口'，據乙二本補。"規案：原本作"解寫"，當從原本。解寫，猶言解除、解卸。《説文·宀部》："寫，置物也。"《詩·泉水》"以寫我憂"傳："寫，除也。"《廣雅·釋詁三》："寫猶除也。"又《説文·卩部》："卸，舍車解馬也。讀若汝南人寫書之寫。"

得錢自吃用（〇二八）

賣者[1]好思量，爲[2]他受枷棒。

［1］張校："賣者，原作動者，乙二本作買者，據文義改，與首句得錢自吃用相應。"規案：原本、乙二本均作"智者"，張誤認。

［2］張校："爲，原作乃，據乙二本改。"規案：原本亦作"爲"。

當鄉何物貴（〇二九）

縣扃南衙點[1]，食并衆厨飡……差科[2]取高户，賦役數千般。職事

[3]無禄料，專仰筆頭鑽。管户無五百，雷同一概看。愚者守直坐[4]，黠者駁駁看。

[1]張校：“扃，原作房，據文義改。”規案：原本扃作扃，扃蓋“局”字。乙二本作房。

[2]張校：“差科，原作羌科，據乙二本改。”規案：原本作“差科”。

[3]張校：“職事，諸本作職侍，據文義改。”規案：原本、乙二本均作“職任”。

[4]張校：“守，原作容，據乙二本改。”規案：原本作“守”。

人生一代間（〇三一）

王役逼驅驅，走多换行少[1]。

[1]張校：“换行少，乙二本作緣行步。”規案：原本作“换行少”，换旁注“緩”字。此句當作“走多緩行少”。走，疾走；言疾走多，緩行少也。乙二本字誤。

受報人中坐（〇三二）

受報人中坐[1]，本爲前身罪。今身[2]不修福，癡愚膿[3]血袋。

[1]規案：原本、乙二本“坐”均作“生”，張校誤作“坐”。標題亦應改正。

[2]張校：“今身，原作‘口身’，據乙二本補。”規案：原本亦作“今身”。

[3]張校：“膿，原作濃，據文義改。”規案：原本作“膿”，乙二本作“醲”。

朝廷數十人（〇三八）

菜粥吃一梜[1]，街頭闊立地。

[1]張校：“乙二本作盔。”規案：項楚補正云：“作盔是，《玉篇》：‘盔，鉢也。’梜字不見於字書，疑爲盔的别體，猶如碗字，既可從皿作

盌，也可從木作椀。”

孝是前身緣（〇四五）

聞道賊出來，母愁空見骨。兒回見母面，顔色耶没忽[1]。

［1］張校：“耶没忽，唐代俗語，猶云怎麽樣。王梵志《富家少男女》詩，到大耶没忽，直似飽糠牲。”規案：原本作“顔色肥没忽”，王梵志《道人頭兀雷》詩：“獨養肥没忽。”言母愁消瘦，而子則肥胖。没忽，肥貌，巴黎藏伯二七一七號《字寶碎金》（姜亮夫《瀛涯敦煌韵輯》）云：“肥頛顝，音末曷”，頛顝，即没忽。

聞道須鬼兵（〇四六）

暫在主人家，不及[1]自分擘。

［1］規案：原卷“不及”作“不久”，張誤。

本是達官兒（〇五〇）

高馬[1]衣輕裘，伴涉諸王子。

［1］張校：“馬，原作車，據乙三改。”規案：原作“馬”。

秋長夜甚明（〇五三）

夜眠游[1]鬼界，天曉即營生。

［1］張校：“游，諸本作由，據文義改。”規案：“由”與“猶”通，言夜眠如在鬼界，天曉即孳孳營生。

工匠莫學巧（〇五五）

身是自來奴，妻亦作人婢[1]。

［1］張校：“作人婢，乙三本作‘官人婢’。”規案：原作“官人婢”，張誤認爲“作人婢”。

奴人賜酒食（〇五六）

何爲抛宅走，良由不得已[1]。

［1］張校：“已，原作心，據文義改。”規案：原本“已”作“止”，

張誤認草書“止”爲“心”。

世間何物平（〇六二）

各身[1]改頭皮，相逢定不識。

[1] 規案：原本“身”作“自”。

地下須夫急（〇七四）

不許私遮却，合去取正身[1]。

[1] 張校：“合去，原作曲合去，曲爲衍文，已删。”規案：原作“不許私遮却曲合去取正身”，塗去却字。蓋抄者衍“曲”字，當塗去“曲”，而誤塗“却”字。

來如塵暫起（〇七七）

來去無形影，變見急[1]匆匆。不見無常急，業道自迎君。何處有真實，還湊入杳冥[2]。

[1] 規案：原本“急”作“極”。

[2] 規案：原本“杳冥”作“冥空”。

人去像還去（〇八〇）

鏡像俱磨滅，何處看[1]衆生。

[1] 規案：原本“看”作“有”，張誤。

一身本無利（〇八一）

一身無本利[1]，四大聚會同。直似風吹火，還如火逐風。風强火熾疾[2]，風疾火愈烘。火風俱氣盡[3]，星散總成空。

[1] 張校：“無，原作元，據文義改。利原作别，據文義改。”規案：原作“一身元本别”，文義本安，不當臆改爲“無本利”。“别”與下“同”對文，言一身元本有别，以四大聚會和合而同也。

[2] 規案：熾疾，原本作“熾滅”。

[3] 張校：“盡，原作者，據文義改。”規案：原作書，下“皿”寫作

"曰"，即盡字。

以影觀他影（〇八二）

以影觀他影，以身觀我身。身影何處昵[1]，身共影何親？身行影作伴[2]，身住影爲隣。身影百年後[3]，相看一微[4]塵。

[1] 張校："昵，原作昵，據文義改。"規案：原作"昵"，即"昵"字。

[2] 張校："作伴，原作你伴，據文義改。"規案：你伴，猶言伴你，文義本安，不當改。

[3] 規案：後，原作"外"，張誤認"外"爲"後"。陶淵明《和劉柴桑》詩："去去百年外，身名同翳如"，正梵志詩所本。

[4] 張校："微，原本模糊難辨，據文義補。"規案：原本作"聚"，不模糊。

觀影原非有（〇八三）

觀影元非有，觀身一[1]是空。

[1] 規案：原卷作亦，不應改。

雷發南山上（〇八四）

天地不能已，知汝[1]爲身空。

[1] 規案：原本"知汝"作"如女"。

非相非非相（〇八五）

能知寂滅樂，自然無色生[1]。

[1] 張校："色生，原作色聲，據文義改。"規案：原作"色聲"義可通，不煩改。

黄母化爲鼈（〇八七）

不憶當時果[1]，寧知過去因。

[1] 規案：原本"果"作"菓"，乃業字。

古來服丹石（〇八八）

古來服丹石，相次入黄泉。萬寶不贖命，千金[1]不買年。有生必有死，何後復何先？人人總巴活[2]，注著上頭天。

［1］張校：“千金，原作千年，據文義改。”規案：原本作“千金”。

［2］張校：“巴活，原作㐌活，據文義改。巴活，即巴望著活下去。”規案：原本“㐌”乃“色”字。色與索通用，伯二五七八《開蒙要訓》索下注色字。《韓擒虎話本》（《敦煌變文集新書》頁一〇七九）：“遂色（索）隨文皇帝交戰”“單于色（索）寡人交戰”，色戰即索戰、求戰。此詩“人人總色活”，謂人人皆求長生，而不知上天已注定也。詩諷世人服食求長生之愚昧。

死竟土裹眠（〇八九）

死竟土裹眠[1]，生時地上走[2]。

［1］張校：“土裹，蘇二八七一作土底。”規案：原卷作“土底”。作“土底”是。

［2］張校：“地上，原作土上，據文義改。”規案：死眠土底，生走土上，以土字扣勒；不當改“土”爲“地”。

行善爲基路（〇九〇）

行善爲基路，偷盗五不當[1]。一直逢宿天[2]，盡地取天堂。

［1］張校：“偷盗五不當，原作‘偷盗五不作耶緢當’，‘作耶緢’爲衍文，已删。”規案：原本作“偷盗五不作耶緢五不當”，“耶緢”蓋“邪淫”，當爲“偷盗五不作，邪淫五不當”二句，似不宜删。

［2］規案：“宿天”，原本作“閣大”，宿當作“閣”，“大”字模糊，或當作“老”。

前果作因緣（〇九一）

前果[1]作因緣，今身都不記。今也受苦惱[2]，未來當富貴。

[1] 規案：原本作菒，乃“業”字，張校誤作果。

[2] 張校：“苦惱，原作苦拙，據文義改。”規案：原本作“苦惗”，“惗”蓋“惱”字俗寫。

悲喜相纏繞（〇九四）

悲喜相纏繞，不許暫踟躕。東家卜[1]葬地，西家看産圖。生者歌滿路，死者哭盈衢。循環何太急，□□[2]相催驅。

[1] 規案：卜，原作“比”字，非“卜”字。

[2] 缺文，原本作“塠鑿”。

無常元不避（〇九五）

無常元不避，果[1]到即須行。從作[2]七尺影，俱增一丈坑[3]。妻兒啼哭送，鬼朴[4]唱歌迎[5]。

[1] 規案：果，原作“菒”，乃“業”字，作“果”誤。

[2] 規案：原本“作”作“你”，張誤認爲“作”。

[3] 張校：“坑，原作筑，據文義改。”規案：原本“增”作“墤”，“坑”作“坈”，即“坑”字，張誤認爲“筑”。

[4] 張校：“鬼朴，原作鬼不，據文義改。鬼朴，見〇一一首注三。”規案：原本“鬼朴”作“鬼子”，不作“鬼不”，張誤認。

[5] 張校：“迎，原作違，據文義改。”規案：原本作“迊”，即“迎”字，張誤認。

古來皆有死（〇九六）

古來皆有死，何必得如生[1]。造化成爲我，如人弄郭郎[2]。

[1] 規案：以上二句，當上屬第〇九五首，行、坑、迎、生叶韵。

[2] 規案：造化二句當下屬第〇九七首，“郭郎”疑“郭秃”之誤，《顔氏家訓·書證篇》云：“俗名傀儡子爲郭秃。”秃與木、目、樸皆入聲屋韵。八句四韵爲一篇，意義貫串。

魂魄似繩子（〇九七）繩子乍斷去（〇九八）

魂魄似繩子，形骸若柳木。掣取細腰肢，抽牽動眉目。繩子乍斷去，即是乾柳模[1]。觀此身意相，都由水火風[2]。

［1］張校："模，出韵，俟校。"規案：敦煌寫本，模、樸形近，"模"當是"樸"字。樸，木材，言繩斷則形骸如乾柳之樸，即成僵屍。樸、目、木同爲屋韵字。以上二句當上屬第〇九七首。

［2］規案："觀此身意相，都由水火風"二句，與上樸、目不叶韵，當與下"有生皆有滅，有始皆有終，氣聚即爲我，氣散即成空，一群泊死漢，何似叫頭蟲"合爲一首，韵既調協，意亦貫串。第〇九八首當取消。

有生皆有滅（〇九九）

氣聚則成我[1]……何似叫[2]頭蟲。

［1］規案：原本作"氣聚即爲我"。張校作"氣聚則成我"，誤。

［2］規案："叫"蓋"叩"形近之誤。

妄隨長生術（一〇一）

妄隨[1]長生術，金剛不壞身。俱傷生死苦，誰究[2]涅槃因。精魂歸寂滅，骨肉化微塵[3]。釋老由自氣[4]，何況迷遇[5]人。

［1］張校："妄原作人，據文義改。"規案，原卷作"玊"，蓋"王"字，王通作枉。

［2］規案：究，原本作"兑"，乃免字，張誤作"究"。

［3］張校："微塵，原作灰塵，據文義改。"規案："灰塵"義自安，不當改。

［4］規案：敦煌寫本"氣"往往與"去"通用，如《捉季布傳文》（《敦煌變文集新書》頁九八九）：伯三六九七"低牟鏁甲氣如雲"，伯三一九七作"低牟鏁甲去如雲"。

［5］規案：敦煌寫本"遇"往往與"愚"通用，如《伍子胥變

文》(《敦煌變文集新書》頁八三一)伯三二一三“川中忽遇一家”，伯二七九四作“川中忽愚一家”。此二句意謂釋老猶自死去，何況迷愚之人。

差者即須行(一〇二)

名字石函[1]裏，官職天曹注。錢財鬼料量[2]，衣食明分付。

[1]張校:“函，原作唅，據文義改。”規案：原作“唅”，即“函”字。

[2]張校:“料量，原作粁粮，據文義改。”規案：原作“粁量”，即“料量”。

官職亦須求(一〇五)

官職亦須求，錢財亦須覓。天雨麻點孔，三年著一滴[1]。妄想[2]逢便宜，參差著房席[3]。兀兀舍底坐，餓你眼赫赤。

[1]張校:“天雨兩句，猶水滴石穿，同下句逢便宜相對而言。”規案:“麻點”，原作“麻藍”。此句意謂麻藍之孔極細，天雨三年，或可獲中一滴，言其難。麻藍，胡麻之莖，見《集韵》。

[2]張校:“妄想，原作王相，據文義改。”規案：王相，陰陽家言，王日、相日皆吉，故言逢便宜。不當改作妄想。

[3]張校:“房原作肩，據文義改。”規案:“肩”蓋“局”字，“參差著局席”，言苟不逢時，則如局席參差不合也。

先因崇福德(一〇八)

先因崇福德，今日受耶胎[1]。果報迎先種，橋梁預早開。奪我先時樂，將魂[2]死後媒。改頭換却面，知作何須來[3]。

[1]張校:“耶，原作耶，據文義改。”規案：原作“皅”，乃肥字，以福德故受肥胎也。

[2]張校:“將，原作捋，據文義改。該句疑爲把魂作爲死後的媒，可投胎轉世。”規案：原作“將充死後媒”，張誤認“充”爲“魂”。

［3］張校："何須來，疑是阿誰來。"規案：原本"何"作"阿"，敦煌寫本須、誰通用。張説是。

兀兀身死後（一〇九）

兀兀身死後，冥冥不可[1]知。爲人何必樂，爲鬼竟何悲？地役張眼争，官慢竪眉窟。裏將長鹿脚[2]，知我是誰友[3]？

［1］規案：原卷作"自"，不作"可"。

［2］張校："裹將，原作裏捋，據文義改。末兩句是俚諺，俟考。"規案：原卷作"裏將"。"鹿"，原卷作"展"，張誤認爲鹿。

［3］規案：原作"皮"，張誤認爲"友"。

規案：此首有抄誤，玆校訂如後：兀兀身死後，冥冥不自知。爲人何必樂，爲鬼何悲（"悲"上疑脱"必"字）。竟（"竟"疑當作"競"。張校作竟何悲）地徒（張校"徒"作"役"）張眼，静（張校"静"作"争"）官慢（"慢"疑當作"漫"）竪眉。窟裏將長展脚（疑衍"將"字），知我是誰皮。

校定後重寫如後：兀兀身死後，冥冥不自知。爲人何必樂，爲鬼何必悲。競地徒張眼，争官漫竪眉。窟裏長展脚，知我是誰皮？

規案：此詩言生死皆不自知，爲人未必可樂，爲鬼未必可悲。生時張眼逞强，競買田地；竪眉營求，争奪官職。死後則展脚窟裏，不自知爲何人也。窟裏長展脚，謂死卧地窟。誰皮，謂何人頭面皮，猶言何許人。知、悲、眉、皮，協支脂韵。

自死與鳥殘（一一二）

莫養充[1]口腹，莫煞共盤筯。

［1］張校："充，原本殘缺，據文義補。"規案：原本"充"作"啚"，啚乃俗寫圖字。謂莫養生以貪圖口腹，莫殺生以供給飲食。

衆生眼盼人（一一三）

衆生眼盼人[1]，心路甚堂堂。三種憐男女[2]，一種逐耶孃……何忍他刺殺[3]，曾無阡許惶[4]。

［1］規案：原本“盼ㄟ”作“盻盻”，張誤作盼人。《孟子・滕文公上》：“使民盻盻然。”趙岐注：“勤苦不休息貌。”

［2］張校：“男女，原作兒女，據文義改。”規案：原本正作“男女”，不作“兒女”。然“男女”意同“兒女”。

［3］規案：原作“刺他殺”，猶言“刺殺他”。

［4］張校：“阡許惶，義未詳，俟校。”規案：敦煌寫本“千”往往作“阡”，“阡許”猶“千許”，言多也。

兒婚藉嘉偶（一一四）

兒婚[1]藉嘉偶，女聘待好俅[2]。但今捉如息[3]，何代無王侯[4]。菩薩常梳髮，如來不剃頭。何須秃兀硉，怨始[5]學薰修。榮官赤赫赫，滅族黄髮囚[6]。

［1］規案：原作“男婚”，張誤作“兒婚”。

［2］張校：“待好俅，原作希好俅，據文義改。”規案：原卷希，即希字。當作“希好俅”，不當作“待好俅”。

［3］張校：“捉如息，義未詳，俟校。”規案：敦煌寫本如、兒往往通用，“如息”即“兒息”。

［4］張校：“王侯，原作𢆶侯，據文義改。”規案：原作“公侯”，張誤。

［5］規案：原卷“始”作“姡”，乃姤字，姤即妬也。

［6］張校：“囚，原作人，出韵，據文義改。”規案：原作“黄焌焌”，重文非人字。焌，蓋焌字，焌，去聲稕韵字，與下“人”平去通叶。此二句當與下首起二句合爲一首：“榮官赤赫赫，滅族黄焌焌。死王羡活鼠，

寧及尋常人。”榮官與滅族，死王與常人，相對爲刺。

死王羡活鼠（一一五）

儻來可櫃藏[1]，任去[2]不可留。任來還任去，運命[3]何須愁。

［1］張校：“櫃藏，原作柜宊，據文義改。”規案：原作“柜宊”，張誤爲“櫃藏”。敦煌寫本木、扌偏旁往往不分，“柜”即“拒”字，“宊”乃“突”字，當屬下句。此句當作“儻來不可拒”，脱不字，與下句“突去不可留”對文。

［2］張校：“任，原本殘闕，據文義補。”規案：原本此處不殘缺，本無“任”字。此句與上對文，實作“突去不可留”。

［3］張校：“運命，原作智命，據文義改。”規案：“智命”義安，不必改。又“智”或當作“知”，言“知命何須愁”也。

索婦得好婦（一一六）

索婦得[1]好婦，自制更須求。面似三拳作，心知一代休。遮莫你崔盧[2]，遮莫你成劉[3]。若無主物子，誰家死骨頭。

［1］規案：原卷作“須”，張誤作“得”。

［2］張校：“崔盧，原作崔葛，據文義改。”規案：原作“崔盧”。

［3］張校：“遮莫你，原作遮鄭莫你，鄭爲衍文，已删。成劉，原作城劉，據文義改。”規案：原卷作“遮莫你崔盧遮鄭莫你彭城劉”。“鄭”誤書在“遮”下，此二句當作：“遮莫你崔盧鄭，遮莫你彭城劉。”

思量小家婦（一一七）

家風不禁笞[1]。

［1］規案：原卷作“榮益”，張校誤作“禁笞”。

讒臣亂人國（一一八）

客到雙眉腫，夫來兩手架[1]。醜伎[2]不憂敵，面面却繒花[3]。

［1］張校：“架原作挐，據文義改。”規案：“挐”當爲“拏”；拏同拿，

拏捕之意。

［2］規案：原作“皮”，張誤作“伎”。

［3］張校：“醜伎繒花，俚諺，俟考。”規案：原卷作“憎”，張校誤作“繒”。

前身有何罪（一一九）

前身有何罪，免得涅槃茶[1]。天下惡風俗，臨衰[2]命獨車。男婚不施[3]粉，女嫁著釵花。屍櫪陰地卧，知諸[4]是誰家。

［1］規案：原卷作“色得鳩槃荼”。張誤作涅槃荼，并釋爲死。案，色與索通，敦煌《韓朋賦》（《敦煌變文集新書》頁九六一）：“成功索女”，《齖䶗書》（《敦煌變文集新書》頁一一九七）：“阿婆向兒言説：索得个屈期醜物入來，與我作底。新婦聞之，從床忽起，當初緣甚不嫌，便即下財下禮，色我將來，道我是底。”色得即索得，求聘娶妻之意。鳩槃荼，惡鬼名，後以喻婦人老醜之狀。此詩謂不知前身有何罪過，今生娶得惡妻。張説甚誤。

［2］規案：原卷作“喪”，張校誤作“衰”。

［3］張校：“男婚，原作兒婚，據文義改。施，原脱，據文義補。”規案：原作“男婚”，不作“兒婚”。“施”作“香”，無脱文。

［4］張校：“知諸，原作知堵，據文義改。”規案：“堵”字不誤。堵即“阿堵物”之“堵”，與者、這同意。

古人數不畢（一二〇）

古人數不畢[1]，今我少高門。錢少婢不嫁，財多奴共婚。各各服[2]父祖，家家賣子孫。自言鸒性鼠[3]，聲盡不可論。

［1］規案：原卷“不”作“下”，張誤作“不”。畢作“畢”，張作“畢”，疑是“睪”字，蓋澤之省。下澤，下澤車。《後漢書·馬援傳》：“乘下澤車，御款段馬……鄉里稱善人，斯可矣。”下澤車，田間任載之

車，以喻鄉人。謂古人論婚，不擇庶族；今人論婚，必求高門，以致演成惡俗。

［2］規案：原卷作“肞”，蓋“販”字。

［3］張校：“鬻性鼠，文義未詳，俟校。”規案：原卷作“鬻性望”，敦煌寫本性、姓往往通用，如《維摩詰講經文五》（《敦煌變文集新書》頁三四三）：“佛性昏迷於此退”，伯三〇七九作“佛性”，北光字九十四作作“佛姓”。“性望”即“姓望”，姓氏郡望也。

敬他還自敬（一二一）

觸他父母諱，他觸祖父[1]名。

［1］規案：原卷作“公”，張誤作“父”。

逢難儻能忍（一二二）

逢難儻能忍[1]，能思[2]最爲難。伏肉歲[3]不食，病息人不彈。

［1］張校：“逢難，原作‘口難’，據文義補。”規案：原卷“難”上無缺字，疑“難”下脱“忍”字。

［2］規案：原卷作“忍”，張誤作“思”。

［3］規案：原卷作“虎”，張誤作“歲”。言伏暑腐敗之肉，虎所不食。

負恩必須酬（一二三）

負恩必須酬，施恩慎[1]勿色[2]。索[3]他一石麪，還他十斗麥。得他半疋練，還他二丈帛。瓠蘆作打車，棒果[4]作山客[5]。

［1］張校：“慎，原作嗔，據文義改。”規案：原作“慎”，不作“嗔”。

［2］張校：“色，謂喜形於色。”規案：敦煌寫本“色”往往通作“索”。索，求也。言受恩必須酬恩，施恩慎勿求報。

［3］規案：原卷作“施恩慎勿色索，得他一石麪”，此抄者注明“色”即“索”字，當上屬。下“得他一石麪，還他十斗麥”，即伸言其

事。張校以“得”爲衍文删去，非。

［4］規案：原卷作“棒草”，張校誤作“棒果”。

［5］張校：“山客，原作山容，依韵改。”規案：原作“𡶜客”，𡶜非山字，疑是武后新字“𤯔”，蓋“人”字。

敬他保自貴（一二四）

敬他保自貴，辱他還自受[1]。……勾他下[2]盞酒，他勾十巡至。

［1］張校：“還自受，原本殘闕，據文義補。”規案：原本作“辱他亦自耻”。

［2］規案：原本作“一”，張誤作“下”。

不知愁大小（一二五）

道愁不愛食，面[1]愁偏怕酒。……剩打三五盞，愁應如屍走[2]。

［1］規案：原本作“聞”，張誤認爲“面”。

［2］張校：“走原作趁，據文義改。”規案：原本作“走”，不作“趁”。

本巡連索人（一二六）

本巡連索人[1]，樽主告平人[2]。當不怪來晚，覆盞可連精[3]。

［1］規案：“索人”，原卷作“索ㄑ”，乃“索索”重文。

［2］規案：“平人”，原卷作“平ㄑ”，乃“平平”重文。

［3］規案：“可連”，原卷作“可連”，“連”字塗去，旁改“怜”字。

我家在河側（一二七）

我家在河側[1]，結隊守先阿[2]。男[3]即教誦賦，女即學調梭。

［1］張校：“側，原本殘闕，據文義補。”規案：原本不缺，作“何處”。張校臆補，不可用。

［2］張校：“隊，原作對，據文義改。”規案：原卷作“結對守先阿”，守旁有乙倒符號。“守”蓋“宇”之誤，此句當作“結宇對先阿”。“結

宇”謂築室,《宋書·宗炳傳》:“結宇衡山,欲懷尚平之志。”

[3] 張校:“男,原作如,據鄭本改。”規案:敦煌寫本如、兒往往相通,此當作“兒”。

天子與你官(一二九)

飲食[1]不知足,貪錢[2]得動手。

[1] 張校:“飲食,原作飲饗,據文義改。”規案:原作“飲饗”,不必改爲“飲食”。

[2] 張校:“錢,原本模糊,據文義補。”規案:原本作“貪婪”。

百姓被欺屈(一三〇)

百姓[1]被欺屈,三官須爲申。

[1] 規案:原卷作“性”,敦煌寫本性、姓往往通用。

天理爲百姓(一三一)

天理爲百姓[1],格戒亦須遵。官喜律即喜,官嗔律即嗔。總由官斷法,何須法斷人。一時截却頭[2],有理若爲申。

[1] 張校:“爲,原本殘闕,據文義補。百姓,原作百性,據文義改。”規案:原本無殘缺,本作“代天理百性”,敦煌寫本性、姓往往通用,“百性”即“百姓”。

[2] 張校:“頭,原作項,據文義改。”規案:截項與截頭皆可通。

天下惡官職之二(一三二)

天下惡官職,未過於御史。好眉張福眼[1],何須弄獅子。

[1] 張校:“張福眼,原作福張眼,據文義改。”規案:原本此句作“努眉福張眼”,福借爲復,言御史之威,努眉復張眼也。

鴻鵠盡飛颺(一三五)

脱帽安懷中,坐見膝頭著[1]……年年愁工番[2],獮猴帶斧鑿。

[1] 規案:丙二本作“坐兒膝頭著”,見乃“兒”字,非“見”字,

言置兒坐於膝頭。

［2］規案：丙二本作“上番”，張誤作“工番”，上番，蓋供職當直，猶今言“上班”。

我有一方便（一四〇）

相打常服弱[1]，至老不入縣。

［1］張校：“常服，原作長取，鄭本作長伏，據文義改。”規案：長取弱，義亦可通。

王二羊年少（一四二）

王二羊年少，梵志亦不惡。借問今時人，阿誰肯服弱[1]。

［1］張校：“服弱，原作伏弱，據文義改。”規案：“伏弱”不誤。伏、服通用，《後漢書·馮魴傳》：“魴曰：汝知悔過伏罪，今一切相赦。”

忍辱收珍寶（一四三）

忍辱收珍寶，嗔他捐[1]福田。

［1］規案：丙二本作“損”，張誤作“捐”。

草屋足風塵（一四八）

草屋足風塵，床無破氈卧。客來且唤入，地铺藁薦卧[1]。家裏元無炭，柳麻且吹火。白酒瓦鉢藏[2]，鐺子兩脚破。鹿脯三四條，石鹽五六課。看客只寧馨，從你痛笑我。

［1］規案：丙二本作“坐”，張誤作“卧”。

［2］規案：丙二本作“盛”，張誤作“藏”。

出門拗頭戾跨（一五二）

合村送至[1]曠野，回來只見空牀。

［1］張校：“至，原本模糊難辨，據文義補。”規案：丙二本作“就”。

若言餘浪語（一五三）

若言餘浪語，請君看即知。回頭西北[1]卧，寸步更不移。終身不念

食，永世不須衣。此名無常住，無人[2]輒得知。

［1］張校：“西北卧，俗指死亡。”規案：丙二本作“面北”，不作“西北”。（二五二）作“兒身面向南，死者頭向北”。

［2］規案：丙二本作“垂人”，張誤認爲“無人”。敦煌寫本誰、垂往往通用，如《鷰子賦》（《敦煌變文集新書》頁一一四三）伯二六五三“命垂朝夕”，伯三六六六作“命誰朝夕”。“垂人”即“誰人”也。

愚夫癡梳梳（一五四）

愚夫癡梳梳[1]，常守無明窟。沈淪苦海中，出頭還復没。頂戴神靈珠，隨身無價物。二鼠數相侵，四蛇推命疾。似露草頭霜，見日一代畢。更遇炎[2]風吹，彼此更[3]無匹。貯得滿屋[4]金，知是誰家物？

［1］張校：“癡梳梳，與癡杌杌，癡兀兀義同，皆指愚昧呆滯貌。”規案：丙二本作“癡杌杌”，張誤認爲“癡梳梳”。

［2］規案：丙二本“炎”作“丸”。

［3］規案：丙二本作“俱”，張誤作“更”。

［4］規案：丙二本作“堂”，不作“屋”。

兄弟須和順（一五五）

兄弟須和順，叔侄莫輕[1]欺。

［1］規案：丁四本“輕”作“鄉”，“鄉”爲“相”之借。

兄弟實難得（一六一）

兄弟實[1]難得，他人不可嗔。

［1］規案：丁四本“實”作“寶”，“嗔”作“親”。此言兄弟寶貴難得，他人不易親近。張蓋臆改寶爲實。

四大乖和起（一七一）

四大乖和起[1]，諸方請療醫。

［1］規案：敦煌寫本起、去、氣往往通用，此“和起”即“和氣”。

親家會賓客（一七四）

諸人未下筯，不得在前椅[1]。

[1] 張校："椅，丁七本作掎。掎，以筷取物也。"規案：丁四本作"掎"。《集韵》："掎，居宜切。以箸取物也。同攲。"

養子莫徒使（一八三）

一朝乘駟馬，還得似相如[1]。

[1] 規案：丁四本作"還似保相如"。成都記有司馬相如駟馬題橋事。"保"與"報"通，言相如勤學，得駟馬之報也。

停客勿叱狗（一九六）

停客勿叱狗[1]。

[1] 規案：停，當也，對也。義如"停午"之"停"，言對客勿叱狗。

見貴當須避（二〇一）

高飛能去網[1]，豈得值低羅。

[1] 張校："網，提網之繩。《書·盤庚上》：若網在綱。"規案：原本、丁四、丁十一皆作"綱"，乃"網"字，張誤作"綱"。

惡人相遠離（二〇三）

縱使天無雨，陰雲[1]自蔭衣。

[1] 規案："陰雲"，丁四本作"雲陰"。

有德之心下（二〇四）

若個是堅牢[1]。

[1] 張校："堅牢，原作豎牢，據丁四、丁五改。"規案：原本"堅"作"豎"，乃堅字，張誤認作"豎"。

有勢不須倚（二〇八）

有勢不須倚[1]。

[1] 張校："須倚，原作煩意，據丁四本改。"規案：丁四本作"有勢

不煩倚”，煩不作須，當從丁四本。

貧親須拯濟（二〇九）

貧親須拯濟，富眷不須饒[1]。

［1］張校：“須饒，原作煩饒，據丁五本改。”規案：丁四、丁五皆作“煩饒”，“煩饒”“須饒”意同。

他貧不得笑（二一一）

他貧不得笑，他弱不得欺。太公未遇日，猶自獨釣魚[1]。

［1］張校：“‘太公未遇日，猶自獨釣魚’原作‘但看人頭數，即須受口口’，據丁五本改。”規案：原本、丁十一本作“但看人頭數，即須受逢迎”，丁四本作“但看人頭上，即須愛（愛當作受）逢迎”。此當從原本。謂不可欺笑貧弱，但見人即須恭敬逢迎。人頭數，猶言“只算是人”“任何一個人”。逢迎，接待之義。高適《夜別韋司士》詩：“莫怨他鄉暫離別，知君到處有逢迎。”

在鄉須下意（二一三）

在鄉須下意，爲客莫高心。相見先作拜，膝下投黄金[1]。

［1］張校：“投黄金，原作没黄金，據丁四本改。該句源自俚諺‘男兒膝下有黄金’。”規案：詩意言膝下没黄金，故見人當先作禮，丁四本誤字極多，“投”乃“没”之誤。

世間難割捨（二二六）

世間難割捨，無過財色深。丈夫須遠[1]命，割斷闇迷心。

［1］規案：“遠”，疑爲“達”字形近之誤。達命乃能斷迷也。

飲酒是癡報（二三一）

情知有不净，豈不岸頭行[1]？

［1］張校：“豈不，原作豈合，據丁四本改。岸頭，岸邊。佛家指苦海之岸。”規案：原卷、丁三均作“豈合”，言豈當岸頭行走，致墮不净！

不當據丁四本改。

逢師須禮拜（二四二）

莫生離別相[1]，見過不和南。

［1］張校："離別相，原作多別相。丁五本作離別想，據文義改。"規案：丁十一本亦作"多別相"。據文義當作"多別相"，多別相猶言分別相也。

聞鐘身須側（二四三）

聞鐘身須側，卧轉莫經眠[1]。

［1］張校："莫經眠，原作莫前眠，據丁五本改。"規案：丁十一本亦作"莫前眠"。

家貧從力貸（二四五）

家貧從力貸[1]。

［1］規案：丁四本"貸"作"貨"。

惡事總須棄（二四六）

知意[1]求妙法。

［1］規案：丁四本作"至意"，丁十一本作"智意"。

人縱百年活（二五〇）

人縱百年活，須臾一日死[1]。彭祖七百歲，終成老爛鬼。托生得他鄉[2]，隨生作名字。輪回變動急，生死不由你。身帶無常苦，長命何須喜[3]。不聞念佛聲，滿街聞哭響。

［1］張校："死，原作子，據文義改。"規案：原卷作"一向子"，"向"通"晌"。一向子，猶言"一會兒"。不當改作"一日死"。

［2］規案："他鄉"，原卷作"他家鄉"，此句或當作"托生得他家"，"鄉"蓋衍字。

［3］規案：依韵，此首當止此句。不聞念佛聲。當爲次首開端。響

與下妨、葬叶韵。

父母生兒身（二五二）

暫托寄出來[1]，欲似便相貸[2]。……父子相分擘，不及元不識[3]。

［1］張校：“暫托，原作‘蹔□’，據文義改。”規案：原作“蹔托”。

［2］張校：“便相貸，原作‘相便藏’，據文義改。”規案：原卷作“相便貸”。張誤認“貸”爲“藏”。

［3］張校：“不及元，原作‘不□元’，據文義補。此句謂父子命運乖戾，不如原不相識。”規案：原卷作“不及元”。

身是五陰城（二五五）

身行城即移，身卧[1]城穩住。……前死萬年餘，尋入微[2]塵數。

［1］張校：“身卧，原作‘多身卧’，多爲衍文，已删。”規案：原卷上句作“身行城即侈”，侈即移之誤字；戊二本作“身行城即移”。張誤認“侈”爲“多”，又以爲衍文。

［2］張校：“微原作灰，據戊二本改。”規案：原卷亦作“微”。

吾死不須哭（二六三）

急手涂埋却[1]，臭穢不中停。墓内不須食[2]，美酒三五瓶[3]。時時獨飲樂。□盡更須傾[4]。但願長頭醉，作伴唤劉伶[5]。

［1］張校：“涂埋，埋在泥裏。”規案：原卷作“浛”，乃“深”字。張誤認作“涂”。

［2］張校：“不須，戊二本作須不。”規案：戊二本“不”上有乙倒號，亦作“不須”。

［3］張校：“美酒，劉本作麥酒，戊二本作羹酒。”規案：戊二本亦作“美酒”，張誤認美爲羹，劉誤認美爲麥。

［4］張校：“□盡，原本模糊難辨，戊二本作沉盡。”規案：原本作“⿱工瓦”，“⿱工瓦”乃瓨之别體，《龍龕手鑑·瓦部》：“⿰甘瓦或作瓨，苦含

反，瓦器也。”《太子成道經》（敦煌變文集新書（頁四九七）：“神前傾酒三五瓮。”

［5］規案：原本、戊二本“伶”均作“零”，敦煌寫本“劉伶”多作“劉零”。

相將歸去來（二六五）

關山千萬里[1]，影絶故鄉城。生受刀光苦，意裏極惶惶[2]。

［1］張校：“關山，原作開山，據戊二本改。”規案：原本亦作“關山”。

［2］張校：“惶惶，原作皇皇，據文義改。”規案：戊二本作“星星”，“星星”與“惺惺”同音通借。惺惺，明瞭静寂之意。作惺韵較近。梵志詩二八三首：“智者星星行，愚人自纏繞。”“星星”亦當爲惺惺之借。又梵志詩二八三首：“閉門無呼唤，耳裏桎星星（《掇瑣》挃作桎）。”項楚説：“按‘挃’‘桎’都應作‘極’，蓋因草書形近致誤。本文書有‘意裏極皇皇’，句式與‘耳裏挃皇皇’相似，可證‘挃’‘桎’確當作‘極’。又‘皇皇’應作‘星星’，星星是惺惺的同音借字，此處是清静虚寂之義。”項説甚諦。

身體骨崖崖（二六八）

舂人收糧將[1]，舐略空唇口。

［1］規案：原本、戊二本“糧”均作“糠”。作“糠”是。

富饒田舍兒（二六九）

牛羊共成群，滿圈豢肥子[1]。……廣設好飲食，多酒勸且醉[2]。

［1］張校：“豢肥子，原作養肥牛，據戊二本改。謂肥壯的小牛、小羊。”規案：原本作“養屯子”，戊二本作“養肫子”。《龍龕手鑑·肉部》：“豚正肫今徒昆反。方言云：豕子也”，牛羊成群，又養豚子。言牛羊豕皆畜養甚多。

［2］規案："勸且醉"，原本、戊二本皆作"勸遣醉"。

貧窮田舍漢（二七〇）

醜婦來怒罵[1]。

［1］規案：原本、戊二本"怒罵"均作"惡罵"。

富兒少男女（二七二）

到大耶没忽[1]，直似飽糠牲[2]。

［1］規案："耶没忽"，原本作"肥没忽"。

［2］張校："糠牲，原作糖牛，戊二本作糠牲，據文義改。"規案：原卷作"糠屯"，戊二本作"糠肫"。飽糠屯，意同二六九首之"肥屯"。

當官自慵懶（二七四）

一即耻妻兒[1]。

［1］規案："一即"，原卷作"一則"，戊二本作"一即"。

童子得出家（二七五）

童子得出家，一生受快樂。飲食滿盂中，架上選衣着。平明飲[1]稀粥，食手調羹臛。

［1］張校："飲，原作欲，據戊二本改。"規案：原本塗改作"喰"。喰，俗餐字。《龍龕手鑑·口部》："喰，俗餐孫二音。"

今得入新年（二七七）

負償[1]早還却，門前無喧競。

［1］規案："償"，原本作"債"，張誤認。

天下浮逃人（二七八）

天下浮逃人，不啻多一半[1]。……聞苦即深藏，尋常擬於算[2]。

［1］張校："不啻多一半，原作'帝鄉賈一半'，據戊三本改。"規案：原本作"商買多一半"，"買"當作"賈"。

［2］規案：於算，原本作"于算"，似當作"千算"。

父母是冤家（二七九）

身役不肯料[1]，逃走離[2]家裏。

［1］張校："身役，原作身後，據劉本改。"規案：原卷作"伇"，即"役"字。

［2］張校："離原作皆，據文義改。"規案：原卷"皆"當爲"背"字。

有錢不造福（二八〇）

自身不吃着，報投受妻兒[1]。……妻嫁隨[2]人婦，子變他家兒。

［1］規案："受"當作"愛"

［2］規案："隨"，原卷作"後"。

營營自免身（二八三）

營營自免身[1]，擬覓妻兒好。巧遇打脊使[2]，窮漢每學號[3]。

［1］張校："營營，原作元元，據文義改。"規案：原本作"允允"，疑當作"兀兀"。

［2］張校："巧遇，原作切逌，據文義改。"規案：原卷作"邛逌"，疑當作"恭迎"。

［3］張校："號，原本模糊難辨，據文義補。"規案：原卷作"巧"，即"巧"字。

生兒宜替公（二八七）

生兒宜[1]替公，兒大須公死。天配作次第，留去不由你[2]。

［1］規案：原本"宜"作"擬"。

［2］張校："留去，原作合去，據文義改。謂生死。"規案：合去，謂合該死去，正承上文，不當改作"留去"。

朝使來相過（二八八）

朝使來相過[1]，設食因盃酌。四海同追曲，五郡相勸樂。

［1］張校："朝使，原作朝庭，據文義改。"規案：文義本安，不

當改。

[2] 規案："追曲"，原本作"追由"，"由"蓋通用作"游"。

知識相伴侶（二八九）

無眠天難曉[1]。

[1] 張校："眠，原本模糊難辨，據文義補。"規案："眠"，原本作"睡"。

五體一身内（二九〇）

兩兩相啖食，强弱[1]自相争。平生事人我，何處有公平[2]。

[1] 張校："强弱，原作性弱，據文義改。"規案：原本作"强弱"，不誤。

[2] 張校："公平，原作公名，據文義改。"規案："公名"，當讀爲"功名"。

金玉不成寶（二九二）

貧富光常空[1]，恣意多着吃。

[1] 張校："常空，原作常定，據文義改。"規案：此句當作"貧富先常定"。

（原載《敦煌學》9輯，1985年1月，頁15—38）

王梵志出生時代的新觀察

——解答《全唐詩》不收王梵志詩之謎

任半塘先生《王梵志詩校輯》序[①]說："王梵志和他的五言詩，唐末以來一直受到僧俗人士的歡迎，明代以後才漸漸失傳。清康熙年間編纂的《全唐詩》雖曾廣收寒山、拾得的詩作，却唯獨不顧宋人筆記贊譽王梵志詩的事實，隻字不録王梵志的五言詩，好像若無其詩、若無其人一般。及至當代有人進行《全唐詩》補遺時，依然置王梵詩於不顧，一首也不收入補全唐詩，令人十分費解。"要解開此一疑問，我們必須從王梵志出生的時代着眼。

關於王梵志的事迹，遺留下來的記録，非常簡略；且有語涉荒誕，許多研究者把他看作神話中的人物，以致損害事實真相，造成種種的錯覺誤會。王梵志早期可信的記載，應該是《桂苑叢談》[②]轉録自史遺的一段事實。《太平廣記》卷八十二也有相類的一條記載，但《桂苑叢談》的作者

① 張錫厚:《王梵志詩校輯》，中華書局，1983年。

②《四庫提要・子部・小説家》:"舊本題馮翊子子休撰，不著姓名。邯鄲書目稱其姓嚴，名則終不能考也。"

是唐僖宗昭宗時代的人，成書早於《太平廣記》(九七八年編成，九八一年刊行)一百年左右。我們細勘兩書的文字，《太平廣記》顯然是襲用同一資料，但却有許多竄改失真之處。現在抄録如後，并加以比對：

王梵志，衛州黎陽人也。黎陽城東十五里，有王德祖者(《太平廣記》作“城東王德祖者”，“城東”上删“黎陽”二字，下省“十五里”三字)，當隋之時(《廣記》作“當隋文帝時”，增“文帝”二字)，家有林檎樹，生癭大如斗，經三年，其癭朽爛(《廣記》省“其癭”二字)。德祖見之，乃撤其皮(《廣記》作“德祖剖其皮”)，遂見一孩兒(《廣記》省“遂”字)，抱胎而出(《廣記》省“而出”二字)，因收養之(《廣記》作“德祖收養之”)至七歲，能語，問曰(《廣記》省“問”字)：“誰人育我？復何姓名？”德祖具以實告(《廣記》改“告”爲“語之”)，因曰：“林木而生曰梵天(《廣記》作“雙木曰梵，名曰梵天”)；〔後改曰梵志〕(規案：“後改曰梵志”疑爲註文，謂初名“梵天”，後乃改爲“梵志”。混入正文，以致隔斷語氣)。我家長育，可姓王也”(規案：此皆王德祖答語，謂生於林檎木，故名之曰“梵天”，“長自於我家，可姓王也。”是對答時猶名爲王梵天，其後乃改作“因曰：雙木曰梵，名曰梵天，後改曰志。王家育我，可姓王也”。語氣轉成梵志之言，謂雙木曰梵，名曰梵天，後改曰梵志；王家育我，可姓爲王。“我家”變爲“王家”，竄改的痕迹很爲明顯。本來是七歲孩童剛會説話時提出問題，王德祖依照事實的答話，變成了七歲孩童自問自答的對話，顯然不合情理。此由《太平廣記》或所據逸史竄改所造成的現象)。作詩諷之，甚有義旨，蓋菩薩示化也(《廣記》作“梵志善作詩，甚有旨趣”)。史遺(《廣記》作“出逸史”)。

將《桂苑叢談》和《太平廣記》文字互相比對，可以看出《叢談》的記載較早，也較爲正確。據我看來，叢談只是如實敘述：王德祖家園有一棵林檎樹，生了斗大的瘿，經過三年，樹瘿腐爛了，德祖剥開樹皮一看，發現了一個嬰兒，就抱胎兒出來，把他收養成長。到了七歲能説話的時候，就詢問他出生的經過和姓名。王祖德據實告訴他，是從林檎樹朽瘿中抱來的，不知他出生的來歷；是他王家撫養的，所以就叫他王梵天。記載并没有絲毫神异的色彩。據我的了解，王德祖只是發現了一個遺棄在樹瘿掩藏中的嬰兒，抱來撫養成人。心裏想這個嬰兒定然是被生身父母所遺棄。不過他没有對王梵志説出他心裏的想法罷了。這一段記載，被近人看成是一段神話，如胡適先生《白話文學史》根據《太平廣記》的記載，加以推斷説："此雖是神話，然可以考見三事：一爲梵志生於衞州黎陽，即今河南浚縣，一爲他生當隋文帝時，約六世紀之末。三可使我們知道唐朝已有關於梵志的神話，因此又可以想見王梵志的詩在唐朝很風行，民間才有這種神話起來。"因此，日本學者入矢義高教授，認爲神話式的記載，不能作爲王梵志傳記的資料。[①]甚至金岡照光教授認爲王梵志這一人物的存在是非常神秘的，不妨認爲其名字大概也是假的。[②]菊池英夫教授[③]也作同樣的看法，他説："作者王梵志有着種種神秘化的傳説，有人把他和同時代人相比，推定爲天寶、大曆年間謎一樣的人物。入矢義高推測他不屬於特定僧團某一宗派的游行各地游脚僧、化俗法師一人或幾人的稱呼，是可以想見的。"其實，據《桂苑叢談》的記載，不過是一個棄嬰被人收養的經過，并没有什麽神秘色彩。我們試看唐詩人陸羽的身世。《新唐書》卷一九六《陸羽傳》：

① 入矢義高：《論王梵志》，《中國文學報》（日文）第三、四期，1955、1956年。
② 金岡照光：《敦煌的民衆——其生活與思想》，評論社版，1972年。
③ 菊池英夫：《唐代敦煌社會的外貌》，敦煌講座之三，大東出版社，1980年。

> 陸羽，字鴻漸；一名疾，字季疵。復州竟陵人，不知所生。或言有僧得諸水濱，畜之，既長，以易自筮，得蹇之漸，曰："鴻漸于陸，其羽可用爲儀"，乃以陸爲氏，名而字之……貞元末，卒。羽嗜茶，著經三篇，言茶之原之法之具尤備。天下益知飲茶矣，時鬻茶者至陶羽形置煬突間，祀爲茶神。

又《唐詩紀事》記他的出生云：

> 太子文學陸鴻漸，名羽，其先不知何許人。景陵龍蓋寺僧姓陸，於堤上得初生兒，收育之，遂以陸爲氏。及長，聰俊多聞，學贍辭逸，詼諧辯捷。性嗜茶，始創煎茶法。至今鬻茶之家，陶爲其像，置於湯器之間，云宜茶足利。

《唐詩紀事》所記，即是《新唐書·陸羽傳》"或言有僧得諸水濱"的較詳記載。這得諸水濱的初生兒，當然是一個棄嬰。因爲被姓陸的僧人收養，就以陸爲姓。《桂苑叢談》所記王德祖家發現的初生胎兒，比較起來，人家園林斗大樹癭，外有樹皮，内有空窩，安全性遠高於水濱堤上。棄嬰的生身父母，顯然有意選擇一個樂善素封之家，使他的骨肉獲得安身的處所，纔會特意放置在王德祖家的林檎樹中。陸羽的生身父母把他抛棄在水邊堤上，就比較不關心他的生死禍福。姓陸的僧人偶然發現并收養他，對他缺少愛心，要他也做僧人，强迫他學旁行書。陸羽不願意，就驅使牧牛割草，做苦工，來虐待他。而王梵志則頗受王家善意撫養，所以他的詩中多次提到"吾家多有田""吾家昔富有"。兩個同樣的棄嬰的經過，絲毫没有神秘的氣氛，也談不到什麽神話式的記載。

至於梵志七歲纔能説話，似乎事不尋常，通俗還有"聰明的兒童説話遲”的傳説呢！清朝大學者戴震是著名説話遲的兒童。劉申叔先生《戴震傳》[1]云：

> 戴先生震，字東原，安徽徽州府休寧縣人。生具异稟，十歲始能言。就傳讀書，過目成誦，日數千言不肯休。授《大學章句》，至右經一章節，問塾師曰：“此何以知爲孔子之言而曾子述之？又何以知爲曾子之意而門人記之？”師應之曰：“此朱文公所述。”即問：“朱文公何時人？”曰：“宋朝人。”“孔子曾子何時人？”曰：“周朝人。”“周朝、宋朝相去幾何時矣？”曰：“幾二千年矣。”“然則朱文公何以知其然？”師無以應。識者知其非常人。

由於戴東原時代近，著述豐，事迹顯，所以都承認他是非常人。否則單就十歲能言一樁事，就可能附會爲神仙轉世了。

談到姓名的來歷，收養的人姓王、姓陸，可説是當然的慣例。陸羽的名字，是他筮易占卦自定。因爲姓陸和《易·辭》“鴻漸于陸，其羽可用爲儀”巧合，故自己取名爲陸羽字鴻漸。在未取名之前，想來也有個小名，不過史家没有提到罷了。王梵志的名字，據王德祖的對話，他的小名應該是梵天，因爲他是從林檎樹癭中撿來的，梵字從林字頭，故叫作梵天。後來長大，深受佛教熏習和社會風尚，所以改名爲梵志。我們知道，魏晋以來，佛教漸盛，即有人喜用佛典取名，《晋書》卷二十八“五行志”中，有一段記愍懷太子取名沙門的事，説：

> 元康中，京洛童謠曰：“南風記，吹白沙，遥望魯國何嵯峨，千歲

① 劉師培：《劉申叔先生遺書·左盦外集》卷十八，寧武南氏印本，1934年。

髑髅生齒牙。"……南風，賈后字也。白，晋行也。沙門，太子小名也。

到了南北朝時期，更成爲社會風氣。梁武帝小名阿練，爲了避諱，把練説成絹，《顔氏家訓·風操篇》云："梁武小名阿練，子孫皆呼練爲絹，乃謂銷練物爲銷絹物。"王利器《顔氏家訓集解》云："慧琳《一切經音義·大寶積經》第八十二卷：'阿練兒，梵語虜質不妙，舊云阿闌，唐云寂静外也。'竊梁多以佛典取名，則阿練之名本於大寶積經也。"

《風操篇》又説河北人兼諱名字，云：

河北士人全不辨之，名亦呼爲字，字固因呼爲字，尚書王元景兄弟皆號名人，其父名雲，字羅漢，一皆諱之，其餘不足怪也。

王雲，字羅漢，他的兒子王晞，小名沙彌。性恬淡寡欲，人士爲之物外司馬（見《北齊書·王昕傳》）。還有梁昭明太子蕭統字德施，小字維摩（見《南史》卷五十三）。隋文帝小名那羅延（見《北史》卷十一《隋本紀上》），隋煬帝法名總持（見《廣弘明集》卷二十七《隋煬帝受菩薩戒文》）。隋文帝得名，還有一段故事，王劭《舍利記》云：

後魏大統七年六月十三日，文帝生於同州般若寺中，赤光照室。……你母以時炎熱，就而扇之，寒甚幾絶，困不能啼。有神尼者名曰智仙，河東劉氏女也。……語太祖曰："兒天佛所佑，勿憂。"尼遂名帝爲那羅延，言如金剛不壞也。

看到南北朝時代一般取名沙門、羅漢、維摩、金剛的習慣，王梵志的取名，實在是一樁極尋常的事件，既非怪异的奇聞，更不能視爲神話中的人物。《桂苑叢談》最後稱贊他“作詩諷之，甚有義旨，蓋菩薩示化也”。也是一句普通贊嘆的用語。正如《新唐書·陸羽傳》説“祀爲茶神”，也不過推崇他茶道高超之意。因此，我們用平常心對《桂苑叢談》做如實的了解，王梵志只是隋代出生的一個被人收養的嬰兒，長大後寫成許多動人的詩篇，在民間廣泛流傳，終於被大衆稱許爲偉大詩人而已。

近數十年來，敦煌石室發現了許多關於王梵志詩的資料，《桂苑叢談》有王梵志出生隋代的記載，使我们獲得更加充分有力的證據。如巴黎藏伯二一二五、倫敦藏斯五一六敦煌卷子《歷代法寶記》，内中有無住禪師引用王梵志的“惠（慧）心近空心，非關髑髏孔。對面説不識，饒你母姓董”一首詩。無住禪師是玄宗初年的人物，可見王梵志的詩歌，在盛唐已經爲高僧引用。又如列寧格勒藏敦煌卷子一四五六號，卷尾有題記云：“大曆六年五月□日抄王梵志詩一百一十首，沙門法忍寫之。”一部詩集從整編到流行傳鈔，是需要相當長久的時間的，大曆六年（公元七七一）已有王梵詩集的鈔本流傳到敦煌地區，可見王梵志詩集面世之早。還有友人吴其昱博士發現了有關王梵志生年極重要的巴黎伯四九七八號卷子。這個卷子有一篇祭文，原文是：

王道祭楊筠文

維大唐開元二七年，歲在㭁（癸）丑二月，東朔方黎陽故通玄學士王梵志直下孫王道，謹〔以〕清酌白醪之奠，敬祭没逗留風狂子朱沙染癡兒洪（弘）農楊筠之靈。惟靈生愛落荒，不便雅語，漢雖不相識，藉甚狂名。前度承聞尚書阿孟婆迸蒙見用。計兹果報，天恩不爲君菲，子合思而自將，豈得重煩，聖務。諺云：何年窠裏覓免，計君風許癡心。鸜鵒上於鐵牛，選場中豈（以下缺）

案，開元二十七年是己卯，癸丑是開元元年，開元二十五年是丁丑，癸、丁字形絶遠，“二七”可能是“元”的誤字。戴密微先生在《王梵志詩集》引言中指出“二七年”明顯是“元年”訛。據祭文“惟靈生愛落荒，不便雅語”，落荒乃唐代俗話，信口狂言之意。《𫬮山遠公話》(《敦煌變文集新書》頁一〇六八)“闍黎適來所説言詞，大遠講贊，經文大錯，總是信口落荒。”又《鷰子賦》(《敦煌變文集新書》頁一一四五)：“雀兒打硬，猶自落荒漫語。”祭文“生愛落荒，不便雅語”，即是《王梵志詩集》序所説的“不守經典，皆陳俗語”的意思。可見楊筠也是一個陽狂玩世、倜儻不羈、性格近似王梵志的人。王道有乃祖之風，性情與楊筠契合，所以王道雖和他不相識，但欽佩他的高度狂名，特撰文來祭拜他。王道稱他的祖父爲通玄學士，恐怕也不過如世間稱陶淵明爲靖節徵士，宋晁補之爲濟北詩人、元王冕爲閑散大夫之類的情况，并非一真正的官名。這一篇祭文的發現，有極高的價值。不能輕易將它抹煞。它的重要性，可以證明王梵志出生的時代，確實是在隋代。隋文帝開國是公元五百八十一年，隋恭帝遜國於唐是公元六百一十八年，王道做祭文是公元七百一十三年。上距隋亡只有九十七年，祖孫三代絶不會有年歲不合的問題。仔細觀察王道做祭文的語氣，年齡似乎超過中年，假使他撰寫時是四十歲，他應該出生在唐高宗咸亨四年，公元六百七十三年。假定他出世時他的父親三十歲，則他的父親是出生於唐太宗貞觀十七年，即公元六百四十三年。如果王梵志三十歲生王道的父親，則應當是隋煬帝大業九年，即公元六百一十三年。王梵志的年齡雖然没有記載，但是據王梵志詩句的流露，近人有的認爲他壽年七十歲，甚至有人認爲他壽年在八十歲以上。總之，王梵志出生時期，最遲在隋代晚期，甚至可能在隋文帝初年。這許多新發現的資料，無疑是《桂苑叢談》最有力的確實證明。只由於近人被神話的錯覺，對平實可靠的記載加以揚棄，造成研究王梵志詩極大的損害。

理清了王梵志出生的年代，也可以肯定地説，編《全唐詩》的人，根據他們看到的資料，心目中必然認定王梵志是隋代人。因爲《桂苑叢談》《太平廣記》都清楚記載王梵志是隋代人。唐代和顔真卿聯句的詩僧皎然論詩的著作《詩式》，評王梵《志道情詩》次序在郭景純之後、賀知章之前，也顯出是唐以前的詩人。在敦煌卷子未發現以前，他們只不過看見過唐宋人筆記零星少數王梵志的作品，所以他們心目中也認定是隋代詩人的零星作品。如果他們不是把王梵志看成隋代人，斷不會把王梵志詩屏斥於《全唐詩》之外。即如陸羽一家，《全唐詩》稿本從《唐詩紀事》采詩一首，并加了一篇很長的小傳。《唐詩紀事》也載録王梵志詩一首，還有唐宋人記録王梵志的詩篇，以及蘇東坡、黄山谷諸家熱烈品評王梵志詩的議論，他們豈能熟視無睹！唯一能解答此一問題，便是他們根據《桂苑叢談》《太平廣記》，認定王梵志是隋代人。唯有編纂《全隋詩》的時候，纔會搜集收録。這就是《全唐詩》編者不收録《王梵志詩集》的真正原因。倘使敦煌石室《王梵志詩集》提早三百年發現，他們自然會收録王梵志的詩，編在寒山、拾得的前面。猶如王績雖任職隋朝，但在唐代著書賦詩，就編在初唐詩人的行列。總之，把王梵志出生的時期確定，他的“白話詩的先驅者”的地位纔能得到公認！白話詩發展史的行程纔不致誤入迷途！

（原載《“中央日報”》（文藝評論）54期，1985年4月11日）

敦煌寫本《秦婦吟》新書

敦煌寫本《秦婦吟》新書序

《秦婦吟》者，唐韋莊以詩紀黄巢事之實録也。黄巢犯闕，秦婦陷寇三年，目睹屠掠之慘，忍辱事賊，視息人間。及巢寇敗竄，秦婦得脱走洛陽，道遇韋莊，述其經歷。莊發爲詩歌，萬口傳誦，時人號爲《秦婦吟》秀才。其後莊顯達，避時諱，撰家戒時，不許垂《秦婦吟》障子。晚年，編纂《浣花集》，又削稿不載，世遂失傳。所幸敦煌石室，寫本尚多，千載之下，賴以保存不墜。惟國寶發現，即爲英法人捆載而去。《秦婦吟》卷子，流入英倫者三，流入法京者五，流入俄國者近亦發現殘楮。其一本爲國人竊取者，久已轉鬻於日邦。韋莊此作，竟無片紙存於故土矣。清宣統元年，王仁俊、羅振玉即以聞諸伯希和口述者，著録其目於《敦煌石室真迹録》及《莫高窟石室秘録》中。一九一二年，日人狩野直喜游歐，抄得《秦婦吟》殘本，以貽王國維，國維有跋，是爲國人得見《秦婦吟》殘篇之始。一九二三年，伯希和録巴黎所藏天復五年張龜寫本及倫敦所藏貞明五年安友盛寫本，寄贈羅王二氏。次年，羅氏合校二本，印入《敦煌零拾》中。王氏據兩本及狩野移録之殘本，校勘寫定，發表於《北京大學國學季刊》一卷四號。是爲國人得見全文及從事校勘之始。其時英國小翟理斯博士，取所發現《秦婦吟》三種寫本，又采法藏二本，重加合校，自謂與韋莊原稿相距不遠；并寫成論文，發表於《通報》。一九二七年，張蔭麟教授爲之移譯，題曰《〈秦婦吟〉之考證與校釋》，刊布於《燕京學報》總第一輯。嗣後爲之箋釋者，有郝立權之《韋莊〈秦婦吟〉箋》、黄仲琴之《〈秦婦吟〉補注》、周雲青之《〈秦婦吟〉箋注》、陳寅恪之《〈秦婦吟〉校箋》等。爲之重校寫成定本者，有劉修業之《〈秦婦吟〉校勘續記》、王重民之《全唐詩補校本》。王氏《校録》後出，除佚在日本者未見外，英法各本皆取以入校、采穫可謂最備。然統觀諸家校本，文字頗歧，箋釋復多异説。余往歲游歐，亦曾遍觀《秦婦吟》寫本，因以余閑，博稽衆議，細核原卷，考定异文，手寫一通，用供吟味。又擷録諸家注釋，并陳管見，藉明詩人擒詞之旨，兼省覽者尋檢之勞。末復綜述諸家之説，斟酌研求，確認韋莊删諱此詩之故，以燕蟠胸久蓄之疑，庶幾文義獲安，聲情益暢。撰寫既竟，號曰新書。讀者把此一編，錦繡劫灰，遺黎血泪，可歌可泣，如見如聞，諷誦回環，亦足以悲而樂之矣！昔鄭玄譜詩，以爲勤政恤功，則弘福如彼；違而不用，則被劫殺大禍如此。韋莊此篇，其亦詩人告哀之意歟？

一九八四年清明節潘重規書於華岡。

《秦婦吟》一卷[1] 右補闕韋莊撰[2]

中和癸卯春三月，洛陽[3]城外花如雪。東西南北路人絶，緑楊悄悄香塵滅。路傍忽見如花人，獨向緑楊陰下歇。鳳側鸞欹鬢脚斜，紅攢黛斂眉心折。“借問女郎何處來？”含嚬欲語聲先咽。回頭斂袂謝行人，喪亂漂淪何堪説。三年陷賊留秦地，依俙[4]記得秦中事。君能爲

妾解金鞍，妾亦與君停玉趾。前年庚子臘[5]月五，正閑金籠教鸚鵡。斜開鸞鏡嬾梳頭，閑凭雕欄慵不語。忽看門外起紅塵，已見街中擂[6]金鼓。居人走出半蒼惶，朝士歸來尚疑誤。是時西面官軍入，擬[7]向潼關爲警急。皆言博野自相持，盡道賊軍來未及。須臾主父乘奔至，下馬入門癡似醉。適逢紫蓋去蒙塵，已見白旗來匝地。扶羸携幼競[8]相呼，上屋緣墻不知次。南隣走入北隣藏，東隣走向西隣避。北隣諸婦咸相湊，户外崩騰如走獸。轟轟崐崐[9]乾坤動，萬馬雷聲從地涌[10]。火迸金星上九天，十二官街[11]烟烘焖。日輪西下寒光白，上帝無言空脉脉。陰雲暈氣[12]若重圍，宦者流星如血色。紫氣潛[13]隨帝座移，妖光暗射臺星拆。家家流血如泉沸，處處冤聲聲動地。舞伎歌姬盡暗捐[14]，嬰兒稚女[15]皆生棄。東隣有女眉新畫，傾國傾城不知價。長戈[16]擁得上戎車，回首香閨泪盈把[17]。旋抽金綫學縫旗，纔[18]上雕鞍教走馬。有時馬上見[19]良人，不敢回眸空泪下。西隣有女真仙子，一寸横波剪秋水。粧成只對鏡中春，年幼不知門外事。一夫跳躍上金階，斜袒半肩欲相耻。牽衣不肯出朱門，紅粉香脂刀下死。南隣有女不記姓，昨日良媒新納聘。瑠璃階上不聞行，翡翠簾間空見影[20]。忽看庭際刀刃鳴，身首支離在俄頃。仰天掩面哭一聲，女弟女兄同入井。北隣少婦行相促，旋折雲鬟拭眉緑。已聞擊托[21]壞高門，不覺攀緣上重屋。須臾四面火光來，欲下回梯梯又摧。烟中大叫猶求救，梁上懸屍已作灰。妾身幸得全[22]刀鋸，不敢踟蹰久回顧。旋梳蟬鬢逐軍行，强展蛾眉出門去。舊里從兹不得歸，六親自此無尋處。一從陷賊經三載，終日驚憂心膽碎。夜卧千重劒戟圍，朝餐一味人肝膾。鴛幃[23]縱入豈成歡，寶貨雖多非所愛。蓬頭面垢狵眉赤[24]，幾轉横波看不得。衣裳顛倒言語异，面上誇功雕作字。柏臺多士盡狐精，蘭省諸郎皆鼠魅。還將短髮戴華簪，不脱朝衣纆繡被。翻持象笏[25]作三公，倒佩金魚爲兩[26]史。朝聞奏[27]對入朝堂，暮見喧呼來酒市。一朝五鼓人驚起，叫嘯喧争而[28]竊議[29]。夜來探馬入皇城，昨日官軍收赤水。赤水去城一百里，朝若來兮暮應至。兇徒馬上暗吞聲，女伴閨中潛失喜[30]。皆言冤憤此時[31]銷，必謂妖徒今日死。逡巡走馬傳[32]聲急，又道官軍今陣入[33]。大彭小彭相顧憂，二[34]郎四郎抱鞍泣。沈沈[35]數日無消息，必謂軍前已銜璧[36]。簸旗掉劒却來歸，又道官軍悉敗績。四面從兹多厄束，一斗[37]黄金一升粟[38]。尚讓厨中食木皮，黄巢机上刲人肉[39]。東南斷絶無糧道，溝壑漸平人漸少。六軍門外倚殭[40]屍，七架[41]營中填餓殍[42]。長安寂寂今[43]何[44]有，廢市荒街麥苗秀。采樵斫盡杏園花，修寨[45]誅[46]殘御溝柳。華[47]軒繡轂[48]皆銷散，甲第朱門無一半。含元殿上狐兔行，花萼樓前荊棘滿。昔時繁盛皆埋没，舉目淒涼無故物。内庫燒爲[49]錦繡灰，天街踏盡公卿骨。來時曉出城東陌，城外風烟如塞色。路傍時見游奕軍，坡下寂無迎送客。灞陵東望人烟絶，樹鏁驪山金翠滅。大道俱成[50]棘子林，行人夜宿墻匡[51]月。明朝曉至三峰路，百萬人家無一户。破落田園但有蒿，摧殘竹樹皆無主。路傍試問金天神華岳三郎[52]，金天無語愁於人。廟前古柏有殘枿[53]，殿上金爐生暗塵。一從狂寇陷中國，天地晦[54]冥風雨黑。案前神水咒不成[55]，壁上陰兵驅不得。閑日徒歆奠饗恩[56]，危時不助神通力。我今[57]愧恧拙爲神，且向山中深[58]避匿。寰[59]中簫管不曾聞，筵上犧牲無處覓。旋教魘[60]鬼傍鄉村，誅剥生靈過朝夕。妾聞此語愁更愁，天遣時灾非自由。神在山中猶避難，何須責望東諸[61]侯。前年又出楊震[62]關，舉頭雲際見荊山。如從地府到人間，頓覺[63]時清天地閑。陝[64]州主帥忠且貞，不動干戈[65]唯守城[66]。蒲津主帥能戢兵，千里晏然無犬[67]聲。朝携寶貨無人問，夜插金釵唯獨行。明朝又過新安東，路上乞漿逢一

翁[68]。蒼蒼面帶苔蘚[69]色，隱隱[70]身藏蓬荻中。問翁本是何鄉曲[71]？底事寒天霜露[72]宿。老翁蹔起欲陳詞[73]，却坐支頤仰天哭。鄉園[74]本貫東畿縣，歲歲耕桑臨近甸[75]。歲種良田二百廛，年輸[76]户税三千[77]萬。小姑慣織褐絁[78]袍，中婦能炊紅黍飯。千[79]間倉兮萬斯[80]箱，黄巢過後猶殘半。自從洛下屯師旅[81]，日夜巡兵入村塢。匣[82]中秋水拔青蛇，旗上高風吹白虎。入門下馬若旋風，罄室傾囊如卷土。家財既盡骨肉離，今日垂年[83]一身苦。一身苦兮何足嗟，山中更有千萬家。朝飢山草[84]尋蓬子，夜宿霜中卧荻花。妾聞此父傷心語，竟日闌干泪如雨。出門唯見亂梟鳴，更欲東奔何處所。仍聞汴路[85]舟車[86]絶，又道彭門自相殺。野色徒銷戰士魂，河津半[87]是冤人血。適聞有客金[88]陵至，見説江南風景异。自從大寇犯[89]中原，戎馬不曾生四鄙[90]。誅鋤竊盗若神[91]功，惠愛生靈如[92]赤子。城壕固護數[93]金湯，賦税如雲送軍壘。奈何四海盡滔滔，湛[94]然一境[95]平如砥[96]。避難徒爲闕下人，懷安却羡江南鬼。願君舉棹東復東，咏[97]此長歌獻相[98]公。

秦婦吟一卷

天復伍年乙丑歲十二月十五日燉煌郡金光明寺學仕張龜寫

校記

[1] 敦煌石室所出《秦婦吟》，有十一寫本：（甲）斯五四七六，小册子，有包裝葉，凡九頁。斯坦因所雇中國助手題曰《戲耍書一本》。起“門外起紅塵”，訖“旋教魘”。（乙）斯六九二起“馬雷聲從地湧”，訖尾題“秦婦吟一卷”。末有題記云：“貞明伍年己卯歲四月十一日敦煌郡金光明寺學仕郎安友盛記。”又有寫書詩四句：“今日寫書了，合有五升麥，

高代不可得，還是自身灾”。（丙）斯五四七七小册子。起“斜開鸞鏡”，訖尾題“秦婦吟一卷”，字劣。正文行間有“陰奴兒”字樣，殆即此人所抄寫。斯五四四一亦小册子，題記云：“太平興國三年戊寅歲二月廿五日陰奴兒寫季布一卷，手自書記耳。”字迹與此卷相似。（丁）伯二七〇〇，起“秦婦吟右補□韋莊撰”，訖末殘行“千万家朝飢山”“心語”。（戊）伯三三八一，起“秦婦吟一卷”，訖尾題“秦婦吟一卷”。最後一行題記云：“天復伍年（公元九〇五）乙丑歲十二月十五日燉煌郡金光明寺學仕張龜寫。”（己）伯三七八〇，首題“秦婦吟一卷，右補闕韋”，下有殘缺。末有寫書人題記兩行。一行云：“顯德二年丁巳歲二月十七日就家學仕馬富德書記”，又一行云：“大周顯德四年（公元九五七）丁巳歲二月十九日學士童兒馬富德書記。”兩行之間，有“手若笔恶，若有决錯，名（？）書見者，决丈五索”四句。（庚）伯三九五三，僅存一紙，二十一行，起“呼來酒市一朝五皷人驚起”，訖“剥生靈過朝夕妄聞此語”。書法不佳。（辛）伯三九一〇，小册子，字劣。首抄《茶酒論》，後抄《秦婦吟》。首題“秦婦吟　補闕韋莊撰”，訖“城外風烟如寒色”。末有題記云：“癸未年二月六日淨土寺弥趙負住右手遣。”（壬）斯五八三四，殘葉，存上半截十三行：“青蛇旗上高風炊白虎[一]傾囊如卷土家財既[二]苦一身苦兮何足嗟山[三]草尋蓬子夜宿霜中卧[四]竟日闌干泪如雨出門爲[五]處所仍聞汴路舟車[六]色徒銷戰士魂何[七]金陵至見説江南風[八]戎馬不曾生死鄙朱鋤[九]如赤子城濠固護敦[十]何四海盡滔滔湛然一境[十一]安却善江南鬼願軍舉棹[十二]貞明陸年歲在庚辰拾貳月[十三]。”案此殘葉疑爲丁本伯二七〇〇之脱葉。丁本末有四斷行，上截脱去。存四行殘字：“馬若旋風罄室[一]肉離今日垂年[二]千萬家朝飢山[三]心語[四]”，適與此卷首四行文字銜接。且丁本與此卷字迹相似，如壬本“貞明陸年歲在”之歲，與丁本“歲歲耕桑”“歲種良田”“年輸（誤書作“時”）户歲”諸歲字，皆作“歲”，筆法結構全同。是此殘

葉即自丁本脱落。又由此殘葉題識，知丁本乃貞明六年寫本也。（癸）友人吴其昱博士鈔示列寧格勒一〇七四〇號，殘葉，烏絲欄，存十行，上截有缺：[能][戢]兵千里然無大[聲]□□□□携寶[貨]□□[一]□□金釵唯獨行明朝又過新安東路上乞漿逢一翁[二]□□□□苔癬色隱隱身藏蓬荻中問翁本是何鄉曲[底][事][三]□□□□霜露宿老翁暫起欲陳詞却坐支頤仰天哭鄉園[四]□□□□畿懸歲耕桑臨近畔甸歲種良田二百堰季輸户税三[五]□□□□姑慣織褐絁袍中婦能炊紅黍飦千間倉兮萬絲[箱]黄[六]□□□□猶殘半自從洛下屯師旅日夜巡兵入村塢匣中秋水拔青[七]□□□□風吹白虎入門下馬若旋風罄室傾囊如卷土家財[既][八]□□□□垂季一身苦一身苦兮何足嗟山中更有千[萬][九]□□□□[宿]霜中卧荻花妾聞此□□□□[十]（規案□中字有殘缺）（子）見敦煌遺書散録《李木齋氏鑒藏敦煌寫本目録》，原卷未見。兹據伯三三八一戊本爲底本，彙校諸卷。

［2］據丁、己、辛卷補“右補闕韋莊撰”。

［3］“洛陽”二字戊卷缺，據辛卷補。

［4］戊本丁本辛本作俙，羅、王諸家作稀。規案:《廣韵・八微》:“俙，依俙。”又《廣韵・七尾》:“俙，僾俙。”《龍龕手鑑・人部》:“俙，優俙”（據《廣韵》，優俙當爲僾俙之誤）又“僾，隱也，又見不了也”。依俙不當改作依稀。

［5］辛卷作臘，戊卷作臈。

［6］甲本、戊本作擂。丙本、己本作擂，擂蓋擂之异體。案《玉篇・手部》:“擂，擂鼓也”;“擂，研物也”。《龍龕手鑑・手部》:“擂，研物。”是擂鼓字當作擂。羅振玉《敦煌零拾》改作擂。

［7］丙本、戊本作擬，己本作疑。

［8］甲本、己本作競，丁本、戊本作竟。

［9］甲本作崐⺀，丙本、戊本作崐⺀。

[10] 戊本作涌，丙本、辛本作湧。《玉篇·水部》："涌，水騰波；湧，同上。"

[11] 王校官街作天街，非。

[12] 丙本、辛本氣作起。

[13] 劉修業校云："潛字羅校寫作漸，蓋從甲本，然各本均作潛，今從多數，且潛字義亦較佳。"

[14] 捐，劉修業作損，校云："王國維《敦煌發見之通俗詩》一文中校寫暗損作黯然。翟理斯語未及，意雖佳，恐王氏以意校，無書本之根據。"規案：甲本、戊本作損，丙本作揁（捐）。敦煌寫本損、捐二字往往不分，如《捉季布變文》，伯三六九七"虎鬥龍争必捐人"，伯二七四七、斯二〇五六、斯五四四一捐作損。又伯三六九七"利劍鋼刀必捐君"，伯二六四八、伯五四四一作損。此當作"舞伎歌姬盡暗捐，嬰兒稚女皆生棄"。暗捐與生棄對文，捐亦棄也。古詩"棄捐勿復道"，棄、捐義同。王氏臆改爲黯然，不可從。羅氏《敦煌零拾》作捐，甚是。陳寅恪先生從羅作捐。惜後來校寫者皆作損，其所以不從羅氏作捐者，亦以爲羅氏無書本之根據也。今改作捐。

[15] 己本作稚女，戊本、辛本作雉女。

[16] 甲、丙、丁、辛本作戈，戊本作弋。

[17] 劉校云："翟理斯氏從倫敦乙本校把作帊，然甲丙本作把，巴黎丁戊己三本亦均作把。按盈把有盈握之意，作把是也。我國詩詞中此兩字亦常連用，如杜甫詩'浩歌泪盈把'，羅王二氏亦校寫作把。"

[18] 劉校："纔字王校寫作扶，蓋從戊本。"規案：戊本作纔，不作扶。

[19] 戊本無見字，據甲、丙、丁、辛本補。

[20] 劉校云："王氏校此兩句改作：'瑠璃簾外不聞聲，翡翠樓間空

見影'，謂係從一倫敦殘本校，但翟氏則云未見此本。行字羅校作聲。戊本見作看。"規案：王、羅校皆臆改，不可從。劉校戊本"見"作"看"亦誤，戊本實作"見"不作"看"；下句戊本"忽看庭際刀刃鳴"，劉校本"忽看"誤作"忽見"。

［21］托，劉作柝，校云："柝字各本均作托，疑即柝字，因同音通用。郝立權所作《韋莊秦婦吟箋》云：'托當作柝。《孟子·萬章篇》曰：抱關擊柝。趙岐注曰：柝門之木也，或曰柝夜行擊木也。'是其義。"規案：《玉篇》："托，推也。"《集韵》："拓，手推物也。或作托。"擊、托均動詞，義自可通，不煩改字。

［22］全。劉校本作金。規案：辛本作金，戊本作全，當從戊本。

［23］劉校："丁本幃作憐，戊本作愇。"規案：丙本作惟。敦煌俗寫偏旁，巾、忄往往不分，愇即幃，惟即帷，均不誤；丁本作憐，乃誤字。

［24］劉校："周雲青《〈秦婦吟〉箋注》'猇眉赤'作'眉猶赤'。"規案：猇字，甲、乙本同作猇，戊本作犹似猶字，故《敦煌零拾》羅校寫作眉猶赤，周雲青即承羅氏之誤。

［25］劉校："丁本象作像，翟氏謂作潒，蓋辨識未明。"

［26］兩，劉校本作雨。規案：戊本作雨，敦煌俗寫雨、兩二字不分，雨即兩字。

［27］甲、丙、丁、辛諸本作奏，戊、乙兩本作走。敦煌寫本奏、走往往通用。

［28］而，甲本、乙本、戊本作如，丙本、庚本作而。羅王以下各家皆校寫作如。規案：此句"叫嘯喧争而竊議"，謂凶徒聞官軍將來，惶恐不安，故或叫嘯，或喧争，或竊竊私議。不得謂叫嘯、喧争如竊議也。敦煌寫本如、而二字幾可任意通寫，此當采用而字，文義乃安。

［29］議，劉作語，校云："語字，翟氏與羅王二氏從甲乙各本校作

議。惟最近發見之己本作語，似較佳。且語字與其前後數句末字之史、市、水等同爲上聲，韵亦較協。”規案：議字在《廣韵》去聲五寘，起字在《廣韵》上聲六止，水字在《廣韵》上聲五旨，議字上與起，下與水韵，上去通叶；語字雖上聲，與止旨部遠，劉説非。

［30］劉校云：“失字羅氏校寫作色。刊《東方雜志》之王氏初校作生，意較佳。翟氏作失。余諦視巴黎四本，丁戊兩本不易辨，似爲失，亦似爲生，己庚兩本作失則甚明晰。”規案：倫敦甲、乙、丙三本皆作失，字畫明晰無可疑。失喜，言喜不自勝、不能自制，猶失笑、失涕，杜甫《遠游》詩：“似聞胡騎走，失喜問京華。”（《全唐詩》卷二百二十七）羅王校皆非。

［31］劉校云：“戊本時作是，與甲乙兩本同。王氏初校作日。”規案：丁、己、辛本作時。敦煌寫本時、是往往通作。

［32］傳，戊本作博：甲、丁、己、庚、辛作傳。

［33］劉校云：“翟氏與羅王均校官軍作軍前。巴黎丁本作官軍，倫敦兩本亦作官軍，較佳。周氏箋注則作軍前。”規案：此句，甲本、戊本作“又道軍前全陣入”，丁本作“又道官軍今陣入”，庚本作“又道軍前金陣入”，敦煌寫本今、金通用，此句似當從丁本作“又道官軍今陣入”，言官軍今時即列陣而入也。

［34］各本作二；戊本當亦作二，因紙頭泐損，遂似“一”字。

［35］劉校云：“沈〻兩字翟氏與羅王二氏均校寫作汎〻，巴黎丁戊兩二本作沉〻，己本作沉〻，則并是沈字，蓋三氏偶未注意，故并誤作汎〻，周氏想據王氏作注，亦作汎〻。”規案：敦煌寫本沈字俗寫作沉。

［36］乙本作璧，甲、丙、戊本作壁。

［37］劉校：“斗字翟氏作㪷，己本亦作㪷。”

［38］劉校：“粟字翟氏校作栗，巴黎戊己庚本均作粟。羅王亦校作

粟。升字，己庚本作勝。”規案：甲、乙、丙、戊本作升，辛本亦作勝。

［39］劉校：“庚本刲作封。”規案：丁本、辛本亦作封。刲人肉下丙本有雙行注“睽音割肉”四字。辛本有雙行注“睽者割肉”四字。

［40］劉校云：“殭字翟氏作僵，巴黎各本均作殭，似可不必改作僵。”規案：《龍龕手鑑·人部》：“僵，僵仆也。”又歺部：“殭，死不朽也。”殭不當改。

［41］甲、丙、丁、己、庚均作架，戊本作枈，乙作筙。

［42］殍字下乙、丁、辛三本有“音眇”二字雙行注。

［43］劉校：“今字各本均作金。”規案：庚本、辛本作今。

［44］劉校：“庚本何作河。”規案：敦煌寫本何、河往往不分。

［45］戊本作寨，丁本作砦。

［46］劉校：“己本誅作株，與乙本、戊本同。”規案：辛本作誅。

［47］劉校：“丁本華作莑，己本作花。”規案：戊本作華，丁本莑乃敦煌華字俗寫。

［48］丙本、辛本作轂，乙本、戊本作穀，甲本、己本作縠。

［49］乙本、戊本作爲，丙本、辛本作成。

［50］劉校：“丁本成作城，甲戊本同。”規案：戊本作成。敦煌寫本成、城二字往往通作。

［51］劉校云：“墻匡二字丁本墻作長，己本作横，又匡作筐。羅氏據丁本校作長安。翟氏據《浣花集·長安舊里》詩有‘滿目墻匡春草深’之句以作墻匡爲是。兹按墻匡似指庭院之意，則草可謂生於墻匡，而用之於月亦不大適宜。或當從丁本作長空，或當從己本作横空，則意義較佳。又按唐《馬君起造像》記庭字作迋，與各卷子本所書匡字形相近。若校作墻庭，比墻匡爲佳，然二字用之詩詞，亦頗少見。志疑於此，以待大雅。”王重民《補全唐詩》校云：“《中華文史論叢》編輯室也指出：‘墻匡

兩字似不誤。《全唐詩》鄭谷《再經南陽》：寥落墻匡春欲暮，燒殘官樹有花開，可證。’俞云：‘墻匡似不誤，因少見。校注所列造象記等擬文亦不妥。墻匡非指一般的墻，蓋名爲有墻，其中空無所有，只剩一個匡廓耳（匡今亦作框），翟校是’。”規案：己本匡作筐，字體楷正，尤足證作匡之不誤。蓋室毀人亡，屋無上蓋，徒殘四壁，故謂之墻匡耳。

［52］華岳三郎四字注，據丁本己本增，疑是韋莊自注。

［53］乙、丙、戊本作㭊，甲、己本作折。

［54］乙本、己本晦作暗。

［55］成，戊本作城，丁、己、庚本作成。

［56］恩，劉作思。校云：“思字翟氏與羅王二氏俱校作恩。巴黎戊己本作思，倫敦甲乙兩本亦作思，謂平日自己只有欲人奠饗之思念，似亦可通。”規案：敦煌寫本思字恩字往往相濫。如敦煌《雲謠集·洞仙歌》“轉相愛幾多恩意”、《破陣子》“不念當初羅帳恩”、《抛毬樂》“少年公子負恩多”，寫本恩均作思。且丙本、庚本作息，敦煌俗寫恩作息，因作㘦，不勝枚舉。此詩作“閑日徒歆奠饗恩”，文義至安，毫無可疑。

［57］今，丙、丁、己本作金，戊本作今。

［58］劉校：己本深作尋。

［59］寰，戊本損泐，甲、丁、己、庚均作寰。

［60］甲本、乙本、丙本均作魘，己本作㾂，戊本作魔。

［61］劉校云：“己本諸作之。”規案：敦煌寫本諸之通用，之即諸。

［62］劉校云：“己本震作振。”規案：乙、丙本作震，戊本作霣。

［63］劉校：“己本覺作嘖。”

［64］陜，丙本作陳。

［65］丙、己本作戈，戊本作弋。

［66］己本城作成。

［67］犬，劉作哭，校云：“哭字翟羅王三氏均校作戈，王讀爲鼓，翟氏謂作犬聲亦可通。然細察此字丁本作交，戊本作弌，己本作夭，甚工楷。翟氏稱丙本作犬者，或審辨未清。羅氏校作戈，王氏讀爲鼓，均嫌牽强；但餘亦無解。頗疑是哭字，如唐顏惟貞家廟碑哭作关，與己本形稍近。翟氏謂丙本作火，則與哭字形尤相近。余未見丙本，疑或即哭字之破體。”王重民《補全唐詩》校云：“戈字不一定正確。此字各本不清晰，丙本似犬，丁本作交，戊本似弌，己本作夭，作戈者從弌附會。余以作戈較通順。唐顏惟貞家廟碑有关字，即哭字，釋爲哭亦可。俞云：‘各本均很凌亂。以文義論：若作戈聲，則戈不必有聲；若作哭聲，則哭聲又豈必處處皆聞，我以爲犬聲較長’。”規案：丙本作大，乃犬字；丁本作犮，加撇亦犬字。丁本“走獸”之獸作獸，“魘鬼”之魘作魘，犬旁均加撇可證。又乙本作弋，己本作夭，戊本有泐損，作弌。癸本作大，亦犬字泐文。

［68］劉校：“己本翁作公，下同。”

［69］劉校：“丁戊各本蘚皆作癬。”

［70］劉校：“丁本原作隱⺀，又校作隱形。”

［71］乙、丙、丁本作曲，己、戊本作典。

［72］劉校云：“丁戊本露作路，與乙本同。”規案：甲本、丙本作露。

［73］己本作辞。

［74］丁本作園，戊本作圓，己本作原。

［75］丁本作旬，戊本作旬。

［76］己本作輸，戊本作輸。

［77］劉作三十，校云：“翟氏校云：‘三千萬數過多，羅校易千爲十似是。’今細審巴黎戊本千字上一撇有塗去樣，似即十字。”規案：戊本作千，丙本、乙本亦作千，己本作阡，尤可證字當作千。

［78］劉校：“絁字翟氏校作絶，無甚意義。巴黎丁戊本均作絶（規

案：絶當作絁，蓋手民之誤）。《説文》曰：絁組緒也，其義甚近。羅王亦校作絁。”

［79］已本千作阡。

［80］劉斯作絲，校云：“絲字翟羅王三氏均以意改作斯。周氏箋注從之，據《詩・甫田》之‘乃求千斯倉，乃求萬斯箱’也。但各寫本皆作絲，於義亦可通。”規案：敦煌寫本絲、斯通用。《盂蘭盆經講經文》（《敦煌變文集新書》頁四九一）“生時受苦命如斯”，原卷“斯”旁注“絲”字，可證。

［81］戊本師旅二字缺，據已本癸本補。

［82］劉校云：“已本匣作匣，戊本則作匢，則又與匣字相近。”規案：丁本作匣。丙本作逥，即匣字。戊本作迊，乃匝字。乙本亦作迊。

［83］劉校云：“垂年二字翟氏校云：‘王校改殘年，羅校改垂垂，似不必。’按已本年作知，作垂知亦可通。”規案：乙、丙、戊、癸諸本均作垂年。《資治通鑑・唐紀・武宗會昌六年》：“使垂年之母銜羞入地。”胡三省注：“垂，末垂也。垂年猶言末垂之年。”垂年非誤字。已本作垂知，垂知即誰知。敦煌寫本誰、垂往往通用，如《敦煌變文集・鷰子賦》，伯二六五三“命垂朝夕”，伯三六六六作“命誰朝夕”。今日誰知一身苦，文義亦通。

［84］草，劉作上，校云：“戊已本上作草。”規案：乙、丙、戊、已、壬各本均作草，未見作上之本。

［85］汴，已、壬作汴，戊本作泝。丙本汴路作洛下。

［86］乙本、戊本作舟車，已本作旋東。

［87］劉校：“已本半作本。”

［88］金，丙本、已本作金。

［89］劉校云：“犯字翟氏校作陷，巴黎戊本作犯，已本作把，把應爲

犯字之誤，羅王二氏亦校作犯。”

［90］劉校云：“己本四鄙作死臂。”規案：丙本作死鄙。

［91］劉校云：“己本神作臣。”

［92］劉校云：“己本如作而。”

［93］劉作教，校云：“翟羅王三氏校作教，巴黎戊本亦作教己本作學，但教字於義不可通，疑係効字之誤。”王重民《補全唐詩》校云：“各本皆作教，惟己本作學，但教字不可通，疑是效字之誤。俞云：‘當是效字，效金湯者似金湯也’。”規案：丙本作教，乙、己本作學，戊本、壬本作斆。白居易《詠家醞》（《全唐詩》卷四四九）詩：“獨醒從古笑靈均，長醉如今斆伯倫。”斆音效，與效通用，俞説是。

［94］丙本、壬本作湛，乙、戊本作堪。

［95］劉校云：“境字翟氏校作鏡。大概因前有湛然兩字，以爲用鏡較切。但巴黎戊己本均作境，且上句所云四海，則下句用一境意較可通。羅王二氏亦校作境。”規案：壬本亦作境。

［96］劉校云：“砥字戊本作翫。”規案：砥，己本作土，丙本作伍，羅校作砥。

［97］詠字，戊本缺，據丙、己本補。

［98］己本相作伯。

王國維《〈秦婦吟〉跋》云：“凡千三百八十六字。”以余計之，實二百三十八句，一千六百六十六字。凡協韵字一百六十六，内單句協韵字四十七。韵仄聲者計一百四十，韵平聲者僅二十有六，故其聲哀切嗚咽，動人心弦。

潘重規校後附記

擷注

（一）清吴任臣《十國春秋·韋莊傳》（文淵閣四庫全書本）：

韋莊，字端己，杜陵人，唐臣見素之後也。曾祖少微，宣宗中書舍人。莊疏曠不拘小節，幼能詩，以艷語見長。應舉時，遇黄巢犯闕，著《秦婦吟》云：内庫燒爲錦繡灰，天街踏盡公卿骨。人稱爲秦婦吟秀才（莊後作家戒，不許垂秦婦吟障子）。乾寧閼年，登進士第，爲判官，晋秩左補闕。高祖爲西川節度副使，昭宗命莊與李洵宣諭兩川，遂留蜀，同馮涓并掌書記。文不加點，而語多稱情。時有縣令擾民者，莊爲高祖草牒曰：正當凋瘵之秋，好安凋瘵；勿使瘡痍之後，復作瘡痍。一時以爲口實。尋擢起居舍人。天復間，高祖遣莊入貢，亦修好于梁王全忠。談言微中，頗得全忠心。隨使押牙王殷報聘。昭宗既遇弑，全忠遣告哀，使司馬卿宣諭蜀土。興元節度使王宗綰馳驛上白高祖，頗内懷興復。莊以兵者大事，不可倉卒而行，乃爲高祖答宗綰書曰：吾蒙主上恩有年矣，衣襟之上，宸翰如新；墨詔之中，泪痕猶在。犬馬尚能報主，而况人之臣子乎？自去年三月東還，連貢二十表，而絶無一使之報，天地阻隔，叫呼何及。聞上至轂水，臣僚及宫僚千餘人皆爲汴州所害，至洛果遭弑逆。自聞此詔，五内糜潰。方枕戈待旦，思爲主上報仇，今使來不知以何宣告。且令宗綰以此意諭之。卿乃惶懼而返，明年，高祖立行臺于蜀，承制封拜，以莊爲安撫副使。未幾，梁篡唐改元，莊與諸將佐詣高祖勸進，曰：大王雖忠于唐，唐已亡矣，此所謂天與不取也。于是帥吏民哭三日，擁高祖即皇帝位，進左散騎常侍，判中書門下事。凡開國制度號令刑政禮樂，皆由莊所定。頃之，梁復通好高祖，推高祖爲兄。莊得書笑曰：此神堯驕李密之意也。其

機敏多此類。累官至門下侍郎、吏部尚書同平章事。武成三年（公元九一〇），卒于花林坊，葬白沙之陽。是歲，莊日誦杜甫白沙翠竹江村暮，相送柴門月色新之詩，吟諷不絶，人以爲詩讖焉。謚曰文靖。有集二十卷、箋表一卷、《蜀程記》一卷。又有《浣花集》五卷，乃莊弟藹所編，以所居即杜氏草堂舊址，故名。莊有美姬，善文翰，高祖托以教宫人爲詞，强奪去，莊作謁金門辭憶之。姬聞之，不食而死。莊又常取唐人麗句勒成《又玄集》。

1. 韋莊事迹考 正史無韋莊傳。然韋莊事迹之可徵於其他載籍者頗多，最初記韋莊事迹者爲宋初孫光憲之《北夢瑣言》（中有云："蜀相韋莊應舉時，遇黄寇犯闕，著《秦婦吟》一篇，云'内庫燒爲錦繡灰，天街踏盡公卿骨'。爾後公卿頗多垂訝，莊乃諱之。時人號爲秦婦吟秀才。他日撰家戒内，不許垂秦婦吟幛子。以此止謗，亦無及也"）。其次爲一二二四年（宋寧宗嘉定十七年）計有功所編之《唐詩紀事》。又其次爲元辛文房之《唐才子傳》。兹參合上述諸書，并其他零碎資料，爲韋莊傳如次。

韋莊字端己，長安郡東之杜陵縣人。其先韋見素爲玄宗時顯宦（本傳見新舊唐書）。曾祖少微，爲宣宗朝（八四七—八六〇）中書舍人。莊少孤，家貧力學，以异才顯，然疏曠不拘小節。莊生年於載籍無徵；然吾人知其八八〇年（唐僖宗廣明元年庚子）舉秀才時尚爲一少年。試假定其時年二十當不大謬（規案：曲瀅生《韋莊年譜》推定莊生於宣宗大中五年（公元八五一年）。劉星夜《韋莊生年考訂》，推定莊生於大中元年，即西元八四七年，則韋莊撰《秦婦吟》時，已年逾三十）。爾後二三年間所爲之《秦婦吟》，其格調之參差，及中間粗率未純之詞句，在在足徵其爲少年時代之作品。然以其詩筆之雄健及取材之新穎動人，遂風行一世。……

八八三（僖宗中和三年癸卯）至八九三（昭宗景福二年癸丑）凡十年間，韋莊浪迹四方，唯其行動可考者極鮮。《唐才子傳》僅謂："黄巢亂後，韋莊益窘，移家於越，周游南方，其弟妹於南方各縣散居焉"，吾人從韋莊詩中尚可考知數事。據《秦婦吟》之末句，知本詩乃以獻江西某帥者。依王國維氏所考，此即其時鎮海軍節度使同平章事鎮潤州之周寶也。又《洛陽吟》自序謂"昔大駕在蜀，巢寇未平，洛中寓居，作七言"。而《江上逢史館李學士》詩有"關河自此爲征壘，城闕于今陷鼓鼙"之句，自注謂"時巢寇未平"。使此而指長安之再陷（其事在八八一年五月），則韋莊之去洛陽，不能後於是年四月。又據他詩，知韋莊曾過南京，又曾館浙西府相所（譯者按，此當是據《浣花集》卷四《陪金陵府相中堂夜宴》及《觀浙西府相畋游》二詩。又按《浣花集》卷四有《潤州顯濟閣曉望》詩，是莊曾至周寶所鎮地也。觀莊詩自注云："江南富民悉以犯酒没家産，因以此詩諷之，浙帥遂改酒法不入財産。"此浙帥當亦指周寶）。此浙西府相或即周寶也。吾人更可追循韋莊之游踪至於江西、湖南。莊流寓江南之久，觀其《投寄舊知》詩（《浣花集》八）中"萬里有家留百越，十年無路到三秦"之句而可見矣。方其浪游也，體會自然之偉象，備歷人世之艱苦，以是其詩凄怨情深。《唐才子傳》（卷十）所謂"於流離漂泛，寓目緣情……或離群軫慮，或反袂興悲，四愁九怨之文，一咏一觴之作，俱能感動人也"。昭宗景福二年（八九三癸丑），韋莊還京師，應試下第（規案：《浣花集》卷八有《癸丑年下第獻新先輩》詩）。次年，始舉進士（據徐松《登科記考》卷二十四，又《浣花集・放榜日作》）爲校書郎。李珣拜兩川宣諭和協使，辟莊爲判官。然其時中部各州道擾攘不寧，韋莊私納交於西川節度使王建，建使掌記室。《唐詩紀事》所載如此，依王國維所考，韋莊入蜀凡二次。第一次在八九六年（昭宗乾寧三年）秋至八九八年（昭宗光化元年）之間（《浣花集》卷十《過樊川舊居》詩自注有"時在華州

駕前，奉使入蜀作”之語。而昭宗之幸華州在乾寧三年七月，至光化元年八月始還京師）。此次使蜀，旋即還朝；故《唐書·隐逸列傳·陸龜蒙傳》載“光化中（《北夢瑣言》記此事在光化元年，八九八），韋莊表龜蒙及孟郊等十人皆贈右補”之事。其第二次入蜀在九〇〇年（光化三年）。次年春，遂掌王建記室。自是終身居蜀。朝廷曾徵爲起居郎，王建奏留之而止。未幾，建割據自主，以其義子王宗佶及莊爲相。九〇七年（哀帝四年丁卯），唐亡，建稱尊建國。韋莊參預密勿，朝廷措施多采其策，開國制度多出其手。積功升吏部尚書同平章事。莊雖在官曹，不廢吟咏。九〇三年（昭宗天復三年癸亥）其弟藹刊行其詩集六卷，名《浣花集》（規案：韋藹《浣花集》序云：“余家兄莊，自庚子亂離前，凡著歌詩文章數十通。屬兵火迭興，簡編俱墜，唯餘口誦者，所存無幾。……迄於癸亥歲，又綴僅千餘首。……便因閑日，録兄之稿草中，或默記於吟咏者，次爲□□□，目之曰浣花集。”缺文當爲“若干卷”三字。《崇文總目》載《浣花集》二十卷，《郡齋讀書志》著録《浣花集》五卷，《直齋書録解題》僅一卷。今傳本《浣花集》十卷，通計存詩二百五十二首，知缺佚甚多。此云詩集六卷，疑未諦）。莊又選杜甫、王維等一百五十家之詩凡三百首，名《又玄集》，以續姚合之《極玄集》。其弟藹亦爲校刊行世。莊生平最景仰杜甫。方其至成都也，訪得老杜浣花溪邊故居，時已頽圯，鞠爲茂草，唯棟柱猶存。則刈除榛蔓，完葺而自居焉。但復舊觀，不加廣築，其弟藹所謂“欲思其人而成其處”者也。莊以大蜀建國之四年（九一〇）七月卒於成都花林坊，葬於白沙，謚文靖。（據張蔭麟譯翟理斯《〈秦婦吟〉之考證與校釋》文中第三節《韋莊事迹考》，略有刪節）

2. 黄巢事述略 八七四年（僖宗乾符元年），王仙芝倡亂於直隸（河北）南部；明年，其故友黄巢附之。黄巢者，驍悍善騎射，少讀書，屢舉進士不第，棄之，販私鹽爲業，聚衆至千餘人。遂投仙芝，擁衆入山東。

山東人民久苦苛税，聞而蟻附焉。數月之間，巢衆增至三四萬。八七八年，仙芝敗死湖北，其貳尚讓率餘卒歸黄巢，於是黄巢自稱衝天大將軍。既定山東，長趨南進，連陷福州、廣州。在廣州遇疫，賊衆死亡枕籍，巢乃折而北上，窺京師。以八七八年六月薄襄陽，爲山南東道節度使劉巨蓉及江西招討使曹全晸所破。賊勢大沮。巢返軍渡江東竄，其衆亡於斬虜者什七八。然巢息養招聚，不數月，衆復盛，聲勢且壯於前。八八〇年八月杪巢率衆西出，經安徽以入河南。其衆或云十五萬，或云三十萬。雖擁重兵，進行極速，是年十二月，遂破洛陽。然潼關天險，猶不易飛渡。乃遣防潼關之軍，素乏訓練，輜重不完，又頹喪無鬥志，事遂不可爲矣。初，張承範等將神策營弩手援潼關。神策軍士，皆長安富家子，賂宦官竄名軍籍，厚得廩賜；但華衣怒馬，憑勢使氣，未嘗更戰陣。及聞出征，父子聚泣，多以金帛雇病坊貧人代行，往往不能操兵。承範請易以良率，不果；請設糧臺，亦不果。既至潼關，與守將齊克讓軍合守，然兩軍皆絶糧矣。八八一年一月六日（規案：即廣明元年庚子十二月三日壬午，巢陷潼關），黄巢前鋒抵關下，克讓力戰，自午至酉始解。士卒饑甚，諠譟燒營而潰。克讓走入關，與承範悉力拒賊。關左有谷，平日禁人往來，以榷徵税，謂之禁阬。賊至倉卒，官軍忘守之。比覺，賊已從此入，關遂不守。於是京師震動，朝旨拜黄巢爲天平節度使，冀以羈縻之，然無效。一月十日（規案：據《秦婦吟》當爲一月八日），賊入長安，宦者田令孜帥神策兵五百奉帝自金光門出奔，經鳳翔、興元，以至成都。出時從者惟皇子四人及嬪妃數人，百官皆莫知之。帝奔馳晝夜不息，從官多不能及，車駕既去，軍士及坊市民競入府庫盜金帛。晡時，黄巢前鋒將入長安。金吾大將軍張直方率文武官數十人迎巢於霸上。巢乘金裝肩輿，其徒衣錦繡執兵以從。巢等經春明門，升太極殿，宫嬪拜迎者二三千人，群呼黄王。巢大喜曰："此天意也。"民衆夾道聚觀，尚讓歷諭之曰："黄王起兵，本爲百姓，

非如李氏不愛汝曹。汝曹但安居無恐。”巢之欲以義師自解，於此等處可見。史稱其徒爲盜久，不勝富，見貧者往往施與之，惟待豪貴則甚酷云。黄巢居田令孜第，其初尚自制持。居數日，則故相畢露。據《新唐書》所記（卷二二五）“因大掠，縛箠居人，索財，號‘淘物’。富家皆跣而驅。賊酋閲甲第以處，争取人妻女亂之。捕得官吏，悉斬之。火廬舍不可貲，宗室侯王屠之無類矣”。據《通鑑》，此大屠戮乃一月十四日事，其明日，黄巢遷居禁内。十六日，踐祚含元殿，定國號曰大齊，改元金統。畫皁繒爲衮衣，擊戰鼓數百以代金石之樂。其妻曹氏亦以類是之儀節册封爲后。巢乃登丹鳳樓，下赦書。唐官三品以上悉停任，四品以下位如故。然是時唐室猶未絶望。官軍四合，謀會師長安。五月六日，巢退守長安東數里。未幾，唐弘夫率官軍自西門入。坊市民喜，争讙呼出迎官軍，或以瓦礫擊賊。然官軍既入城，紀律廢弛。士卒自由出入民家，搜括財物，剽掠婦女。長安少年復冒官軍徽幟行劫，秩序大亂。黄巢聞訊，疾馳而返，分兵由數門齊入。官軍巷戰敗潰，長安再陷，時五月十一日也。黄巢銜長安市民之助官軍，以“洗城”報之。街衢之上，血流成渠。自是賊勢益根深蒂固。直至八八三年，始與長安作最後之訣别。以下亂史，不必細叙。黄巢自河南退竄，間有死戰，然已日暮途窮矣。蓋李克用戰輒敗之，其衆漸離散。八八四年，尚讓敗降於山東，九年前黄巢大業發軔之地也。據《新唐書·黄巢傳》，巢以八月十八日自刎於其表姪林言前。其對林言最後之語曰：“我欲討國奸臣，洗濯朝廷，事成不退，亦誤矣。若取吾首獻天子，可得富貴，毋爲他人利！”又斯坦因所集敦煌寫卷中有一札書於八八四年十一月二十二日者，報告黄巢之死，謂巢首傳獻西蜀行在，又謂僖宗之重入京師在十月二十九日（原文云“賊黄巢被尚讓煞却，於西川進頭。皇帝回駕，取今年十月七日的入長安”。此與正史不符。據正史帝以八八五年二月十一日離成都，三月三十一日至長安）。於是此中國歷史上最凶慘之變亂告終矣（以上據張譯第二節《黄巢亂事述略》）。

3. **黄巢之亂** 唐僖宗乾符元年（公元八七四年）春正月丁亥，翰林學士盧携上言，以爲陛下初臨大寶，宜深念黎元，國家之有百姓，如草木之有根柢。若秋冬培溉，則春夏滋榮。臣竊見關東去年旱灾，自虢至海，麥纔半收，秋稼幾無，冬菜至少。貧者磑蓬實爲麪，蓄槐葉爲虀。或更衰羸，亦難采拾。常年不稔，則散之鄰境；今所在皆饑，無所依投。坐守鄉閭，待盡溝壑。其蠲免餘税，實無可徵，而州縣以有上供及三司錢，督趣甚急，動加捶撻，雖撤屋伐木，雇妻鬻子，止可供所由酒食之費，未得至於府庫。或租税之外，更有他徭，朝廷儻不撫存，百姓實無生計。乞敕州縣，應所欠殘税，并一切停徵，以俟蠶麥。仍發所在義倉，亟加賑給，行之不可稽緩。敕從其言，而有司竟不能行，徒爲空文而已。上年少，政在臣下，南牙北司，互相矛楯。自懿宗以來，奢侈日甚，用兵不息，賦斂愈急。關東連年水旱，州縣不以實聞，上下相蒙，百姓流殍，無所控訴，相聚爲盜，所在蜂起。州縣兵少，加以承平日久，人不習戰，每與盜遇，官軍多敗。是歲濮州人王仙芝，始聚衆數千，起於長垣。

二年（八七五年）初，上之爲普王也。小馬坊使田令孜有寵。及即位，使知樞密，遂擢爲中尉。上時年十四，專事游戲，政事一委令孜，呼爲阿父，令孜頗讀書多巧，數招權納賄，除官及賜緋紫，皆不關白於上。每見，常自備果食兩盤。與上相對飲啗從容，良久而退，上與内園小兒狎昵，賞賜樂工伎兒，所賜動以萬計，府藏空竭。令孜説上籍兩市商旅寶貨，悉輸内庫。有陳訴者，付京兆杖殺之。宰相以下，鉗口莫敢言。夏六月，王仙芝及其黨尚君長攻陷濮州曹州，衆至數萬。天崇節度使薛崇出兵擊之，爲仙芝所敗。冤句（《讀史方輿紀要·山東·兖州府》“冤句城，州西南四十里，漢縣”）人黄巢亦聚衆數千人應仙芝。巢少與仙芝皆以販私鹽爲事。巢善騎射，喜任俠，粗涉書傳，屢舉進士不第，遂爲盜。與仙

芝攻剽州縣，横行山東。民之困於重斂者争歸之。數月之間，衆至數萬。群盜浸淫剽掠十餘州，至於淮南，多者千餘人，少者數百人。

五年（公元八七八年）春正月，以曾元裕爲招討使。二月，曾元裕奏大破王仙芝於黄梅，殺五萬餘人，追斬仙芝，傳首。餘黨散去。黄巢方攻亳州未下，尚讓帥仙芝餘衆歸之。推巢爲王，號衝天大將軍，改元王霸，署官屬。廣明元年（公元八八〇年庚子）春二月，左拾遺侯昌業，以盜賊滿關東，而上不親政事，專務游戲，賞賜無度。田令孜專權無上，天文變异，社稷將危，上疏極諫。上大怒，召昌業至内侍省，賜死。上善騎射劍槊法算，至於音律蒱博，無不精妙，好蹴鞠鬬鷄，與諸王賭鵝，鵝一頭至直五十緡。尤善擊毬，嘗謂優人石野猪曰：朕若應擊毬進士舉，須爲狀元。對曰：若遇堯舜作禮部侍郎，恐陛下不免駁放，上笑而已。十一月，汝鄭把截制都指揮使齊克讓奏，黄巢自稱天補大將軍，轉牒諸軍，云各宜守壘，勿犯吾鋒。吾將入東都，即至京邑，自欲問罪，無預衆人。上召宰相議之。癸亥，齊克讓奏，黄巢已入東都境。臣收軍退保潼關，於關外置寨。將士屢經戰鬥，久乏資儲。州縣殘破，人烟殆絶。東西南北，不見主人。凍餒交逼，兵械刓弊，各思鄉閭，恐一旦潰去。乞早遣資糧及援軍。上命選兩神策弩手得二千八百人，令張承範等將以赴之。丁卯，黄巢陷東都。留守劉允章率百官迎謁，巢入城勞問而已，閭里晏然。乙亥，張承範等將神策弩手發京師。神策軍士，皆長安富家子，賂宦官竄名軍籍，厚得稟賜，但華衣怒馬，憑勢使氣，未嘗更戰陣，聞當出征，父子聚泣，多以金帛雇病坊貧人代行，往往不能操兵。丁丑，承範等至華州，會刺史裴虔餘徙宣歙，觀察使軍民皆逃入華山，城中索然。州庫唯塵埃鼠迹。願倉中猶有米千餘斛，軍士裹三日糧而行。十二月庚辰朔，承範等至潼關，搜菁中得村民百許，使運石汲水，爲守禦之備。與齊克讓軍皆絶糧，士卒莫有鬥志。是日，黄巢前鋒軍抵關下，白旗滿野，不見其際。克讓與戰，賊小却。俄而巢至，舉軍大呼，聲振河華。克讓力戰，自午至酉始解。士卒饑甚，遂諠譟燒營而潰。克讓走入關，關左有谷，平日禁人往來，以榷征税，謂之禁阬。賊至倉猝，官軍忘守之。潰兵自谷而入。谷中灌木壽藤，茂密如織，一夕踐爲坦塗。承範盡散其緇囊以給士卒。遣使上表告急。稱臣離京六日，甲卒未增一人，饋餉未聞影響。到關之日，巨寇已來，以二千餘人，拒六十萬衆，外軍饑潰，蹋開禁阬，臣之失守，鼎鑊甘心，朝廷謀臣，愧顔何寄。或聞陛下已議西巡，苟鑾輿一動，則上下土崩，臣敢以猶生之軀，奮冒死之語，願與近密及宰臣熟議，未可輕動。急徵兵以救關防，則高祖太宗之業，庶幾猶可扶持，使黄巢繼安禄山之亡，微臣勝哥舒翰之死，辛巳，賊急攻潼關，承範悉力拒之，自寅及申，關上矢盡，投石以擊之。關外有天塹，賊驅民千餘人入其中，掘土填之，須臾即平。引兵而度。夜縱火焚關樓俱盡。承範分兵八百人，使王師會守禁阬，比至，賊已入矣。壬午旦，賊夾攻潼關，關上兵皆潰，師會自殺。承範變服，帥餘衆脱走至野狐泉，遇奉天援兵二千繼至。承範曰：汝來晚矣。博野鳳翔軍還至渭橋，見所募新軍衣裘温鮮，怒曰：此輩何功而然，我曹反凍餒，遂掠之。更爲賊鄉導，以趣長安。甲申，以翰林學士承旨尚書左丞王徽爲户部侍郎，翰林學士户部侍郎裴澈爲工部侍郎，并同平章事。以盧携爲太子賓客分司。田令孜聞黄巢已入關，恐天子責己，乃歸罪於携而貶之，薦徽，澈爲相。是夕，携飲藥死。百官退朝，聞亂兵入城，布路竄匿，田令孜帥神策兵五百，奉帝自金光門出，惟福、穆、澤、壽四王及妃嬪數人從行，百官皆莫知之。上奔馳晝夜不息，從官多不能及。車駕既去，軍士及坊市民，競入府庫盜金帛。晡時，黄巢前鋒將柴存入長安。金吾大將軍張直方帥文武數十人迎巢於霸上，巢乘金裝肩輿，其徒皆被髮，約以紅繒，衣錦繡，執兵以從。甲騎如流，輜重塞塗，千里絡繹不絶。民夾道聚觀。尚讓歷諭之曰：黄王起兵，本爲百姓，非如李氏，不愛汝曹。汝但安居

毋恐。巢館於田令孜第，其徒爲盜久，不勝富，見貧者往往施與之。居數日，各出大掠，焚市肆，殺人滿街，巢不能禁。尤憎官吏，得者皆殺之。庚寅，黄巢殺唐宗室在長安者無遺類。辛卯，巢始入宫。壬辰，巢即皇帝位於含元殿。畫皂繒爲衮衣。擊戰鼓數百以代金石之樂。登丹鳳樓，下赦書，國號大齊，改元金統。謂廣明之號，去唐下體，而著黄帝日月，以爲己符瑞。唐官三品已上悉停任，四品以下位如故。以妻曹氏爲皇后。以尚讓爲太尉。兼中書令趙璋、兼侍中崔璆、楊希古并同平章事。己亥，黄巢下令有百官詣趙璋第，投名銜者復其官。

中和元年（公元八八一年）春正月，車駕發興元。辛未，上至綿州。丁丑，車駕至成都，館於府舍。丙申，加鄭畋同平章事。辛酉，以鄭畋爲京城四面諸軍行營都統。賜畋詔凡蕃漢將士赴難有功者，并聽以墨敕除官。畋奏以涇原節度使程宗楚爲副都統，前朔方節度使唐弘夫爲行軍司馬。黄巢遣其將尚讓王璠帥衆五萬寇鳳翔。畋使弘夫伏兵要害，自以兵數千，多張旗幟，疏陳於高岡。賊以畋書生輕之，鼓行而前，無復行伍。伏發，賊大敗於龍尾陂，斬首二萬餘級，伏尸數十里。有書尚書省門爲詩以嘲賊者，尚讓怒，應在省官及門卒，悉抉目倒懸之。大索城中能爲詩者盡殺之，識字者給賤役，凡殺三千餘人，夏四月戊寅朔，是時唐弘夫屯渭北，王重榮屯沙苑，王處存屯渭橋，拓跋思恭屯武功，鄭畋屯盩厔。弘夫乘龍尾之捷，進薄長安。壬午，黄巢帥衆東走，程宗楚先自延秋門入，弘夫繼至。處存帥鋭卒五千夜入城。坊市民喜，争讙呼出迎官軍。或以瓦礫擊賊，或拾箭以供官軍。宗楚等諸將分其功不報。鳳翔鄜夏軍士釋兵入第舍，掠財帛妓妾。處存令軍士首繫白𦈡爲號，坊市少年或竊其號以掠人，賊露宿霸上，詗知官軍不整，且諸軍不相繼，引兵還襲之，自諸門分入，大戰長安中。宗楚弘夫死。軍士重負不能走，是以甚敗，死者什八九。處存收餘衆還營。丁亥，巢復入長安。怒民之助官軍，縱兵屠殺，流血成川，謂之洗城。於是諸軍皆退，賊勢愈熾。

二年（公元八八二年）夏四月，王鐸將兩川興元之軍屯靈感寺，涇原屯京西，易定河中屯渭北，邠寧鳳翔屯興平，保大定難屯渭橋，忠武屯武功，官軍四集。黄巢勢日蹙，號令所行不出同華。民避亂皆入深山，築栅自保。農事俱廢。長安城中，斗米直三十緡。賊買人於官軍以爲糧，官軍或執山栅之民鬻之直數百緡，以肥瘠論價。十二月，以忻代等州留後李克用爲雁門節度使。李克用將兵四萬至河中，遣從父弟克脩，先將兵五百濟河嘗賊。初，克用弟克讓爲南山寺僧所殺。其僕渾進通歸於黄巢。自高潯之敗，諸將皆畏賊莫敢進。及克用軍至，賊憚之，曰：鵶軍至矣！當避其鋒。克用皆衣黑，故謂之鵶軍。巢乃捕南山寺僧十餘人，遣使齎詔書及重賂，因渾進通詣克用以求和。克用殺僧哭克讓，受其賂以分諸將，焚其詔書，歸其使者。引兵自夏陽度河，軍於同州。

三年（公元八八三年）春正月，李克用將李存貞敗黄揆於沙苑。己巳，克用進屯沙苑。揆，巢之弟也。二月壬子，李克用進軍乾阬，與河中易定忠武軍合，尚讓將十五萬衆屯於梁田陂。明日大戰，自午至晡，賊大敗。俘斬數萬，伏尸三十里，巢將王璠黄揆襲華州，據之，王遇亡去。甲子，李克用進圍華州，黄思鄴黄揆嬰城固守，克用分騎屯渭北。黄巢兵數敗，食復盡，陰爲遁計，發兵三萬搤藍田道，三月壬申，遣尚讓將兵救華州。李克用王重榮引兵逆戰於零口破之。克用進軍渭橋，騎軍在渭北。克用每夜令其將薛志勤康君立潛入長安，燔積聚斬虜而還，賊中大驚。癸巳，李克用等拔華州，黄揆棄城走。夏四月，李克用與忠武軍龐從河中將白志遷等，引兵先進，與黄巢軍戰於渭南。一日三戰皆捷。義成義武等諸軍繼之，賊衆大奔。甲辰，克用等自光泰門入京師，黄巢力戰不勝，焚宫室遁去，賊死及降者甚衆。官軍暴掠，無异於賊。長安室屋，及民所存無幾。巢自藍田入商山，多遺珍寶於路，官軍争取之，不急追，賊遂逸去。

楊復光遣使告捷，百官入賀。克用時年二十八，於諸將最少，而破黄巢復長安功第一，兵勢最强，諸將皆畏之。克用一目微眇，時人謂之獨眼龍。

四年（公元八八四年）春正月，黄巢兵尚强，周岌時溥朱全忠不能支，共求救於河東節度使李克用。三月，朱全忠擊黄巢瓦子寨拔之，巢將陜人李唐賓、楚丘主虔裕降於全忠。朱全忠聞巢將至，引軍還大梁。五月癸亥，大雨，平地三尺，黄巢營爲水所漂，且聞李克用至，遂引兵東北趨汴州。丙寅，克用與忠武都監使田從异發許州。戊辰，追及黄巢於中牟北王滿渡，乘其半濟，奮擊大破之。殺萬餘人，賊遂潰。尚讓帥其衆降時溥。巢踰汴而北。己巳，克用追擊之於封丘，又破之。庚午，夜復大雨，賊驚懼東走。克用追之，過胙城匡城。巢收餘衆近千人，東奔兖州。辛未，克用追至冤句，騎能屬者纔數百人，晝夜行二百餘里，人馬疲乏，糧盡，乃還汴州，欲裹糧復追之。獲巢幼子及乘輿器服符印。得所掠男女萬人，悉從遣之。庚辰，時溥遣其將李師悦將兵萬人追黄巢。六月甲辰，武寧將李師悦與尚讓追黄巢至瑕丘敗之。巢衆殆盡，走至狼虎谷。丙午，巢甥林言斬巢兄弟妻子首，將詣時溥，遇沙陀博野軍奪之。并斬言首以獻於溥。秋七月壬午，時溥遣使獻黄巢及家人首并姬妾。上御大玄樓受之。宣問姬妾，汝曹皆勛貴子女，世受國恩，何爲從賊，其居首者對曰："狂賊凶逆，國家以百家之衆，先守宗祧，播遷巴蜀。今陛下以不能拒賊責一女子，置公卿將相於何地乎？"上不復問，皆戮之於市。人争與之酒，其餘皆悲怖昏醉，居首者獨不飲不泣，至於就刑，神色肅然。

光啓元年（公元八八五年）正月己卯，車駕發成都，陳敬瑄送至漢州而還。二月丙申，至鳳翔。三月丁卯，至京師。荆棘滿城，狐兔縱横，上凄然不樂。己巳，赦天下，改元。時朝廷號令所在，惟河西、山南、劍南、嶺南數十州而已。（以上節録《通鑒紀事本末》）

（二）皆言博野自相持。

周雲青《秦婦吟箋注》(以後省稱"周注"):《資治通鑑》卷二百五十胡三省注:"穆宗長慶二年,李寰以博野兵三千歸京師,留戍鳳翔,名博野軍。"

(三)須臾主父乘奔至。

規案:《戰國策·燕策》:"妾知其爲藥酒也,進之則殺主父,言之則逐主母,乃陽僵棄酒。"《史記·蘇秦傳》:"妾欲言酒之有藥,則恐其逐主母也;欲勿言乎,則恐其殺主父也。"是主父爲妾媵稱夫之詞。此秦婦稱其夫爲主父,當爲顯宦之妻妾。觀詩言"前年庚子臘月五,正閉金籠教鸚鵡。斜開鸞鏡嬾梳頭,閑凭雕欄慵不語",其驕矜受寵之態可見。後述四隣女子,蓋皆貴宦眷屬,而爲秦婦同時遇寇者。白居易《聞樂感鄰》詩(《全唐詩》卷四四九)云:"尚書宅畔悲鄰笛,廷尉門前歎雀羅。"自注云:"東鄰王大理去冬云亡,南鄰崔尚書今秋薨逝。"蓋仕宦之家甲第相連之故也。

(四)適逢紫蓋去蒙塵。

周注:《宋書·符瑞志》:"漢世術士言,黄旗紫蓋,見於斗牛之間,江東有天子氣。"《左傳·僖廿四年》:"天子蒙塵於外,敢不奔問官守。"《舊唐書·僖宗紀》:"(廣明元年)十二月庚辰朔辛巳,賊據潼關……是日,上與諸王妃后數百騎自子城由含光殿金光門出幸山南。文武百官寮不之知,并無從行者。"

(五)已見白旗來匝地。

周注:《資治通鑑》卷二百五十四:"是日,黄巢前鋒軍抵關下,白旗滿野,不見其際。"

(六)十二官街烟烘烔。

翟理斯《〈秦婦吟〉之考證與校釋》(以後省稱"翟釋"):官街,王國維校本作天街,無本子的根據;而天街係長安禁城内街名只有一條,不

能有十二也。

（七）宦者流星如血色。

周注:《後漢書·宦者傳》:“宦者四星在皇位之側。”

（八）翻持象笏作三公，倒佩金魚爲兩史。

陳寅恪《〈秦婦吟〉校箋》（以後省稱“陳箋”）：周注云:“兩史爲柏臺（御史大夫）、蘭省（御史中丞）也。”寅恪案:《通典》卷二十一《職官叁》“宰相門中書令”條略云:“隋初改中書爲内史，置監令各一人，尋廢監，置令二人……大唐武德初爲内史令。三年改爲中書令，亦置二人。……龍朔二年改爲右相。”據此，兩史與三公爲對文，自指宰相而言。若御史中丞則官階僅正四品下，職位太卑，非端己詩意也。

（九）夜來探馬入皇城。

周注:《長安志》卷七:“皇城，俗號子城。”

（十）昨日官軍收赤水，赤水去城一百里。

“陳箋”:《水經注》卷十九《渭水篇》云:“又逕望仙宫東，又北與赤水會。”據此，并參考楊守敬《水經注地圖》第四册《南伍卷》“南伍西伍上，準諸地望”，此二句與《舊唐書·僖宗紀》所記“（中和）二年二月（案：二年當作元年），涇原大將唐弘夫大敗賊將林言于興平，俘斬萬計”之事適合。

規案：嚴耕望教授《唐代長安洛陽道驛程述》云:“長安都亭驛有二。由都亭驛東北行，出京城東面北首第一門，曰通化門，十五里，至長樂驛……又東渡滻水十五里至滋水驛……滋水驛東行約三十里至昭應縣……昭應東行十四五里至漢新豐故縣、陰盤故城，又東北約三里至隋唐新豐縣（今新豐鎮）……又東十一二里至戲水店，隋大業六年置戲水驛……東渡戲水，不及十里至零口……又東至杜化驛……去戲水驛約二十七里。又十三里至渭南縣，又東十三里至東陽驛……東陽十二里至赤水店，在赤水谷，蓋西側。唐末置驛（今赤水縣），蓋東陽驛已廢也。赤水又東二十五里至華州治所鄭縣（今華縣），去長安一百八十里。”據此，赤水距長安百六十里許，詩云“赤水去城一百里”，蓋舉成數；且軍行徑捷，望救情殷，故云百里也。

（十一）又道官軍今陣入。

陳箋：寅恪案：“安友盛本作官軍，似較他本之作軍前者爲佳。下文云‘又道官軍悉敗績’，可證也。”

（十二）大彭小彭相顧憂，二郎四郎抱鞍泣。

陳箋：周注云：“大彭小彭，謂黄巢部下之將時溥及秦彦。”蓋據《舊唐書》之《時溥傳》《秦彦傳》，二人皆彭城人也。又云：“二郎四郎即黄巢及弟揆。”舉兩《唐書·黄巢傳》爲證。寅恪案：考《舊唐書》卷一百三十二《時溥傳》云：“時溥，彭城人，徐之牙將。黄巢據長安，詔徵天下兵進討。中和二年（寅恪案：二年應作元年，岑氏《校勘記》先校），武寧軍節度使支詳遣溥與副將陳璠率師五千赴難。行至河陰，軍亂，剽河陰縣回。溥招合撫諭，其衆復集。懼罪，屯於境上。詳遣人迎犒，悉恕之。溥乃移軍向徐州。既入，軍人大呼，推溥爲留後，送詳於大彭館。溥大出資裝，遣陳璠援詳歸京。詳宿七里亭，其夜爲璠所殺，舉家屠害，溥以璠爲宿州刺史，竟以違命殺詳。溥誅璠。”又《舊唐書》卷一百三十二《高駢傳》附《秦彦傳》略云：“秦彦者，徐州人……乃聚徒百人，殺下邳令取其資裝入黄巢軍。巢兵敗於淮南，乃與許勍俱降高駢，累奏授和州刺史。中和二年，宣歙觀察使竇潏病，彦以兵襲取之，遂代潏爲觀察使，朝廷因而命之。”據此，時溥雖高駢謂其爲黄巢外應（見《桂苑筆耕集》卷十一《告報諸道徵促綱運書》及《答襄陽郗將軍書》），是否誣諂之詞，猶待考實。但其始終未作黄巢部下之將，則事迹甚明。秦彦雖一度入黄巢軍，中和二年二月以前，早已降於高駢，奏授和州刺史。故

以時地考之，中和二年二月時溥在徐州，秦彥在和州或宣州（秦彥襲取宣州事,《通鑑》繫於中和二年之末，蓋難定其日月也），二人既均不在長安，又俱非黄巢部將，何得在圍城之中，聞官軍將入而相顧以憂乎？故知大彭小彭必不謂秦彥時溥，“二郎四郎”疑與“大彭小彭”同是泛稱，非實指黄巢黄揆也。蘇鶚《蘇氏演義》上云：“俗呼奴爲邦，今人以奴爲家人也。凡邦、家二字多相連而用。時人欲諱家人之名，但呼爲邦而已，蓋取用於下字者也。又云：僕者皆奴僕也，但《論語》云：邦君樹塞門。樹猶屏也。不言君但言邦，此皆委曲避就之意也。又今奴拜多不全其禮，邦字從半拜，因以此呼之。”李匡乂《資暇集》卷下“奴爲邦”條云：“呼奴爲邦者，蓋舊謂僮僕之未冠者曰竪。人不能直言其奴，因號奴爲竪。高歡東魏用事時，相府法曹卒（寅恪案：卒當作辛，見《北齊書》卷二十四之《杜弼傳》）子炎（？）誤犯，歡奴杖之。歡諱樹而威權傾於鄴下，當是郡（群？）寮以竪同音，因目奴爲邦，義取邦君樹塞門，以句内有樹字，假竪爲樹，故歇後爲言，今兼删去君字呼之。一説邦字類拜字，言奴非唯郎主，是賓則拜。”寅恪案：蘇氏諱家人爲邦，李氏避高歡父樹生諱之説，雖未必可從，但德祥爲光啓中進士（見晁公武《郡齋讀書志》卷三下），濟翁亦唐末人，與端己所處時代近同。且德祥居武功之杜陽川（亦見《晁志》）。濟翁所述，又顯爲山東之俗，則當時呼奴爲邦，東西皆然。夫俗語之用，原無定字，彭邦二音相近，故書爲邦者，宜亦得書爲彭。是韋詩中之俗語，似可以蘇李書中所記當時之音義釋之，然則大彭小彭者，殆與大奴小奴同義也。又《舊唐書》卷九十六《宋璟傳》云：“當時（武則天時）朝列皆以二張内寵不名官，呼易之爲五郎，昌宗爲六郎。天官侍郎鄭善果謂璟曰：‘中丞奈何呼五郎爲卿？’璟曰：‘以官言之，正當爲卿；若以親故，當爲張五。足下非易之家奴，何郎之有？’鄭善果一何懦哉！”《通鑑》卷二百七十《唐紀二十三》則天后紀長安三年九月鄭善果謂宋璟

"奈何卿五郎"條，胡注云："門生家奴呼其主爲郎，今俗猶謂之郎主。"蓋奴呼主爲郎，主呼奴爲邦、或彭。故端己以此二者對列，極爲工整自然。可知此二句詩意，只謂主人及奴僕，即舉家上下全體憂泣而已，非有所實指也。

規案：陳説可從。秦婦本中朝貴妾，爲寇酋所擄，詩云："一從陷賊經三載，終日驚憂心膽碎。夜卧千重劍戟圍，朝餐一味人肝膾。鴛幃縱入豈成歡，寶貨雖多非所愛。蓬頭面垢猇眉赤，幾轉横波看不得。衣裳顛倒言語异，面上誇功雕作字。"蓋即秦婦所事寇酋之寫照。然則"大彭小彭"、"二郎四郎"憂泣之狀，即秦婦所見寇酋家屬憂泣之狀也。

（十三）四面從兹多厄束，一斗黄金一升粟。尚讓厨中食木皮，黄巢机上剉人肉。

陳箋云：升粟，羅氏校本作斗粟，王氏及翟君校本作升粟。巴黎圖書館伯希和號三七八〇及三九五三俱作勝粟，周君箋注本從羅校作斗粟。寅恪案：作斗粟雖亦可通，作升粟者疑是端己之原文。考唐人以錢帛估計米粟之價值時，概以斗言，故斗粟或斗米值若干，乃當時習用之成語。兹列舉例證，如《舊唐書》卷七十四《馬周傳》、《唐會要》卷八十三《租税上》皆載貞觀十一年周上疏云："貞觀之初，率土荒儉，一匹絹纔得一斗米，而天下帖然。"《舊唐書》卷八《玄宗紀上》云："（開元十三年）十二月己巳，至東都，時累歲豐稔，東都米斗十錢，青齊米斗五錢。"又同書卷十一《代宗紀》云："永泰元年三月庚子，夜降霜，木有冰，歲饑，米斗千錢，諸穀皆貴……秋七月庚子，雨。時久旱，京師米斗一千四百。他穀食稱是。"又同書卷一百一十四《魯炅傳》云："（南陽郡）城中食盡，煮牛皮筋角而食之，米斗至四五十千。"又同書卷一百二十三《劉晏傳》云："時新承兵戈之後，中外艱食，京師米價斗至一千。"又同書卷一百八十二《高駢傳》云："既而蔡賊楊行密自壽州率兵三萬乘虚攻（揚

州）城，城中米斗五十千。”又同書卷二百上《安禄山》附《慶緒傳》云：“（相州）城中人相食，米斗錢七萬餘。”又同書卷二百下《黄巢傳》云：“穀食騰踊，米斗三十千。”《新唐書》卷五十一《食貨志》略云：“貞觀初，户不及三百萬，絹一匹易米一斗。至四年米斗四五錢。及兩京平，又於關輔諸州納錢度道士僧尼萬人，而百姓殘於兵盗，米斗至錢七千。”又同書卷五十三《食貨志》云：“貞元初，關輔宿兵，米斗千錢。”又同書卷九十七《魏徵傳》云：“於是帝（太宗）即位四年，歲斷死二十九，幾至刑措，米斗三錢。”又同書卷一百四十七《魯炅傳》云：“（南陽郡）城中食盡，米斗五十千。”又同書卷一百四十九《劉晏傳》云：“時大兵後，京師米斗千錢。”又同書卷二百二十五上《逆臣上》云：“决安陽水灌（相州）城，城中棧而處，糧盡易口以食，米斗錢七萬餘。”《陸宣公奏議》卷二《請減京東水運收脚價於沿邊州鎮儲蓄軍糧狀》略云：“故承前有用一斗錢運一斗米之言，至使流俗過言……有用一斗錢運一斗米之説。”又同集《奏議》卷三《論依京地所請折納事狀》云：“度支續奏，稱據時估豌豆每斗七十價已上，大豆每斗三十價已下。”……然則端己此詩若依羅氏校本作一斗黄金一斗粟，猶是唐人常語，不足爲奇。今作一斗黄金一升粟，則是端己故甚其詞，特意形容之筆，此一字頗關重要，因恐讀者等閑放過，遂詳引史籍以闡明之。……復次，唐人寫本之多作斗勝者，乃因斗升二字形近易誤之故。今巴黎圖書館伯希和號三七八〇及三九五三俱作勝粟，尤足證端己詩本作升粟而非斗粟也。……又《道藏》洞玄部記傳類（第三二七册恭上）杜光庭《録異記》卷三“忠”略云：“僖宗幸蜀，黄巢陷長安，南北臣僚奔問者相繼。無何，執金吾張直方與宰臣劉鄴於悰諸朝士等，潛議奔行朝，爲群盗所覺，誅戮者至多。自是阨束，内外阻絶。京師積糧尚多，巧功劉萬餘……竊相謂曰：‘大寇所向無敵，京師糧貯甚多，雖諸道不賓，外物不入，而支持之力，數年未盡。吾黨受國恩深，必効忠赤，而飛竄無門，皆爲逆黨所使。吾將貢策，請竭其糧。外貨不至，内食既盡，不一二年，可自敗亡矣。萬餘，黄巢憐其巧性，常侍直左右。因從容言曰：長安苑囿城隍，不啻百里。若外兵來逼，須有禦備。不爾，固守爲難。請自望仙門以北，周玄武白虎諸門，博築城池，置樓櫓却敵，爲禦捍之備，有持久之安也。黄巢喜，且賞其忠節。即曰使兩街選召丁夫各十萬人築城。人支米二升，錢四十文。日計左右軍支米四千石，錢八千貫。歲餘功不輟，而城未周。以至於出太倉穀以支夫食，然後剥榆皮而充御厨，城竟不就。萬餘懼賊覺其機，出投河陽，經年病卒。"寅恪案：杜記韋詩所言多足參證，而厄東及剥榆皮而充御厨等語，尤可注意。豈以時地相同，廣成浣花兩作品之間，亦有關係耶？

（十四）六軍門外倚殭屍。

翟釋云：唐代禁旅分龍武神武神策等營，每營復分左右，是謂六軍。據《唐兩京城坊考》，左軍駐太和門外，右軍駐九仙門外。

（十五）七架營中填餓殍。

翟釋云：七架營之地址不可考，惟《長安志》卷六有七架亭，在禁苑中，去宫城十三里，在長安故城之東，未知即其地否。"陳氏校箋疑策字架字爲萃字形誤，并謂七萃即禁軍之義。

規案：七架亭在禁苑中，札營其地，即稱七架營，義自可通。似不必改字。

（十六）采樵斫盡杏園花。

宋張禮《游城南記》云："杏園與慈恩寺南北相直，唐新進士多游宴於此……與芙蓉園皆爲秦宜春下苑之地。"

（十七）含元殿上狐兔行。

周注云：《長安志》卷六："丹鳳門内當中正殿曰含元殿，武太后改曰大明殿，即龍首山之東麓也。階基高平地四十餘尺。南去丹鳳門四十餘

步，中無間隔，左右寬平，東西廣五百步。龍朔二年造蓬萊宫含元殿，又造宣政紫宸蓬萊三殿。”

（十八）花萼樓前荆棘滿。

周注:《唐書·讓皇帝傳》:“及先天後，盡以隆慶舊邸爲興慶宫……天子於宫西南置樓，其西署曰花萼相輝之樓。”

（十九）内庫燒爲錦繡灰。

翟釋云:“内庫當即東西左藏庫，在承天門之兩旁。”

（二十）路傍時見游奕軍，坡下寂無迎送客。灞陵東望人烟絶，樹鏁驪山金翠滅。

嚴耕望教授《唐代長安洛陽道驛程述》云:“由（長安）都亭驛東北行，十五里，至長樂驛，聖曆元年置，在滻水西岸長樂坡下，爲京師東出第一驛，故公私送迎多具筵於此。又東渡滻水十五里至滋水驛，隋開皇十六年置。驛近滋水，一名灞水，有灞橋，所謂灞橋驛者，蓋滋水驛之异名。滿橋爲東郊名勝，橋紅色，以石爲柱。出入潼關固必由之，即出入藍田武關者與出入同州蒲津關者亦多由此。且灞水入渭處有東渭橋，爲南北交通之要，赤爲東南租粟轉運所聚。故史稱灞橋最爲交通要衝，長安祖餞亦或遠至此橋驛也。”

（二一）明朝曉至三峰路。

周注:《太平寰宇記》:“華岳有三峰，直上數千仞，基廣而峰俊疊秀，迄於嶺表。”《華岳志》卷一:“入通天門里許，至三峰口。”

（二二）路傍試問金天神，金天無語愁於人。廟前古柏有殘枿，殿上金爐生暗塵。

嚴耕望教授《唐代長安洛陽道驛程述》云:“由（華陰）縣而東經華岳祠。舊道在祠北，開元十二年移道祠南。縣與岳祠間，大曆中似有館驛。”

周注云:《華岳志》卷七引《賈氏談録》:“中和元年庚子，金天王廟玄宗御製碑自鳴，聲聞數里，浹旬而後定。明年，黄巢亂，廟爲賊所焚，墮其門觀，碑燔爲石。”

陳氏校箋云：翟君謂丁本金天神下有注云“華岳三郎。”寅恪案：周注引《西岳華山志》，黄仲琴君引逸史金天王葉仙師事（中山大學《文史月刊》第一卷第五期《〈秦婦吟〉補注》），皆是也。但均未徵引最初出典，兹特移録《唐大詔令集》卷七十四《典禮類・岳瀆山川門》先天二年八月二日《封華岳神爲金天王制》以資參考。制云:“門下：惟岳有五，太華其一。表峻皇居，合靈興運。朕恭膺大寶，肇業神京，至誠所祈，神契潛感。頃者亂常悖道，有甲兵而竊發。仗順誅逆，猶風雨之從助。永言幽贊，寧忘仰止。厥功茂矣，報德斯存。宜封華岳神爲金天王，仍令龍景觀道士鴻臚卿員外置越國公葉法善，備禮告祭，主者施行。”

（二三）旋教魘鬼傍鄉村，誅剥生靈過朝夕。

陳箋云：寅恪案：安友盛寫本作魘，其有作魔奢非是。何以言之，據《北夢瑣言》卷十一《關三郎入關》條云:“唐咸通亂離後，坊巷訛言關三郎鬼兵入城，家家恐悚，罹其患者，令人寒熱戰栗，亦無大苦。宏農楊玭挈家自駱谷路入洋源，行及秦嶺，回望京師。乃曰：此處應免關三郎相隨也。語未終，一時股栗，斯又何哉？夫喪亂之間，陰厲旁作，心既疑矣，邪亦隨之，關妖之説，正謂是也。愚幼年曾省故里，傳有一夷，迷（據端己詩“天遣時灾非自由語”,“迷”字疑當作“遣”）鬼魘人，閭巷夜聚以避之，凡有窗隙，悉皆塗塞，其鬼忽來，即撲人驚魘，須臾而止。”則知端己所謂“旋教魘鬼旁鄉村”，即《瑣言》所謂“陰厲旁作”及“傳有一夷，遣鬼魘人”也。又王劉修業《〈秦婦吟〉校勘續記》(《學原》第一卷第七期）謂丁己两本“金天神”下注“華岳三郎”四字，而端己詩“天（天即金天神之天）遣時灾非自由”及“旋教魘鬼傍鄉村”與《瑣言》所記者適

合，是華岳三郎與關三郎實非有二，明矣。至華岳三郎亦可稱關三郎之故，豈亦潼關距華岳不遠，三郎遂亦得以關爲號耶？俟考。金天神一節之本旨，在述當時時灾即時疫流行之事。其責望山東藩鎮之殘民肥己不急國難如高駢者，尚爲附帶之筆。至以此節乃指斥僖宗爲言者，鄙意不然。蓋以避黄巢之士人如端己，獻詩爲質於忠於唐室之大臣如周寶，豈肯作斯無君之語，轉自絶其進謁之路者乎？此説甚乖事理，必非端己詩旨，不待詳辨也。

（二四）前年又出楊震關，舉頭雲際見荆山，如從地府到人間，頓覺時清天地閑。

翟氏校釋云：楊震關於他書無可稽，或即潼關之别名。楊震華陰人，華陰密邇入潼關之西道，震墓即在道側。

俞平伯《讀陳寅恪秦婦吟校箋》云（《中華文史論叢》第十三輯）：詩中有兩“前年”：其一“前年庚子臘月五”，與今日口語相同，庚子即壬寅之前年也；又一“前年又出楊震關”，二義不同，若如上解，則不通矣。此“前年”，年之前也，今云年底。或竟是“年前”之訛倒，承上文“來時曉出城東陌”“明朝曉至三峰路”“路旁試問金天神”諸句而來。西發長安，逾華陰，東出潼關，道里分明，以秋冬間離京，於年終出關，時間亦相當，故知此“前年”是“年前”也。”

規案：此詩兩“前年”雖同，然前年庚子明言干支年分，語義亦不致混淆。

陳氏校箋云：寅恪案，此言脱出黄巢勢力範圍，轉入别一天地。實爲端己痛定思痛之語，其感慨深矣。端己取道出關，途中望見荆山，遂述及荆山所在地之陝虢主帥能保境安民，此赤聯想措辭之妙也。據《漢書》卷六《武帝紀》云：“（元鼎）三年冬徙函谷關於新安（應劭曰：時樓船將軍楊僕數有大功，耻爲關外民。上書乞徙東關，以家財給其用度，武帝意亦好廣闊，於是徙關於新安，去弘農三百里）。”又據《水經注》卷十五《洛水篇》云："洛水自枝瀆又東出關，惠水右注之。世謂之八關水。戴延之《西征記》謂之八關澤，即經所謂散關鄣，自南山橫洛水，北屬於河，皆關塞也。即楊僕家僮所築矣。"及同書卷十六《穀水篇》云："穀水又東逕函谷關南，東北流，皂澗水注之。水出新安縣東，南流逕毌丘興墓東，又南逕函谷關西，關高險陿，路出廛郭。漢元鼎三年，樓船將軍楊僕數有大功，耻居關外，請以家僮七百人築塞，徙關於新安，即此處也。"又《元和郡縣圖志》卷六"河南府新安縣"條略云："本漢舊縣，屬弘農郡。……函谷故關在縣東一里，漢武帝元鼎三年爲楊僕徙關于新安。……今縣城之東有南北塞垣，楊僕所築。"及同書卷七"虢州湖城縣"條云："荆山在縣南，即黄帝鑄鼎之處。"然則楊僕關正在新安之地，與"明朝又過新安東"之句行程地望皆相符合。頗疑楊震關乃楊僕關之訛寫，殆由傳寫者習聞東京之關西天子楊伯起（見《後漢書》卷八十四《楊震傳》），而不知有西京之樓船將軍，遂以致誤耶？

規案：嚴耕望教授《唐代長安洛陽道驛程述》云："自潼關東行約五里至黄卷坂。其地南依高山，北臨大河，爲魏武、宋武故壘所在。又東南二十五里至閿鄉縣（今閿鄉縣西四十里有故城），北距河三里，西臨玉澗水，縣東南約二十里有盤豆驛（今有盤豆鎮），蓋臨玉澗水。館東大槐樹有兩京道上槐王之目。又東約二十八里至湖城縣（今閿鄉縣東或東南不遠處），置湖城驛。湖城向東有南北二道。北道由湖城直東微北沿河南岸至靈寶縣（今縣治，國防研究院圖作故縣）。其驛程蓋由湖城縣驛東北沿河行六十五里至靈寶縣——舊桃林縣，天寶六年更名。縣置驛。兩縣間置稠桑驛，在稠桑店。自驛以西有晋王斜道，去河較遠，行程六十里，仍歸幹道。湖城向東之南道，係由城東南行五十二里至虢州治所弘農縣（今靈寶縣南微西三四十里虢略鎮），在鴻臚水（今弘農河）東南。州當大道，郵傳衝要。有柏仁驛者，蓋即縣驛歟？又有荆山館者，蓋在湖城、宏農

間。由虢州折而東北，蓋略沿鴻臚水行三十里亦至靈寶，與北道合。靈寶縣西南十二里有秦函谷關故址。函谷之稱東起崤山，西至潼津，號爲天險，秦蓋當中置關耳。但在唐世，已不當道。又自此以西至潼關，古稱桃林塞，秦置函關於此，蓋正以西有桃林之阻也。縣西北三里有洹津（今渡），爲大河津渡之要。由靈寶東北行，蓋七十五里至陝州治所陝縣（今陝縣）。其城依山臨河，三面懸絶，極險固。”又云：“綜計里程，由西京長安東經昭應、渭南，至華州一百八十里；又經華陰一百里至潼關。潼關而東，經閿鄉、湖城，沿河直趨靈寶至陝州，約二百一十八里；繞道虢州再經靈寶至陝州二百三十五里。故陝州西至長安捷徑近五百里，迂經虢州則五百一十五里。自陝而東，經硤石、崤坂，取北道經澠池、新安至東都共約三百里；經峽石、崤坂，取南道經永寧、福昌、壽安至東道，共約三百五十里。總計兩都間最捷里程約八百里，最迂里程約八百六十五里。京、陝道中置驛十九或二十，陝、洛南道，中唐時代置驛十三，是京、陝道及陝、洛南道之館驛共三十二三，其名稱什九可考如上文。……崤底以東之北道館驛可考者惟一館一驛而已。又唐代前期，君主常往來兩都，故沿途置行宫甚多，備行幸。……觀行宫分布情形及館驛可考之多少，可知一般行旅及君主行幸，陝崤以東多取南道，蓋南道置驛爲交通主綫，北道則不經常置驛。元和志謂：‘今郵傳所馳出於南路’，蓋謂此也。然就行軍事例觀之，則取途北道者爲多，蓋利其徑捷焉。至於兩京行旅所需之時間，通常蓋十日，日行約三驛，緩或十六日，日行約二驛。君主行幸，則首尾多耗二十日，蓋沿途行宫既多，可備優游耳。”規案：《明一統志》：“荆山，在河南府閿鄉縣南二十五里，昔軒轅采首山之銅，鑄鼎於此。”秦婦出潼關（據詩乃秦婦自述），殆有脱離虎口之感，自潼關至閿鄉不過數十里之遥，故“舉頭雲際見荆山”，有“如從地府到人間”之感。此詩“楊震關”似應仍指潼關爲宜。陳君説爲漢楊僕所築之新安函谷關，并謂楊僕關正在新安之地，與下文“明朝又過新安東”之句行程地望皆相符合。頗疑楊震關乃楊僕關之訛寫。然新安距潼關數百里之遥，而距洛陽不及百里，與詩中人情事并不愜當也。

（二五）陜州主帥忠且貞，不動干戈唯守城。

徐嘉瑞《秦婦吟本事》云：據《資治通鑑》卷二百五十四，廣明元年十一月庚申，黄巢破潼關，入汝州境，時虢陜觀察使王重盈急以奏聞，已則惟城守。又中和二年正月《資治通鑑》卷二百五十四：“以陜虢觀察使王重盈爲東面都供軍使，重盈，重榮之兄也。”又《資治通鑑》卷二百五十五：“（中和三年五月）升陜州爲節度，以重盈爲節度使。”足見從廣明元年，直到長安恢復以後（中和三年四月），陜州都是王重盈鎮守，詩中所説的陜州主帥即是王重盈。

（二六）蒲津主帥能戢兵，千里晏然無犬聲。

徐嘉瑞《秦婦吟本事》云：蒲津主帥是指王重榮。《舊唐書·王重榮傳》：廣明初，重榮爲河中馬步軍都虞候，巢賊據長安，蒲帥李都稱臣於賊，賊僞授重榮節度副使，勸都嬰城自固，李都以節鉞假重榮。重榮知留後事，乃斬賊使，求援鄰藩。

（二七）明朝又過新安東，路上乞漿逢一翁。

嚴耕望教授《唐代長安洛陽道驛程述》云：“由陜州向東有兩道。……其一，正東偏南至洛陽，此即本文所述之道也。……自州城正東偏南行十里至安陽故城，又四十里至硤石縣。硤石又東蓋二十里至石壕鎮。又二十里至乾壕鎮。又東入永寧縣北境之崤坂二陵地區，有村名胡郭，地在陜州之東約百里。驛道至崤坂胡郭地區，又分南北二道。北道即澠池、新安道。由崤坂道而東經土壕，約五六十里至澠池縣，地名雙橋，南臨穀水，置館。縣西十三里有秦趙二故城，似當大道。由縣而東十二三里至新安驛，秦漢新安故縣治。”

規案：據道路驛程，知秦婦蓋自長安，逾華陰，東出潼關，經閿鄉、湖城、靈寶、陝州、新安，而至洛陽也。

（二八）鄉園本貫東畿縣，歲歲耕桑臨近甸。歲種良田二百廛，年輸户税三千萬。

陳箋云：《元和郡縣圖志》卷五“河南道一河南府”條云：“新安縣畿。”據此，新安縣爲隸屬東都河南府之畿縣。此老翁既遇於新安以東之路上，自是新安縣或河南府籍，故曰鄉園本貫東畿縣也。周注引《唐書・方鎮表》至德元載置東畿觀察使，領懷、鄭、汝、陝四州，未諦。“年輸户税三千萬”句，翟君謂：“羅校易千爲十，似是。”寅恪案，羅氏意三千萬爲數太多，故易以三十萬。不知詩尚有“明朝曉至三峰路，百萬人家無一户”之句，其實三峰之下，豈有百萬户乎？詞人之數字，僅代表數量衆多而已，不必過於拘泥也。所可注意者，“良田二百廛”及“户税三千萬”一聯，正指唐代地户兩税。據《唐會要》卷八十三《租税上》略云：“大曆四年正月十八日敕，百姓及王公已下，自今已後，宜准度支長行旨條，每年税錢上上户四千文……下下户五百文。”則廣明以後，當更有增益，而周注引《通典》武德元年詔上户丁税年輸十文之語，謂：“原本作三千萬，數過多，羅校易千爲十，似是，户税三十萬則有三萬户。”據《通典》卷六《賦税下》“大唐”條云：“蕃人（《册府元龜》作“蕃胡”乃原文未經改易者）内附者，上户丁税錢十文，次户五文，下户免之。”然則《通典》此節乃專指蕃胡内附者而言，不可以概括當時一般税率。況廣明以後，一般税率當更較大曆時增多，豈可以武德時内附蕃胡之税率以計算廣明一般平民之户數乎？”

規案：《漢書・楊雄傳》：“有田一廛。”注引晋灼曰：“《周禮》上地夫一廛，一百畝也。”

（二九）小姑慣織褐絁袍。

陳箋云：丁、戊兩本作褐絁袍，他本作褐絶袍，羅王校本皆易絶爲絁。寅恪案，作絁是也。據《敦煌掇瑣》中輯陸陸，載天寶四載和糴准旨支二萬段出武咸（威）郡帳内，有五百五十匹河南府絁。此翁本貫河南府新安縣，則絶之校改作絁，信有明徵矣。

規案：褐通作毼，乃毛織品。絁爲絲織品。《通典》卷六《食貨六·賤稅下》云："開元八年二月制曰……租調准武德二年之制，其調絹、絁、布并隨鄉土所出，絹、絁各二丈，布則二丈五尺。"又云："天下諸郡每年常貢，河南府臨汝郡，貢絁二十疋。"嚴耕望教授《唐代紡織工業之地理分布》云："唐世紡織工業之地理分布可稍得而詳，其絲織品有絹、綾、錦、紬、紗、羅等，麻織品有布……毛織品有氈、褐（毼）等。大抵皆出關内、隴右。據《六典》，關内之原、夏等州貢白氈，會州貢駝褐，隴右之洮州貢毛毼，凉州貢毼布，西州貢白氈，安西貢緋氈。此外則河北之貝州貢白氈，江南之常州貢兔褐。……又《國史補》下：'宣州以兔毛爲褐，亞於錦綺，復有染絲織者，尤妙。'"

周注云：薛用弱《集異記》："狄梁公與張昌宗雙陸，賭昌宗所衣集翠裘，梁公所衣紫絁袍。"

（三〇）匣中秋水拔青蛇。

周注：《越絶書·外傳記寶劍篇》："太阿之劍，其色如秋水。"郭元振《寶劍篇》："精光黯黯青蛇色。"

（三一）旗上高風吹白虎。

周注：杜佑《通典》："唐開元禮，大駕鹵簿……左青龍旗，右白虎旗各一。"

（三二）仍聞汴路舟車絶，又道彭門自相殺，野色徒銷戰士魂，河津半是冤人血。

陳箋云：王國維氏校本（《北京大學國學季刊》第一卷第四期）云：

“汴路一作洛下。”羅振玉氏校本（《敦煌零拾》）汴路作汴洛。周雲青《秦婦吟箋注》云：“汴洛謂河南開封至洛陽也。”寅恪案，《元和郡縣圖志》卷九“徐州”條云：“按自隋氏鑿汴以來，彭城南控埇橋；以扼汴路，故其鎮尤重。”同書同卷“宿州”條略云：“其地南臨汴河有埇橋；爲舳艫之會。”《白氏長慶集》卷四十四《杭州刺史謝上表》云：“屬汴路未通，取襄漢路赴任。”據此，汴路乃當時習用之名詞，不可改爲汴洛，亦不得釋爲開封至洛陽明矣。……汴路之界説既已確定，彭門之地望因之可以推知，而野色之校改亦得佐證矣。翟理斯《秦婦吟之考證與校釋》（原文載《通報》第二十四第四第五合期。兹所據者爲《燕京學報》第一期張蔭麟君譯本）云：“四川彭縣有彭門山，詩中之彭門不知是指此否？”寅恪案，中和二年冬蜀中阡能之亂蔓延及於雙流新津，則彭門指彭州導江縣之天彭闕或天彭門（見《元和郡縣圖志》卷三十二“彭州導江縣灌口山西嶺有天彭闕”條），似亦可能。但詩言東奔，而彭州在洛陽之西南，既與地望不合。詩又云“自相殺”，以官軍平阡能，而謂之自相殺，復於措辭爲失體。故知彭門非指天彭門也。考《舊唐書》卷一百三十二《時溥傳》云：“時溥，彭城人，徐之牙將。黄巢據長安，詔徵天下兵進討。中和二年（寅恪案，二年應作元年，岑氏《校勘記》失校），武寧軍節度使支詳遣溥與副將陳璠率師五千赴難。行至河陰，軍亂，剽河陰縣回。溥招合撫諭，其衆復集。懼罪，屯於境上。詳遣人迎犒，悉恕之。溥乃移軍向徐州。既入，軍人大呼，推溥爲留後，送詳於大彭館。溥大出資裝，遣陳璠援詳歸京。詳宿七里亭，其夜爲璠所殺，舉家屠害。溥以璠爲宿州刺史，竟以違命殺詳，溥誅璠。”崔致遠《桂苑筆耕集》代高駢所作書牒，關於汴路區域徐州時溥泗州於濤之兵争及運道阻塞之記載甚多，俱兩《唐書》及《通鑑》等所未詳，實爲最佳史料。兹擇録於下，亦足徵當月徐淮之間軍事交通之情勢也。《桂苑筆耕集》卷八《泗州於濤常侍》别紙略云：“況屬彭門叛亂，仍當汴路艱難，獨守危城，終摧敵壘。”同書卷九《泗州於濤尚書》别紙略云：“蠢彼徐戎，聚兹餘燼，敢侵貴境，再逞奸謀。”同書卷十一《告報諸道徵促綱運書》略云：“既裝運舡，將扣飛檝，言遵汴道，徑指圃田，必值徐戎，來侵淮口，扼斷河路，攻圍郡城……時溥罔遵詔旨，尚搆奸謀。去年曾犯淮山，今夏又侵泗水。乃作黄巢外應，久妨諸道進軍。先須剗當路之豺狼，後（方）可殄壞堤之螻蟻。冀使隋皇新路，楊柳含春，漢祖舊鄉，荆榛撲地。”……據此，彭門相殺之語及彭門與汴路之關係，可得其確解矣。又“野色徒銷戰士魂，河津半是冤人血”，二句造語既不晦澀，用意尤爲深刻，信稱佳構。據《舊唐書》卷一百二十《郭子儀傳》略云：“子儀既謝恩上表……因自陳訴曰：……（臣）東西十年，前後百戰。天寒劍折，濺血沾衣。野宿魂驚，飲冰傷骨。”則“野色徒銷戰士魂”句與郭表所云“野宿魂驚”之義相同，似可無須校改。然細繹上下文義，野色二字疑是宿野二字之訛倒，翟君謂野色丙本作野宿。據《元和郡縣圖志》卷十《河南道五》“宿州”條略云：“其地南臨汴河，有埇橋爲舳艫之會。”……則是河津爲汴河之津，宿野爲宿州或宿遷即泗州之野。故此二句俱指汴路區域，徐州時溥與泗州於濤之兵争，此乃依地理系統及歷史事實以爲推證，不得不然之結論。若有以説詩專主考據，以致佳詩盡成死句見責者，所不敢辭罪也（規案：陳説甚諦，然野色、野宿義甚安，似不必改字）。至“冤人”自當作冤死之人解，而周注謂“冤人”爲黄巢同里冤句之人，則似可不必，蓋冤人與戰士爲對文，冤字非地名也。

（三三）適聞有客金陵至。

陳箋云：金陵，周注引《唐書·地理志·江南道》“昇州縣”本江寧爲釋，其實唐人亦稱節將治所潤州之丹徒爲金陵，詩中之金陵即指潤州之丹徒言。《李衛公别集》卷一《鼓吹賦》序云：“余往歲剖符金陵。”李德裕曾任浙西觀察使，而潤州之丹徒爲浙西觀察使治所，故云剖符金陵。其

餘例證，可參閱杜牧《樊川詩集》卷一《杜秋詩序》馮集梧注、錢大昕《廿二史考異》卷十七下《唐書方鎮表》“伍貞元三年分浙江東西爲二道”條等，兹不備舉。端己中和三年在上元賦詩頗多（見《浣花集》卷四及夏承燾君《韋端己年譜》），因恐讀者於此句中金陵之語有所誤會，特附辨正於此。

（三四）咏此長歌獻相公。

规案：王國維氏《秦婦吟跋》云：“其首云‘中和癸卯春三月’，則此詩乃莊中和三年所作。其末云‘適聞有客金陵至，見説江南風景异’。又云‘願君舉棹東復東，咏此長歌獻相公’。則此詩乃莊投獻江南某帥者。考斯時周寶以鎮海軍節度使同平章事鎮潤州，則相公謂周寶也。”王跋又云：“後閲巴黎圖書館所得敦煌書目有《秦婦吟》一卷……凡千三百八十六字。”余計之，實二百三十八句，一千六百六十六字。凡協韵字一百六十六，内單句協韵字四十七。韵仄聲者計一百四十四，韵平聲者僅二十有六，故其聲哀切嗚咽，動人心魂也。

附論　韋莊諱删《秦婦吟》原因综述

一、孫光憲説

五代孫光憲《北夢瑣言》“以歌詞自娱”條云：“蜀相韋莊應舉時，遇黄寇犯闕，著《秦婦吟》一篇。内一聯云：‘内庫燒爲錦繡灰，天街踏盡公卿骨。’爾後公卿亦多垂訝，莊乃諱之，時人號秦婦吟秀才。他日撰家戒，内不許垂《秦婦吟》障子，以此止謗，亦無及也。”

宋計有功《唐詩紀事》“韋莊”條：“莊應舉時，遇巢寇犯闕，著《秦婦吟》云：‘内庫燒爲錦繡灰，天街踏盡公卿骨。’公卿多垂訝，莊乃諱之。時號秦婦吟秀才。”

元辛文房《唐才子傳》云：“莊應舉時，正黄巢犯闕，兵火交作，遂著《秦婦吟》。有云：‘内庫燒爲錦繡灰，天街踏盡却重回。’亂定，公卿多訝之，號爲秦婦吟秀才。”

規案：《北夢瑣言》，作者爲晚唐人。以當時人記當時事。《唐詩紀事》《唐才子傳》皆本孫氏之説，文字略有删易耳。

二、陳寅恪説

陳寅恪《韋莊秦婦吟校箋》云：“此事最爲可疑，以今日敦煌寫本之多，當時必已盛傳，足徵葆光子‘時人號爲秦婦吟秀才’之言爲不妄。且此詩爲端己平生諸作之冠，而其弟藹所編之《浣花集》竟不收入，則端己‘撰家戒不許垂《秦婦吟》障子’之説尤屬可信。但端己晚年所以深諱言此詩，要必有故，若如孫氏所指詩中‘内庫燒爲錦繡灰，天街踏盡公卿骨’二句爲其主因，則似不然。何以言之？據《舊唐書》卷一百八十二《高駢傳》載中和二年僖宗責駢之詔，亦引駢表中‘園陵開毁，宗廟焚燒’之語，是當時朝庭詔書尚不以此爲諱，更何有於民間樂府所言之錦繡成灰，公卿暴骨乎！即以詩人之篇什論，杜子美諸將之‘早時金碗出人間’，即高千里之‘園陵開毁’；‘洛陽宫殿化爲烽’亦等於‘宗廟焚燒’。豈子美可言‘園陵開毁、宗廟焚燒’於廣德大曆之時，而端己不得言錦繡成灰，公卿暴骨於廣明中和之世耶？端己生平心儀子美，至以草堂爲居，浣花名集，豈得謂不識此義。即使此二句果有所甚忌諱，則删去之可也，或逕改易之，如《唐才子傳》作‘天街踏盡却重回’即羅氏疑爲端己避謗後所改者，亦無不可也。何至并其全篇而禁絶之。今端己取全篇而悉禁絶之者，可知其忌諱所在，有關全篇主要之結構，既不能删去，復無從改易，實不僅係於此二句已也。然則其竟以内庫公卿一聯爲説者，乃不能顯

言其故，遂作假托之詞耳。以是愈知其所諱之深，而用心之苦矣……《北夢瑣言》卷九‘李氏女’條云：‘唐廣明中黄巢犯闕，大駕幸蜀，衣冠蕩析，寇盜縱横，有西班李將軍女，奔波隨人，迤邐達興元，骨肉分散，無所依托。適值鳳翔奏將軍董司馬者，乃晦其門閥，以身托之，而性甚明敏，善於承奉，得至於蜀。尋訪親眷，知在行朝。始謂董生曰：喪亂之中，女弱不能自濟，幸蒙提挈，以至於此。失身之事，非不幸也。人各有偶，難爲偕老，請自此辭。董生驚愕，遂下其山矣。識者謂女子之智亦足稱也。見劉山甫閑談。’寅恪案：《秦婦吟》中述一婦人從長安東奔往洛陽，其行程即端己所親歷也。依《秦婦吟》所述，此婦之出長安，約在中和二年二月所謂‘黄巢洗（長安）城’之後。蓋長安經此役後，凡非巢黨，殊難苟存（規案：秦婦爲賊所虜，即屬巢部屬將之眷屬，陳氏此論未諦。秦婦與韋莊身份不同，蓋在巢黨敗潰之際得間脱走也）。端己之出長安，亦當在此相距不久之時，但即在此前或此後，大多數之避難者，其從長安東奔之路綫，應亦與詩中所言者不殊。此觀於平時交通之情況，可以推知者也。《北夢瑣言》‘李氏女’條所記，亦當日避難婦女普通遭遇，匪獨限於李氏女一人也。由是言之，《秦婦吟》之秦婦，無論其是否爲端己本身之假托，抑或實有其人，所經行之路綫，則非有二。《金溪閑談》之李氏女，即使其非從長安西奔達成都（若由此路，則唐人謂之南奔也），而從長安東奔達洛陽，但由此路綫避難之婦女，所遭遇之情勢，亦應有與《金溪閑談》所述者略相近似。據《舊唐書・楊復光傳》，王重榮爲東面招討使，復光以兵會之。又據兩《唐書・王重榮傳》，復光與重榮合攻李祥於華州，及重榮軍華陰，復光軍渭北，犄角敗賊。是從長安東出奔於洛陽者，如《秦婦吟》之秦婦，其路綫自須經近楊軍防地。復依《舊唐書・僖宗紀》《新唐書・王重榮傳》及《通鑑・中和元年（九月）》之紀事，復光屯軍武功，則從長安西出奔成都者，如《金溪閑談》之李氏女，其路綫亦須經近楊軍防地，而楊軍之八都大將之中，前蜀創業垂統之君、端己北面親事之主（王建）即是其一。其餘若晋暉李師泰之徒，皆前日楊軍八都之舊將，後來王蜀開國之元勛也。當時復光屯軍武功，或會兵華渭之日，疑不能不有如秦婦避難之人，及李女委身之事。端己之詩，流行一世，本寫故國亂離之慘狀，適觸新朝宫闔之隱情，所以諱莫如深，志希免禍，以生平之杰構，古今之至文，而竟垂戒子孫禁其傳布者，其故儻在斯歟？其故儻在斯歟？”

三、徐嘉瑞説（《〈秦婦吟〉本事》，一九四四年六月出版，《國文月刊》第二十七期）

《秦婦吟》之所以自删，不止一個簡單的原因，應删的也不止一句兩句，其中成問題的太多，所以全篇删去，最重要的有三個原因。

（一）觸犯田令孜。這一個原因，在田令孜未死以前，是很重要的。令孜死於景福二年，爲王建所殺。當時宦官的威力，是不可輕視的。所以“内庫燒爲錦繡灰，天街踏盡公卿骨”，確是干犯宦官的忌諱。孟昭圖被殺之事，可爲寒心。何况“宦者流星如血色”二句，更顯明地觸怒宦官，《秦婦吟》之自删，這是一個重要原因。陳寅恪先生説：“其忌諱所在，有關全篇之主要結構，既不能删去，復無從改易，實不僅係于此二句已也。然則其竟以内庫公卿一聯爲説者，乃不能顯言其故，藉作假托之詞耳。”説“忌諱所在，不僅此二句”，這是對的。説此二句觸犯忌諱，是“藉作假托之詞”，這話不能成立。

（二）寫洛下屯師搶劫，觸犯時溥及其部下。以上兩個原因，都是景福二年以前最大的忌諱。田時二人，都死於景福二年，由中和三年到景福二年的十一年中，《秦婦吟》已大流行。田時雖死，餘黨尚在。所以韋莊入蜀以前，都成問題（莊入蜀據王國維先生跋是在光化三年，即田時兩人

死後七年），入蜀以後可以不必顧憂。但從中和三年到光化三年，這十八年中，都是最危險的時候。垂爲家誡，當在未入蜀以前。

（三）諷刺僖宗太過爲王建所不喜。這一個原因，是入蜀以前和入蜀以後一個總的重大原因。以前箋釋《秦婦吟》的，對金天神一段不大注意；只是從女主人翁去索想。其實金天神一段，在全篇中，關係最大。……陳先生把金天王最初的出典考出，但金天王是指何人，未加箋釋。周雲青注云："巴黎圖書館藏殘本金天神下有注云：'華岳三郎。'《西岳華山志》唐玄宗先天三年（瑞按，睿宗先天三年傳位於太子隆基），時金天王順聖帝華山之神，能興雲致雨……"金天王係指何人，周雲青也未加以解釋。他們都把視綫集中在女主人翁身上。所以對金天王只以爲是指路傍廟中的泥神。其實金天神一段，毛病最多，他是諷刺僖宗，諷刺得那麼厲害。如"廟前古柏有殘枿，殿上金爐生暗塵"，只是形容他的狼狽；"案前神水咒不成，壁上陰兵驅不得"，只是形容他的無能。"我今愧恧拙爲神，且向山中深避匿"，這就非臣子之禮了！"旋教魔鬼傍鄉村，誅剥生靈過朝夕"，這還成什麽話。"神在山中猶避難，何須責望東諸候"，這公然指斥乘輿，幾乎駡矣。這一段對僖宗的侮辱，比起"内庫燒爲錦繡灰"來，真是罪不容誅。他在未入蜀前，還是唐朝的臣子，僖宗再怎麽無能，名分上還是皇帝，這樣的詩能够存在當時嗎？要不然，這一段詩，終於被他的修詞、被他的巧妙的暗喻，把當時讀詩的人一齊都瞞過了，恐怕不會罷？就算可能，韋莊的心中的深處也還在惴惴慄慄的罷？他之所以垂爲家誡，其隱情恐怕在此。陳寅恪先生云："不能顯言其故，藉作假托之詞耳。以是愈知其所諱之深，而用心之苦矣。"這是對的。但陳先生把這一個隱情，假設爲有某一個女子，像《秦婦吟》中的女子一樣，又像《北夢瑣言》所載西班李將軍女一樣，或逃往洛陽，或逃往四川，同樣都經過楊軍八都的防地，也許和八都中之某一個都頭（王建在内）發生了一些隱密的關係。後來韋莊入蜀，這一篇“本寫故國亂離之慘狀，適觸新朝宫闈之隱情，所以諱莫如深。”陳先生的假想是可能的，但不是必然的，因爲只是推想，而没有證據，要等找到證據的時候，才能成立。

四、俞平伯説（《讀陳寅恪〈秦婦吟校箋〉》，一九八二年三月《中華文史論叢》第十三輯）

按陳駁是已。其積極之説，側重於篇中之“秦婦”，而謂觸涉蜀主宫闈之嫌疑，故晚年諱之……固視舊説爲有進，然終不過可能或有之事耳……於兵戈擾攘間，侵陵弱者，當日殆屬見慣之常事，以軍閥視之，尤輕若鴻毛。則楊部諸將後充新朝之顯貴者，覽斯篇一婦人踪迹，亦何至於驚怪哉！疑更有重且大者，使彼時“公卿”不得不“垂訝”，而作者於晚年相蜀時不得不深諱言之也……有更具體、更現實而爲殘唐官僚軍閥之斷斷乎不能容忍者。嘗試言之。

夫《秦婦吟》之反黄巢，人皆知之矣。觀其重點，更在於説官軍之惡甚於黄巢；包圍長安之官軍們，其造惡業又有過於一般之官軍。而此軍之諸將後又摇身一變爲蜀國之當權派，其中之頭目王建且爲韋莊北面親事者。《秦婦吟》之言如彼，作者之遭遇若此，一似冤家路窄，固宜深諱不言，引爲家戒也。曷足怪乎？以下即據詩中本文，參用陳箋以證明之。

本篇有兩段插筆對話。其一與新安老翁在後半，另一與金天神在中間。性質有紀實與空想之别。

新安翁有一段叙搶劫之惡，而官軍過於黄巢，如後人所謂“寇來如梳，兵過如篦”者。不煩别釋，徑録其詞：“千間倉兮萬斯箱，黄巢過後猶殘半。自從洛下屯師旅，日夜巡兵入村塢。匣中秋水拔青蛇，旗上高風吹白虎。入門下馬若旋風，罄室傾囊如卷土。”中段之金天神，即後之西岳大帝，全爲虚擬之詞。於通篇寫實之中插此一段，蓋特筆也。本無其人

其事而言之娓娓，必有所爲。不僅虛實互用，且以虛明實，一篇主意所存。否則何故設此冗贅耶？

當先提到吃人肉事，此自古有之，不獨黃巢；而巢之惡名頗彰，斯篇復推而助之。其叙此婦彼時之生活云："夜卧千重劍戟圍，朝餐一味人肝膾。"天天吃人肉麽？亦言之過甚矣，却總是吃過的。又云："四面從兹多厄束，一斗黃金一升粟。尚讓厨中食木皮；黃巢机上剉人肉。"糧道既已斷絶，黃巢自只得吃人肉了。這裏就有來源的問題。長安城中人固不免此難，却也不能專從京師坊巷中去找。如吃盡了長安人，黃巢也就完了。故必須有外來之供應。陳《箋》頁十三引《舊唐書》卷二百下《黃巢傳》："時京畿百姓皆寨於山谷，累年廢耕耘。賊坐空城，賦輸無入，穀食騰涌，米斗三十千。官軍皆執山寨百姓，鬻於賊，人獲數十萬。"像這可貴的史料，《校箋》惜未有發揮。試與《秦婦吟》此段對看："路旁試問金天神，金天無語愁於人。廟前古柏有殘蘖，殿上金爐生暗塵。一從狂寇陷中國，天地晦冥風雨黑。案前神水咒不成，壁上陰兵驅不得。閑日徒歆奠饗恩，危時不助神通力。我今愧恧拙爲神，且向山中深避匿。寰中簫管不曾聞，筵上犧牲無處覓。旋教魘（野？）鬼傍鄉村，誅剥生靈過朝夕。妾聞此語愁更愁，天遣時灾非自由，神在山中猶避難。何須責望東諸侯！"這一段特寫，主意總是借了華岳山神來譴責唐朝擁兵的山東藩鎮，有如這裏加圈的句子；又如下文"陝州主帥忠且貞，不動干戈惟守城"，以實事證之，均諷刺極妙。語意明白，不待多言矣。其中另有一意，却似不容忽略的……本段不止諷刺軍閥擁兵不救，更重要在譴責官軍屠殺生民。今依文作釋："筵上犧牲"指三牲供品；"無處覓"，就得去找；往哪裏找？鄉村，史所謂"山寨百姓"是也。誅剥，殺也。"誅剥生靈過朝夕"，以人爲犧也，直譯爲白話，就是靠吃人過日子。

以上云云正與史事相符。黃巢破了長安，珍珠寶貝有的是——秦婦以被虜之身猶曰“寶貨雖多非所愛”，其他可知却是没得吃。反之，在官軍方面，雖乏金銀，“人”源不缺。“山中更有千萬家”，新安如是，長安亦然。以其所有，易其所無，於是官軍大得暴利。史言“人獲數十萬”，雖不中，不遠乎？官軍真太不像樣了！

詩斥官軍如此嚴切，當日躬與其事者能無顔汗。以“天街踏盡公卿骨”句而致“垂訝”，則《瑣言》輕舉之詞耳。端己晚節身事僞朝，與王建君臣朝夕晤對，其“諱莫如深，志希免禍”，陳君之言得其情矣。若以李女委身事比擬秦婦，而謂懼犯宫闈，故諱其少作，雖屬可能，尚非定論也。

重規案：以上諸家推闡韋莊刪諱《秦婦吟》一詩之原因，至爲詳盡。陳寅恪先生首揭“内庫公卿”一聯，乃端己避重舉輕之托詞，至爲卓識。然以《秦婦吟》之秦婦，或與當日避難婦女如《金溪閑談》所述李氏女委身防軍將領之遭遇相同，以爲“端己之詩流行一世，本寫故國亂離之慘狀，適觸新朝宫闈之隱情，所以諱莫如深，志希免禍”。陳氏所舉李氏女爲當日避難女之普通遭遇，自屬實情；即秦婦亦本被黄巢部將所劫占，觀詩中秦婦自述“妾身幸得全刀鋸，不敢踟蹰久回顧。旋梳蟬鬢逐軍行，强展娥眉出門去……一從陷賊經三載，終日驚憂心膽碎，夜卧千重劍戟圍，朝餐一味人肝膾。鴛幃縱入豈成歡，寶貨雖多非所愛。蓬頭面垢猶眉赤，幾轉横波看不得”，其屈身忍辱，以事凶酋，情事歷歷，此所以巢黨潰敗之際，秦婦得俟機脱身虎口，事本明白，不必諱言。若陳氏以此種亂離之慘狀，爲觸新朝宫闈之隱情，則似非確論。案《舊五代史》卷十八《敬翔傳》：“翔妻劉氏，父爲藍田令。廣明之亂，劉爲巢將尚讓所得。巢敗，讓携劉降于時溥。及讓誅，時溥納劉于妓室。太祖（朱温）平徐，得劉氏，嬖之。屬翔喪妻，因以劉氏賜之。及翔漸貴，劉猶出入太祖卧内，翔情禮

稍薄。劉于曲室讓翔曰：'卿鄙余曾失身于賊耶？以成敗言之，尚讓，巢之宰輔，時溥，國之忠臣，論卿門第，辱我何甚。請從此辭。'翔謝而止之。"又《五代史》卷二十一《敬翔傳》："太祖破徐州，得時溥寵姬劉氏，愛幸之。劉氏，故尚讓妻也。乃以妻翔，翔已貴，劉氏猶侍太祖，出入卧内如平時，翔頗患之。劉氏誚翔曰：'爾以我嘗失身於賊乎？尚讓，黄家宰相；時溥，國之忠臣，以卿門地，猶爲辱我，請從此訣矣。'翔以太祖故，謝而止之。劉氏車服驕侈，别置典謁，交結藩鎮，權貴往往附之，寵信言事不下於翔，當時貴家往往效之。"觀以上新舊兩《五代史》所載，藍田令之女劉氏，初爲尚讓所强娶，讓敗後，又爲唐將時溥所納。溥爲梁太祖朱温所破，温復寵幸劉氏。其後温寵臣敬翔喪妻，温乃以劉氏妻翔。劉氏仍周旋於太祖敬翔之間。且招摇宫禁，交結藩鎮，勢傾權貴，氣焰熏灼。是劉氏遭遇，兼秦婦及李氏女之遭遇而過之。當時君臣文武，未嘗引以爲耻，歐陽修於殘唐五代之際，所以深致慨於廉耻道盡者。當時暴君悍將，蹂躪婦女，習以爲常，豈復有能自羞其汙行者！陳氏所推測，恐猶是以君子之腹，度當時暴君悍將之心，故竊以爲陳氏之推測，縱有其事，似亦無忌諱之必要也。至於徐説以爲觸犯宰官，諷刺僖宗，在詩中本不顯白，即使隱含諷刺，亦何處深索文義，加之迫害。又俞氏以爲黄巢吃人肉，而官軍則賣人肉圖利，實人神共憤之惡行。但官軍執賣山寨百姓，乃史書記載之事實，《秦婦吟》詩所顯示者，如"朝餐一味人肝膾""黄巢机上刲人肉"，令人髮指者，必爲黄巢寇盜，不至涉及官軍。若俞氏説華岳天神誅剥生靈，謂即以人爲犧，直譯爲白話，就是靠吃人過日子，則似探索文義，求之過深。誅剥一辭，即用之戰伐，使人領會者，亦不過限於殘殺人命而止，未聞誅剥生靈，即有吃人過日子之意。是則顯官軍執賣人肉之惡，乃由於史書而非《秦婦吟》也。規意《秦婦吟》作者，實具悲天命憫人窮之心，指陳時政之大惡，極寫生民之多艱，而其觸犯時諱，最干衆怒，且極彰明較著者，乃在明叙官軍劫掠强暴有過於黄巢。新安老翁自陳“千間倉兮萬斯箱，黄巢過後猶殘半”，而“自從洛下屯師旅，日夜巡兵入村塢。匣中秋水拔青蛇，旗上高風吹白虎。入門下馬若旋風，罄室傾囊如卷土”，是山中千萬家，當寇盜突起之時，損失不過家産之半，而在官軍巡防保民之際，竟被官軍洗劫一空，俞氏所謂“寇來如梳，兵過如篦”者，實非過甚之辭。此則武夫悍將，當風俗敗壞之日，要不甘蒙兵不如匪之惡名，此則韋莊殘唐干戈之際，觸怒武夫，無所逃於天地之間者也。徐俞諸家，見皆及此，端己諱言此詩，終乃削去其稿，志希免禍了，其故固不止一端，而直斥官軍殘暴甚於寇賊，則殆爲其主要之原因也。

（原載《敦煌學》8輯，1984年7月，頁1—73）

《敦煌賦校録》序

敦煌石室遺書面世七十年矣。中外學者勠力鑽研，自群經子史、稗官小説、地志圖經、簿籍契約，探幽索隱，巨細不捐，往往發前修所未發，一新世人之耳目，可謂盛矣！文學之部，從事搜集整理者尤夥。若變文之結集，其著者則有周紹良之《敦煌變文彙録》，王重民等之《敦煌變文集》。若詞曲之整理，則有王重民之《敦煌曲子詞集》，任二北之《敦煌曲校録》，戴密微、饒宗頤二教授合撰之《敦煌曲》。就中雲謡一集，則有羅振玉之《敦煌零拾》本，吴伯宛之“雙照樓印本”，朱祖謀之《彊村叢書》本，劉復之《敦煌掇瑣》本，盧前、鄭西諦、冒鶴亭、胡適之諸家校本，及予之《敦煌雲謡集新書》。詩文則有郝立權《韋莊〈秦婦吟〉箋》、黄仲琴《〈秦婦吟〉補注》、陳寅恪《〈秦婦吟〉校箋舊稿補正》、周雲青《〈秦婦吟〉箋注》。中華書局有新編唐寫本《唐人選唐詩》。友人吴其昱博士有《陳子昂集》、崔融《珠英集》、李翔《涉道詩》、劉鄴《甘棠集》之研究校訂。陳祚龍教授有《新校重訂敦煌古抄李唐詞人陷蕃詩歌初集》。《文心雕龍》有鈴木虎雄、趙萬里及余之校記。其他單篇著述，不遑枚舉。獨《敦煌賦》卷迄無爲之結集董理者，滄海遺珠，誠不能不爲之興嘆也！

考今諸國保藏賦卷，巴黎最多，英倫次之，列寧格勒又次之，其他則尚未之聞。據日本金剛照光所編《敦煌出土文學文獻分類目録》所載，除《變文集》所收諸賦外，巴黎國家圖書館所藏，計有伯二六三三、二六二一、二九七六、二五三九、二四八八、二六七三、二七一二、二五四四、五〇三七、三七一六、三八一二、二八一九、二五二八，凡十三卷，賦十三篇。倫敦博物館所藏計斯二〇四九、三三九三、五七五二、六一七〇、凡四卷，賦五篇。去其複重，共得賦十五篇。巴黎獨有者，計《秦將賦》《子靈賦》《貳師泉賦》《漁父賦》《温泉賦》《天地陰陽交歡大樂賦》《北山賦》《元正賦》《三月三日賦》《西京賦》共十篇。倫敦獨有者，計《去三害賦》《不知名賦》共二篇。英法同有者，計《酒賦》《龍門賦》《醜婦賦》共三篇。其他《變文集》所載《晏子賦》《韓朋賦》《鷰子賦》等四篇，英法皆有多卷，列寧格勒僅有《晏子賦》《鷰子賦》各一卷。凡載籍所遺佚，賴敦煌石室保存别具風格之賦篇，蓋盡於此矣。今年暑假，盤桓巴黎倫敦，得盡讀諸賦卷子，多爲晚唐寫本，紙質不佳，文字訛俗，不易辨讀。當世學人所以廢置不顧者，未始不由於此也。

間嘗翻檢金岡照光所編目録，觀其説明，記録諸賦首尾，令人幾難索解。如趙洽《醜婦賦》一首，首部："畜眼已來，醜鼓則有兮一人"；尾部："依各自前得努力，苦兮樂兮焉如"。《駕行温湯賦》一首，劉霞述，首部："天寶之元年十月後號□□前辨有司之貢，具道駕行於温泉"；尾部："准擬崖？意承，望今日千年逢一遇，叩頭莫□角六□"。《貳師泉賦》一首，首部："昔貳師號仗鉞，專征森（深）戈西方，深入虜廷伐不賓？之種"；尾部："判讀困難。"《酒賦》一本，首部："王公特達越今古，六尺當當善文武"；尾部："但得清酒消日月，莫緣紅分老春秋"。《子靈賦》，首部："御人重芳羨，詰旦開花鈿，手裏金剪刀，裁作雙飛鷰"；尾部："丈夫一世莫愁□，囂武從頭却立身，看取省門新傍養，年年不薦等閑人。"《漁父歌滄

浪賦》，首部："昔漁父兮泛□中流逢，逐□兮滄浪渡頭，我有□倫之思"；尾部："吾欲掉孤舟而釣，滄浪其□名未成而來不德。"《天地陰陽交歡大樂賦》，首部："夫性命者人之本，嗜欲者人之利，本存利資莫是乎，衣食既定莫遠乎"；尾部："眉毛萬逼側如陰森，精神側瞢瞪而尯尯，日日繫腰，年年赤脚，絹。"《貳師泉賦》，首部："昔貳師號仗鉞，專征來本夌錦號"；尾部："饗乾銘常樂之樂，石紀靈通於葛季。"《秦將賦》，首部："秦將昔時坑，趙卒入深谷，排一重刃，布一重努"；尾部："問鬼哭至今，由覓白將軍。"《失名賦》，首部："而授漢司徒，豐沛之封侯何福，長平之衆，死何辜負者，無立錐之地"；尾部："既□而過秦，還利往而逢屯，五馬浮於□左、鮮□集於□濱。"《龍門賦》，首部："國門門南二十里，雙闕峨峨□伊水，不□□□□皇君，遠□□仙亦飛□"；尾部："勿渭（謂）行樂長若思，威衰恰似何（河）邊草。"《酒賦》，首部："王公特達越今古，□尺□□善文武，□令朝夕醉如泥，不昔（惜）錢財用如土"；尾部："醉眠更有何所憂，衣冠身分復何求，但令清罇消日月，莫愁紅轉（？）者春秋"。《去三害賦》，首部："□昔周處□□苦煩，□□之猛作鄉里之□（害）"；尾部："苟能去害□□□，□□□擊之而重。"凡此種種介紹，每篇首尾數行，文句訛誤，幾無一篇可讀，宜其不爲學者所措意，束之高閣，幾何不成爲廢卷耶！

余爲之慨然，乃檢閱原卷，細心推勘，力索冥搜，漸能得其文理。如伯二六二一卷《漁父歌滄浪賦》，首云："昔漁父兮泛彼中流，逢逐臣兮滄浪渡頭，我有垂倫（綸）之思，君含去國之愁。"末云："吾欲棹孤舟而釣滄浪，其奈名未成而來不德。"伯二四八八卷《秦將賦》，首云："秦將昔坑趙卒，入深谷，排一重刀，布一重弩"；尾云："博（薄）暮啾啾問（聞）鬼哭，〔至今〕由寃（怨）白將軍。"伯二五三九卷《天地陰陽交歡大樂賦》，首云："夫性命者人之本，嗜欲者人之利，本存利資，莫甚乎衣食既足，莫遠乎歡娱至精"；末云："眉毛乃逼側如陰森，精神則瞢瞪而尯尯，日日繫腰，年年赤脚　緝□”。斯三三九三卷《去三害賦》首云：“伊昔周處，剛腸是賴，□□之猛，作鄉里之害”；末云：“苟能去害□，□我曹之可量”。伯五〇三七卷《駕行温湯賦》，首云：“天寶之元年，十月後兮臘月前，辦有司之貢具，道駕行於温泉”；末云：“癡心准（準）擬，痒意承望，今日千年逢一遇，叩頭莫五角六張。”伯三七一六卷趙洽《醜婦賦》，首云：“畜眼已來，醜數則有兮一人”；末云：“各自前得努力，苦兮樂兮焉知。”伯二六二一卷《子靈賦》，首云：“閨人重芳羨，詰旦開花鈿。手裏金剪刀，裁作雙飛燕”；末云：“丈夫一世莫愁貧，嚣武從頭却立身。看取省門新傍養，年年不薦等閑人”。伯二四八八卷《貳師泉賦》，首云：“昔貳師兮仗鉞專征，森戈矛兮深入虜庭”；末云：“煞白馬以旌信，酬圓蓋而饗乾，銘常樂之樂石，紀靈通於萬年。”斯六一七〇卷《不知名賦》，首云：“而授漢司徒。豐沛之封侯何福，長平之衆死何辜，貧者無立錐之地”；末云：“既善終而遇泰，還利往而逢屯，五馬浮於江左，群羯集於河濱。”以上諸篇，細辨當卷，類可得其文義。即《酒賦》《龍門賦》二篇，卷有缺損，文多訛脱；然《酒賦》有伯二六三三、伯二四八八、伯三八一二、伯二五四四、伯二五五五、斯二〇四九諸卷，《龍門賦》有伯二五四四、伯二六七三、斯二〇四九諸卷，如以諸卷互相勘對，訂補訛脱，則《龍門賦》可訂正如下，首段：“國門門南二十里，雙闕峨峨夾伊水，不論形勝接皇居，遠澤靈仙亦飛擬”；末段：“可憐寒食風光好，光景不留人漸老，勿謂行樂長若思（斯），盛衰恰似河邊草。”《酒賦》可訂正如下，首段：“王公特達越今古，六尺堂堂善文武。但令朝夕醉如泥，不惜錢財用如土”；尾段：“醉眠更有何所憂，衣冠身外復何求。但得清罇消日月，莫愁紅粉老春秋。”由是遍取諸卷互勘，寫成清本，縱未能盡祛訛脱，要亦大體可觀矣。

嘗綜敦煌諸賦諷味之，文辭格調，雖與唐代賦體相近，然亦自具特色。約略言之，文辭則好采用口語，如《韓朋賦》《鷰子賦》中阿没、阿你、阿

莽、嘍囉、者漢之類，指不勝屈。内容則多寫實事，如貳師泉乃沙州古迹，見敦煌録諸書，故有《貳師泉賦》之作。又如《駕行温湯賦》，叙天子儀仗之盛云：“青一隊兮黄一隊，熊踏胸兮豹擎背。珠一團兮繡一團，玉珮珂兮金鏤鞍。”變文叙述佛家故事，多借用當代實事，故斯二四四〇卷《太子成道變文》殘卷云：“隊仗白説：白月才沈，紅日初生，擬杖才行，天下宴静，爛滿（漫）綵（綺）衣花璨璨（粲粲），天邊神女貌螢螢（瑩瑩）。青一隊，黄一隊，熊踏。”饒宗頤教授釋“熊踏”爲“態踏”，以爲“變文於唱誦時兼有舞隊，態踏即舞蹈之狀。《碧雞漫志》五：‘李可及所製舞隊，不過如近世傳踏之舞耳。’敦煌卷所見態踏二字，與宋時傳踏必有相涉之處。”案原卷本作“熊踏”，蓋即“青一隊兮黄一隊，熊踏胸兮豹擎背”之省文，賦家寫當時實事，變文即用賦家所寫天子儀仗以形容净飯大王之儀仗也。故就敦煌諸賦觀之，其特色厥爲最喜用當代之語言，寫當代之事物，故最能反映當代之情狀，當代讀者自必倍感親切，其流傳覃及遠方，固在意中之事。所惜世易時移，漸歸湮滅。獨賴敦煌石室保存，使有唐賦家一時獨特之風尚，重睹於後世，得不謂非厚幸歟？然既歷千祀而幸存，又以寫本流散，文字闇昧，使學者無從閲讀，名存而實亡，則尤爲大不幸矣！余以難得因緣，獲睹稀有文物，若聽其自生自滅，誠有不能自安者，因彙鈔合校，手寫一通，俾歷劫奇文，永存天壤，余誠不辭其責也。寫本中王績《東皋子賦》，及《文選·西京賦》殘卷，以《文選》《東皋子集》行於世，無事鈔其殘文，故僅録王績《元正賦》佚文一篇。其《變文集》所收諸賦，及《雙梅影闇叢書》所録《陰陽大樂賦》，世多傳本，亦并從省。寫成，署曰《敦煌賦校録》，博物君子，可觀覽焉。丁巳季冬潘重規序於華岡山齋。

（録自《敦煌賦校録》，原載《華岡文科學報》11期，1978年1月，頁275—301）

佛藏整理的一大工作

本年三月十七日《“中央日報”》，刊布了蕭海天先生報導《中華大藏經》恢復編纂工作的好消息。早在一九五六年，臺灣成立了中華大藏經會，籌備編印藏經事宜，這是政府遷臺以來，佛教文化界的第一件大事。可惜只印出一部分，便中途停頓。當時我在國外，知道海外付款預約的人士頗感失望。現在決定繼續完成過去的工作，不但是佛教文化界的大事，也是當前建國七十年復興中華文化的一件大事。我願趁此大好時機，提出一個建議，希望新的藏經會完成一件新的重要的整理工作，也就是重新認真校印日本新修《大正藏》中古逸部的經典。

我們知道，自從前清末年，敦煌莫高窟發現了幾萬卷六朝唐人的手寫文書，大部分都被英國斯坦因、法國伯希和捆載而去。清學部後來把殘餘的敦煌遺書運交京師圖書館庋藏，其中多數是佛教經典。我國學者李證剛先生（名翊灼，任教南京中央大學時，筆者曾修讀過先生的佛學課程）從中選出一百五十九種古逸經，編成《敦煌石室經卷中未入藏經論著述目録》（疑僞外道目録附，古學彙刊印本）。這一目録開闢了研究敦煌佛經的途逕。隨後，日本的佛教團體和佛學專家就在這一目録的指引啓示下，利

用倫敦、巴黎和日本國内收藏家所藏的敦煌寫本，經過十多年的努力，校訂了二百種以上的古逸經和疑似經，在一九二四年至一九二八年間，編入《大正新修大藏經》的第八十五册内，給佛藏新添了無比的珍貴資料，引起了佛學研究者極大的重視。但由於那時候倫敦、巴黎敦煌遺書，均未編成目録，他們無法做整體綜合比較的工作，既不能擇善而從，也不能互相校補，致使校印出來的古逸經和疑似經，有的缺頭少尾（一卷的），有的缺前卷少後卷（多卷的）。至於複本的文字校勘，那就做得更不够了。現在根據臺北新文豐出版公司影印本《大正新修大藏經》第八十五册的目録中舉例。其中第二種是根據巴黎藏伯二一三二號和二一七三號卷子校録的《御製金剛般若波羅蜜經宣演》上下二卷（唐道氤集），可是第十種根據伯二三三〇號卷子校録的《金剛般若經疏》，從第一句“名爲究竟”起，就出現在道氤的《御製金剛般若波羅蜜經宣演》的上卷中，顯然是同書的複本。但“宣演”可補“疏”的缺文，“疏”也可正宣演的誤字，當我在巴黎國家圖書館中檢閲伯二三三〇原卷時，看到原卷没有前後經題，“金剛般若經疏”是校録的人後加的。他們所以要加這樣一個名字，就是由於他們不知道伯二三三〇殘卷即是《御製金剛般若波羅蜜經宣演》，以致造成嚴重的失誤。舉此一例，便可知道這一工作，應該從頭徹底做起。從《“中央日報”》的報導，編印《中華大藏經》的人士，都抱有崇高的理想、長遠的計劃，他們要“將古今中外所有重要的中文佛書匯彙一爐”，我的建議，或早在他們考慮之中。現在英法各國所藏敦煌卷子的目録和顯微膠卷，已經普遍流通，我們要進行這一工作，目前似乎是最適當的時候了。

一九八一年三月十九日於華岡

（原載《“中央日报”》）副刊，1981年6月4日）

從敦煌遺書看佛教提倡孝道

佛教從异域傳入中國，最受我國人抨擊者，厥爲出家廢棄孝道。自漢季以來，攻之者相繼不絶；六朝時，有托名張融之三破論，其言尤峻，謂“入家而破家，使父子殊事，兄弟异法，遺棄二親，孝道頓絶。憂娱各异，歌哭不同。骨血生讎，服屬永棄。悖化犯順，無昊天之報，五逆不孝，不復過此”。故劉勰著《滅惑論》，汲汲爲之辯護。佛教徒亦極力提倡孝道，以順應人心。熏習既久，乃能獲得中國人的廣泛接受。考佛教闡揚孝道之經典，其重要者有後漢安世高譯之《佛説父母恩難報經》、失譯人名之《佛説孝子經》、晋竺法護譯之《佛说盂蘭盆經》、姚秦鳩摩羅什譯之《父母恩重難報經》等。至於佛教徒提倡孝道的努力和方法，在敦煌遺書未發現以前，他們發出的光輝和影響，都闇鬱而不彰。等到敦煌石室開啓，文獻資料漸漸流布，我們纔看清佛教徒提倡孝道的事實，他們力量之偉大，影響之深遠，方法之周密，實在令人欽服贊嘆不能自已。他們改變了講經的方法，被稱爲俗講，孳乳成一種號爲變文的新文體，使信徒聽衆得到更廣泛的影響。其次，他們把宣傳的孝道，編成歌曲，在寺院内外，歌唱咏嘆，心入聲通，無遠弗届。此外，他們又舉行法會，陳設

齋供，與節日相結合，自六朝已流行的盂蘭會，一直普遍深入到社會各階層。他們用各種有效的方法，提倡孝道和中國倫理觀念，心心相印，水乳交融，因此得到儒釋融和、交流灌注、發榮滋長的功效。近年來，英法諸國所藏敦煌卷子，逐漸開放供給學術界人士研究，因此，我把披閲所得，略加整理，使此湮鬱已久的時代思潮，得重睹其真相。現在分三方面簡略加以説明如下。

（一）俗講

釋家宣傳教義，每請高僧登座講經。但爲了取得流俗的信受，於是產生了俗講。俗講與正式講經，儀式大致相同，但所講的内容起了變化。正式講經，爲的是探求經義；俗講則不談空有法性等高深理論，而是啓發大衆的通俗演講。此種通俗演講的話本，世俗又稱爲變文。自唐以後，此種話本，即已失傳，僅保存於敦煌石室中。今王重民等所編的《敦煌變文集》，有關孝道的講經變文，計收録了《父母恩重經講經文》二種、《目連緣起》、《大目乾連冥間救母變文》、《目連變文》、《故圓鑒大師二十四孝押座文》、《舜子至孝變文》等。《舜子變》雖與佛教無關，但變文中叙述“瞽瞍打舜子，感得百鳥自鳴，慈烏洒血不止。舜子是孝順之男，上界帝釋知委，化一老人，便往下界，來至方便與舜，猶如不打相似”。可見《舜子變》也是佛教徒編造的故事。這些俗講中，以巴黎伯二四一八卷《父母恩重經講經文》最爲沈摯動人。此卷是後唐明宗天成二年（公元九二七年）的抄本，講唱父母恩重難報經，歷述父母有十種恩德：第一懷躭守護恩，以次臨産受苦恩、生子忘憂恩、咽苦吐甘恩、乳哺養育恩、回乾就濕恩、洗濯不净恩、爲造惡業恩、遠行憶念恩、究竟怜愍恩。其講辭發揮切至，感人肺腑。俗講中又常引《曾子》《孝經》《論語》《曲禮》

《太公家教》等儒家經典來互相印證，反映出儒釋兩家的融洽。佛教徒不但講有關孝道的經典時闡揚孝道，即在講其他經典時也要大加發揮。如斯四五七一號《維摩詰經講經文》云：

第二，世間父母，憂其男女病。偈：

父母人間恩最深，憂男憂女不因循。

那堪疾瘵尫羸（羸）苦，豈謂纏痾惹患迍。

藥餌未逢痊減得，呻吟難止怨愁聞。

爲於兒子心心切，恨不將身替病身。

經云："爲大醫王，善療衆病，應病與藥令得服行者。"

喻似世間恩愛，莫越眷屬之情。父母繫心最切，是腹生之子。小時愛護，看如掌上之珠；到大憂怜，惜似家中之寶。抱持養育，不憚劬勞。咽苦吐甘，豈辭嫌厭。回乾就濕，恐男女之片時不安；洗浣濯時，怕癡騃之等閑失色。臨河傍井，常憂漂溺之危。弄犬捻刀，每慮嚙傷之苦。世間之事，都未諳知，父母憂心，漸令誘引。年才長大，稍會東西，不然遣學經營，或即令習文筆。男須如此，女又别論。每交不出閨幃，長使調脂弄粉。或親歌樂，曲調分明。或做裁縫，針頭巧妙。

佛教徒用這樣通俗動人的講唱文學，宣揚孝道，其影響必然是深遠無窮盡的。

還有，俗講變文在講經之前，有一段開場白，叫作押座文。其中有非常特别的一篇，是巴黎伯三一〇七號卷子的《故圓鑒大師二十四孝押座文》。此押座文除首四句爲四言外，其餘悉爲七言，一韵到底。如云："佛身尊貴因何得？根本曾行孝順來。須知孝道善無壃，三教之中廣贊揚。若向二親能孝順。便招千佛護行藏。"又云："如來演説五千卷，孔氏譚論

十八章。孝心號爲真菩薩，孝行名爲大道場。佛道孝爲成佛本，事須行孝向耶娘。”不但爲佛教贊揚孝道，而且也爲儒家贊揚孝道。由這一類敦煌石室保存的文卷，可以看出佛教徒宣傳弘揚孝道的努力。

（二）歌咏

佛教徒用宣演經義的方式來提倡孝道，這是沿襲佛教傳統講經發展而來的。他們除此之外，又將提倡的孝道編成歌曲，使人朝夕吟唱，感染的力量更屬深入而普及。敦煌石室保存這一類的材料也不少。如巴黎伯二八四三號《十恩德》一本；第一懷躭守護恩，第二臨產受苦恩，第三生子忘憂恩，第四咽苦吐甘恩，第五乳哺養育恩，第六回乾就濕恩，第七洗濯不净恩，第八爲造惡業恩，第九遠行憶念恩，第十究竟怜愍恩。用長短句歌唱的格調，如第一懷躭守護恩云：“説着去（起）不酥，自趁身仲（重）力全無，起坐大（待）人扶。而（如）半病，喘息麄，紅顔漸覺焦枯。報恩十月莫相辜，佛且勸門徒。”又如巴黎伯三八二一號《天下行孝十二時》，把孝養父母的行爲，分配在一日十二時中，如“平旦寅，叉手堂前諮二親。耶娘約束須領受，檢校好惡莫生嗔”“日出卯，情知耶娘漸覺老，子父恩深没多時，遞户相勸須行孝”。用三七七七的句式歌唱出來，叫人每飯不忘，念兹在兹。

最特别的是，佛教徒還把儒家的孝經來歌唱，如巴黎伯二七二一號，題云“皇帝感　新集孝經十八章”，歌辭第一首云：“新歌舊曲遍州鄉，未聞典籍入歌場，新合孝經皇帝感，聊談聖德奉賢良。”第二首云：“開元天寶親自注，詞中句句有龍光。白鶴青鸞相間錯，連珠貫玉合成章。”第三首云：“歷代以來無此帝，三教内外總宣揚。先注孝經教天下，又注老子及金剛。”第四首云：“始皇無道焚書盡，賴得仙人壁裏藏。拾得故文多損壞，孔生賡續巧相當。”第五首云：“立身行道德揚名，君臣父子禮非輕。事君盡忠事父孝，感得萬國總歡情。”以下殘存到第十二首。從歌辭開首所説：“新歌舊曲遍州鄉，未聞典籍入歌場”，可見佛教徒所撰的“皇帝感，新集孝經十八章”，不但供一般人歌唱，還在歌場向大衆演奏。其宣傳力量之大，是可想象得到的。

（三）齋會

盂蘭盆會，在六朝時已極流行。至今國人及海外華僑，此風未替。《盂蘭盆經》，西晋竺法護譯。唐釋宗密有《盂蘭盆經疏》二卷。敦煌石室遺書中保存頗多，如巴黎伯二〇五五《佛説盂蘭盆經》，有翟奉達題記，爲妻馬氏追福，每齋寫經一卷。又伯二一八五爲《佛説净土盂蘭盆經》，伯二二六九爲《盆經贊述》。“中央圖書館”藏敦煌卷子有《盂蘭盆經》，首云：“因玆息苦得停酸，免受倒懸三惡道……名曰盂蘭清净經。將釋此經，大分爲三段，第一序分。……我佛當日在彼中，説這盂蘭清净教。爲救目連慈母罪，免交受苦得生天。……各各虔恭合掌着，目連行道唱將來。”就這一卷的内容看來，似乎是俗講變文。“中央圖書館”敦煌卷子還有一篇《爲二太子中元盂蘭薦福文》，則是因爲二太子討寇捐軀，故爲盂蘭盆會以超度他。《盂蘭盆經》俗講宣揚目連救母的故事。以後便加添情節，敷衍成許多目連變文。《敦煌變文集》收録了《大目乾連冥間救母變文》并圖一卷并序、《目連變文》、《目連緣起》三篇。《大目乾連冥間救母變文》一篇，内容詞句相同的便有九卷，分藏於英法北平各圖書館，可見其流傳之廣。盂蘭之設，本以供養十方諸佛，救拔慈親，宣揚孝道。發展到與民間節日結合，遂深入社會各階層，齋會時期，又搬演目連救母戲文雜劇，連旬累日，其影響之大，無法估計。此皆佛教徒努力弘

法，提倡孝道之業績。若非敦煌石室保存殘卷遺文於兵火之餘，必將湮滅净盡，不爲後世所知，故於异國書府披覽之際，俯仰今古，感慨益增，因將所見資料，整理采輯，以成一編，其《父母恩重經講經文》，辭旨最爲懇切，王重民等《敦煌變文集》曾加收録，并附校記，但錯誤不下百餘條，影響文義很大，因别爲新書，附於文末，以供讀者觀覽采擇。

附 録

〔父母恩重經講經文〕[①]

經：佛告阿難，我觀衆生，雖沾人品，心行愚懞，不思耶[②]娘，有大恩德，不生恭敬，無有人（仁）慈。此唱經文，是世尊呵責也。前來父母有十種恩德，皆父母之養育，是二親之劬勞。云云[③]

世尊道：阿難，我觀娑婆世界一切衆生，雖具人相，不知耶娘有大恩德，不生酬答，不解報恩。命終必墮三塗，永劫不逢出離。

傷嗟世上人男女，成長了不能返[④]思慮；

未省修治孝順心，空將習李（學）無憑據。

縱愚癡，多抵（抵）拒，父母誡嗔[⑤]揉（撲）匙筯；

①《敦煌變文集》校記云："原卷編號爲伯字二四一八。無標題，兹以意擬補。北平圖書館藏河字十二號一卷，亦爲敷衍父母恩重經故事，但與巴黎本不同，當又是一種，故另爲著録。本卷卷末有'誘俗第六'的卷尾標題，可見變文形式，一篇中又分作若干部分，每一部分各有小題。"規案：此變文演述姚秦三藏法師鳩摩羅什譯《佛説父母恩重難報經》。羅宗濤《敦煌講經變文研究》改題作《父母恩重難報經講經文》。

② 耶字原卷作耴，下同。

③ 原卷劬勞下有"云云"二字，《敦煌變文集》遺漏。

④ 返，原卷作込，據下文皈作皈，反旁作久，是込即返字。

⑤ 誡，原卷作誡，《變文集》以爲試。嗔，原卷作"真"，乃"嗔"字，《變文集》誤爲"真"。

只管於家弄性霊（靈），争知門外傳聲譽。

熱時太熱爲恩怜，寒即盡寒爲臺舉；

兒喜渾家始得安，兒嗔一舍無情緒。

盡駈（驅）馳（馳），受煎煮，豈解酌量些子許，

容易抛離不肯皈（歸），等閑弃背他鄉土。

不曾結識好知聞，空是竔荆惡伴侣；

家内長慊父母言，外頭却信他人語。

大愚癡，不覺悟，恣縱身心起辜負；

佛道如斯五逆人，莫覓托生好去處。

重重地獄有何因，只爲閻浮五逆人；

莫問歲寒煎煮罪，不論年月擣磨身。

自知無理從搥斷，伏請哀兢（矜）任苦辛；

縱尔却來人世内[①]，從生至老是寒貧。

佛言：阿難，若行五逆之人，命終必墮惡道。縱生人世，疾病貧窮，凡是所爲，不得稱遂。此者皆因云——若欲得來生生[②]相周圓，有財多福，有衣有食，須於今生，行其孝養云云[③]

若徒感果周圓相，多福多財多義讓；

舉措長交遇吉祥，施爲不遣逢灾障。

入爲侯，出爲將，土地保持人敬仰；

别處門中可惜心，捷徑[④]無過行孝養。

---

① 原卷作“世内”,《敦煌變文集》誤爲“間世”。

② “來生”下有朱點“：”，“生”字當重,《變文集》脱。

③ 原卷“孝養”下有“云云”二字,《變文集》遺漏。

④ 捷徑原卷作“捷徑”，乃“捷徑”二字,《變文集》誤作捉經。

若於父母解周旋，土地神龍盡喜歡；
灾障年年無一點，吉祥日日有多般。
行藏逐意皆能遂，出入隨[①]心到處安；
設使命終皈大夜，三途還是不相忓。

佛言：阿難，爲人若解行孝，見世得人敬奉，命終又不入三途。大凡世上不孝人，多在家費父母心神，出入又不依時節。致使父心愁戚，母意憂惶，終日倚門，空垂血泪云云。"書云：積穀防饑，養子備老。"縱年成長，識會東西，抛郤耶娘向南向北。男女雖然不孝，父母未省憎[②]慊。如斯恩念[③]最多，争忍抛離出外。父母在，勸君莫向他鄉住。

世人不孝堪傷嘆，於父娘邊起輕慢；
不念[④]懷躭[⑤]煞苦辛，豈知乳哺多疲惓。
恣爲非，隨惡伴，輕駡尊親毀良善；
佛道如斯一類人，生生[⑥]大不易見如來面。
佛言濁世一般人，恣意爲非不可論；

① 原卷作隨，《變文集》誤爲"遂"。
② 原卷作憎，《變文集》誤作增。
③ 原卷作㕑，當是念字，《變文集》誤作會。
④ 原卷是念字，《變文集》誤作會。
⑤ 躭，俗耽字，與"擔"通。此卷"懷躭"凡十餘見，《敦煌變文集》皆臆改爲"懷胎"，甚誤。此變文引"經云，阿娘懷子，十月之中，起座不安，如擎重擔"。"慈母身從懷任，憂惱千般，或坐或行，如擎重擔。"是懷躭即懷擔。伯二〇四四卷背《勸善文》："第一囑，發願耶娘長万福，懷擔十月受苦辛，乳哺三年相菊（鞠）育。""是懷躭十月"即"懷擔十月"也。任二北《敦煌曲校録·十恩德》，第一懷躭守護恩，校云："題目'懷躭'，原作'懷躭'。'躭'亦可能爲'胎'，或'將'。許書《佛説諸經雜緣喻因由記》，有'夜叉交下界來，躭此鳥上天去'語，未詳其字，可能爲'將'。"規案："躭"皆爲"擔"之通用字，任説誤。
⑥ 原卷作"生々"，生字當重，《變文集》脱一"生"字。

縱見惡人心裏喜，亦逢善者却生嗔[①]。
親情勸著何曾聽，父母教招似不聞；
仕宦經營全不肯，長時[②]閑散恣因循。
父母終朝只是憂，見兒愛伴惡時流；
貪歡逐樂無時歇，打論樗蒲更不休。
日日倚門垂血泪，朝朝煩惱向心頭；
佛言此輩非人子，死入三途堪嘆愁。
始從懷姙至孾（嬰）孩，長得身軀六尺才；
弃德背恩行不孝，貪聲逐色縱心懷。
三年浮（乳）哺誠堪嘆，十月懷躭[③]足可哀；
不念二親恩養力，䜶僥[④]弃背[⑤]也唱將來。

經云：弃德背恩。

此唱經文，是我佛世尊述五逆衆生，弃背恩德也。不孝父母，走在他鄉，抛弃尊親，不皈於[⑥]舍。命終惡道，受大苦辛。只爲前生不孝父母。△——經説：過去世中，有一罪人，頂上長被熱鐵輪旋遶。問目連言，△——只爲前生不孝父母，

出來形狀堪驚恐，見者皆言業障重；
熱鐵輪於頂上旋，不論時節常疼痛。

① 原卷作“嗔”，《變文集》誤作“真”。
② 原卷作“時”，《變文集》誤作“期”。
③ 原卷作“躭”，《變文集》改作“胎”。
④ 原卷作“僥”，《變文集》誤作“繞”。
⑤ 原卷作“弃背”，即棄背，《變文集》誤作養育。
⑥ 原卷以朱筆加“扵”字於“皈舍”側，乃“於”字。《變文集》作“口”，蓋不識“於”字之草書。

未審緣何受此殃，盡因前世親修種；
爲伯叔處無心起敬崇，二親邊不省生虔奉。
佛言此鬼業難論，頭上長旋熱鐵輪；
日日每遭諸苦惱，朝朝不歇受艱辛。
皆因不孝於慈父，盡爲辜僥向母親；
普勸今朝聞法者，速須孝順莫因循。

且如侍奉父母，怜念弟兄，見必喜懽，逢之賞嘆。二時問訊，晝夜恭承，扇枕温床，須知時節。此即是真孝子。若是必生不孝，抛弃父娘，在外經年，無心皈舍，此即非是孝子也。更有父母約束，都不信言，應對高聲，所作違背。甘辛美味，妻子長喰，苦澀飲[①]食，與父吃者。此孝子非也。書云曾參云云[②]

佛交濁世男兼女，成長了直[③]須孝父母；
暮省朝彖莫但（憚）勞，温床枕扇無辭苦。
莫遣耶娘怨恨生，承旨候[④]顔交得所；
不但人皆贊嘆君，兼交賢聖垂加護。
恭承侍養返心安，孝順名應世上傳；
書内曾參人盡説，經中羅卜廣弘宣。
皆慙乳哺多恩德，盡感懷躭足慜[⑤]怜；
佛道若能行孝養，見生來世没迍邅。

---

① 原卷作“飲”，《變文集》誤作“飯”。
② 原卷“曾参”下有“云云”二字，《變文集》漏抄。
③ 原卷作“直”，《變文集》誤作“真”。
④ 原卷作“候”，《變文集》誤作“侯”。
⑤《變文集》誤“躭”作“胎”，誤“慜”作“敏”，據原卷改。

不孝人，難説喻，返倒二親非毋魯[①]；

家内喧諍拗父娘，門前相駡牽宗祖。

絻（纔）擬交招便氣築天，試佯約束懷嗔[②]怒；

佛道如斯五逆人，命終大不易抛辛苦[③]。

佛言五逆惡衆生，業報當來實不輕；

於六道中來又去，向三途内死還生。

直緣不感懷躭[④]德，蓋爲全無養育情；

所以向三途惡道裏，長時受苦不休停。

堪愍念，又堪哀，望却深恩大苦栽（哉）；

禽獸上由（尚猶）行孝義，爲人争合縱心懷。

三年乳哺由（猶）爲可，十月懷躭[⑤]苦莫栽；

佛向經中親自説，道如何擎重擔也唱將來。

經云：阿娘懷子，十月之中，起座不安，如擎重擔，飲食不下，如長病人。

此唱經文，是世尊重明懷任（妊）艱難也。前來十恩中第一懷躭[⑥]守護恩。准花嚴經説，我等身攬父母赤白二物，成此身形。此有五色，初[⑦]生羯邏藍△——三十八七日方知我等於母腹内，受多少苦辛。阿娘形貌汪羸。△——

① 原卷作“魯”,《變文集》作“曾”。

② 原卷作“嗔”,《變文集》誤作“真”。

③ 原卷作“辛苦”,《變文集》誤作“苦辛”。

④ 原卷作“躭”,《變文集》作“胎”。

⑤ 原卷作“躭”,《變文集》作“胎”。

⑥ 原卷作“躭”,《變文集》作“胎”。

⑦“初”，原卷作“物”，朱筆改爲“初”。

十月懷躭[①]諸弟子，萬苦千辛逐日是；
起坐朝朝體似山，施爲日日心如[②]醉。
鳳釵鸞鏡不曾捻[③]，玉貌花容轉枯悴；
念佛求神即有心，看花逐樂都無意。
十月懷躭[④]弟子身，如擎重擔苦難論；
翠眉桃臉潜消瘦，玉貌花容[⑤]頓改春。
雲髻不梳經累月，鏡臺一任有塵埃；
緣貪保借（惜）懷中子，長皺雙眉有泪痕。
行嘆恨，坐悲愁，懷躭[⑥]十月抵（抵）千秋；
心中不醉長如醉，意内[⑦]無憂恰似憂。
聞語唉[⑧]時無意聽，見歌懽處不臺頭；
專希母子身安樂，念佛焚香百種求。

慈母自從懷任（妊），憂惱[⑨]千般，或坐或行，如擎重擔。所吃飲食，嗞味都無。只憂身命片時，阿那裏有心語話。

思量慈母生身日，苦惱[⑩]千般難可述；
泪落都緣惜此身，愁生只爲憂形質。

① 原卷作“躭”，《變文集》作“胎”。
② 原卷作“心如”，《變文集》誤作“如心”。
③ 原卷作“捻”，持也。《變文集》誤作“檢”。
④ 原卷作“躭”，《變文集》作“胎”。
⑤ 原卷作“容”。《變文集》誤作“顔”。
⑥ 原卷作“躭”，《變文集》作“胎”。
⑦ 原卷作“意内”，《變文集》誤作“竟似”。
⑧ 原卷作“唉”，乃“笑”之俗字，《變文集》誤作“喫”。
⑨ 原卷作“惱”，乃“惱”字，《變文集》誤作“怡”。
⑩ 原卷作“惱”，乃“惱”字，《變文集》誤作“怡”。

忽然是孝順女兼男，一旦生來極峻疾；

若是冤家托蔭來，阿娘身命逡巡失。

如此思量，一場苦事，

萬劫千生，酬填不異（易）。

只須受戒聞經，此外難申孝義。

今日座中人，分明須總記。

思量慈母養君時，萬苦千辛總不辭；

消瘦容顔爲醜差，改張花皃（貌）作汪羸。

抵（低）頭不語長如病，抵（抵）頰無言恰似癡；

日夜專憂分娩苦，等閑惆悵泪雙垂。

懷躭[①]十月事堪哀，苦惱千般不可裁；

念佛求神希救護，焚香發願乞無灾。

專憂煞鬼相追捉，怕被無常一念[②]催；

經説母親臨産月，受没[③]量多苦惱也唱將來。

經：月滿生時，受諸痛苦，須臾好惡，只怒無常，如煞猪羊，血流灑地。

此唱經文，明産相皃（貌）也。孩（孩）子未降，母憂性命逡巡；及至生來，血流灑地。渾家大小，各自忙然，只怕身命參差，急手[④]看其好惡。經[⑤]月滿生時，受諸痛苦[⑥]至。

① 原卷作“躭”，《變文集》作“胎”。

② 原卷作“念”，《變文集》誤作“會”。

③ 原卷作“没”，《變文集》誤作“汥”。

④ 原卷作“手”，《變文集》誤作“乎”。

⑤ 原卷作“狂”，乃草書“經”字，《變文集》誤作“孩”。

⑥ 原卷作“苦痛”，當乙倒爲痛苦。《變文集》誤作“苦痛”。

月滿初生下，慈母懷驚怕，
只恐命無常，赤血滂淹洒。
苦惱莫能言，是事都來罷，
保借（惜）若違和，便是身乖差。
生時百骨自開張，諕得渾家手脚忙；
未降孩兒慈母怕，及乎生了似屠羊。
千憂万慮由（猶）堪忍，十月三年苦更長；
既得這身成長了，大須孝順阿姐（耶）娘。

所以書云：曾子曰：“百行之先，無以加於孝矣。夫孝者，是天之經地之義。孝感於天地也，通於神明。孝至於天，則風雨順序；孝至於地，則百穀成熟；孝至於人，則重譯來貢[①]；孝至於神，則冥靈祐助。”又《太公家教》“孝子事親，晨省暮省，知飢知渴，知暖知寒。憂則共戚，樂即同歡。父母有病，甘美[②]不餐。食無求飽，居無求安，聞樂不樂，見戲不看。不修身體，不整衣冠，待至疾愈，整亦[③]不難。”又經云：“天地世界之大者，不過父母之恩。”經書之内，皆説父母之恩，奉勸門徒，大須行孝。

經書各有多般理，皆勸門徒行孝義；
只怕因循不報恩，故於經上明宣示。
勸門徒，諸弟子，暮省朝參勤奉侍；
永永交君播好名，長長不見逢灾累。

① 原卷“則重譯來貢”，“譯”作“澤”，“澤”當爲“譯”。《變文集》誤作“則重則來”，“重澤”誤作“重則”，“來”下又脱“貢”字。

② 原卷作“美”，《變文集》誤作“羹”。

③ 原卷亦作“[illegible]”，似“亦”字，《變文集》作“易”。

思想身生十月間，五般色相互推遷；

細觀不但堪愁嘆，款話[①]須知苦百般。

草上落時風觸體，尖聲號叫不能言；

血流洒地如屠宰，母命逡巡喪百年。

既今成長爲人子，凡事挣擬十相全；

相勸事須行孝順，莫將恩德看爲閑。

慈母德，實堪哀，十月三年受苦灾；

冒熱衝寒勞氣力，回乾就濕費心懷。

憂怜不啻千千度，養育寧論萬萬回；

既有尔[②]多恩德事，争合孤負也唱將來。

經：受如是苦，生我此身，咽苦吐咁[③]，抱持養育。洗濯不净，無憚劬勞。忍熱受寒，不辭辛苦。乾處兒卧，濕處母眠。三年之中，飲母白血。

此唱經文，分之爲二。初解辛勤保護，次釋[④]回乾就濕。兩段不同，且是第一辛苦保護。經道如是辛苦，生我此身。至不辭辛苦。

此是世尊告阿難道。娑婆濁世，一切衆生，皆因父母所生，咽苦吐甘，專心保護，抱持養育，不離懷中。洗濁（濯）之時，豈辭寒熱。若是家翁在上，伯叔性難。晝夜不憚劬勞，旦夕常懷憂懼。衝寒受熱，蓋是尋常，臺矞（舉）女男，不辭辛苦。顔容顦頓（憔悴），形貌汪羸。争忍長成，不生酬答。△——

---

① “款話”，《變文集》誤作“疑諸”，依原卷改。

② 尔，《變文集》作“許”，依原卷改。

③ 原卷作“咁吐”，當乙倒作“吐咁”，《變文集》誤作“咁吐”。

④ 釋，《變文集》誤作“解”，依原卷改。

若是嚴天月，苦惱難申說。

手冷徹心酸，十指從頭烈（裂）。

一伴餵孩兒，伏仕又依時節。

伯叔及翁婆，由（猶）更嫌癡拙[①]。

往往泪如婆[②]，時時心似割。

無處説心誠，苦惱如何徹。

只爲小嬰（嬰）孩，洗濁（濯）無時節。

更深上（尚）未眠，顛墜身羸劣[③]。

就中苦是阿娘身，臺舉孩兒豈但頻；

洗浣寧辭寒與熱，抱持不惓苦兼辛。

時時愛被翁婆恠（怪），往往頻遭伯叔嗔[④]；

只爲這嬰孩相繫絆，致令日夜費心神。

所以經云，受如是苦，咽苦吐甘，抱持養育云云至不辭辛苦。上説第一辛勤[⑤]保護也。第二，回乾就濕者。經道乾處兒卧，濕處母眠，三年之中，飲母白血。若是九夏洗浣，稍似不難，最[⑥]是三冬，异常辛苦。有人使唤，由（猶）可辛勤，若是無人，皆須自去。堂前翁婆伯叔，日日祗承。懷抱吱騃小孩兒，又朝朝臺𦥑（舉），一[⑦]頭洗濁（濯）穢污，一伴又喂飼女男。濕處母眠，乾處兒卧。十月之内，受無限難辛；三年之中，

① 拙，原卷作"柮"，即"拙"字，《變文集》誤作"惱"。

② 婆，疑當作"波"。

③ 原卷作"劣"，《變文集》誤作"勞"。

④ 原卷作"嗔"，《變文集》誤作"真"。

⑤ 原卷作"懃"，《變文集》作"苦"。

⑥ 原卷作"冣"，乃"最"字，《變文集》誤作"窮"。

⑦ 原卷"一"字上斷句有一點，《變文集》誤爲"二"字。

飲没[①]量多血乳。致使娘娘形貌，日日汪羸；慈母顔容，朝朝瘦悴。

回乾就濕爲常事，三載辛勤情不已；
辛苦朝朝有泪垂，煎熬夜夜無眠睡。
貌汪羸，形瘦悴，鸞鏡鳳釵皆厭棄；
往往人前恰似癡，時時座内[②]由（猶）如醉。
只爲長時，驅馳辛苦，
形貌精神，都來失緒。
一頭承仕翁婆[③]，一伴又剸縛男女。
日夜不曾閑，往往啼如雨。
回乾就濕最艱難，終日駈駈（驅驅）更不閑；
洗浣豈[④]論朝與暮，駈駈（驅驅）何憚熱兼寒。
每將乾暖交兒卧，濕處尋常母自眠；
三載長來長若此，不報深恩争得安。

所以經云，乾處兒卧，濕處母眠。三年之中，飲母白血。孩子始從生下，直至三年，飲母胷（胸）前白乳。漸漸離於懷抱，身作童兒，轉繫母心百般憂念。[⑤]臨河傍[⑥]井，常憂漂溺之虞；弃[⑦]狗捻[⑧]刀，每慮嗤傷之苦。云——

① “飲没”，《變文集》誤作“飢汥”，依原卷改正。
② 原卷“内”字草書，《變文集》誤作“地”。
③ “翁婆”，《變文集》誤作“翁仕□”，依原卷改正。
④ 豈，《變文集》誤作“無”，依原卷改正。
⑤ “念”字《變文集》誤“重”，據原卷删。
⑥ 傍，《變文集》誤作“滂”，據原卷改。
⑦ 弃，疑當作弄，據《維摩詰經講經文》正作“弄”。
⑧ 原卷作“捻”，《變文集》誤作“檢”。

孩兒漸長成童子，慈母憂心不捨離；
近火專憂紅焰燒，臨河恐墜清波死。
捉蝴蝶，趁猧子，弄土擁泥向街裏；
蓋爲嬌癡正是時，直緣騃小方如此。
漸離懷抱作嬰孩，蔔卜（匍匐）初行傍砌堦；
語似嬌鶯初囀舌，笑如春樹野花開。
渾家愛惜心無足，眷屬嬌怜意莫裁；
門外忽聞啼哭也，慈母奔波早到來。
嬰孩漸長作童兒，兩頰桃花色整輝；
五五相隨騎竹馬，三三結伴趁猧兒。
貪逐胡（蝴）蝶抛家遠，爲釣青苔忘却歸[①]；
慈母引頭千度覓，心心只怕被人欺。
故知慈母惜嬰孩，怜念交招役意懷；
日月遷移年漸長，仕農工巧各躋排。
一頭訓誨交仁義，一伴求婚囑[②]咋（作）媒；
佛向經中説着裏，依文便請唱將來。

經：嬰孩童子，乃至盛年，奬教禮議（儀），婚嫁宦學。爲求財産，携荷艱辛，勤苦至終，不言恩德。

此唱經文，分之爲二。初明成長教示，後説母不説恩。成長教示中又分爲二，初明奬教禮儀，後説婚嫁宦學。成長教示。經道嬰孩童子，乃至盛年，奬教禮儀。人家男女，從小至大，須交禮儀。是男即七歲十歲

① 歸，原卷作“皈”，《變文集》誤作“取”。
② 囑，《變文集》誤作“爲”，據原卷改正。

以來，便交入學。經[①]明宜入學，胄[②]子須努力。《論語》云：耕也，餒在其中矣。學也云——。《曲禮》云：君子如欲化民成俗，其必由乎矣。又《書》云[③]：玉不琢云——，功高由至云——有好男女有弱男女人家女亦復如是。云——

女男漸長成人子，一一父娘親訓示；
臺舉還徒立得身，招交只要修仁義。
囑仙（先）生，交文字，孝養禮儀須具備；
未待教招一二年，等閑讀盡諸書史。
高低盡道好兒郎，遠近皆言骨氣異；
成長了身爲大丈夫，風流儒雅真公子。
堂堂六尺丈夫身，雪色衣裳稱舉人；
霄漢會當承雨露，高科登第出風塵。
多應不久[④]逢新喜，何異成龍脱故鱗；
酒熟花開三月裏，但知排打曲江春。

上來説獎[⑤]教禮儀也。所以經云，嬰孩童子，乃至盛年，獎教禮儀。何名婚嫁宦學？婚姻又別，宦學又別，宦爲士宦，學爲學業。△——今言婚姻者。《書》云：男既壯而有室，女初笄年而從人。男既長成[⑥]，須求婚處[⑦]云——若是好男女。△——有一類人家兒子，不行孝養，不會禮儀，

① “經”字草書，《變文集》誤作“孔”。
② 胄，《變文集》誤作“曾”，據原卷改。
③ “云”字，《變文集》脱，據原卷補。
④ 久，《變文集》誤作“允”，據原卷改正。
⑤《變文集》脱“獎”字，據原卷補。
⑥《變文集》脱“成”字，據原卷補。
⑦ “婚處”原卷連寫，《變文集》隔開，誤。

△——縱婚姻時，△——

有一類門徒弟子，爲人去就乖疏；

不修仁義五常，不管温良恭儉。

抄手有時望却[①]，萬福故是隔生；

齋場上謝座早從，吊孝有時失笑。

阿娘幾度與君婚，説着人皆不欲聞；

纔始安排交仕宦，等閑早被使頭嗔[②]。

不然與本教經紀，媿在徒兒立得身；

産業莊園折損盡，懦（慵）饞惡紹豈成人。

上來説男既成長，須爲婚姻了。從此女從幻（幼）小交示成長了，須囑[③]娉（聘）他門。

爲女身，更不異[④]，最先須且交（教）針指；

呈綫呈針鬭意長，對鴉[⑤]對鳳誇心智。

學音聲，屈博士，弄鉢調絃渾舍喜；

長大了擇時娉與人，六親九族皆歎美。

天生惠性異常人，疑是巫山降段雲；

鬢似寒蟬雙展翼[⑥]，面如蟾月滿[⑦]秋輪。

---

① 望却，疑即忘却。
② 原卷作“嗔”，《變文集》誤作“真”。
③ 原卷作“囑”，《變文集》誤作“爲”。
④ “異”與“易”通。
⑤ “鴉”，原卷作“鴀”，疑是“鴉”字，《變文集》作“鷄”。
⑥ 原卷作“翼”，《變文集》誤作“翅”。
⑦ 原卷作“滿”，《變文集》誤作“展”。

眉懸栁（柳）葉和烟翠，臉奪桃花帶雨新；
娉與他門榮九族，一場喜慶卒難論。
若是爲人智惠微，從初至大異常癡；
逢人未省知良善，共語何曾識禮儀。
刺繡裁縫無意學，調脂[①]弄麵不曾爲；
自家縫綻由（猶）嫌拙，阿那個門蘭肯素[②]伊。
慈母意，總恩怜，護惜都來一例看；
是女纏盤求囑[③]娉，是男婚娶致歌懽。
男須文墨兼仁義，女要裁縫及管絃；
一个个總交成立後，阿娘方始可[④]憂煩。

上來總是第一，明成長教示了也。從此第二，母不説恩。經道勤苦至終不言恩德。此之經意只是説慈母十月懷躭[⑤]，三年乳哺，回乾就濕，咽苦吐甘，乃至男女成長了。千般怜惜，萬種教招。女娉男婚，總皆周備。受如此苦辛，不曾於一個人前，説養育恩德。云——似世尊怜念法界内一切衆生，飛者，走者，無足，二足，四足，多足，三途六道，五趣四生，天上人間，是貴是賤，是高是下，師僧尼衆，善女善男，一个个交出離苦源，人人盡登常樂了。我佛無心説少許恩德，説少許辛苦。似人家[⑥]慈母，養育一切衆生女男，不言恩德無二。

① 原卷作“脂”，蓋“脂”字，《變文集》誤作“指”。
② “素”與“索”通。
③ 原卷作“囑”，《變文集》誤作“爲”。
④ “可”，疑當作“不”。
⑤ 原卷作“躭”，《變文集》改爲“胎”。
⑥ 原卷作“家人”，當乙倒，《變文集》誤。

釋迦聖主慈悲力，但是衆生總怜惜；

个个提携證涅盤，不曾有意言恩德。

慈母心，無順逆，但是女男皆護借（惜）；

个个教招立得身，不曾有意言恩德。

佛惜衆生，母怜男女。

一例垂[①]情，從頭愛護。

佛如母意無殊，母似佛心堪諭。

今日座中人，分明須會取。

三千國土釋迦尊，怜念[②]衆生[③]不可論；

處處提拔交出離，頭頭接引越迷津。

不於愚智生偏曲，不向怨親作等倫；

一个个總交成佛了，未曾有意略[④]言恩。

慈母德，卒難陳，養育門徒弟子身；

十月懷躭[⑤]遭苦惱，三年乳哺受艱辛。

不於女處生嫌厭，不向兒邊起愛親；

一个个教招兼保惜，未曾有意略言恩[⑥]。

慈母德，卒難裁，万論千經贊莫偕；

自是女男多五逆，等閑逃走不皈回。

眷屬日日懸心望，慈母朝朝膽欲摧；

兒向外邊行万里，母心隨後去也唱將來。

---

① 原卷作“垂”，《變文集》誤作“丞”。

② 原卷作“念”，《變文集》誤作“會”。

③ “衆生”原卷作“衆丶”，即“衆生”，敦煌寫本有此例。

④ 原卷作“喀”，乃“略”字，《變文集》誤作“備”。

⑤ “躭”，《變文集》誤改“胎”，據原卷改。

⑥ “恩”，《變文集》誤作“見”，據原卷改。

經：兒行千里，母行千里，兒行万里，母行萬里。男女有病，父母亦病；子若病除，父母方差。

此唱經文，科之爲二：一，母心不忘；二，子病懷憂，兩段不同。且説母心不忘。經道兒行千里，母行千云——。男女成長已後，各須仕宦。經營纔[①]出他州，母心相逐。朔方征戍，而三年目斷長城；劍嶺興生，半歲而魂隨錦水。書云：父母之年不可不知。

思量我等生身母，終日憂怜男與女；
爲兒子拋出外邊，阿娘悲泣無情緒。
或仕宦，居職務，離别耶娘經歲數；
見四時八節未皈來，阿娘悲泣〔無情緒〕[②]
或經營，去（逐）利去，或住他鄉或道路；
兒子雖然向外安，阿娘悲泣〔無情緒〕
或在都，差鎮戍，三載防邊受辛苦；
信息希疏道路遥，阿娘悲泣〔無情緒〕
兒於萬里母先於，終日憂愁泪如雨；
念佛求神百種爲，只希闇裏垂加護。
損形容，各腸肚，乞待兒皈再團聚；
思想慈親這个恩，門徒争忍生孤負。
經求仕宦住他鄉，或在軍中鎮外方；
兒向他州雖吉健，母於家内每憂惶。
心隨千里消[③]容貌，意恨三年哭斷腸；

① 纔，《變文集》誤作“總”，據原卷改。
② “泣”下原卷空三字，省“無情緒”三字。
③ 原卷作“消”，《變文集》誤作“陷”。

直待皈來相見了，阿娘方始有精光。

慈母德，大難酬，憶念之心更不休；

奉勸門徒諸弟子，莫抛父母住他州。

此是第一，母心不忘也。第二，子病懷憂者。經道男女有病，父母亦病，子若病除，父母[①]方差。人家男女，父母憍[②]怜，忽失保持，身染疾患，便使父心切切，母意惶惶。罷寢停餐，休生忘活。煎羹煮粥，無辭曉夜之勞，拜鬼看書，豈憚往來之惓。男女稍若病差，父母頓解愁心。——

人家父母恩偏𠾃[③]，於女男邊倍怜愛；

日日交招意不移，朝朝護惜心無退。

忽然男女病纏身，父母憂煎心欲碎；

念佛求神乞護持，尋醫卜問希痊瘥。

無睡眠，没光彩，煎炒心神形貌改；

直待兒身四體安，阿娘方竟（覺）心寬泰。

女男得病阿娘憂，未教終須血泪流；

茶飯不曾着次第，罷施紅粉懶梳頭。

尋醫卜問無時歇，拜鬼求神更不休；

直待女男安健了，阿娘方始不憂愁。

思量人世事難裁，父母恩深不可皆；

纔見女男身病患，早憂性命掩泉臺。

一頭出藥交醫療，一伴邀僧爲滅灾；

① 原卷作“父母”，《變文集》誤作“母病”。

② 憍，當通作“驕”，《變文集》以爲“嬌”。

③ 原卷作“𠾃”，《變文集》誤作“煞”。

病交了便合行孝順，却生五逆也唱將來。

經：如斯養育，願早成人，及其長大，翻爲不孝。尊親共語，應對違情。拗眼列（裂）睛，不知恩義。

此唱經文分二：一、不念[①]重德；二、背恩違情，兩段云——不念[②]重德者。經道如斯養育，願早成人，及其長大翻爲不孝。前來經文説父母種種養育，千辛万苦，不憚寒喧（暄），乞求長大成人，且要紹繼宗祖。及其長大，無孝順心，不報恩德，由（游）閑逐日，更返倒父母。云——

人家父母多恩育，憂念女男心不足；
乞求長大得成人，紹繼門風榮爵禄。
課知漸識會東西，時把父娘生毁辱；
佛道婆婆[③]這个人，命終必墮阿毗獄。
爲人不孝負於天，輕慢耶娘似等閑；
侍奉終朝無一點，返張逐日有千般。
等閑屋裏高聲喊，影向人前亂登[④]言；
佛道此人纔命榭（謝），必沈[⑤]惡道出無年。

所以經云如斯養育，願早成人，及其長成，翻爲不孝。上來第一，説不念[⑥]重德了也。從此第二，背恩違情。經道尊親共語，應對違情，拗眼

① 原卷作“念”，《變文集》誤作“會”。
② 原卷作“念”，《變文集》誤作“會”。
③ “婆婆”，疑當作“婆娑”。
④ 登，疑當作“發”。
⑤ 原卷作“沈”，《變文集》誤作“淪”。
⑥ 原卷作“念”，《變文集》誤作“會”。

烈（裂）睛，不知恩義。此者并是辜恩負德、忤逆之人。不思養育深恩，不念劬勞大德。自小阿娘臺夙（舉），長成嚴父教招，誰知近來稍似成人，却學弃背恩德。逐日則長隨惡伴，終朝則不近好〔人〕。時時兩手不抄，住住（往往）便三言不嗦（遜）。父母唤來約束，肬唇不語生嗔[①]；有時拗眼烈（裂）睛，或即高聲應對。云——

為人不解思恩德，迯（返）倒父娘生五逆；

共語高聲應對人，擬嗔[②]嗔眼如相吃。

伴惡人，為惡迹，飲酒樗蒲難勸激；

長遣慈親血泪垂，每令骨肉懷愁戚。

釋迦尊，留教勑，看取經文須審的；

若是長行五逆吱[③]人，這身万計應難覓。

為人争不審思量，豈合將心返父娘；

應對高聲由（猶）可恕（恕），嗔眉努眼更堪傷。

不思十月懷躭[④]苦，不念三年乳哺忙；

佛道如斯五逆者，無因得見法輪王。

奉勸門徒，△——慈烏返哺之報。為人争合△——

幸因講説諸佛[⑤]語，輒勸門徒孝父母；

禽獸由（猶）知養育恩，為人争合相辜負。

十月懷躭[⑥]，三年乳哺[⑦]。

---

① 原卷作“嗔”，《變文集》誤作“真”。

② 原卷作“嗔”，《變文集》誤作“真”。

③ 原卷作“吱”，《變文集》作“歹”。

④ 原卷作“躭”，《變文集》作“胎”。

⑤ 原卷作“諸佛”，《變文集》誤作“佛經”。

⑥ 原卷作“躭”，《變文集》改“胎”。

⑦ 原卷作“乳哺”，《變文集》誤作“哺乳”。

論苦惱兮多般，説恩怜兮幾度。

今既成人，還須報賽，

莫學愚人，返生逆害。

約束時直要諦聽，嗔罵則莫生祇對。

何假覔（覓）[①]西方，自生極樂界。

爲人何處是聰明，莫若酬填[②]養育情；

不但長時逢吉慶，兼交永不見刀兵。

施爲一切皆和合，所作多應總得成；

命謝了永辭濁惡世，蓮花朵裏托身生。

須取勸，莫疑猜，聞了還須改性懷；

莫學愚人生拗拒，不行孝養恣情乖。

交招則亂發言千種，約束早嗔眉努兩顋[③]；

應是眷屬兼骨肉，總遭毁罵也唱將來。

經云：欺淩伯叔，打罵弟兄，毁辱尊親，無有禮義，不遵（尊）師長。

誘俗第六

天成二年八月七日一見附書

（原載《華岡文科學報》12期，1980年3月，頁69—88）

① 原卷作“覔”，《變文集》誤作“生”。
② 原卷作“填”，《變文集》誤作“愼”。
③ 原卷作“顋”，《變文集》誤作“頭”。

□□□□□□□ 文

□□以無相爲宗 文

以真諦爲宗 文

□□法護於京師遇西國家志從出經〻後尚有數品其

□忘失唯宣現者大康十年四月八日白馬寺中聶道人真對出

《菩薩行五十緣身經》 以佛相似因果爲宗 文質均

《德光太子經》 以菩薩行爲宗 文質均

太始六年九月卅日出

《幻士仁賢經》 以禪定神力爲宗 文質均

《大净法門品經》 以菩薩權實二慧爲宗 文

建始元年三月廿六日出

《郁伽羅越問菩薩行經》	以在家出家爲宗	質
《决總持經》	以菩薩請法爲宗	質
《離垢施女經》	以八菩薩行爲宗	文
《日光童子經》	以佛現不思議爲宗	文質均
《魔逆經》	以平等合行爲宗	文質均

大康十年十二月二日出

《梵女首意經》	以十二因緣爲宗	文
《佛説道神定無極變化經》四卷	以權實二知爲宗	文
《佛説花嚴瓔珞經》一卷	以菩薩空有二觀神通爲宗	文
《佛説般若得道經》一卷	以波若爲万行首爲宗	文
《三乘通教經録第二》		
《賢愚經》十三卷	明今昔因緑爲宗	文質均

元嘉廿二年出宗文帝時凉州沙門曇於闐得

《無量清凈經》二卷	明行願得果爲宗	文多質少
《禪經》	明禪定爲宗	文
《阿育王息壞目因緣經》一卷	明因果爲宗	質
《阿閦佛國經》二卷	明佛因果爲宗	質

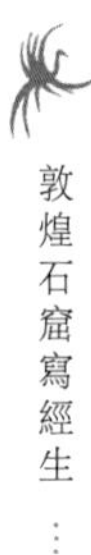

漢靈帝時月支國沙門支讖譯出

《小品經》七卷　明二帝爲宗　文質約

晋武帝時竺法護到西域得胡本還太始中至懷帝永嘉二年以前所譯出

《藥王藥上菩薩觀經》　明除罪爲宗　文質均
《大十二門經》二卷　明修定爲宗　質

漢桓帝時安息國沙門安世高譯出

《如來神力經》一卷　明因緣事　質
《千佛因緣住經》一卷　明往緣爲宗　質
《稱揚諸佛功德經》一卷　明福田爲宗　文質均

晋安帝時天竺鳩摩羅什逍遥薗譯出

《八部佛名》一卷　明滅罪爲宗　文質均
《有人稱十方佛名得多福經》　明福田爲宗　文質均
《賢劫千佛名》一卷　明滅罪爲宗/不文不質
《佛見牧牛者示道經》一卷　明大悲爲宗　文質均
《滅罪得福成佛經》　明滅罪爲宗　文質均
《卅五佛名》一卷　明懺悔爲宗　文質均
《三慧經》一卷　明三慧爲宗　文

《佛説獘狗經》一卷　明地獄爲宗　文

《佛説龍種尊化經》　明空有爲宗　質

《佛説過去香蓮花佛世界經》　明/檀爲宗　質

《佛説居士物故爲婦鼻虫經》一卷　明貪欲爲宗　質

《未曾有因緣經》二卷　明因緣教化爲宗　質

《帝釋禮怙寶恭養經》　明禮拜贊嘆爲宗　質

《佛説歡樂過差經》　明苦因爲宗　質

《佛説四天王經》　明修戒定慧爲宗　質

《明皇天子問慈經》　明大慈爲宗

《佛説諸天阿須倫鬥經》　明慈忍爲宗　質

《樂瓔珞莊嚴方便經》一卷　明菩薩方便爲宗　文質均

《佛説修行勸意經》一卷　明勸發爲宗　文質均

《佛説仁王般若波羅蜜經》一卷　明空有爲宗　文質均

《佛説遺日摩尼寶經》一卷　明佛因果爲宗　文質均

《分别業報略經》一卷　明因果爲宗　文質均

《勸發諸王要偈》一卷　明勸發事　文質均

《佛説净除業鄣經》一卷　明除業鄣事文

《心明經》一卷　明不信佛事　文質均

《寶綱經》一卷　明勸信事　文質均

《胞胎經》一卷　明受形事　質

《五百弟子本起經》一卷　明因果爲宗　文質均

《觀世樓炭經》一卷　明佛滅後惡事　文質均

《雜阿鋡經》五十卷　明三藏雜事　質

《雜譬喻經》六卷　明因緣爲宗　文質均

《法尚住經》　明四帝爲宗　文質均

《婆須蜜菩薩經》	明大小雜行爲宗	質
《雜譬喻經》二卷	明因緣爲宗	文
《三歸五戒厭離經》一卷	明正行二善爲宗	文
《分别功德經》	以功德智慧爲宗	文質均
《超日月三昧經》	以無相定慧爲宗	多質

晋武帝時沙門竺法護譯出優婆塞聶承遠治定

《譬喻經》十卷	以因緣事爲宗	文質均

晋成帝時沙門康法邃科集衆經爲此一部

《權方便經》	以諸佛菩薩權慧花爲宗	文質均
《坐禪經》	以禪定爲宗	文
《三乘中大乘録》		
《六度無極經》	明六度爲宗	質

魏明帝時康僧會以吴主孫權孫亮世所譯出

《過去見在因果經》四卷	明佛因果爲宗	質

宋文帝時天竺摩訶乘法師求那跋陀羅以
元嘉中出沙門釋寶雲弟子菩提法勇傳譯出

《優婆塞戒經》七卷	明六度爲宗	文質均

《胡音偈本》一卷	明贊敬爲宗	質
《後出阿彌陁佛偈》一卷	明贊嘆事質	
《陁羅尼偈經》一卷	明摠持爲宗	質
《詠瑞應偈》一卷	明成佛降魔事	文多質少
《贊七佛偈》一卷	明贊咏事	質
《怛摠尼百句》一卷	明贊嘆爲宗	質
《阿弥陁偈》一卷	明贊訟事	質
《僧伽羅剎經》三卷	明佛因果爲宗	文
《佛説梵魔喻經》一卷	明卅二相爲宗	文
《蜜迹金剛力士經》五卷	明六度爲宗	文
《佛入三昧□□□□光明經》	明神通爲宗	文

巴黎藏伯三七四七號敦煌卷子，白楮，八紙又小半紙。存九十九行，首五行上半截損泐。墨書，無朱筆，字體頗古。不諱世字，疑唐以前物。此卷乃王重民考證爲《衆經別録》之殘卷，不知王氏何以誤稱爲伯三八四八殘卷；檢閲原卷，知三八四八實非《衆經別録》也。王重民《敦煌古籍叙録》云：

伯三八四八，《衆經別録》，此卷爲佛經目録，首尾俱殘，存百零九行，無書題。以余考之，蓋即費長房《歷代三寳記》卷十五所稱“《衆經別録》二卷，未詳作者，似宋時述”者之《衆經別録》也。費氏曾詳引是書篇目，及每一篇目中所著録之經數卷數，可資考證。費氏云：“《三乘通教録第二》，右五十一部，九十七卷”，檢殘卷正有《三乘通教録第二》一篇目，計此篇目内所著録佛經，正爲五十一部，其證一也。費氏又云：《三乘中大乘録第三》，檢殘卷《三乘通教經録》

後，正爲《三乘中大乘經録》（此篇目内著録佛經，僅存開端，無由核其都數），其證二也。費氏所謂“似宋時述者”，《大唐内典録》卷十、《貞元新定釋教目録》卷十八并有“言似宋時”之説明，今亦可於此殘卷中證明之。如《賢愚經》云：“元嘉二十二年出”，過去見在《因果經》云：“宋文帝時，天竺摩訶乘法師求那跋陁羅以元嘉中出”，就殘卷所載八十部《佛經》觀之，無出元嘉以後者，費氏所謂“似”者，蓋亦據此獻疑而爲估計之説也，其證三也。有此三證，余故考定爲《衆經別録》，其撰成蓋在劉宋時。

《貞元新定釋教目録》云：“從《衆經別録》下四家目録，長房内典二録，具列篇題，尋本未獲，但具存其目。”則是録在貞元時已亡，今所獲雖是殘本，亦足珍矣。殘卷現存部分，爲《大乘經録第一》篇目内佛經最後十五部（原共三百七十部），《三乘通教經録第二》内五十一部俱全，《三乘中大乘録第三》存開端十四部，都存八十部（規案：蘇晋仁云：“共存七十八個經名，約全書十四分之一。”[①]案：此卷實存八十一部，缺經名者三部）。每部佛經記譯人和譯時，與諸佛經目録無异，但每録之内，每經之下，揭示所宗，則爲諸佛經目録所無。如第一録每經下均揭“以……爲宗”，第二第三録均揭“明……爲宗”，并朱書（規案：原卷皆墨書。三録或云“以……爲宗”，或云“明……爲宗”，初無定例）。此外，又用墨書標明“文”“質”或“文質均”，由此更可窺見我國最古佛經目録之解題方式，彌足珍貴。

《衆經別録》原書二卷，凡十篇，此所存爲第一至第三篇，則當在上卷中。

① 蘇晋仁：《敦煌寫本〈衆經別録〉殘卷》，《現代佛學》第一卷第七期。

重規案：以上王重民氏《敘録》所言雖有小疵，然考定此卷爲劉宋時《衆經別録》，則確然無疑。蓋王氏所舉費長房《歷代三寶記》，證以此卷篇目經名卷數與《衆經別録》無絲毫不合，可稱堅證。王氏又謂“就殘卷所載八十部佛經觀之，無出元嘉以後者”，其言亦可信。蓋此卷所載經目，幾盡見於《出三藏記集》，無宋以後譯本。唯《三乘通教經録》中《未曾有因緣經》二卷，與梁僧祐《出三藏記集》卷五《新集抄經録第一》所著録之齊竟陵文宣王抄《未曾有因緣經》一卷經名相同。《然祐録》卷四《新集續撰失譯雜經録第一》又載《未曾有因緣經》二卷，且云：“其兩卷以上凡二十六部，雖闕譯人，悉是全典。”又云：“尋此録失源，多有大經。詳其來也，豈天墜而地踊哉！將是漢魏時來，歲久録亡。抑亦秦涼宣梵，成文届止。或晋宋近出，忽而未詳，譯人之闕，殆由斯歟？尋大法運流，世移六代，撰注群録，獨見安公。以此無源，未足怪也。”費長房《歷代三寶記》卷十一云：“《未曾有因緣經》二卷、《摩訶摩邪經》二卷，《右二部合》四卷，群録直云：‘齊世沙門釋曇景出’，既不顯年，未詳何帝。”然卷七譯經東晋録載《未曾有因緣經》二卷等五十三經，注云：“右五十三經合五十七卷，并是僧祐《出三藏記集》新集失譯。”是《未曾有因緣經》有二本：一爲晋世闕譯人之本，一爲齊世沙門釋曇景譯本。費氏親見二本，既云《衆經別録》似宋時述，則知此卷著録之《未曾有因緣經》，乃晋本而非齊本也。今《大唐内典録》卷十《歷代所出衆經録目第九》載古經録、舊録以下二十餘種，注云：“檢紀傳有之，未見其本，故列名而已。”察其所見諸本，首爲《衆經別録》，次即齊末梁初沙門釋僧祐撰之《出三藏記集》，是費長房、釋道宣等固確定《衆經別録》爲劉宋時人所撰也。今費長房《三寶記》著録方便經、坐禪經、禪經等，注云：“見別録”；《雜譬喻經》一卷，注云：“凡十一事，祐録云失譯；今檢見別録，故載之。”類此所舉，皆見於此敦煌寫本，亦足爲此卷即《衆經別

録》之明證矣。

戊午之秋，余客巴黎，細讀此卷，察卷首三行缺上半截，所缺之處，適容三經題。第四、第五行存題記云：“法護於京師遇西國家志，從出經，經後尚有數品，其□忘失，唯宣現者。大康十年四月八日，白馬寺中聶道人真對出。”規案，《出三藏記集》卷七著録《文殊師利净律經記第十八》，經後記云：“沙門曇法護於京師遇西國寂志，從出此經，經後尚有數品，其人忘失，輒宣現者，轉之爲晋。更得其本，補令具足。太康十年四月八日，白馬寺中，聶道真對筆受。勸助劉元謀、傅公信、侯彦長等。”據此，則此卷第三行當缺“文殊師利净律經”經題；第四、五行當爲“文殊師利净律經”之題記，“家志”當作“寂志”，“家”蓋寂俗字“家”之訛。又此卷最末“佛入三昧□□□□光明經”，《出三藏記集》卷四《新集續撰失譯雜經録第一》著録《佛入三昧一毛放大光明經》，可據補缺字。又此卷著録《賢愚經》十三卷，題記云：“元嘉廿二年出，宗文帝時，凉州沙門曇於于闐得”，字有訛脱。《出三藏記集》卷二著録《賢愚經》十三卷，并云：“宋元嘉二十二年出。右一部，凡十三卷。宋文帝時，凉州沙門釋曇學、威德於于闐國得此經胡本，於高昌部譯出。”亦當據補。又此卷“法尚住經”，《出三藏記集》作“法常住經”，“尚”當作“常”。凡此皆可以《祐録》校正此卷之缺字誤字者也。亦有可以此卷校正《祐録》之誤者，如《祐録》“《佛遺日摩尼寶經》一卷”，此卷作“《佛説遺日摩尼寶經》一卷”，當依此卷作“佛説”爲是;《祐録》“《般若得經》一卷”，此卷作“《佛説般若得道經》一卷”，亦當依此卷作“得道”爲是；又此卷“怛抴尼百句”，抴乃總之俗字，《出三藏記集》卷四作“怛恕尼百句”，《衆經目録》卷三作“怛恕尼百句經”，“總”訛作“恕”，當據此卷訂爲“總”。此皆互校可相補正者也。至此卷“《小品經》七卷，明二帝爲宗，文質約”，“法尚住經，明四帝爲宗”，“帝”皆當作“諦”，“約”當作“均”，蓋寫手之誤也。

校録既竟，確知此卷爲劉宋《衆經别録》。衡其優勝，蓋有三端。一曰，藏經目録，現存者此爲最古。案我國現存經録二十餘種中，最古者夙推梁僧祐所撰《出三藏記集》十五卷。今敦煌發現此卷，又證明其爲劉宋時《衆經别録》，早出《祐録》數十年，則不得不推此卷爲現存最古之經録矣。考現存藏經目録，自梁僧祐《出三藏記集》、隋法經《衆經目録》、隋費長房《歷代三寶記》以下，有唐沙門道宣《大唐内典録》，其《歷代所出衆經録目第九》載古經録、舊録、漢時佛經目録、魏時沙門朱士行《漢録》、西晋沙門竺法護衆經録、西晋清信士聶道真衆經録、《二趙經録》、前秦沙門釋道安《綜理衆經目録》以下凡二十餘家，而云：“已前諸録二十四家，檢紀傳有之，未見具本，故列名而已。”至其現存之本，則首“《衆經别録》二卷”，注云：“未詳作者，言似宋時”；詳列細目，與費長房《開皇三寶録》同。以次爲“梁《出三藏記集》”，注云：“齊末梁初沙門釋僧祐撰”；次爲“元魏《衆經目録》”，注云：“永熙年，敕舍人李廓撰”；“梁代《衆經目録》”，注云：“天監十七年，敕沙門寶唱撰”；“齊代《衆經目録》”，注云：“武平年沙門法上撰”；“大隋《衆經目録》七卷”，注云：“開皇十四年，敕翻經所沙門法經等二十大德撰”；次“《開皇三寶録》合一十五卷”，注云：“開皇十七年，大興善寺翻經學士費長房撰”；次“隋仁壽年《内典録》五卷”，注云：“京師延興寺釋玄琬傳云：‘文帝敕大興善寺大德與翻經沙門學士披檢法藏，詳定此録’。”《大唐内典録》撰於唐高宗麟德元年，是唐初尚存之經目八種，實以劉宋《衆經别録》爲首出。又智昇《開元釋教録》卷十《總括群經録》及《貞元新定釋教目録》卷十八《總集群經録》均著録《衆經别録》二卷，篇目全同費録，唯皆注云：“從《衆經别録》下四家目録，長房内典二録具列篇題，今尋本未獲，但具存其目。”是《衆經别録》自開元時已佚其本，唐

人此後所能見之最早經録，唯梁僧祐《出三藏記集》。千載之後，乃復獲見《祐録》前之敦煌殘卷，允爲現存最古之經録，此其特點一也。二曰，此録每一經典，皆標明宗旨，如《菩薩行五十緣身經》云：“以佛相似因果爲宗”；《德光太子經》云：“以菩薩行爲宗”；《幻士仁賢經》云：“以禪定神力爲宗”；《大净法門品經》云：“以菩薩權實二慧爲宗”；《郁伽羅越問菩薩行經》云：“以在家出家爲宗”。此皆深研經奥，揭明宗旨，與判教講學均有極大關係。一切經録，似皆無若此卷之特别注意及此者。現存經録，世多推重唐智昇《開元釋教録》。吕澂《佛教研究法》嘗論之曰：“但爲諸録中之白眉者，唯《開元釋教録》。此係開元十八年智昇所撰，爲以前各録之歸著點，復爲以後各録之出發點。其書二十卷，前十八卷與後二卷判爲兩類；前類更分總録十卷，别録八卷。總録所收，乃依年代列舉自漢迄唐之各譯家記録，則先揭所譯書目卷數，分其存缺，更注初載之經録，原著者名氏，譯出之次數，乃至譯出年時、譯場、參加者，莫不備記。最後繫以譯者之傳記。其網羅各方面，實極完備。録末更舉古今經録四十餘種，於其現存者一一加以批評。其次别録，分爲七條，考譯本之有無，明支派之别行（如某種經論中特提一篇一章以分别流行），或補遺，或質疑。對於總録之歷史的叙述，此蓋有重爲組織之趣，内容整理，於兹大備。最末二卷，即爲前來各録之綜合，舉列現存經典五千零四十八卷，標出藏經之定數，遂爲一時編輯之標準。要之，本録編輯細密，殆無瑕疵。《四庫提要》嘗評之曰：‘佛氏舊文兹爲大備’，此雖汎汎之言，亦可見其完備優秀也。”以今觀之，《開元録》編輯之用心，不過爲考文徵獻之資；而於經義宗旨，未有一一爲之拈出揭橥之也。即此可知《衆經别録》之作者，必爲踐履篤實之士，故每經皆明其宗旨，以爲行道之鵠的。巴黎藏伯三八四八卷雖亦每經標明宗旨，然《勝鬘經》下有朱筆注云：“明破南宗北宗入無崖處”，據神會《南宗定是非論》謂：“秀和上在日，天下學道者號此二大師爲南能北秀。”又宗密《圓覺經大疏鈔》卷三下《神會略傳》云:“因洛陽詰北宗傳衣之由，及滑臺演兩宗真僞，與崇遠等持論一會，具在南宗定是非論中也。”是南北宗之名較爲晚出，考其時代，當在此卷之後，是此經録之特色二也。三曰，每一經下，皆標明文質（唯《明皇天子問慈經》未標明，蓋寫者之誤脱）。如《大净法門品經》，注云“文”;《郁伽羅越問菩薩行經》，注云“質”;《菩薩行五十緣身經》，注云“文質均”;《無量清净經》，注云“文多質少”;《賢劫千佛名》，注云“不文不質”。蓋佛典初入東土，譯人皆大德高僧，或清信文士，莫不虔心敬慎，深懼違失聖言。其間驛胡爲漢，備極艱難。過文恐失旨，過質慮不達。故道安法師《摩訶鉢羅若波羅蜜經抄序》[①]云:“譯胡爲秦，有五失本也。一者胡語盡倒，而使從秦，一失本也。二者胡經尚質，秦人好文，傳可衆心，非文不合，斯二失本也。三者胡經委悉，至於嘆咏，丁寧反覆，或三或四，不嫌其煩，而今裁斥，三失本也。四者，胡有義説，正似亂辭，尋説向語，文無以异。或千五百，刈而不存，四失本也。五者，事已全成，將更傍及，反騰前辭，已乃後説，而悉除此，五失本也。然般若經，三達之心，覆面所演。聖必因時，時俗有易，而删雅古，以適今時，一不易也。愚智天隔，聖人叵階，乃欲以千歲之上微言，傳使合百王之下末俗，二不易也。阿難出經，去佛未久，尊者大迦葉令五百六通迭察迭書。今離千年而以近意量裁，彼阿羅漢乃兢兢若此，此生死人而平平若此，豈將不知法者勇乎？斯三不易也。涉兹五失，經三不易，譯胡爲秦，詎可不慎乎？”是知譯人注意修辭，視文士屬筆，其用心尤有過之。且譯才不同，譯筆因之各异。如漢桓靈之世，支讖譯《首楞嚴經》等，“凡所出經，類多深玄，貴尚實中，不存文飾”。稍後支越則

① 僧祐:《出三藏記集》卷八,《大藏經》第五十五册，新文豐版。

以“季世尚文，時好簡略，故其出經，頗從文麗”（《出三藏記集》卷七支愍度《合首楞嚴經記》）。而未詳作者《首楞嚴後記》則云：“咸和三年歲在癸酉，凉州刺史張天錫在州出此首楞嚴經，……凉州自屬辭，辭旨如本，不加文飾，飾近俗，質近道，文質兼，唯聖有之耳。然世高出經，貴本不飾。天竺古文，文通尚質，倉卒尋之，時有不達。”（《出三藏記集》卷六）《道行經序》云：“桓靈之世，朔佛齎詣京師，譯爲漢文，因本順旨，轉音如己，敬順聖言，了不加飾也。”（卷七）釋道安作《合放光光贊略解序》云：“至於雜類細經，多出四含。或以漢來，或自晋出，譯人無名，莫能詳究，然文過則傷艷，質甚則患野，野艷爲弊，同失經體。故知明允之匠，難可世遇矣。”（卷七）釋道安《道地經序》云：“音近雅質，敦兮若樸。或變質從文，或因質不飾。”（卷十）未詳作者《僧伽羅刹集經後記》云：“使佛念爲譯人。念乃學通内外，才辯多奇。常疑西域言繁質，謂此土好華，每存瑩飾文句，减其繁長。安公趙郎之所深疾，窮校考定，務在典骨，既方俗不同，許其五失胡本，出此以外，毫不可差。”（卷十）而釋慧遠作《大智論抄序》云：“於是静尋所由，以求其本。則知聖人依方設訓，文質殊體。若以文應質，則疑者衆；以質應文，則悦者寡……遠於是簡繁理穢，以詳其中。令質文有體，義無所越。”（卷十）由此證知譯人屬筆之始，即反覆考慮譯經文質之宜。故僧祐論之[①]曰：“義之得失，由乎譯人；辭之質文，繫於執筆。”足明文質問題與譯經之重要。蓋譯述表達异言，猶如創作抒寫己見。摛辭之際，或宜文，或尚質，實爲修辭之要務。劉勰助僧祐校録經藏，深通佛典，故著《文心雕龍》亦極重視文質之辨。其論篇什不可廢文，則曰：“孝經垂典，喪言不文，故知君子常言未嘗質也。”（《文心·情采篇》）論作者文質不同，則曰：“至如主父之駁

① 僧祐:《出三藏記集》卷十“胡漢譯經音義同异記”。

後記

本論文宣讀後，曾往法國國家圖書館東方寫本部，查閱民國二十五六年間王重民在法所編敦煌卷子目錄，其初稿著錄伯三七四七爲「三乘通教經錄」，伯三八四八著錄爲「佛經目錄。」後用鉛筆劃去伯三七四七初稿，而於眉端改寫說明此卷爲衆經別錄。（見照片）除王氏筆蹟外，尚有東方寫本部前主任 Marie—Roberte Guignard 增訂文字；蓋王氏以法文紀錄，有用詞不當，輒爲改正。據此，知王氏早年實已發現伯三七四七爲衆經別經。及王氏歸國，將所編敦煌卷子目錄底稿攜去，故館中今所存者爲王氏手稿照片。一九五八年出版敦煌古籍敍錄暨一九六二年印行敦煌遺書總目索引時，或因歲久遺忘，以致訛誤。今爲探明原委，用袪後世學者迷惘云。

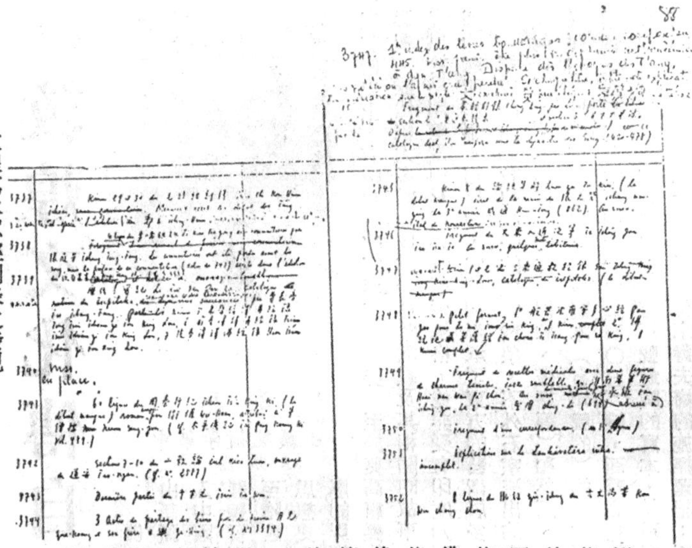

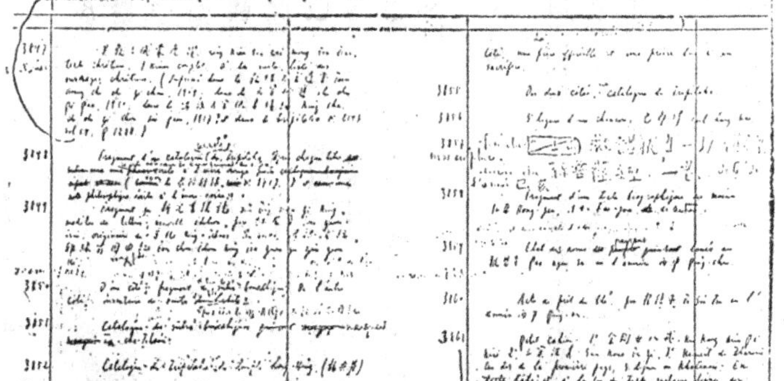

挾弓，安國之辨匈奴，賈捐之陳於朱崖，劉歆之辨於祖宗，雖質文不同，得事要矣。”（《議對篇》）論篇章文質互用，各有體宜，則曰：“夫文辭鄙俚，莫過於諺，而聖賢詩書，采以爲談，況踰於此，豈可忽哉。觀此四條，并書記所總，或事本相通，而文意各异，或全任質素，或雜用文綺。隨事立體，貴乎精要。”（《書記篇》）復於《通變篇》總論之曰：“夫設文之體有常，變文之數無方……確而論之，則黄唐淳而質，虞夏質而辨，商周麗而雅，楚漢侈而艶，魏晋淺而綺，宋初訛而新……斯斟酌於質文之間，而隱括乎雅俗之際，可與言通變矣。”僧祐留意譯經，彦和編校佛藏，故論譯述與創作文質之宜，其言密合如此。夫經意不失，與譯筆文質，有極大之關係。是以此卷每經皆注明文質，此《衆經别録》之特色三也。由斯以言，《衆經别録》每經詳辨其文質者，意在因文以明道；每經必揭其宗旨者，期明道以篤行。研精教乘，孰有先於明道篤行者！然則此録之特色，不獨諸録之所無，抑亦諸録之所不及，是此卷之發現，得不謂爲經録一大發現歟！

上來説此殘卷竟，更宜辨明伯三八四八卷之非《衆經别録》。案伯三八四八卷，白楮，無書題，首尾俱殘，存百零九行。載《佛藏經》四卷（題下朱筆注云：“明破西方净土卅六本大願處”）、《鴦掘魔羅經》四卷（題下朱筆注云：“明解脱雖有名不説有名相處”）、《維摩經》三卷（題下朱筆注云：“明不斷煩惱而入涅槃處”）、《首楞嚴三昧經》兩卷（朱筆注云：“明内行六波羅蜜處”）、《超日月明定經》二卷（題下朱筆注云：“明卄作夢悟通處”）、《仁王般若經》二卷（題下朱筆注云：“明菩提與煩惱合爲一義處”）、《法界體性經》二卷（題下朱筆注云：“明覺了貪瞋癡如來出纏處”）、《諸法無行經》二卷（題下朱筆注云：“明凡夫强分别作仏度衆生破如來本行處”）、《法鼓經》二卷（題下朱筆注云：“明若有我者必解脱”）、《勝鬘經》一卷（題下朱筆注云：“明破南宗北宗入無崖際處”)、《清净毗尼經》一卷(題下朱筆注云:“明如如煩惱等無二處”)、《縛象經》一卷(題下朱筆注云:“明若見如來如幻夢者是正見佛”)、《文殊般若經》一卷(題下朱筆注云:“明施者受者俱獲五常”)、《無量義經》一卷(題下朱筆注云:“明滅識安心寂然不動處”)等十四部經解題。觀其内容,其非《衆經別録》,灼然可知。據北京大學五十周年紀念敦煌考古工作展覽概要小册子,其展出目録,有《衆經別録》影本,并注云:“伯三七四七,六朝寫本,存九十七行。據《歷代三寶記》,知爲劉宋時所撰《衆經別録》,爲今存經録之最古者。”是次展覽在一九四八年十二月十八日,即由向達、王重民主持,此項資料,必王重民自巴黎所携歸。不知何以在一九五八年,王重民出版《敦煌古籍叙録》時,又誤以爲伯三八四八號卷子。而一九五一年二月蘇晋仁在現代佛學所發表之《敦煌寫本衆經別録殘卷》,雖僅云巴黎國家圖書館所藏,然實即伯三七四七卷子,又不言本於王重民携歸資料。其迷誤之故,令人頗難索解。兹複印原卷,公諸學林;并略抒管見,以就正於當世方聞君子。

(原載《敦煌學》4輯,1979年7月,頁69—88。後載《華學月刊》97期,1980年1月,頁1—27)

敦煌《六祖壇經》讀後管見

禪宗，是中國佛教史上影響最大的宗派，而《壇經》則是後世奉爲禪宗唯一的經典，也是中國人所寫佛教著作中唯一被尊稱爲經的典籍。《壇經》記録了禪宗創始人惠能的言論，代表了禪宗的基本觀念，在中國思想史上同樣占有崇高和重要的地位。

過去讀《壇經》的人，大多數是以明藏本的《壇經》爲唯一通行的讀本。到了近代，敦煌的寫本發現了，日本的興聖寺本、大乘寺本出版了，《壇經》的研究纔進入了一新的階段。談到敦煌寫本《壇經》，現藏倫敦不列顛圖書館，編號爲斯五四七五，日本《大正新修大藏經》，按原本不分章節校定，編入第四十八册。日本學者鈴木貞太郎、公田連太郎分章節的校定本刊行後，并收入民國本《普慧大藏經》。流通行世，逾數十年。此外尚存世的敦煌寫本：一爲北京圖書館藏八〇二四號寫本，首尾不全。一爲敦煌市博物館所藏任子宜本，一爲旅順博物館原藏大谷光瑞本。

大谷光瑞本現下落不明，但日本龍谷大學藏有照片。[①]各本文字雖小有异同，却可能出自同一個底本。由於敦煌寫本文字的書寫習慣與後世頗异，歷來都認爲是抄寫的訛誤。故宋仁宗至和三年（一〇五六）吏部侍郎郎簡《法寶壇經》序云："六祖之説，余素敬之。患其爲俗所增損，而文字鄙俚繁雜，殆不可考，會沙門契嵩作《壇經贊》，因謂嵩師曰：'若能正之，吾爲出財模印，以廣其傳。'更二載，嵩果得曹溪古本，校之，勒成三卷。"可見宋代人即視寫本文字爲鄙俚繁雜。直至現代，學者仍多持此種見解，輕視寫本。如近人任繼愈教授《敦煌〈壇經〉寫本跋》云[②]："敦煌本《壇經》錯字别字，連篇累牘，説明傳抄者的文化水平不高。"至於日本學者如矢吹慶輝、鈴木大拙、宇井伯壽、柳田聖山諸教授，莫不鄙視《壇經》寫本，名之爲"惡本"。宇井伯壽《第二禪宗史研究》（昭和十六年岩波書店）卷首《壇經考》，歷指敦煌寫本偏旁之誤（如打掬作木旁、往作徃、代作伐等）。[③]此種看法，頗易對寫本内涵産生一種不信任感。因此許多研究敦煌學的學者，對着滿目謬誤的惡本，抱着鄙視淺劣抄手的心理，很容易造成誤抄誤認的過失。遇到讀不通處，更常常自以爲是，擅自改動。於是各逞臆説，造成了讀敦煌寫本的一大障礙。

我長期涉獵敦煌寫本之後，有了一個客觀深入的看法。我認爲語言文字，是心靈思想的符號。人人都有表達思想的欲望，人人都有創造語文的權利。所以《荀子·正名篇》説："名無固宜，約之以命。約定俗成謂

① 方廣錩:《敦煌宗教研究的回顧和展望》,《中國文化》一九九〇年第二期，第五頁；向達:《西征小記》，見《唐代長安與西域文明》，一九五七年，第三六八至三六九頁；柳田聖山:《敦煌本六祖壇經ノ諸問題》，見《敦煌佛典と禅》，日本大東出版社，第三十六頁；又龍谷大學藏本，僅存照片二頁，見井ノ口泰淳等編:《舊關東廳博物館所藏大谷探檢隊將來文書目録圖版》。

② 敦煌文物研究所編:《全國敦煌學術討論會文集文史遺書編》下册，甘肅人民出版社出版，一九八三年，第三六九頁。

③ 柳田聖山:《敦煌本〈六祖壇經〉の諸問題》，見《敦煌佛典と禅》，第三二至三三頁。

之宜，异於約則謂之不宜。”荀子所謂名，即是文字。所謂約定，即民意所公認。所謂俗成，即大衆所通用。文字經約定俗成，足爲標準，謂之正字。正字既已通行，復有人改變正體，斯爲新造之字。新造之字，如得大衆認可，獲大衆使用，這亦是約定俗成。約定俗成的文字，便不容任何人把他抹殺。根據這一理念，加以觀察，許多敦煌寫本中我們認爲是訛誤的文字，實在是當時約定俗成的文字。它們自成習慣，自有條理，它們是得到當時人的認同的。我們站在現代人的立場，覺得它違背了我們的習慣，我們認爲它是錯誤。如果站在他們的立場，他們亦會覺得我們違背了他們的習慣，會認爲我們是錯誤。例如現代人把疑問詞寫作“麽”，而敦煌寫本多作“摩”或“磨”。其實摩、磨、麽都没有疑問的意義，同樣都是用的同音通假字。現代人認爲敦煌寫本是抄手的錯了，敦煌寫本的抄手同樣可以説現代人是錯了。因此如果不通曉敦煌文字書寫的習慣條理，就很難讀通敦煌俗寫文字。現存的敦煌卷子，一篇作品，往往有多個寫本，可以互相校對，互相印證。例如《敦煌變文集》中《伍子胥變文》:“有兩個外甥”，一本寫作“有兩個姓甥”，另一本寫作“有兩個甥甥”，因此知道外、姓、甥都是外字。又如《太子成道經》:“四天王唤衣太子”，一本作“四天王唤於太子”;“啓告於我”，一本作“啓告依我”; 又《醜女緣起》:“今世足衣足食”，一本作“今世足於足食”，因此知道“衣”“依”“於”三字可互相通用。又如《太子成道經》:“誰之弟子”，一本作“誰知弟子”;《降魔變文》:“三世諸佛”，一本作“三世之佛”，因此知道“諸”“知”“之”三字可以互相通用。我綜合歷年來研究所得，於一九八〇年八月在臺北“中研院”召集的漢學會議中，提出了一篇《敦煌卷子俗寫文字與俗文學之研究》的論文（見《“中研院”國際漢學會議論文集》，一九八一年十月出版）。我把敦煌文字俗寫的習慣，歸納成字形無定、偏旁無定、繁簡無定、行草無定、通假無定、標點無定等等條例。字形無定，如人、入不分，雨、兩不分，瓜、爪不分等；偏旁無定，如木、才不分，亻、彳不分等；繁簡無定，如佛作仏、含作含等；行草無定，如風作飞、門作つ等；通假無定，如是通事，須通雖等。標點符號亦和現代通行符號大不相同，如删除符號作“卜”等。這種種現象，正和遼代沙門行均編纂的《龍龕手鑑》完全相符。原來《龍龕手鑑》是根據宋以前寫本編成的一部字書，所以人部的字和彳部不分，瓜部的字和爪部不分，木部的字和扌部不分。甚至同一個雨字，可以用作兩，亦可以用作雨，并同收在雨部中。這種種狀况，證明了敦煌寫本使用的文字，正是當時通行的文字，而不是近代人眼中心中的惡本訛字。

我們認清了這一事實，就必須承認敦煌寫本確是當時普遍通行的抄本，并非被後世輕視的所謂誤本惡本。我們把這種錯覺掃除後，再仔細觀察這個倫敦所藏的《壇經》寫本，便應該承認它是一個很質樸、很接近原本的早期抄本。這個抄本，據印順法師説[①]：

> 慧能在大梵寺説“摩訶般若波羅蜜法，授無相戒”。傳説由弟子法海記録，爲《壇經》的主體部分。這在慧能生前應該已經成立了。等到慧能入滅，於是慧能平日接引弟子的機緣，臨終前後的情形，有弟子集録出來，附編於被稱爲《壇經》的大梵寺説法部分之後，也就泛稱爲《壇經》。這才完成了《壇經》的原型，可稱爲曹溪原本。

我們根據印順法師的説法來觀察倫敦藏本，可以説是非常接近原本的。首先看倫敦藏本的題目，寫作：

① 印順法師：《中國禪宗史》，一九七五年二月臺北重版，第二四六至二四七頁。

南宗頓教最上乘摩訶般若波羅蜜經

六祖惠能大師於韶州大梵寺施法壇經一卷

兼受無相戒　弘法弟子法海集記

《壇經》尊稱爲經，當然是出於當時人和後學者的推崇。爲什麽稱爲《壇經》？這是由開法傳禪的壇場而來。當時的開法，不是一般的説法，是與懺悔、發願、歸依、受戒等相結合的傳授，這是稱爲“法壇”與“壇場”的理由，也就是被稱爲“壇經”“壇語”的原因。[①]《壇經》一開始就説：“惠能大師於大梵寺講堂中昇高座，説摩訶般若波羅蜜法，受（敦煌俗寫文字受、授不分，受即授）無相戒……刺史遂令門人僧法海集記，流行後代。”説的法是南宗頓教《摩訶般若波羅蜜經》的法。説法的人是六祖惠能。同時又授無相戒，所以説兼授無相戒。記録的人，是弟子法海。寫本的内容和寫本的題目是互相吻合的。後來傳刻的《壇經》，就把原來的題目改動了。由敦煌寫本的題目看來，敦煌本是很接近原本的抄本。

其次，我們看敦煌寫本末尾有一段題記，是抄寫人説明抄寫的來歷。《壇經》開始便説：“刺史遂令門人僧法海集記，流行後代，與學道者承此宗旨，遞相傳授，有所依約，以爲禀承，説此《壇經》。”又説：“大師往漕溪山，韶廣二州行化四十餘年。若論門人，僧之與俗，三五千人説不盡。若論宗指，傳授《壇經》，以此爲依約；若不得《壇經》，即無禀受。須知去處、年、月、姓名，遞相付囑。無《壇經》禀承，非南宗弟子也。”六祖臨終前，又囑付門人法海、志誠、法達、智常、志通、志徹、志道、法珍、法如、神會説：“汝等拾弟子近前，汝等不同餘人，吾滅度後，汝各爲一方頭。”“十弟子！已後傳法，遞相教授，一卷《壇經》，不

① 印順法師：《中國禪宗史》，第二四五頁。

失本宗。不禀授《壇經》，非我宗旨。汝今得了，遞代流行，得遇《壇經》者，如見吾親授。拾僧得教授已，寫爲《壇經》，遞代流行，得者必當見性。”“大師言：今日已後，遞相傳授，須有依約，莫失宗旨。”可見《壇經》是説法的記録，編成《壇經》後，便用作修行的課本。各爲“一方頭”的十弟子，當然持有寫本，其他弟子門人亦應有傳抄本。倫敦藏敦煌寫本，似乎就是傳鈔本之一。我們看它末尾一段題記説：

此《壇經》，法海上座集。上座無常，付同學道漈。道漈無常，付門人悟真。悟真在嶺南漕溪山法興寺，見（同現）今傳受此法。如付此法，須得上根之心，信佛法，立大悲，持此經以爲依承，於今不絶。和尚本是韶州曲江縣人也。如來入涅槃，法教流東土，共傳無住，即我心無住。此真菩薩，説真示，行實喻，唯教大智人。是旨依，凡度誓修行，修行遭難不退，遇苦能忍，福德深厚，方授此法。如根性不堪，材量不得，雖求此法，建立不得者，不得妄付《壇經》。告諸同道者，令知密意。

據這段題記，這位抄寫《壇經》的人，可能是和悟真同時的南宗弟子，亦許就是法海、道漈的門人。抄寫時間，可能在六祖去世之後不超過三十年的時間。[①]六祖滅度的時間是先天二年（七一三），這個寫本的底本應是在公元七四〇年前後，由這位南宗弟子抄録保存的。至於後人種種竄改的猜想，似乎都未必合於事實。因爲《壇經》是六祖門下修行頓教法的依據，是學侶們共同禀受的課本，是師徒輩遞相傳鈔的教材，這位嶺南的南宗弟子，抄寫了這部《壇經》，并記下這部《壇經》的來源，説明此《壇經》的集記人是上座法海，又説明法海和尚是韶州曲江人，以及法海和尚

① 任子宜藏敦煌《壇經》寫本末尾這段話亦與倫敦藏本没有差异，可見根據的底本是相同的。

傳付《壇經》的同學弟子。由題記叙説，可以看出抄寫承傳的經過。他私人抄寫保存，作爲清修的典範，豈容旁人竄改！有人説，與神會同時的南陽慧忠國師曾説："吾比游方，多見此色，近尤盛矣。聚却三五百衆，目視雲漢，云是南方宗旨，把他《壇經》改换，添糅鄙譚，削除聖意，惑亂後徒，豈成言教！苦哉！吾宗喪矣！"可見《壇經》早有人竄改。不過，慧忠國師北國游方，見人改《壇經》是一回事；嶺南弟子私人的抄本，不容旁人竄改，是另一回事。這一未經竄改的私人抄本，閉藏在敦煌石窟千年後，被人發現，它的接近原本的真實性，似乎是不容懷疑的。

我們再看，敦煌寫本《壇經》一氣寫下，不分章節，和劃分章節的後世刻本不同。這是由於刻本經後人科判潤色，分出章節，修飾詞句，又雜糅事迹，一再增改，與原本愈去愈遠。唯宋初惠昕所編刻的《壇經》，其底本爲唐代寫本，改動亦較少。惠昕本分二卷十一門，編定的時間爲宋太祖乾德五年（九六七）五月。[①]鈴木大拙昭和八年（一九三三）複製興聖寺藏本，號稱爲興聖寺本，前有手寫的惠昕序文：

> 我六祖大師，廣爲學徒説見性法門，總令見性成佛，目曰《壇經》，流傳後學。古本文繁，披覽之徒初忻後厭。余以太歲丁卯，月在蕤賓，二十三日辛亥，於思迎塔院分爲兩卷，凡十一門，貴接後來，同見佛性者。

興聖寺本最後還保留了寫本的附記云：

> 洎乎法海上座無常，以此《壇經》付囑志道，志道付彼岸，彼岸付悟真，悟真付圓會，遞代相傳付囑，一切萬法不離自性也。

① 鈴木大拙、胡適考定。

倫敦藏本、敦博館藏任子宜本和惠昕所據的寫本，都是溯源於上座法海。興聖寺本凡五傳，但没有説明是同學或是門人，却比敦煌本的悟真又多了一位圓會，應該是晚一二十年的抄本。兩本的傳授，不完全是師與弟子的傳承，同門間亦可彼此傳抄。所謂付者，只是付與同門或弟子傳抄。并不一定如傳衣之傳，只此一衣，代代遞傳。所以敦煌、惠昕二本的傳授次第，雖小有不同，但仍有其共同性，那就是都從編集《壇經》的上座法海而傳到悟真。法海與悟真間，敦煌本是法海的同學道漈。興聖寺本是志道與彼岸。志道亦是六祖十弟子之一，亦是法海的同學。[①]可見早期的寫本《壇經》，是同門間彼此研習的講義。宋以後的刻本《壇經》，則是問世流通的出版著作。早期講義，是聽講的筆録，隨聽隨記，不分章節，文字亦較質樸，接近口語。流通問世的刻本，則力求讀者悦目易曉，故章節分明，文辭亦多加修飾。内容情節，更是刻意增添。增添的情節，有的可能是當時的事實，有的是合情合理的描寫，有的則是刻意的誇張，或荒誕的傳説。刻本愈後，原本的真相改變愈多。因此敦煌寫本只有一萬二千字，惠昕根據寫本改編後的刻本亦不過一萬四千字，以後的明藏本竟增加到二萬一千字。[②]我們看敦煌寫本，六祖説他往黄梅求法時，只有簡單幾句："惠能聞説，宿業有緣，便即辭親，往黄梅馮墓山禮拜五祖弘忍和尚。"惠昕本便補充了辭親以前一段合情合理的叙述："惠能聞説，宿業有緣，乃蒙一客取銀十兩，與惠能令充老母衣糧，教便往黄梅禮拜五祖。惠能安置母畢，便即辭親。"又如神秀作偈，未得印可，五祖命再作一偈，構思不得時，敦煌本説："秀上座去數日，作不得。有一童子於碓坊邊過，唱誦此偈。"惠昕本作："神秀作禮便出。又經數日，作偈不成。心中恍惚，

① 印順法師:《中國禪宗史》，第二六五頁。

② 胡適:《壇經考之二》，跋日本京都堀川興聖寺藏北宋惠昕本《壇經》影印本，《胡適禪學案》，臺北正中書局，一九七五年，第八十六至八十八頁。

神思不安，猶如夢中，行坐不樂。復經兩日，有一童子於碓坊過，倡誦其偈。”中間刻意描寫神秀失意不安情況，不似惠能説法口吻，顯爲惠昕本後加。又如六祖自言拜讀神秀偈語，并自作一偈，請人題壁，敦煌本只説：“童子引能至南廊下，能即禮拜此偈。爲不識字，請一人讀，惠聞已即識大意。惠能亦作一偈，又請得一解書人於西間壁上題著。”到了惠昕本，便詳細説出了讀偈題偈人的姓名履歷。它説：“童子便引惠能到南廊拜偈頌，爲不識字，請一上人爲讀，若得聞之，願生佛會。時有江州别駕姓張名日用，便高聲讀。惠能一聞，即識大意。因自言亦有一偈，望别駕書于壁上。别駕言：‘獦獠！汝亦作偈，其事希有。’惠能啓别駕言：‘若學無上菩提，不得輕於初學。俗諺云：下下人有上上智，上上人有没意智。若輕人，即有無量無邊罪。’張日用言：‘汝但誦偈，吾爲汝書于壁上，汝若得法，先須度吾，勿忘此言。”又如六祖得傳衣法後南歸，敦煌本只説：“若住此間，有人害汝，汝即須速去。能得衣法，三更發去。五祖自送能於九江驛，登時便五祖處分：‘汝去努力，將法向南，三年勿弘此法。難起（去）在後，弘化善誘迷人，若得心開，與吾無别。’辭違已了，便發向南。”惠昕本便添了許多描寫，説：“若住此間，有人害汝，汝須速去。惠能言：‘本是南中人，久不知此山路，如何得出江口？’五祖言：汝不須憂，吾自送汝。其時領得衣鉢三更便發南歸。五祖相送，直至九江驛邊，有一隻船子。五祖把艣自摇。惠能言：‘請和尚坐，弟子合摇艣。’五祖言：‘只可是吾度汝，不可汝却度吾，無有是處。’惠能言：‘弟子迷時，和尚須度；今吾悟矣，過江摇艣，合是弟子度之。度名雖一，用處不同。惠能生在邊方，語又不正，蒙師教旨付法，今已得悟，即合自性自度。’五祖言：‘汝今好去，努力向南。五年勿説佛法。難起（去）已後，行化善誘迷人，若得心開，與吾無别。’辭違已了，便發向南。”惠昕本還有補綴事實，附注在一章之末，預備插入正文的情况。如敦煌本云：“唯有一僧，姓陳名惠順，先是三品將軍，性行麄惡，直至嶺上來趁，把著惠能，即還法衣，又不肯取。‘我故遠來求法，不要其衣。’能於嶺上，便傳法惠順。惠順得聞，言下心開。能使惠順即却向北化人來。”惠昕本作：“唯一僧，俗姓陳，名惠明，先是四品將軍，性行麄惡。直至大庾嶺頭，趁及惠能。便還衣鉢，又不肯取。言我求法，不要其衣。惠能即於嶺頭，便傳正法。惠明聞法，言下心開。惠能却令向北接人。惠能後至曹溪，又被惡人尋逐，乃於四會縣避難。經五年，常在獵人中；雖在獵中，每與獵人説法。至高宗朝，到廣州法性寺，值印宗法師講涅槃經。時有風吹旛動，一僧云旛動，一僧言風動。惠能言：‘非旛動、風動，人心自動。’印宗聞之悚然。”惠昕本加敘了許多情節之後，在悟法傳衣門的末尾，又用小字雙行記云：“祖謂明曰：‘不思善，不思惡，正與麼時，如何是上座本來面目？’明大悟。”這個附注，後來刻本《壇經》都改編成爲正文了。像這類添加情節的文字，顯然都是惠昕本爲《壇經》做的補充。

其他文字間的异同，由於敦煌寫本文辭質樸，較近口語；刻本經後人潤色，則較近文言。如敦煌本云：“使君問：‘法可不是西國第一祖達磨祖師宗旨？’大師言：‘是。’‘弟子見説達摩大師化梁武帝，帝問達磨：朕一生已來，造寺布施供養，有功德否？’”惠昕本作：“韋公曰：‘和尚所説，可不是達摩大師宗旨乎？’師曰：‘是。’公曰：‘弟子聞達摩初化梁武帝，帝問曰：朕一生造寺供僧，布施設齋，有何功德？’”惠昕本於“可不是達磨大師宗旨”下加一“乎”字，“大師言是”下加“公曰”二字。“弟子見説達磨”改爲“弟子聞達摩。”皆是潤色口語，變成文言。又如敦煌本：“神秀師常見人説，惠能法疾直指路。”惠昕本作：“秀聞能師説法徑疾，直指見性。”敦煌本：“汝等不同餘人，吾滅度後，汝各爲一方頭。”惠昕本作：“汝等不同餘人，吾滅度後，各爲一方師。”把“見人説”改爲“聞”，把“頭”改爲“師”，很明顯的，都是把口語改爲文言。從最早的

刻本來觀察增改的情況，更可證明敦煌本確是現存行世的最早寫本，亦是最接近原本的寫本。

不料這個倫敦藏敦煌本《壇經》，亦即是最接近原本的《壇經》，問世不久，却被胡適先生提出了神會僞造《壇經》的新見解，造成了震撼《壇經》的大問題。他的《荷澤大師神會傳》(《胡適文存》第四集）云：

敦煌本《壇經》説：先天二年，慧能將死，與衆僧告别，法海等衆僧聞已，涕泪悲泣，唯有神會不動，亦不悲泣。六祖言："神會小僧，却得善不善等，毁譽不動，餘者不得……"最可注意的是慧能臨終時預言——所謂"懸記"：上座法海向前言，"大師，大師去後，衣法當付何人？"大師言，"法即付了，汝不須問，吾滅後二十餘年，邪法遼亂，惑我宗旨。有人出來，不惜身命，第佛教是非，竪立宗旨，即是吾正法，衣不合傳……"此一段今本皆無，僅見於敦煌寫本《壇經》，此是《壇經》最古之本，其書成於神會或神會一派之手筆，故此一段暗指神會在開元、天寶之間"不惜身命，第佛教是非，竪立宗旨"的一段故事……二十餘年後建立宗旨的預言是神會一派造出來的，此説有宗密爲證。宗密在禪門師資承襲圖裏説：傳末又云："和尚將入涅槃，默受密語於神會，語云：從上已來，相承准的，只付一人。内傳法印，以印自心，外傳袈裟，標定宗旨。然我爲此衣，幾失身命。達磨大師懸記云：至六代之後，命如懸絶。即汝是也。是以此衣宜留鎮山。汝機緣在北，即須過嶺。二十年外，當弘此法，廣度衆生。"這是一證。宗密又引此傳云："和尚臨終，門人行滔、超俗、法海等問和尚法何所付。和尚云：所付囑者，二十年外，於北地弘揚。"又問誰人。答云："欲若知者，大庾嶺上，以綱取之。"（原注：相傳云：嶺上者，高也。荷澤姓高，故密示耳。）這是二證。（重規案：宗密記荷澤得法傳受事迹，與《壇經》頗相近，只能説宗密説本於《壇經》，不能指爲《壇經》是僞造的證據。《壇經》本非僞造，如何可輕易説，“凡此皆可證《壇經》是出於神會或神會一派的手筆”。）凡此皆可證《壇經》是出於神會或神會一派的手筆。（重規案：柳宗元曹溪第六祖賜謚大鑒禪師碑云：“中宗聞名，使幸臣再徵不能致，取其言以爲心術，其説具在，今布天下，凡言禪皆本曹溪。”中宗使臣傳言之際，度當亦以《壇經》進呈，故云“其説具在，今布天下”，天下共聞的《壇經》，神會如何能够僞造？）敦煌寫本《壇經》留此一段二十年懸記，使我們因此可以考知《壇經》的來歷，真是中國佛教的絶重要史料……今據巴黎所藏敦煌寫本之《南宗定是非論》及《神會語録》第三殘卷所記，滑臺大雲寺定南宗宗旨的事大致如下：唐開元二十二年正月十五日，神會在滑臺大雲寺演説菩提達摩南宗的歷史，説：“達摩……傳一領袈裟以爲法信，授與惠可，惠可傳僧璨，璨傳道信，道信傳弘忍，弘忍傳惠能，六代相承連綿不絶。”他説：神會今設無遮大會，兼莊嚴道場，不爲功德，爲天下學道者定宗旨，爲天下學道者辨是非。”他説：秀禪師在日，指第六代傳法袈裟在韶州，口不自稱爲第六代。今普寂禪師自稱第七代，妄豎和尚爲第六代，所以不許。”他又説，久視年中，則天召秀和尚入内，臨發之時，秀和尚對諸道俗説：“韶州有大善智識，元是東山忍大師付屬，佛法盡在彼處。”這都是大膽的挑戰。其時慧能與神秀都久已死了，死人無可對證，故神會之説無人可否證。（規案：六祖密受弘忍衣法，乃神秀口説。《全唐文》卷十七載中宗召曹溪惠能入京御札云：“朕請安、秀二師宫中供養，萬幾之暇，每究一乘，二師并推讓云：‘南方有能禪師，密受忍大師衣法，可就彼問。’今遣内侍薛簡馳詔迎請，願師慈念，速赴上京。”這是神秀説六祖密受衣法的堅證。王維六祖能禪師碑銘亦説：“〔忍大師〕臨終，遂密授以祖師袈裟。”這些清楚翔實的記録，充分證明了《壇經》所載

六祖自述得衣法的經過絶非虛構。即使神秀復生，他亦會承認而不會否認。胡先生動輒説《壇經》是神會僞造，六祖根本没有傳受弘忍衣法等空話，眼前擺着的事實，不知胡先生如何否認得了。）但他又更進一步，説傳法袈裟在慧能處，普寂的同學廣濟曾於景龍三年十一月到韶州去偷此法衣。此時普寂尚生存，但此等事也無人可以否證，只好聽神會自由捏造了。（規案：普寂尚生存，如何説“無人可以否證？”同學偷法衣，如何可以不辨白？神秀是“兩京法主，三帝國師”，普寂是神秀嫡胤，信衆無數，有的是“宿將重臣”，“賢王愛主”，爲什麽要聽神會自由捏造？）當時座下有崇遠法師，人稱爲“山東遠”起來質問道：“普寂禪師名字蓋國，天下知聞，衆口共傳，不可思議。如此相非斥豈不與身命有讎？”神會侃侃地答道：“我自料簡是非，定其宗旨。我今謂弘揚大乘，建立正法，令一切衆生知聞，豈惜身命？”這種氣概，這種搏獅子的手段，都可以震動一時人的心魄，故滑臺定宗旨的大會確有“先聲奪人”的大勝利。先聲奪人者，只是先取攻勢，叫人不得不取守勢。神會此時已是六十七歲的老師，（重規案：普寂此時年八十三，比神會更爲老師。）我們想像一個眉髮皓然的老和尚，在這莊嚴道場上，登師子座，大聲疾呼，攻擊當時“勢力連天”的普寂大師，直指神秀門下“師承是傍，法門是漸”（宗密承襲圖中語），這種大膽的挑戰當然能使滿座的人震驚生信。即使有少數懷疑的人，他們對於神秀一門的正統地位的信心也遂不能不動摇了。所以滑臺之會是北宗消滅的先聲，也是中國佛教史上的一大革命。圭傳説他“龍鱗虎尾，殉命忘軀”，神會這一回真可説是“批龍鱗，履虎尾”的南宗急先鋒了……他的勢力在這一千二百年中始終没有隱没。因爲後世所奉爲禪宗唯一經典的《六祖壇經》，便是神會的杰作。《壇經》存在一日，便是神會的思想存在一日。我在上文已指出《壇經》最古本中有“吾滅後二十餘年……有人出來，不惜身命，第佛教是非，豎立宗旨”的懸記，可爲此經是神會或神會一派所作的鐵證。神會在開元二十二年在滑臺定宗旨，正是慧能死後二十一年。這是最明顯的證據。《壇經》古本中無有懷讓、行思的事，而單獨提出神會得道“餘者不得”，這也是很明顯的證據。此外還有更無可疑的證據嗎？我説，有的。韋處厚（死于八二八）作興福寺大義禪師碑銘（《全唐文》七一五），有一段很重要的史料：“在高祖時有道信叶昌運，在太宗時有弘忍示元珠，在高宗時有惠能筌月指。自脉散絲分，或遁秦，或居洛，或之吴，或在楚。秦者曰秀，以方便顯。（適按，此指神秀之五方便，略見《宗密圓覺大疏鈔》卷三下。五方便原書有敦煌寫本，藏巴黎。）普寂其胤也。洛者曰會，得總持之印，獨曜瑩珠。習徒迷真，橘枳變體，竟成《壇經》傳宗，優劣詳矣。吴者曰融，以牛頭聞，徑山其裔也。楚者曰道一，以大乘攝，大師其黨也。大義是道一門下，死於八一八年，其時神會已死五十八年。韋處厚明説《檀經》（《壇經》）是神會門下的“習徒”所作。（傳宗不知是否“顯宗記”？）可見此書出於神會一派，是當時大家知道的事實！但究竟《壇經》是否神會本人所作呢？我説，是的。至少《壇經》的重要部分是神會作的。如果不是神會作的，便是神會的弟子采取他的語録裏的材料作成的。但後一説不如前一説的近情理，因爲《壇經》中確有很精到的部分，不是門下小師所能造作的。我信《壇經》的主要部分是神會所作，我的根據完全是考據學所謂内證。《壇經》中有許多部分和新發現的神會語録相同，這是最重要的證據。我們可以略舉幾個例證。（例一）定慧等《壇經敦煌本》善知識，我此法門以定慧爲本。第一勿迷言慧定别。定慧體一不二。即定是慧體，即慧是定用。即慧之時定在慧，即定之時慧在定。善知識，此義即是定慧等。《壇經明藏本》善知識，我此法門以定慧爲本。大衆勿迷言定慧别，定慧一體不是二。定是慧體，慧是定用。

> 即慧之時定在慧，即定之時慧在定。若識此義，即是定慧等學。《神會語録》即定之時是慧體，即慧之時是定用。即定之時不异慧，即慧之時不异定。即定之時即是慧，即慧之時即是定。何以故？性自如故。即是定慧等學。（第一卷）（例二）坐禪……（例三）闢當時的禪學……（例四）論金剛經……（例五）無念……以上所引，都是挑選的最明顯的例子，我們比較這些例子，不但内容相同，并且文字也都很相同，這不是很重要的證據嗎？……如果我們的考證不大錯，那麽，神會的思想影響可説是存在《壇經》裏。柳宗元作大鑒禪師碑，説："其説具在，今布天下，凡言禪皆本曹溪。"我們也可以這樣説神會："其説具在，今布天下，凡言禪皆本曹溪，其實是皆本於荷澤。"南宗的急先鋒，北宗的毀滅者，新禪學的建立者，《壇經》的作者——這是我們的神會。在中國佛教史上，没有第二個人有這樣偉大的功勛，永久的影響。

總括胡先生的主張，他認爲神秀與慧能同做過弘忍的弟子，當日既無袈裟傳法的事，也没有"旁""嫡"的分别。"師承是旁的口號，不過是争法統時一種方便而有力的武器。"（《胡適文存》第四集《楞伽宗考》，頁二二六至二三四）在胡先生的心目中，神會爲了争法統，捏造出五祖傳衣法、命慧能爲六代祖的事實。又僞造一部《壇經》，作爲自己得受懸記的憑證。這一位轟轟烈烈、不惜身命，爲師門争正義、爲佛法明是非的烈士高僧，被胡先生考證後，竟成了一個捏造事實、假造文書、死争名位的卑鄙小人。爲了六祖傳衣、《壇經》弘法，甚至爲了神會的殉道精神，我們不能不對胡先生説法，加以辨白。

根據胡先生提出神會僞作《壇經》的證據，最重要的有四樁：一是《壇經》有"神會定佛教是非"的懸記；二是《壇經》無懷讓、行思的事，而單獨提出神會得道，餘者不得；三是韋處厚大義禪師碑銘明説《壇經》

是神會門下的習徒所作；四是《壇經》中有許多部分和新發現的神會語録相同。現在分别加以觀察。

一、胡氏認爲敦煌本《壇經》有“神會定佛教是非”的懸記，因此斷定《壇經》是神會所僞造。此一判斷，應該建立在“凡有懸記預言的典籍皆屬僞造”的前提上，方能成立。况且《壇經》所記，是否懸記預言，仍須審慎認定。今細察敦煌本《壇經》所記六祖言行，類皆平實，無絲毫賣弄神通之處。如敦煌本《壇經》中記神秀命門人伺聽六祖説法意旨，後出宗寶本《壇經》云：“志誠稟命至曹溪，隨衆參請，不言來處。時祖師告衆曰：今有盗法之人，潜在此會。志誠即出禮拜，具陳其事。師曰：汝從玉泉來，應是細作。”六祖顯然是一個賣弄神通，誇示能够先知的人。但倫敦藏敦煌本《壇經》則是志誠聆法後，自認從玉泉寺來偷聽時，六祖纔幽默地説：“汝從彼來，應是細作。”冲融豁達的胸襟，令人千載下仍然存在着光風霽月的感覺。六祖南歸，行至大庾嶺，陳僧追來，六祖即還衣法。陳僧自言只爲求法，不爲争奪衣鉢而來。宗寶本《壇經》却説：“趁及惠能，惠能擲下衣鉢於石上云：此衣表信，可力争耶？能隱草莽中，惠明至，提掇不動，乃唤云：行者行者，我爲法來，不爲衣來。惠能遂出。”惠能如果没有神通，衣鉢何至提掇不動。神會如果僞造懸記預言，便應該多方渲染，如同後出《壇經》的描寫。但全部敦煌本《壇經》，没有絲毫描寫六祖賣弄神通能够先知之處。六祖臨終之時，上座法海追問大師去後，衣法當付何人。大師説：“依祖師意旨，衣不合傳。”以下所謂“懸記”的一番話，可能也只是六祖就事作答，六祖是嶺南人，有語音種種的限制，行化僅在南方。神秀在北方大弘漸教，六祖素有所聞（神秀弟子志誠南來曹溪聽法，必然有所陳述）。神會是六祖晚年最得意弟子，六祖稱贊他“得善不善等，毁譽不動。”臨終前，可能秘密傳法與神會，并勖勵他北歸後弘揚南宗頓法。正如五祖夜至三更時，唤惠能至堂内，其夜受法，人盡不知。

所以六祖臨終前，法海問大師去後，衣法當付何人？大師言：“法即付了，汝不須問。吾滅後二十餘年，邪法遼亂，惑我宗旨。有人出來，不惜身命，定佛教是非，即是吾正法，衣不合傳。”宗密禪門師資承襲圖云：“和尚（六祖）將入涅槃，默授密語於神會，語云：從上已來，相承准的，只付一人，内傳法印，以印自心。汝機緣在北，即須過嶺，二十年外，當弘此法，廣渡衆生。”宗密的話，似乎頗近事實。六祖推測情事，預料二十年後，神會因闡揚南宗頓法，必與神秀弟子大判是非，這是就事論事的衡量，談不上是“懸記”“先知”。至於六祖能否先知，這是誰都不敢斷言的。不過根據敦煌本抄者的題記，這番話確是六祖門下的廣東弟子法海記集，道漈、悟真等傳抄的《壇經》原文。廣東人景仰惠能，稱之爲“生佛”“肉身菩薩”，神會如何能竄改廣東弟子護持世守的最重視的抄本。如果説世間一定有神會僞造的《壇經》，那亦絶不是倫敦藏敦煌本的《壇經》。

二、《壇經》無懷讓、行思的事，而單獨提出神會得道，餘者不得。胡先生認爲這也是神會僞造《壇經》的證據。其實，《壇經》所記弟子的事迹，都局限於六祖晚年隨侍左右的弟子，并非如《史記·仲尼弟子列傳》將孔子全部有成就的弟子一一列舉。而在六祖將死與衆僧告别時，法海衆僧涕泪悲泣，唯有神會不動，亦不悲泣，這亦是當時實事。六祖言：“神會小僧却得善不善等，毁譽不動，餘者不得。”這在當時十僧中，神會是北方人，年輩較晚，而修行成績最高。十僧排名，上座法海是第一，是隨侍六祖最早最久的嶺南弟子，而神會第十居末，六祖又稱他爲神會小僧。這都是倫敦本《壇經》真實的記録，而在後出《壇經》就把神會名次提升爲第四了。我們不能把真實的記録，硬指爲是作僞的證據。

三、胡先生指韋處厚大義禪師碑銘明説《壇經》是神會門下的“習徒”所作。胡先生説法前文已具引出。胡先生引韋碑“在高祖時有道信叶昌運，在太宗時，有宏忍示元珠，在高宗時，有惠能筌月指”前，節去了韋碑極重要的幾句話：“應身無數，天竺降其一；禪祖有六，聖唐得其三。”這分明是説禪宗六祖，一祖達摩是天竺人，四祖道信、五祖弘忍、六祖惠能都是唐朝人，顯得唐朝禪宗之盛。至於二祖惠可、三祖僧璨是唐代以前人，因此省略不提。這幾句話説明了禪宗確實有六祖，六祖確實是惠能。胡先生偏説六祖傳衣法是捏造的事實。韋碑説“竟成壇經傳宗”，胡先生却歪曲誤解爲神會門徒製作《壇經》。我們細看韋碑的本文。韋碑叙述六祖以後禪宗分布的情况，神秀、普寂是一枝，神會是一枝，更明白看出神秀没有獲得祖位，身份和神會平列，顯然六祖惠能是“嫡”，神秀是“傍”。而在神秀之下，普寂是神秀的傳人，故云“普寂其胤也”。神會自得甚高深，所以説“得總持之印，獨曜瑩珠”；但是從他學習的門徒，往往迷失真諦，如逾淮之橘，竟變成了徒具形式的“壇經傳宗”。“壇經傳宗”，是六祖傳法方式的一個詞頭，印順法師説：

> 在《壇經》的敦煌本中，發現了明確的解説，如説，“大師言十弟子已後傳法，遞相教授一卷《壇經》，不失本宗，不禀授《壇經》，非我宗旨。如今得了，遞代流行。得遇《壇經》者，如見吾親授。”……在傳法同時，要傳一卷《壇經》。《壇經》不只代表慧能的宗旨，又是作爲師弟間授受的依約（依據、信約），憑《壇經》的傳授，以證明爲南宗的《壇經》，是被“傳”被“付”的，是傳授南宗宗旨的“依約”，這就是“壇經傳宗”（見《中國禪宗史》頁二四七至二四九）。

這一解釋是很正確的。胡先生把“壇經傳宗”解釋爲《壇經》及《傳宗》兩部書名，而把“成”字解釋爲“撰成”“撰作”的意義，顯然是錯誤的解釋，完全是胡先生臆見構成的空中樓閣。

四、《壇經》中有許多部分和新發現的神會語録相同。胡先生認爲這

是神會僞造《壇經》的最重要的證據。其實，神會是六祖的入室弟子，得六祖的真傳，他不惜身命，拼死力争的就是要豎立六祖南宗頓教的教義。他的語録和《壇經》相同，正是他根據《壇經》來宣揚師説的證據。如何能説是僞造《壇經》的重要證據呢？

統觀胡先生的新説，理論證據，均不能使人信服。但中外的學者，受胡先生的影響，亦有認爲倫敦本《壇經》有後來竄入的部分。我的看法是，無論是否有神會僞造或後人竄改的《壇經》，它都與倫敦藏敦煌石窟的《壇經》没有關係，因爲敦煌本《壇經》是六祖弟子上座法海所集記，交由他的同學、門人傳鈔保存。他們珍護信守，作爲修持的憑依，不但自己不敢竄改，更不會容許别人竄改。六祖臨終分付十弟子説："十弟子！已後傳法，遞相教授一卷《壇經》，不失本宗。不禀授《壇經》，非我宗旨，如今得了，遞代流行。得遇《壇經》者，如見吾親授。""拾僧得教授已，寫爲《壇經》，遞代流行，得者必當見性。"可見《壇經》雖未公開傳播，却在同門間相互切磋。如有人僞造竄改，豈不遭同門群起圍攻。倫敦藏本《壇經》出自廣東人法海門下所傳鈔，斷斷没有給神會僞造的理由。如果説世間確有神會僞造或他人竄改的《壇經》，那亦絶不是倫敦所藏的交代得十分清楚的廣東僧人傳鈔的《壇經》。例如惠昕本《壇經》亦是廣東僧人所傳鈔，但它落在後人手中，被後人改編增竄，刊刻問世。而倫敦藏本《壇經》，封閉在莫高窟中，千年後被人無意發現，所以它能够完完整整保存它的本來面目。我在讀《壇經》時，腦海中時時激蕩着胡先生僞造竄改的種種浮議。是非混淆，内心至感痛苦。明知識見淺短，豈敢妄測高深。但管窺所及，不一傾吐，寸心終覺不安，用是略舉所見，以求正并世通人，當來讀者。一九九二年五月廿五日於臺北寓居。

（原載《敦煌學》19輯，1992年10月，頁1—13）

敦煌寫本《六祖壇經》中的“獦獠”

倫敦藏敦煌寫本《六祖壇經》記録了六祖自説求法的經過，他説：

惠能慈父，本官范陽，左降遷派南新州百姓，惠能幼小，父小（又）早亡，老母孤遺，移來“（南）海，艱辛貧乏，於市買（賣）柴。忽有一客買柴，遂領惠能至於官店，客將柴去。惠能得錢，却向門前，忽見一客讀《金剛經》。惠能一聞，心明便悟，乃問客曰：“從何處來，持此經典？”客答曰：“我於蕲州黄梅縣東馮墓山禮拜五祖弘忍和尚，現今在彼，門人有千餘衆，我於彼聽見大師勸道俗但持《金剛經》一卷，即得見性，真了成佛。”惠能聞説，宿業有緣，便即辭親往黄梅山禮拜五祖弘忍和尚。弘忍和尚問惠能曰：“汝何方人？來此山禮拜吾。汝今向吾邊復求何物？”惠能答曰：“弟子是嶺南人新州百姓，今故遠來禮拜和尚，不求餘物，唯求作佛。”大師遂責惠能曰：“汝是嶺南人，又是獦獠，若爲堪作佛！”惠能答曰：“人即有南北，佛性即無南北，獦獠身與和尚不同，佛性有何差别。”

六祖口中提及的“獦獠”，丁福保《六祖壇經箋注》曾加以解釋，云：

> 獦音葛，獸名。獠音聊，稱西南夷之謂也。《一統志》八十一：“肇慶府，秦爲南海郡，地屬嶺南道，風俗夷獠相雜。”山谷《過洞庭青草湖》詩：“行矣勿遲留，蕉林追獦獠。”注曰：“山谷赴宜州貶所，嶺南多蕉林，其地與夷獠相接。”《韵會》：“獦者，短喙犬。獠，西南夷。”

規按，“獦獠”連爲一詞，蓋始見於《壇經》寫本。考杜佑《通典》卷一百八十七《邊防三南蠻上》“獠”條云：

> 獠蓋蠻之别種，往代初出自梁益之間，自漢中達於邛笮川谷之間所在皆有（原注：此自漢中西南及越巂以東皆有之）。俗多不辨姓氏，又無名字，所生男女長幼次第呼之。其丈夫稱阿謩、阿段；婦人阿夷、阿等之類，皆其語之次第稱謂也。依樹積木以居其上，名曰干欄，干欄大小隨其家之口數。往往推一酋帥爲主，亦不能遠相統攝，父死則子繼，若中國之黨族也。獠王各有鼓角一雙，使其子弟自吹擊之。好相殺害，多仇怨，不敢遠行。性同禽獸，至於忿怒，父子不相避，唯手有兵刃者先殺之。若殺其父，走避於外，求得一狗，以謝其母，然後敢歸。母得狗謝，不復嫌恨。若報怨相攻擊，必殺而食之。遞相劫掠，不避親戚，賣如猪狗而已。亡失兒女，一哭便止。被賣者號叫不服，逃竄避之，乃將買人捕逐，若亡叛獲，便縛之。但經被縛者，即服爲賤隸，不敢更稱良矣。唯執楯持矛，不識弓矢，用竹爲簧，群聚鼓之，以爲音節，爲絈布，色至鮮凈。大狗一頭，買一生口。性尤畏鬼，所殺之人，美鬚髯者，必剥其面皮，籠之於竹，及燥，號之曰鬼。鼓舞祀之，以求福利。俗尚淫祀，至有賣其昆季妻孥盡者，乃自賣以

供祭焉。鑄銅爲器，大口寬腹，名曰銅爨，既薄且輕，易於熟食。蜀本無獠，李勢時，諸獠始出巴西、渠川、廣漢、陽安、資中、犍爲、梓潼（原注：今蜀川之内），布在山谷十餘萬落，攻破郡縣，爲益州大患。自桓温破蜀之後，力不能制。又蜀人東流，山險之地多空。獠遂夾山傍谷，與人參居。參居者頗輸租賦，在深山者仍爲匪人。至梁武帝，梁益二州（原注：今漢川蜀川郡縣地），歲歲伐獠，以自裨潤，公私頗籍爲利。後魏宣武帝正始初，將夏侯道遷舉漢中附魏。宣武帝遣尚書邢巒爲梁益二州刺史以鎮之。其後以梁益二州控攝險遠，乃立巴州（原注：在今清化郡）以統諸獠。後以巴酋帥嚴始欣爲刺史。又立隆城鎮。隆城所管獠二十萬户，所謂北獠也。歲輸租布。魏明帝孝昌初，據城叛，入梁益二州。并遣將討之。攻陷巴州，執始欣斬之。後梁州爲梁氏所陷（原注：今漢中郡），自此又屬梁矣。後周武帝平梁益，令所在撫慰。其與華人雜居者，亦頗從賦役，然天性暴亂，旋致擾動，每歲命隨近州鎮出兵討之，獲其生口，以充賤隸，謂之壓獠焉。復有商旅往來者，亦資以爲貨，公卿達於人庶之家有獠口者多矣。其種類滋蔓，保據巖壑，依林走險，若履平地。性又無知，殆同禽獸。諸夷之中，最難以道義招懷也。

以上《通典》據舊史詳述南蠻獠族之源流，《唐書》卷二百二十二下《南蠻傳》更詳述唐代獠族之狀況，兹擷録如後：

其王姓朱氏，號劍荔王。貞觀三年，遣使内款，以其地隸渝州。有飛頭獠者，頭欲飛，周項有痕如縷，妻子共守之。及夜如病，頭忽亡，比旦還。又有烏武獠，地多瘴毒，中者不能飲藥，故自鑿齒……大抵劍南諸獠，武德貞觀間，數寇暴州縣者不一：巴州山獠王多馨叛，

梁州都督龐玉梟其首。又破餘黨符陽白石二縣獠。其後眉州獠反，益州行臺郭行方大破之。未幾，又破洪雅二州獠，俘男女五千口。是歲，益州獠亦反，都督竇軌請擊之。太宗報曰："獠依山險，當拊以恩信，脅之以兵威，豈爲人父母意耶？"貞觀七年，東西玉洞獠反，以右屯衛大將軍張壙爲龔州道行軍總管平之。十二年，巫州獠叛，夔州都督齊善行擊破之，俘男女三千餘口。鈞州獠叛，桂州都督張寶德討平之。明州山獠又叛，交州都督李道彦擊走之。是歲，巴洋集壁四州山獠叛，攻巴州。遣右武侯將軍上官懷仁破之於壁州，虜男女萬餘，明年遂平。十四年，羅竇諸獠叛，以廣州都督黨仁弘爲竇州道行軍總管擊之，虜男女七千餘人……高宗初，琰州獠叛，梓州都督謝萬歲、兗州刺史謝法興、黔州都督李孟嘗討之。萬歲、法興入洞招慰遇害。顯慶三年，羅竇生獠酋領多胡桑率衆内附。上元末，納州獠叛，寇故茂都掌二縣，殺吏民，焚廨舍，詔黔州都督發兵擊之。大曆二年，桂州山獠叛。陷州，刺史李良遁去。貞元中，嘉州綏山縣婆籠川生獠首領甫枳兄弟誘生蠻爲亂，剽居人，西川節度使韋皋斬之，招其首領勇於等出降……戎瀘間有葛獠，居依山谷，林菁逾數百里，俗喜叛……其種落張侯夏永與夷獠梁崇牽、覃問及西原酋長吴功、曹復合兵内寇，陷道州，據城五十餘日。

長慶初，以容管經略使留後嚴公素爲經略使，復上表請討黄氏。兵部侍郎韓愈建言：黄賊皆洞獠，無城郭，依山險，各治生業，急則屯聚畏死。

邕管節度使辛讜以從事徐雲虔使南詔結和，齎美貨啖二洞首領。太州刺史黄伯蘊、屯洞首領儂金意、員州首領儂金勒等與之通驩。員州又有首領儂金澄、儂仲武，與金勒襲黄洞首領黄伯善。作善伏兵瀼水，雞鳴候其半濟，擊殺金澄、仲武，唯金勒遁免。後欲興兵報仇，辛讜遣人持牛酒音樂解和，并遺其母衣服。母，賢者也，讓其子曰："節度使持物與獠母，非結好也，以汝爲吾子。"前日兵敗瀼水，士卒略盡，不自悔，復欲動衆，兵忿者必敗，吾將囚爲官老婢矣！金勒感悟，爲罷兵。

觀以上《唐書·南蠻傳》叙唐時稱獠人皆通稱"獠"，或稱"夷獠""生獠"。以其居處，則稱"山獠""洞獠""峒獠"。冠以姓氏，則曰"葛獠""黄賊洞獠"。或舉其特徵，曰"飛頭獠"。其他則皆舉地區曰："南平獠""烏武獠""巴州山獠""符陽白石二縣獠""眉州獠""洪雅二州獠""益州獠""東西玉銅獠""巫州獠""鈞州獠""明州山獠""巴洋集壁四州獠""琰州獠""羅竇生獠""桂州山獠""嘉州綏山縣婆籠川生獠""戎瀘間葛獠"。其泛見《唐書》諸紀傳者，如：

卷一百七十《王鍔傳》：

遷嶺南節度使。廣人與蠻雜處，地征薄，多牟利於市。

又《趙昌傳》：

累遷虔州刺史，安南酋獠杜美翰叛，都護高正平以憂死。拜昌安南都護，夷落嚮化。

卷一百八十二《盧鈞傳》：

擢嶺南節度使，海道商舶始至，异時帥府爭先往賤售其珍，鈞一不取，時稱絜廉。專以清净治。蕃獠與華人錯居相婚嫁，多占田營第舍，吏或撓之，則相挺爲亂。

卷二百九《周利貞傳》：

先天初，爲廣州都督……利貞頗事剥割，夷獠苦其殘虐，皆起爲寇。

卷一百六十三《馬總傳》:

元和中，以虔州刺史遷安南都護，廉清不撓，用儒術教其俗，政事嘉美，獠夷安之。

卷一百六十七《王式傳》:

我自縛叛獠，非爲寇也。

卷一百九十《鍾傳傳》:

洪州高安人……時王仙芝猖狂，江南大亂，衆推傳爲長，乃鳩夷獠依山爲壁，至萬人，自稱高安鎮撫使。

卷一百二十三《李嶠傳》:

高宗擊邕巖二州叛獠。

卷一百二十五《張説傳》:

説上疏曰:"……今北有胡寇覷邊，南有夷獠騷徼。"

卷一百十二《韓思彦傳》:

巡察劍南，益州高貲兄弟相訟，累年不决。思彦敕厨宰，飲以乳。二人寤，嚙肩相泣曰:"吾乃夷獠，不識孝義，公將以兄弟共乳而生邪?"

卷五《玄宗本紀》:

開元十四年二月，邕州獠梁大海反。

卷一百二十七《裴耀卿傳》:

遷黔中觀察使。韋士文爲夷獠所逐，詔佶代之，部夷安服。

卷一百六十八《柳宗元傳》:

又詒京兆尹許孟容曰:"今抱非常之罪，居夷獠之鄉。"

卷一百八十六《鄧處訥傳》:

以處訥爲邵州刺史。朗州武陵人雷滿者，本漁師，有勇力。時武陵諸蠻數叛。荆南節度使高駢擢滿爲裨將，將鎮蠻軍……先是陬溪人周岳與滿狎，因獵宰肉不平而鬥，欲殺滿不克，見滿已據州，悉衆趨衡州，逐刺史徐顥，詔授衡州刺史。石門峒酋向瓌聞滿得志，亦集夷獠數千，屠牛勞衆，操長刀柘弩寇州縣，自稱朗北團，陷澧州，殺刺史呂自牧，自稱刺史……向瓌召梅山十峒獠。

卷一百九十三《龐堅傳》：

（祖玉）出爲梁州總管，巴山獠叛，玉梟其首，餘黨四奔。

卷一百九十七《韋仁壽傳》：

訹言山獠方叛。

卷一百九十七《裴懷古傳》：

或曰獠夷難親。

卷二百三《于邵傳》：

爲道州刺史，未行，徙巴州，會歲饑，部獠亂薄城下，邵勵兵拒戰，且遣使諭曉，獠丏降。

卷二百五《列女傳》：

符鳳妻某氏，字玉英，尤姝美。鳳以罪徙儋州，至南海，爲獠賊所殺。

卷二百七《楊思勖傳》：

邕州封陵獠梁大海反。

凡所指稱，獨不見"獦獠"之名號，而"獦獠"一詞，又唯見於寫本之《六祖壇經》。若如丁氏箋釋獦犬之解，是五祖輕鄙獠族，有逾常人，揆之祖師悲心，無乃不類。余竊以爲敦煌寫本，多當時人俗寫文字，寫本中"獦"字，乃"獵"字俗書。姑就臺北"中央圖書館"所藏一百餘卷敦煌寫本檢尋之，"獦"字凡四見，皆當爲"獵"之俗寫，兹列舉如下：

（一）《大方便佛報恩經》（敦煌卷子頁二六六）：

我等宿世造何惡行……爲田獦魚捕。

（二）《佛說父母恩重經》（敦煌卷子頁二七一）：

迦夷國王入山射獦，挽弓射鹿。

（三）《大般涅槃經》（敦煌卷子頁六五二）：

佛告迦葉，我般涅槃七百歲後，是魔波旬漸當阻壞我之正法，譬如獦師身服法衣。魔王波旬亦復如是。

（四）《優婆塞戒》（敦煌卷子頁八四九）：

十一作獦師。

以上四個寫本的“獦”字，必當認定是“獵”字。倫敦藏寫本《正名要録》，是一部區別正字與俗字的字書。其中正字的“臘”俗字寫作“臈”，也可爲“獵”作“獦”的補充証明。因此，我認爲敦煌《六祖壇經》寫本的“獦”字亦應當是“獵”字的俗寫。獠是夷蠻之人，居山傍水，多以漁獵爲生。田獵漁捕是極大惡行，身爲獵師更是觸犯經律重罪。嶺南華人與獠民雜處，頗多從事漁獵，自然與學佛之路是背道而馳。六祖來自華夷雜居的嶺南，五祖稱爲“獵獠”，無异是説“一個身犯重罪的野蠻人還能作佛嗎？”後來六祖得受衣法後，辭别時，五祖囑咐他努力向南，大弘佛法。興善寺本《六祖壇經·悟法傳衣》説：

> 辭違已了，便發向南……惠能後至曹溪，又被惡人尋逐，乃於四會縣避難。經五年，常在獵人中，雖在獵中，每與獵人説法。

高麗傳本《六祖壇經》説得更加詳細：

> 能後至曹溪，又被惡人尋逐，乃於四會縣避難獵人隊中，凡經一十五載，時與獵人隨宜説法。獵人常令守網，每見生命盡放之。每至飯時，以菜寄煮肉鍋。或問，則對曰：“但吃肉邊菜。”

由此看來，不但獠夷常事田獵，即六祖亦曾長年過着獵人的生活。説不定六祖還是受了五祖斥責“獵獠”——從事罪行的獠人——的暗示，因此，長年置身獵人隊中，抱着我不入地獄誰入地獄的精神來修行弘法，亦未可知。這一個《壇經》寫本“獦”字的問題，雖然未見有人提出，似乎還是值得加以研究。管窺所得，不敢自信，草成此文，敬祈海内外大雅宏博，加以指正！

（原載《敦煌學》18輯，1992年3月，頁1—9）

潘重規先生敦煌學論著目録

鄭阿財　朱鳳玉

一、專著部分

《敦煌〈詩經〉卷子研究論文集》，香港：新亞研究所印本，1970.09。

《唐寫〈文心雕龍〉殘本合校》，香港：新亞研究所印本，1970.09。

《瀛涯敦煌韵輯新編》，香港：新亞研究所印本，1972.01。

《瀛涯敦煌韵輯别録》，香港：新亞研究所印本，1973.03；臺北：文史哲出版社，曾合兩書爲編，景印行世，1974.06。

《列寧格勒十日記》，臺北：學海出版社，1975.01；又臺北：東大圖書公司，1993.08。

《“中央圖書館藏”敦煌卷子》（編），豪華本6册、普及本3册，臺北：石門圖書公司，1976.12。

《敦煌雲謡集新書》，臺北：石門圖書公司，1977.01。

《敦煌俗字譜》(主編)，臺北：石門圖書公司，1978.08。

《敦煌唐碑三種》(編)，臺北：石門圖書公司，1979.05。

《龍龕手鑑新編》，臺北：石門圖書公司，1980.10；又北京：中華書局影印，1988.06。

《敦煌詞話》，臺北：石門圖書公司，1981.03。

《敦煌變文論輯》(編)，臺北：石門圖書公司，1981.12。

《敦煌變文集新書》(上、下)，臺北：中國文化大學中文研究所，1983.07、1984.01；又修訂精一册，臺北：文津出版社，1994.12。

《敦煌〈壇經〉新書》，臺北：佛陀教育基金會，1994.08。

《敦煌〈壇經新〉書附册》，臺北：佛陀教育基金會，1995.11。

二、期刊論文

《敦煌唐寫本〈尚書釋文〉殘卷跋》，《志林》2期，頁1—13，1941.02；又《學術季刊》3卷3期，頁15—29，1955.03。

《略談巴黎所藏敦煌卷子題記》，《新亞生活》10卷13期，頁1—3，1968.01。

《"中央圖書館"所藏敦煌卷子題記》，《新亞學報》8卷2期，頁321—373，1968.08；又修訂本《敦煌學》2輯，頁1—55，1975.12。

《敦煌〈毛詩詁訓傳〉殘卷題記》，《新亞書院學術年刊》10期，頁1—36，1968.09。

《王重民題敦煌卷子徐邈〈毛詩音〉新考》，《新亞學報》9卷1期，頁71—192，1969.06。

《巴黎藏〈毛詩詁訓傳〉第廿九第卅卷題記》,《東方文化》7卷2期,頁158—162,1969.07。

《巴黎倫敦所藏敦煌〈詩經〉卷子題記》,《新亞書院學術年刊》11期,頁259—290,1969.09。

《敦煌〈詩經〉卷子之研究》,《華岡學報》6期,頁1—19,1970.02。

《倫敦藏斯二七二九號暨列寧格勒藏一五一七號敦煌卷子〈毛詩音〉殘卷綴合寫定題記》,《新亞學報》9卷2期,頁1—47,1970.09。

《倫敦斯一〇號〈毛詩傳箋〉殘卷校勘記》,見《敦煌詩經卷子研究論文集》,1970.09。

《敦煌〈詩經〉卷子研究論文集序》,《華僑日報》1971.12.01;又《木鐸》3、4期合刊,頁21—25,1975.11;又《華學月刊》52期,頁1-3,1976.04。

《敦煌學的現況和發展》,《新亞生活》15卷9期,頁1—4,1973.01;又收入《列寧格勒十日記》附録,1975.01。

《瀛涯敦煌韵輯別録》,《新亞學報》10期下,頁1—92,1973.07;又收入《瀛涯敦煌韵輯新編　瀛涯敦煌韵輯別録》,臺北:文史哲出版社,1974.6。

《變文〈雙恩記〉試論》,《新亞書院學術年刊》15期,頁1—8,1973.09;又收入《列寧格勒十日記》,1975.01。

《〈瀛涯敦煌韵輯新編〉序》,《中華學苑》12期,頁19—35,1973.09;又:《木鐸》2期,頁31—47,1973.11。

《我國在列寧格勒的國寶》,《幼獅月刊》38卷6期,頁2—3,1973.10;又收入《列寧格勒十日記》,1975.01。

《〈敦煌學〉第一輯發刊辭》,《敦煌學》1期,頁1—2,1974.07;又《華學月刊》34期,1974.10;又《創新月刊》138期,頁2—3,1974.12。

《〈瀛涯敦煌韵輯〉拾補》,《新亞學報》11期上，頁37—38，1974.09。

《敦煌寫本〈祇園圖記〉新書》,《敦煌學》3輯，頁103—110，1976.12。

《韵學碎金》,《幼獅學志》14卷2期，頁38—41，1977.05。

《中國第一部“詞的總集”——敦煌〈雲謡集〉之發現與整理》,《中華文化復興月刊》10卷5期，頁2—5，1977.05。

《敦煌學的瞻望與創新》,《嶺南大學開校三十周年紀念國際會議發表論文集》，1977.05；又《華學月刊》69期，頁33—36，1977.09。

《敦煌賦校録》,《華岡文科學報》11期，頁275—303，1978.01。

《敦煌變文新論》,《幼獅月刊》49卷1期，頁18—41，1979.01；又收入《敦煌變文集新書》附録，1984.01。

《“偶然”的影響》(上、下),《臺灣日報》1979.05.14、15。

《敬悼戴密微先生》,《敦煌學》4輯，頁1—8，1979.07。

《敦煌〈詩經〉卷子拾零》,《敦煌學》4輯，頁9—13，1979.07。

《“不知名變文”新書》,《敦煌學》4輯，頁14—23，1979.07。

《敦煌寫本〈衆經别録〉之發現》,《敦煌學》4輯，頁69—79，1979.07；又載《華學月刊》97期，1980.01。

《敦煌變文集〈四獸因緣〉訂定》,《大陸雜志》59卷4期，頁1—3，1979.10。

《敦煌俗字譜序》,《華學月刊》95期，頁25—26，1979.11。

《一字萬金》,《中華日報》1979.11.07。

《完整無缺的〈山花子〉詞》,《臺灣時報》1979.11.14。

《敦煌寫本曲子孟姜女的震蕩》,《“中央日報”》1979.11.28、29；又《東方宗教》55期，1980.07。

《敦煌唐人陷蕃詩集殘卷研究》,《幼獅學志》15卷4期，頁1—22，1979.12；又:《敦煌學》13期，頁79—111，1988.06。

《〈長興四年中興殿應聖節講經文〉新書》,《木鐸》8期，頁1—28，1979.12。

《天真質樸的敦煌曲子詞》,《中華日報》副刊1979.12.12。

《敦煌詞不可輕改》,《“中央日報”》副刊1979.12.17。

《敦煌寫本唐昭宗〈菩薩蠻〉詞的新探測》,《“中央日報”》副刊1980.01.26、27。

《瀛涯敦煌詞話》,《華學月刊》98期，頁17—19，1980.02。

《敦煌愛國詞》,《“中央日報”》副刊1980.03.05。

《從敦煌遺書看佛教提倡孝道》,《華岡文科學報》12期，頁197—267，1980.03。

《論敦煌本唐昭宗〈菩薩蠻〉詞答毛一波先生》,《“中央日報”》1980.04.01、02。

《敦煌學研究論著目録分類索引序》,《文藝復興》111期，頁25—26，1980.04。

《變文〈雙恩記〉校録》,《幼獅學志》16卷1期，頁16—50，1980.06；又《東洋研究》57期，頁53—92，1980。

《敦煌詞史》,《“中央日報”》副刊1980.07.05。

《敦煌卷子俗寫文字與俗文學之研究》,《孔孟月刊》18卷11期，頁28—46，1980.07；又《木鐸》9期，頁25—40，1980.11。

《〈龍龕手鑑新編〉引言》,《文藝復興》119期，頁11—16，1981.2。

《〈補全唐詩〉新校》,《華岡文科學報》13期，頁171—227，1981.06。

《敦煌變文與儒生解經》,《静宜學報》4期，頁47—52，1981.06；又收入《唐君毅先生紀念論文集》，頁47—52，1983。

《“中央圖書館”所藏敦煌卷子影印流通的貢獻》,《漢學研究通訊》1卷1期，頁1—3，1982.01。

《敦煌押座文後考》,《華岡文科學報》14期，頁79—100，1982.06。

《了解敦煌獻詞》,《自立晚報》1982.06.07。

《敦煌閫人詩篇》,《自立晚報》1982.06.11。

《〈敦煌變文集新書〉引言》,《敦煌學》5輯，頁63—69，1982.09。

《我探索敦煌學的歷程》(上、下),《“中央日報”》副刊1982.10.03、04。

《〈龍龕手鑑〉與寫本刻本之關係》,《敦煌學》6輯，頁87—92，1983.06。

《龍宇純〈英倫藏敦煌切韵殘卷校記〉拾遺》,《華岡文科學報》15期，頁177—213，1983.12。

《〈龍龕手鑑〉及其引用古文之研究》,《敦煌學》7輯，頁85—96，1984.01。

《敦煌寫本〈秦婦吟〉新書》,《敦煌學》8輯，頁1—44，1984.07。

《簡論〈王梵志詩校輯〉》,《明報》8期，頁34—36，1984年；又《“中央日報”》“文藝評論”第21期，1984.08.16。

《〈王梵志詩校輯〉讀後記》,《敦煌學》9輯，頁15—38，1985.01。

《王梵志出生時代的新觀察——解答〈全唐詩〉不收王梵志詩之謎》,《“中央日報”》“文藝評論”第54期，1985.04.11。

《敦煌唐人陷蕃詩集殘卷作者的新探測》,《漢學研究》3卷1期，頁41—54，1985.06。

《張曉峰先生對敦煌學之啓導》,《敦煌學》10輯，頁1—18，1985.10。

《書評——〈法國國家圖書館藏敦煌寫本目録〉第一册》,《敦煌學》10輯，頁57—58，1985.10。

《“中央圖書館”選展館藏敦煌卷子叙録》,《“中央圖書館”訊》8卷

4期，頁416—417，1986.02。

《讀〈雲謡集考釋〉》，《敦煌學》11輯，頁59—66，1986.07。

《簡論幾個敦煌寫本儒家經典》，《孔孟月刊》25卷12期，頁21—24，1986.08。

《敦煌王梵志詩新探》，《敦煌學國際研討會論文集》，1986.08；又《漢學研究》4卷2期，頁115—128，1986.12。

《續論敦煌唐人陷蕃詩集殘卷作者的新探測》，《國際敦煌吐魯番學術會議論文集》，1987.06；又收入《敦煌文藪》（上），臺北：新文豐出版公司，頁147—158，1999.04。

《〈敦煌學研究論著目録〉序》，《漢學研究通訊》6卷2期，頁61—62，1987.06。

《關於〈敦煌雲謡集新書〉敬答任半塘先生》，《明報月刊》1988年10月，頁97—101；又《中國敦煌吐魯番學會研究通訊》1輯，頁1—7，1989.06。

《〈長興四年中興殿應聖節講經文〉讀後記》，《敦煌學》14輯，頁1—7，1989.04。

《敦煌寫本最完整的一篇講經文的研究》，《孔孟月刊》28卷1期，頁2—26，1989.09。

《讀項楚著〈敦煌變文選注〉》，《敦煌學》16輯，頁1—8，1990.09。

《敦煌卷子俗寫文字之整理與發展》，《1990年敦煌研究院敦煌學國際研討會論文集》，1990.10；又《敦煌學》17輯，頁1—10，1991.09。

《用敦煌俗寫文字校釋〈文心雕龍〉刊本中殘存俗字考》，《第二届敦煌學國際研討會論文集》，臺北：漢學研究中心，頁155—170，1991.06。

《敦煌寫本〈六祖壇經〉中的“獦獠”》，《敦煌學》18輯，頁1—10，1992.03；又《中國文化》9期，頁162—165，1994.02。

《敦煌〈六祖壇經〉讀後管見》,《敦煌學》19輯，頁1—14，1992.10；又《中國文化》7期，頁48—55，1992.11。

《敦煌寫卷俗寫文字之研究》,《中正大學全國敦煌學研討會論文集》,頁1—12，1995.04；又《1990敦煌石窟研究國際討論會文集》(石窟史地、語文編)，頁343—356，1995.07。

《敦煌變文集新書訂補》,《敦煌學》20輯，頁1—22，1995.12。

《敦煌變文集新書訂補》(一續),《敦煌學》21輯，頁1—28，1998.06。

《敦煌變文集新書訂補》(二續),《敦煌學》22輯，頁1—34，1999.12。

《敦煌變文集新書訂補》(三續),《敦煌學》23輯，頁1—19，2001.09。